i
imaginist

U0452456

想象另一种可能

理想国
imaginist

东亚大历史

从远古到1945年的中日韩多角互动历史

A New Macrohistory of East Asia

China, Korea and Japan from Prehistory to 1945

吕正理——著　　　　C. L. Lu

·北京·

图书在版编目（CIP）数据

东亚大历史 / 吕正理著． — 北京：群言出版社，2015.8
ISBN 978-7-80256-755-9

Ⅰ．①东… Ⅱ．①吕… Ⅲ．①东亚－历史－通俗读物
Ⅳ．① K310.9

中国版本图书馆 CIP 数据核字（2015）第 088120 号

责任编辑：陈　佳　张天放
特约编辑：马希哲
封面设计：彭振威
内文制作：陈基胜

出版发行：群言出版社
社　　址：北京市东城区东厂胡同北巷1号（100006）
网　　址：www.qypublish.com
自营网店：http://qycbs.shop.kongfz.com（孔夫子旧书网）
　　　　　　http://www.qypublish.com（官方网店）
电子信箱：qunyancbs@126.com
总 编 室：010-65265404　65267783
编 辑 部：010-65138815　65262436　65276609
发 行 部：010-64284815
市 场 部：010-65220236　65265832（读者服务）
经　　销：全国新华书店
法律顾问：北京市君泰律师事务所

印　　刷：肥城新华印刷有限公司
版　　次：2015年8月第1版　2015年8月第1次印刷
开　　本：1000mm × 1420mm　1/16
印　　张：47
字　　数：606千字
书　　号：ISBN 978-7-80256-755-9
定　　价：88.00 元

【版权所有，侵权必究】

以邻为鉴，可以自知

许倬云（著名历史学家，美国匹兹堡大学历史系荣休讲座教授）

收到《东亚大历史》，展读之下，颇多感慨：一则看见，有个历史专业以外的知识分子，愿意花费精力，写出这么一部书，讨论历史的问题，这是令人欣喜的。由这本书的出现，足以反映，历史这个学术项目，有其学术圈以外的生命。有眼光的人，还是会从历史变化中，寻求智慧，寻求安顿自己心灵的地方。另一方面，当然，也不无感叹：今天学术分工细致，使得任何行业的专家，都只能专注于非常专精的题目，作深入的分析；专家们却又往往忽略宏观的大格局，难以将自己的专题，在大环境中，取得定位。这一部书的出现，对我史学界的同仁，应当既是刺激，也是鞭策，使他们警觉到，还有许多应作的事情，等待我们的努力。

作者吕正理先生，如本书自序所说，希望在讨论中国历史的时候，也能考察到中国圈以外的其他国家的历史，才能够对自己有更清楚的了解。从了解别人，使自己反省，也许可以说，"以邻为鉴，可以自知"。

从本书论列，举例言之：讨论到唐朝的历史时，吐蕃历史中呈现的对唐关系，和中国官方历史中唐蕃的关系，截然不同。吐蕃是当时相当强大的帝国，横跨山地、草原和高原，其盛衰和唐朝几乎同步，绝不是唐朝旁边的藩属。唐朝与吐蕃会盟的碑文，呈现的是两个国家的平等条约，并不是一个藩属向天可汗屈服的情况。这个强大的国家，绝对是一个当时世界历史上很重要的强权。吐蕃接受印度文化的成分，远高于接受中国文化。文成公主和亲，在吐蕃历史上，恐怕只是一个边缘事件而已。不拿吐蕃历史和唐朝历史平行陈述，我们许多人还是会以为中国的天可汗是君临整个东亚的。

另一个例子，从日本历史陈述，才能理解到儒家政治的性质，也能理解到明治维新以后，军人专政的传统。也必须了解这一特殊的传统，我们才能理解到军阀、财阀、官僚集团的三合一，如何在军人的暴力挟持之下，把日本带向侵略战争，带向败亡。这段日本史发展过程之中，中国当然是受害人。但是若不了解日本本身历史的发展，我们很难了解它只有中国十分之一人口，居然挑战庞大的中国，而且还同时挑战美国这么庞大的海上强权。只有在读了日本历史，才了解到日本人本身的近代发展过程之中，不幸出现的盲点。

吕先生这本书的叙述，基本上是将几个不同地区历史分成几个不同时代平行陈述，并明确指出其间的政治、军事以及经济互动。假如其他有志者要做同样的工作，其间还有更广大的天地可以开拓。吕先生也注意到佛教及儒家思想在各处传播的现象。其实任何国家，跟它四周邻居之间思想、价值观的流通，是无可抵挡的。在东亚地区，佛教及儒家思想经传播之后，在各地产生不同的改变和转换。此外，近代西力东渐，西方思想传播的，就是基督教和现代文明。近代西化的过程，在东亚各国，经过回旋曲折的途径，彼此互相激荡、影响。凡此种种都是许多有志者可以着墨的空间。

本书中包括的台湾历史部分，对于三四百年来这块土地上发生的事迹，有相当扼要的陈述。固然这几章还不能单独成书，却已够清楚地勾勒了大纲，而且立场相当中肯。台湾历史书籍，坊间不多，有本书的这几章，一般读者已可对台湾经历的种种曲折而心酸的历史，及目前台湾人民的许多取舍抉择，可有基本的了解。这也是一件学术功德，可钦可佩。

我与吕先生并非素识，承蒙他寄下这一部好书，并且希望我为本书的简体版作序，我展读之下，先将这意见，送奉作为短序。不写长序原因，乃是不愿耽搁他们出版的时间。

我很感谢吕先生和出版社，让我有机会阅读这一部好书。

2014 年 10 月

情深而文明

余世存（著名知识人）

台湾的远流出版公司出了一本新书《另眼看历史》，如今简体版改名为《东亚大历史》，也出版在印。我的朋友吴兴文先生代表远流董理简体版出版事宜，来一个电话请我为吕正理先生的著作写几句话。我本以为是玩票性质的历史读物，收到样书，才发现是一本七百多页的通史巨著。我越读越欢喜赞叹，书中可圈点处、跟作者悠然神会处实在数不胜数，全书读罢，真是"快何如之"。

这是我看过的较平实的有关中、日、韩等东亚国家和地区的史著，也是我有限视野中的东亚多角互动史作品。多年前，我曾一度主持《战略与管理》杂志，当时我和编辑部同事都意识到东亚区域一体化的重要性，只是遗憾我们关于东亚历史综合研究的成果太少了；而且基于历史和现实的原因，中日韩等国家和地区的关系异常复杂，国家和人民之间的自处和相处尚难平实。由于我们中国大陆举足轻重的影响，我们难以跳出华夏中心主义或中国中心主义的思维定势，且对中国在历史上的协从罗致能力怀有感情，并期望它获得新的生机、在未来发挥作用。躺在朝贡国家体系的旧梦里，我们对日本、韩国等国家缺少"同情之了解"，这些地区的政权更替和人民生活，似乎与我们无关。

但只要对现代文明有所感悟，我们就能明白，"人类情感认知的急迫性"从未如当代这样挑战文明，我们的生存意义和认同不在一国一城，不在一家一姓，而在于文明本身。这种挑战显然不仅发生在全球化、本土化的历史阶段，也发生区域之内。我们中国人的人类情感和关怀，当然跟中、日、韩等国家相关。因此，我很早就说过，不仅要站在中国内陆，更要站在太平洋上，来看中国和东亚其他国家的历史。

吕正理先生的《东亚大历史》就是这样的区域化成果。我们津津乐道的朝贡国家体系，我们得意的汉字文化圈，在这样多维的视角下，呈现出更接近真实的面相。正是这样的眼光，使得历史的"悠久"、"灿烂"等说辞有了新鲜的含义。如作者说，一个地区的历史性辉煌对于另一地区的人民和国家来说可能是一场灾难。甚至细究之下，文治武功般的辉煌只具有书面意义，真实的是大众的劫难。比如作者引用波斯著名历史学家志费尼对成吉思汗征服世界的描述："他们到来，他们破坏，他们焚烧，他们杀戮，他们抢劫，然后他们离去。"这样的叙述比比皆是，让我们能够明白国家主义者的某种虚妄和罪错。

这种历史写作有助于读者夯实真正的文明理性，在全球化时代，我们尤应平实地看待自家和他家的恩怨，从历史中学得真正的教训。比如作者写汉武帝的使者涉何私心自用，个人亡身不说，也牵连到卫氏朝鲜灭亡；而汉武帝晚年觉悟，下《轮台罪己诏》："朕自即位以来，所为狂悖，使天下愁苦，不可追悔。自今以后，事有伤害百姓、靡费天下者，一概停止。"这样的罪己行为同样值得今天的政治家、精英阶层深思、借鉴。

通读本书，我个人感兴趣者实在多多。比如作者对王安石司马光的论述，对中国历史十四次大动乱的总结，对个人、公司和国家兴败异质同构的思考……都引起了我的共鸣。在我看来，作者的态度是个人的，又是人类的，因此他能够超越各种偏见，而获得一种平实健康的生命关怀和人类关怀。作者写道："吉田松阴和福泽谕吉当年意气风发地鼓吹扩张的思想，必定不会想到有一天，他们的言论所产生的后果，不只祸及邻国，也导致日本几乎亡国，并且有几百万日本子民因而付出沉重的代价。"这让我想到美国大史学家史华慈对我们中国知识人的感叹："我们很难对中国知识分子如此关切国力的问题下什么判语。中国确实一直深受羞辱，而且当今世界，没有国力就无法生存。不过，事实却是，一旦价值是按照作为获取力量的手段来评估，这些价值就非常可能变得脆弱难保，扭曲变形。"

我之愿意推荐此书，尚不止以上理由。我们中国最近一百多年的转型，维度多多，如农耕文化向工商文化、都市文化转型，如王权向民权转型，如孔孟之道向现代文明精神转型……其中，很重要的是，精英和大众之间学会自处、相处和空前的互动。但是，直到今天，我们的大众文化虽然繁荣却不免浅陋，很大原因在于我们仍未能摆脱精英意识，而平实地为大众提供服务。

因此，学院知识难以走入社会，大学教授跟媒体话语隔膜，精英跟民众分立进而分离……我们有公共知识分子，却少有公共知识产品或大众文化作品；我们有成体系的研究成果，却难有面向大众的文化成果。借用出版家严搏非的话说，精英的知识生产体系已经完成，这架"没有灵魂的机器"（按韦伯的说法）开始具有自主的内驱动力和完备的内部评价体系，它与大众文化的分裂和紧张，也随之逐年加剧和形成。这种对立情况在历史领域尤其明显，我们每年出版的历史论著多在专业圈子或精英内部自我循环，大众文化中的有水准的历史作品是极为匮乏的；以至于民国时期张荫麟先生为中学生撰写的《中国史纲》，在今天成为普及历史知识的文化经典。而像房龙、贡布里希等影响几代人的历史著述，在我们社会里尚不曾有过。

在这样的情况下，能看到吕正理先生的大著，实在是让人惊喜的事情。我多年前就期待的孔子、司马迁式的个人历史写作，我期待的立足于个人和人类的历史叙述，在吕正理先生的笔下多少得到了实现。我尤其喜欢吕先生在本书表达的一个普通人的现代见识，一种人格平等的现代精神。他在这本东亚史的著作中也涉笔成理，为我们讲述了数年前非洲达尔富尔屠杀的故事，在平实的写史中为文明奠基。

吕正理先生在书中说："现代民主国家的每一个国民都有责任教育自己，进而影响周边的人。"这样的话大得我心。我相信读者阅读本书，也定有心领神会之处。

2011 年 8 月 9 日写于北京青年湖畔

面向大众的历史学

王汎森（著名历史学家，中研院史语所研究员）

我第一次见到吕正理先生是在去年的二月农历年前。吕先生经由朋友介绍与我见面，出示将近一千页的《另眼看历史》打印稿，并告诉我，这是他花了两年时间写成的一部有关中、日、韩及周边世界的多角交织历史。当我问起吕先生的背景，得知他并不是专业学历史，而是长期从事于企业经营及顾问工作，不得不感到十分惊讶。

我平常有些忙，但在农历过年期间刚好有些空闲，于是匆匆地翻阅了部分的章节。由于吕先生的著作内容太广，其中有很多部分并不在我所熟悉的范畴之内，因而我建议他另外找人核实史料。吕先生遂与一组青年历史学者在一起工作，逐章讨论了将近一年。现在书稿已成，吕先生请我写几句话。

吕先生写这样一本书，在我看来，除了对历史的爱好以外，似乎是有一种使命感在背后驱策。关于这一部分，他自己在自序里写得十分清楚，我就不再重复。不过我要特别指出，吕先生试图从研究思想和社会价值观演变的角度来剖析历史的过程和脉动，这是一个有意义而值得鼓励的方向。

此书有几种特色：首先，目前史学界以专题论述为主，即使是成书的著作，往往也是特定主题的 monograph，较少有人写通贯性的历史。《另眼看历史》即是一本通史性质的书。其次，过去有几本"东亚史"之类的书，但是大体上是以一国一章的方式铺陈，而《另眼看历史》则是以中、日、韩诸国、台湾地区及周边世界交织互动的方式进行，故比一般东亚史更具特色。最近我开始注意到除全球化、在地化之外，还有一个愈来愈重要的现象——"区域化"。本书把中、日、韩写在一起，并与周边世界相联结，可说有先见之明。

许多年来我都很欣赏美国史家卡尔·贝克（Carl Becker, 1873—1945）的"人人都是他自己的历史学家"（Everyman His Own Historian）。家父因为受到我的鼓励，曾经试着把1920年代后期以来所见所闻及生命历程写下，可惜他动笔一段时间之后中辍。此外，我也一直在提倡"面向大众的历史学"。我之所以这样想，主要是认为知识有它的社会责任，以历史来说，如果这世界上多一个人了解自由民主发展的历史，不是更有助于推动民主政治吗？能多让大众了解一些历史，不正是这门学问的意义所在吗？

清代考证学垄断全局很久，到了清代后期有名的学者陈澧便表达了他的不耐，提出"以浅持博"的呼声，"持"是辅助的意思，这个呼声在当时并未受到足够的注意，而且我觉得在清代考证学"三步一岗，五步一哨"，证据动辄千百条，各种文献星罗棋布的考证学重围中，陈澧的所谓"浅"其实已经太深了。他大概认为他的《东塾读书记》或《汉儒通义》已经是"浅"，但是在我看来，他的所谓"浅"只是对当时有学问的人而说的，和我们今天的标准有所出入。

今天在史学方面，我认为"以浅持博"观念含有两方面的意思：一方面是让对历史有兴趣的人可以很快上手掌握相当程度的历史知识。另一方面，是提供一个比较宏观的架构，让没有余力读许多专门研究的读者能较快速地掌握一个大致的历史架构。就这两个标准来说，《另眼看历史》已经做到了。

由于吕先生不是专业史学家,所以对于最新的史学研究的成果,或许无法充分吸收;但是几位专业学者加入讨论后,已经有部分改善。对一般读者而言,此书有许多可取之处,故借本序表达上述的看法。

王汎森
2010 年 5 月

自　序

拙著《另眼看历史》于2010年7月在台北出版，能在大陆以《东亚大历史》为名出简体版，做为这本书的作者，我既兴奋，又感恩。

我对大陆并不陌生。我原本在台湾为一家外商公司工作，而于1995年初被转调到大陆。此后四年中，我与在北京、上海、广州以及香港等地一百多位优秀的年轻同事，和许多经销商及客户一同亲身经验了中国大陆的经济起飞。如今中国已经成为经济大国，我写了这样一本书，能有机会换一个角度从历史、文化和思想的领域来和更多、更广的人们交流，觉得更高兴。

但我必须说明，我的专业并不是学历史，而是学化学。在我成长的年代里，台湾受社会潮流影响，大部分的学生上大学都优先选择理工科系，我也不例外。但我很早就对历史感兴趣，我小学时，台湾大部分的人家都还没有电视，不过我们家幸而有一台收音机。当时在中广电台里有一位林姓的老先生每天晚上讲《三国演义》，我也每晚睡觉前打开收音机，收听广播，和弟弟、妹妹们各自窝在棉被里，聚精会神，听得津津有味。

我家在台湾桃园大溪镇上，也就是后来蒋中正和蒋经国父子两人选择在死后"暂厝"的地方。这原是一个古朴的小镇，每逢节庆就有戏班在几个庙前演戏，有摊贩、艺人从四处来。也有现在已经完全消失的"说书人"来到，摆摊子说故事，连续好几天，内容有"水浒传"、"岳飞传"、"火烧少林寺"等。说书人身穿一席长袍，道具只有一张桌子、一块惊堂木、一把折扇，但腔调抑扬顿挫，加上夸张的表情、手势，真正是引人入胜。说到重要关节处，说书人就拿着帽子请围在四周的听众一一丢钱进去，等收完后才又继续开讲。在这期间，我总是每天带着一张矮凳前往，坐在前面，听得忘了回家吃饭。

我对历史的浓厚兴趣，并没有因为读理工科系而减少。我后来所从事的工作，虽然和我的专业化学有关，但也渐渐转向企业的经营管理，因而很自然地对研究历史朝代的兴亡更感兴趣，而尤其对于乱世的研究情有独钟。以我个人的看法，比较现代企业的起落和历史朝代的兴衰，其间实在没有很大的差异。回顾过去三十几年，我必须承认我自己所犯过的错误非常多。同时，我也看见许许多多的企业不断地在重复同样的错误和失败，而这些错误其实在过去的历史人物身上也都不断地发生过。因而，历史让我在工作及生活上得到许多启发，也带给我无穷的乐趣。我总想有一天要回馈，把自己对历史的见解也贡献给别人，因此就大胆地写了这本书。不过我并不打算写成一本教科书，或是一本学术著作，而是要写给一般大众看，希望易读而有趣。

我写这本书有几个目标。第一，是要写一本客观而简要的通史，把东亚几个国家或地区各个民族的起源、朝代兴衰，以及历史上的双边或多角互动关系都包括在里面。之所以如此，是因为我发现我所读过的单一国别史大部分都流于主观，如果写某一国的历史，这个国家就是主角，别的国家都是配角，而有意无意地把别国与本国相关的大事略过，甚至歪曲了。我在想，如果能写一部多角的历史，或许可以逼使作者不得不把重要的历史事件从各种不同的角度出发，因而能比较客观地叙述。

英国的"科幻小说之父"乔治·韦尔斯（H. G. Wells）也曾经写过一本

通史，书名《世界史纲》（*The Outline of History*），实际上是偏重于欧洲地区的历史。韦尔斯写这本书时，第一次世界大战刚结束。战争显然使得他心中有许多感受，因而动笔。韦尔斯认为，当时的欧洲人在学生时期从学校里学到的都是偏狭的历史。他在自序里这样写："他们是被蒙上民族主义的眼罩来学历史的，除了自己的国家以外，对一切国家都视而不见。"

我读了这段话，心有戚戚焉，因为我认为韦尔斯所描述的情形也适用于今日的亚洲。一个人如果只读自己国家的历史，而对别国的历史所知有限，通常不会知道一个发生在本国的历史事件究竟会对另一个国家产生什么样的冲击。很少人会联想到，本国人民所歌颂的丰功伟业，常常是由另一个国家的人民付出代价。不同国家的人民如果对历史的认知不一样，而有不同的解读，自然就很难不被各自所筑起来的狭隘民族意识所束缚了。只有当人们能够客观而完整地了解自己的国家与别的国家之间历史的交错发展轨迹，才有可能如韦尔斯所说，"对于过去的事物采取一种通观全局的看法"。

当然，写历史要做到真正的客观并不容易。历史学家也常常面临许多以往的历史记载并不可靠的问题。既然史料已经有了偏差，历史著作如何能做到客观呢？

实际上，史料有种种不同的来源，其中可靠程度不一，有些可以互相印证，却也有许多是指到相反的方向。我们如果能够就某一特定的历史事件的相关史料进行仔细的搜集、查证、对比、分析，其实不难得知一些历史记载究竟是虚构的，是夸大的，或是充满了谎言。当不实的史料渐渐地被排除，留下来的就越来越接近史实了。古今中外有许多历史学家正是以追求历史的真相为一生的职志。

史料其实也不只限于历史著作。清朝著名的史学家章学诚曾经提出一个"六经皆史"的说法，主张六经其实就是孔子生活的时代和在他之前千百年间的重要史料。举一个例，《诗经》便是搜集了商、周及春秋时各诸侯国的庙堂雅乐及民间歌谣，内容十分丰富，有大军出征打仗，也有妇人埋怨丈夫出征不归；有国家的隆重仪典，也有陪葬的惨剧；有贩夫走卒辛苦的生活样貌，也有男女相恋的罗曼蒂克。《诗经》因而绝对是一项材料非常丰富而真实的史料。

"六经皆史"的观念可以更广泛地应用。任何有文字的材料，甚至没有文字的古迹古物也都是史料。近代考古学家挖掘古文化的遗址，研究古墓的陪葬物，又挖出千百年前以各种文字刻石记载的纪念碑，破解其中的文字之谜，在在使得史料越来越丰富，越来越可信。也有学者应用天文学、气候学、语言学、遗传学、人类学以及基因图谱等来解决过去传统考证所无法解决的古代历史问题。这些都使得历史的研究越来越有趣。

我写本书的第二个目标，是希望探讨各种不同的思想、宗教及价值观。本书第一卷到第五卷一共有三十一章，都是在叙述从远古到近代的东亚综合历史，但其中第四卷有六章是专门用来说明各种思想、宗教及社会价值观的起源、发展和演变，包括儒家、道家、法家、阴阳家等重要思想，以及道教、佛教、伊斯兰教、基督教等宗教如何产生，如何传播，如何壮大，如何发生冲突，这些又跟历代政治、社会的演变有什么关系。

我之所以要花这样多的篇幅来探讨思想及价值观，是因为我深信凡人的一言一行，除了来自先天的性格以外，无不受到那个时代的思想潮流及社会价值观的重大影响。因而，生长于现代的人们若要真正了解历史人物的行为，以及历史事件发生的原因和始末，必定要明白当时的思想及价值观。如果一个人在研究历史时总是以现代的思想及价值观为标准来评断古人古事，在我看来，只能说是肤浅而失之公允。本书这一部分章节的主旨，就是希望能够还原历史，帮读者"回到过去"，从而能掌握到历史发展的脉动。

话说回来，现代人对于古代"人"的思想及行为虽然要能充分地理解，对于古代人所视为当然的"思想及价值观"却必须分开来看待，并且谨慎地想清楚是否适合于现代，而不是盲目地接受。更进一步地说，现代的主流思想及价值观也未必永远正确，而我们都受其左右，受其引导，受其束缚。

因此，人们如果能够将眼光放得更长、更宽，放在更高处，或许对某些现在的事物会有不同的看法。

学历史的人总是说要从历史中借镜，我不免也要把从历史借镜当成写作本书的第三个目的，并加入自己的观点，提供给读者们参考。本书第六卷里的四章，以及第七卷里的五章，正是朝着这个方向努力的尝试。

七世纪时，开创大唐盛世的唐太宗曾经说："夫以铜为镜，可以正衣冠；以古为镜，可以知兴替；以人为镜，可以明得失。"这句话说得极为透彻，而通晓中国历史的人大多耳熟能详。我个人认为，国家之所以会灭亡，绝对是因为有人在很久以前做错了什么事，种下了远因，并且在关键时候又有人犯了更严重的错误，引爆事件。人物得失与国家兴亡因而往往是同一件事。我们如果要向历史借镜，重点其实应该是在分析、归纳历史事件之所以发生的远因、近因、结果，以及其后续的影响。如果类似的历史事件之所以重复发生是根源于某些驱之不散的特定思想及价值观，那么我们就不能不更深层地去讨论这些特定的思想及价值观。

本书前面五卷的文字既是叙述历史，那么我便要求自己必须严谨，希望多方参考不同来源的史料，做到每一字、每一句、每一个故事都是客观而有根据。假如我不是十分肯定，我会尽量保留，或在书中交代清楚。

本书后面两卷虽是我对历史事件、人物、思想及价值观的评论，代表我自己的看法，但我还是希望尽量避免站在某一个国家、民族或个别族群的立场来下笔，或依据某一特定的意识形态来论断。很幸运的是，我们这一代的人大多是生活在能够容忍多元思想的社会里，因而我并不期望读者们都能接受我所有的论点和看法，不过如果有读者愿意提出不同的意见来与我分享，我将十分感谢。

是为序。

吕正理

2014年秋，于台北大屯山下

志　谢

我之所以能够完成这本书，必须要谢谢很多人，而最要感谢的是台湾中研院副院长王汎森先生。王先生是一位有名的历史学家，也是中研院院士，而我与王先生原本是素昧平生。我在花了约两年时间完成本书的初稿后，经人介绍，前往求见王先生。我学的专业虽不是历史，对于这本书却有相当的期待，十分在意内容是否足够严谨，下笔是否足够客观，是否有什么不应该有的错误。当时王先生是中研院历史语言研究所所长，我久仰其大名，冒昧地请求王先生给我指导。

很意外地，王先生看了我的初稿之后，不只给我许多意见和鼓励，还提出建议，说由于这本书的范畴很广，最好是请一些研究各种不同领域的专家学者来分别提出意见，而他也乐意帮我安排。一位素孚名望的学者竟然愿意如此协助一个业余的历史爱好者，最后又为我的书写序，真是使我除了感谢之外，不知道要再说些什么了。

我其次要感谢的，是应邀来指导我的几位青年历史学者，包括张艺曦先生（台大历史研究所博士，现在台湾交通大学任教）、童长义先生（台大历史研究所博士，现在台湾大学任教）、蔡宗宪先生（台大历史研究所博士，现在中兴大学任教）、王超然先生（台大历史系博士）、裴英姬女士（韩国籍，台大历史研究所硕士），以及杨俊峰先生（台大历史研究所博士，现在东吴大学任教）等；其中我特别要感谢小组的召集人张艺曦教授。

另有一位极为特别的中研院史语所王明珂教授（现任中兴大学文学院院长）也应邀前来指导。王教授主要的研究范围是中国西南和北方游牧部族的历史，在这个领域是国际著名的学者。我在这本书中关于华夏边缘的游牧部族方面的历史着墨很多，不过坦白地说并不是很有把握，但由于王教授的指导，使得我信心大增，自认是幸运极了。

以上这几位专家学者不但对我多有指正，协助我订正了许多书中的错误，也提出许多不同的看法和方向，使我从而能够从更宽的角度深入地探讨一些我原先没有研究清楚的题目，部分章节甚至因而必须大幅改写。若是没有这些各有专长的学者，这本书里的一些明显的错误和遗漏恐怕在书一出版后就会让我自己羞愧不堪了。虽然如此，这本书如果仍有一些错误，当然是我本人要负全责，因为最后定稿的还是我自己。

我也要谢谢我的外甥女杨景涵。这本书里所有的插图都是她参考一些现有的地图（部分是谭其骧先生主编的《中国历史地图集》，中国地图出版社出版。在此特别要向已故的谭先生致敬），与我讨论，然后重新修改而画成的。希望读者在对照这些地图和本书内文之后，对历史的了解会更加深刻。

另外，我要借此感谢我的父母和所有在我成长阶段中曾经教导过我的长辈、老师，以及在我就业以后曾经启发过我的先进和朋友们。我从他们身上学到许多事物，使得我能够逐渐累积知识，而敢于大胆尝试写这样一部历史书。

台湾远流出版公司的发行人王荣文先生、出版三部总监吴家恒先生和游奇惠主编在本书出版过程中，对我协助极大，使得这本书能够顺利地展现在读者面前，也是我在此要十分感谢的。

当然，我更要感谢吴兴文先生、刘瑞琳女士看重这本书，使我如获知音；也因为他们的努力，这本书才得以和大陆广大的读者见面。

最后，我要感谢选择阅读这本书的读者。这本书与其说是我的著作，倒不如说是我花了一生读书，为读者所写的笔记和心得，用来和读者分享。我诚挚地希望读者在读这本书时，就如同我在写这本书时一样喜乐。

吕正理

2011 年夏

目 录

第一卷　历史源流篇

003 | 第 1 章　远古的中国：黄河文明的历史源流

018 | 第 2 章　远古的中国：从春秋、战国分裂到秦朝统一

037 | 第 3 章　远古的中国：从两汉统一到三国再分裂

063 | 第 4 章　朝鲜半岛的历史源流

074 | 第 5 章　日本的历史源流

083 | 第 6 章　远古的中国：少数民族的历史源流

097 | 第 7 章　远古的中国：台湾原住民的历史

第二卷　交错的历史（公元四至十世纪）

105 | 第 8 章　中国的治乱循环：五胡十六国

118 | 第 9 章　中国的治乱循环：南北朝

136 | 第 10 章　中国的治乱循环：隋唐、五代及突厥、回纥、吐蕃的兴衰

168 | 第 11 章　韩国的三国时代、新罗统一及高丽王朝的建立

183 | 第 12 章　日本的大和、飞鸟、奈良及平安时代

第三卷　交错的历史（公元十至十八世纪）

- *203* | 第 13 章　中国的治乱循环：宋、辽、夏、金及蒙古帝国
- *233* | 第 14 章　中国的治乱循环：明朝、北元及清朝建立
- *258* | 第 15 章　中国的治乱循环：清初盛世及中衰
- *273* | 第 16 章　日本的平安、镰仓、室町及南北朝时代
- *291* | 第 17 章　日本的战国及江户时代
- *309* | 第 18 章　韩国的高丽王朝及李氏朝鲜时代
- *329* | 第 19 章　中国的治乱循环：台湾历史的开始

第四卷　思想及宗教篇

- *349* | 第 20 章　中国的诸子百家思想
- *363* | 第 21 章　道教、佛教、伊斯兰教及其他宗教在中国的发展及影响
- *392* | 第 22 章　儒家思想在中国的演变及影响
- *408* | 第 23 章　佛教及儒家思想在韩国的发展及影响
- *423* | 第 24 章　神道、佛教及儒家思想在日本的发展及影响
- *441* | 第 25 章　基督教在中国、日本、朝鲜的传播及影响

第五卷　近代篇

- 455 | 第26章　西方威胁下的东亚巨变
- 478 | 第27章　从明治维新到日俄战争
- 502 | 第28章　中国的革命及列强的干涉
- 525 | 第29章　中日战争及第二次世界大战
- 545 | 第30章　日本统治下的韩国及台湾
- 564 | 第31章　二次大战后东亚的分裂及后续变局

第六卷　历史的借镜——论兴亡之道

- 585 | 第32章　从中国历史上的十四次大动乱说起
- 603 | 第33章　国家为什么会灭亡？
- 611 | 第34章　从王安石变法的失败中借镜
- 621 | 第35章　从成吉思汗的成功之道论组织及变革

第七卷　历史的借镜——论人物、思想及价值观

- 633 | 第36章　从历史记载及小说论曹操、关羽及诸葛亮
- 646 | 第37章　清谈、玄学及竹林七贤

655 | 第38章　从岳飞及袁崇焕的两出悲剧借镜

669 | 第39章　谈武士道

685 | 第40章　论战争及侵略思想

700 | 附录：东亚及世界大事年表

717 | 主要参考书目

第一卷

历史源流篇

第 1 章

远古的中国：黄河文明的历史源流

英国的博物学家兼探险家达尔文（Charles R. Darwin）在 1871 年发表《人类的起源》（*The Descent of Man*），推论人类可能是在很久以前由旧世界的猿猴演化而来的。这个理论引发极大的争议，比起他在此之前所提出的"物竞天择"理论更加震撼了全世界。

猿人与人类的历史

达尔文之所以推论人类是由猿猴演变而来，部分是因为从 1856 年开始，古代人类的化石"尼安德特人"（Homo Neanderthalensis）陆续在欧洲各地出土，对他产生了启发。

自此以后，古人类学渐渐成为一门新的学问。古人类学家为了追踪人类演化的过程，在过去一百五十年中不断地有惊人的发现。1890 年，考古学家在印度尼西亚爪哇发现了直立猿人（Homo Erectus）化石，过去认为距今不超过一百万年，新的说法是一百八十万年。1974 年，在埃塞俄比亚的阿法（Afar）有成年女性"露西"（Lucy）化石出土。2000 年，在邻近的迪其卡（Dikika）又有三岁的女童"赛莲"（Selam）化石出土。两者的年代都超过三百二十万年,发现时都震惊了全世界。2002年,古人类学家又在乍得(Chad)沙漠中发现片段的化石"杜马伊"(Toumai),距今竟有七百万年,是目前被大部分学者承认的最早猿人化石。人类是由东非猿猴演化而来的理论遂逐渐成为许多学者共同接受的理论。

在中国境内发现的直立猿人,也可以追溯到很早的年代。1921年,在北京周口店发现了直立猿人化石,其生活的年代距今约二十万年至七十万年,前后长达五十万年。1964年,在陕西蓝田县发现的猿人化石,距今大约一百万年。1965年,在云南元谋县发现的猿人化石,更将年代往前推到一百七十万年以前。一般推测,古代的猿人可能在一百八十万年以前,逐渐从非洲出走,其中有一部分到达中国的西南部,而逐渐北上,到了现今的北京。

猿人从开始在地面上行走,到形成人类的文明社会体系,其间经过了几百万年的漫长岁月。大约在二百五十万年前,人类才有了一个突破,进入了所谓的"旧石器时代",也就是会用敲打、剥片等方法制造粗糙的石片用具,会做简单的工具。有部分地方的人类在四五十万年前开始知道怎样用火,这又是一个新突破。北京人显然也已经知道怎样用火。

那么,北京人、蓝田人以及元谋人是否就是中国人的祖先?答案却是否定的。

"现代智人大跃进"的理论

古人类学者原本认为,直立猿人逐渐走出东非而到达欧亚大陆,逐渐分别传承与繁衍,演化成现代的人类。然而,近代的学者却提出一种新的理论。他们认为,直立猿人在约五十万年前发展出一种早期的智人(Homo Sapiens),后来又进化衍生出各种支系。大约六万年前,在东非又有一种智人突然获得跳跃性的进化,而衍生出一种智力比较高,并且有创新能力的现代智人。之后,现代智人也经过迁徙而分散到世界各地。

当时各地的其他人类族群不是早已因为禁不起大自然的严酷考验而消失,就是最终被新起的现代智人取代。例如,前述的尼安德特人在欧洲南部及中亚地区生活，但在四万年前克罗马侬人（Cro-Magnon）突然出现之后，却逐渐走向灭绝的道路。古人类学家在现今地中海直布罗陀海峡北岸嶙峋的岩洞中发现曾经有尼安德特人居住，距今二万八千年前，这可能就是最后一批尼安德特人了。

四大文明的发展

种种证据也显示北京人、蓝田人及元谋人早已消失，现代的中国人与欧洲人一样，都是由现代智人演进的。当上一次的冰河期（Ice Age）在一万三千年前结束后，世界上各地的人类有部分便一同进入所谓的"新石器时代"。人类开始会用磨石法制造精致的石器，开始从事农业和畜牧，并能够制作陶器、纺织。有部分地区开始发展出文明。所谓的"四大文明"——埃及文明、美索不达米亚文明、印度文明和黄河文明于是开始发端。

四大文明发生的时间都在距今大约四千至五千年前。有学者论断，认为这并不是一种巧合，而是前述"现代智人大跃进"理论发展的结果。如果在一百七十万年前的直立猿人就有能力各自发展文明，并且分别散布开来，那么这些文明不可能全都发生在那么短的期间内。

古代有许多哲人，如创立拜火教的古代波斯人琐罗亚斯德（Zarathustra，公元前628年生，又译为"查拉图斯特拉"）、印度的释迦牟尼（生年不详，可能在公元前624年或前565年）、中国的孔子（公元前551年生）、希腊的苏格拉底（Socrates，公元前469年生）等，出现的时间前后不超过二百年。这些不朽哲人之出现，其实背后都有一个小国林立、思想自由奔放、百家齐鸣的周边世界在衬托，因而也不是巧合，而是文明几乎在世界各地同步发展的结果。

本书的重点在介绍东亚的历史，因而不在此叙述黄河文明之外的其他三大文明。以下从两个不同的角度来探讨黄河文明：一个是古书的记载，另一个是考古的发现；两者之间可以相互印证。这种以纸上的史料和地下发现的新材料比对印证的历史研究法称为"二重证据法"，是由民国初年的国学大师王国维率先提倡的。

有关远古中国的历史记载

中国记载远古历史的书籍很多，其中重要的有《尚书》、《诗经》、《山海经》、《史记》及《竹书纪年》等。

《尚书》据说是中国最古记言、记事的书，年代包括远古时在黄河流域发展出来的几个朝代，如传说中的唐尧、虞舜，和比较可信的夏、商、周，内容则包括了征伐、诏书、祭典、君王言行等。记录这些的人应当是史官，但不一定是记录当代，而有可能是后代史官根据传闻追记的。有人说孔子曾经删削、编辑《尚书》，不过并没有足够的证据支持这样的说法。

《诗经》据说是由周王朝派官员在全国各地采集远古时代以来的诗歌或歌谣，年代从商朝到春秋时代中期。《诗经》至今仍然留存了三百零五篇，其中有些是各国的民谣，称为"风"；有些是在庙堂上或宴会用的乐歌，称为"雅"；又有些是国君在祭祀祖先时所用的，称为"颂"。风、雅、颂因而不但是文学，也是翔实的古代历史。也有人说孔子曾经删削、编辑《诗经》，不过同样无法确定。但我们可以确定的是，孔子教导学生时引用了许多《尚书》和《诗经》的内容，在后来这两本书的版本都找得到。

一般认为《山海经》在战国时代就已经有了，而在西汉时才成书。《山海经》里充满了神话故事，例如盘古开天、神农采药、黄帝大战炎帝和蚩尤、夸父追日、后羿射日、嫦娥奔月，等等。许多历史学家争论《山海经》的来历，对内容也存疑，可是这些传说在后世已深入中国人的心中，成为中国文化中极重要的一部分。

《史记》是由西汉时的史官司马迁（公元前145—前87年）单独撰述的，从黄帝开始写起。

《竹书纪年》是一本极为奇特的书。晋武帝时（约在公元279年）在河南汲郡有一个名叫"不准"的盗墓人挖开战国时代魏襄王（死于公元前296年）的墓，发现大量的竹简，后来经过分别整理、发表，统称为《汲冢书》；其中有一部分是魏国史官所撰述的历史，称为《竹书纪年》。这书采用编年体，而从夏朝开始记载。

综合古代的传说和史书记载，中国在远古时候曾经有许许多多的部族散居各地，其中神农氏一族被推为共主。但神农氏逐渐衰败，各部族对神农氏的领袖炎帝十分不满，并且开始互相侵伐，其中由蚩尤所领导的部族集团尤其强盛。这时有一个有熊氏的部族领袖轩辕氏（即是黄帝）起而联合其他各个部族，一举击败炎帝，吞并了神农氏。黄帝接着调集各部族，与蚩尤在涿鹿（有说是在河北涿鹿，也有说在山西解县）决战，杀了蚩尤，将蚩尤的部众赶出黄河流域之外。

新石器时代的考古发现

考古学家在中国发现许多新石器时代文化的遗址，并且分别传承，至少有四条清楚的脉络。

其一，在河南省中部发现有裴李岗文化，在其北方也发现有磁山文化，距今大约都是八千年。这两个文化都已经发展出农业，一般相信就是后来仰韶文化的前身。仰韶文化在距今约五千至七千年之间发展，其特色是遗址中有很多涂上彩绘的各种红色陶器，所以也称为"彩陶文化"。据统计，至今中国全境挖掘出来的仰韶文化遗址超过五千处，东起河南，西至青海，共分布在九个省，而以陕西、甘肃、山西、河南为最多。仰韶文化的代表，除了河南渑池县的仰韶村遗址之外，还有在陕西西安的半坡遗址，而在甘肃省临洮的马家窑文化是仰韶文化向西传播的一个重要分支。

其二，在内蒙古西辽河流域的赤峰市附近有兴隆洼文化，距今也有八千年；在同一地区后来又发展出红山文化，距今五六千年，并且延续了两千年之久。

其三，在长江下游有一个河姆渡文化，有七千年的历史；在大致同一地理位置上，距今五六千年又有马家浜文化及良渚文化接连发展出来。但良渚文化在距今约四千年前却突然消失了。

其四，在山东泰安有大汶口文化，出现于六千五百年前，持续了大约两千年，然后又发展成为著名的山东龙山文化，其特色是遗址上发现有许多胎质很薄的黑色陶器，所以又称为"黑陶文化"。事实上，这种黑陶在大汶口文化后期已经出现了。龙山文化最初是在山东历城县龙山镇的城子崖出土的，不过后来发现在前述的河南、陕西、甘肃等地也都有龙山文化发展出来，而和仰韶文化一样，地理分布极广。一般认为河南龙山文化是直接从仰韶文化发展出来的，并且有可能比山东龙山文化发展更早。部分学者从这些现象得到一个推论，那就是生活在新石器时代后期的各个不同文化之间可能已经有十分快速的交流了。

上述各个地区的文化各有特色，而都能种植谷物，驯养家畜，制作陶器，用火烹饪，养蚕织布，并且能雕琢精美的玉器。此外，在长江中游的湖南省澧阳县有彭头山文化出土，距今超过八千年；在重庆市的巫山县也有大溪文化遗址，距今约六千五百年。考古学家在彭头山遗址中发现大量的稻米、稻壳，因而指出这可能是中国甚至是世界上最早的稻米耕作发源地。

考古学家在各地的发现说明了一件事，中国在新石器时代其实是有许许多多的部落国遍布在华北及华中，并不只是在黄河流域而已。

不过一般认为，仰韶文化、大汶口（龙山）文化及河姆渡文化是中国古代三大主流文化，分别代表了华夏族、东夷族及苗蛮族的起源。前述中国的神话传说和史书记载的黄帝、炎帝及蚩尤其实未必真有其人，但有人主张黄帝和炎帝这两个名字就是华夏族和东夷族的代表；至于蚩尤，许多史书上提到是九黎族的领袖，也就是苗蛮族的代表。

《史记》里面记载黄帝之后的朝代如唐尧、虞舜、夏、商、周的祖先无一不是黄帝的后裔。因而，中国人很自然地渐渐公认黄帝是祖先，并承认炎帝也是祖先，因而自称是"炎黄子孙"，而很少会说是蚩尤的子孙。实际上，很难说中国人的血液里，到底有多少是炎帝及黄帝的成分，又有多少部分是蚩尤传下来的。

这种只愿意承认成功者才是祖先，而不提失败者也是祖先的选择性说法，不只发生在中国人身上，也几乎发生在世界上所有其他的民族身上。二十世纪有一位英国的历史人类学者古立弗（P. H. Gulliver）在研究游牧民族的家族谱系之后，发现每当一个父亲死后，后继的儿子所宣称的家族史纵然与父亲以往所说的不同，却往往成为此后的统一版本。"过去的事实"因而可被选择性地遗忘，或被篡改。古立弗称此现象为"结构性失忆"（structural amnesia），不但可以用来说明游牧民族的家族谱系，同样也适用于世界上几乎所有民族起源的神话。

青铜器时代

新石器时代大约在距今五千年前结束，进入"青铜器时代"，并且同样在世界各地发展。

1928年起，考古学家陆续在河南安阳挖掘出古文明的宫殿、屋宇和坟墓的遗址，并证实河南安阳曾经是古代"殷商"的首都。因此这遗址被称为"殷墟"。殷墟文物中有大量用青铜铸造的礼器、兵器及各种工具。1959年，考古队在河南偃师二里头又掘出大宫殿遗址，经过考证，被认为是更早的"夏朝"首都。二里头文化也曾挖出青铜礼器和铸铜的作坊。在二十世纪初原本有部分中外历史学家怀疑中国的夏、商两朝根本不存在，至此证明不是虚构的。

1980年代，四川成都附近广汉的三星堆遗迹出土，震惊全世界，吸引了所有的考古专家注目。三星堆文化距今约四千八百年至二千八百年，延续时间长达两千年左右，等于是跨越新石器晚期至西周早期。三星堆出土的青铜器非常精美，可是有一部分的造型设计，如青铜面具、青铜立人、青铜鸟、青铜树等，极为奇特大胆，和黄河流域出土同时期青铜文物的婉约古朴，大异其趣。

青铜器文化在殷商时期发展到一个高峰，精美而量多，实际上遍布各地，依据现代中国考古及历史学家李学勤先生的说法，发现的范围"北到内蒙古，东到海，西至陕西，南至广西"。这再次说明一件事，中国古代黄河流域文明一枝独秀的说法有待商榷。

考古学家曾在前述西辽河一带的红山文化遗址发现一些中国最早的龙形玉器，雕琢简单而生动，因而认为中国的"龙文化"就是发源于此。红山文化之后，同一地区在公元前2200年起又发展出夏家店文化。约在同一时间，在现今甘肃、青海一带，有齐家文化继马家窑文化而起；约在同一时间，现今内蒙古的鄂尔多斯高原又有朱开沟文化等出现。夏家店文化、朱开沟文化及齐家文化都以农业为主，也都能制造精致的青铜器。三者的地理位置分别在现今蒙古草原的东部、南部及西南端,而被考古人类学家一并称为"草原青铜文化"。

但考古人类学者接着研究"草原青铜文化"遗址后期出土的作物、家畜骨骸及器物,却发现后来这些以农业为主的聚落竟不约而同地逐渐消失而转为半农半牧,到最后干脆弃农而转为专业游牧。据研究,其原因主要是北方气候在公元前2200年开始发生变迁,变得又干又冷,达一千年之久。这些地区的农耕生活方式事实上已经无法继续了。此一转变与中国北方后来匈奴、鲜卑、羌等游牧部族的兴起有重大的关系,至于其转变发展的经过,请容在第6章中再详细叙述。

中国文字的起源——甲骨文及金文

在考古学家挖掘所得到的新石器时代末期的陶器中,有一部分出现了一些纹样或类似符号的刻画。许多学者认为这就是汉字的起源,但也有一部分人不同意。不过我们可以确定地说,中国的文字在青铜时代出现了重大的发展。

考古学家在挖掘前述的殷墟遗址时,发掘出十几万片龟甲和兽骨,上面刻有文字,考古学家称之为"甲骨文"。上古以来,黄河流域的先民无不信奉鬼神。部族的领袖经常举行隆重的祭典,透过巫师恭恭敬敬地请问鬼神各种军国大事;即使是居家、出游、行猎等,也常要占卜。根据研究,古代巫师是先用利器在甲骨上刻划,再以火炙烧甲骨,然后察看裂痕,以猜测鬼神的意思。最后,又将事件经过也记录于裂痕旁边。根据统计,甲骨文总共有将近五千个单字,至今学者只能认出其中大约三分之一而已。

殷商及周朝用青铜制作了许多钟、鼎及剑,作为祭祀用的礼器。这些礼器上面不仅有精美的纹样图画,后来还开始出现了文字,被称为"金文",或是"钟鼎文"。礼器上金文的字随着时间发展而越来越多,从几个字发展到几十字,到了周朝初年已经有长到四百多字的。甲骨文及金文无疑都是研究中国古文字起源和古代史的重要史料。

以下根据史书记载及部分现代人的见解,大致简单叙述夏、商、周三代。

夏朝

传说黄帝征服黄河流域各部族之后，传了几代，传到尧；尧又传给舜。尧曾经派舜带部队去征伐四方不服从的部族。夏朝的开国君主称为"大禹"，是有夏氏部族的首领。大禹的父亲"鲧"奉舜的命令去治理黄河水患，历时九年，一事无成而被处死。舜改派大禹去治水。大禹治水历经十三年，过家门而不敢进入，最后终于解决了水患。舜又派大禹带兵四处征伐，驱逐南方的三苗野蛮部族，大幅扩充了领土。据说三苗源出于九黎族，也就是苗蛮族的后裔。

苗蛮族被中原的华夏势力多次驱逐，只得四处逃散。其中有部分往西方，到陕西西部、甘肃等地；有部分往南方，到福建、广东、广西、贵州、云南一带，甚至有到达现今东南亚一带。也有人被迫渡海，到海南岛和台湾，成为当地原住民的祖先。

舜当初是由尧举荐，又经过各部族酋长推举而继任为领袖。中国的史书将此一过程美化，称为"禅让"。大禹屡建大功，因而顺理成章地受舜"禅让"，继任为领袖。大禹年老时，也照例推荐继任者。他选择了"益"，但各部族的酋长们却舍弃益而追随大禹的儿子"启"。部分历史学家推测，有可能是启暗中排挤益。启就任后，支持益的各部族不服，起兵反叛，但是都被镇压了。后来启又传给儿子太康，于是父传子，子传孙，中国家天下的世袭制度就一直传下来了。

夏朝后来逐渐衰败，传到最后一代君主"夏桀"，是一个有名的暴君，而被"商汤"推翻。根据中国在1996年至2000年之间动员二百多位专家学者而推动的"夏商周断代工程"所得到的结论，夏王朝的起讫时间，是在公元前2032年至前1600年，共约四百三十二年。

商朝

商朝自称他们的祖先名字叫做"契"，也曾帮助大禹治水有功。契之后传了十几代，传到了汤。汤受夏桀任命为"方伯"，专门负责带兵征讨不服从的部族，因而势力渐渐扩张。夏桀骄奢淫逸，使得百姓不满。大臣关龙逄尽心劝谏，却被处死。汤于是有了取代夏朝的野心，反过来趁机与各部族结盟。最后，商汤声称："夏氏罪恶满盈，上天要灭亡他。我敬畏上帝，不敢不遵从上天的旨意。"(《尚书·汤誓》)汤遂出兵击灭夏朝。

《尚书》和《史记》都记载商朝传到商汤的嫡长孙"太甲"时，发生一件大事。太甲暴虐无道，开国元老伊尹将太甲流放于桐宫，自己摄政当国。太甲在桐宫三年，深自悔过。伊尹于是迎回太甲，归还政权。太甲果然洗心向善，诸侯归顺，百姓安宁。然而，《竹书纪年》对于这一段历史的记载却完全不一样，说是伊尹篡位为王，太甲后来杀了伊尹而重登王位。有部分学者认为《竹书纪年》中有许多记载十分血腥，可能比较接近事实，反而怀疑《史记》记载过于完美，可能是在司马迁之前这段历史已经被刻意篡改过了。不过近代殷墟出土的甲骨文资料显示，殷商到亡国以前，每一代国王都一直祭祀伊尹，没有中断过。许多历史学家认为这间接证明伊尹不曾篡位。

夏朝和商朝都常常迁都。有人认为这两个朝代之所以一直要迁都，是由于中国北方许多游牧部族兴起，造成强大的威胁。但也有学者，如《中国青铜时代》的作者张光直教授，认为迁都主要是为了追逐铜矿。青铜用于铸造礼器及兵器，在当时正是维持政权最重要的两件事。当国都附近的青铜矿采尽时，王朝只得搬迁到另一个附近有铜矿的新国都去。商朝一直到第二十任君主"盘庚"在位时（公元前1300年左右），才定都于殷（今河南安阳），从此不再搬迁。

商朝渐渐因腐败而衰落，最后传到了"纣王"，也是一个历史上的著名暴君。他不但聪明，又气力过人，不过骄矜自满，喜爱炫耀自己而不听劝谏。据说纣王宠爱一个绝世美女妲己，因而不理国事，只是每日在宫中与妲己玩乐，以酒为池，悬肉为林，使男女裸露嬉戏，通宵达旦。他又加重赋税，百姓不堪负荷。大臣有劝谏的，纣王即用铜柱加炭火烧热，作炮烙之刑。

当时商朝有微子、比干和箕子等三位贤臣，都来劝谏。微子是纣王的同父异母哥哥，劝了几次而无效，决定离开。比干号称圣人而性情刚烈，强烈劝谏而不管纣王是不是要听。纣王大怒，说："我听说圣人的心有七窍，不知道是不是真的？"命令剖开比干的心来看，比干因而惨死。箕子是纣王的叔父，劝谏不成后，披头散发，假装疯了，结果还是被下到牢里。

人民渐渐对纣王忍无可忍。最后，在西岐（今陕西岐山）的周部族领袖姬发与其他各部族首领共同起兵。纣王兵败，自焚而死。商朝的起讫时间大致在公元前1600年至前1046年，立国五百五十余年。姬发立国号为"周"。

夏桀和商纣之后，"桀""纣"两个字在中国就成了荒淫无道的暴君的代名词。桀和纣是否真的如历史记载中那样的凶残？早在春秋时代孔子的弟子子贡就已经提出了质疑，认为可能因为纣是亡国之君，所以后代的人就把一些不是纣所犯的错也算在他的头上。纣因而恶名昭彰，但实际上未必如此之恶。

西周的起源与建国

周朝自称他们的祖先名叫"后稷"，在帝尧的时候曾经负责教导人民耕种，姓"姬"。据考证，周人的祖先居住在现今山西一带。正当前述华北的草原青铜文化受气候变迁的影响而纷纷弃农转游牧时，周人不得不也跟着成为牧人。经过了数百年，在盘庚迁都于殷之前，周人迁移到豳（今山西汾水流域），并且恢复了农耕生活。又过了大约两百多年，传到了"古公亶父"。

在豳的四周有许多游牧部族，如鬼方、犬戎、荤粥等，都十分强盛。古公无法抵御，于是又带了部分族人跋涉千里，往西而去，抵达岐山脚下（在现今西安市西方，后来称为"周原"）。岐山邻近有一些半农半游牧的羌人居住，同样势力强大。古公于是与其中的一支姜姓部族联姻，建立姬姜同盟，共同开辟土地，而逐渐强盛起来。

《史记》记载，古公有嫡长子名叫太伯，次子名叫仲雍，另有一个姜生的小儿子季历。季历有一个儿子名叫"昌"，在出生时有不寻常的祥瑞征兆出现。古公说："曾经有预言说，我们姬姓这一族将会兴盛起来，是不是就在这一个孙子昌的身上应验呢？"姬昌逐渐长大，聪慧过人。当时社会的习俗都是父亲传给嫡长子，再往下推，而庶出的子孙是没有地位的。太伯和仲雍知道父亲有意把族长的位置传给季历，再传给昌，却又说不出口，于是自愿把族长的继承权让给季历，但古公亶父不肯接受。两人让了三次，古公还是不答应。太伯和仲雍就悄悄一齐出奔，离开西岐，到了南方荆蛮之地（今江苏苏州附近），文身断发，成为后来春秋时代吴国的先祖。

不过有一些近现代的历史学家怀疑，荆蛮距离西岐实在太远，太伯出奔应该不会跑到这么远的地方。若是如此，太伯究竟到了哪里？部分历史学家又根据近代考古所得提出推论，而各有不同的看法，至今还在争辩中。总之，有些历史学者认为史书所记载的并不一定是"历史事实"，而可能只是一种"历史记忆"。吴国后来突然在荆蛮崛起，便是利用太伯出奔这个"历史记忆"加在自己的家谱世系上，借以攀附华夏世胄，提高自己的家世地位，并且得到其他国家的承认。

回到《史记》的记载。姬昌长大之后，果然继位为族长，而国势越加强盛。纣王的大臣进言，认为西伯昌将不利于殷商。纣王于是召见西伯昌，把他囚禁在羑里（在今河南安阳汤阴县）的大牢里。西伯昌的臣子们费尽心机，送美女及奇珍宝物给纣王。过几年西伯昌才终于被放出来，返归故土，而决心要推翻商朝。

西伯昌有一次出外行猎，遇见一个年纪已经七十岁、须发俱白的隐士姜尚（或称吕尚），正在渭水边垂钓。他上前与姜尚说话，大喜，说："我的太公（即古公亶父）曾经预言将有圣人出世，前来协助我。我的太公盼望先生已经很久了。"于是以姜尚为师，称之为"太公望"。太公望为西伯昌招兵买马，策划权谋奇计，与许多部族结盟，以孤立商纣，而奠定周朝取代殷商的基础。"姜太公钓鱼"的故事至今仍然流传，在中国几乎是老幼皆知。

西伯昌死后，儿子姬发继位，得到越来越多的部族支持，却一直按兵不动。最后，有消息传来，殷商三贤臣中一个逃离，一个被杀，一个装疯之后被囚禁。姬发终于等到了时机，于是说："殷有重罪，不可以不讨伐。"下令出兵，在牧野一战而胜，推翻了商朝。

周公与封建制度

历史上称西伯昌为周文王，姬发为周武王。武王克殷后不到两年就死了，传位给年幼的儿子姬诵（即是成王），但因为国家刚刚成立不久，仍然处于非常不安定的状态，于是指定四弟姬旦（后世称之为周公）摄政当国。武王其他的弟弟管叔、蔡叔却不服。纣王的儿子武庚和殷商旧势力趁机唆使，又联合鸟夷族（即东夷族）一同起兵叛乱。周公于是率兵东征，经过三年，终于平定叛乱，功成凯归。周公同时也并吞了原先鸟夷族所居住的河北、山东地区，鸟夷人四处逃散，其中有部分成为后来越国、秦国的祖先。

当初武王灭殷之后，将疆域分封给自己的兄弟和功臣谋士，皆为诸侯。周公班师回朝之后，又重新分封诸侯。中国之有封建制度从此开始，此事对后世影响巨大而深远。夏朝与商朝虽然是家天下，但国家之中有千百个大小不一的部族，王朝只是一个共主，并未能真正完全掌控。周朝利用分封姬姓子弟和功臣以压制或吞并各地区的部族，统治因而更加有效。

周公也制定国家、诸侯及民间的礼仪规范，以及各种祭祀、典礼所用的音乐。在土地及田赋制度方面，周公始创"井田制"。国家规定，将四方形的农地均分九等份，将其中外围的八份分配给八家农户，由各家自行耕种，自行收割。四方形农地中央的那一块是公田，由各家共同负责耕作，其收获的谷物归国家。周公制礼作乐和创设井田制度这两件事的影响更是深远，是后代礼制与田赋制度的重要源头。

西周灭亡

黄河流域的居民从事农耕，而四邻的游牧部族，或是半农半牧的混合经济人群却常常因为资源不足而必须抢夺这些农人蓄积的粮食、牲畜。两者之间因而发生战争，历数千年而不断，构成了中国历史发展上的一个主轴。黄河的农业文明在与游牧的部族对抗中渐渐产生优越感，并且自认为是世界的中心，开始自称是"中国"。相对地，其他部族所居住的是边陲地带。殷商对四邻还使用中性的字"方"来称呼，例如羌方、土方、鬼方等。但是到了周朝，对四邻就全面用有贬抑性的文字来称呼，在东方的野蛮人称为"夷"，西方称为"戎"、北方称为"狄"、南方称为"蛮"。

周王朝的政权极为稳定，但是西北方的游牧部族"戎"、"狄"武力强大，仍是心腹大患。周成王死后约二百六十年，传到周幽王。周幽王废掉太子宜臼及太子的母亲申后，而另立他所宠爱的美女褒姒为后，以褒姒所生之子为太子。宜臼逃往申国投奔外祖父申侯。申侯勃然大怒，立即联合犬戎发兵攻打周朝。公元前771年，犬戎由于有内应而攻破镐京（陕西西安），在骊山下杀了周幽王，焚烧宫室，掠夺百姓，然后扬长而去。

太子宜臼继立为王，是为周平王。周平王在整个事件当中有杀父篡位的嫌疑，不忠不孝，虢国的国君因而不奉诏，另立一个王子，称为"携王"。局势遂从废立太子、王后的事件转为流血政变，又从流血政变转为内部继承王位之争，诸侯们接着分裂成两个不同的阵营。当时晋、秦、郑等国都为了各自的利益而站在周平王这边，晋国甚至出兵杀了携王而占领河西之地。东方齐、鲁、燕等几个诸侯却不齿周平王，拒绝再朝贡。平王惧怕犬戎，也不敢继续住在镐京，由秦国的军队护送，迁都到雒邑（河南洛阳），不过已经没有武力，无法再控制诸侯。诸侯从此强凌弱，大并小，开启了战乱的时代。

史家将周王朝一分为二，以平王东迁为分界，之前称为"西周"，之后称为"东周"。西周自武王伐纣至幽王被杀（公元前1046—前771年），共十二王，立国二百七十五年。东周自平王之后，继续存活了五百一十五年，一直到公元前256年才被秦国灭掉。

上述的这一段历史，如果单单用周幽王宠爱褒姒，以至于国破人亡来叙述，可能是过于简化了。台湾的历史学家王明珂先生曾经提出一个"华夏边缘"的观点，据以做更深一层的分析。周武王推翻殷纣之后，周人已经逐渐往东移动而"东方化"了；周王朝与西戎之间的关系，越来越倚赖姜姓羌人来维系。申国就是这样的一个姜姓羌人国度，但申国也因而对周王朝产生越来越大的影响力，使得周王朝渐渐想要摆脱掉。

《史记》记载，周孝王时（公元前899—前878年），有一个戎人领袖大骆的儿子"非子"曾经为周孝王养马，成功地蓄养出一大群好马。周孝王高兴极了，于是建议大骆以非子为继承人，取代原来的嫡子"成"。但当时的申侯反对此事，因为成就是申侯的女儿嫁给大骆所生的。申侯一半请求，一半威胁周孝王不可废掉"成"，否则无法再继续为周王朝以婚姻维系和西戎之间的关系。周孝王虽然不得不收回提议，却说非子的祖先姓嬴，也曾经为舜养马而获得土地，因而赐给非子一块称为"秦"邑的土地，命令非子继续奉祀嬴氏。秦国因而是由周王朝一手扶植起来的附庸国，与申国同处于华夏和西戎的族群边缘上，除了防备西戎，还对申国产生牵制的作用。

比起一百多年前发生的故事，周幽王废掉申后和宜臼这件事无疑是严重多了，因为前者只是个提议，后者已经造成事实；前者只不过是想要废掉戎王的嫡子，后者竟是周王朝废掉自己的太子，而受害者都是姜姓的羌人部族。申侯自然认为祖先代代传下来的姬姜同盟关系已经被弃如敝屣，无法再忍受了，因而有后来的悲剧产生。

秦国在犬戎之乱时出兵奋力救周王朝而有大功，又护送周平王到雒阳。周平王因而把岐山以西的土地，也就是他自己无法继续经营的故土，全部都赐给秦国，并且封秦国的国君为诸侯，是为秦襄公。秦国从此与各大诸侯平起平坐，名正言顺地为周王朝守护西陲，势力越来越强。当初周孝王封非子于秦邑，可能想不到非子的后代竟会在六百多年后取代周王朝而统一中国吧。

第 2 章

远古的中国：从春秋、战国分裂到秦朝统一

周平王东迁之后，进入了东周时期，历史学家又将此一时期分为两段，前一段是"春秋时代"，后一段是"战国时代"。

春秋时代

春秋时代是因孔子的著作《春秋》而得名。这部书记载了从鲁隐公元年（公元前 722 年）到鲁哀公十四年（公元前 481 年），前后共二百四十二年的历史。

春秋时代尚未开始，诸侯已经在互相攻伐，强凌弱，大并小。各诸侯国内的权臣也是违法乱纪，篡位弑逆的事件不断发生。《春秋》记载弑君事件总共三十六件，亡国有五十二个，说明各国间战争之惨烈和各国内部斗争之激烈。孔子因而感叹"君不君，臣不臣，父不父，子不子"，意思是国君不像国君，臣子不像臣子，父亲不像父亲，儿子不像儿子。事实上周平王就是第一个涉嫌弑父而篡位的君主，做出不良的示范。

孔子于是发愤著书，除了记叙史实之外，还有自己的一套道德标准贯通全书，用以褒扬施行仁义者，而贬抑乱臣贼子。有些诸侯未经周王朝承

认就自行称"侯",称"公",甚至称"王"。对此孔子认为是僭越,在《春秋》中一概不承认。大臣在诸侯国内篡位后,无不对外说一大堆冠冕堂皇的谎话,而孔子直接记录为"弑君"、"篡位"。孔子这样的正统中心思想,即是所谓的"春秋大义"。这对后代史官记录时事及帝王言行时的态度发生了巨大的影响。后代有许多史官为了维护正统,保持史料记载的正确和独立性,宁死也不肯对手握大权的人屈从。

春秋五霸

战乱的时代也是霸主产生的时代。"春秋五霸"正是这时期陆续出现的五个霸主。霸主通常是以政治及军事力量主宰国际局势,其做法不外尊王、攘夷、制裁篡逆和兼并。所谓"尊王",就是尊重并扶持周王朝;所谓"攘夷",就是抵御或排除夷、狄部族的侵略。

通常的说法,"春秋五霸"是指齐桓公、晋文公、宋襄公、秦穆公及楚庄王,但是也有很多其他说法。事实上谁是五霸并无多大意义,重要的应该是探究这些历史人物的事迹,而从他们的事迹中窥知当时各国政治的安定与混乱,各国间的军事和外交谋略,种种的社会现象,以及当时人们心中所秉持的价值观。以下选择其中三个比较具有代表性的霸主来叙述。

■齐桓公(公元前685—前643年在位)

齐国是周王朝建国第一功臣太公望吕尚受封的诸侯国,位在现今的山东半岛。由于靠海而有渔盐之利,土地肥沃适于耕作,齐国自始就是一个强盛的诸侯国。

齐国数传至齐襄公,昏乱无信,滥杀无辜。齐襄公的两个弟弟为了避祸,分别逃往国外。其中子纠奔往鲁国,小白奔往莒国。子纠和小白各有师傅兼谋士,分别是管仲和鲍叔牙。不久,齐国发生内乱,齐襄公被弑。消息传出,鲁国和莒国分别火速发兵送子纠和小白返回齐国,以接任王位。小白先至,被拥立为王,即是齐桓公。过了几天,子纠才到齐、鲁边境。齐、鲁接战,鲁国大败。鲁国在齐国威胁之下,只好杀死子纠,并将管仲绑送到齐国。

管仲与鲍叔牙原本是至交好友,只是各为其主,不得不相互攻杀。鲍叔牙知道管仲的才能远远超过自己,于是劝桓公不要杀管仲,并强力推荐管仲出任齐国宰相,自己反而愿意屈居在管仲之下。管仲年轻时家境贫穷而有大志,但是屡次替鲍叔牙办事却办不成功,又曾经三次做官,三次狼狈下台。鲍叔牙却不认为管仲愚笨,或是无能,知道时机有利与不利,也有时机尚未来到的情况。管仲因而自己说:"生我者父母,知我者鲍叔。"

管仲当政以后,劝齐桓公讲究诚信,行霸王之道。齐桓公五年(公元前681年),鲁国将军曹沫率兵与齐国打仗,三战三败。鲁国国君被迫割让土地给齐国。曹沫却趁两国国君盟会时突然用匕首劫持齐桓公,要求归还鲁国土地。齐桓公被迫同意,刚刚答应,曹沫立刻把匕首丢在地上,回到自己的座位上,仿佛不曾发生这件事一样。齐桓公大怒,想要反悔。管仲说:"大王虽是因为被劫持而答应,但是如果贪图小利而违弃承诺,如何能取信于天下呢?"坚持归还鲁国土地。各国诸侯听说后,全都敬重齐国,齐桓公的霸业于是开始。

管仲又劝齐桓公尊王攘夷,匡正天下。北方蛮族山戎侵犯燕国,齐桓公带兵救燕,驱逐山戎。鲁国国君被臣子弑杀,齐桓公派兵诛杀逆臣,帮助鲁国另立国君。南方楚国对周王朝不敬,管仲联合诸侯出兵,逼楚国国君谢罪,承诺改正。齐桓公三十五年(公元前651年),齐国大会诸侯于葵丘(今河南陈留)。周襄王隆重地派使者赐礼器、朝服等给齐桓公。齐桓公之所以能够称霸天下,应该归功于管仲;而管仲的成就,应该归功于鲍叔牙的度量和识人之明。

■晋文公(公元前635—前628年在位)

晋国在现今山西及部分河南省地区。晋文公的名字叫重耳。他的父亲晋献公有八个儿子,其中太子申生、重耳和夷吾都很有才干。申生的母亲是齐桓公的女儿,重耳和夷吾的母亲都是蛮族翟戎之女。晋献公年纪大了以后却宠爱美人骊姬和她所生的儿子奚齐,有意废掉太子,并疏远其他的儿子,于是把申生、重耳和夷吾都赶到边城去。

骊姬为了要让儿子继承为王，设下毒计迫使太子申生自杀。重耳和夷吾也都畏惧而逃亡。晋献公死后，奚齐继位，但是国内发生一连串的政变，结果是夷吾回国继位。重耳带着家臣如赵衰、狐偃等一同流亡，遍历十几个国家。有些诸侯对他无礼对待，有些要暗害他；有些备极礼遇，有些直接问他将来要如何回报。夷吾视重耳为大敌，怕重耳有一天会回国争位，不断地派刺客追杀他。重耳受尽千辛万苦，尝尽人间冷暖之后，最后终于得到秦国国君秦穆公的支持，借兵回到晋国，杀掉夷吾的儿子而登上王位。夷吾和他的儿子都曾经见利忘义而背信，使得秦穆公怀恨至深，因而决定帮助重耳。

晋文公四十三岁出亡在外，经过十九年才回到故国，登上晋国国君之位时已经六十二岁了。他立刻封赏群臣，说："引导我行仁义，不使我贪图小利的，受上赏。流亡时辅佐我，让我终于成为国君的，受次赏。冒矢石的危险，有汗马之劳的，受再次赏。卖力跟着我，却对我的缺失没有什么补正的，受又次赏。"晋国臣民都心悦诚服。

晋文公有志于霸业。在他即位后第二年，周王朝发生动乱，周襄王逃到郑国。晋文公不顾晋国刚刚才安定，与秦国一同出兵平定周王朝内乱，护送周襄王回京城。楚国强盛而不尊周王室，侵略宋国。晋文公联合齐、秦等国在城濮（今山东濮县）大败楚国军队。晋文公率诸侯朝见周襄王，获赐礼器、旌旗，于是成为新的中原霸主。

■ 秦穆公（公元前659—前621年在位）

秦国原本是属于鸟夷族，并不是西周初受封的诸侯之一。秦国的祖先姓嬴氏，在周孝王时（约公元前900年）搬迁到现今陕西、甘肃地方，开始为周王朝养马。犬戎杀周幽王时，秦人拥立周平王，护送周平王东迁，并趁机占据西岐之地。周平王封嬴氏为诸侯。

秦穆公在接任秦国国君后，求才若渴。当时秦、晋联姻，晋献公将女儿嫁给秦穆公为妻，而把他先前灭掉的一个小国家虞国的大臣，名叫百里奚，当作陪嫁。百里奚半路上逃走，却在楚国被人抓去当奴隶。秦穆公听说百里奚是一个极有才能的人，派人去把他接回来。使者怕出太高价引起楚国人怀疑，就派人向楚国人说："我有一个陪嫁的逃到这儿，请用五张羊皮来赎他。"楚国人也答应了。百里奚到达秦国，秦穆公待以上宾之礼，和他谈了三天三夜，大喜，于是委任百里奚掌理国政。百里奚因此号称"五羖大夫"，是五张羊皮换来的大臣。秦国遂因为秦穆公重视人才而成为一等强国。

犬戎一向是秦国的大患。秦穆公送美女、歌舞伎给犬戎王，犬戎王于是天天玩乐，荒废国事。大臣由余劝谏无效，犬戎王反而逐渐疏远由余，正中了秦国一石二鸟之计。秦国进一步派人游说由余，由余于是投奔秦国，反过来为秦穆公谋划策略。秦国因而彻底击垮犬戎，开辟陇西地区达千里之广，成为霸主。周天子遣使送金鼓到秦国，庆贺秦穆公的丰功伟业。

秦穆公在位三十九年，死后依习俗而让许多妻妾、贵族及大臣陪葬，共一百七十七人，其中有三个是同一家族姓子车的贤臣。秦国的人民都悲哀极了，做了一首诗《黄鸟》来哀悼。这首诗被选录在《诗经》里。歌词分三段而重复，是这样写的（译文）：

> 黄鸟飞来飞去，停在枣树林里。
> 是谁陪着穆公？是子车奄息埋葬在这儿。
> 这叫做奄息的人啊，比一百个人还要能干；
> 走近他的坟墓，不由得使人悲哀。
> 苍天啊，苍天！杀了这样的好人；
> 如果可以赎回来，替他死一百次也愿意。
>
> 黄鸟飞来飞去，停在桑树林里。
> 是谁陪着穆公？是子车仲行埋葬在这儿。
> 这叫做仲行的人啊，比一百个人还要强悍；
> 走近他的坟墓，不由得使人恐惧。
> 苍天啊，苍天！杀了这样的好人；
> 如果可以赎回来，替他死一百次也愿意。
>
> 黄鸟飞来飞去，停在荆树林里。

是谁陪着穆公？是子车针虎埋葬在这儿。
这叫做针虎的人啊，比一百个人还要豪迈。
走近他的坟墓，不由得使人战栗。
苍天啊，苍天！杀了这样的好人；
如果可以赎回来，替他死一百次也愿意。

贤臣既尽，后代的国君又不如，秦国就渐渐衰败了。

战国七雄

晋国是春秋时期的大国，到了后期，国家却被六个大臣分据，称为"六卿"。经过连环不断的权力斗争，最后由韩、赵、魏三家大夫胜出，而于公元前453年瓜分晋国。晋国国君自此有名无实，只是虚位而已，周威烈王二十三年（公元前403年），韩、赵、魏三家获得周王朝承认，各自独立为诸侯国。许多学者认为战国时代由此开始，但也有学者主张应该从公元前453年起算。

战国时代刚开始时，中国境内尚有三十余国，但真正强国只有七个，即韩、赵、魏、齐、楚、燕、秦，合称"战国七雄"。其他的国家只是苟延残喘，等着被并吞。战国七雄中，齐在东，楚在南，秦在西，赵在北，燕在东北，韩、魏在中间的黄河、洛水地带。各国原本旗鼓相当，强弱互见，但是渐渐分别采取不同的内政、外交、军事及用人策略，最后导致完全不同的结果。两百多年后，已经很明显的是秦国独大了。秦国最后能一统天下，绝非侥幸。以下分别叙述各国所发生的重要变革及兴衰之间的因果关系。先从魏文侯说起。

魏文侯与李悝变法

韩、赵、魏三家分晋之后，魏国的第一任国君就是魏文侯（公元前446—前397年在位）。魏文侯也是求才若渴，十分敬重贤能之士。他最倚

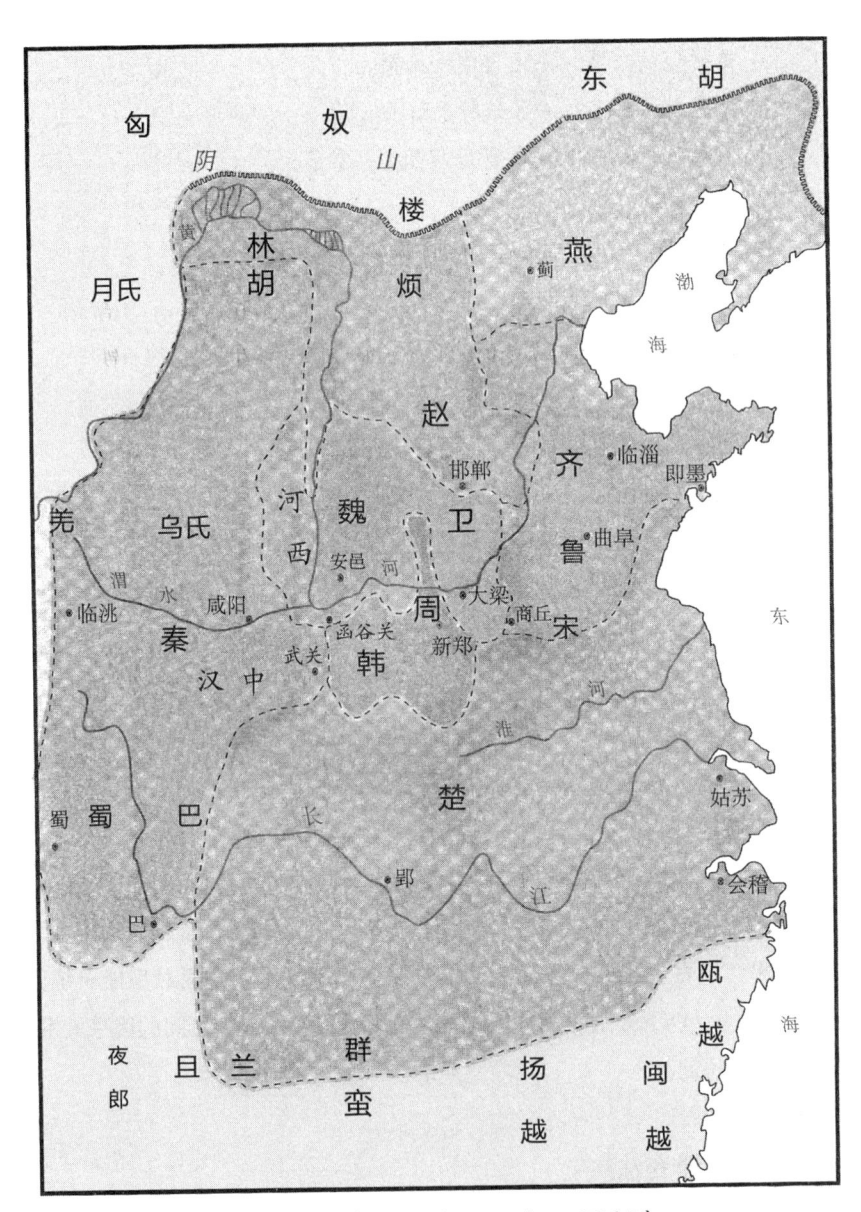

战国时期（公元前300年，局部）

重的大臣，名叫李悝，非常有智慧，官阶却不是最高。有一次魏文侯要在两个大臣间选定一人为宰相，请李悝来问。李悝回答："这是高层的事，臣官卑职小，不应谈论。"魏文侯再三询问，李悝说："这其实不难。大王只要观察他们两人平日所亲近的是什么样的人，富有的时候怎么用钱，显贵的时候推举什么人，潦倒的时候不做什么，贫困的时候不拿什么。这五个问题如果有答案，大王就不用问我了。"魏文侯听完之后立即领悟，说："寡人已经知道答案了。"

当初周公传下来封建制度，讲究世袭、礼法及井田，是贵族治国的政治体制。到了战国时代，社会和经济变化很大。农业生产力因为铁制农耕器具的发明及水利灌溉工程的进步而发生大跃进。战争规模逐渐扩大，各国有越来越多的农民加入军队，因而必须加强笼络农民。渔、盐及林业也逐渐发展，贸易日益发达。国家需要有一套新的经济及财政制度，以培植国力，并收税来支持打仗。各国都面临同样的问题，而必须寻求解决之道。

魏文侯是战国时代里第一个开始尝试变法图强的国君，而李悝是主持变法的主要人物。李悝的基本思想是"重农"与"法治"的结合。重农方面主要是"尽地力之教"，即是兴修水利，鼓励农民耕作，提高产量。李悝又订定政策，规定国家在丰年以平价购买余粮，在荒年以平价售出，如此达到平稳粮价的目的。法治方面主要是编成六篇《法经》。这是中国古代第一部完整的法典。魏国又废除维护贵族特权的世袭制度，奖励有功于国家的人，按照功劳和能力提拔官吏。

变法之后，魏国又吸引了很多谋臣、武将来投效，国力开始强盛，击败齐、楚两个强国。魏文侯的儿子魏武侯继位后，国势仍强，但是大臣之间互相排挤，人才开始流失，转投他国。魏武侯死，儿子开始称王，即是魏惠王，魏国的国势却反而迅速衰退。

孙膑、庞涓与齐、魏之兴衰

孙膑是齐国人，家学渊源，是春秋时代著名的兵法家孙子的后代，又拜兵学大师鬼谷子为师。当时鬼谷子有另一个学生庞涓到了魏国，深受魏惠王重用。孙膑学成后，也到了魏国。庞涓知道孙膑的才能远高于自己，表面欢迎，心中却十分不安，于是设计诬陷孙膑私通齐国。魏惠王大怒，下令将孙膑双腿自膝盖截断。孙膑假装发疯，勉强逃过杀身之祸，后来又设法逃离魏国。

孙膑到了齐国，在齐国将军田忌府里当客卿。战国时代各国风行赛马，国君与大臣、贵族公子常下重金赌马。有一天，田忌与齐威王及诸公子赌马，约定赌三场定胜负。孙膑请田忌下重彩，说必定能让田忌赢，田忌于是与众人以千两黄金为赌注。赛马开始后，孙膑说："请将军先用最差的马与对方第一快马对赛，用最快的马与对方次好的马对赛，用次快的马与对方最差的马对赛。"田忌果然输一赢二，赢得千两黄金。齐威王输了赛马，知道田忌背后必有人指点，追问之下，田忌推荐孙膑给齐威王。齐威王大喜，拜孙膑为军师，从此战无不胜，攻无不克。

齐威王六年（魏惠王十八年，公元前353年），魏国庞涓带兵攻赵国，围赵国都城邯郸。赵国向齐国求救。齐王命令田忌为将，孙膑为军师。孙膑的决策是"围魏救赵"。他说："魏国攻赵，国内必然空虚，我与其星夜驰往邯郸，不如直接突击魏国国都大梁。魏兵必定从赵国撤兵，赶回魏国自救。如此不但可解邯郸之围，并能以逸待劳，在半途截击魏军。"庞涓果然紧急撤兵。孙膑率大军等在桂陵（今河南长垣），大败庞涓，威震诸侯。

十二年后，魏国庞涓又攻打韩国，韩国也向齐国求救。齐威王再请田忌将兵，以孙膑为军师。孙膑说："韩、魏战争才刚开始，这时出手去救韩国，只是替韩国挡魏国的刀枪而已。不如等韩国危急了再动手。"果然等到韩国五战五败，方才出兵，而仍然是直扑魏国国都。庞涓立刻从韩国撤兵，要与孙膑一决死战。孙膑假装败退，庞涓随后追赶。孙膑设下"减灶诱敌之计"。军士原本起十万个灶生火煮食，明日减为五万个灶，隔日又减为三万个灶。庞涓追了三天，大喜，以为齐兵胆怯，逃亡过半，于是弃步兵，只以轻锐骑兵兼程追赶。追至马陵（今河南范县），道路狭隘。孙膑伏兵于两侧，并砍倒大树，剥去树皮，刻上"庞涓死此树下"几个字。庞涓于黄昏赶到，视线不清而举火观看大树上的字，两旁伏兵陡然间万箭齐发。庞涓自刎而死，魏军全军覆没。齐国从此成为东方霸主。

秦孝公与商鞅变法

商鞅是卫国人，喜好研究法律、刑罚和制度之学。魏惠王时，商鞅在魏国宰相公叔座的府里当幕僚。公叔座病重，魏惠王亲自来探望，问说："万一先生一病不起，这国家社稷我要交给什么人来掌管？"公叔座说："我有一个部属商鞅，虽然年纪轻，但有奇才，请大王就把重任交给他吧。"魏惠王听了，默然无语。惠王临行，公叔座又说："大王如果不用商鞅，就一定要把他杀掉。"惠王点点头。惠王走了，公叔座马上请商鞅来，劝他赶快逃走。商鞅说："大王如果不用丞相的话用我，又怎会用丞相的话杀我？"仍然放心地留在宰相府第。魏惠王回到宫中，说："真是悲哀。公叔宰相是不是病太重，有些糊涂了，怎会叫寡人把国家交给一个小伙子？"

不久，秦孝公（公元前361—前338年在位）下诏，广征天下贤才，希望恢复秦穆公时的霸业。天下能人异士络绎于途，都赶往秦国去。商鞅也西行到秦国，以霸王之术游说秦孝公。秦孝公决定重用商鞅，变法图强。商鞅于是公布变法内容如下：

> 奖励耕种及织布。颁布刑法。规定人民五家连保，十保相连，一家犯法，十保全部连坐。知道奸恶之事而不告诉官府的人，一律腰斩，告密者与斩杀敌人首级者同样赏赐。藏匿奸人与投降敌人同样看待。禁止私斗，违者重罚。废除世袭世禄的制度。有军功者予以重赏；无功劳者，纵然是宗室子弟，也得不到爵位。

商鞅要铁腕变法，怕百姓不信服，于是在国都南门放置一块三丈长的木头，下令如果有人能将木头移到北门，赏十两黄金。百姓觉得新奇，但都只是观望。商鞅又下令将赏金提高到五十两黄金。终于有一个人将木头移到北门。商鞅立刻给他五十两黄金。百姓于是知道商鞅令出必行。

新法颁布不久，秦国人民怨声载道，贵族尤其激烈反对。后来连太子也犯了法条。商鞅坚持王子犯法与庶民同罪，但是太子是储君，不能施刑，于是处罚太子的两个老师。一个处以肉刑，一个在脸上刻字。秦国全国人民震惊,从此没有人敢不遵行法令。变法十年,秦国大治。夜不闭户,路不拾遗。人民勇于为国打仗,却不敢私自打架。商鞅又再次变法:"废除井田制,承认土地私有,准许买卖。颁布度量衡标准。调查户口,统一税收制度。建立县制,全国置三十一县。"这次再没有人敢议论纷纷。于是秦国既富且强。

商鞅也趁魏国在马陵之战大败以后,领兵伐魏。魏惠王只能割河西地给秦国求和。魏惠王两度与当世一等一的人才错身而过,却茫然不觉。孙膑与商鞅非但不能为其所用,反而成为敌国之资。魏国从此衰败,无法再与群雄争霸。

不久,秦孝公死,秦惠王继立。秦惠王做太子时因为犯错,差一点被刑,最后连累两个老师,因而恨商鞅入骨,立即下令逮捕商鞅。商鞅当初权倾一时,不知道要急流勇退,这时才想逃亡,但全国境内无人敢收留,不禁感叹自己是"作法自毙",最终在咸阳受车裂之刑而惨死。

秦惠王虽然处死商鞅,但依然遵行商鞅的变法。以后数代国君也持续奉行,历经百年而不废。战国七雄个个都想一统天下,但多半只是得到短暂的军事胜利,实施不完整的政治、经济改革,或虽然变革而不能持之以恒。没有一国变法能像秦国如此全面而彻底,并且持续不断。战国时代才过了一半,秦国国势已经遥遥领先各国了。

合纵与连横

战国时代各国对于外交策略都十分重视。许多策士、说客因而成为各国国君的座上客。秦国既已成为超强大国,其余六国备受威胁,要如何对付秦国就成了头等大事,于是有所谓的"纵横家"。"纵"是合纵,主张六国联盟,合力抗秦。"横"是连横,主张各国对秦国单独谋和,以免受害。第一个开始倡议"合纵"的人是苏秦。他提出的说法是"六国与其各自对秦国俯首而不免被侵吞,不如结盟,对付秦国。秦国攻一国,五国共同出兵救援。有不如约定者,五国一起出兵惩罚"。各国国君无不赞同,于是成立联盟。苏秦成为联盟的"纵约长",腰挂六国相印。

然而各国虽表面联合,实际各怀鬼胎,未必会完全遵照盟约行事。当时另有一个策士张仪投奔秦国，为秦惠王筹划"连横"，利用欺骗手法，暗地诓骗各国国君，又收买各国奸臣作为内应，无所不用其极地破坏合纵。六国遂在合纵与连横之间摆荡，而渐渐合纵者少，连横者居多。

长平之战

赵国位于北方，北边面对强盛的匈奴（之前称为荤粥、鬼方等），西边又有秦国，外患特别严重，也因此对军事特别注重。赵国甚至下令废弃汉人服装，改为胡人的短衣小袖，注重骑马射箭，行军打仗。赵国士卒勇悍，历代都出名将。

公元前260年，秦昭襄王下令攻打赵国。赵国派大将廉颇在长平（在今山西长治市西南）领兵抵挡。廉颇骁勇善战，但是极为小心谨慎，采取守势，坚不出战。秦兵久攻不下，供输渐渐困难，于是派间谍在赵国散布谣言，说廉颇快要投降了，秦国就怕赵国换"马服君"的儿子赵括来代替廉颇。

马服君的名字叫赵奢，是赵国名将。秦国士卒屡次败于马服君手下，都很怕他。不过当时赵奢已经死了。赵王本来对廉颇只守不攻也不满意，又听到谣言，就决定派赵括代廉颇为将。赵括的母亲急忙去见赵王，请求绝对不可以让赵括带兵。赵王问说："寡人听说赵括不是比他的父亲马服君还要厉害吗？"赵夫人答道："先夫生前每次与小儿论兵，总是辩不过儿子，人们因此以为小儿比先夫有过之而无不及。但先夫曾叹息说，赵括只是纸上谈兵，并无实战经验，不知打仗乃是生死大事，不能轻忽。先夫又说赵括如有一日为赵国大将，赵国恐怕会因而灭亡。"赵王不听，仍然派赵括代将。赵括到了长平，立刻改变战略，易守为攻。

这时秦王已经暗暗地改派白起为秦军的统帅。白起是秦国名将，百战百胜。六国军队总共至少有百万人惨遭白起屠杀。赵括不是白起的对手，不久兵败身亡。赵军四十万人投降。白起下令全部坑杀，只留二百四十个弱卒回去报信。赵国一夜之间不知有多少个家庭破灭，不知多出多少个寡妇，个个肝肠寸断，日日夜夜悲号不止。其余五国胆战心惊，不知道下一个会轮到哪一国。

长平之战是战国时代形势的转折点，此后秦国一统天下的局势已经不可逆转了。

战国四大公子

六国单独都不是秦国的对手，合纵不成，连横又屡屡被骗，因而大多彷徨无策。当时有许多奇人异士、豪侠、说客，甚至连罪犯和鸡鸣狗盗之辈也抓住机会到各国去。有些人献奇谋，出奇计，想要一展平生志向；有些人只是要混吃混喝。这些人只有少数真正能弄到一官半职，而大多聚集到各国的贵族公子门下，没有任何正式官职，因此通称为"宾客"或"门客"。贵族公子中以"四大公子"最为有名，分别是齐国孟尝君、魏国信陵君、赵国平原君及楚国春申君。每一位公子都养了数千名宾客。

长平之战两年后，秦军包围赵国的国都邯郸。赵国危在旦夕，向各国求援。这时"四大公子"中的孟尝君早已不在，其余的三个联合出手。赵国平原君（赵王之弟）到楚国请兵，说动楚王派春申君领十万兵赴援。魏王已经派兵出发到了国境上，却接到秦王的一封威胁信，吓得命令停止进军。信陵君是魏王的弟弟，却不顾魏王的禁令，偷取兵符，并且断然袭杀带兵的统帅晋鄙，自行率领大军到邯郸。当时白起在秦国内部权力斗争中落于下风而称病，实际上是被软禁。三大公子遂率领赵、楚、魏等五国联军，大破秦军，解了邯郸之围。

信陵君在四大公子中威名最盛，联合五国而将秦国挡住，使其无法继续向东侵略。但魏王怕信陵君势大而篡位，秦国又派遣间谍在魏国散布各种谣言，魏王于是罢黜信陵君。信陵君自知魏王对他不信任，又不愿意篡位，因而心灰意冷，每日醇酒美人，四年而死。之后，六国已经如风中残烛，就等秦始皇来一一吹熄。

吕不韦与秦始皇

秦始皇姓嬴，名政。他的父亲名叫子楚。秦昭襄王（公元前306—前

251年在位）的太子安国君有二十几个儿子，子楚是其中的一个。安国君有很多姬妾，其中最受宠爱的是华阳夫人，被立为正室。子楚的母亲失宠，因而子楚在兄弟间没有什么地位，几乎完全没可能继任为秦王。秦国将子楚送到赵国做人质，又不断地侵略赵国。赵国打不过秦国，君臣把所有怒气都出在子楚身上，所以子楚在邯郸的日子过得十分困顿。

当时有一个名叫吕不韦的大商人，在邯郸偶然见到子楚，立刻决定投资在子楚身上，认为获利将难以估计。他对子楚说："秦王统治国家四十几年，已经很老了。太子安国君不久一定会继位为秦王。我听说安国君非常宠爱华阳夫人，而华阳夫人却没有儿子。华阳夫人虽生不出儿子，但我确定将来秦国的太子必然是华阳夫人决定的。不如我帮你去认华阳夫人为母，那么你就是太子，将来会成为秦王。"子楚好像从暗室里出来，陡然间见到阳光，当下承诺如果将来有一天真的成为秦王，将与吕不韦共享天下。

吕不韦于是买了大批奇珍异宝，带到秦国的国都咸阳，透过华阳夫人的姐姐送给华阳夫人。吕不韦说这些珍宝都是子楚所孝敬的，子楚日夜都在思念太子及夫人。华阳夫人大喜。吕不韦送了几次以后，又请华阳夫人的姐姐对华阳夫人说："夫人虽然深受太子宠爱，可惜没有儿子。夫人如果不趁现在年轻貌美，能说动太子时，早早在太子的众多儿子之中找一个来，认为养子，等到将来人老珠黄，万一失去宠爱，那时候再怎么说也没有用了，将来要靠谁？现在有一个子楚，十分贤明，又对夫人敬爱有加，夫人如果在这时提携一下，认为养子，将来即使到老也不用愁了。"华阳夫人果然被说动，缠着太子，同意她收子楚为养子。之后，白起在长平之战坑杀了赵国四十万人，秦军接着包围邯郸，子楚命在旦夕。吕不韦又以重金买通赵国上下，让子楚脱险回到秦国。

吕不韦没有想到事情的发展比他预料的还要快。没几年秦昭襄王死了，太子安国君果然继位为王。但不到一年安国君竟然也死了，子楚继位成了秦王。吕不韦于是成为一等强国秦国的宰相。又过三年，子楚竟也死了，嬴政继立，就是秦始皇（公元前246—前210年在位）。

依据历史记载，嬴政其实可能不是子楚的儿子，而是吕不韦的儿子。当初吕不韦有一个舞艺绝伦的宠姬，叫赵姬。子楚非常喜爱赵姬，请求吕不韦将赵姬送给他。吕不韦与赵姬感情至深,又知道赵姬刚刚怀孕,如何能够割舍?但既已破家投注在子楚身上,为了宏大计划,最后仍是忍痛答应,不过要求子楚娶赵姬为正室夫人。赵姬嫁给子楚之后,生出男婴,取名"政"。嬴政继承秦国王位时只有十三岁,并不知道吕不韦是生身之父,而以吕不韦为"相国",又尊称他为"亚父"。

吕不韦掌握了秦国国家大权,又与太后赵姬旧情复燃而私通。秦王嬴政年纪渐长,吕不韦开始害怕而与太后保持距离。太后却又私养男宠,名叫嫪毐。秦王嬴政得到密报,大怒,夷灭嫪毐三族,杀数万人,酿成大案。吕不韦也被牵连而免官,最后服毒自杀。

李斯《谏逐客书》

几乎在吕不韦和嫪毐的案子爆发同时,秦国又发生另一件大案。当时秦国正在进行一项庞大的水利工程,要引泾水浇灌关中农田数万顷。秦国发现工程的负责人,名叫郑国,原来是韩国派来的间谍。秦国宗室贵族早已对外来的人十分眼红,趁机进言,说外国人大多和吕不韦、郑国一样,对秦国不怀好意,建议将外国出身的官员全部驱逐出境。秦王政立刻下了一道"逐客令"。

当时有一个楚国出身的官员,名叫李斯,也在逐客的名单里。李斯在被押解出境路途中写了一篇奏章《谏逐客书》给秦王。奏章内容反驳王公贵族的褊狭思想,并历历举证,说秦国从秦穆公和秦孝公以来,如果没有由余、百里奚、商鞅、张仪等人,没有可能成就霸业至此,而这些人没有一个是秦国出生的。奏章中又说:"泰山是因为有土壤不断累积,才会成为大山。大海是因为容纳万千细小水流,才能这样深。帝王要能广用四方人才,才能成就霸业。"

秦王政读了李斯的奏章,立刻收回成命,并重用李斯。李斯又献计,建议派人去与各国政府高官接触,可以收买的就收买,不能收买的就暗杀,如此可以早日并吞六国。秦王政大为赞赏,依计行事。李斯官位越来越高,后来升任为秦国宰相。

秦王政也没有杀郑国，而是让他继续进行工程。郑国说出一段极为悲哀无奈的话，也刻画出当时六国是如何地畏惧秦国。他坦承来到秦国，主要是想让秦国将国家的财力和人力花在庞大的水利工程上，这样秦国对外侵略的行动或许可以延缓，韩国也能多活几年。郑国又说，秦国对外的军事行动纵然是延缓了，但以长远的目光来看，建造水利工程对秦国实在是有百利而无一害。"郑国渠"历经十年完工后，关中果然从此年年丰收，秦国更加富饶，国力更强。

秦王政能够虚心接受他人的意见，择善改过，毫不迟疑；又能不被褊狭的立场所左右，而以国家整体利益为着眼点。这些都是秦国后来得以统一天下的重要原因。

秦始皇统一天下

韩国是六国中最弱小的一个，又离秦国最近，因而在公元前230年第一个被秦国灭掉。其他五国都忧心如焚。燕国的太子丹知道亡国在即，决定孤注一掷，请侠客荆轲去刺杀秦王。人人都知道荆轲此去无论是否成功，必定无法逃过一死。太子丹在易水河边（在今河北易县）送别荆轲。荆轲的挚友，器乐家高渐离击筑，众人唱道："风萧萧兮易水寒，壮士一去兮不复返。"荆轲刺秦王的故事，经过司马迁在《史记》中传神的描述，流颂千古，却没有成功。秦王政大怒，决心加速灭亡其他五国。公元前221年，秦国灭掉最后一个齐国，终于一统天下。

秦国在并吞六国之前，早就把巴蜀（现今四川省）并进版图。统一天下后，秦国又派兵南下，征服了南越（现今广东、广西及越南一部分）。帝国疆域之大，前古未有。嬴政自称"始皇帝"，意思是古往今来第一个皇帝。秦始皇有鉴于周代分封诸侯，以至于强枝弱干，于是决定废除封建，分天下为三十六郡，直接选派郡守。为了怕六国残余势力再次造反，秦始皇下令没收天下所有的兵器，送到咸阳，用大火炉熔解，铸成九个大鼎、许多大钟，还有十二个金人。据说每一个金人高五丈，重三十四万斤。他又下令把全国豪富十二万家都搬到咸阳，以便管控和压榨。

秦始皇规定全国使用统一的货币"半两"钱，又统一"度、量、衡"，也就是使用完全一样的长度、体积和重量单位；又规定所有马车双轮的宽幅完全一致；道路上的轨道也配合一样宽。秦朝在全国各地修筑了九条又直、又宽、又长的快速道路，供马车奔驰，称为"驰道"。另外又为了军事目的，在咸阳至现今包头建了一条更直更宽的"直道"。全国文字也统一采用李斯等人所整理的小篆。

秦始皇的暴政

在春秋战国时期，各国都修建了长城，有秦长城、赵长城、燕长城等，目的是要将北方的蛮族山戎、东胡、匈奴挡在外面。秦始皇派大将蒙恬将所有长城连贯起来，并予以补强。西起临洮（在今甘肃省），东到辽东，止于浿水（今朝鲜清川江），长逾万里，号称"万里长城"。为了修建万里长城，发动牢中犯人及征调民夫，约五十万人。

秦始皇下令在四处修建许多宫室，又特别营造上林苑，是无比广大的皇家园林；修建阿房宫，是极其豪华的宫殿。光是这两项工程便动员了七十万名罪犯和百姓。秦始皇即位不久，秦国就已经在骊山下秘密开始建造秦始皇的陵墓。这个墓虽然中国历代的史书都有提起，但没有人知道规模究竟有多大，一直到了1974年在陕西西安市临潼县发现秦始皇陵墓和兵马俑，才一下子轰动全世界。

据估计，秦朝时全国的人口大约是两千万，而被强征去参加修建宫殿、林园、直道、驰道、长城、陵墓等工程的，可能达到二百多万人，也就是每十个百姓之中至少有一人被迫做苦工。

秦始皇三十四年（公元前213年），李斯与一大群儒生在秦始皇面前辩论。李斯辩不过，愤然说儒生大多借古讽今，背后议论朝政，造谣生事，若不予以压制，就会结党营私，导致天下大乱。李斯又建议命令百姓交出所有儒家书籍和历史书，在咸阳一把火全部烧光，只留下医药、卜筮、种树等书籍。秦始皇立即批准。到了第二年，又逮捕四百六十个儒生，在咸阳活埋。这就是"焚书坑儒"的故事。太子扶苏进谏，秦始皇不悦，命令太子到北方去和蒙恬一起监修长城。这时的秦始皇，已经和先前尚未统一六国时愿意听从谏言的秦王嬴政不一样了。

宫廷之变

秦始皇喜好四处巡游，每次少则数月，多则年余，总共巡游了五次。第五次巡游是在即位后三十七年（公元前210年），时年五十岁。当时随从的人除了丞相李斯之外，还有最小的儿子胡亥和宦官赵高。秦始皇在途中忽然得病，自知必死，于是命令写玺书给太子扶苏，指定扶苏继位。玺书在赵高手中，尚未发出，到了沙丘（今河北广宗）秦始皇就一命呜呼了。

赵高原本与胡亥亲近，而与蒙恬家族有仇。李斯也怕蒙恬代替自己而接任宰相。两人于是密谋，毁掉原先的玺书，再假造一份新玺书给扶苏，要扶苏和蒙恬自杀；同时秘不发丧，从驰道飞奔咸阳。

扶苏在长城边接到玺书，就要自杀。蒙恬认为可能有诈，劝扶苏多请示一次后再死不迟。扶苏说："父亲赐儿子死，还要请示什么呢？"立刻自杀死了。蒙恬不肯死，但也不反抗，被囚禁起来。李斯赵高一行回到咸阳，听到扶苏已死，就立胡亥为二世皇帝，并再一次赐死蒙恬。

二世皇帝继立之后，沉迷于享乐，一切事务都交给赵高。赵高借机除掉李斯，于是成为一人之下，万人之上。长城和阿房宫的修建并未停止。上林苑内狗、马、禽兽多而粮食不够，便从附近各县调集，竟使得咸阳附近的百姓都吃不饱。

帝国的崩解

秦国的法令越来越严苛，赋税越来越重，人民不堪负荷，又被征调去做苦工，无不想要叛变。二世元年（公元前209年），有陈胜、吴广首先在蕲县大泽乡（今安徽省宿州东南）揭竿起义。

陈胜、吴广是大泽乡的屯长。当时有九百个百姓被征调到渔阳（今北京市密云县）守边关，途中在大泽乡被大雨困住。根据秦朝法律，戍卒误期到达目的地的一律处死。陈胜、吴广知道天下愁怨，于是悍然杀了押解戍卒的官吏，对戍卒说："大家到了渔阳必定被处死。就算被赦不死，守边关也要死一半人以上。既然都要死，不如轰轰烈烈干一番大事。帝王将相难道是天生注定的吗？"戍卒无不附从，推举陈胜为将军，公然反叛。

陈胜、吴广起义后，各地豪杰纷纷起兵响应。陈胜帐下达到数十万人。各地郡守望风投降。秦二世皇帝闻讯，命令大将章邯率兵镇压。但是接着有刘邦在沛县起兵，项梁、项羽在吴（今江苏省苏州市）起兵，田儋在山东起兵。革命火苗既起，已经无法扑灭。

刘邦是沛县人（今江苏省徐州市沛县），性格豪迈，家中务农，却不喜欢农事，也不喜欢读书，而好酒、好色，善于交友，被家乡的人认为是无赖。刘邦长大后，做了泗水亭长（类似于今天的乡长）。刘邦起兵的过程与陈胜几乎一样。他奉命押解犯人到骊山去做苦工，半途中有一些人逃掉。刘邦知道这样到了咸阳多半都会逃光，自己也不免一死，于是释放所有的人。没想到大家都愿意跟随刘邦。沛县的两个小官员萧何和曹参也加入刘邦，一起杀了沛县县令，公然造反。

项梁家中世世代代都是楚国的名将，他的父亲项燕在楚国对秦国最后一战时，寡不敌众而兵败自杀。楚国遗民对此念念不忘，既同情项梁，又对他寄以厚望；项梁因而起来领导楚国人起义，反抗秦国。项梁温文儒雅，礼贤下士，吴中人士都钦敬。项羽是项梁的侄儿，力大无穷，可以独力扛起一只大鼎，而性格暴烈，人人畏惧。

陈胜、吴广威信不足，部下四分五裂，纷纷脱离而独自称王。于是乎，秦始皇所灭的六国一一复起，大秦帝国的覆灭已然无可避免。

第 3 章

远古的中国：从两汉统一到三国再分裂

秦朝的暴政引发人民反抗，在秦始皇死后不到两年，天下大乱，六国的余烬死灰复燃。二世皇帝派大将章邯等率兵四处镇压反抗军，但已经无法扑灭燎原的野火。项梁和侄儿项羽找到一个流落民间的旧楚国王室子孙，立为楚王，借以号召楚国遗民起义。楚国反抗军屡次大破秦军，而渐渐成为各国反抗军的盟主。刘邦也带兵投靠楚王，而实际归项梁指挥。

但项梁屡次得胜，渐渐轻视秦军，竟大意被章邯集结二十几万大军击破而战死。章邯又在巨鹿（今河北平乡县）围困赵国的军队，赵国向各国反抗军求援。

楚汉相争

当时各国反抗军都已齐集巨鹿，但是都畏惧章邯兵多，没有一支军队敢率先出兵挑战。只有项羽率楚军不顾一切从南面渡过黄河，到了北岸，下令将来时所乘的船都烧掉，煮饭的锅釜全部打破，然后向士卒说："如今我等破釜沉舟，已无退路，只能向前！"于是楚军以一当十，与秦军大战，九战九胜。各国反抗军看见了，莫不争先恐后地参战；秦军大败，尽皆弃甲投降。秦军既破，各国将领会见项羽，无不战栗恐惧。项羽与诸将会商，在半夜将秦军降卒全部坑杀。

巨鹿之战时，刘邦奉令率兵西向，直指秦国国都咸阳。刘邦刚开始在几个城池遭遇抵抗，攻坚围城，兵将多有损伤。刘邦的谋士张良劝刘邦宽大为要，劝敌投降，让投降的郡守及大小官吏继续守城；又约束士卒，所过之地禁止掳掠烧杀。于是大军所到之处，诸城无不争相开门投降。刘邦兵至咸阳东郊，灞水之上。二世皇帝已死，侄儿子婴开城门投降。秦帝国就此灭亡。

刘邦进入咸阳，召集秦民父老，说楚王曾经与诸将约定，任何人领兵先入函谷关的就封为关中王，如今他既已经到了关中，将来就是关中之王，因而现在就和大家约定法条。这法条很简单，只有三章："杀人要偿命，伤人要抵罪，偷窃也一样。其他的秦国原有法律一概取消。"关中人民喜出望外，争相持牛、羊、酒飨宴刘邦的士卒。刘邦又听从张良的建议，将所有宫室府库都封存，率军队退出咸阳，回到灞上，等候楚王、项羽及其他诸侯到来。

项羽也带兵入关，在路上听说刘邦已经在关中自行称王，勃然大怒。当时项羽拥兵四十万，刘邦只有十万人。战事一起，刘邦必将溃败无疑。项羽的谋士范增为项羽筹划，摆下了历史上有名的"鸿门宴"，要趁机杀刘邦。刘邦不敢不赴宴，由张良作陪，在酒宴中低声下气，躲过杀身之危，最后孤身单骑趁黑夜逃走。

项羽进入咸阳，自称西楚霸王，不想留居关中，说："富贵而不归故乡，如在夜间穿锦衣纹绣，有谁看见？"于是杀子婴，搜宝物，掳妇女，屠城；又一把火烧掉所有的宫殿。咸阳城内大火燃烧三个月不止。许多秦始皇当年没收而没有焚毁的书也都付诸一炬。项羽所作所为，与刘邦完全两样，天下百姓大失所望。项羽又假借楚王的名义分封各国诸侯，都凭一己私意，处分不公。诸侯愤怒，齐国田荣率先反抗，其他诸侯也起兵附从。项羽击破齐军，又坑杀降卒。项羽杀人越多，而奋起反抗者也越多。项羽故意封刘邦为汉王，居住在巴、蜀偏远之地。刘邦反而趁机在巴蜀休息养兵，势力渐强。

萧何与韩信

当时在淮阴（今江苏省淮安市）有一个名叫韩信的人，家境贫寒，常常讨饭吃，而腰中挂着一把剑。淮阴的市井无赖故意要侮辱韩信，在街上拦住他，说："你挂一把剑是装样子的吗？你若是敢，就刺我一剑。如果怕了，就从我的胯下爬过去。"韩信看了他一眼，竟忍辱从他的胯下爬过去。淮阴市集上的人因此都看不起韩信。后来韩信投奔项梁、项羽，久而默默无闻，转投刘邦。刘邦与韩信谈过话，不置可否；丞相萧何与韩信谈话，却惊为天人。

韩信认为刘邦终究不会重用他，于是留书离去。萧何听说韩信走了，来不及通知汉王，急急亲自骑着马去追。当时官兵逃亡的很多，有人向刘邦禀报萧何也逃亡了。刘邦一听，如失左右手，饮食无味。不数日萧何回来，向刘邦说是去追韩信。刘邦大骂："那么多将军逃掉，你都不追，一个小小韩信有什么好追？"萧何说："诸将易得，韩信是国士无双。"认为刘邦如果想在巴蜀终老，就无所谓，但如果要和项羽争天下，非要韩信不可。刘邦十分信从萧何，果真选择吉日良辰，斋戒设坛，郑重拜韩信为大将军。汉军上下无不大吃一惊。

垓下之围

刘邦于是率大军由巴蜀东向，与项羽在吴、楚旧地对峙。刘邦屡败屡战，狼狈不堪。这时谋士陈平建议用金钱宝物收买项羽的部下，离间西楚的君臣。刘邦拨给陈平四万斤黄金，让陈平全权支用，不问其出入。项羽为人猜忌，果然怀疑左右的将军，甚至怀疑首席谋士范增。范增一怒而辞归，尚未回到故乡就气死了。

韩信受命率兵北上，果然用兵如神，一路势如破竹。一年之间，灭魏、赵，破燕、齐，于是挥兵西南而下，与刘邦及诸将合击项羽。项羽被重重包围于垓下（今安徽灵璧县）。夜里汉军命令俘虏来的楚军都唱楚国歌谣。项羽于营帐中饮酒，听到四面八方的歌声，也慷慨悲歌，泪流满面。左右士卒尽皆哭泣。深夜时，项羽率领部属骑马突围逃走，汉军在后追赶。项羽逃到乌江边,乌江亭长在岸边备船要渡项羽过江。项羽说:"当初我从江东带了八千子弟兵,至今已无一人生还,我有什么面目见到江东父老呢?"于是拔剑自刎。

吕后屠戮功臣

刘邦自称皇帝(公元前202年),国号"汉",以长安为国都。后世称他为"汉高祖"。中国自夏、商、周三代以来,所有的革命都是贵族革命,只有从陈胜、吴广开始,才有平民革命。刘邦是历史上第一个平民出身的帝王。

刘邦大封群臣,裂土封王。他对群臣说:"说到运筹帷幄之中,决胜千里之外,我不如张良。安抚百姓,筹策粮饷,我不如萧何。领百万兵,战必胜,攻必取,我不如韩信。这三人都是一时豪杰,却都为我所用,这正是我能夺取天下的原因。"

表面上刘邦说是归功于文臣武将,但是他的心中对功臣的疑忌也不自觉流露出来,对张良和韩信的才能尤其畏惧。张良深知"飞鸟尽,良弓藏;狡兔死,走狗烹"的教训,不敢接受封王,开始称病,退隐山林。刘邦晚年身体多病,皇后吕雉逐渐掌权。吕后的性格比刘邦更加猜疑,而心性残忍,于是开始杀戮功臣。韩信、彭越、黥布等大将,竟都遭到毒手,无一幸免。

吕后又召燕王卢绾到长安。卢绾畏惧,称病不去。卢绾也是沛县人,与刘邦从小一起长大,又同年同月同日生。刘邦对卢绾亲幸赏赐,群臣莫及。所以卢绾仍存一丝希望,或许刘邦病好了以后能够保护他。不久,刘邦驾崩,卢绾遂率领所属,越过长城,投奔了北方的匈奴。

汉高祖的儿子即位,是为汉惠帝,而实际仍由吕后掌政。吕后扶植兄弟及家族子弟为大臣、为王、为侯,控制朝政,是中国外戚干政的滥觞。她死后,大臣陈平、周勃等发动政变,铲除诸吕。

诸大臣会商,认为汉高祖诸子之中代王刘恒虽然不是嫡子,而年纪较长,仁孝宽厚。最重要的是他的母亲薄氏恭谨温良,不至于将来又诛杀功臣。众人于是决议奉代王为皇帝,是为汉文帝。这一个睿智的决定拯救了汉王朝,造福了所有黎民百姓。

文景之治

汉文帝和他的儿子汉景帝在位时，是中国历史上有名的治世，称为"文景之治"（公元前179—前141年）。文帝有鉴于秦朝暴政之失，基本上是采用黄老思想"无为而治"的理念，以宽厚为要。文帝下令废除犯法连坐的规定。齐国太仓令淳于意有罪，被逮捕到长安，将要接受肉刑，割鼻子，在脸上刻字。淳于意的女儿缇萦上书给汉文帝说："人死不能复生，受刑者肢体受伤害已不能复原，想要改过自新也没有办法。"自愿为官婢，代替父亲赎罪。汉文帝大为感动，下令废除所有的肉刑。

汉文帝下诏，宣称农业是国之大本，亲自耕作皇家籍田。他将田租减为三十税一，又下令救济鳏寡孤独和穷困百姓，而自己生活十分节俭，很少增添皇宫内用的车骑衣服。窦皇后衣服不曳地，帷帐没有任何纹绣。有人献千里马，文帝说千里马没什么用，将马送回，同时下诏禁止各郡国贡献奇珍异物。因此贵族官僚不敢奢侈无度，人民的负担减轻，得以休养生息。

汉文帝对四方邻国采取敦睦邦交的政策。吕后时派兵征伐南越。南越王赵佗大怒，自立为帝。文帝继立之后，知道赵佗原本是河北真定人，派人修葺赵佗先祖的坟墓，请赵佗在真定的本家兄弟来长安，礼遇万分。又派大臣陆贾携书信前往，信上说："不愿多杀士卒，以争犬牙之地，使人民因亲人死伤而成为鳏寡孤独。"赵佗接见陆贾，读信，立刻自行取消帝号，回书对文帝称臣。

文帝死后，有一个原先在太子府里当参谋书记的学者晁错，人称"智囊"，主张中央集权，建议景帝削弱诸侯的势力。不料晁错的办法过于急进，立刻引发七个诸侯国强烈反抗，史称"七国之乱"。景帝惊慌失措，只好诿过于晁错，将晁错绑到市场上斩首示众，并向诸侯赔罪。但是七国既已出兵造反，如何能停止？幸而太尉周亚夫率兵平定了七国。

汉景帝经此教训，认定多一事不如少一事，于是沿袭汉文帝的治国理念，仍是轻徭役，薄赋税。数十年累积，汉王朝出现了前所未有的稳定富裕景象，为继位的汉武帝铺设了一个得以南征北讨、建立"大汉天威"的坚实基础。

汉武帝中央集权

汉武帝刘彻（公元前140—前87年在位）登基为帝的时候，只有十六岁，年轻而有大志，跃跃欲试。他决定采用儒生董仲舒的建议，用儒术治国而进行变革。当时的太皇太后，也就是汉文帝的窦皇后却不同意，极力阻止。等到六年后太皇太后驾崩，汉武帝终于可以完全照自己的意思治理国家，于是罢黜先秦百家思想，独尊孔子。从此儒学成为中国正统的政治思想。

汉武帝为了要实施中央集权，将景帝时晁错所建议的策略再拿来用，先后巧取强夺数十个诸侯国。他又采纳大臣主父偃提出的"推恩令"，使诸侯分割封地给子弟，诸侯的封地自然越封越小。同时，汉武帝引入了刺史、太守的官制，从监督诸侯到实际掌管行政、司法。大汉帝国因而从郡国并行制度渐渐变成了郡县制度，是真正的帝王专制，中央集权。

汉武帝是中国历史上第一个使用年号的皇帝，可说是前无古人；而他一共使用了十一个年号，数目之多可说是后无来者。他的喜于创新和善变，由此可见。

汉武帝亲政后不久，发生一件大事：大汉帝国与北方的匈奴决裂，两国从此卷入无止境的战争。说到此处，必须先回顾匈奴崛起的历史。

匈奴冒顿单于

秦始皇命令蒙恬将先前各国长城联结为一，长城外面就称为"塞外"。匈奴的头曼单于不是蒙恬的对手，只得率领族人向北迁徙。秦始皇死，蒙恬被迫自杀，中国大乱，头曼单于又迁回塞外。

头曼单于有一个儿子，名叫冒顿，勇而有谋。头曼拨给冒顿一万骑兵。冒顿教所属骑兵骑射，纪律森严而忠心不贰，族人无不畏惧。最后冒顿竟命令骑兵射杀他的父亲头曼，自立为单于。冒顿又击灭东方的强敌东胡，及西方的月氏，又并吞四邻的其他游牧部族。东胡有一部分残余的部族向南迁移到辽河以西，长城以北的地区，称为"乌桓"。另有一部分东胡的残余部族向东北迁移，到达大兴安岭附近，称为"鲜卑"。等刘邦建立汉朝时，匈奴已成为塞外唯一的强盛部族。

汉高祖七年（公元前200年），刘邦第一次与冒顿对阵，结果在平城（今山西大同市）白登山被冒顿大军围困了七天七夜。刘邦幸而脱险，平安归来，决定对匈奴采取"和亲"的政策。"和"是和平相处；"亲"是结亲，也就是派宗室公主下嫁匈奴单于，结为姻亲。

汉文帝认为匈奴所居的塞外沙漠，地理环境和生活条件与中原相差太大，就算能打败匈奴，汉族人民也不可能搬迁到塞外居住，所以不值得殊死战斗。文帝因而派使者携带书信给匈奴单于，再次表达谋和之意。匈奴侵扰的目的原本只是为了粮食财货，文帝命令以互市和赠与的办法，尽量满足其需要。如此，双方免去兵连祸结。

汉武帝穷兵黩武

汉王朝里有部分大臣认为与匈奴和亲是一件很屈辱的事，向汉武帝进言，说现在国家强盛了，一定要展示实力。武帝年轻气盛，决心挑战匈奴。元光二年（公元前133年），武帝派出军队三十万人在马邑（今山西朔县）埋伏，设计要歼灭匈奴十万骑兵。匈奴却警觉到而没有中计。冒顿的孙子军臣单于立刻明白汉王朝的和亲政策有了大转变。

从这时起，汉武帝在四十四年中派军队出塞不计其数，其中有十几次规模超过十万人。奉派出征的将军卫青、霍去病、李广、李陵都成为家喻户晓的大英雄，名字一直流传到今日。战争进行了十几年之后，匈奴逐渐不敌而退到戈壁沙漠之北。汉武帝却仍派兵穿过戈壁，穷追不舍，直入现今蒙古和俄罗斯国境。双方都付出惨重的代价，都有上百万军队死伤，匈奴平民百姓的死伤和迁徙逃难的损失更是难以估计。

汉武帝不只和匈奴打仗，几乎四面八方都在进行战争。武帝派十万兵灭掉南越国，在现今广东、广西、海南岛和越南设了十个郡县。同时也派兵灭西南夷，在现今贵州、四川南部设了五个郡县。武帝听说朝鲜与匈奴结盟，又派兵灭掉朝鲜，在现今中国辽宁和朝鲜设了四个郡县。

在现今的新疆及其西方，汉朝时称为"西域"，是当时大汉帝国与身毒（印度)、安息帝国（波斯）和大秦国（罗马帝国）贸易交会之处，地理位置非常重要。汉武帝派张骞与鄯善、龟兹、乌孙、于阗、大宛、大月氏、大夏、康居等二十余个西域国家建立外交关系，以牵制匈奴。为了打通西域交通，汉武帝又在现今甘肃的河西走廊设了武威、张掖、酒泉、敦煌等四个郡。

张骞出使后，报告一件事，说在大宛出产汗血马，日行千里。武帝大喜。但是大宛国竟然拒绝武帝的要求，不给汗血马。武帝于是派李广利率领十几万大军浩浩荡荡前往大宛，经过三年，终于击败大宛，取得三千多匹马，但是其中只有数十匹是真正一等好马。当年汉文帝拒绝有人献千里马，而汉武帝花费三年时间，兴师动众，天下骚然，只为了要夺取汗血马，实是鲜明的对比。

战争需要粮草、马匹、钱财做后盾。汉文帝和汉景帝留给武帝的遗产不能说不多，可是没有多久汉武帝就把国库支用一空，于是筹措战争经费就成为头等大事。专门为汉武帝肩负这个财政重担的人是桑弘羊。汉武帝时田赋已经调高到十五分之一，这时又增加了许多新税目，称为"算缗"，如财产税、货物税、牲畜税等。武帝又下令禁止私人经营盐、铁、酒的制造和贩卖，一律由官营官卖。文景时代人民可以私人铸造钱币，这时也禁止，由政府统一铸造"五铢钱"。

桑弘羊又推行"均输法"和"平准法"。说得好听，是政府在谷物贱价时出钱购买，在高价时抛出，以平抑物价；政府又负责谷物的运输，免去中间剥削。说得露骨，就是由官府统包贸易和运输，与民争利。桑弘羊之不得人心，由一个小故事可以想见。曾经有一年干旱不下雨，武帝命各地官员祈求上苍下雨。有一位名叫卜式的小官上书说："只要将桑弘羊下到锅里煮，上天就会下雨了。"

巫蛊之祸

汉武帝对待大臣可说是刻薄寡恩。武将战胜者赏赐不多，战败者却被下狱，甚至被迫自杀。汉武帝到了晚年更加暴戾，大臣有行事不如其意者，即行杀戮。宰相所司政务牵涉较广，不如上意的机会也多，不数年被赐死的宰相有四五人之多，有时还全家被赐死。曾经有一位大臣被任命为宰相，还未上任之前在家里竟吓死了，胆子破裂而全身发青。

武帝晚年时，发生了"巫蛊之祸"。武帝的宠臣江充陷害太子刘据，在太子所居住的宫中放置人形木偶，诬赖是太子咒诅汉武帝，希望武帝归天，以便早日继位。武帝年老昏庸，竟派江充去查验。太子与江充起冲突，杀了江充，自己也自杀。不仅如此，被株连而死的达到数万人。

"巫蛊之祸"使得汉武帝深受打击。武帝在孤寂之中，回想这一生征伐四方，虽然建立了辉煌功业，但国家财政破败，民不聊生，终于觉悟而后悔。他于是下诏罪己，承认即位以后数十年来穷兵黩武，所作所为十分狂悖，使天下愁苦，追悔莫及。

霍光辅政

不过汉武帝还有一件棘手的问题要解决，那就是太子已经死了，那么谁来继承皇位？武帝宠爱的钩弋夫人生下一个皇子弗陵，只有几岁大，聪慧异常。当时有一名大臣霍光，是已故的大将军霍去病的弟弟。武帝认为霍光忠厚谨慎，可以信任，于是决定以弗陵继位，而让他辅政。武帝命令画工画了一幅图赐给霍光，画中是周朝初年周公旦背着周成王。霍光一见就明白武帝的意思。武帝又怕当年汉高祖死后吕后的故事重演，于是赐死钩弋夫人，而根本没有任何罪名。

汉武帝此举，开创了中国历史上一个先例。后来有些皇帝也如法炮制，在决定册立太子之后，将太子的生母赐死。北魏的开国皇帝拓跋珪甚至将之列为后世必须遵照的祖训。

弗陵继位，是为汉昭帝。霍光知道桑弘羊帮武帝横征暴敛，人民不堪其苦，于是下诏询问对策，各郡国都回报说："愿罢除盐、铁、酒专卖，去除均输、平准之法，勿与民争利。"桑弘羊却认为办不到。霍光于是命令各地选派贤良、文学之士，为民间代表；桑弘羊率领大批财经部门官员为政府代表。两边分列，进行辩论。汉昭帝和霍光亲自坐镇。辩论结果，罢除盐、铁专卖。

这是一次前所未有的国家财经政策大辩论，其经过和内容后来集结成为一部书，就是历史上有名的《盐铁论》。在后来中国各个朝代，尤其是当皇帝想要变更财经政策时，《盐铁论》都被拿出来讨论。其中关于国营事业的存废，盐、酒是否公卖，采用放任或计划经济，国防和财经何者优先等重要议题，都有精辟的辩论。即使到了现代，《盐铁论》仍然有参考价值。

李陵与苏武

汉武帝时武将遭遇之不幸，可以将军李广为代表。李广十几岁开始从军，善于骑射，参加对匈奴的大小战役七十多次，屡立奇功，名满天下。匈奴对李广十分畏惧，称之为"飞将军"，不敢主动正面交锋。然而，李广在六十多岁时，只因一次迷失道路，未能如期率兵与大将军卫青会合，竟然因为不愿对簿公堂而选择自杀。百姓闻知，无不垂泪。

李广一家世世代代都是名将，孙子李陵更是勇冠三军。在李广自杀二十年之后，李陵奉令出塞，不料只有五千人的部队却被匈奴八万大军包围。李陵全力奋战，士卒死伤过半，杀敌万余人，最后弓箭用完，气力用尽而被掳。武帝听到报告说李陵投降匈奴，大怒，下令杀死李陵的母亲、妻子及全家。武帝询问太史令司马迁的意见。司马迁与李陵平时并无深交，但是敬重李陵事亲至孝，对朋友有信，临财不苟，谦恭下人，为国奋不顾身，有国士之风，因而为李陵辩白。武帝竟盛怒而将司马迁也关到牢里，下令施以腐刑，也就是割去生殖器。司马迁受此奇耻大辱，本想自杀，但是《史记》只写了一半，尚未完成，只有忍辱偷生，在牢里继续写完《史记》。

汉武帝曾派一位使臣苏武到匈奴去。单于将苏武拘留，劝他投降。苏武当场拔刀自刎，幸而被抢救活过来。单于因而敬重苏武，但是仍把苏武送到荒漠的北海（现今贝加尔湖）去牧羊。苏武在冰天雪地中自己一个人，无亲无故，盼不到回家的日子，但仍不曾有投降的念头。后来李陵知道故友苏武在北海，去探望了几次，并告诉苏武他的老母已死，两个兄弟获罪自杀，妻子改嫁。苏武虽然悲痛，还是不投降。两人同样是家破人亡，一个决心与暴君决裂，另一个却仍坚持臣事君如子事父，虽死无憾。竟不知是李陵劝苏武投降匈奴，还是苏武劝李陵回去效忠汉朝才对？

汉武帝派兵和匈奴打了四十四年仗，这期间匈奴从军臣单于换了六个，传到狐鹿姑单于。大致来说，继承的过程还算平和，因而内部还能维持稳定和统一。霍光执政后，狐鹿姑单于病重，临死前遗命传位给弟弟。但单于阏氏（等于皇后）却和大臣勾结，学秦始皇时的李斯和赵高，篡改遗命，立单于的小儿子为壶衍鞮单于。狐鹿姑的两个弟弟不服，不再按传统参加每年在龙城的大会。匈奴从此分裂为二，开始衰败而怕汉朝趁机攻击，有意求和。霍光也不愿打仗，同意恢复和亲，让百姓休养生息。

霍光当年与苏武和李陵都是一朝之臣，既然与匈奴和亲，就要求单于将苏武送还，同时也请李陵返回汉朝。苏武出使时，汉武帝颁给他一根使节旄杖。苏武在北海牧羊就用这根杖，渐渐节旄都掉光了。过了十九年，苏武仍是持着这根光秃秃的节杖，回到汉王朝复命。苏武赢得汉朝和匈奴人的钦佩，事迹流芳百世。李陵拒绝和他一起回去，在临别时写了一封信《答苏武书》。这封感人的信也是一直流传到现在。信中说他投降匈奴而不如国人所希望地自刎，原本是打算将来找机会再反戈以报效国家，建立功勋，却不料志向尚未实现，汉武帝已经残忍地杀了他的全家。李陵因而椎心泣血，决意老死在蛮夷之中。在他的心目中，是汉武帝对不起他，而不是他对不起汉朝。

汉宣帝

汉昭帝聪明有为，却不幸短命而死，并且没有儿子。霍光又选了汉武帝的一个孙子昌邑王继位。但是昌邑王接任皇帝位后狎优游戏宫廷中，纵欲淫乐，并援引左右为狐群狗党。霍光知道选错了人，当机立断，于昌邑王登基后第二十七天，请皇太后和群臣至太庙，废掉昌邑王。

霍光同群臣商议再次选立皇帝，却找不到任何适合的继任者。这时有一个大臣丙吉上书，说当年巫蛊之祸，太子刘据自杀，太子的儿子也死，只剩下一个孙子，是个襁褓中的婴儿。丙吉是当时的廷尉监，负责收系所有巫蛊案的相关罪犯。丙吉怜悯太子无罪而亡，偷偷抢救这婴儿，养在其外祖母家。如今这婴儿已经十八岁,名叫刘病已,通经术、有美才。朝廷上下听闻,无不震动。霍光按验属实,于是决定从民间迎接刘病已继承皇位,这就是汉宣帝(公元前73—前49年在位)。

霍光废立皇帝,并无一己之私,后世将他与流放太甲的商朝宰相伊尹相提并论。中国后来各朝代的权臣想废掉皇帝时,常说是"行伊尹霍光之事",用来美化自己的阴谋。

汉宣帝十八岁前是平民,深知民间疾苦,因而重视农业,废除苛法,蠲免田租,招抚流亡。他尤其重视民命,规定郡县呈报狱囚被刑至死伤的名字和数目,并追究责任。汉宣帝坚持每一个刺史、太守等地方官都要自己见面谈话过后再行任命,并继续加以考核,因此宣帝时是中国两千年中"循吏"(就是好的地方官)最多的朝代。

匈奴经过多年的分裂,已经不再强盛。宣帝趁机联合乌孙、乌桓及丁零等过去受匈奴侵凌的部族以共同对付匈奴。匈奴大败,元气大伤而转为虚弱。汉军又击破车师、莎车等西域国家,将匈奴在西域的势力渐渐逐出。神爵二年(公元前60年),汉宣帝在西域设都护府,控制西域三十六个国家,这是中国第一次将疆域拓展到新疆。匈奴活动发展的空间越来越小。

数年之后,匈奴再一次发生大分裂。大单于死,引爆内部连环夺权斗争,一时之间,竟有五个部族酋长自称单于,而进行惨烈的内战。最后,郅支单于获胜,占据漠北。但郅支单于自己明白无法与汉朝为敌,率部众向西迁移。郅支单于的弟弟呼韩邪单于退居漠南,也知道无法对抗汉王朝,决定投降。甘露三年(公元前51年),呼韩邪单于亲自到长安入朝,自称藩臣。汉武帝与匈奴争胜,未能完成功业;汉宣帝拜匈奴内乱之赐,终于告一个段落。

西汉的衰落

汉宣帝之后,儿子汉元帝即位。著名的"昭君和番"故事便是发生在这时候。

传说王昭君是中国历史上的四大美女之一,被选送进皇宫里。当时由

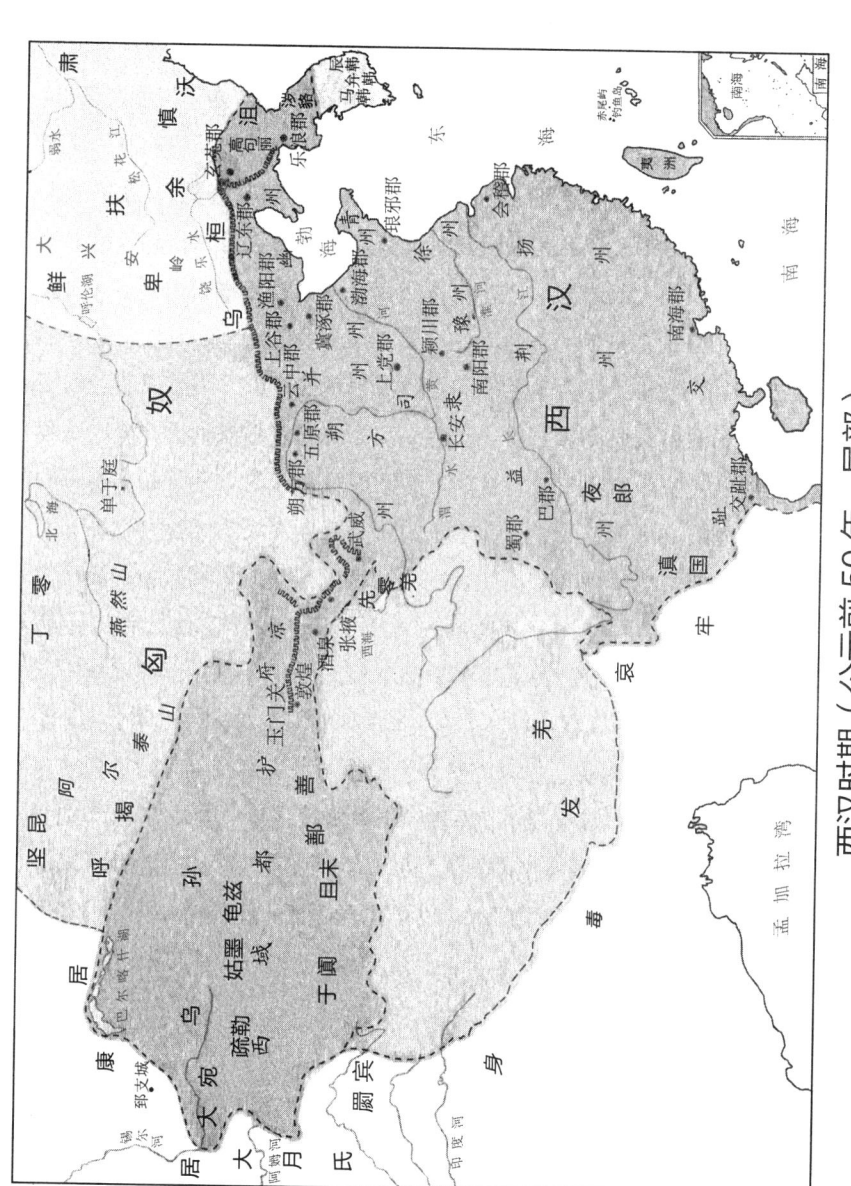

西汉时期（公元前50年，局部）

于后宫掖庭内的美女太多,所以请画工画美女的图像,呈给汉元帝决定召幸什么人。许多美人都贿赂画工,以求得幸,但王昭君自恃貌美,不肯贿赂,因此过了几年还不曾见过汉元帝。汉元帝接受掖庭令的建议,同意将她送给来朝的匈奴呼韩邪单于。王昭君丽质天生,等到呼韩邪来了,盛装而出,更是容光焕发,如明珠一般光耀整个宫殿,让所有的人都屏住呼吸。汉元帝更是大吃一惊,想要把王昭君留下来,但是既已答应呼韩邪,就不能失信了。王昭君如昙花一现,震惊汉王朝,从此不曾再回到故土。传说王昭君善于弹琵琶,行于大漠途中,悲怀于自身命运和远离家乡,弹《出塞曲》,曲调幽怨感伤,令人肝肠寸断。

汉元帝时,汉朝的国力达到鼎盛,但昭君和番故事的经过说明了国家内部已经开始在腐化。元帝之后,汉朝皇帝更是一个不如一个。汉成帝懒惰而纵情声色。他的母亲王政君是一个特别照顾外家的太后,到了成帝的末期,王氏外戚的势力已经超过皇族了。后来篡夺汉朝的王莽,也是王太后的侄儿。王氏一族生活奢侈糜烂,声色犬马。王莽却衣着俭朴,谦恭向学,结交贤士,因此清誉远播。王莽的伯父大司马王凤病危,他主动去照顾,亲尝药石,蓬首垢面。王凤临死时特别请太后栽培他,这样王莽就成为王氏第二代子弟中的领袖人物。

汉成帝之后的汉哀帝是中国历史上著名的同性恋皇帝。哀帝爱恋一个俊男董贤,同榻而眠。董贤二十二岁就担任大司马。有一次匈奴单于来朝,在国宴上看见董贤,问翻译官说董贤是什么大官,为什么这样年轻英俊。翻译官支支吾吾,不知如何回答。

王莽篡汉

汉哀帝之后的汉平帝即位时只有九岁。王莽升任大司马,牢牢掌握了政权。他拔擢顺从的人,诛灭异己。汉平帝渐渐长大,不再听命,却被下毒致死。王莽又立一个只有两岁的小儿做皇帝。王莽知道民间迷信,就指挥手下在全国各地伪造对他有利的符命,然后以顺天应人的姿态自称"假皇帝"。最后,王莽发动许多人用各种名目劝进,又假意推辞了好几次之后,接受"禅让",改国号为"新",成为真皇帝（公元9年）。

王莽当上皇帝后便开始进行改革。这些改革,简单地说,就是复古运动,一切依照古时候周朝的制度办理。他将土地收归国有,恢复井田制,而称之为"王田";山林川泽也收归国有,而禁止奴婢买卖。王莽极度反对商业,又将盐、铁、酒改回来官营官卖。

王莽声称要回到上古时候的纯朴,从实际面看,却是脱离现实。源于古制的新法,未必一切都合时宜。由于新政不通情理之处太多,不止地方豪强利益受剥夺,百姓也受其害。例如,王莽频频改变币制,人民为之破产者不知有多少。又如禁止买卖田宅、奴婢和铸钱等新法一下子推出,毫无转圜空间,于是农商失业,百业俱废,人民相率哭泣于道路,革命已经濒临爆发边缘。比人民革命更早的,是匈奴、高句丽、西南夷、西域诸国开始相率反叛。

新朝的外患与内乱

汉元帝时,大将陈汤奉命发兵出塞数千里,击败北匈奴,掳获郅支单于,枭首示众。郅支单于的残余部众只得又往西迁徙,完全退出亚洲舞台。这时汉朝国势到达了顶峰。王莽目睹盛况,心里又有儒家所谓的"夷夏之分",十分看不起四方蛮夷。

王莽命令四方蛮夷更换新的符玺印绶。新朝的使者到匈奴去,拿一个"新匈奴单于章",要匈奴单于拿原有汉宣帝发给的"匈奴单于玺"来换。匈奴单于拒绝换玺,心中不快而仍然隐忍。王莽又想分化匈奴,派使者找到呼韩邪的十五个儿子,预备一一封为小单于。匈奴单于勃然大怒,说:"我的祖先受汉宣帝大恩,不能辜负。今日的天子并不是宣帝的子孙,如何可以篡位做皇帝？"于是出兵犯塞,烧杀掳掠。北边自从汉宣帝以来,六十多年不见烽火警讯,人丁茂盛,牛羊布满原野。王莽挑衅匈奴,战乱复起,人民辗转流离,荒野上开始堆积暴露的尸骨。

为了要对付不听命的匈奴,王莽命令高句丽也出兵攻打匈奴。高句丽不肯,王莽强行逼迫,以至高句丽也反叛。王莽发兵痛击,杀了高句丽侯,但是越镇越乱。西南夷的统治者是句町王,王莽派使者去,传旨降封号为侯。句町王大怒,也起兵反叛。西域各国看见四方烽烟起,于是也跟着反叛。

外患未平,接着内部的革命也爆发。人民已经困苦不堪,偏偏又发生旱灾和蝗灾。史书记载蝗虫从东方来,遮蔽天空。饥饿而愤怒的人民化成燎原的火焰,燃烧全国,其中以"绿林军"和"赤眉军"的势力最大。绿林兵是在荆州的绿林山(今湖北当阳县)起义,因而得名。赤眉军在山东琅琊起义,因将眉毛染红,所以称为赤眉军。这时的问题已经不是新朝会不会灭亡,而是这乾坤动荡究竟要如何结束,由谁来结束。

汉光武帝中兴

汉光武帝刘秀是汉高祖刘邦的九世孙,不过他的父亲已经不是王侯,只是居住在南阳郡蔡阳(今湖北枣阳县西南)的地方望族。刘秀的哥哥刘演性情刚毅,慷慨豪放,结交天下英雄;刘秀个性谨慎,不露锋芒,只是读书种田,学一点武术。

刘演与刘秀加入绿林军,一路击败王莽的军队,名声大振。当时绿林军各路人马已经有十几万人,但是不统一。众人商议要立一个共主,又决定这个共主必须是汉朝刘姓子孙。刘演屡立大功,却因英气外露,引人嫉妒。他又治军严肃,使得绿林兵其他各路军纪较差的首领十分忌惮。众人因而选了一个懦弱无能的刘玄为共主,称皇帝。刘演的部属和一些有识之士对于这个结果极为失望,可是也无可奈何。然而,日后争执、分裂、喋血的原因已经种下。

王莽派出一支四十万人的大军,以扑灭反叛军。大军包围昆阳(今河南省叶县)时,却因为人心不附,被刘秀以三万人马内外夹攻,一下子全军覆没。中国历史上曾经发生很多次以寡击众而获胜的著名战役,昆阳之战是其中之一。新朝从此一蹶不振,不久之后,王莽被乱兵杀死。新朝只有十五年就灭亡了。

刘演、刘秀兄弟威名日盛,刘玄左右的人却越来越忌妒不安,劝刘玄伺机下手铲除。刘秀屡次劝刘演要防范,刘演总是不以为意,最终果然与刘玄发生冲突而被捕,并且被立刻处死。刘秀得到消息,立即赶去见刘玄,自称有罪,绝口不提昆阳之功,不敢为刘演服丧。刘秀白日里出奇的冷静,饮食言笑一如平常;到了夜间独自一人时,却暗自垂泪。

刘秀在层层严密的监视中,终于逃出,脱离刘玄的掌握,并且招揽各地豪杰,最后自称皇帝(公元25—57年在位),建都洛阳,国号仍然是汉。后世为了便于分别,称刘邦建立的汉朝为"西汉",刘秀建立的为"东汉"。刘秀有智慧和大度量,言而有信,不念旧恶,因而经过十二年南征北讨,终于击败群雄,统一中国。

刘秀与河北的强敌王郎对阵时,情势十分不利,属下有许多人暗中与王郎相通。刘秀击败王郎后,部属搜出一大捆这些人与王郎私通的书信。刘秀不但不拆信,反而下令全军集合,当众将所有的信一把火烧掉,说:"这样大家晚上都可以安心睡觉。"当初刘玄杀害刘演,主导者之一名叫朱鲔。后来刘秀派大军包围洛阳,朱鲔守城,僵持数月而不下。刘秀派人去劝朱鲔投降。朱鲔担心刘秀记仇,不敢投降。刘秀说:"举大事者不计私怨。朱鲔若是投降,不但无罪,还可以保有官爵。河水在前,我绝不食言。"朱鲔后来高官爵禄,累世传承,刘秀从来不曾借故报仇。

刘秀年轻时曾拜大儒为师,登基后便下令成立太学。他又勤政爱民,下令裁并四百多个县,精简官员,改善吏治,并恢复三十抽一的赋税制度。

外戚与宦官之祸

光武帝之后的明帝与章帝都同样热心提倡儒学,用心国事,因而吏治清明,国富民安,史称"明章之治"(公元58—88年)。然而,东汉灭亡的远因却在章帝时便已经种下。

汉明帝娶名将马援的女儿为皇后。马援家教甚严,所以马皇后人称"明德皇后"。马皇后抑制自己的兄弟,不让他们位居高官。明帝死后,马皇后成了马太后,还是不许娘家的人随便升官发财。汉章帝的皇后窦氏却绝然不同,随意地安置兄弟、亲族官居要津,又袒护外家。汉章帝三十一岁就死了,汉和帝只有十岁。窦皇后成了窦太后,临朝称制,成为国家真正的统治者。窦家外戚以窦宪为首，父子兄弟一家人布满朝廷，势力凌驾皇家。

汉和帝长到十四岁时，忍无可忍，于是听从宦官头子郑众的建议，召集近卫部队搜捕窦宪等一家权贵，全部迫令自杀。大臣凡是与窦宪有来往的，一一被逮捕、赐死或免官。著名的《汉书》作者班固担任窦宪的书记官，因而也被逮捕，死在狱中。

汉和帝由宦官拥立才得以亲政，所以宦官权势高涨，群臣俯首听令。宦官的兄弟亲朋一一获拔擢为朝廷官吏、地方太守或县官。和帝二十七岁时死了，皇后邓氏临朝，援引外戚杀掉宦官，夺得政权。小皇帝长大后，又利用宦官除掉外戚。东汉从此陷于小皇帝与太后争权，同时宦官又与外戚斗争的不幸历史循环。也有几次太后怕小皇帝长大，将他害死，再立年纪更小的皇帝。

东汉从第四任汉和帝到第十任桓帝的八十年中（公元88—167年），总共有七个皇帝，四个太后。这七位皇帝即位时，没有一个是成年的，其中只有四个皇帝长大成人。四个太后无不培植外家，形成外戚集团，垄断朝政；三个没能长到成年的皇帝都是被太后及宦官所害，而四个长大成人的皇帝无一不利用宦官诛杀外戚，以取得亲政的权力。因此，平均每隔十年就有一次政权转换，总共刮起八次腥风血雨。历史的错误竟然可以重复这么多次，真正是不可思议。汉明帝时的马皇后坚持不让娘家兄弟亲友位居高官，实是有先见之明，但终究是凤毛麟角。

党锢之祸

在宦官、外戚交替的恶性循环中，知识分子的苦闷和处境艰难可以想见。当外戚掌权时，知识分子既无法与其对抗，不是与其合作，就是清高自赏，归隐山林。当宦官掌权时，知识分子就更难过了。自古以来知识分子大多看不起被阉割的宦官，怎能向宦官屈膝讨官做呢？汉朝由于历代的皇帝都提倡儒术，到了汉桓帝时，京师太学生的人数达到三万人。这些太学生每日目击世事的黑暗污浊，自然将注意力放在政治和社会的实际问题，放言高论，形成所谓的"清议"。其中活跃分子与朝廷大臣互通声气，乃形成一股势力，与宦官集团对立。

不幸的是汉桓帝到了二十八岁才靠宦官帮助，发动政变，取得政权，他的个人利益已经和宦官结为一体，说什么也要支持宦官集团。汉桓帝下令逮捕士林领袖，包括大臣李膺、陈蕃和太学生郭泰、贾彪等，共两百多人，酿成大狱。这就是"党锢之祸"。

汉桓帝死后，窦皇后和兄弟窦武拥立了十二岁的汉灵帝。窦武和陈蕃正计划依例铲除宦官，不料这次宦官集团吸取了历史的教训，已经有防备，反而设计杀了窦武和陈蕃，接着又逮捕李膺等数百人，下狱处死。朝廷还下令"党人"的门生故吏、父子兄弟，都免官禁锢。这是第二次的"党锢之祸"。全国的知识分子从此报国无门，而汉灵帝也被宦官挟持，历二十年之久。

黄巾之乱

宦官集团势力是如此强大，外戚和士族都已无能为力，最后或许只有军人的势力，或是农民起来革命，才有可能推翻这猖狂腐败的恶势力。当时在冀州巨鹿郡（今河北平乡）有张角等三兄弟，奉事黄老道，以符水治疗百病，吸引乡下百姓信仰，号称"太平道"；经过十几年，在河北竟有数十万徒众。灵帝中平元年（公元184年），张角命令徒众散布："苍天已死，黄天当立。"人人头上绑着黄色布条，开始叛乱，史称"黄巾之乱"。

黄巾军四处烧官府，劫乡里。各州郡的官吏望风而逃，朝廷派大军去镇压。北中郎将卢植与黄巾军作战，大获全胜，斩数万人。有一个宦官奉派去视察前线，却向卢植索贿。卢植不肯，宦官回去报告，说卢植"固垒不战，殆慢军心"。宦官集团于是逼灵帝派了一辆囚车从战场上载卢植回来京师洛阳问罪。豫州刺史王允击破黄巾军，查获宦官头子与黄巾军交通的信件，将信件送交灵帝。宦官头子没有事，王允反而也被囚车载回洛阳。一路上看见这两辆囚车的人都明白东汉就快要灭亡了。

黄巾军不久被镇压下去，张角兄弟也都死了，但是新起的农民起义越来越多，规模从数千人至数万人不等。加入镇压的官军也越来越多，其中有曹操、刘备、孙坚等，渐渐崭露头角。

曹操是沛国谯郡（今安徽省亳州市）人，文武双全，能用弓箭射飞鸟，赤手空拳擒猛兽；任侠放荡，为人机警而有智谋。刘备是汉朝刘姓皇族的后代子孙，却家境贫穷，居住在涿郡涿县（今河北涿县），卖草鞋、草席为生。刘备年轻时曾外出求学，拜大儒郑玄、卢植为师。刘备说话不多，喜怒不形于色，但待人谦和，结交很多朋友，而与关羽及张飞意气相投，结为异姓兄弟。中国著名的历史小说《三国演义》称之为"桃园三结义"，是后代中国所有黑白道兄弟金兰结义的榜样。孙坚是吴郡富春县(今浙江杭州富阳)人，智勇双全，自称是春秋时代兵法家孙子的后裔。

董卓废立皇帝

黄巾之乱过了五年，汉灵帝驾崩，继位的儿子只有十四岁，称为少帝。皇后的哥哥大将军何进想要铲除宦官集团，就与大臣商量，但是保密工作做得很差，弄得沸沸扬扬，宦官集团当然也接获密报，于是设计杀害何进。何进的同党袁绍等人看见危机四伏，领兵进宫，将宦官全部杀掉。并州牧（在今山西、陕西北部）董卓收到何进死前发出的密令，也带兵入京勤王。

董卓贪婪残暴，人尽皆知，而又兵多势大，到达首都洛阳后，凭着强大武力开始主宰一切。董卓第一件事就是废掉少帝，另立一个皇子为帝，是为汉献帝，也是东汉最后一个皇帝。袁绍、曹操等人反对，却又惧怕董卓，只得纷纷逃出洛阳。各人回到家乡后，又纷纷号召四方豪杰起兵共同消灭董卓。中国又一次惨烈的大内战于是开始。董卓的势力范围在西边，怕关东的反抗军势力大，于是没收所有洛阳城内富人的财物，烧掉所有宫殿、官府和居家，挟持汉献帝，驱赶数十万百姓，西往长安。一路上百姓饥饿患病，尸体堆积如山。洛阳城两百里内，不见鸡犬。

曹操挟天子以令诸侯

关东各州郡的反抗军以袁绍为盟主，袁绍却有私心，因而内部并不团结。董卓也因集团发生内讧而被杀。汉献帝趁乱逃出长安，一路辗转回到洛阳。

洛阳这时已成为废墟，跟随的官员都饥寒交迫，到郊外采树叶、果实填腹，砍木材取暖。当时地方诸侯都忙着据地为王，互相攻伐，没有人理会汉献帝。

曹操这时也有十几万人，所带领的"青州兵"名号十分响亮。曹操有一个谋士荀彧进言："从前晋文公出兵保护周襄王而诸侯敬服。现在天子蒙尘，将军如果能奉迎天子，不但顺从民望，并可假借天子之名以招募四方才俊，征服群雄，这是建立霸王基业的良机。"曹操于是亲自带兵到洛阳，接汉献帝回到许（今河南许昌市东）。献帝封曹操为大将军，改年号为"建安"（公元196年）。曹操从此开始"挟天子以令诸侯"。

曹操虽因为汉献帝得到很多方便，然而平日对汉献帝颐指气使，完全没有臣子对皇帝的恭敬态度。大臣都看得清楚，汉献帝不过是个傀儡，于是又纷纷另谋他策。刘备参加密谋，要杀曹操，不料事机不密，只得逃走，投奔袁绍。孙坚不幸意外死亡，儿子孙策有乃父之风，攻城略地，成为江东（今江苏、浙江一带）一方霸主，称为"孙吴"。

建安五年（公元200年），曹操和袁绍在官渡（河南中牟县）决战。大战之前，由于军力强弱悬殊，曹操军中许多部属与袁绍私通。结果曹操以寡击众，大败袁绍数十万大军。曹操战胜之后，搜到这些人给袁绍的信，于是师法当年汉光武帝刘秀的做法，把所有的信都烧了，说："袁绍兵力如此之强，连我都不能自保，何况其他人呢？"官渡之战后，曹操威震天下，接着陆续平定黄河以北所有地区，与孙吴隔长江为界。孙策也早死，由其弟孙权继位。

刘备三顾茅庐

刘备在袁绍兵败之后，又投奔荆州牧刘表。当时在荆州北边南阳郡隆中（今河南省南阳市）有一位隐士，名叫诸葛亮，字孔明，是琅琊阳都人（今山东省沂南县）人。诸葛亮学问自成一家，而善于谋略，常常拿自己和管仲相比拟。刘备有一名谋士，名叫徐庶，知道诸葛亮的才能更胜于己，就推荐给刘备。刘备说："先生请他一起来。"徐庶说："诸葛孔明是稀有的人中卧龙。这样的人不可能招之即来，必须要将军委屈一下，自己专程去拜访。"

刘备三次前往拜访，才见到诸葛亮，这是历史上有名的"三顾茅庐"的真实故事。

刘备恭敬地请诸葛亮开示。诸葛亮说：

> 如今曹操拥百万之众，挟天子而令诸侯，已经没有可能单独与其对敌。孙权据有江东，已经过了三代，国家有长江天险而人民归心，并且任用贤能，所以只能以为奥援而不可能图谋。荆州地处要津，是用武之国，而州牧刘表能力不足以守住疆界，这是老天要送给将军的。益州进入的要塞险阻，而有千里辽阔的肥沃田野，是所谓的天府之国，汉高祖也曾经在这里经营而成就帝业。益州之主刘璋昏庸懦弱而不知存恤百姓，有才智的大臣都想要有贤明的君主来领导。将军你既有帝室的血统，又有信义的名声散播于四海，假若能跨有荆州和益州，西边与羌戎和好，南面安抚夷越，东边联结孙吴，等待机会北向曹魏之地，如此则霸业可成，汉室可以复兴。

这一席话就是著名的"隆中对"。诸葛亮虽然年纪只有二十七岁，人还在山野田间，但是对于天下形势已经完全看清楚，并且将蜀汉之后数十年的发展策略全部预言了。刘备东奔西走二十几年，一事无成，至此茅塞顿开，于是请诸葛亮共图大业，倚诸葛亮为军师，自称如鱼得水。

赤壁之战

建安十三年（公元208年），曹操率领大军南下，浩浩荡荡，号称八十万人，决心要完成统一大业。荆州牧刘表这时忽然病死，儿子刘琮立刻投降曹操。孙权一向认为曹操的北方军队只会陆战，不会打水战，更不可能渡过辽阔的长江，因而国家安如泰山。然而，刘琮之投降曹操，对孙权无异于晴天霹雳，因为荆州扼住了长江的上游，刘琮手下又有一支善于水战的军队。

曹操写信劝孙权不如投降。孙权召集大臣议论。大家都认为众寡悬殊，大势已去，纷纷建议投降。大臣鲁肃却不发一语，等到孙权休息时，立刻跟上去，悄悄地说："我们这些作臣子的都可以投降，只有主公您不能投降。我们投降后，大家还是一样当官，只是换主君而已。主公您投降后，位置在哪里？"孙权叹息说："这么多人讲的话，实在让我太失望了，只有贤卿你明白我的心意。"

当时刘备也怕孙权投降，双方于是决心联合对抗曹操。孙吴大将周瑜率兵在赤壁（今湖北嘉鱼县）与曹操隔着长江对峙。时值寒冬，北风怒吼。曹操命令将所有的战船用铁链相连，以减少摇晃。孙、刘联军趁机火攻。一时火光冲天，曹操的船队被烧得灰飞烟灭。孙、刘联军追杀两百余里，曹操大败，狼狈地逃回华北。

三国鼎立

赤壁之战使得曹操统一中国的野心无法实现，决定了此后三国鼎立的局面。在赤壁之战以前，刘备只有军队，而没有真正属于自己的土地。孙权既然和刘备结盟，就同意让刘备暂时驻在荆州。刘备以此为根据地，在后来又向西扩展，攻占了益州（今四川），于是有了根据地，真正可以与魏、吴抗衡。

曹操虽无皇帝之名，而有皇帝之实，却不愿意篡位，仍然让东汉王朝继续留存。建安二十五年（公元220年），曹操病死，儿子曹丕立刻逼汉献帝"禅让"而自行称帝，国号"魏"，是为魏文帝。东汉至此立国一百九十六年。刘备也称帝，国号汉，史称"蜀汉"。孙权等了九年以后，才自称皇帝。

然而，吴、蜀两国之间的同盟关系在赤壁之战结束以后，就已经开始恶化了。其中的关键，是荆州的归属问题。孙权认为，当初共同抵抗曹操时，孙吴是主力，刘备的军力单薄，只是配角；因而，荆州是战利品，应该属于孙吴，只不过是暂时借给刘备。但孙权屡次派人向刘备催讨荆州，刘备总是拒绝归还，蜀汉派驻荆州的大将关羽态度也十分强硬，吴、蜀之间的裂痕于是越来越深。

最后，孙权忍无可忍，派大将吕蒙发起突袭，蜀汉镇守荆州的大将关羽兵败身死。刘备誓言报仇，诸葛亮无论如何劝谏也挡不住。刘备亲自率领大军攻打东吴，不料大败而回，在路上一病不起。诸葛亮赶到白帝城（今四川奉节）见刘备最后一面。刘备说："我不听先生教诲，以至于兵败身死。先生你的才能胜曹丕十倍，必能安邦定国，成就大事。我儿子刘禅如果可以辅佐，你就辅佐他。如果不能，你就取而代之。"诸葛亮流泪说："臣怎敢不鞠躬尽瘁，死而后已。"

刘备死后，诸葛亮立刻派遣使节到东吴去进行和解，恢复"联吴制魏"的一贯策略。诸葛亮接着亲自带兵到南方，平定四个郡的叛乱，"七擒七纵"叛乱的蛮族首领孟获，深入蛮荒的贵州、云南。诸葛亮凯旋成都，又开始北征曹魏；八年之中，六次出兵祁山。蜀军每次先跋涉千里，到达汉中（今陕西汉中市），再越过秦岭，抵达渭水南岸。

魏国派司马懿负责守备。司马懿家世显赫，聪明绝顶而老成持重。他原本不愿为曹操做事，一直称病推托，后来曹操威胁要收捕他入狱，不得已只好就职。司马懿知道诸葛亮的弱点是远道而来，粮秣不足，不能持久，所以就定下绝不冒险和尽量拖延两项战略。两人在五丈原（陕西郿县）相持不下，而司马懿坚决不出战。诸葛亮派使者送女人穿的衣服给司马懿，想用羞辱的方法激他出战；然而司马懿若无其事地收下来，仍然不出战。诸葛亮积劳成疾，不久病发，不治而死。

三国时代结束

刘备的儿子刘禅资质平庸，但在几个大臣如大将军费祎等的辅佐之下，还能勉强维持局面，并继续对抗曹魏。东吴的孙权活到七十一岁，越老越糊涂；晚年时，不顾群臣冒死劝谏，废掉太子，改立宠姬潘夫人所生的儿子孙亮为太子。孙权死后，王室子弟及大臣们为了争夺大位而发生流血斗争，吴国于是如江河日下。

司马懿成功抵挡住诸葛亮北征之后，雄霸一方的辽东太守公孙渊反叛魏国。魏明帝曹叡派司马懿带兵去剿叛，问司马懿多久可以完成使命。司马懿回答："去一百天，攻打要一百天，善后六十天，回来一百天，总共一

三国时期（公元240年，局部）

年就够了。"果然完全如期凯旋，班师回朝。司马懿回到半路上得到魏明帝病重的消息，兼程赶回京城，魏明帝已经濒临死亡了。魏明帝拉着司马懿的手说："朕把后事交付给你，请你和曹爽一起辅佐我的小儿子。朕为了要再见你一面，撑到现在不死，终于能见到你，死也甘心了。"然后叫只有八岁的太子曹芳过来搂着司马懿的脖子。司马懿跪在地上，痛哭流涕。

魏明帝天资聪颖，沉毅务实，是一个难得的好皇帝，可惜只活到三十四岁。曹爽和魏明帝自幼一起长大，如亲兄弟一般，所以魏明帝也请曹爽做顾命大臣。但是曹爽与司马懿不合，对司马懿表面上恭敬，实际上极力排挤，小皇帝曹芳也跟曹爽比较亲近。司马懿只得假装生病，不参与政事，实际上暗中开始计划反击。

曹爽派使者前往探视司马懿的病情。司马懿由两个侍女扶着接见，装模作样，手上拿的东西掉了一地。侍女进粥汤，司马懿又接不住，沾满了胡子和胸口。谈话时，司马懿故意听不清楚，语无伦次，又自称不久于人世。使者回去向曹爽报告，说司马懿形神已离，不足为虑，曹爽于是毫无戒心。不久，曹爽与小皇帝曹芳一同前往高平陵去拜祭魏明帝。司马懿立即在洛阳发动政变，以皇太后的名义罢黜曹爽，又命两个儿子司马师和司马昭领兵控制了洛阳城。曹爽被司马懿欺骗，没有抵抗就认罪投降，结果却被杀，灭了三族。从此魏国的朝政完全由司马氏父子所把持。魏国的大臣们有部分投奔蜀汉或吴国；也有称兵反叛，号召勤王，但是都被一一扑灭。

蜀汉大将军费祎大开门户，接纳魏国的降将，但是不幸被其中一个降将刺杀而死。后继者被刘禅所宠信的宦官黄皓排挤，蜀汉的国势因而急转直下。曹魏景元四年（公元263年），司马昭派兵灭掉蜀汉。司马昭死后，儿子司马炎立刻将魏国最后一任皇帝废掉，自行称帝，改国号为"晋"，是为晋武帝（西晋泰始元年，公元265年）。西晋咸宁五年（公元279年），晋武帝司马炎派大军分六道大举进攻吴国。吴国人心不附，军队不战而降，吴主孙皓也只好投降。

魏、蜀、吴三国鼎立，各自实质立国约在五十年至七十年不等，到最后谁都没有赢，而是司马家族渔翁得利，统一天下。

第 4 章

朝鲜半岛的历史源流

首先要说明,本书中所提到的"朝鲜",可能是指从前的古朝鲜、箕子朝鲜、卫氏朝鲜、李氏朝鲜等朝代,或是朝鲜民主主义人民共和国,也可能是泛指这些朝代、政权所占有的地域。除了特殊情况,本书将不特别注明"朝鲜"是指什么,因为看上下文就可以明白了。

本章以下从考古、语言、神话传说,以及历史记载等不同角度来探讨朝鲜半岛的早期历史。

朝鲜半岛的考古发现与语言源流

根据考古所得,在数十万年前,朝鲜半岛之上已有原始人类居住。朝鲜半岛在旧石器时代的重要遗址有黑隅里洞穴遗址、石壮里遗址、全谷里遗址及胜利山洞穴遗址等。

黑隅里遗址在现今朝鲜平壤市祥原郡,距今约五十万至四十万年,遗物有石核、石片、手斧等。石壮里遗址在今韩国忠清道锦江流域的公州。全谷里遗址在韩国京畿道涟川郡,距今大约三十万年,遗物中最值得注意的是双面核石器。这是由砾石打去两面而成,顶端尖而薄,可以用来砍、切、割、刮、挖。胜利山遗址位于朝鲜平安南道德川郡，距今约二十万年。

韩国的新石器文化开始于公元前三千年，遗址和遗物同样遍布韩国各地。这一时期的遗物最具代表性的是一种在顶端边缘上有梳齿状的尖底盛物土器，称为栉纹土器，这个时代因此称为"栉纹土器文化"。栉纹土器从北欧、西伯利亚到俄罗斯远东海岸，以及中国东北、辽东半岛都有发现。这使人联想古代的韩国人与生活在亚洲北部的其他栉纹土器人必定有关联。

韩国人的语言属于朝鲜语系，和中国话所属的汉藏语系不同。有人认为朝鲜语系属于阿尔泰语系，但也有人认为是孤立语言。语言学家将阿尔泰语系分为突厥语族、蒙古语族、通古斯语族三类。朝鲜语系的语法、发音和其中的通古斯语比较接近。通古斯语族中还包含中国东北历史上的女真人。语言学家猜想，部分韩国人的祖先原来可能是属于生活在亚洲北面大陆的阿尔泰语系民族，也许是属于通古斯族，而逐渐迁移到中国东北及俄罗斯远东海岸，又迁移到朝鲜半岛北部，形成了一些部落社会，也就是古朝鲜。

公元前十世纪开始，韩国进入青铜器时代。这一期间的特点还有无纹土器的发现和农耕技术的出现。无纹土器底部平坦，通常有把手，表面上没有任何纹路，其造型和栉纹土器截然不同。青铜器和农耕技术也是栉纹土器人所没有的。公元前十世纪正是中国的周朝初年，而中国在此之前的商朝早已有了青铜技术和农业社会，并且制作陶器的技术也已经非常纯熟。因而，在此时期很可能有大量来自中国的移民到达现今的朝鲜半岛北部，与原有的栉纹土器人共同生活，使得古代韩国人的血液中加入了新元素。

朝鲜半岛早期的传说及历史记载

韩国有一本史书《三国遗事》，是在高丽时代由佛教僧侣一然所编撰，记述高句丽、百济、新罗三国的历史，成书时间约在 1285 年左右。书中有一篇《纪异》，记载了有关古朝鲜始祖檀君的神话，说檀君王俭是天神与熊女结合而生。檀君建国以后，建筑王俭城为都城，就是现今的平壤。檀君的后代一直统治着古朝鲜，称为"檀君朝鲜"。檀君的故事和中国的黄帝一样，可以归为神话。据说古朝鲜族以朝鲜为其族称，意思是"朝阳鲜艳的地方"。

另有一部《三国史记》成书比较早，是高丽时代的历史学家金富轼奉高丽仁宗之命在1145年所写成，同样记载三国时代的历史。这是韩国最早的史书，一般认为比较接近正史。《三国史记》当中也有若干传说的神话故事，但是并没有提到任何有关檀君建国的事。

中国史书中关于早期朝鲜的记载

中国的古书里出现关于朝鲜的记载，比韩国早，并且丰富得多。中国的神话故事《山海经》里有一篇《海内经》提到朝鲜，其中说"东海之内，北海之隅，有国名曰朝鲜。天毒，其人水居"，意思是说朝鲜天气严寒，人民都居住在水边。

中国的史学名著《史记》里面的《宋微子世家》详细记载了有关"箕子朝鲜"的历史。殷商末年，纣王无道，杀害贤臣。箕子披头散发，假装疯了而仍然被纣王关在牢里。周武王推翻纣王，把箕子放出牢，问箕子殷朝为什么灭亡。箕子不愿意批评故主，反过来建议武王应该如何治理国家。中国最早的古书《尚书》里面有一个篇章《洪范篇》，就是记载他所说的内容。

武王明白箕子丧国之痛，特别允许箕子带领族人到偏远的朝鲜，建立一个新国家，就是箕子王朝。过了几年，箕子从朝鲜回来见周王，路过殷朝国都的废墟，看见宫室毁坏，长出禾黍，心中悲伤，就写了一首诗歌。歌词的原文是："麦秀渐渐兮，禾黍油油。彼狡童兮，不与我好兮。"这不知珍惜绿油油一片土地的顽童，暗指纣王。殷商的遗民百姓听到这首《麦秀》歌，都痛哭流涕。

传说箕子在朝鲜以礼义教化百姓，又教导人民耕田、养蚕、织布。他立下八条法令，主要是"杀人者死，伤人者以稻谷赔偿。男子窃盗罚入被盗者家中为奴，女子窃盗者罚为婢女"。被罚者出银钱即可赎身，但是在乡里中为人所不齿，其本人或子女要娶妻婚嫁都找不到对象。

箕子到达朝鲜的年代与前述公元前十世纪韩国出现青铜器与无纹土器文化的时间刚好契合。据说箕子朝鲜经历四十余世，将近一千年，一直到汉朝初年才灭亡。韩国古代有许多学者研究箕子的相关历史,写成《箕子志》、《箕田考》、《箕子实纪》等著作。朝廷和民间并为箕子建庙立祠,四时祭拜。然而,也有部分现代学者并不承认箕子朝鲜的存在。

除了朝鲜之外,《山海经》也记载了另外一个古代东北亚的部落国家,称为"肃慎"。书中说:"东北海之外,大荒之中有山,名曰不咸,有肃慎氏之国。"肃慎人生活在现今松花江、乌苏里江流域,东濒大海。《山海经》又提到有一个盖国,在燕国的南方,是一个很小的部落国,在现今朝鲜北方的狼林山脉(古称盖马大山)附近和鸭绿江(古称马訾水)上游。

自古以来,中国认为四周住的都是野蛮民族,称北方的游牧部族为"北狄",包括匈奴和东胡;称东方的半农半渔猎部族为"东夷",包括朝鲜、肃慎和盖国等。匈奴和东胡极为强盛,而东夷比较弱势。春秋战国时,燕国是雄踞中国东北的强国。燕昭王派大将秦开率兵袭破东胡,向北拓土千余里;其后又攻朝鲜,向东推展两千余里。燕国并且修建长城,跨过鸭绿江,直抵平壤北方的清川江(古称浿水)边。

除了朝鲜、肃慎和盖国之外,东北亚在战国时代已经发展出其他各种部族。《史记·货殖列传》中提到扶余、涉貊、真番、朝鲜都与燕国贸易往来。扶余位于现今中国东北松花江流域一带平原上,涉貊在现今朝鲜半岛东北部海岸地带,真番在现今汉江以北的平原地带。今天朝鲜人和韩国人的祖先并不只有古朝鲜人而已,还包括扶余、涉貊、真番、盖国人,甚至包括南下的肃慎人,以及从中国北方来的移民。此外,还有本章后半段要介绍的三韩部族,居住在朝鲜半岛南半部。

卫氏朝鲜

汉高祖刘邦统一天下之后,开始诛杀功臣。皇后吕氏比他更加狠毒,在刘邦病重时,加速杀戮群臣。本书第三章叙述到燕王卢绾与刘邦同乡同里,从小一起长大,却也不免有杀身之危,因而在汉高祖十二年(公元前195年),率领所属,越过长城,投奔北方的匈奴。当时卢绾有一个部将卫满没有跟随他到匈奴,而是率领了一千多个部属,投奔朝鲜。卫满又说服箕子王朝的第四十一代国君准王让他在朝鲜的西北方边界镇守，与汉朝的辽东郡相邻。

关于卫满的来历，有两种说法。有学者认为卫满是燕人；也有人认为他原本是朝鲜人而在燕国为官，所以选择回到故国。这个争议至今尚未有结论。

当初秦始皇并吞六国时，被灭的燕国和齐国在地理位置上都和朝鲜接近。燕、齐败军有很多人窜逃到朝鲜。之后，许多百姓也纷纷逃亡，达到数万人之多。卫满趁机收编这些人而扩充自己的军队，势力越来越强大。最后卫满竟驱逐准王，取而代之，建立"卫氏朝鲜"王朝。

卫满的孙子卫右渠继位时，也正是汉武帝登基的时候。汉武帝穷兵黩武，不但与匈奴陷入数十年的长期战争，同时也逼迫其他四面的邻国称臣入贡，或干脆并吞。元朔元年（公元前128年），在朝鲜东边的涉貊国王南闾被迫投降汉朝，所属之地被划为汉朝的一个郡，称为苍海郡。对卫右渠而言，这是一个警讯。

汉武帝怀疑卫右渠暗中和匈奴来往，派一个名叫涉何的使者去交涉，向卫右渠提出严重警告。但卫右渠不听，也不肯奉汉朝为宗主国。涉何未能达成任务，怕遭受汉武帝惩罚，回程中竟将送行的朝鲜大臣杀死，然后向汉武帝报告斩杀了朝鲜的将领。汉武帝大喜，封涉何为辽东东部都尉。卫右渠至为愤怒，发兵袭杀涉何。

汉武帝大怒，于元封三年（公元前108年）派楼船将军杨朴率领七千人从山东乘船渡过渤海，左将军荀彘率五万大军由陆路经辽东，两路夹攻朝鲜。这是历史上中国第二次派大军到朝鲜境内，距离战国时代燕国大将秦开侵入朝鲜两千里已有一百八十年。朝鲜大臣中主和派居多，国王卫右渠却不肯投降。朝鲜大臣见情势紧急，共同谋杀卫右渠而向汉军投降。卫氏朝鲜于是灭亡。

汉郡县时代

汉武帝将朝鲜划分为乐浪、玄菟、真番、临屯四个郡，视朝鲜为汉朝的领土。大致来说，乐浪郡是古朝鲜之地，以平壤为中心。玄菟郡包括朝鲜东北部（沃沮及沙貉部族居住地）和鸭绿江中上游两岸及浑江流域（高句丽部落居住之地）。真番和临屯都与南方的三韩（马韩、弁辰及弁辰）部落国接境。汉朝在四个郡分设太守，下分若干县，县设县令。太守和县令都由汉朝指派。许多汉人随着郡县设置而到朝鲜经商。朝鲜原本单纯的社会，受到影响而开始复杂化。风俗转薄，盗贼、犯罪增加。箕子朝鲜时，只有八条法令，到此时增加到六十多条。朝鲜的上层富裕阶级学习汉人，生活开始奢侈。这从平壤等地方古朝鲜坟墓遗址的规模及陪葬器物的内容可以清楚看见。

汉昭帝始元五年（公元前82年），执掌大政的霍光下令将真番郡和临屯郡并入乐浪、玄菟两个郡。霍光之所以要如此调整，有其原因。自从汉武帝在朝鲜设郡县以来，朝廷所派的太守和县令都是汉人，多半并不了解民情，并且采取高压政策。朝鲜各部族自然不满，常常反抗，发生严重的冲突。汉朝因此必须重新整合，扩大行政区，加强军事部署，使乐浪和玄菟太守能够同时掌握行政和军事大权，更有能力因应这些反抗的势力。

汉朝所设的郡县在以后约四百年间仍然继续存在。其间有新罗、高句丽、百济等三个部落国陆续脱颖而出。中国方面也历经几次的改朝换代，盛衰更替。大致来说，每当中国国力强盛时，在朝鲜的部落国便顺服合作；当中国衰弱无力时，各部落国便无视于郡县的存在，举兵相向。司马家建立西晋后不到二十年，中国大乱，中国所设的郡县因而在西晋永嘉七年（313年）被高句丽消灭。

《三国史记》的记载

中国史书中，通常都有一个专章叙述朝鲜发生的事情，例如《史记》有《朝鲜列传》，《汉书》有《西南夷两粤朝鲜传》，《后汉书》有《东夷列传》，《三国志·魏志》有《乌丸鲜卑东夷传》。

金富轼编撰《三国史记》时，主要的参考资料就是上述中国史书的相关记载。此外，他也参考之前朝鲜人所撰写的一些古代文献、稗史、笔记，例如《海东古记》、《新罗古记》、《鸡林杂传》等。《三国史记》是韩国的第一部正史，记载从公元前57年到公元935年，总共将近一千年的韩国古代历史。不过《三国史记》记载的内容与中国史书记载的内容却有部分出入。特别是关于三国的建国历史，《三国史记》添加了一些神话故事，或是半信史。

根据《三国史记》，新罗、高句丽及百济三国都在西汉晚期开始建国，分别是在公元前57年、公元前37年及公元前18年。在初期，三国实际上都还是比较原始的部落社会形态。以地理位置来说，高句丽在现今中国东北及朝鲜半岛北部，而新罗和百济在朝鲜半岛南部。南北各自独立发展，实际上在建国之后经过了三四百年并没有太多关联互动。以下分述三个国家的建立。

高句丽始祖朱蒙的传说

根据《三国史记》，高句丽的始祖"东明王朱蒙"来自扶余。朱蒙的母亲是河伯之女，在太白山南面的水边遇见扶余国的金蛙王，被带回去幽禁于斗室之中。河伯女被日光照射，因而怀孕，生下一个巨大的蛋。有一男孩破壳而出，长大之后勇敢善射，取名为"朱蒙"。扶余国人对来历奇特的朱蒙心生畏惧，预备将他谋害。朱蒙逃亡，摆脱追兵而到达卒本川（在中国东北浑江流域），建立高句丽国，以高为姓，时为汉元帝建昭二年（公元前37年）。朱蒙东征西讨，并吞卒本川上游的沸流国（在富尔江流域），又灭掉北沃沮（在图们江流域）。

中国曾经有一部史书，称为《魏略》，作者名叫鱼豢，成书约在260年前后。《魏略》是一部皇皇巨著，至今却已失传，不过一般认为，这部书是三十年后西晋的陈寿撰写史学名著《三国志》（此三国是指中国的魏、吴、蜀，而不是韩国的高句丽、百济、新罗）时的主要参考资料。因而，历史学家对于《魏略》的内容有相当的了解。

历史学家非常确定《魏略》中记载了一个类似朱蒙的神话。故事是说北方有一个索离国，国王有一个侍女，自称受怪气侵袭而怀孕生子，取名为"东明"。由于东明来历奇怪，国人屡次要杀他，每次却都有猪、马、鱼、鳖等灵异的动物及时搭救。东明长大之后勇敢善射，最后到达扶余，建立自己的国家。《魏略》与《三国史记》记载的不同点，在于东明建立的是扶余国，而不是高句丽。《魏略》也没有提到过"朱蒙"这个名字。

中国史书中第一次提到朱蒙的名字，是在另一本史书《魏书》里。《魏书》的写成时间约在公元555年，主要是记载中国南北朝时期鲜卑北魏王朝的历史，而与《魏略》及《三国志·魏志》所记述的曹魏是两个完全不同的朝代。《三国史记·高句丽本纪》中关于朱蒙的记载与《魏书·高句丽传》中有关朱蒙的叙述几乎一样，因而极有可能是以《魏书》为参考。不过《魏书》并没有关于朱蒙年代的任何提示。

在此也要说明一件事。中国的史学界一般认为《魏书》的作者魏收著书的态度并不严谨，评价比班固和陈寿相差很远，因而《魏书》的可信度并不高。

王莽与高句丽

根据陈寿的《三国志》记载，王莽篡汉之后，由于傲慢和无知而引起匈奴再次叛变。王莽下令高句丽人出兵一同攻打匈奴。高句丽人不愿意，玄菟郡的官员强迫征兵，高句丽人于是集体逃亡，并击败追捕的官军。事件扩大之后，汉朝地方官吏都诿过于高句丽的领袖高句丽侯驺。王莽下诏地方官严尤强行镇压，诱杀了高句丽侯驺。王莽大悦，以为夷狄不足挂齿，下令将"高句丽"改名为"下句丽"，极尽侮辱。朝鲜各部族于是群起叛变。

《三国史记》也记载了这件事，不过说严尤所杀的是琉璃王手下的部将延丕。琉璃王是朱蒙的儿子，高句丽的第二任国王，趁中国大乱而扩张势力，派太子高无恤率兵击败扶余王带素，接着又袭取高句丽县。高无恤继任为第三任国王，称为大武神王，继续开疆拓土。

汉光武帝中兴以后，对扶余和高句丽采取怀柔的政策，并明令将"下句丽"又改回来"高句丽"的称呼。因此，两国又与汉朝和好。汉光武帝建武八年（公元32年），大武神王派遣使者到汉朝朝贡。建武二十五年（公元49年），扶余王也遣使朝贡。两国争相讨好东汉朝。

高句丽在第六代太祖大王高宫（公元53—146年）时，兼并了东沃沮（在今朝鲜咸镜道一带），逼扶余称臣纳贡。高宫与东汉之间的关系也不和睦，曾经多次带兵攻打玄菟郡和辽东郡。汉安帝建光元年（121年），扶余王与汉朝联盟，派太子尉仇台带领两万兵卒，与汉兵共同击破高宫。永和元年（136年），扶余国王亲自到洛阳朝见汉顺帝，受到汉朝盛大的欢迎。高宫之后，次大王及新大王依次继位，而仍然时常向东汉挑衅。扶余常常受到高句丽以及西方的游牧部族鲜卑侵扰，因而选择与东汉联盟又联姻，站在同一阵线。

高句丽与中国公孙氏家族及曹魏政权的冲突

东汉末年黄巾之乱后，董卓胁持皇帝，任命公孙度为辽东太守（190年）。公孙度诛灭郡中豪强大姓，西击乌桓，东伐高句丽，三代称雄辽东五十年。高句丽新大王死后，长子与次子争位。公孙度的儿子公孙康趁机予以分化，攻破其国，焚烧邑落，毁其国都内城。高句丽第十代山上王伊夷模被迫迁移到丸都（今吉林省集安市山城子）。公孙康将乐浪郡的南方分割，设立带方郡，以便控制濊貊。

公孙氏既称雄辽东，一代比一代骄傲。公孙康的儿子公孙渊开始称王，并对曹魏明帝的使节口出狂言，终于引火烧身。魏明帝景初二年（238年），司马懿奉命北伐，轻而易举地灭掉公孙渊。高句丽也派兵协助司马懿，一方面对曹魏示好，另一方面为自己除去大敌。公孙氏灭亡后，高句丽又开始挑衅新的曹魏势力。正始四年（244年），曹魏派幽州刺史毌丘俭率领一万人攻打高句丽。高句丽第十一代东川王，名叫位宫，率两万人与曹魏军大战于大梁河（今辽宁太子河，是辽河的重要支流）。高句丽全军覆没，位宫逃至东沃沮。毌丘俭派兵追到扶余地界，并于丸都山刻石纪功。

1906年，中国在集安市挖掘出《魏毌丘俭丸都山纪功石刻》，其中详细记载了事件始末，与中国及韩国史书记载大致都相符。

马韩、辰韩及弁辰

当朝鲜半岛北部的古朝鲜、沃沮、濊貊等部族陆续登上历史舞台时，朝鲜半岛南部仍然住着一些尚未开化的土著部落。这些部落到了秦末汉初的时候，才因为北方移民逐渐南下而有文明，并产生了联盟组织，有马韩、辰韩及弁辰三个国家，称为"三韩"。

马韩在西边，由五十几个部落国组成。这些部落国，大的有万余户，小的只有几千户，总共十几万户人家。各部落组成联盟，而推举目支国的酋长为领袖。马韩人民个性豪强，体力勇健。每年五月播种完毕及十月收割完毕都会举行仪式，祭祀鬼神，通宵达旦，群聚歌舞，并痛快饮酒。

辰韩在马韩之东，有十二个部落，相传是古时候为了躲避秦朝统治的中国人，亡命来到此地，建立国家，所以也称为"秦韩"。由于当初辰韩的土地是向马韩商借而获得的，辰韩同意不自己选任领袖，而由马韩人担任辰王。因此，目支国王是马韩及辰韩的共主。辰韩土地肥美，种植五谷、桑、麻。嫁娶以礼，行人让路，而同样喜欢歌舞饮酒。语言中夹带有秦、齐、燕的话语，和马韩有显著的不同。辰韩出产铁，并运送到马韩、涉和倭，以进行贸易。

弁辰在辰韩的南部，也有十二个部落，言语风俗和辰韩也不同。最显著的特征是男女都有文身的习俗，与倭国（日本）类似，极有可能是从倭国渡海而来的。但也有可能两者出自同一源流，都和中国的荆蛮地区和苏州地区有关（详见下一章）。

新罗与百济的起源

早期新罗的历史源流很难考证，因为新罗的地理位置在现今韩国庆尚道一带，和汉朝相隔很远，中国的史籍没有什么记载。据说新罗是由辰韩当中的斯卢国发展而成。依据《三国史记》，约在汉宣帝五凤元年（公元前57年）时，新罗的始祖朴赫居世被辰韩各部落推举为"居西干"，就是国王的意思。当时的国号是"徐伐罗"。约在公元68年时，第四代脱解居西干将国号改为"鸡林国"。这个国号一直沿用，到500年才又改为"新罗"。最早的新罗国王是由朴、昔、金三个姓轮流担任，直到第十七代奈勿王金楼寒（356—402年在位）以后，才成为金氏一门贵族世袭的制度，后来称为"圣骨"系统。

关于百济的起源，有两种说法。第一种说法是在马韩五十几个部落国之中有一个叫伯济的小国，渐渐强盛而挑战目支国，成为马韩的领袖国。第二种说法是传说朱蒙的儿子温祚自知无法与同父异母的兄长琉璃王争位，离开高句丽，南下到汉江流域现今韩国首都首尔附近，建立百济国，时间约在汉成帝鸿嘉三年（公元前18年）。温祚因为父亲来自扶余，决定以扶余为姓。百济建国初期的历史，也和新罗一样，没有很多可以参考的记载。

有部分学者研究曹魏正始年间幽州刺史毌丘俭攻打高句丽这一段历史，认为和百济、新罗的兴起可能有直接的关系。毌丘俭攻打高句丽时，涉、貊曾出兵协助高句丽。马韩、辰韩有部分的部落国也趁机袭击带方郡、乐浪郡。毌丘俭攻陷丸都之后，屠城，并派乐浪太守刘茂、带方太守弓遵南下攻涉、貊，予以惩罚。涉、貊很快就投降了，三韩的数十个部落国也都一起投降。百济国当时的第八代古尔王（234—286年在位）被丸都屠城所震慑，不等刘茂、弓遵兵马到来就自动将原先所掠夺的土地、人民归还乐浪郡。

三韩原本从东汉末年以后就划归带方郡管辖，这时曹魏军队的幕僚建议将辰韩八个部落国改属乐浪郡管辖。这个建议经过翻译，又有人在其中搬弄是非，诸韩部落误以为是要将这八国划入乐浪郡而由曹魏直接统治，尽皆大怒，又再次反叛而围攻带方郡。刘茂、弓遵再次出兵。弓遵战死。刘茂合并带方、乐浪两郡兵马，最后击溃诸韩。

部分学者推测，诸韩部落被击溃后，目支国即使不灭亡，其共主的地位必然丧失。三韩的局面因而改变，数十个部落国重新竞争、整合。百济和新罗可能就是从此开始发展，逐渐成为新的霸主，而与高句丽在朝鲜半岛最后形成三国鼎立。

但实际上还有一个第四势力"加耶国"（中国及日本古代历史都称之为"任那"）也逐渐形成。弁辰人中有许多原本就是倭人，渡过对马海峡而来到朝鲜半岛。有人认为弁辰之中部分"弥乌邪马国"、"狗邪国"等的发音和日文相近，都是被倭人所控制的部落国，也是后来任那国的一部分。然而，有部分历史学家反对这样的说法。

第 5 章

日本的历史源流

对于日本早期的历史，本章也和上一章叙述朝鲜半岛的早期历史一样，希望从考古、语言、神话传说，以及历史记载等不同角度来探讨。

先土器时代

依据日本大部分考古学家的共识，日本有人类居住的历史不超过四万年，不像中国和韩国那样有数十万年以上。日本全国有四千处以上旧石器时代晚期的遗迹，年代大多在距今三万年到一万二千年之间，而以群马县新田郡笠悬町的岩宿遗迹最为有名，距今约二万五千年。在冲绳县那霸市也发掘出山下町洞穴人，时间更早，距今约三万二千年；但严格地说，与日本本岛无关。日本考古学界称旧石器时代为"先土器时代"，意思是陶器发明以前的时期。

现在的日本与亚洲大陆隔着海，不过在上一个冰河期最寒冷时，日本南北两端陆地与亚洲大陆是相连的，因为当时海平面比现在低一百五十米左右。古代的日本人因而很可能来自库页岛、朝鲜半岛、中国、印度尼西亚等地。约在一万三千年前，地球开始暖化，海平面升高，才将日本与亚洲大陆分开。

日本人使用的语言称为日本语系，和中国所属的汉藏语系也有很大的差异，而比朝鲜语系争议性更大。有人认为日本语是孤立语言，也有人认为可划入阿尔泰语系。又有人认为是属于南岛语系，也就是说与印度尼西亚、菲律宾、太平洋诸岛，以及台湾原住民的语言比较接近。总之，日本语言的复杂性也间接说明了日本人最早的祖先可能是来自四面八方。

绳文时代

明治十年（1877年），在现今东京市品川区及大田区附近有一个新石器时代的遗址"大森贝冢"出土。在掘出的遗物中，发现有素烧的土器，可能是用来煮食或贮存食物。这些土器上有隆起像绳子一样的纹路，因而日本学界称之为"绳文土器"。

1960年代，日本考古学家在九州长崎佐世保市又发现两个新石器时代早期的遗址，分别称为福井遗址及泉福寺遗址，距今竟然有一万两千至一万三千年。遗址中挖掘出来的绳文土器是至今世界上发现的最古老的陶器。所以说，日本虽然在旧石器时代发端比较晚，在新石器时代却是属于世界上发端最早的。"绳文时代"从此时起，一直延续到公元前300年左右。

绳文时代的人基本上以打猎及采果为生，并逐步开始种植简单的瓜果植物；会用麻编织衣物，用藤编织用具，制造土器、石器、骨角器、木制品、梳子、漆器等。

1990年代中期，日本岛最北端的青森县青森市附近，有三内丸山遗迹出土，距今从五千五百年起至四千年前，显示定居长达一千五百年之久。考古学家又震惊地发现当时的人已有很好的木造建筑技术，能用木头建造斜顶房屋及高架式的仓库。另外还有一栋面积达到三百平方米、可以容纳数百人的聚会场所，以及一个由六根直径一米、高达十米以上的巨木所搭成的高台，但是不知作何用途。三内丸山遗迹内还规划了坟墓及垃圾场。种种发现，说明这已经是一个早期的文明社会了。然而，三内丸山文化却突然消失，原因则是一个谜。

弥生时代

公元前三四百年间,日本开始出现了大量的新型黑色陶器,在技术上比绳文土器更进步,而纹样简单,外形美观。由于这种陶器最早发现于东京都弥生町文京区,所以被命名为"弥生式陶器"。历史学家将此后的六百年间称为"弥生时代"。弥生时代又可分为前、中、后三期。前期在九州,中期发展到京畿一带,后期才扩展到东北地方。日本在弥生时代又突然出现青铜器,如铜剑、铜矛、青铜祭器等,最早也一样是出现于九州,逐渐扩展到日本的中部,最后到达北部。

绳文时代后期,稻米耕作已经在北九州出现。在弥生时代,水稻耕作技术迅速发展,并且逐渐向本州传播。这一项进步的技术使得日本人停止原有的采集、狩猎、捕捞的谋生方式,转化为农耕,彻底改变了生活形态,迅速划下绳文时代的休止符。一般认为,水稻耕种的技术可能不是古代日本人自己发展出来,而是从外面引进。

综合以上所述,一般推论日本的弥生文化是由南端的九州开始,极有可能是从朝鲜或中国传入的外来文化。

日本早期的传说及历史记载

日本现存最早的正史是《日本书纪》。这部书是由日本第四十代天武天皇(673—686年在位)命令皇子舍人亲王和第一巨室藤原氏共同编撰,经过三十几年,到第四十四代元正女天皇养老四年(720年)才终于编完。另外有一部《古事记》,与《日本书纪》几乎同时编撰完成,则是由一位据说记忆力很好的老人,名叫稗田阿礼,口述一些自古传承的故事,而由另一位文人太安万侣做笔录而写成。

《日本书纪》共三十卷。第一、二卷是神话,其中说上古时候万物皆混沌,之后才有阴阳之分,化为天(高天原或天上界)和地(地上界)。天地间又有神出现,其中有一对男女神结为夫妇,后来生下一些岛屿,其中有日本列岛(苇原中国),又生下了天照大神(太阳)、月读尊(月亮)、素笺鸣尊(恶神)、火神等诸神。恶神自天而降，统治了地上界。天照大神传下三件神器给他的孙子琼琼杵尊（即是天孙），命他也去到苇原中国，取代恶神的子孙，统治这个国家。天孙再传到第四代，就是神武天皇。

一般认为这神话和中国的《山海经》同样无稽，可是也和《山海经》深入后世中国人心中一样，深深影响后世的日本。日本人大多自认是天照大神之后，而持有三神器的天皇是天照大神嫡传子孙，所以是万世勿替的天皇。现代日本的国旗是太阳旗。

《日本书纪》的第三卷是《神武纪》，记载神武天皇的事迹。神武天皇在四十五岁时开始东征，横渡濑户内海，与大和地方的土著部落酋长长髓彦激烈战斗。经过六年的东征西讨，神武天皇平定各方势力，即位于橿原宫，建立了大和王权，成为日本开国之祖与第一代天皇。后代的学者依《日本书纪》的记载推算，神武天皇元年是公元前660年（辛丑年），正是中国的春秋时代，齐桓公称霸诸侯的时候。

徐福与日本

中国有一派学者提出一个看法，认为日本的神武天皇其实是来自中国，并且是秦始皇时的一个方士，名叫徐福。这些学者说，依《日本书纪》所推算的神武天皇年代其实是算错了，实际上应该是在四百五十年之后（说明见本章后页），也就是秦始皇的时候。

秦始皇是中国历史上第一个皇帝，却也不免怕死。当时有方士徐福上书，声称东海有蓬莱、方丈、瀛洲三神山，住有仙人。徐福随即奉命出海寻找神仙，求取长生不老之药。秦始皇三十七年（公元前210年），也就是死前最后一年，到了琅琊（今山东青岛市南），叫徐福来问。当时徐福已经出海求仙十年，来来回回，不知几次，耗费无数钱财而没有带任何长生不老药回来。他怕被杀，于是编造理由，说是海上有大鲛鱼（鲸鱼），挡住了去神山的海路。秦始皇就命令拿连发的弓箭和其他捕捉鲸鱼的器具，自己率领捕鲸船队，浩浩荡荡出海捕鲸去。一直往北到芝罘(今山东烟台市)，果真捕到一头鲸鱼。

徐福又对秦始皇说他曾经见过海上仙人，仙人说要求长生不老药必须带童男童女及五谷种子。秦始皇于是命令徐福再一次出海，率领三千童男童女，各式各样的工匠，又带了捕鲸专家和捕鲸器具。徐福这次出海是最后一次，从此就没有回来。有许多学者研究，认为徐福最后一次出海时心里真正的目的，已经不是要寻仙求药，而是在执行一个周密的移民计划。徐福知道长生不老之药不可能求到，回来必定是死路一条，因此已经打定主意不回来了。他大胆假借仙人的嘴，要求秦始皇让他带童男女、五谷种子和工匠，其目的已经不言而喻。

徐福出海以后，究竟到哪里去了？中国大陆和台湾有部分学者说，徐福肯定是到了日本。这些人甚至明白指出，徐福是在现今和歌山县熊野的新宫登陆的。新宫至今还有徐福祠及徐福墓。这当然是后来传说越来越多以后，附会的人所建的。又有人举其他例证，例如徐福登陆地点熊野，自古以来就是日本的捕鲸中心。熊野捕鲸业的基地是太地町，又称"秦地浦"，意思是秦人居住的海岸地带。捕鲸船的船长称为"秦士"，等于说捕鲸是秦人传下来的技术。神武天皇可能就是徐福。

反对这个说法的人认为上述的论证理由实在薄弱，将徐福与神武天皇画等号的说法更是无稽。日本在绳文时代末期虽然发生跳跃式的巨大改变，但是青铜器与水稻的出现都比徐福出海的时间早一两百年。"秦地浦"、"秦士"的说法也可以解释成在战国、秦朝时期就有中国人陆陆续续渡海到达日本，未必一定和徐福有关。不过反对派也无法据此认定徐福一定不曾到日本。

反对派又提出一个问题：假如徐福真的率领数千人浩浩荡荡到了日本，为什么日本在徐福之后数百年中既没有汉化，也没有文字？支持徐福派的人也提出辩解：徐福到了日本，为了怕秦始皇追踪，正是要刻意隐藏身份，以求安全。徐福可能是与当地土著通婚，借土著的支持而建立一个新国家。

有关徐福的争论至今没有任何结论。以琉球及台湾后来发展的情形来看，徐福更加不可能到这两个地方。不过不能排除徐福的船队可能是遭遇台风，因而葬身在海底。

中国史书中关于早期日本的记载

中国的古代史书称日本为"倭",但是"倭"并不一定就是现在的日本。最早提到"倭"的记载是《山海经》,其中的《海内北经》有一段文字:"盖国在巨燕南,倭北。倭属燕。"其中的盖国位于现今朝鲜半岛北方。文字中虽说倭国在燕国的南方,却没有提到倭国必须要渡海才能到达。因此许多学者怀疑这个倭国很可能是在朝鲜半岛东北部靠海的一个部落国家,而不是日本。

日本的弥生时代,对应于中国的朝代,是从战国时代末期,经过秦、汉及三国,到西晋灭亡为止。有关这一时期日本政治及社会情况,中国各个朝代的历史文献都有很好的参考史料,其中也有部分提到"倭",却不是日本的记载。

中国史书中第一次可以确定是有关古日本的记载,出现在《汉书》。其中《地理志》里有一行短短的记载:"乐浪海中有倭人,分为百余国,每隔一些年会派使者来贡献礼物。"乐浪是汉朝在朝鲜半岛北部所设的一个郡。倭人因而是先渡海到乐浪,才辗转到中国朝贡。

《后汉书·东夷列传》里面更明确地记载了东汉光武帝中元二年(公元57年)时,有倭国大夫到洛阳贡献朝贺。汉光武帝赠送一颗印章给倭国国王。东汉安帝永初元年(107年),又有倭国国王,名叫帅升,派遣使者到中国,带来一百六十个人,作为礼物送给汉安帝。

1784年,在日本九州福冈市出土一颗正方形的小金印,刻有五个隶体字"汉委奴国王"。一般认为,这颗金印就是汉光武帝赠送给倭王的那颗印章,现今置放在福冈市博物馆里。汉朝时"委"和"倭"两个字是相通的。

关于中国人最早到达倭国的记载,出现于上一章中所提到的《魏略》。《魏略》记载三国时代的魏王曹丕派使臣到达倭国,发现当地"男子无分老少,皆黥面而文身,闻其旧语,自谓太伯之后"。太伯就是周文王的伯父,自我放逐到达荆蛮,在本书第一章叙述过。荆蛮在现今中国的苏州附近,隔海与日本相望。部分历史学家推测,可能在上古时代荆蛮地区有人驾船到达日本。

中国的晋朝时，陈寿参考《魏略》，写成自己的史书《三国志》，其中《魏志·乌丸鲜卑东夷传·倭人条》几乎完全抄袭《魏略》。然而，陈寿虽然也抄了"男子无分老少，皆黥面而文身"这一句，却将"闻其旧语，自谓太伯之后"删掉了。陈寿为何删掉后面两句？没有人知道原因，但是对后世的影响超乎想象。研究日本古代历史的学者几百年来一直在争论一个大问题："太伯究竟是不是日本人的祖先之一？"而至今尚无结论。

邪马台国与卑弥呼女王

陈寿所撰写的《三国志·魏志·乌丸鲜卑东夷传》"倭人条"，对日本的历史源流而言极为重要，研究的学者非常多。以下是其重要部分的白话文翻译：

> 倭人在带方郡（在现今韩国汉江流域）东南方的大海中，依山岛地形分布建立许多部落国。早先有一百多国。在汉朝时有部分国家派遣使者到中国朝见。现今（指西晋时）有三十几国与中国通使。从带方郡到倭国，沿着海岸坐船……到达邪马台国，就是女王的国都，约有七万余户人家居住。从带方郡到女王国一共一万两千余里。女王国以北，依次有斯马国等二十九国，都归女王管辖。女王任命一员大官负责前往督察，各国人都很畏惧。但是南边有狗奴国，以男子为王，不属于女王管辖。
>
> 男子无论年纪大小都在脸上和身上刺青。中国在夏朝以后，少康的儿子封于会稽（现今苏州一带），都断发文身，以避免蛟龙之害。倭人善于游水捕鱼，其文身也是为了要震慑大鱼和水禽。各国文身的方式不同，或左或右，或大或小，跟文身的人的地位高低有关。计算倭国的位置，应当在会稽的正东方。……习俗上，如果要决定大事就用骨头烧灸，看裂痕形状以占卜吉凶。倭人特别喜爱喝酒，寿命一般都很长，或百岁，或八九十岁。大户人家娶四五个妻子，小户也有两三个。人民不盗窃，少争讼；犯法轻的被没收妻子，重的全户都被杀掉。

每一个国都有市集，供交易有无，由官吏监督。

邪马台国原本是以男子为王，后来倭国乱，相互攻伐许多年，才共同立一个女王。女王称为"卑弥呼"，敬事鬼道，能统御众人，年纪已经很大，没有丈夫，有一个弟弟帮忙治理国家。女王有一千个女婢，自从登基之后，很少露面，只有一个男子负责传令……

曹魏景初二年（238年），倭国女王派大夫难升米到带方郡，请求贡献魏朝。太守刘夏派官员带使者到京师邺城朝见，奉献男子四人，女子六人，布两匹。魏明帝下诏书给倭国女王，嘉奖抚慰，封卑弥呼为"亲魏倭王"……正始元年（240年），带方太守弓遵派建中校尉梯俊携带诏书及印绶到倭国，拜倭王为王。……正始八年，带方太守王颀到官，卑弥呼和南边的狗奴国王卑弥弓呼相互攻击，派使者到带方郡来诉说。王颀派遣幕僚张政带诏书和黄幢（代表皇权的黄色旗子）去调停，但是卑弥呼已经死了。国中大乱，互相诛杀，最后又立一个卑弥呼的宗亲女子壹与，国家才终于安定。

关于邪马台国的所在地，在日本学界有许多争论，而主要分成两派。一派主张邪马台国就是大和朝廷，在现今的奈良县。另一派主张邪马台国应该在北九州才是。两种说法争论非常激烈，至今仍无定论。本书无意加入这个论战，不过要指出，无论是"大和说"还是"九州说"，《三国志》明白地指出，公元三世纪时日本已经有一个幅员广阔、有数十万户人家的大型邦联国家存在。

《日本书纪》的记载及其错乱

现代的日本历史学家对于《日本书纪》的正确性，特别是其中早期的记载，大多抱持怀疑的态度。《日本书纪》里面，第三卷《神武纪》以前是神话，第四卷记述了第二代到第九代一共八位天皇。这八位天皇都只有名字而无特别可考的事迹，其中有好几位天皇都活到超过一百二十岁，甚至有到一百四十岁。一般日本历史学者大多认为不可信，而称之为"阙史八代"。

有些日本学者认为第十代的崇神天皇就已经是可考了，但是还有部分人认为一直到第十四代的仲哀天皇都无法确认是否真正存在，也将之列为神话。最严格的学者则认为在第二十六代继体天皇（507—531年在位）之前的记载都可能是不正确的。

那么前面所提到"汉委奴国王"接受东汉光武帝赐印，以及曹魏时代的倭国女王卑弥呼，是不是在《日本书纪》里也能找到呢？学者们很遗憾地发现，答案是否定的。

东汉光武帝赐给倭国王金印这一年（公元57年），依《日本书纪》推算，是第十一代垂仁天皇在位的时候。然而《日本书纪》并没有记载垂仁天皇派人到中国朝贺，并接受金印的事迹。传说日本第一代神武天皇在现今奈良县樱井市的檀原地方建皇宫，之后一直到第五十代桓武天皇迁都平安京（今京都市）以前，所有天皇的皇宫都没有离开过奈良地区。"汉委奴国王"金印既是在九州出土，足以证明若不是派遣使节去见东汉光武帝的倭国国王另有其人，就是《日本书纪》中有关前面十几代天皇的根据地一直在奈良的记载有些疑问。

在《日本书纪》里，有一位赫赫有名的神功皇后，是第十四代仲哀天皇的皇后，而在仲哀天皇死后继续摄政六十九年（201—269年）。神功皇后负责祭祀鬼神，丈夫已死，生活年代也和曹魏正始年间相符，因而似乎可以与前述的卑弥呼女王相对应。但《日本书纪》并没有提到任何神功皇后与曹魏王朝遣使来往互访的事情。神功皇后是否就是卑弥呼女王？日本学者之间对此争议很大，而大部分的人倾向否定，甚至说根本不曾有过神功皇后这个人。

总之，日本、中国有许多学者一致认为《日本书纪》记载的前段历史极不可靠，并且年代严重错乱，甚至有些历史人物和事件都是虚构的。有些学者又进而把《日本书纪》之所以会发生这样多错误的根本原因也找出来。但由于其中的错误主要是发生在《日本书纪》编撰的时候，也就是在七世纪时，因而，本章在此无法继续讨论，而不得不要等到第十二章才能作一个比较完整的叙述。至于神功皇后是不是虚构的，也只能在第十二章说明。不便之处，敬请读者见谅。

第 6 章

远古的中国：少数民族的历史源流

当古代的华夏族在黄河流域从事农耕时，在四面八方都有其他的部族居住，中国的古书称之为东夷、西戎、南蛮、北狄等。"东夷"包括朝鲜、肃慎、扶余、涉、貊等。"南蛮"包括所谓的三苗、荆蛮、百越、扬越、巴蜀、西南夷等。综观历史，东夷及南蛮的力量比较薄弱，相对地，北狄及西戎对于华夏族从来都是极大的威胁。因而，本章的重点放在北狄和西戎，希望对其历史源流交代清楚，如此才能在后面的篇章里继续延伸叙述。

北狄和西戎

根据《史记》，尧、舜的时候，在北方就已经出现一些游牧部族，或半农半牧的人群，称为"山戎"、"猃狁"和"荤粥"等。夏朝、商朝和西周时，这些在北方的部族的人数大量增加，并且渐渐往南移，到达黄河流域，而被称为"危方"、"土方"、"鬼戎"、"犬戎"、"荤粥"等。这时在西部边陲，今甘肃、青海一带，也出现了称为"羌"和"氐"的两个半农半游牧部族。

这些游牧部族严重地威胁中原王朝及其人民。例如，西周后来是亡于犬戎。到了春秋、战国时代，游牧部族的威胁就更大了。在北方有匈奴、东胡、山戎，在黄河流域有林胡、楼烦、白狄、赤狄等，在西方仍旧是羌和氐。

游牧部族在汉朝时仍然是国家的大敌。其后两千年中，游牧部族的样貌虽然改变，而有鲜卑、乌桓、突厥、敕勒、回纥、契丹、蒙古人等相继出现，仍然是严重地威胁了许多华夏族所建立的中原王朝。有部分的游牧部族甚至进入黄河流域，建立了几个具有关键地位的皇朝。在中国的历史舞台上，汉族虽然人数远多于游牧的少数部族，但明显不是永远的主角。

中国北方游牧部族的起源

为什么游牧部族在夏、商、周时会越来越多，越来越往南移，并且明显越来越具有攻击性呢？对于这个问题，近代的历史学家及考古人类学家有一个相当一致的看法，认为根本的原因是气候变迁。有证据显示，从公元前2200年起，欧亚大陆草原北方的气候突然发生变迁，气温和雨量急遽地下降，并且延续达一千年之久。

本书第一章曾经提到"草原青铜文化"，其中包括在鄂尔多斯高原的朱开沟文化，在西辽河一带的夏家店文化以及在河湟一带的齐家文化等。但在公元前2000年至公元前1500年间，也就是从夏朝建立到商朝初期，这些文化都已经一一衰落并消失。考古人类学家的解释是，又干燥又寒冷的气候使得一些原本以农为主的人群不得不扩大兼营畜牧业，从养猪改为养机动性高的牛、羊，或增加渔猎活动，以补不足。到后来实在无法维持，只能放弃家园，转而以专业游牧为生。

气候变迁不只发生在欧亚大陆草原的东部，也发生在西部现今黑海及里海的北方。当时这里早已住着许多以放牧牛、羊为生的人。人类学家称这些人为印欧游牧民族（或称雅利安人），因为他们有大同小异的语言，属于印欧语系。印欧游牧民族为了放牧的需要而成为世界上最早驯服野马来当作坐骑的牧人。他们的生活也受气候影响而发生困难，不得不骑着马，赶着牛、羊，四处找寻更合适的新家园。这就是在其后一千多年里发生的印欧游牧民族大迁徙。

一部分雅利安人往南到达现今的土耳其，建立了赫梯王国（Hittite）。

从事农耕的两河及埃及文明因而受到严重的威胁，分别被征服或被迫求和。赫梯人在公元前十四世纪已掌握到冶铁的技术，用铁制作马镫、锋利的刀剑、弓箭和马车，对周遭的威胁更大。比赫梯稍晚，也有部分雅利安人到达现今的意大利、希腊及伊朗等地，而成为拉丁人、希腊人、米坦尼人（Mitanni）、米底人（Medes）及后来波斯人的祖先。

往西的一部分雅利安人进入欧洲，是凯尔特人（Celtic）及日耳曼人的祖先，后来又演化为大部分居住在今日西欧及北欧的民族。约在公元前1200年，有一支雅利安人到达印度河流域，又经过了六百年，终于征服当地的达罗毗荼人，统治了印度。至于印欧游牧民族向东迁徙的情形，历史学家并不十分确定，但时间可能比往南及往西的那些人晚很多。

考古学家发现，在上述的草原青铜文化消失后数百年，在鄂尔多斯高原及西辽河又出现新的文化，而地点稍稍往南移。值得注意的是，在这些新的文化遗址中都出现了马的骨骸及精致的马具，这是以前不曾发现过的。这些显然是游牧部族，而无疑就是后来在中国史书上出现的戎狄，如山戎、白狄、赤狄、楼烦等。

许多历史学家认为，马和马具的出现证明了有部分娴熟马术的印欧游牧民族已经移居到了东方。不过也有极少数人认为东方的驯马术是自行发展，不一定是从西方传过来的。总之，有人认为戎狄是原先草原青铜文化的后裔，也有人认为戎狄是从西方来的。实际的情况可能是两者都有。恶劣的气候一方面使得越来越多欧亚草原上的牧人往东方迁徙，另一方面也使得越来越多的草原青铜文化后裔转而以游牧为生，而两者的目标都是要南下，企图与黄河流域的居民争夺资源。两组不同背景的游牧民族之间发生战争或互相兼并是可以想象得到的。中国史书上说戎狄的种类繁多，正是这种混乱情形的写照。

近代以来，欧、美、中国、日本有许多学者从事于研究中国北方及西南游牧部族的源流和历史，台湾有一位王明珂先生对此有独特的研究。本书以下有关匈奴、东胡和羌人的叙述，有一部分便是从王先生的著作《游牧者的抉择》中引述的。

东胡及匈奴的源流

春秋、战国时代是黄河流域由混乱到统一的时代,从几百个诸侯国兼并为战国七雄,最后秦朝一统。对于北方草原上的游牧部族来说,也同样是从混乱到统一的时代。有部分学者主张,游牧部族之统一有其历史的必然性,因为当农业的华夏帝国形成之后,北方草原部族如果不凝聚成一个国家,就没有足够的力量与华夏帝国争夺资源了。在战国时代末期,东胡及匈奴便是中国北方在激烈地相互兼并后剩下来的两个最强的游牧部族。

东胡的起源,可能跟在西辽河及燕山一带的夏家店文化及其后裔有关,而又与春秋时代的山戎有关联。山戎在春秋时代的燕国之北,屡次南下侵略,齐国、燕国及周王朝都曾经因而危在旦夕。齐国的宰相管仲建议齐桓公联合各诸侯国,多次共同出兵击退山戎,存亡续绝。孔子因而赞扬管仲的功绩,说:"如果没有管仲,恐怕我就要和蛮夷一样地披头散发,衣襟开在左边了。"春秋时代的另一个霸主晋文公也曾经和秦国共同出兵驱赶山戎,解救了周王朝。

司马迁在《史记》里说匈奴人是夏禹的后代;夏朝灭亡后,夏桀的儿子逃到北边,子孙繁衍而成为匈奴。这样的说法,只能存疑。中国古代的学者认为,商朝时的鬼方、獯粥,周朝时的猃狁,都是后世匈奴的祖先。现代学者大多认为匈奴就是春秋时代的犬戎、白狄、赤狄,而与鄂尔多斯高原的青铜文化及其后裔有关。

不过从语言、相貌及血统来看,东胡及匈奴人都和华夏族有很大的差距,极可能都是欧亚草原上的游牧民族与草原青铜文化的后裔混血而形成。《史记》和《汉书》里都提到一个称为"塞种"的游牧民族,居住在中亚,而常出现在中国的西北。这就是西方历史学家所称的斯基泰人(Scythian),曾在欧亚草原上建立一个强盛而悠久的游牧民族国家,也可能是混血的来源之一。

华夏与戎狄之间的界线其实也不是那么清楚。历史上记载夏禹兴起于西羌之地。周朝的祖先曾经混居于戎狄之间达数百年,最后到达岐山下,而与姜姓的羌人联姻。到了春秋时代,秦、晋两国常常与强大的戎狄联姻并进行贸易，以维持和平。晋文公的母亲就是狄人，因而晋文公逃亡时曾经在母亲的国度里住了五年，接受保护。跟随晋文公流亡的十几个重要智囊及武将，在史书上赫赫有名，但大多也是戎狄所生。

虽然如此，农业国家与游牧部族之间根本利益的冲突使得双方的敌对意识越来越强烈。华夏族群为了保护资源，形成了一个互相认同的群体，而将戎狄排除在外，认为是非我族类。战国时代与北方接境的国家无不致力于"驱戎"，一方面建筑长城，把戎狄挡在外面，另一方面又加强武备，一心一意要驱离东胡和匈奴。秦始皇时，大将蒙恬把燕长城、赵长城、秦长城都连在一起，东胡和匈奴又无法用武力取胜，只得远离长城。

秦始皇死后，蒙恬被迫自杀，东胡及匈奴又有机会迁回长城边。匈奴冒顿单于开始崛起，击溃东胡而强盛。东胡崩溃后，一部分部众逃回老家西辽河及燕山附近，称为"乌桓"，逃到北方大兴安岭附近的一支，称为"鲜卑"。汉武帝倾全国之力与匈奴征战数十年，结果只是两败俱伤。这一段历史，在第三章已经详细叙述。

匈奴再次分裂

汉朝最终之所以能使得匈奴俯首称臣，只有一部分原因是派兵出击，造成匈奴重大的损害，但更重要的原因是匈奴内部自行分裂。匈奴郅支单于在汉元帝时被汉朝大将陈汤击灭，残部逃亡中亚。郅支单于的弟弟呼韩邪单于领导族人向汉朝输诚，迁回到长城外，而逐渐强大。王莽篡汉之后，愚蠢地激怒匈奴，匈奴又开始犯塞，北方数十年不见的烟火遂开始燃起。

东汉光武帝建国之后，忙于平定四方群雄，无暇对付匈奴，派遣使者赠送金币财物给匈奴，意图结好。匈奴的孝单于因此而骄傲，自比汉初的冒顿单于。孝单于不愿遵照匈奴的习俗依次传位给兄弟，而想传给自己的儿子，借故把优先顺位的左贤王杀掉。呼韩邪单于的孙子日逐王害怕，于是自立门户，并且袭用他的祖父的名号，自称呼韩邪单于。他又想借助汉朝的力量，所以对汉光武帝称臣入贡，派儿子到洛阳为人质。光武帝也乐于利用他对付孝单于，派使者在五原郡（属于并州，在今包头市）册封呼韩邪单于，并允许他的族人居住在五原和云中郡（同样属于并州，在今呼和浩特市附近）。从此匈奴再一次分为南、北两个单于。北单于逐渐被孤立，南单于因为协助汉朝侦防，驻地逐渐扩大，西起现今银川市附近，东至现今河北省张家口市怀来县。

乌桓及鲜卑两个部族在经过两百多年的休息生养，又逐渐壮大，但也跟着南匈奴归顺汉朝。

班超经营西域

汉明帝的基本政策是以北匈奴为主要敌人，利用南匈奴、乌桓与鲜卑以共同对付北匈奴。当时在西域有数十个大小国家，有些与北匈奴结盟，有些与汉朝比较亲近，但大多是脚踏两条船。这时汉朝出现了一颗外交和军事上的耀眼明星，名叫班超。他曾经参加汉朝与匈奴在蒲类海（今巴里坤湖）的战役，建立战功，因而奉派出使西域，任务是负责砍断西域各国与匈奴之间的联络。

班超只带了三十六个部属出发，到了鄯善国，发现北匈奴的使者也到了。班超发动突袭，砍下北匈奴使者的头，提去给鄯善王看。鄯善王惊惧之余，同意断绝和北匈奴的关系。其后班超到于寘，又威吓于寘王，逼他杀了北匈奴的使者，归附汉朝。班超继续到疏勒，用计废掉亲匈奴的国王，另立新王，疏勒也成为汉朝的附庸国。

班超所收服的国家都在西域南部，而在西域北部的国家和北匈奴关系比较深，班超无法对付。汉明帝于是派大军到西域，在蒲类海边大败北匈奴军队。汉明帝下令重新设立西汉时曾经设置的西域都护府。

但汉明帝突然驾崩，北匈奴趁机联合龟兹、焉耆等国反击。西域都护府被攻破。汉朝因为国有大丧，一时救兵来不了，只剩下几个城，如怒海中的孤舟，沉没在即。班超和疏勒国王也一起守着盘橐城一年多，引颈盼望救兵来到。可是汉章帝新上任，竟决定放弃西域，下诏命令班超回国。疏勒全国上下大为恐慌，认为班超一走，疏勒国必定命运悲惨，有一个大臣竟因过度悲愤而引刀自刎。班超一路回到于寘，于寘的国王、大臣及百姓也纷纷流泪号哭，抱着班超的腿，不让班超离开。

班超于是决定抗命，写一份奏章给汉章帝，请求留在西域。班超用疏勒、于寘和康居的兵一一击败西域各国及匈奴。汉章帝也改变主意，派大军增援班超，又用班超的策略，和远道的大月氏、乌孙等国通使联盟。西域都护府最后又在汉和帝时重新设立，班超奉派为都护。由于班超的经营，西域五十多个国家都对汉朝称臣入贡，派王子到洛阳来做人质。

在班超的时代，西域的西南有新兴的贵霜王朝（Kushan Empire），贵霜之西有波斯的安息王国（Arsacid），再往西又有大秦国（即罗马帝国）。汉王朝与这三者同为当时世界上最强大的四个帝国。班超平定了西域，使得从罗马到汉朝的国都长安，东西相连数万里的交通路线畅通了。"丝绸之路"贸易自此愈来愈繁盛。

班超在西域居住了三十一年后，年迈体衰，思念故土，于是上书给汉和帝。他在奏章上说："臣不敢望到酒泉郡，但愿生入玉门关。"班超回到洛阳，百感交集，不到一个月就死了。

班超是《汉书》作者班固的弟弟。他们的父亲班彪生长在王莽统治下的乱世，而避居于凉州，是凉州牧窦融的谋士兼书记。窦融当时控制凉州和河西走廊全部地域，是汉光武帝统一中国过程中唯一不需征战就直接输诚投降的地方势力。光武帝因而对待窦融特别亲近优厚。窦家女儿大多嫁给皇子，窦家儿子大多娶公主为妻。在东汉前期，窦家因此是最大的外戚家族。东汉亡国的远因之一"外戚之祸"也是由此而起。

北匈奴灭亡及西逃

班超经营西域成功，使得北匈奴不得不撤出西域，越来越居下风。汉章帝章和元年（公元87年），鲜卑突然入侵北匈奴，杀优留单于。北匈奴大乱，有五十八个部落，二十万人南下投奔汉朝。章和二年后，汉朝大将军窦宪趁北匈奴虚弱，又大举出兵，打到燕然山（今杭爱山），勒石纪功，掳获二十几万人。其后，汉朝大军又与南匈奴联合，多次驱赶北匈奴。最后一次在永元三年（公元91年），一直打到金微山（即阿尔泰山）。北匈奴奄奄一息，只得西逃，从此不再回来。

中国的史书《后汉书》写到这里，说北匈奴一族"逃亡不知所在"。实际上，北匈奴后裔可能是居住在中亚地区，并且有可能和一百多年前西汉元帝时被迫西逃的郅支单于后代会合。这些匈奴人后裔，经过两百多年休养生息和繁衍，并且和当地的民族混血，又逐渐壮大。公元350年，匈奴人突然又重现历史的舞台，入侵欧洲。匈奴人像闪电一般越过顿河，灭掉里海北岸草原上的强国阿兰国（Alani，中国古书称为"奄蔡"）。整个西方世界为之震动。匈奴继续向西，又征服日耳曼民族所建立的东哥特王国（The Ostrogothic Kingdom）。西哥特人（Visigoth）也不敌匈奴人，纷纷渡过多瑙河，逃到罗马帝国境内。匈奴军队所到之处，烧杀抢掠，残暴至极，欧洲人民大为恐慌，因而引发一连串的民族大迁徙。

匈奴帝国在阿提拉（Attila, 406—453）的时候，国势达到巅峰。这位历史称之为"上帝之鞭"的匈奴皇帝曾经狂言："凡是被我的马践踏过的地方，都不会再长出新草。"东罗马帝国、西罗马帝国、教廷及其他西欧国家都饱受威胁，不得不献金求和。阿提拉死后，帝国发生争夺继承权斗争而互相攻伐，以至于四分五裂，不久就灭亡了。

西方学者称第四世纪入侵欧洲者为匈人（Huns），并且对匈人是不是匈奴人有争议。他们一般认为，将匈人认定就是在汉王朝北方匈奴人的后代的说法，只是一种历史和地理的联想，并没有任何直接的证据。可是所有的学者对于匈人的来历又提不出其他的说法。

乌桓没落及南匈奴内徙

汉王朝费尽心机驱逐北匈奴，而汉朝的子民却没有办法居住在塞外沙漠和草原上。鲜卑人乘虚而入，据有其地，又收容没有离去的十几万北匈奴人，将之同化，从此逐渐强盛。

南匈奴也因继承问题发生第三次南北分裂，而内战使得双方两败俱伤。汉王朝再一次联合鲜卑及新的南匈奴，共同攻打新的北匈奴。经过数十年，北匈奴受到严重挤压，活动的范围越来越小，只局限在西域之北，坚昆之南，已经无足轻重。

东汉末年黄巾之乱后，中国进入全面内战。这时，乌桓出现一个雄才大略的新领袖蹋顿。袁绍与南匈奴及乌桓结盟，利用强悍的游牧部族骑兵帮他对付各地诸侯。南匈奴和乌桓的势力于是一步一步更深入汉朝的疆域。袁绍也因此屡战屡胜，势力越来越强。历史上极为关键的官渡之战时，袁绍阵营中也有南匈奴及乌桓的部队；不过曹操竟以小击大，大破袁绍。袁绍的两个儿子袁尚、袁谭率领残兵，继续倚靠南匈奴与乌桓，对抗曹操。

建安七年（202年），曹操的大将钟繇在平阳（山西临汾市）又一次大破南匈奴与袁尚兄弟的联军。钟繇是历史上非常有名的书法家，与后来晋朝的"书圣"王羲之，合称"钟王"。中国书法从汉朝以前的隶书演化为楷书，钟繇是关键性的人物之一。

袁尚兄弟率领残兵又投奔乌桓。当时有很多被曹操击败的地方势力投奔乌桓。乌桓趁天下大乱而掳掠汉人，竟有十几万户。曹操认为乌桓日渐坐大，蹋顿野心勃勃，如不及早铲除，日后将成大患，于是在建安十二年（207年）亲自带兵，翻山越岭，日夜兼行，抵达柳城附近的白狼山（在今辽宁省大阳山），纵兵发起突击。蹋顿未曾料到，一接战就被斩首，乌桓兵于是崩溃，二十几万人全部投降。袁尚又逃到辽东郡。辽东太守公孙康不敢收留，捕杀袁尚等人，向曹操示好。柳城之战后，曹操将投降的乌桓百姓都移置到中国境内分散居住。乌桓一族从此在历史上已经无足轻重了。

南匈奴在塞外渐渐无法立足，首领呼厨泉单于只好于建安二十一年（216年）到邺城（今河北省邯郸市临彰县），向曹操投诚。曹操命令将南匈奴分成五个部，安置他们居住在长城内的并州各郡（今山西省内），各立渠帅，选汉人为司马，负责监督。匈奴人不需要缴纳赋租，又不参加后来三国之间的内战，人口就加速繁殖，势力逐渐恢复。

曹操曾经说："设使天下无有孤，不知几人称帝，几人称王。"对自己的成就非常自傲。如果将制服南匈奴及乌桓等游牧部族也算上去，曹操实实在在是有大功于天下。

鲜卑崛起

鲜卑占据了北匈奴所居住的塞外沙漠和草原之后，各部族常常入关抢夺汉人财物。原先鲜卑各部族只是相互呼应，但是并不互相统属。汉桓帝时，鲜卑出现了一个智略超群、备受族人敬畏的大人物，名叫檀石槐。他订立法条，为各部族调解曲直。鲜卑各部族无不听命，公推檀石槐为大人，甘心受其节制。鲜卑从此兵马强壮，北拒丁零，西击乌孙，东侵扶余，南抄汉界，占地东西一万四千余里，南北七千余里，等于原先匈奴最强盛时所有的疆域。

汉王朝在灵帝时出兵大攻鲜卑。檀石槐迎战，大败汉军，杀数万人。汉王朝对鲜卑无可奈何，又想和亲，派使者持印玺去封檀石槐为王。檀石槐拒不接受，抄寇更加厉害。南匈奴和乌桓在檀石槐的侵吞之下，也是苦不堪言。

可惜檀石槐四十五岁时就死了，他的儿子名叫和连，能力只是平庸。和连死后，又发生严重继承问题。鲜卑忙于内战，遂逐渐衰弱。这时曹操也在赤壁之战铩羽而归，无力出兵攻击鲜卑。其后曹魏与鲜卑部族之间基本上是各自发展，只是偶尔有小摩擦。鲜卑有几个较为强悍的部族逐渐崭露头角，以地理位置区分，自西向东，依序有秃发鲜卑、拓跋鲜卑、宇文鲜卑及慕容鲜卑。

西汉前的羌人历史

依据《后汉书·西羌传》记载，羌人源出于三苗，主要分布于长江中游之南，洞庭湖与鄱阳湖之间。尧帝时，三苗作乱，尧命令舜发兵征讨，打败三苗，并将他们流放到西北的三危山（在今敦煌东南）及河关之地（今甘肃湟水流域）。古代的历史学家认为这些被流放的就是羌人。1923年，考古学家在甘肃临洮发掘出马家窑文化，距今约五千年至四千年，后来认定是仰韶文化向西传播而发展出来的一种农业定居文化。有些历史学家因而联想，马家窑文化可能就是前述被尧、舜流放的三苗后裔。

齐家文化是在甘肃、青海地区继马家窑文化而起的青铜文化，距今最早约四千五百年，但在公元前一千七百年左右开始逐渐衰落而消失。齐家文化人群无疑是和鄂尔多斯高原及西辽河文化一样，受到气候变迁的影响，不得不离开家园，弃农转牧。

公元前1600年至公元元年间，也就是相当于商朝到西汉，河湟地区又出现了卡约文化及辛店文化，其特点是在墓葬中发现牛、羊、马的骨骸，猪渐渐消失，而没有居住房屋的遗迹。出土的陶器越来越小，越来越粗糙。这说明了羌人转为牧人以后的生活形态已经完全改变。《后汉书·西羌传》里说，羌人依水草游牧而居，性情坚刚勇猛，以战斗能力高者为雄杰，认为因战斗而死是光荣，病死则是不祥。羌人能耐寒苦，即使是妇人产子，也不避风雪。

古代的羌人并不只是在甘肃、青海地区活动，而也有部分往东到达现今的陕西地区。西周古公亶父率领族人迁徙到岐山下，而与当地的羌人联盟，通婚混血。西周灭亡后，秦国占有西岐，开始往西拓展。羌人逐渐被逼而往西退却，被华夏族排斥，是"非我族类"。羌人传说有一位杰出的祖先，名叫"无弋爰剑"，据说是在秦厉公时（公元前五世纪）被秦人俘虏为奴隶，后来逃亡到达河湟地区，成为羌人的领袖。

公元前三世纪，秦昭襄王开始在现今的甘肃、陕西、宁夏等地分设郡县，大部分羌人只好又往西退居到甘肃西部和青海。幸好秦始皇专心一意要吞并六国，不再出兵西方，所以羌人才能安顿下来，并逐渐扩散到四川西北及西藏，后来成为藏族先民的一部分。

赵充国屯田抚羌

汉武帝与匈奴征战，在青海有十几万先零羌人帮助匈奴。汉武帝派兵将羌人赶走，不让他们居住在湟水附近肥沃的土地上，又设立护羌校尉，统领一切与羌人相关的政治和军事事务。

汉宣帝时，羌人屡次请求搬迁到湟水边的土地上放牧，汉朝总是不准。羌人无视禁令，纷纷偷偷渡过湟水，禁不胜禁。宣帝接获报告说先零羌又与匈奴交通，于是派大臣义渠安国前往察看。义渠安国强横霸道，并没有任何羌人与匈奴勾结的证据就诱杀羌人领袖，又纵兵杀戮。羌人被逼反叛。宣帝再派赵充国带兵前往。赵充国是匈奴非常畏惧的当世名将，这时已经七十几岁了。他深知羌人其实种类繁多，而只有先零羌是主谋，其余都是被胁迫参加反叛；因此并不立即与羌人展开全面战争，而是先招降先零羌以外的羌人，以孤立先零羌，最后再出兵击败先零羌。赵充国军队所到之处，严禁烧杀抢掠及破坏农牧，羌人都欣喜而投降。

接着赵充国上书汉宣帝，提出"屯田"之策，建议分部分士卒修桥铺路，开垦农田，如此不必转运粮食即可长久驻军。当时汉宣帝及百官都一心一意要剿灭所有的羌人，下旨命令赵充国急速出兵。但赵充国甘冒反抗圣旨的危险，不断写奏章给朝廷，分析利弊，说明若不如此，不但将虚耗国力，并且羌人叛乱也将无法终止。汉宣帝每次接到赵充国的奏章就让文武百官议论。刚开始时，只有很少人同意赵充国的意见，渐渐有两三成人赞成，后来有一半人，到最后竟有八九成人都赞同赵充国的看法。屯田政策实施之后一年，金城郡附近的各部族羌人全部都来投降。汉元帝时也效法赵充国，在陇西郡实施屯田策略。汉人与羌人因而有数十年和平相处。

东汉对羌人的政策

王莽即位后，天下大乱，羌人也因为受到欺辱而反叛。当时陇西最大的地方势力隗嚣笼络羌人，诱使其中的先零羌与东汉光武帝刘秀敌对。光武帝联合窦融，灭掉隗嚣，击败先零羌。原本先零羌倚势其强大，常常侵暴其他各羌人部族，这时势力转弱，其他各部族的羌人于是共同出兵击溃先零羌，取而代之。烧当羌、参狼羌、白马羌等自此成为河西地方的大部族，而接受东汉统治。

羌人的语言、风俗、生活习惯与汉人差异甚大。东汉各朝的君臣对羌人大多持有非我族类的观念，地方官吏对羌人也毫无怜悯之心，不讲诚信，随意压榨。地方豪族又恃强凌弱，巧取豪夺。羌人往往受骗受害，甚至委身为奴仆。羌人平时忍住心中愤怒，到了有事故发生时就招引啸聚，武装起义。羌人与汉人统治者之间的仇恨于是越结越深。

东汉章帝章和元年（公元87年），护羌校尉傅育挑拨羌人和靠近西域的月氏胡人互攻。羌人都不肯从命，请求烧当羌首领迷吾庇护。傅育带兵深入羌人地界搜捕，不料被杀死。张纡继任为护羌校尉，发大兵讨伐迷吾。迷吾兵败投降。张纡大摆宴席，接受迷吾等羌人领袖八百多人投降，但是在酒中放毒药将迷吾等人全部毒死，又派兵大杀羌人余众数千人。迷吾的儿子迷唐侥幸不死，从此与汉朝势不两立。

班超在西域告老还乡之后，西域各国又叛变。汉王朝命令强拉数千羌人到西域去支持。羌人惊恐，积聚多年的仇怨于是再度爆发，演变成前所未有的全面叛变。羌人生活落后，并没有什么精良的武器，这时候受尽欺侮，实在无法忍受，竟然纷纷拿着竹竿、木棍、菜刀与汉朝大军的真刀真枪一拼死活，可见其心中之怨毒。

羌人屡降屡乱，屡乱屡败，屡败屡降。到汉桓帝和灵帝时，负责镇压羌人的将军们分成两派。皇甫规、张奂主张不得已才使用武力，而尽量怀柔招降，给羌人一线生机。另一派的代表人物段颎则视羌人如草木禽兽，主张严厉镇压，杀尽羌人。段颎在给朝廷的奏章上说：

> 羌人和本朝的百姓杂居，如在良田里种荆棘，养蛇在室内。为长久之计，必定要断绝羌人的根本，消灭余烬，使其不再繁殖。

桓、灵时代实际上汉朝是由宦官掌政。皇甫规和张奂是高级知识分子，看不起宦官，从来就不愿和宦官打交道，更不用提送礼行贿。段颎则一心一意奉承宦官。因而，段颎得势，张奂却被陷害入狱，几乎一命不保。彻底消灭羌人于是成为东汉后期的国家政策。

段颎用兵前后十几年，经过数百大小战役，不眠不休，与将士同甘共苦，终于平定了羌乱。从东汉朝廷的角度看，段颎真正是劳苦功高；但从羌人的角度来看，段颎却给羌人带来无止尽的灾难，真正是万恶不赦。后来黄巾之乱爆发，东汉王朝疲于奔命，再也没有能力继续清剿羌人。劫后余生的羌人终于可以喘息，渐渐站起来，又找到了可以安身立命的空间。

氐人的历史

关于氐人的历史,一般是说氐人是从羌人分出来的,时间大约在春秋及战国时代。氐人之所以分开而形成一个不同的部族,是因为有些羌人部族从高原迁到河谷,由游牧转而农耕,并与汉人日益频繁接触,受到影响,使其语言、经济、文化发生变化。从战国至秦、汉,氐人活动在现今的甘肃、陕西、四川三省交界处,也就是渭水、汉水、嘉陵江、岷江等河流的上游水源处。

氐人古来就有国王。汉武帝穷兵黩武,派兵把氐王杀了,在上述氐人居住之处设了一个武都郡。氐人受到压迫,一部分人选择向北迁往天水、陇西,或迁到更远,到现今的酒泉附近。这是氐人第一次的大迁徙。

三国时代,在汉中有一位名将马超带领凉州兵,大部分是氐人和羌人。马超后来被曹操击败,投奔刘备,许多凉州兵也跟随他到了巴蜀。在曹操看来,武都地方偏远,留下来的氐人随时可能又被马超召唤,为刘备所用,因而又强迫在武都郡居住的氐人搬迁到关中的扶风郡(今陕西西南部)或陇西、天水郡(今甘肃东南部)。氐人经过这第二次大迁徙,居住之处又跟汉人更加接近了。

曹操英明神武,不但削平群雄,统一华北,又一一收服了南匈奴、乌桓、氐和羌,并且将这些少数族群安置在与汉人居住地接近的地方。曹操所不曾料想到的是,他的英明神武,正为后来中国的一段悲惨历史"五胡乱华"种下了远因。

第 7 章

远古的中国：台湾原住民的历史

本章的标题是"台湾原住民的历史"，而不是"台湾的历史源流"，为什么呢？

原因很简单。今天住在台湾的两千三百万人之中，原住民虽然只占大约百分之二，但是只有这些原住民的祖先是真正在远古时代就已经住在台湾了。其余百分之九十八的现今台湾人的祖先，最早到达台湾已经是在十六世纪，而最晚的一波大移民潮则发生在 1949 年国民党从中国大陆败退之后。本章的标题因而比较符合实际。

台湾早期的考古发现

根据考古遗址发现来判定，台湾岛和日本一样，在旧石器时代晚期才开始有人类居住。在台东县长滨乡发现的八仙洞遗址，是台湾所挖掘出来的最早考古遗迹，至少开始于距今三万年前左右，结束年代则在距今五千年前后。洞穴里的居民已经知道用火，又以敲击的方式制作粗糙的石器。在台南县左镇一带，有原始人类骨骸被挖掘出来，称为"左镇人"，距今约两万到三万年。台湾曾经也和日本一样，陆地是和大陆相连的，所以有可能大陆的原始人为了追逐野兽，或其他原因，来到台湾。

台湾最早的新石器时代遗迹是位于台北县八里乡，淡水河出海口附近的大坌坑遗址，年代距今约七千至五千年。由出土遗物来判断，当时的人类是以狩猎和渔捞为生，并且有种植根茎类作物的初级农业知识。他们制作陶器及磨制石器的技术十分发达，陶器上有粗绳纹样，是一项特色。

从大坌坑遗址沿淡水河往内陆去，考古学家在台北市附近还发现芝山岩文化及圆山文化遗址，年代都开始于距今四千多年前。圆山遗址发现有贝冢，其中贝壳的种类繁多。芝山岩文化遗物中的石制农具、骨角器及稻谷种子，证明当时已经有成熟的稻作技术。

1955年，台北县八里乡又发现了一个十三行遗址，距今最早约两千三百年，而延续一千多年之久。出土遗物中最引人注目的是大量的铁渣、矿石、煤等，显示已经有了炼铁技术，用来做武器及农具。遗址又出土很多玛瑙珠、玻璃珠、金饰、银饰、青铜器、铜币等。考古学者判断这些不太可能是遗址主人自行制作的，而是与中国大陆东南沿海以及南洋地区贸易往来，交换得到的。这证明早期台湾的原住民已经有很好的航海技术。

虽然台湾岛在很早以前就已经有人类居住，与外界也没有隔绝，但是经过很长一段时间都没有能够发展出文明，也没有发现任何文字，而是停留在落后的生活阶段。

有关台湾远古的历史记载

是不是有关于台湾在远古时期的历史记载呢？

中国史书《尚书》里面有一篇《禹贡》，其中将夏朝大禹时的疆域分为九州，而最南的一州是扬州。《禹贡》里说扬州海外有一些岛，岛上的野蛮人穿着用麻编织成的衣服，用竹子编成器具使用，用贝壳编织做装饰，偶尔会渡海到内地，贡献一些礼物，进行贸易。这些记载，与前述的圆山遗址文化极为相近。《禹贡》所描绘的因而有可能是台湾原住民。不过现今的琉球也有可能是《禹贡》所说的海外岛屿，因为琉球在远古时期也已经发展出了贝冢文化。

台湾在古时候称为"夷州"。中国史书《后汉书》及《三国志》都记载秦始皇时徐福出海，而传说到了夷州。这个说法不能成立，本书在第5章中已经说明。

汉朝时，现今中国东南沿海岛屿一概都被称为"东鲲"，有二十几个国家，并且常常有人驾船到会稽来进行贸易互市。台湾与琉球的原住民极可能就是当时所称的东鲲人。

三国时代的夷州

三国时代东吴的势力范围是在长江以南。孙权野心勃勃，不但派兵征服了现今的东南沿海，包括福建及广东，又在黄龙二年（230年）派了一名将军卫温带领一万人跨海到达夷州。卫温与原住民打了一仗，俘虏数千人回去；但因水土不服，卫温的军队也损失惨重，孙吴从此就不再派人来了。

当时的夷州是什么样的状况呢？孙吴后来还有一个名叫沈莹的丹阳（在今江苏省南部）太守写了一本地方志《临海水土志》，其中有一篇记述夷州，内容大致如下：

> 夷州在临海（浙江台州）东南。土地无霜雪，草木不死，四面是山。野人依山而居，各自为王，分划土地人民。人人都剃光头。男人穿耳，女人不穿耳。土地肥沃，种植五谷，又捕鱼打猎。一家人全部睡在同一张大床上，交媾时也不回避。能织作细布，也能染色花纹。用鹿角、青石磨利当作武器。杀人之后，留置头骨。唱歌像狼狗嚎叫。

这一段叙述，和十九世纪末以前台湾原住民的生活模式极为相近，地理位置也对。东南沿海再没有一个海岛符合其中所描述的情景，因而一般都认为三国时代所称的夷州，应当就是台湾。

台湾原住民的来历

台湾现在的原住民人口数总共大约是五十万,部族多元而复杂。日本在十九世纪末占领台湾以后,把台湾的原住民分为高山族和平埔族。顾名思义,高山族居住在高山上,平埔族住在平地。在荷兰人、郑成功及清朝统治的时代,有一部分原住民可能无法与汉人相处,也有一部分无法忍受政府的横征暴敛,因而决定迁居到台湾各地的高山上。另有一部分的原住民则选择停留在平地上,与汉人继续交往、互通有无,而汉化的程度较高。被划分为高山族的,有泰雅、赛夏、卑南、阿美、排湾、布农、鲁凯等十几个部族。平埔族包括凯达格兰、噶玛兰、西拉雅、邵、猫雾等,也有十几个部族。

原住民至今多多少少保留了许多祖先传下来的传统及生活方式。每一族的原住民各自有各自关于祖先起源的神话故事,崇拜祖灵,而几乎都以蛇为部族的图腾。台湾原住民的语言各不相同,而极为类似,全部属于南岛语系(Austronesian Languages);推测是源出同系,而后来分化为不同的支系。

在最近几十年中,部分西方的考古人类学者致力于研究南岛语系衍生分支的情形,佐以在太平洋上诸岛的考古所得,推展出一个十分惊人的理论。这个理论认为,台湾大坌坑遗址的居民来自大陆沿海,大坌坑遗址又是所有台湾原住民的发源地;而在太平洋与印度洋上几乎所有海岛上的居民也都是大坌坑遗址的子孙,操同样的南岛语系语言,因而是现在台湾原住民的表亲。总之,台湾是世界上所有南岛语族群的故乡。

1990年代初期,上述的理论经由澳洲的彼德·贝尔伍德(Peter Bellwood)及其他学者总结,从此成为国际学界许多人共同接受的说法。美国学者贾雷德·戴蒙德(Jared M. Diamond)于1997年写成一本名著《枪炮、病菌与钢铁》(Guns, Germs and Steel),其中将这个理论说明得淋漓尽致。

依据贾雷德·戴蒙德的说法,整体来说,在中国及东南亚地区的语言可以分为四大体系——汉藏语系(Sino-Tibetan Languages)、苗瑶语系

(Miao-Yao Languages)、傣—佧岱语系（Tai-Kadai Languages）及南亚语系（Austroasiatic Languages）等。本书第一章中说到，远古时候在黄河流域的华夏族与东夷族（以黄帝与炎帝为代表）联合而击败了苗蛮族（以蚩尤为代表，其中包括所谓的"三苗九黎"等许多不同的族群），炎黄子孙于是扩张而南下，驱赶或是同化居住在华南的苗蛮族。炎黄子孙后来发展出的便是汉藏语系族群，势力遍布整个中国。苗蛮族后来又被尧、舜、大禹所代表的中原势力不断驱逐，而被迫往西或往南逃。在被长期驱逐的过程中，蚩尤的子孙一路如推土机一般，轧过中国的南方与今天的东南亚，使得当地原有的更加弱势的族群也被驱赶并取代。华南和东南亚的语言因而发生重大的变化，而有其他的三个语系族群。

南亚语系族群现在大部分居住于越南及高棉，而傣—佧岱语族群大部分居住在老挝、缅甸及中国西南各省。至于苗瑶语系族群则在华南及泰国等地零零星星地散布着，被其他语系包围隔离，如飞地一般，显示是当年受创极重的一个族群。

苗蛮族被驱赶的长期过程中，也有一部分族群到达福建及广东沿海，最后又被迫渡海而到达台湾。学者比较大坌坑文化与福建、广东的新石器时代文化，认为其中有极密切的关系。大坌坑文化必然是在六七千年前由福建及广东移民而来的。台湾原住民的祖先在大陆终究没有逃过灭种的命运，但是他们的子孙却幸运地逃到台湾来，而保留了语言，也保留了崇拜蛇图腾的文化。

台湾原住民的海上扩张历史

大坌坑遗址中，考古学者发现许多捕鱼器具及用来挖凿独木舟的石制器具，显示六千多年前台湾原住民已经具备从事海上航行的技术。学者指出，早期台湾原住民已经知道如何在独木舟的船舷两侧加装浮木，以减低船身倾覆的可能；又知道加装风帆，使得船速加快。这两项发明，使得台湾原住民的祖先不只可以横渡台湾海峡，更能够乘风破浪，大胆深入海洋，向四面八方扩张。

大坌坑文化的先民在台湾定居以后，一部分人转到台湾全岛各地，因而发展出了今日多样的台湾原住民文化。另有一部分人则开始展开海上冒险，最先是南下到菲律宾群岛；接着，又分成两路。一条路线往东，到达俾斯麦群岛（Bismarck Archipelago）、所罗门群岛（Solomon Islands）、马利安那群岛（Marianna Islands），再到萨摩亚群岛（Samoa Islands）、波利尼西亚群岛（Polynesia Islands）。最北到达夏威夷（Hawaii），最东到达复活节岛（Ester Island），最南到达新西兰，成为毛利族人（Maori）的祖先。另一条路线往西，到达婆罗洲（Borneo）、马来群岛（Malay Archipelago）、爪哇（Java）、苏门答腊（Sumatra），又横渡印度洋，最远到达马达加斯加岛（Madagascar）。

台湾原住民的远祖们从公元前三千多年开始，大约花费了四千五百年的时间，占据了太平洋与印度洋上几乎每一个可以住人的岛屿，只有在几个比较大的岛上因为敌不过当地的土著势力，只得跳过，或是与当地人共同生活。这一项海上扩张，实质上是一个民族在奋力求生存，而不是有计划地要向外侵略，因而各个岛屿之间并不互相统属。

在世界上所有语系之中，南岛语系所分布的地理范围是最广的。估计世界上操南岛语系的总人口数达到两亿五千万人，是南岛语发源地台湾的原住民人数的五百倍。

第二卷

交错的历史（公元四至十世纪）

第 8 章

中国的治乱循环：五胡十六国

三国时代，魏、吴、蜀鼎立的结果，是司马家捡到便宜，晋武帝司马炎篡位而建立了晋朝。大部分的胡人，包括南匈奴、鲜卑、氐、羌等部族，在三国时代都得到生息调养，渐渐恢复活力，不过因为西晋武力强大，因而都乖乖臣服，不敢随便挑衅。

胡人复起

当年被安置在并州的南匈奴五部居住日久，因为"昭君和番"的历史，自认为是汉皇朝的外孙，干脆改姓为刘。南匈奴有一位刘渊，能文能武，而胸有大志，是新一代的杰出人才。当时晋朝的大臣们对刘渊有两派极端的看法。一派认为刘渊有文武长才，朝廷应该多加利用；另一派认为刘渊是胡人，非我族类，将来对晋朝威胁太大，所以劝晋武帝要借机将刘渊除掉。晋武帝采纳前者的意见，任命刘渊为匈奴北部都尉；后来又拔升他为匈奴五部大都督。刘渊因而成为南匈奴的领袖。

鲜卑的首领拓跋力微统率三十六个部落，控制了大部分的塞外草原。拓跋力微死后，鲜卑曾经一度因内部纷争而中衰，拓跋力微的小儿子拓跋禄官却能再起，并拥有四十万铁骑，实力强劲。

在辽西地方也有一个强大的鲜卑慕容部，其首领慕容廆是一代雄杰。慕容廆率众东伐扶余，逼扶余王依虑自杀。依虑的儿子向晋朝的东夷校尉何龛求救，何龛于是率大军击败慕容廆，重建扶余国。慕容廆吃了败仗，自认为还不是晋朝的对手，就投降了，受封为鲜卑都督。

晋武帝的儿子晋惠帝司马衷于290年继位。晋惠帝六年，秦州、雍州（即关中地区）的匈奴、氐人和羌人一起叛乱，推氐人的领袖齐万年为首，自称皇帝。晋朝派周处为将军以讨伐齐万年。

周处就是中国民间流传的故事"除三害"的主角。这故事说他年轻时胡作非为，是乡里人眼中的三大害之一，比另外两害北海蛟龙和南山猛虎还要可怕。后来他得知家乡的老百姓竟为了躲避他而纷纷携家逃难，顿时悔悟，于是提刀为乡民除去另外两害，然后离开家乡去从军。实际上周处真有其人，而文武双全，出仕为官，但因为人刚正不阿，得罪了很多权贵。他所得罪的皇亲国戚恨不得置他于死地，因而推荐他带兵剿寇，让他以五千兵马面对齐万年的七万叛军。周处明知必死而仍然前往，但箭弩不继，援兵不来，战到力尽而死。晋朝放任骄贵的皇亲国戚在关中胡作非为，因而齐万年之乱越闹越大，经过四五年才终于被剿灭。

《徙戎论》

当年曹操准许南匈奴五个部落从关外迁徙到长城内，居住在并州各个郡；又逼令氐人搬迁到关中及陇右地区。羌人幸而在东汉末年的大屠杀中浩劫余生，也逐渐在河套及湟水流域安顿下来。鲜卑人与曹魏、西晋相安无事，也越住越靠近长城来。胡人与汉人杂居的情形越来越普遍，而胡、汉语言不通，习俗不同，双方发生摩擦纠纷及族群对立情形越来越严重。魏、晋两朝的地方官有许多是贪赃枉法，或是歧视胡人，因而民变不断地爆发。

晋朝有识之士对此现象开始担忧。侍御史郭钦曾经上书给晋武帝，奏章上说：

戎狄强悍，自古是祸患的来源。从曹魏以来，西北诸郡，甚至靠近京城的地方都有戎狄迁入居住。现在他们虽然都乖乖顺从，但是百年以后万一有战乱发生，胡人的骑兵从平阳、上党等地不用三天就可以抵达京城和全国重要州郡，危险万端。应该趁现在刚刚平定孙吴，谋臣猛将仍多，国家强盛的时候，逐渐将各郡杂居的胡人迁移到边关之外。如此才有里外之防，这是保障国家长治久安的必要策略。

晋武帝自恃国强民富，对郭钦的建议完全没放在心上。当时国家太平，士大夫生活奢侈，争相炫耀竞争，其中以石崇为最。据说石崇到另一个官员王恺家去，看见一株两尺多高的珊瑚树，便把珊瑚树打碎。王恺大怒。石崇说："我马上还你一株。"于是命令左右回家把六七株珊瑚树都搬来，每株都比王恺的珊瑚树大，高三四尺。这些人不避忌讳，引导社会走向奢靡的风尚。西北各州生活贫困的胡人看在眼中，心里更是不能平衡。齐万年之乱正是一个大警讯。

齐万年之乱平息之后，有一个大臣江统上书《徙戎论》给晋惠帝，内容和郭钦所提出的意见几乎是完全一样的。江统建议将关内的氐、羌和匈奴人，总共约一百万人，全部都迁回原先居住的塞外。晋惠帝仍然没有采纳他的建言。一场大灾难于是乎无法避免，而当时也没有人会预料到这场灾难竟会来得如此的迅速，结果竟是如此的凄惨。

八王之乱

晋武帝认为自己的家族如此容易就能篡位而建立晋朝，是因为曹魏皇室太过于孤立。因此他即位后就大封十七个叔叔或弟弟为王。这些封王的宗室贵族个个都拥有数万兵马，并且可以自行任命官吏。晋朝等于是国中有国。

晋惠帝司马衷智力低下而懦弱无能，从一件小事便可看出端倪。当时关中各地因为战乱而有百姓饿死。晋惠帝听说之后，竟说："这些百姓为什么不喝肉粥呢？"这样的皇帝所娶的皇后贾氏却是极为强悍，并且有强烈的权力欲望。贾后操纵晋惠帝,一如傀儡,并且和楚王司马玮合谋,连续杀害太后、两个宗室藩王,又毒杀了太子司马遹。太子之死引爆了一连串严重的流血政变。

原来司马遹是晋武帝最喜爱的一个孙子。晋武帝明知自己的儿子司马衷愚笨,却没有将他废掉,主要是希望司马遹将来继位为皇帝。晋朝诸王及大臣都知道这件事,所以贾后杀司马遹立刻给了有野心又有军队的诸王有借口来插手。赵王司马伦第一个起兵,杀死贾后及其附从的党徒。其他诸王又起兵讨伐,杀赵王伦。晋朝诸王于是一个接一个,纷纷卷入这场历经十几年腥风血雨的"八王之乱"。结果是晋朝皇家的子弟大部分都因自相残杀而死,朝廷文臣武将也大多卷入流血政争而死。连年的内战,使得国家不必外面敌人来攻打就自己弄得奄奄一息。

匈奴刘渊建国

长久以来不满的各部族胡人当然不会坐失这千载难逢的机会。当时匈奴有一个元老刘宣说出一段话,代表了所有胡人的想法:"从汉朝末年以来,我们匈奴单于只有虚号,没有尺寸的土地。其余的王侯都降格到和一般平民没什么两样。我们虽然比从前衰弱很多,但是也有两万多人,怎么能够在百年之后还对外人俯首称臣?左贤王刘渊英武盖世,老天如果不是要匈奴复兴,不会生出这样的人来给我们。现在司马氏家族骨肉自相残杀,天下大乱,这正是我们要恢复呼韩邪伟业的时候了。"而刘渊的野心比刘宣所想的还要大,他说:"大丈夫就是要学汉高祖刘邦和曹操,呼韩邪有什么值得效法呢?"

晋惠帝永兴元年(304年)是一个长期分裂时代的开始。刘渊在这一年宣布独立,建国号为"汉"。刘渊派大将王弥与石勒率领兵马在各地流窜,与晋朝军队缠斗,引得遍地烽烟。同时华北又发生蝗灾,草木和牛、马的毛被蝗虫吃得干干净净,到处都是饥荒。晋朝的第三任皇帝晋怀帝在首都洛阳过着饥寒交迫的日子,四处求援,竟没有一个地方将领前来。此后一百多年当中,匈奴、鲜卑、氐、羌、羯等五种胡人在淮河以北分别建立了许多割据一方的政权,历史上统称为"五胡十六国"。一般认为羯族是起源于西域月氏诸胡，即是小月氏，曾经附属于匈奴，所以也有人认为是匈奴的一部分。

西晋灭亡

晋怀帝永嘉五年（311年），晋朝再一次发生大祸乱。八王中的最后一个王，东海王司马越执掌朝政而滥杀大臣，专横不法。在前线作战的大将苟晞愤恨不满，又收到晋怀帝的密诏，于是回师反戈，声讨司马越。司马越忧愤而死。司马越手下的王侯、官吏和士卒浩浩荡荡送司马越的灵柩回东海郡。石勒率兵追上送葬的行列，大败晋军，将十几万人团团围困在中央，万箭齐发，尸体堆积得像山一样高，竟没有一个人生还。

刘渊的儿子刘聪继位，又派兵攻破洛阳，俘虏晋怀帝，杀大臣及平民五万多人。晋朝历代陵墓被挖掘一空，宫庙、官府也都付诸一炬。西晋的将领无法对抗王弥和石勒，纷纷求助于鲜卑人。拓跋鲜卑、段氏鲜卑及慕容鲜卑都应邀派兵协助，于是也都进驻到长城之内。

五年后（316年），刘曜又攻破长安，俘虏晋朝最后一个皇帝晋愍帝。晋朝建国至此，只有五十一年就灭亡了，离江统提出《徙戎论》只有十七年；离当年郭钦向晋武帝提出建议，也就是晋朝最强盛的时候，只有三十六年。

当年英明神武的曹操把胡人都迁移到靠近汉人居住的地方，种下祸因。晋朝容许五胡各族继续居住在长城之内，又不能妥善治理，反而政治贪腐不堪，使得祸因深化。至于八王之乱，只不过是让大祸提早爆发而已。

西晋灭亡后，北方的许多地方将领仍然各自奋战。但是胡人势力越来越强大，西晋的地方将领如苟晞、刘琨等渐渐从主角变成配角，又一一战败被杀。另有一个祖逖到了南方，又决心回到北方，招募军队，并且收复了黄河以南的大部分土地，却一病而死。胡人从此完全占据了北方。

晋室南迁

正当华北生灵涂炭的时候，相对的江南仍是一片安乐土。晋朝的皇室子弟司马睿到达建康（今南京市），用王导为谋主，笼络当地的名士显要，接纳从中原逃难而来的人，兼容并蓄，因此江东逐渐人人归心。由于晋朝皇室子弟几乎已经死光，群臣于是拥立司马睿为新皇帝，是为晋元帝。历史学家将之前的晋朝称为"西晋"，南迁的新皇朝称为"东晋"。

王导担任宰相，负责朝政。王导的堂兄王敦负责军事。两人尽心尽力辅佐晋元帝。元帝身旁有一些大臣眼红，怂恿元帝说王氏势力危及皇室，有取代司马家的可能。晋元帝心中开始猜忌王氏兄弟，渐渐疏远王导，又想夺取王敦的兵权。

王导生性平淡，与世无争，并不在意引退。王敦却个性刚烈，无法忍受，声称要清除奸臣，带兵攻进国都建康。王敦将所有劝晋元帝对付自己的大臣都杀了，从此专制朝政。晋元帝虽然是皇帝，但是过着身不由己、战战兢兢的日子，也不知道王敦什么时候要篡位，不久就忧惧而死。

两年后，王敦病重，继位的晋明帝趁机召集外地各州的刺史入卫京师，除去王敦。然而王敦虽然被除掉，各州的刺史却都已拥兵自重。东晋在此后的一百零三年（317—420年）里，中央政府已经无法将军队和行政权牢牢掌握在手中了。

北方的百姓、士族和豪门巨室纷纷避乱南渡，寻找新家。这些人初到江南不免悽悽惶惶；后来买屋置田，发现南方的生活享受并不比北方差，就渐渐乐不思蜀了。南方原有的士族也乐于北方政权和门第世家带来繁荣和提升文化。刚开始南方士族还参与朝政，但是逐渐都是北方来的新贵在把持。其中特别有少数几个大家族，如琅邪王氏、陈郡谢氏、谯国桓氏等，轮流掌控国家大政。

五胡十六国

史家所称的五胡十六国时期，大致从匈奴刘渊自立为王起算（304年），到北魏太武帝拓跋焘统一中国北方（439年）止，共计一百三十六年。这是中国历史上一个空前的混乱时代。五胡十六国其实不只十六国，其中也有少数是汉人所建立的国家，以族群及割据的地域而分，大抵为五类：

- 前赵、后赵：这两者是由匈奴刘渊的"汉"分裂而成的国家，地理位置在整个华北地区。
- 前燕、后燕、西燕、南燕、北燕：这些都由鲜卑慕容氏先后建立，地理位置在华北东部。
- 前秦、后秦、西秦：这些国家是由氐人、羌人和鲜卑人所建立，地理位置在华北中西部一带。
- 前凉、后凉、南凉、北凉、西凉：这些国家创建者比较复杂，有汉人、氐人、匈奴人、鲜卑人，地理位置在华北最西部的甘肃，部分已经到达新疆地区。
- 其他如蜀、夏等：蜀是由氐人李雄建立的国家，也称作"成"或"成汉"，在四川及部分贵州、云南地区。夏是由匈奴铁弗氏赫连勃勃所建立，在今陕西、宁夏及部分内蒙古地区。

十六国之间彼此征战不断，而国祚都很短，少的不到二十年，多的也只有五六十年。十六国当中的前秦曾经有一段时间短暂地统一了华北。因而五胡十六国可以分为前期、苻秦全盛时期、后期三个时期。以下分别摘要叙述这三个时期的发展。

十六国前期（304—357年）

"汉王"刘聪死后，匈奴发生内乱，演变成刘曜与石勒之间的对立。两人都各自建国，国号都是"赵"，历史上分别称为"前赵"与"后赵"。双雄对峙了十年，最后后赵灭掉前赵。

石勒原本是居住在上党（今山西东南部）的羯人，有胆识而善于骑射。当时并州发生大饥荒，不肖官军乱捉胡人买卖是常有的事，石勒也被捉去卖到山东为奴。天下大乱之后，石勒趁乱而起，最后投奔刘渊，在北方各州攻城略地。当时有一个汉人张宾自行到石勒的营帐来毛遂自荐。张宾料事如神，智谋百出。石勒重用张宾为智囊，认为是张良再世，言听计从。

石勒在华北称雄，所有的胡人都退避三分，只有在辽东的慕容廆与其分庭抗礼。慕容廆之子慕容皝建立的国家，史称"前燕"。慕容廆和他的儿子慕容皝先后灭掉宇文鲜卑及段氏鲜卑，又击溃高句丽，逼高句丽国王投降称臣。前燕从此称霸华北东部，威震辽东。

石勒有一个养子石虎，孔武有力而生性残暴。他怨恨石勒想将后赵的王位传给亲生的儿子，因此杀尽石勒所有的儿子和孙子，强行继立为王。他下令所有丁壮都要服役，于是乎全国皆兵。他又规定每五人出车一辆、牛两头、米谷五十斛，不交者格杀勿论。无数百姓被迫把自己的子女卖掉，以筹措军需。有其父必有其子，石虎所有的儿子也都是残暴不仁，都等不及而阴谋要杀父亲以便早日登基。石虎发现后，杀自己的儿子和孙子比杀外人更加残忍。石虎有一个汉人养子，名叫冉闵，和石虎一样残暴，在石虎死后杀尽所有石虎的子孙。

前燕慕容皝之子慕容儁趁后赵之乱，击灭冉闵。后赵石虎原有的部将纷纷争立，最后由氐人的领袖苻健自立为帝，在长安建都，国号秦，史称"前秦"。另有一个羌人的领袖姚弋仲争不过苻氏，转而投靠东晋。

东晋这时也趁乱派兵前来收渔人之利。大将军桓温率兵北伐，连战皆捷，到了灞上，已经逼近前秦的国都长安。关中百姓携老扶幼迎接王师。然而桓温北伐的真正目的并不是要吊民伐罪，而是要以军功震慑江东，为回去篡位做准备。桓温发现前秦实际上是一个强敌，并不想耗损实力来和前秦决战，而后勤运粮又不便，最后只得退兵。

正当中原大乱的时候，汉人张轨任凉州牧，将凉州经营成一片净土，史称"前凉"。张轨的儿孙都爱民惜物，轻徭薄赋，刑罚轻而公允，受到人民爱戴，并且军力强盛，称霸于西域。

苻秦全盛时期（358—383年）

前秦苻健的儿子苻生又是一个暴虐不堪的帝王。苻生大宴群臣，有敢不喝醉的，或是劝酒不力的，当场格毙。苻生只有一只眼睛，痛恨"残、缺、偏、只、独"等字眼，大臣有不慎说到这几个字的，也是格杀勿论。朝廷大臣及皇室宗亲被诛杀殆尽。百官过一日，好像过十年。

苻生有一位堂兄东海王苻坚，素有名望，自知大祸即将临头，惶恐不安。左右推荐一个隐士王猛来见，苻坚自称如刘备遇见诸葛亮一样。王猛于是替苻坚定计，潜入宫中杀死苻生。苻坚继位，自称"大秦天王"。王猛又为苻坚推举贤才，抚恤贫穷，敬礼宗庙神祇，广设学校。前秦人民大悦。苻坚也心向儒术，亲临太学，与博士及太学生讲论五经，前秦国家文风大盛。

王猛推荐的人才进入朝廷用事，宗亲旧臣纷纷嫉妒。其中有一个氐族王侯樊世对王猛说："是不是我们在前面耕种，你来吃呢？"王猛不客气地回答："不但是你耕种，还要你煮好给我吃。"樊世大怒，威胁要杀王猛，不料第二天苻坚就下令将樊世砍头。从此文武百官看见王猛都低头，不敢随便大声说话。太后的弟弟酗酒，横行不法，强抢民间子女、财货。王猛将之逮捕，随即审判并处斩。苻坚受太后之命前往搭救，已经来不及。数十天内不法的豪门贵戚被杀、被刑、被关二十几人。长安震栗。苻坚叹息说："我今日才知什么是天下的法令！"前秦从此迅速强盛起来。

前燕慕容儁传位给太子慕容暐，并请两个弟弟慕容恪和慕容评辅佐。当时前燕西有前秦，南有东晋，都是大敌。慕容恪文武全才，尽心辅佐，所以能与强敌鼎足而立。慕容儁其实还有一个弟弟慕容垂，才能更在慕容恪之上。当初慕容皝原本有意传位给慕容垂而不是慕容儁，因此慕容儁对慕容垂耿耿于怀，不甚亲近。慕容恪辅政七年，死前告诉慕容暐和慕容评说慕容垂智略超群，前燕必定要靠慕容垂才能安邦定国。慕容评资质平庸却自视甚高，又已经很多年被慕容恪压抑而无法掌权，心中早已不满，如何愿意接受这样的安排？在慕容评和慕容暐的执政之下，前燕贵戚、王公豪奢不法，占据民间及公家之物，以为私有，渐渐政治败乱。

东晋桓温听说慕容恪死，趁机率兵北伐前燕，势如破竹。慕容暐和慕容评害怕，商议要逃跑。慕容垂说何不让他带兵抵御桓温，万一兵败再逃也还来得及。慕容垂获得五万兵马，大破桓温，得胜而回，立下赫赫战功，却更加使得慕容评嫉妒，密谋要杀他。慕容垂的左右都劝他先发制人。慕容垂流泪说："骨肉相残而使得国家败乱，晋朝前车可鉴。我宁死不为。"于是率家人逃亡。慕容评立即派兵追杀。天下之大，慕容垂竟无处可以藏身，只得西奔投靠前秦。

苻坚原本听说慕容恪已死，暗中图谋要侵吞前燕，但是忌惮慕容垂，不敢动手。慕容垂突然孤身来到长安投降，苻坚喜出望外，亲自出城迎接。苻坚于是无所顾忌，请王猛率大军征伐前燕，亲自在灞上送行。苻坚问王猛何时可以凯旋。王猛说，慕容暐和慕容评不得人心，应如秋风扫落叶般容易，果然不到三个月就灭掉前燕。

前秦接着又陆续灭掉前凉张氏及鲜卑拓跋氏。苻坚志得意满，一方面派大将吕光征讨西域，另一方面准备要大举南下消灭东晋，以统一天下。不幸这时候王猛已经死了。王猛临死前，苻坚亲往探病，并问后事，王猛请苻坚千万千万不要意图吞灭东晋，轻易出兵，否则自己必遭毁灭。

淝水之战与十六国后期

在王猛的眼中，秦王苻坚有一个致命的缺点，就是太过仁慈而厚待敌人，宽恕不该被宽恕的人。苻坚登基之后，有好几次王公贵族称兵造反，苻坚讨平叛乱后却不加诛杀惩罚，而让这些人继续原有爵禄。王猛常常担心慕容垂，劝苻坚借机除掉他，但苻坚不愿意。其他投奔前秦的还有羌人姚弋仲的儿子姚苌、东晋降将朱序等，大多居心叵测，而苻坚视若无睹，亲近有加。苻坚就是在这样的情况之下，不顾王猛的遗言，倾全国之兵力，号称八十七万大军，于东晋孝武帝太元八年（383年）南侵东晋，大战于淝水（在今安徽省合肥市北），史称"淝水之战"。

东晋的宰相谢安以侄儿谢石和谢玄为大将，只有八万兵马。前秦兵和晋兵在淝水南北两岸对峙。苻坚答应谢玄的请求，下令大军后退少许，以便东晋的军队渡过淝水来，一决死战。不料前秦兵一退竟无法停止。前秦兵溃败，自相踩踏而死，几十万大军尚未交锋就瞬间败逃一空。

当时只有慕容垂奉命率三万人攻击别的城镇，没有参与淝水之战，全师而返。慕容垂护送苻坚回长安，一路上左右都劝慕容垂杀苻坚。慕容垂说："往昔我不见容于我的国家和亲人，无处可栖身，而秦王以国士待我。其后王猛设计陷害我，每每要置我于死地，秦王知道我无罪，待我如初。此恩如何可以忘记？"

慕容垂回到关东，建立"后燕"。前秦开始瓦解，姚苌杀苻坚，占据关中，建立"后秦"。吕光击破西域各国，回到凉州，但苻坚已死，于是自立为王，史称"后凉"。拓跋鲜卑的后人拓跋珪也建立了"北魏"。其他还有些小国家陆续建立。此后五十几年是十六国的后期，华北又形成一个混乱的局势。

北府兵与孙恩之乱

淝水之战以前，东晋已经感受到风雨欲来的空前压力。宰相谢安既无法掌控各州郡的武力，只有另谋他图。当时正好北方的战乱使得一大批散兵游勇及流民逃亡到南方。谢安于是命令谢玄招募士卒，在京口（又称北府，在今江苏省镇江市）建立了一支数万人的军队，称为"北府兵"。东晋在淝水之战就是以北府兵为主体。北府兵一战成名，并且对以后东晋政局产生巨大的影响。

淝水之战以后，各士族门第都嫉妒谢家。谢安与谢玄都淡泊名利，不恋栈权位，于是急流勇退。自此以后，东晋朝廷里掌权的是贪财好货、卖官鬻爵的皇室贵族司马道子与司马元显父子，政治严重腐败。经过十几年，百姓忍无可忍，终于爆发叛乱。东晋隆安三年（399年），在会稽有孙恩起义。沿海八个郡起来响应，杀官吏，抢劫掳掠，一个月间人数达几十万。孙恩的伯父曾经以妖术蛊惑迷信的乡民，属于天师道，到处都有信徒。朝廷命令北府兵名将刘牢之进剿盗匪。孙恩长于海上航行，以数百艘船在沿海各地出没，从徐州、扬州、江州一直到广州，范围辽阔。每次孙恩被官军击败就逃入海中，非常难以对付。

刘裕建国

孙恩之乱经过三年才平定，其中最大的功劳属于北府兵的军官刘裕。刘裕是彭城（江苏省铜山县）人，家境贫穷，以卖草鞋为生；识字不多而嗜好赌博。孙恩乱起的时候，刘裕还只是北府兵的一个低级军官，但是善使长刀，武艺超凡入圣，胆识过人而有智谋。他常常身先士卒，冲锋陷阵；每次与孙恩遭遇，即使是以少击众，以一当百，也仍是从未一败，可以说天生就是孙恩的克星。孙恩气势渐衰，跟从的徒众也渐渐散失。当时剿匪官军毫无纪律，暴掠百姓，只有刘裕以军法约束部众，受百姓爱戴。刘裕因此在短短数年中迅速崛起，成为北府兵最耀眼的青壮派军官领袖。

孙恩之乱当中，桓温的儿子桓玄趁机吞并荆州和雍州，占有东晋一半以上的土地。司马元显派刘牢之率北府兵征讨桓玄。不料刘牢之厌恶司马元显，不战而降。桓玄不费一兵一卒就进入建康，将司马元显杀了，接着将刘牢之也杀掉，竟废掉东晋皇帝而自称皇帝，完成了当年他的父亲桓温篡位的愿望。刘裕向来看不起桓玄，拒绝跟随刘牢之投入桓玄阵营。

桓玄自以为已经掌控所有的军队，天下没有人可以反抗。不料以刘裕为首的北府旧部在京口誓师起兵，只有一千七百人，而公然宣称要讨伐桓玄，复兴晋室。桓玄拥兵数十万，但是知道刘裕乃是当世无二的大英雄，听到消息非常害怕。桓玄自己的兵大部分都畏战，而北府兵都是刘裕旧日同袍，向来也是畏惧刘裕，没有人敢与刘裕对阵。刘裕一出兵，北府旧部随即望风投降。桓玄越战越败，越败越怕。刘裕起兵后只有三个月，桓玄就兵败身死。

刘裕后来又连续灭掉南燕、孙恩的余党卢循以及后秦。东晋元熙二年（420年），刘裕逼迫东晋最后一任晋恭帝退位，自立为皇帝，国号"宋"，国都仍是在建康。东西晋合计立国一百五十六年。刘裕开启了"刘宋"皇朝，是后来南北朝时期中的南朝的第一个朝代。

东晋十六国（公元380年，局部）

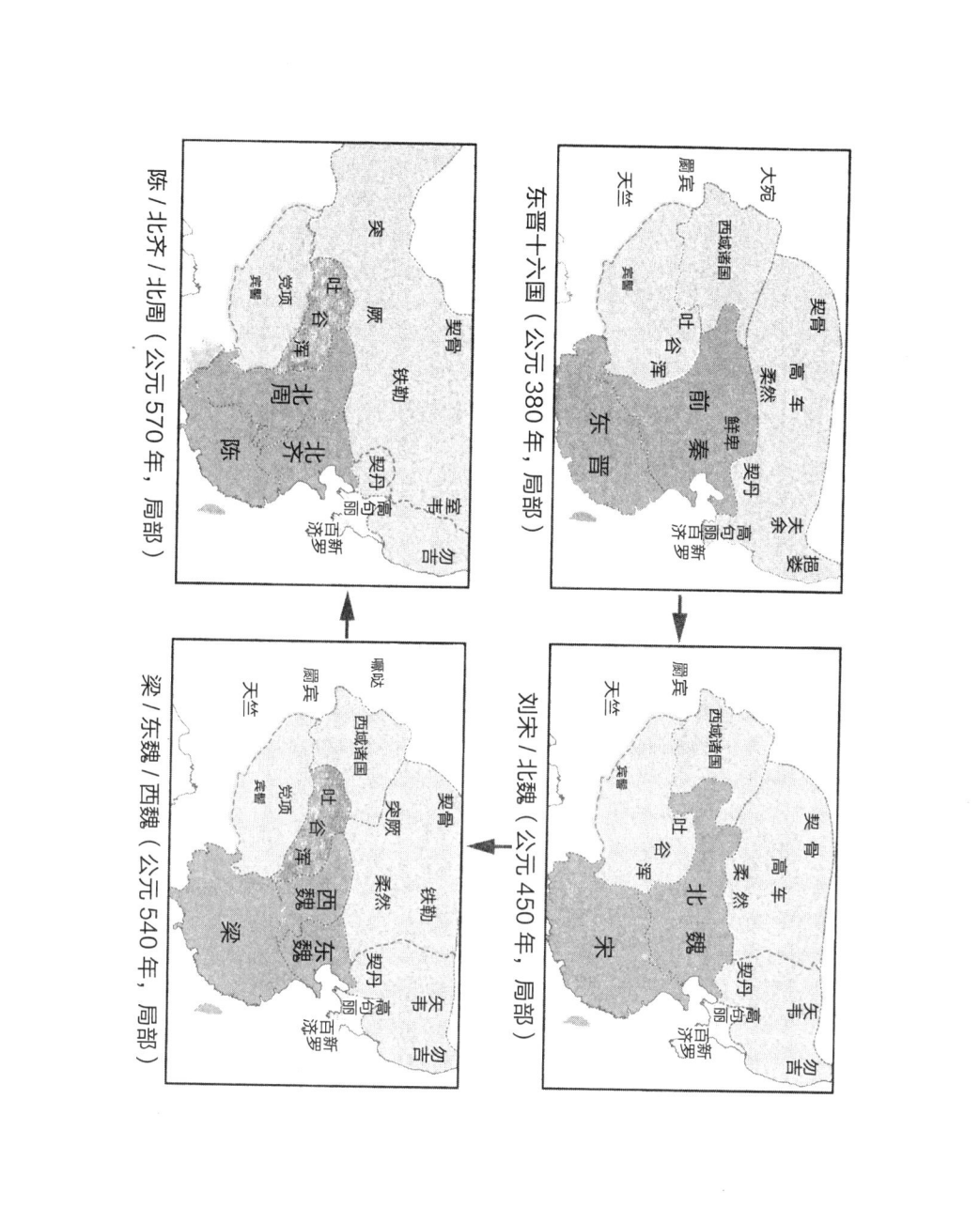

主要政权与民族：大宛、罽宾、天竺、西域诸国、高车、柔然、鲜卑、前秦、东晋、契骨、契丹、夫余、高句丽、新罗、百济

↓

刘宋/北魏（公元450年，局部）

大宛、罽宾、天竺、西域诸国、吐谷浑、北魏、宋、契骨、高车、柔然、铁勒、契丹、夫余、高句丽、新罗、百济、勿吉

↓

梁/东魏/西魏（公元540年，局部）

嚈哒、罽宾、天竺、西域诸国、党项、吐谷浑、西魏、东魏、梁、突厥、柔然、铁勒、契丹、室韦、高句丽、新罗、百济、勿吉

↑

陈/北齐/北周（公元570年，局部）

突厥、党项、吐谷浑、北周、北齐、陈、契丹、室韦、高句丽、新罗、百济、勿吉、铁勒

第 9 章

中国的治乱循环：南北朝

南北朝是指中国历史上一段南北政权对峙的时期，南朝及北朝各自传承或是分裂。南北之间，最初大致是以黄河为界；到了中期，以淮河为界；后期，以长江为界；如此一步一步往南推。

南北朝

一般计算南北朝的时间，是从刘裕篡晋（420年）起算，到隋文帝杨坚建立隋朝，统一整个中国为止（589年），共一百六十九年；不过也有人主张从北朝的北魏太武帝统一中国北方（439年）起算，共一百五十年。其间北魏分裂为东魏和西魏，然后又分别为北齐和北周所篡夺。最后北周灭掉北齐，杨坚又篡夺北周，派大军跨过长江，吞并南方的陈朝，结束南北朝的对峙。

南朝一共有四个朝代，分别是宋、齐、梁、陈，递相嬗替。南朝有一个明显的特点，那就是所有的改朝换代全部都是经过篡位过程发生的。南朝刘宋篡晋，齐篡刘宋，梁篡齐，陈篡梁，一个接一个。之前的晋朝也是篡夺曹魏，而曹魏又篡夺东汉，所以总共有六次篡位而建国。如果按照庄子的说法，这六个朝代的开国君主都是窃国的大盗。

不但每个朝代都以篡位的手段而推翻前朝，即使是在每一个朝代之中，后任的皇帝也大多是靠篡位而登基。总之，从政治上看，南朝是中国一段极为黑暗的历史。相对地，在北方的北魏不以篡位的手段建立国家，是中国历史上一个极为活泼而强盛的朝代。以下先介绍北魏。

北魏拓跋珪建国

北魏的第一个皇帝是道武帝拓跋珪。他的祖父拓跋什翼犍是拓跋鲜卑的首领代王拓跋翳槐的弟弟，奉命到后赵去做人质。翳槐病重，遗命由什翼犍继位。各部落酋长认为什翼犍难以返还，纷纷拥戴什翼犍的弟弟拓跋孤为王。但是拓跋孤拒绝，自愿前往后赵，代替什翼犍做人质。后赵天王石虎大为感动，将两人都送回国。什翼犍即位为代王后，分封一半国土给拓跋孤。什翼犍有勇略，因此人民纷纷归附，国土广阔。拓跋孤死后，儿子拓跋斤因为失职而无法继承一半国土，于是煽动什翼犍的庶子寔君一齐作乱，杀什翼犍。国中大乱，部众散逃。拓跋珪这时年纪幼小，父亲早逝，母亲贺氏抱着他逃回自己的部落贺兰部。

拓跋氏内乱时，正好前秦皇帝苻坚派二十万大军，以匈奴铁弗部首领刘卫辰为向导，不费力气就灭掉了代国。苻坚问清楚祸乱如何发生后，叹息说：" 天下的祸乱发生的原因都是一样的啊。"下令将拓跋寔君和拓跋斤都处以"车裂"之刑。苻坚又将代国分为两部分，黄河以西归刘卫辰管辖，黄河以东归刘库仁管辖。拓跋珪的母亲和贺兰部分属刘库仁这一半。

拓跋珪是什翼犍的嫡长孙，虽然尚在童稚，气度见识已经与一般小孩不同。刘库仁对拓跋珪照护有加，常常对儿子刘显说："拓跋珪将来有可能恢复拓跋氏的基业，你们必定要恭谨地对待他。"但是刘显反而对拓跋珪心存嫉妒。

刘库仁死后，儿子刘显杀死叔父而自立，又要杀拓跋珪。拓跋珪再次逃亡，而于386年在牛川（今内蒙古归绥市东）大会各部落，被推举为代王，成为拓跋鲜卑的领袖。拓跋珪这时只有十五岁，定都盛乐（今内蒙古呼和浩特市南），不久改国号为魏，史称"北魏"。

拓跋珪草创大业，实际上力量薄弱，并且有内忧外患。刘显拒绝参加牛川大会，刘卫辰在西边虎视眈眈。他还有一个亲叔叔，是拓跋什翼犍的小儿子，更有资格担任拓跋氏的领袖，严重威胁他的正统性。此外，东边辽西地区有库莫奚部落崛起，北方有柔然部落侵扰，南方更有后秦和后燕。这些强敌之中，以慕容垂的后燕最为强盛。拓跋珪深谋远虑，决定向慕容垂称臣，利用慕容垂的后燕大军铲除刘显、刘卫辰和叔叔。拓跋珪自己带兵击灭库莫奚部落，又驱赶柔然到大漠之北。

参合陂之战

由于鲜卑人之间的政治婚姻，拓跋珪的祖母是慕容垂的亲姐姐。但慕容垂之所以要帮助拓跋珪，并不是因为他是拓跋珪的舅公，而是想把拓跋珪培植为自己的附庸。然而，慕容垂发现连年征战，只是为人驱驰，自己所得不多，反而培植出一个能够与自己抗衡的可怕对手。

395年，北魏和后燕之间的战争终于无法避免。当时慕容垂年纪已经七十岁，并且有病，决定留在国都中山。太子慕容宝率领十万大军，从中山（今河北省定县）出发，千里行军，西向抵达五原郡（今内蒙古包头市），造船预备渡河强攻。拓跋珪以十五万人在黄河河套防守。两军隔着河对峙当中，拓跋珪派人在敌后搜索，将来往使者全部拦截，使得慕容宝好几个月都无法得到慕容垂的消息。拓跋珪又派人在敌营散布慕容垂已死的谣言，后燕军因此士气涣散。慕容宝开始担心是否能顺利继位为燕国皇帝，于是下令将所有的船只烧毁，撤军东向，要回中山。这时是初冬十月，黄河尚未结冰。慕容宝以为魏兵无法渡河追赶，轻忽而没有在军队后方设斥候兵。

过了八天，忽然大风雪，黄河河面迅速结成坚冰。拓跋珪选拔二万骑兵跨过黄河，星夜奔驰，六天后在参合陂（今山西省大同市阳高县）追上后燕军。拓跋珪于清晨日出时从山丘上居高临下，俯视后燕军营地，纵兵大击。后燕军溃败，一部分人赴水溺死，其余全部投降，只有慕容宝等少数人逃走生还。拓跋珪下令将所有降卒全部坑杀。

参合陂之战是北魏和后燕消长的分水岭。慕容垂在第二年春天自行率领大军，誓言要灭掉拓跋珪，为死难将士复仇。慕容垂几十年来英名盖世，战无不胜，人人惧怕，一出手便击溃北魏三万大军。北魏公认的第一勇将拓跋虔战死。拓跋珪惊恐万分，不知所措。但慕容垂到达参合陂，看见数月之前被坑杀的后燕军将士遗骸堆积如山，设祭痛哭，既惭愧又愤恨，竟吐血致死。拓跋珪喜出望外，看见前面已经没有人可以挡住去路了。

慕容垂死后，慕容宝兄弟不和，后燕国势很快就衰落下去。拓跋珪在一年后攻破中山，占有后燕大部分的土地。后燕的残余势力一部分在辽西继续立国，称为北燕，与高句丽同盟；另一部分据有山东半岛，称为南燕。两个都是小国，已经无足轻重。

中国在魏晋时流行服食一种称为"寒食散"的药物，其药性燥热酷烈，服后使人体力增强，精神高亢。许多名士和贵族都服食寒食散，拓跋珪也服食。事实上寒食散是一种慢性毒药，唐代名医孙思邈曾经说看见这药方的人应该立刻焚毁，以免遗祸人间。拓跋珪服食久了渐渐性情烦躁，喜怒无常，疑神疑鬼，无罪被杀的王公大臣不计其数。拓跋珪曾经因为姨母贺氏绝美，杀其夫而强娶为妻，生子拓跋绍。拓跋珪晚年昏乱至极，怒而囚禁贺氏。拓跋绍怕母亲被杀害，半夜潜入宫中弑杀拓跋珪。太子拓跋嗣平乱后，继位为帝，是为北魏明元帝。拓跋珪享年只有三十九岁。

北魏太武帝统一华北

北魏拓跋嗣（409—423年在位）登基后八年，东晋刘裕率大军攻后秦。后秦王姚泓遣使向北魏求救。拓跋嗣召集群臣商议。众人都认为不可不救，否则让刘裕坐大，唇亡齿寒，后悔就来不及了。北魏的国师，博士祭酒崔浩也在座，这时发言说："刘裕的才能甚至超过慕容垂，必定能够灭掉姚秦。但是我们不需在这时候替姚秦抵挡，而应当袖手旁观。刘裕灭掉姚秦之后，一定会急于回去逼皇帝退位，只留部分兵将。姚秦所在的关中地区有氐、羌胡人和汉人杂处，风俗劲悍，刘裕所留的部队必定无法统治。我们静观其变，关中之地迟早会落在我们魏国手中。"拓跋嗣听从此一建议，北魏果然后来完全如崔浩的推算发展，取得后秦大部分的土地。

拓跋嗣与他的父亲拓跋珪一样服食寒食散，剂量加倍，因而更早发病，三十二岁就死了。太子拓跋焘即位（423—452年在位），只有十五岁，是为太武帝。北方柔然可汗趁机率六万骑兵入北魏云中郡，杀掠百姓。拓跋焘亲自带兵击退柔然，追逐漠北。拓跋焘壮健骛勇，对阵时身先士卒，左右相继死伤而神色自若，因此将士畏服。他个性俭朴，服装饮食极其简单；知人善任，不论贵贱；赏罚分明，不论亲疏。北魏的国力在拓跋焘的时候达到鼎盛，先后灭掉夏国、北燕和北凉，统一中国北方（439年），结束了五胡十六国。高句丽、西域诸国和吐谷浑都向北魏入贡称臣。

450年，刘宋与北魏发生大战争。刘裕的儿子宋文帝刘义隆自不量力，出兵挑衅。拓跋焘挥兵大败刘宋军队，又乘胜追击，直抵长江北岸。北魏军正要大举渡江南下，军营中却突然发生瘟疫，急急退兵，一路上焚烧屋宇，砍杀壮丁，把婴儿插在枪矛之上盘舞玩耍。所过郡县残破，光秃秃一片。

拓跋焘在两年后被亲近的宦官所刺杀，享年四十五岁。大臣拥立皇太孙拓跋浚继位，是为文成帝，只有十二岁。拓跋浚于二十五岁时早死，又传给儿子拓跋弘，是为第五任皇帝献文帝，也只有十二岁。北魏朝有一个非常特别之处，从拓跋珪开始，所有的皇帝没有一个在登基时年纪超过二十岁。除了太武帝拓跋焘以外，没有一个活过四十岁。

北魏文明太后

北魏还有一个更特别的地方，那就是拓跋珪传下一个"子贵母死"的严格家法，规定册立太子时，必定要将太子的生母同时赐死。这是仿效汉武帝立弗陵为太子，杀钩弋夫人的故事，当然是极为残忍。不过有史家评论，由于皇帝的年龄太轻，若是没有这条家法，北魏恐怕早已发生太后干政、外戚与宦官争权的恶性循环了。

然而，到了献文帝拓跋弘时，开始有冯太后专政。

冯太后是文成帝拓跋浚的皇后，但不是献文帝拓跋弘的母亲。拓跋弘的生母姓李，十几岁生下拓跋弘。在这婴儿只有七个月大，被立为太子时，李氏就被赐死，与兄弟亲友一一相拥道别，痛哭流涕，然后饮药。在场没有人不落泪。拓跋弘转而由皇后冯氏从小养大。冯氏是汉族人。拓跋珪灭后燕时，她的祖父冯弘与哥哥冯跋一同跟随鲜卑慕容氏逃到辽西。后来冯跋篡位，冯弘又继承哥哥而成为北燕国主。拓跋焘灭北燕时，冯弘投奔高句丽，被高句丽人杀死。冯弘的儿子，也就是冯太后的父亲，决定投奔北魏，没想到女儿竟被选为北魏皇后。

北魏文成帝拓跋濬死后（465年），大臣乙浑专政，擅杀大臣，屠戮忠良。正当满朝大臣束手无策、忧愤不堪的时刻，冯太后却一举将乙浑逮捕，立刻处死。冯太后于是在群臣拥戴之下开始临朝称制。冯太后智略过人，无论是国家大事还是生杀赏罚，顷刻便能决断。她性格刚毅，虽小过必罚，即便是宠幸左右，也不纵容。但是既经处罚之后，不记旧恶，许多人后来反而更加富贵。北魏群臣因此人人钦服，乐为太后所用。

冯太后听政只有一年半，拓跋弘的妃子生下一个皇子，取名宏。冯太后决定亲自抚养这婴儿，让只有十四岁的皇帝拓跋弘亲政。拓跋弘聪明睿智，刚毅果决，而喜好黄老和佛经，常常和高僧谈论；到了十八岁时，忽然提出要让位，不做皇帝，要出家做和尚。群臣大吃一惊，无论如何不肯接受。日夜争论、妥协的结果，拓跋弘将帝位传给只有五岁的儿子拓跋宏，是为孝文帝。献文帝拓跋弘被称为"太上皇"，与禅僧共同起居，但是仍然与闻国家大事。

中国历史上很早就有太上皇的称号。秦始皇成为中国第一个皇帝时，便追尊他的父亲庄襄王为太上皇。但太上皇还活着，虽然退位而继续掌理国事的创新做法，是从北魏献文帝开始。后来这一套太上皇的做法在日本被天皇引用，对日本历史发生的影响比对中国的影响还要大得多。

文明太后变法

拓跋弘担任太上皇五年后，忽然中毒而死。这时孝文帝年纪还只有十岁，冯太后于是再一次临朝称制。冯太后这时改称太皇太后，不过后世史家大多依她死后的谥号称之为"文明太后"。文明太后第二次称制，可说是有备而来，不但是大权独揽，并且推动了一连串的重大变革。

北魏建国到这时已经九十几年，但是很奇怪的是，所有官吏一直都没有薪俸。原先战争频繁时，官吏大多以掳掠所得为生。后来战争少了，仍是靠自己想办法，所以贪赃纳贿成风，越来越严重。农民的土地大多被豪强兼并，而沦为贫农、佃农。贫富不均的情况越来越恶劣，但是国家却越来越难收税。再加上水灾、旱灾、蝗灾不断，农民开始暴动。总之，北魏已经有明显的亡国征兆，非要变革不可。

文明太后毅然进行了激烈的政治和经济改革。首先是颁定各级官吏俸禄，开国以来第一次发放薪俸给所有官员，但同时也规定此后官吏如果枉法受贿，不论多少，一律死罪。其次颁布均田令，按百姓的户口、年龄授予一定亩数的国有田地或荒地，供其开垦耕种；并且订定新的租税制度。政府明令禁止贵族奢华，开粮仓以赈贷饥民。北魏政权因为文明太后铁腕变法，而免于大乱，并为孝文帝奠定了更大改革的坚实基础。

北魏孝文帝推行汉化

文明太后称制十四年，在她死后（490年），北魏第六任皇帝孝文帝拓跋宏才开始真正掌握政权，这时已经二十四岁了。孝文帝在襁褓中就由文明太后抚养，接受文明太后所安排的汉人教育方式；长大后精通五经，兼学老庄，下笔千言。文明太后将孝文帝几乎塑造成为自己的复制品。孝文帝深深仰慕汉人文化，总觉得胡人游牧民族的文化水平不够，因此决定要推动汉化。

实际上胡人在五胡乱华后早已快速汉化。胡人虽然暂时取得统治权，但是人口毕竟比汉人少，又离开了塞外的草原、沙漠，所以在语言文字及风俗习惯上受汉人影响非常大。许多胡人仰慕汉人文化，有意模仿。胡人帝王如刘渊、慕容垂、苻坚、姚苌等，个个汉学程度极高。胡人帝王所用的军师，如张宾、王猛、崔浩等，都是汉人。胡人各朝代也几乎都在国都设太学，在州郡设学校。近代的学者在研究后得到一个结论，认为虽然中原士族大举南迁，但是在南北朝时，华北儒学大师的人数和造诣程度却远远超过江南。以上这些都是胡人明显汉化的现象。但是北魏孝文帝并不以此为满足，他想要的是全面汉化。

孝文帝亲政后第三年，下令将国都从平城（山西大同市）迁往洛阳。这是汉化的第一步。到了洛阳，孝文帝下令禁止胡服，改穿汉服；禁用胡语，改说汉语。接着下令鲜卑姓氏改为汉姓，如拓跋氏改为元氏，步六孤氏改为陆氏，贺赖氏改为贺氏，独孤氏改为刘氏，等等。孝文帝又把胡人八个王公贵族大姓，和汉人四个显赫门第都列为清流，以半强迫的方式让他们结为姻亲。

重视门第出身是魏晋以来流传的观念。魏文帝曹丕时，吏部尚书陈群奉命订定九品中正之法，以家世、道德、才能三种标准，在各州郡查访评定人才，分为上上、上中、上下、中上、中中、中下、下上、下中、下下，一共九等，作为授官的依据。到了西晋时，已经变了样，几乎所有官员都从世族中选定，造成"上品无寒门，下品无世族"的情况。孝文帝自然受到影响，也支持门第观念。孝文帝曾经有一次与大臣们谈论人才的选拔升迁，有一段针锋相对的辩论。

孝文帝问："近世以来，一个人出身高低直接影响其出仕的前途，诸位以为如何？"大臣李冲反问："不知从古以来各朝代设立官职，是为了要让贵族豪门子弟有官做呢，还是为了要治理国家？"孝文帝答："当然是为了治理国家。"李冲又问："那么陛下为何专门从贵族门第中选人，而不是平等拔擢贤才？"孝文帝说："名门所出的子弟，纵使没有才能，也应是品德纯正，所以朕认为可以重用。"李冲又问："古代商、周倚重的贤臣傅说和太公望都出身微贱，岂是门第中可以找到的？"其他大臣也问："陛下怎能让王公士族世袭，贱民世世代代都是贱民？"孝文帝最后妥协，仍然保留清流九品，不过又专门为平民百姓列了七等，分别叙用。

孝文帝厉行汉化，事实上引起胡人贵族很大的反弹，有部分大臣因为不同意汉化而叛乱。但是孝文帝心硬如铁，一一镇压叛乱，毫不妥协。孝文帝坚持保留贵族世袭制度，其实有不得已的苦衷。如果废除贵族世袭，势必引发更大的反弹，孝文帝恐怕会自身难保。一直到了隋、唐之后，虽然有了科举制度，门第的观念和制度仍然是继续存在。

胡太后乱政

北魏永平四年（512年），第七任皇帝宣武帝元恪（499—515年在位）立两岁的皇子元诩为太子，却违背祖训，破例不杀太子的生母胡氏。三年后，宣武帝忽然死了。太子继位为帝，是为孝明帝，只有六岁。小皇帝的生母胡氏升格为胡太后，开始临朝称制。

南北朝时佛教昌盛，到处广建佛寺。宣武帝笃信佛教，北魏全境已经有一万三千座寺院。胡太后也崇信佛教，命令各州都要建五层以上的佛寺，并且在洛阳建石窟寺、永宁寺等，其中永宁寺的规模及精美是佛教自印度传来之后前所未见的。负责建佛寺的官员借机贪污，实际的花费是真正用在建筑的好几倍。国家用度不足，于是开始加税，所有的重担最终都落在百姓头上。

胡太后放纵宠信的大臣、宦官及皇亲国戚贪腐，并且极为护短。太后的侄女婿官拜刺史，暴虐百姓，引起民变。太后将他免职，却调到中央政府，又升官发财。太后的御厨也仗恃太后回护，在朝为官，猖狂跋扈，竟敢擅杀御林军。又有宦官刘腾，收受贿赂而代人求官，每求于太后必得，因此门庭若市。朝廷纲纪日益败坏，国法荡然无存。下层的百姓平民自然是民不聊生，人心思变。

胡太后称制后四年（519年），国都洛阳发生一个事件，透露出北魏乱亡的征兆。尚书省有一位高官之子张仲瑀，负责铨叙征选，上书建议将武人排除在清流之外。这个提议尚未付诸讨论，卫戍京城的羽林军就在大路上张贴榜文，集会抗争，并约定日期要杀害张仲瑀全家。到了当日，果然有一千人以上集结，到尚书省高声叫骂，投掷瓦石。然后又带棍棒、火器转赴张仲瑀家，焚烧房舍，将张仲瑀的父亲打死，把他的兄弟投入火中烧死。张仲瑀被殴打重伤，奋力逃走。朝廷事前既未提出警告，严令禁止，事后只抓了几个无关紧要的角色充抵，也不敢继续深究。当时有识之士都知道北魏朝廷已经病入膏肓，无可救药了。

第二年，大臣元义及宦官刘腾为了进一步掌握大权，竟然共谋幽禁胡太后，挟持十岁的小皇帝而号令群臣，朝政更加不堪。不久，"六镇之乱"爆发，敲响了北魏的丧钟。

六镇之乱

北魏建国之后,为防止北方的柔然南侵,在边境设置了六个军事重镇,如沃野镇、怀荒镇等,都在现今内蒙古及河北境内。六镇不设州郡。镇民不许随意迁徙,很少人能升迁,最多是在边镇做到下级军官,因而都自认为受到歧视,心怀愤恨。奉派出任的镇将大多是贪婪之徒。六镇居民饱受压榨与虐待,柔然也因而逐渐壮大。朝中不断有大臣上书,建议慎选边将,改变法制;但是朝廷承平日久,从来不予理会。随着朝廷贪污日益严重,边关情况也更加恶劣,最后终于一发不可收拾。

正光四年(523年),怀荒镇将积欠士卒的粮饷不发,镇民愤怒,杀镇将而叛变。沃野镇民破六韩拔陵也聚众杀镇将而反叛。其他四个镇,无论胡人或汉人都纷纷响应,史称"六镇之乱"。暴乱蔓延到北方各州郡,百姓纷纷起义,杀贪官污吏。朝廷派兵前往平乱,无一获胜。

尔朱荣之乱

元义和小皇帝张皇失措,不知如何是好,将幽禁多年的胡太后放了出来。太后和群臣讨论,无计可施,只能送钱请柔然可汗阿那瓌为佣兵,代为征伐叛乱。肆州秀容郡(今山西省朔县)有一个部落领袖尔朱荣也异军突起,出兵打败叛军。胡太后封尔朱荣为将军,请他继续出兵剿叛。尔朱荣家三代经营牧场,饲养牛、马、羊,满山满谷,不计其数。他的父祖常常捐献马匹给朝廷,还曾经得到孝文帝的褒奖。尔朱荣看见天下大乱,遂结纳豪杰,招集骁勇。他不但攻击六镇叛军,也攻击官军,又攻城略地,自行任命州郡官员。朝廷对他根本无可奈何。

胡太后仍然是用宠幸的宦官和大臣为爪牙,贪污纳贿,卖官鬻爵。太后怕皇帝年纪渐大,不听控制,又怕再一次被幽禁,于是将孝明帝下毒害死,另立了一个三岁的皇帝。尔朱荣大怒,说:"皇上驾崩,只活了十九岁,海内外都说是太年轻。现在又要立一个还不会说话的小孩做皇帝,国家能安定吗?"于是率领大军向洛阳前进。洛阳守军不敢抵抗,开城门让尔朱荣进来。胡太后见到尔朱荣，说了一些话。尔朱荣不耐烦，拂袖而起，将太后和小皇帝都押到黄河边，丢进河里沉没。尔朱荣又命令骑兵将两千多名官员围在中央，以乱箭射死。尔朱荣另立一个皇室子弟为帝，当作傀儡，是为孝庄帝（528年）。

六镇起义的镇民集结在鲜卑人葛荣的领导之下，号称百万，然而都是乌合之众。尔朱荣率七万人与葛荣在邺城（今河北省临漳县）决战，以寡击众，如闪电般迅速俘虏葛荣。余众全部投降。尔朱荣筛选部分兵将，下令其余降卒任凭选择，就地解散。数十万人喜出望外，如一阵烟瞬间消失无踪。

尔朱荣平定叛乱，有大功于天下，但是对皇帝视如无物，与孝庄帝之间的冲突越来越严重。尔朱荣自以为孝庄帝在其掌握之中，无能为力，不料有一天进皇宫时竟被孝庄帝亲自持刀杀死。尔朱荣的族人起兵报仇，又杀死孝庄帝（530年）。尔朱荣没有儿子，家族中也没有杰出的人才能够继续统御尔朱荣所遗留下来的势力。经过数年内部斗争，北魏分裂成为东魏和西魏两个国家，分别由高欢及宇文泰拥立各自的傀儡皇帝而建立。北魏宣告灭亡。

当初北魏宣武帝册立太子而违背祖训，不杀太子的生母胡氏。经过七年，北魏开始发生动乱，十一年而全国皆叛，十六年而胡太后死，二十三年而国亡。北魏开国之主拓跋珪定下"子贵母死"的规矩，传承了七次之后，第一次没有被遵循，而国家竟然灭亡了。真不知道这是历史的巧合，还是北魏皇朝这一条规矩确实有其颠扑不破的道理？中国古代学者对此有很多争论。有人认为，先前文明太后称制，北魏因此转危为安，所以太后干政未必不好，因人而异。另一派人则说，文明太后并不是太子的生母，胡太后却真正是孝明帝的生身母亲，两者情况是不同的。

高欢与宇文泰

东魏实际的主宰者高欢是一个已经鲜卑化的汉人，为人武勇，心机深沉而有谋略。他原本住在平城，而来往于洛阳做买卖。有一次他到洛阳，正好目睹张仲瑀事件发生。高欢回到家里，立即变卖家产。朋友问为什么？高欢说："太后乱政，禁卫军相率焚烧大臣府第，杀害官员。朝廷怕事，竟不敢追问。现在如此,日后当会如何?如此情况下,守着财富究竟有什么用处?不如拿来结交豪杰。"高欢后来投奔尔朱荣。尔朱荣有一匹恶马,无人能驯。高欢轻易就制伏了马,然后起身说:"制服恶人和驯服这匹马并没有什么差别。"尔朱荣惊叹连连,于是开始重用高欢。尔朱荣死后,高欢将他家族中的继承者尔朱兆玩弄于股掌之上,最后击灭尔朱家族。高欢善于权谋,讲究的是权宜之计,对于民间疾苦不甚关心。百姓负担沉重,因而国家认同甚为薄弱。

西魏实际的主宰者宇文泰是汉化程度很深的鲜卑人,沉着有大度,又足智多谋。高欢专权跋扈,反对派推宇文泰为领袖以对抗高欢。宇文泰行军打仗,军纪严明,深受百姓爱戴。他尊崇儒术而注重国计民生,并且知人善任。宇文泰重用汉人苏绰,重新恢复北魏末期已经失控的均田制。苏绰劝课农桑,平均赋役,实施严格的计帐制度以控制财政支出与收入。

在军事方面,宇文泰仿照汉朝赵充国的屯田制建立了府兵制,其特点是寓兵于农。士兵平时耕地种田,战时自带粮食与马匹、武器,出征打仗。府兵制有严格的层层组织,既能增加农业生产,解决打仗时粮饷供给问题,也扩大了兵源。后来隋、唐两个朝代时,均田制与府兵制也一直延续下去,是隋、唐盛世形成的重要原因之一。

东魏与西魏大致上以现今山西与陕西交界的黄河为界。高欢和宇文泰虽然都已经分别完全掌控东魏和西魏,但是并不急着做皇帝,而学曹操和司马懿,把篡位的事让第二代去做。550 年,高欢的儿子高洋逼迫东魏傀儡皇帝禅位,改国号为齐,史称"北齐"。556 年,宇文泰的儿子宇文觉也篡位,改国号为周,史称"北周"。

北齐衰乱

高洋原本留心政务,吏治清明,北齐国力迅速强盛起来;没有几年,却开始贪杯纵酒。每次喝醉就疯疯癫癫,无故杀人。每次酒醒,高洋又深自懊悔,命令大臣拿棍子打自己,并发誓不再喝酒,甚至将所有酒壶、酒杯全部丢弃。但是没有几天高洋又嗜酒如狂,依然故我;如此屡戒屡犯,最后终于喝酒过度而死。高洋当皇帝的十年中，如果不是有一个大臣杨愔望重朝野，又得到高洋宠信而能悉心治国，北齐早已乱亡了。当时的人说北齐是"主昏于上，政清于下"。杨愔在高洋喝醉酒时，同样也遭到百般凌辱，但是仍然忠心耿耿。

高洋的太子高殷原本聪明而且心性仁厚，但是高洋嫌他太文静，强逼着他在十岁左右拿刀子将一个无辜的人活活杀死。高殷惊吓过度，从此变了性情，痴呆口吃。高洋死后不久，高殷被篡位。最后传到高纬，后世称为北齐后主，昏暴到了极点。北齐的国祚至此已经走到尽头。

北周武帝

北周武帝宇文邕是宇文泰的第四个儿子，北周的第三个皇帝（560—578年在位）。他的两个哥哥虽然是皇帝，但都没有实权，真正的权力掌握在堂兄宇文护手上。宇文护在三年内杀害两个皇帝，又立宇文邕为帝，仍然霸占权力不放。宇文邕做了傀儡皇帝，完全低声下气，忍让了十二年（572年）才突然发难，趁宇文护入见太后时从背后突袭，将他杀死。

不久，北齐发生一件大事，后主高纬杀宰相斛律光。斛律光是北方敕勒人，家族代代出名将。他的父亲斛律金与高欢情如兄弟，行军打仗极为剽悍，完全是传统的游牧部族战法。高欢病重将死时，请斛律金唱《敕勒歌》，高欢流着泪一起唱和。这首歌一直流传到现在：

> 敕勒川，阴山下，
> 天似穹庐，笼盖四野。
> 天苍苍，野茫茫，
> 风吹草低见牛羊。

斛律光继承斛律金的战法打仗，从来不曾败北，士卒争相为其效力。斛律光和兰陵王高长恭曾经联手在洛阳城北的邙山击败突袭的北周兵十万大军，称为"邙山大捷"。斛律光能武能文，做宰相同样受到百官的尊敬和拥戴。不幸的是皇帝越昏庸，越怕大臣才能出众。北周派人到北齐散布谣言，说斛律光即将造反，又有奸臣一旁加油添醋，于是高纬上当，下令赐死斛律光。

北周武帝听见斛律光的死讯，又喜又悲，大赦天下。第二年，高纬竟然又将兰陵王也赐死。兰陵王是有名的美男子，对阵时总是戴着假面具冲锋陷阵，勇冠三军。邙山之捷后，北齐人为他们的英雄人物编一首歌曲《兰陵王入阵曲》，军中士卒一唱再唱，百唱不厌。高纬因而也对兰陵王起了怀疑，又下令杀了兰陵王。

三年后，北周倾全国之兵攻北齐。北齐将士对高纬失望已极，都不战而降。北周遂迅速地灭掉北齐（577年）。北周武帝进入邺城，下令改葬并追封斛律光、兰陵王等北齐冤死的大臣，抚恤其子孙。他指着斛律光的灵牌说："这位大人如果还在，朕如何能够来到邺城？"

北周武帝亲政不到五年，中国北方又再一次统一了。

南朝的篡位因果分析

回头来叙述南朝。前面已经说过，南朝的特点是篡位多。南朝四个朝代，前后一百七十年，共有二十六个皇帝。统计起来，朝代之间篡位发生四次，朝代之内篡位发生五次，一共九次，也就是有三分之一的皇帝篡位，三分之一的皇帝被篡位，另外又有六个皇帝是在篡位过程中用来垫档的傀儡皇帝。因此，南朝所有皇帝之中与篡位无关的很少。

为什么会有这么多的篡位呢？这要从中国历史上的思想及价值观来说明。中国从汉武帝以后，儒家学术就是政治思想的主流及社会价值观的标准。从儒家正统思想的角度看，不管是在什么情况下，篡位都缺乏正当性。皇帝如果是以篡位手段登基，一般就认为不是正统，不忠不义，大小官吏和老百姓对他所建立的皇朝的忠诚度就会有很大的折扣。

不过一般来说，开国的国君都有超人的本领才能够凝聚众人的向心力，篡位而成为帝王，因而也不担心部属有什么非分之想。但是当皇帝位传到第二代时，情况就不同了。继任的皇帝通常能力远远不如父亲。能力越差，心中对于自己的帝位是否稳固越是担心。越是担心，对那些可能威胁到自己的文臣武将越是害怕，总想要借机会除掉。于是大臣能力越高，功劳越大，越是危险。有些人比较被动，是在被逼到无路可退时，为求自保，只好铤而走险，弑逆昏君，篡位为帝；而比较有野心的，则是在看见无能的第二代皇帝登基后，就已经积极准备要取而代之了。

自古以来，中国的政治一向非常残酷。政治斗争胜负已分时，赢家必定将敌对势力斩草除根，因而血流成河。皇帝对于自己的叔叔、弟弟也不会心软。反之，篡位成功者对于前朝皇帝及其忠贞大臣也是一样的对待。成者荣华富贵，可以为所欲为，败者家破人亡，其间差别实在太大。往往皇帝本人或篡位者尚有一念之仁，但是成群结党的部属担心自身的安危及利害，总是劝主子及早下手，并大开杀戒。然而，篡位的结果，实际上只是享受短暂的权位，后来多半子孙厥无遗类。中国有一句古话说："大位不以智取。"不赞成以捡便宜的方法获得权位，就是这个意思。

总之，篡位引发"君不君，臣不臣"的心理，而这种心理又导致下一轮的篡位。这样的恶性循环，导致南朝各朝代都很短命，最长不过六十年，最短只有二十几年。南朝长期不稳定，国家自然衰败，一代不如一代。北朝最后吞并南朝，只是时间早晚的问题。以下分别简述南朝各朝代。

刘宋朝（420—479年）

刘裕创立宋朝，而他的长子刘义符就是一个不可救药的昏君，后世称为营阳王。大臣们看不下去，师法伊尹、霍光，将他废掉，另立刘裕的第三个儿子刘义隆为帝，是为宋文帝。刘义隆在位三十年，与北魏太武帝拓跋焘在位的时间大致互相重叠。刘宋皇朝屡次陷入危机，如权臣叛乱、北魏南侵，都靠大将檀道济力挽狂澜，转危为安。但是刘义隆竟因担心檀道济谋反，下令将他和十一个儿子全部杀死，一如北齐高纬的行径，自坏长城。前述拓跋焘之所以能长驱直入，直达长江北岸，正是因为檀道济已经死了。北魏军队如果没有发生瘟疫而撤兵，刘宋早已被并吞。

刘义隆的儿子弑父篡位，又是个昏君，被叔叔刘骏（刘宋孝武帝）再次篡位。如此这般，每个篡位之君都生出不肖之子，然后又被篡位。经过四个轮回，八个皇帝，轮到著名的昏君苍梧王。苍梧王对当时的国之栋梁大将萧道成，也是不放心，时时想要将他杀死。有一年夏天，天气炎热，苍梧王突然闯进萧道成的家，不准人通报，看见肥胖的萧道成脱光上身正在睡觉。苍梧王命令萧道成靠墙站立，在萧道成的大肚子上划几个圈圈，当成箭靶，引弓拉箭瞄准。萧道成侥幸逃过一命，但是怕全家落得和檀道济一家同样的下场，无可奈何，只得篡位，建立了南齐皇朝。

南齐（479—502年）

萧道成（南齐高帝）和他的儿子萧赜（南齐武帝）都是节俭而关心百姓的皇帝。当时北魏正是文明太后当政的太和年间，南北两个朝廷施政的方向一样，也都无意打仗，是南北朝难得的和平及繁荣时期。萧赜传位给长孙，却不幸被野心勃勃的养子萧鸾篡位。

萧鸾篡位成功后，怕宗室贵族有人也篡位，于是大肆屠杀宗室，造成空前的大惨案。创业的皇帝萧道成及萧赜的子孙竟没有一个能够留存下来。萧鸾可说是南朝的皇帝中最狠毒的一个，而他所生的儿子，东昏侯萧宝卷，也是南朝最为恶名昭彰的昏君。东昏侯不乐朝会，也不理大臣的奏章，让皇宫内用奏章来包鱼和肉。他又常常带队在京城街道上横行，无分昼夜，走避不及的百姓往往被杀。有一次，东昏侯看见一个怀孕的妇人在路上，竟命令将她的肚子剖开，只不过是为了打赌妇人怀的是男孩还是女孩。

东昏侯又杀了忠心耿耿的大将萧懿。萧懿的弟弟萧衍忍无可忍，出兵反叛，南齐就灭亡了。萧衍因而建立了梁朝。

梁朝（502—557年）

梁武帝萧衍在位四十八年，是南北朝在位最久的皇帝，享年八十八岁。他在初即位的几年还有些作为，不幸越老越昏庸，自己创立的皇朝毁在自己手上。

梁武帝笃信佛教，沉迷的程度，空前绝后。在他的命令下，国内到处都修建寺院，其中有些规模非常宏伟。建佛寺不仅需要占用土地，动用人力、物力及金钱，还要拨给寺院良田及山林，以供养千百个甚至上万个僧人及女尼。这些僧尼不事生产，却从事买卖和放贷，生活极为优裕。很多老百姓因而选择出家。梁武帝自己也舍身到同泰寺为僧，一共四次，每次又莫名其妙地动用国家亿万钱财，将梁武帝从寺院赎回来。这些钱的来源都是百姓缴纳的租税，甚至是卖儿卖女所得的。梁武帝自以为大慈大悲，功德无量，事实上根本不关心人民死活。

当时东魏有一个名叫侯景的将军，镇守在河南，从东魏叛逃。梁武帝收留了侯景，侯景却阴谋叛变，攻占首都建康（现今南京市）。梁武帝被幽禁，断粮而饿死（549年）。侯景另立傀儡皇帝，在建康烧杀掳掠，无恶不作。

侯景出身低贱，为了要抬高门第，曾经向江南门第最高的王、谢两家求婚，却被拒绝。侯景认为是奇耻大辱，因而在叛变后屠杀王、谢二家，几乎都灭门了。南朝其他的门第士族也都遭殃，因而迅速没落。后来在唐朝时，有一位著名的诗人刘禹锡写了一首诗《乌衣巷》：

朱雀桥边野草花，乌衣巷口夕阳斜；
旧时王谢堂前燕，飞入寻常百姓家。

这首诗的背景，正是上面这一段悲惨的历史。乌衣巷在秦淮河边，曾经是江南最豪华奢侈的门阀名流住宅区。东晋著名的宰相王导和谢安都曾经先后在此居住。朱雀桥在秦淮河上，是通往乌衣巷的必经之路。由于乌衣巷已经荒废了，朱雀桥边也长满了野草野花，许多燕子原先都在乌衣巷的豪宅屋檐下筑巢，这时只好飞到平民百姓的屋檐下，另筑新巢。

陈朝（557—589年）

侯景盘踞建康四年，最后被梁朝大将陈霸先与王僧辩联合击败。陈霸先篡位而自立为帝，建立了陈朝，是为陈武帝。陈霸先和继位的两个皇帝都秉持宽以待人、俭以养廉的政治方针，注重农桑，兴修水利。江南的社会和经济得以稍微恢复。然而侯景之乱的伤害实在太大了，而四川和部分云南地区又被北周抢去，以至于陈朝国力始终较弱。

陈朝最后的一个皇帝陈叔宝，后世称为陈后主，是一个文学、音乐与艺术修养造诣都很高，而无治国才能的皇帝。他有一位妃子，名叫张丽华，美艳无比。陈后主为张丽华作艳词《玉树后庭花》，是所谓"靡靡之音"的代表。陈朝至此已无机会，只有等着北周随时来收拾。

第 10 章

中国的治乱循环：隋唐、五代及突厥、回纥、吐蕃的兴衰

北周武帝宇文邕是南北朝时期极为杰出的一位皇帝。他明察果断，赏罚分明，又英勇善战，统一了中国北方。可惜宇文邕只活到三十六岁（543—578 年），在位六年就死了。他的儿子宇文赟继位，年纪十九岁，不幸有一个极端不平衡的心理问题。

杨坚篡位

宇文邕对儿子从小管教极为严格，一犯错就立即给予严厉的惩罚，甚至亲自拿棍子责打。因此宇文赟从小叛逆，对父亲的恨远多于爱。北周武帝去世后，宇文赟毫无悲戚之容，翻开自己的衣服，检视以往被打而留下来的伤痕，恨恨地说："死得太晚了！"

宇文赟即位后，开始诛杀大臣，又沉湎酒色，大兴宫室，与北周武帝的节俭正好相反。第二年，宇文赟不耐烦每日早朝，就传位给七岁的儿子，开始做太上皇。他的行为从此更加放纵，早出晚归，游戏无度，但是从来不过问政事。宇文赟常常无端下令用棍棒责打公卿大臣或是宫内后、妃，如同当初他的父亲责打他一般，极其残暴恐怖。第三年，他又无视于中国

一向只有一个皇后的传统，册立了五位皇后。总之，他的叛逆行为极可能源自内心对他的父亲及传统的反抗。

五位皇后之首姓杨，是大臣杨坚的女儿。杨坚的父亲杨忠和岳父独孤信都是北周的开国大功臣，是宇文泰的左右手。独孤信文武双全，名满天下，又举止优雅，领导时代的风潮，是北周人竞相模仿的对象。据说独孤信有一回在外行猎，到傍晚时策马回城，迎风急驰，无意中帽子偏到一边。第二天起，满城的人竟都学他斜戴着帽子。

杨坚家世显赫，深得人心，又位居高官，使得宇文赟心中疑忌。杨坚心里害怕，一直找机会要外放，远离京城，以免杀身之祸。正当此时，宇文赟却突然暴毙，临死前已经没有办法说话了。杨坚立刻与宦官及大臣做成决议，假立遗诏，开始以辅政为名，执掌政治及军事大权。杨坚原本是束手待毙，一下子变成万人之上。一年后（581年），只有九岁的北周最后一个皇帝被逼禅位。杨坚改国号为"隋"，年号"开皇"。后世称他为隋文帝。中国历史上有很多人篡位，从来没有一个像杨坚这般简单而迅速。也有人说，宇文赟暴毙乃是出于杨坚的阴谋。

隋朝统一中国

平实而论，隋文帝是一位不可多得的好皇帝。他重用苏威以重建国家经济及财政。当初西魏宇文泰主政时，任命苏威的父亲苏绰全权负责所有的财经事务。西魏因而能厚植实力，为日后北周统一北方打下基础。不过西魏当时国用不足，苏绰不得不制订很高的税负，对百姓而言是沉重的负担。苏绰因此常常叹息说："今日所为，好比把弓拉得很紧，这不是承平时应有之法。今后不知有什么人能够使这弓松弛下来呢？"

苏威年轻时听见父亲的话，每每将这任务当成是自己毕生的职志；此时受隋文帝重用，便开始一连串的改革。他逐步减轻赋税和徭役，同时进行全国户口普查，扫除长久以来隐瞒户口的积弊，扩大税基。人民负担因而减轻，国家税收却没有减少。苏威又建议取消市场交易税及盐、酒专卖，并奏请重新铸造五铢钱，统一货币。工商业因而蓬勃发展，国家富饶。

隋时期（公元610年，局部）

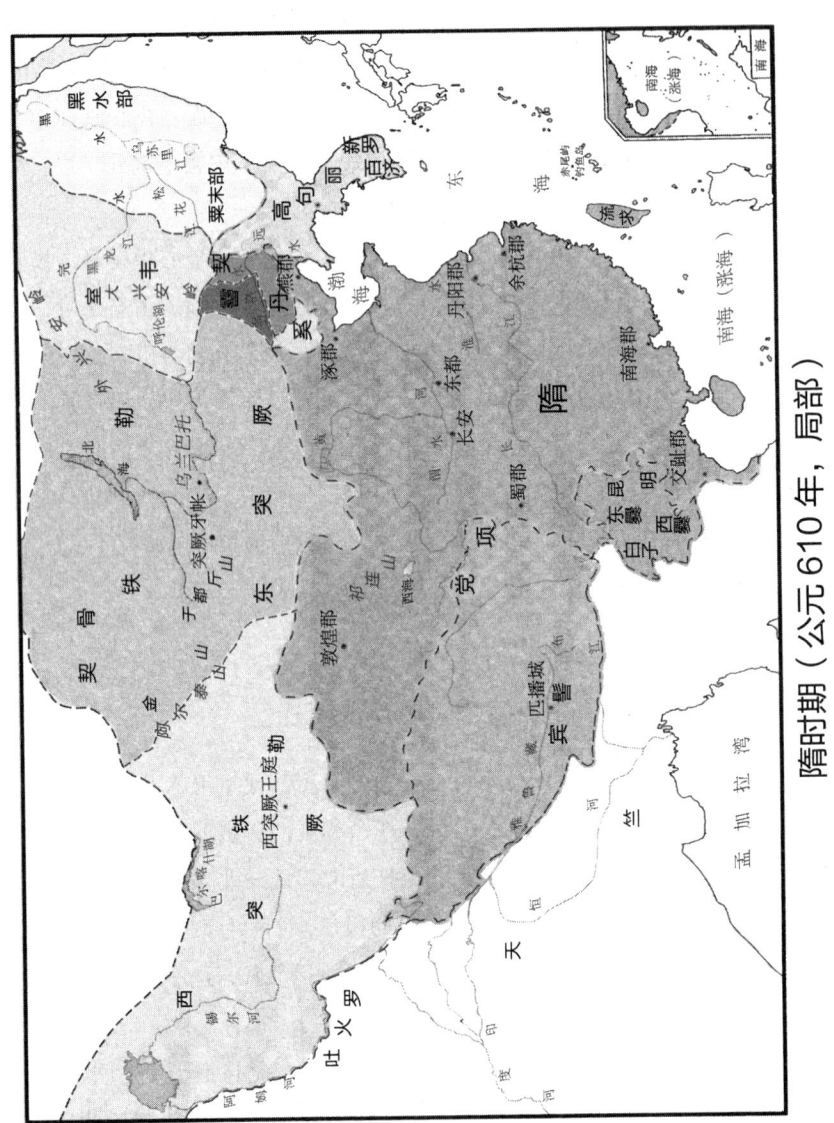

隋文帝又命令群臣将繁琐的刑法一一修订，予以简化，废除了鞭刑、枭首、车裂等不人道的酷刑。隋文帝开始举办秀才、明经考试，合格者录用为官，不问门第。这是中国科举制度的开始。

国家强盛后，隋文帝决定南征，派五十万水、陆大军，分道南下。隋军势如破竹，不到三个月就灭掉陈国，俘虏陈后主。中国从东晋南迁（317年）以后，经过二百七十多年的南北分裂，至此又恢复了统一的局面。

隋炀帝弑逆

隋文帝虽然用心治理国政，但有一些缺点。他事必躬亲，无论大事小事都要管，却往往失去要旨。他生性节俭，却节俭得过分。国家遭逢旱灾，他却舍不得开粮仓救济饥民。身为皇帝，却穿粗布衣服，盖粗布被，吃粗茶淡饭，和北周武帝一模一样。不但如此，隋文帝还极端痛恨别人奢侈。独孤皇后和隋文帝一样节俭，而又善妒，不准隋文帝后宫多娶妃嫔。

太子杨勇生性宽厚质朴，却任性而为，完全不知道避讳。太子曾经穿戴一副制作精美的铠甲，隋文帝看见便训斥过于奢侈。皇后为太子娶一个妃子，太子不爱，没多久就死了。太子另娶好几个妃子，生下一群皇孙。皇后不喜反怒，派人日夜伺察太子的过错，回来向她报告。

隋文帝的第二个儿子杨广是一个美男子，对大臣执礼谦恭，极有人望，而实际上善于造假作伪。杨广身边只有一个萧妃，没有多娶其他妃子，皇后因而赞不绝口。文帝和皇后曾经到杨广的居处。杨广将年轻貌美的侍婢都藏起来，只派又老又丑的出来服侍。他又故意将乐器的弦都弄断，上面留着尘埃。文帝和皇后看见了，以为杨广不好声色，至为欣喜。杨广与文帝最宠信的大臣杨素结为同党。杨素便对文帝说太子不贤，举证历历。开皇二十年（600年），文帝和皇后共同决定废太子为庶人，改立杨广。册立新太子当日，全国大地震，是极为不祥的征兆。

历史记载隋炀帝弑父而篡位，主要原因是隋文帝发现真相，知道杨广和杨素互相勾结，决定要重新册立废太子杨勇，因而被害。但是也有些历史学家认为这段历史未必是事实，可能是隋炀帝成为亡国之君，因而在后代的史家编写历史时就被抹黑了。

隋炀帝在即位之后便下令动员两百多万人在洛阳营造新都,称为东都,极其宏大、华丽而奢侈。隋炀帝又下令开凿人工运河,北起涿郡(今北京市),南至余杭(今杭州市),全长两千七百公里。此外,又在运河沿岸建造了四十几座行宫,以及巨型豪华龙舟。开凿大运河的六年中,估计有三百万人民被强征,数十万人死于非命。大运河在完成之后,成为中国南北运输最重要的途径,称为"漕运"。中国现代的铁路及公路发展之前,大运河的运输量占南北往来的运输量一半以上。隋炀帝建大运河的主要目的究竟是为了民生,还是为了游乐,后代的史家也有很多争议。有人认为大运河是隋炀帝的一项伟大功绩。

隋朝的国势是在隋炀帝手中由盛而衰。隋朝的覆亡和远征高句丽有直接的关联。

隋炀帝征高句丽

隋文帝时,高句丽和靺鞨联合进犯辽西。文帝派三十万大军出征。出关后,因遭逢水潦,运粮不继,接着又发生瘟疫,军士大多病饿而死。大军尚未踏入高句丽的土地就死去十之八九。

隋炀帝也下令征讨高句丽。大业八年(612年),隋炀帝御驾亲征,率领一百一十三万人,号称两百万。浩浩荡荡,古今未有。隋炀帝对高句丽这样一个偏远小国,竟摆出如此阵仗,其实是想要炫耀。然而军队人越多,战线越长,指挥越是困难。部队中三十万人刚渡过鸭绿江,便在萨水(今清川江)被击溃,全军覆没。海路四万兵卒也遭到伏击而溃败。隋炀帝只得仓皇退兵,颜面尽失。

出兵高句丽之前,隋炀帝下令全国各地置办米粮、兵甲、马匹、攻具等,超过一百万人民被征调来运送。道路险远,死亡过半。农地因而大多荒废,而官吏又贪污残暴。百姓穷困,做良民则被侵夺而冻死、饿死,做强盗还能苟且求生,于是盗贼四起。征高句丽失利之后,隋炀帝又一心要讨回颜面,不久又两次出兵高句丽,都无功而返。这时人民的怒火已经不可遏止,越来越多的人参加起义军，政府官员也开始加入反叛的行列。

隋亡唐兴

隋炀帝不愿面对现实，有人来报告盗贼造反便勃然大怒，甚至将报告的人赐死。左右大臣都害怕，将各郡县紧急求救的奏章全部拦住，隋炀帝便完全不知道外面的情况了。后来有一个将领杨义臣在河北击败盗匪数十万人，上表报告，隋炀帝看见捷报才忽然惊觉盗匪之多。但是他不但没有给予奖赏，反而听信左右建议，怕杨义臣坐大，命令解散其军队。全国各路的盗匪于是再也无法压制。

当时天下大乱，群雄竞起，纷纷割据天下，各自拥兵数万到数十万。有几个人已经称王称帝，而其中最后一个起兵的是李渊和李世民父子。李渊的母亲也是独孤信的女儿。李渊因而与隋炀帝是表兄弟，奉命镇守太原，一面防备突厥，一面剿灭叛乱的盗匪。李世民在李渊的四个儿子当中排行第二，聪明而有决断，武艺超群而胆识过人。他眼见隋朝的气数已尽，而父亲仍然在奉命剿匪，心中着急，于是建议李渊："现在主上无道，全国皆匪。大人奉命讨贼，如何杀得完呢？不如顺应民心，也揭竿起义，如此可以转祸为福，甚至取代隋朝而有天下！"

大业十三年（617年），李渊终于决定起兵造反。李渊派人到北方见突厥领袖始毕可汗，请求出兵相助，结为同盟。始毕可汗大喜，派大将领兵跟随李渊。第二年（618年），隋炀帝在江都（扬州）被属下杀死。李渊于是称帝，国号"唐"，改元"武德"，后世称之为唐高祖。隋朝政权得来容易，崩溃也容易，只传了两代，共三十八年。

唐兵在不到五年之中扫荡群雄，再一次统一中国。其间大小战役不下数百，而李世民几乎参与了每一场重要的战役。李世民在战争前对形势判断得极为精准，采取的战略部署极为大胆而有创意；接战时总是一马当先，冲锋陷阵，因此战无不胜，攻无不克，得以定鼎中原。

玄武门之变

唐高祖建国之后，朝廷里明显分为两个集团，一个以太子李建成为中心，另一个是以秦王李世民为中心。李世民首倡起义，又战功彪炳，可以说唐高祖之所以有天下，李世民的功劳最大。太子对李世民深为嫉恨，认为李世民功劳越大，越是成为他继任皇帝的严重威胁，因此千方百计要除掉李世民。李世民之弟齐王李元吉也站在大哥一边的阵营。唐高祖明知事态严重，却不知如何是好。如果以中国帝王家的一般惯例，应该是传给嫡长的太子。然而，唐朝一统中国之后，事实上还没有完全平静。在内部还有残余势力的叛乱持续发生，在外部又有突厥、吐谷浑等在战乱中强盛起来。唐高祖很清楚这些问题只有李世民有办法对付，因此也不能不靠李世民。

太子党知道无法对付李世民，便将目标指向秦王府中的部属，意图以利诱、威胁、调职等种种办法来削弱李世民的势力。然而，秦王府中重要文臣如房玄龄、杜如晦、长孙无忌，个个对李世民赤胆忠心；武将如秦叔宝、尉迟敬德、程知节等人，几乎每一个都是在战争中被李世民俘虏，获赦不死，又受到重用，与李世民携手纵横沙场，因而更是袍泽情深，死心塌地。太子党无论如何利诱威胁，都无法动摇，只能想办法一一除去这些人。

武德九年（626年），突厥数万人进犯河南。唐高祖听从太子的推荐，派齐王李元吉前往抵御，并同意将秦王府的大将尉迟敬德、秦叔宝、程知节等都拨到李元吉帐下。尉迟敬德等人又惊又怕，知道一旦离开秦王府，有死无生，于是劝李世民先下手除掉太子和李元吉。李世民叹息说："骨肉相残是古今大恶。我也知道祸在顷刻之间，但是总是想让对方先出手，我再回击，如此不会担负恶名。"然而，尉迟敬德与长孙无忌等人都一再劝说。最后李世民终于同意，在玄武门埋伏甲兵，袭杀了太子和齐王元吉。这一个宫廷悲剧在历史上称为"玄武门之变"。

李世民即位为皇帝后，改年号为贞观（627—649年）。后世称他为唐太宗。这时国内基本上已经完全安定，但是北方和西方的游牧民族越加壮大，成为唐朝的严重威胁，已经到了不能不解决的时候了。不过为求叙述完整，本章在此要先用一些章节回溯在此之前发生在塞外的变化。

柔然与突厥之兴替

五胡之乱之前，胡人已经有部分迁移到长城内；乱后内迁的人更多。他们原先所居住的地方立刻有人填补。塞外草原由柔然人占据；西辽河流域有契丹人和库莫奚人；在甘肃河湟地区也出现了吐谷浑人。此外，突厥、铁勒、吐蕃也正要走进历史的舞台。

柔然和鲜卑一样，也源出东胡族，而渐渐占有整个大漠南北。北魏各个朝代中，柔然时时南侵，抢掠边境。北魏驱之不去，一如汉王朝对于匈奴感到头痛一样。柔然传了十几代，到北魏正光元年（520年）发生内乱，有贵族阿那瓌被族兄击败，投奔北魏。北魏礼遇阿那瓌，封为柔然王。第二年柔然又内乱，北魏派兵护送阿那瓌回到柔然，重建国家。阿那瓌身受大恩，不久却开始抢掠北魏边境。正光五年（524年），北魏发生六镇之乱，朝廷几乎瘫痪，胡太后雇阿那瓌为佣兵，协助剿灭叛乱。北魏不久分裂为东、西魏，相互攻伐，而争相与柔然婚姻联盟。阿那瓌两面逢源，越来越骄傲，却没有料到亡国的日子已经不远。

在柔然之北，北海（今贝加尔湖）以南地区有铁勒人。铁勒地方广大，种族繁多，有仆骨、回纥、纥骨、薛延陀等数十个部族。

柔然兴盛时，有一个小部族，称为突厥，依附于柔然之下。关于突厥的起源，有很多不同的说法。最普遍的说法是说突厥原本是匈奴的别种，姓阿史那氏（Asina），后来被邻国灭掉，只剩下一个十岁小儿。敌人觉得可怜，没有杀他。有一头母狼收养了这小孩，并共同生下十个儿子，就是突厥的祖先。阿史那氏族人后来移居到金山（今阿尔泰山）之下，专门从事铁工，渐渐壮盛。突厥以狼为图腾，营帐的牙门总是有狼头大纛，表示不忘本。中国古代都认为突厥人属于狼种。

突厥代代相传，传到吐务，已经强大。吐务有两个儿子继承，长子土门（Tuman）居东方，次子室点密（Istami）居西方，而各自为政。土门骁勇善战。当时铁勒将攻打柔然，土门半路截击，大破铁勒，并吞五万余户。土门向柔然可汗阿那瓌求婚。阿那瓌大怒，派人去骂土门："你不过是柔然大国的小铁匠出身，怎敢出言不逊来求婚？"土门也大怒，转而向西魏求婚。

宇文泰知道厉害,将宗室女嫁给土门。

不久,土门引兵袭击柔然(552年)。柔然崩溃,阿那瓌自杀,余众纷纷逃亡。北齐文宣帝高洋收留柔然人,亲自带兵击败突厥,送阿那瓌的儿子庵罗辰回国。庵罗辰不久又背叛北齐。高洋大怒,亲自带兵出征,大破柔然。突厥的新领袖木杆可汗也出兵袭击柔然。柔然被一南一北夹攻,这次再也没有人能出手相救,于是灭亡(555年)。

柔然人有一部分逃至中亚,又为了要逃避突厥人追杀而与当地的嚈哒人(汉代大月氏人的后裔,西方称之为"白匈奴")一起进入欧洲,被称为阿瓦尔人(Avars)。阿瓦尔人曾经称雄于欧洲中部多瑙河沿岸的潘诺尼亚平原(Pannonian Plain),达三百年之久,最后在九世纪初被查理曼大帝(Charles the Great)击溃。阿瓦尔人是现代匈牙利人的祖先之一。

柔然人另有一部分逃至东北亚外兴安岭一带,融入同为东胡族出身的室韦人部族中。

隋朝对突厥之离间

突厥木杆可汗接收柔然的广大土地之后,威镇塞外,版图比北齐和北周还要大。北齐和北周都争相结好突厥,致送布匹、谷物、粮食。木杆可汗的弟弟佗钵可汗继位后,骄傲地对左右说:"只要我在南方的两个儿子孝顺,不愁没有吃穿。"

北周武帝统一华北后,选择与突厥和亲,以宗室女千金公主嫁给佗钵可汗的侄儿摄图,派将军长孙晟护送。长孙晟箭法百步穿杨,突厥人敬重如神,请他留在突厥一年,派贵族子弟向他学习箭法,一同四处打猎。长孙晟因而对于突厥的山川形势,部众强弱以及各股势力间的矛盾,都了然于胸。佗钵可汗死,突厥依照"兄终弟及"传统的几个兄弟都已经轮完,而第二代都争着要做可汗,于是开始分裂。最后以摄图为大可汗,称沙钵略可汗。另外还有三个可汗,其中包括在西域地区的达头可汗。突厥遂一分为四,表面上归沙钵略可汗统帅,实际上相互猜忌。

隋文帝篡北周之后,千金公主哀伤宗室覆灭,日夜哭泣。沙钵略可汗是北周的女婿，有四十万铁骑在握，决定要为北周报仇。隋朝大为震惊。长孙晟于是献离间之计，派使者与西方的达头可汗结为同盟；送金币给库莫奚、契丹人，使突厥东面受敌；又秘密联络沙钵略的弟弟处罗侯，请他按兵不动。隋朝然后分八道进军，击败被孤立的沙钵略。长孙晟又游说其他可汗与达头可汗联盟，共同攻打沙钵略。双方兵戎相见，各有十余万兵马，突厥从此分裂为东、西两部，时为开皇三年（583年）。亚洲北方的局势完全改观，一变而为统一的隋朝面对分裂的突厥。

隋朝接着对突厥第二代又采用离间策略，扶植处罗侯的儿子，封为启民可汗，以与沙钵略的儿子都蓝可汗对抗。隋文帝将宗室女义成公主嫁给启民可汗，又派杨素和长孙晟率大军北征，以启民可汗随行。都蓝可汗接连败战后被族人弑杀。启民可汗成为东突厥的领袖，对隋文帝感激涕零。启民可汗的儿子始毕可汗继位，隋朝又要离间他的弟弟。始毕知道后心中愤怒，开始以隋朝为敌。

西突厥两传到处罗可汗，暴虐不仁。铁勒、薛延陀、回纥诸部都叛变。隋炀帝的大臣裴矩也师法长孙晟，又再一次离间，扶植处罗的叔父射匮可汗，取代了处罗。隋朝不断地离间突厥而都能成功，归根结底还是因为突厥内部贵族都只图私利而不团结，又没有一套适当的继承办法。

吐谷浑三落三起

吐谷浑的始祖是鲜卑人慕容吐谷浑，是五胡十六国中前燕开国君主慕容廆的长兄。慕容廆是嫡子，慕容吐谷浑是庶母所生。他们的父亲慕容涉归死后，由慕容廆继承族长之位。二人之间关系疏远，偶尔有冲突。有一次双方的马互斗，慕容廆发怒，说："父亲把两个部族居住地区分隔清楚，为何不相远离而让马互斗？"吐谷浑也大怒，说："马是畜生，相斗是常有之事，跟人有何关系？要远离很容易，我就搬到离你万里之外的地方好了。"于是率领所部向西迁移到阴山下（在今内蒙古自治区，黄河河套之北）。过了二十年左右（西晋永嘉七年，313年），吐谷浑看见前燕势力迅速往西发展，觉得太近了，又率众南下，越过千山万水，到达陇西之地枹罕（今甘肃省临夏县）。吐谷浑的子孙以此为根据地，在四邻氐、羌的威胁之下，建立起一个新国家。

吐谷浑第八代酋长阿柴（417—426年在位）时，国力强盛。阿柴临终时，将一大堆弟弟和儿子全部召集起来，拿出二十枝箭，分给一人一枝，要每个人试试看能不能折断。所有的人都轻易地折断了箭。阿柴又拿出二十枝箭，请弟弟慕利延全部一次折断；慕利延没有办法折断。阿柴于是说："你们知道吗？一枝箭容易折断，二十枝箭折不断。大家一条心，才能永保国家。"这个阿柴告诫子弟要团结的故事，在历史上一直流传下来。但是说来容易，做起来就困难了。后来慕利延做了酋长，竟将阿柴的长子杀死。阿柴的次子逃亡。北魏太武帝拓跋焘派出大军，以阿柴的次子为向导，差一点就灭掉吐谷浑。阿柴如果地下有知，不知道要说什么？

吐谷浑在第十三代酋长伏连筹（490—528年）时，又达到鼎盛，势力已经伸入西域，占据了现今新疆东南部鄯善、且末等地，控制住了丝路。伏连筹的儿子夸吕决定采取远交近攻的策略，联合北齐以对付北周。以结果看，这显然是一个错误的路线。看似比较弱小的北周反而把北齐灭掉，吐谷浑与北周之间从此无法善了。576年，北周武帝派兵南下，攻破吐谷浑国都伏俟城（在青海湖之西）。吐谷浑又一次几乎亡国。

吐谷浑第十八代王伏允不断侵犯隋朝边境，又与突厥分别掐住西域南、北路贸易交通孔道，使得隋朝如芒刺在背。隋炀帝派大军出征，吐谷浑十几万人投降，伏允逃亡。幸而隋朝不久便开始混乱，伏允趁机又出来召集旧部，于是又躲过第三次亡国的危机。

吐蕃崛起

吐蕃是西藏的前身，其崛起和突厥一样，非常突然。在六世纪以前，西藏高原分布着许多小部落，后来互相兼并。其中位于高原南部雅隆河谷（雅鲁藏布江流域）的吐蕃最后统一了各部族，建立吐蕃王朝。吐蕃赞普松赞干布（或称弃宗弄赞）十三岁时继承其父而登上王位（570年），依藏传历史推算，已经是第三十三代。中国历史将吐蕃归为西羌族，但在此之前没有任何记载。

西藏历史记载，松赞干布的父亲是被贵族毒杀而死，接着发生叛乱。松赞干布在拥护者的支持之下，迅速敉平叛乱，以残酷的手段震慑了所有的部族，然后与各部族一一盟誓，取得效忠，并确立其天神之子的赞普地位。松赞干布接着派兵往外扩张。西藏历史记载他颁布统一的度量衡制，奖励农耕、发展贸易，吐蕃开始繁荣。他又派遣十二个天资聪颖的幼童到印度留学，回来之后参照梵文，依藏语的特色创造了拼音的藏文。有了统一的文字，藏族文化随之迅速地发展。到了七世纪初，正是中国的隋朝末年，吐蕃王朝已然跃升成为一个经济、文化、军事大国了。隋朝帝国对此一无所知，但是与吐蕃相邻的吐谷浑已经感觉到大事不妙。

天可汗

隋朝末年，争霸的群雄一一被唐太宗击败，残余势力纷纷投奔突厥的新领袖颉利可汗。颉利兵强马壮，于是兴起了逐鹿中原的野心。颉利可汗是始毕可汗的弟弟，依匈奴的习俗，娶后母义成公主为妻。义成公主也伤心国家覆灭，怂恿颉利可汗背盟而与唐朝为敌。但是颉利生性胆怯而贪财好货，两次率领数十万铁骑与唐太宗对阵，甚至已经兵临渭水之滨，长安城外，却不敢决战。唐太宗许诺给突厥金钱布匹，颉利便高兴地撤兵。唐太宗因而以散财的代价争取到养兵备战的时机。

唐太宗是长孙晟的女婿，学习到岳父的箭法，又学习到岳父的离间手法以对付突厥。颉利对待兄弟及属下刻薄寡恩，离间之计因而奏效，连颉利的弟弟突利可汗也投奔唐朝。贞观三年（629年），唐太宗认为时机成熟，派大将李靖统率六道大军，出塞袭击突厥。李靖生擒颉利可汗，东突厥于是灭亡。

西突厥在唐武德二年（619年）传到统叶护可汗，勇而有谋，拥铁骑数十万。西突厥霸有西域，北并铁勒，南接罽宾，西拒波斯，势力范围直抵咸海，成为中亚前所未有的第一强大汗国。但是统叶护在贞观二年（628年）被谋杀，西突厥陷入内战，遂逐渐衰败。

贞观四年（630年），李靖押送东突厥颉利可汗到长安，唐太宗接受献俘。西北诸蕃酋长全部齐集，目睹此一盛况，一齐上"天可汗"的尊号给唐太宗，意思是万国的君长。五胡十六国以来北方游牧民族的侵扰至此告一段落。唐太宗十六岁开始参加打仗，十九岁开始起兵反隋，二十四岁平定群雄，二十九岁做皇帝，三十二岁成为万邦之主。自古以来帝王武功之强，以唐太宗为最。他在位二十三年（627—649年），以贞观为年号，是中国历史上有名的太平盛世，史称"贞观之治"。

贞观之治

唐太宗用人唯贤，知人善任，又扩大举办科举考试，因而人才尽为国家所用。当时有两个贤明的宰相，房玄龄善于谋划，杜如晦勇于决断。唐朝继续北魏以来的均田制，并实施"租庸调法"。所谓租，即是田租。二十一岁到六十岁的男丁向政府登记取得一百亩田，每年缴纳谷粟。所谓庸，即是力役。男丁每年替政府服役二十日，不服役者折算纳捐。所谓调，即是户调，随田地所产缴纳丝、布、棉、麻等不一。人民负担极轻，得到休养生息，因此国强民富。"丝绸之路"打通，欧亚贸易因而蓬勃发展。京师长安接纳各国蜂拥而来的留学生、使节、商旅，成为世界性的大都市。

唐太宗目睹隋朝在短时间内就败亡了，特别引以为戒，因此鼓励臣下直谏，虚心接纳。诤谏最有名的大臣，莫过于魏征，而从魏征受重用，也说明唐太宗是有史以来心胸最广阔的帝王。

魏征原本是太子建成身边的近臣，常常为太子谋划，对唐太宗不利。唐太宗却不以为意，在玄武门之变以后立即重用魏征，而派魏征到山东巡察。当时太子的余党都在逃亡。朝廷虽然宣布大赦，地方官都以为不过是说说罢了，仍然悬赏求告，循线逮捕。魏征一路上看见有囚车载着许多前太子党，不禁叹息说："国家宣布大赦，而这些囚车络绎于道，有什么人会相信国家呢？"自作主张下令将囚犯全部释放。唐太宗大喜。在各处躲藏的太子余党也才敢露面，参加新政府的工作。

魏征清廉自持，又敢言人所不敢言，前后上书两百多次，直指唐太宗的过错，还常常在大殿上斥责唐太宗。唐太宗因而反倒有些怕魏征。唐太宗要盖新宫殿，或是要去行猎，往往怕魏征指责浪费而自行取消。有一次魏征在大殿上指陈唐太宗的过失，完全不留情面。太宗大怒，怒气冲冲地回到后宫，对皇后说："我一定要杀掉这个乡巴佬。"长孙皇后问是谁，太宗说："魏征每次当面侮辱我。"皇后立刻换上隆重的朝服，站立在庭中。太宗大吃一惊，问为什么。皇后回答："我听说上有明君，下有直臣。现在魏征这样直谏，是因为皇上英明，所以特别换装来拜贺。"唐太宗因此转怒为喜。唐太宗之所以能成就大业，有一部分还要归功于贤明的内助长孙皇后，也就是长孙晟的女儿。

魏征死后，唐太宗伤心地说："以铜镜来照人，可以把衣服、帽子戴得端正。以历史作为借镜，可以知道国家兴亡的原因。以人作为镜子，可以明白自己的行为得失。魏征死，朕失掉了一面镜子。"

武则天

唐朝的文治与武功在贞观年代达到极盛，不过唐太宗仍然遗留了一些大问题未能解决，包括皇位继承人要如何决定，吐蕃、西突厥、铁勒、高句丽等要如何对付。

自古以来，对于任何皇朝而言，最重要的问题莫过于皇位继承人的选择。曾经有许多帝国由不世出的君主开创，然而却因为储君不适任，或是引发争夺皇位的斗争，以至于庞大的帝国瞬间就冰消瓦解。唐太宗熟读历史，又有成群的谋士献策，当然知道这个问题的严重性。然而唐太宗的长子素行不良；次子则是阴谋叵测，处心积虑地学唐太宗要取代长兄。唐太宗因而痛心疾首。唐太宗的第三个嫡子李治，仁厚而孝顺，也不是不聪明，但是生性懦弱，自然不是唐太宗的最爱。唐太宗到最后其实不知如何是好，也已经没有什么选择了。

不过他担心这样的儿子无法治理如此庞大的帝国，便在临终前指定长孙无忌、褚遂良等为顾命大臣，以辅佐李治，后来称为唐高宗。长孙无忌是长孙皇后的哥哥，唐高宗的舅舅。唐太宗无论如何都不会料想到这样的

唐朝全盛时期（公元670年，局部）

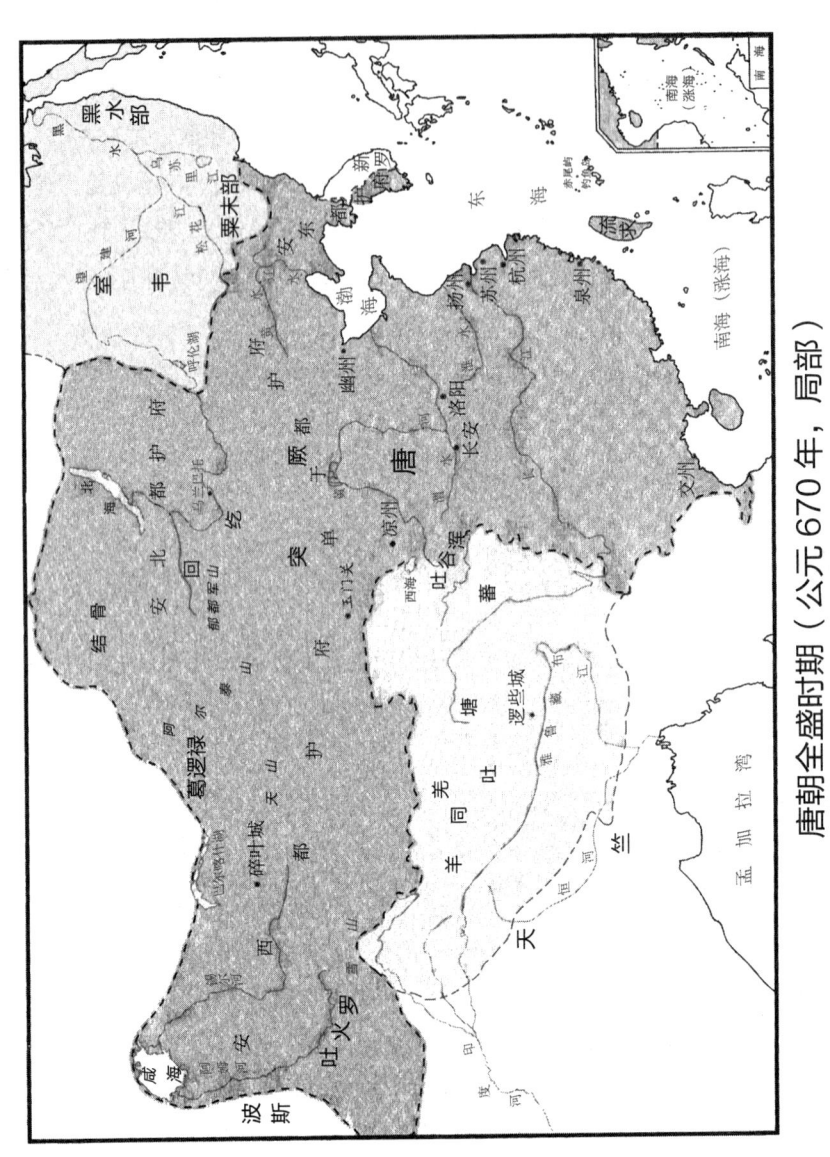

安排并没有用，在他死后只有六年，大唐帝国的国家大权就完全落在一个名叫武媚的女子手中。

武氏十四岁时被选入皇宫里，侍奉唐太宗，赐名为媚，封为才人。当时的惯例，凡是与皇帝有亲密关系的妃嫔及侍女在皇帝死后都必须到佛寺里去做尼姑，不许再嫁。武媚也被送到感业寺，做了五年的女尼，日夜青灯古佛。她以为从此这样过一生，却没有想到有一天唐高宗亲自到感业寺来进香，两人相遇。唐高宗还是太子时，两人就已熟识。武媚完全把握住了这一次机会。唐高宗私下嘱咐她还俗，并等她头发长了之后，将她接回皇宫。

对于貌美而狠毒的女人，中国有一句话形容，说是"貌美如花，心如蛇蝎"。这句话不免有些刻薄，但是用来形容武媚应该是很恰当。武媚的野心之大、手段之毒辣，在中国政治史上的女人中，真正是无出其右者。武媚一进入皇宫便完全控制住懦弱的皇帝，在一年内取皇后而代之。武后接着又斗倒长孙无忌领导的勋旧派。到最后，连长孙无忌都被流放，并且死在半路上。

唐高宗不只性情懦弱，又体弱多病，所有大臣上书的奏章几乎都是由武后批示。唐高宗死后，武后干脆改国号为"周"，自称则天皇帝，后世称她为武则天。武则天是中国唯一的一位女皇帝，一直到老病将死，才在大臣们软硬兼施之下将国号又改回"唐"。大臣们拥立她的儿子李显继位，是为唐中宗。

武则天善于玩弄权术，然而有极高的治国才能，又知人善任。唐朝前后总共约有五十年（655—705年）是由武则天统治。在这一段时间内，唐朝的军事成就达到中国历史上的巅峰。唐高宗显庆二年（657年），大将苏定方灭西突厥。显庆六年（661年），苏定方又出兵灭掉百济。又过一年，薛仁贵大破铁勒九姓，威震天山。再过一年，刘仁轨、孙仁师等在百济白江口击溃日本与百济残余势力的联军。总章二年（668年），李勣、薛仁贵与新罗联军灭掉高句丽。这些都是隋文帝、唐太宗一直想做而做不到的，却在武则天的手上完成了。因此大唐盛世版图最大的时候，并不是在贞观年间，而是在武则天时代。

吐蕃的兴盛与吐谷浑的灭亡

大唐帝国的疆域虽然向西、北、东延伸，独独对西南的吐蕃却是无可奈何。吐蕃在唐朝初年时达到鼎盛，有数十万大军。贞观八年（634年），吐蕃派使节第一次来到长安。松赞干布听说吐谷浑和突厥都娶唐朝公主，也请使者向唐朝求婚，但唐朝拒绝。吐蕃使者没有达成任务，回去之后，编一个理由说是因为吐谷浑蓄意阻挠。松赞干布大怒，发兵袭击吐谷浑，吐谷浑大败。吐蕃接着又派二十几万大军至唐朝边境，声称要迎娶公主。唐兵在松州（今四川西北松潘县）击败吐蕃。松赞干布退兵，派使者到长安谢罪，又继续请婚。唐太宗最后终于准了。

贞观十五年（641年），唐朝特使送文成公主到吐蕃。中国的历史记载，松赞干布亲自到青海迎接，携文成公主同返逻些城（今拉萨）。松赞干布看见中国衣服、文物、仪卫之美，惊喜赞叹。文成公主厌恶吐蕃人将脸涂成褐红色的习俗，松赞干布下令从此禁止。

不过依据西藏大部分的史料记载，松赞干布这时年纪已经超过七十岁了。唐高宗永徽元年（650年），松赞干布死，孙子继任赞普，由大相禄东赞辅政。

唐朝和吐蕃通婚之后，双方有一段时间和平相处。吐蕃与吐谷浑之间却是连年战争。唐高宗龙朔三年（663年）禄东赞利用吐谷浑内乱，发兵一举灭掉吐谷浑。吐谷浑王仓皇逃至唐朝境内。七年后，吐蕃攻陷西域十八州。唐朝派薛仁贵率领十几万兵前往，声称要护送吐谷浑王返回故地，却被吐蕃国师论钦陵率四十万兵在大非川（今青海省南部）杀得全军覆没。薛仁贵是唐朝家喻户晓的当世名将，因而消息传至长安，全国震动。此后唐朝与吐蕃每战必败，武则天只得放弃与吐蕃争胜，改采离间吐蕃赞普器弩悉弄与论钦陵的手段。

论钦陵是禄东赞的儿子，一家人从禄东赞时起在吐蕃都身居要职，掌控吐蕃的朝政与军事达六十年之久，引起朝野嫉妒。吐蕃连年在外征战，百姓被征调从军，日久厌战，都希望和亲。吐蕃赞普器弩悉弄即位时只有八岁，年纪渐长后对论钦陵擅权也心生不满；唐朝又在中间煽风点火。论钦陵一家于是逐渐被孤立。武则天圣历二年（699年），器弩悉弄搜捕论钦陵家族及党羽两千多人。论钦陵自杀，论钦陵的弟弟与儿子逃脱，投降唐朝。数年后，器弩悉弄统兵征伐南方，死于军中。

唐朝中衰

武则天死后，继任的唐中宗李显懦弱而无能。他的皇后韦氏和武则天一样有无比的野心，却没有武则天的才能。她又犯了一个致命的错误，下毒将唐中宗害死，等于将自己的权力来源砍断。政变因而发生，韦后被杀，由中宗之弟唐睿宗继位。又过了两年，睿宗传位给当初平乱有功的儿子李隆基，是为唐玄宗。

唐玄宗在位的四十四年里，前半期和后半期是鲜明的对照。开元年间（713—741年）是唐朝全盛的时期，贤相姚崇、宋璟主政，国强民富。天宝年间（742—756年），唐玄宗渐渐志得意满，宠幸历史上有名的美女杨贵妃，放纵享乐。恶名昭彰的宰相李林甫和杨贵妃的族兄杨国忠权倾朝野，卖官鬻爵，反白为黑，朝政于是败坏。

唐朝中衰的原因很多，如果说是单单由于唐玄宗宠爱杨贵妃，未免太过肤浅。从制度面看，唐朝的农业政策、兵役制度、中央和地方政府权力划分、降附的游牧民族的处置等，都发生严重的问题，并且相互影响，可谓错综复杂。以下分别说明。

回纥崛起及唐朝内部胡人势力的膨胀

西北游牧部族的问题其实是开国以来就一直存在。唐朝征服了西北各部族，并将这些地方都纳入版图。这虽然是一项成就，也是问题的开始。

当时大部分的官员建议在现今的山西、陕西地方拨出土地予以安置。只有魏征拿历史作借镜，说晋朝时郭钦、江统提出《徙戎论》，不被采纳，以至酿成五胡乱华大祸。突厥、铁勒等游牧部族的生活方式及风俗习惯与中原民族完全不同，就如同魏晋时代的胡人一样，如与汉人杂居，必然发生问题。魏征因而坚决主张一定要将他们赶出塞外，予以隔离。

唐太宗与当年的曹操一样英明神武而有自信，决定采纳多数人的意见。然而不用多久，果真发生几次胡人叛乱事件，证明魏征的先见之明。唐太宗于是断然下令将胡人全部迁出塞外。但唐朝对突厥的控制力也因而降低，突厥各部族于是又开始相互兼并。唐高宗调露元年（679年），东突厥产生一个新领袖阿史那泥熟匐，并且举兵反叛，有众数十万人。这时离贞观四年东突厥灭亡不过五十年。

总之，唐代动员庞大的人力、物力、财力用于突厥，终究是一事无成。真正灭掉东突厥的是北方崛起的另一个游牧部族回纥，时间在唐玄宗天宝三年（744年）。回纥是铁勒中的一部，从此称霸漠北。东突厥灭亡后，族人投奔唐朝。唐玄宗可能不完全明白五胡乱华的历史，也不知道当年魏征对唐太宗的谏争是为了什么，对于来归的游牧民族一一收留，愿意从政的给予官职，愿意从军的都编入军队。唐朝政府里面的将官，有越来越高的比例来自突厥、铁勒、契丹、西域及高句丽。唐代是继五胡十六国以后，中国又一次民族大融合的时期。从另一个角度说，动乱遂无法避免。

藩镇失控

唐朝的地方官制在武则天死后发生一个很大的变化，开始有"节度使"的职位。原本节度使的职务主要是掌管军事，镇压叛乱，防御外敌。节度使渐渐也管到行政，最后连税收全部都在节度使的手上，各州刺史都被架空。唐玄宗时，国中遍置节度使，其中胡、汉参半。

唐朝仿效北魏而实施均田制及府兵制。经过了一百多年，由于历代的私人土地兼并，均田制已经无法继续。府兵制也渐渐被破坏，而代以募兵制。负责募兵的自然是各地方负责军事的节度使。节度使在用人施政、征税理财及招募士卒等三方面既然都能自主，朝廷渐渐就管不住了。李林甫和杨国忠做宰相时，卖官鬻爵，再高的官位都可以买到，其中最抢手的当然是可以据地为王的节度使，所以节度使的人选没有几个是适任的。这种专制一方的节度使，历史上称为"藩镇"，等于是军阀割据，国中有国。

节度使用人不当所造成的负面影响，可以用一个鲜明的例子来说明。天宝九年（750年），在中亚管辖原西突厥之地的安西节度使高仙芝（高句丽人）以背信贪暴的手段欺凌石国（今乌兹别克斯坦塔什干，是昭武九姓之一），引起中亚胡人公愤，向新起的伊斯兰教黑衣大食求助。高仙芝率三万人与黑衣大食在怛逻斯城（在碎叶城西四百公里）大战，唐兵全军覆没。唐朝的势力从此逐渐退出中亚。

安史之乱

唐玄宗时，安禄山是最大的藩镇将领，一人身兼范阳、平卢、河东三镇的节度使。安禄山本名轧荦山（roxšan），他的父亲是西域粟特人，母亲是突厥巫觋。粟特人以善于做买卖著称，是丝路贸易的重要中间商。天宝十四年（755年）安禄山自称皇帝，与部将史思明一同叛乱。唐朝立刻陷入混乱，史称"安史之乱"。安禄山一路破州杀县，轻易地攻陷洛阳及首都长安。唐玄宗仓皇逃到四川成都。安史之乱经过八年，幸而有大将郭子仪与李光弼（契丹人）力挽狂澜，才终于平定。当时官军与叛军都向回纥求援，回纥答应与叛军联盟。唐朝大将仆固怀恩（铁勒人）有女儿嫁给回纥登里可汗，亲往回纥游说，登里可汗才同意转而帮助唐朝。回纥虽说是出兵帮助唐朝，一路上也是烧杀抢掠，凶残的程度比叛军有过之而无不及。安史之乱是唐朝盛衰的分水岭，从此国家一天比一天衰弱。

宦官专权与回纥、吐蕃之动乱

唐朝中衰的另一个原因是宦官擅权，也是从唐玄宗开始。唐太宗时宦官不超过一百人，没有任何权力。唐玄宗时宦官人数上万，其中有官位者超过三千人，宦官之首高力士权倾朝野。以后一代比一代严重。安史之乱时，郭子仪等将领在前线与叛军搏命，唐肃宗不放心，派宦官监军，监督其一举一动，称为"观军容使"。宦官向皇帝进谗言，郭子仪立刻被撤换。后来军情紧急，郭子仪再度披挂上阵。等到郭子仪大败叛军，乱事将平，宦官又进谗言，郭子仪又被解除兵权。

郭子仪是唐朝的擎天一柱，不但骁勇善战，受部属爱戴，也深受回纥人敬重。若没有他，唐朝早已灭亡。郭子仪自知功高震主，但是淡泊名利，对于权位没有野心，被夺权也不在意。但是这样的事轮到其他的人就不一样了。仆固怀恩自安禄山反叛以来便参战，一门之中有四十六人为国牺牲，并在最要紧关头说服回纥可汗出兵相助，有大功于唐朝，然而宦官却同样构陷他。仆固怀恩心中的愤恨可想而知，因而几经内心挣扎，决定叛变，反过来招引吐蕃及回纥来作乱。

吐蕃器弩悉弄死后，第三十六代赞普墀德祖赞和第三十七代赞普赤松德赞时期（704—797年）都继续向外扩张，伸展势力到达中亚及西域，是吐蕃全盛时期。唐睿宗将宗室女金城公主嫁给墀德祖赞。吐蕃大部分史料都记载赤松德赞是金城公主的儿子。但吐蕃两代的赞普仍是派兵与唐朝在青海、甘肃和四川西北地区持续战争。

安史之乱后，吐蕃趁机出兵，陆续攻陷西北数十个州郡。宦官将边将的报告全部扣留，直到吐蕃兵已经接近京畿，新皇帝唐代宗才知道，慌忙又请郭子仪出来。郭子仪已经被闲置一年多，部属离散，一时无法招募。吐蕃兵二十几万人于是在代宗广德元年（763年）长驱直入京城长安，停留二十天，剽掠府库商店，杀人放火。长安城内被洗劫一空。郭子仪集合旧部，招募兵勇，经过两年才终于又收拾残局，并说服回纥倒戈，共同击败吐蕃，杀数万人，再一次拯救了大唐帝国。

唐朝、吐蕃与回纥三者在安史之乱后，是处于微妙的三角关系。回纥在北，吐蕃在西，唐朝在东。三者所统辖的地域相差不多。唐朝有时联合回纥攻吐蕃，有时联合吐蕃攻回纥，有时陷于两面作战。吐蕃与回纥时而联合侵犯唐朝，但是双方为了争夺西域而相互征伐，更甚于和唐朝的冲突。

南诏兴起

在唐朝的南方，现今云南及部分贵州地区，有土著夷人居住，分为六大部族，称为"六诏"。其中最强大的蒙舍诏于唐玄宗开元二十六年（738年）

统一了六诏，建立南诏国。南诏国王皮罗阁与他的儿子阁罗凤原先都向唐朝称臣入贡。不料唐朝的云南太守向阁罗凤索贿不成而诬赖阁罗凤造反，又要扶植阁罗凤的兄弟取而代之。阁罗凤愤而反叛，杀云南太守。唐朝两次派兵征讨南诏，吐蕃派兵来支持南诏，结果唐朝大军十几万人全军覆没。天宝十三年（754年），阁罗凤在现今的大理修筑了一座"大唐天宝阵亡将士冢"，亲自祭悼立碑，碑上写着："叛唐不得已而为之。"南诏于是转而与吐蕃结盟。

然而，敌我只是暂时，而非永久。吐蕃接受南诏投靠以后，对南诏征收重税，需索无度，南诏苦不堪言。唐德宗贞元六年（790年），吐蕃与回鹘（即回纥，780年改国名）在北庭（今新疆吉木萨尔）大战，结果两败俱伤，各死数万人。吐蕃要求南诏发兵协助吐蕃征伐回纥，南诏更加不满。唐朝趁机游说南诏王异牟寻反叛吐蕃。两国达成联盟，各派军队，里外合击，大破吐蕃，收降十几万人。

吐蕃丧乱

吐蕃大败以后，国力开始转弱。唐穆宗长庆元年（821年），吐蕃第四十一代赞普墀祖德赞主动要求与唐朝会盟，明订疆界，相约互不侵犯。双方除签订合约之外，也刻石纪念，在唐朝京师长安及西藏逻些城大昭寺门前各立一块碑。称为"唐蕃会盟碑"。碑的四周有汉、藏两种文字，在大昭寺门前所立的碑至今仍存，文字仍然可以辨识，见证了这一段的历史。

吐蕃从立国开始就实施奴隶制度，因而长久以来贵族与奴隶之间有严重的矛盾。同时吐蕃也有宗教及相关利益的矛盾。墀祖德赞笃信佛教，并提高僧人的政治地位，引起反对佛教的贵族阶级强烈不满。唐文宗开成三年（838年）墀祖德赞被贵族刺死，朗达玛（或称达磨）被拥立为王。朗达玛下令封闭全国佛寺，焚毁佛教经典、佛像，杀戮高僧，强迫所有的僧人还俗。

又过四年，佛教僧人反击，刺杀朗达玛。吐蕃贵族分裂为两派，爆发长期内战。结果是赤地千里，了无人烟。唐宣宗大中十一年（857年），二十年的贵族内战接近尾声，随军奴隶却跟着揭竿起义，自号"嗢末"。唐懿宗咸通十年（869年），平民也起义，称作"邦金洛"。贵族统治阶级土崩瓦解，纷纷逃窜。吐蕃从此陷于四分五裂，没有机会再起。

回鹘（回纥）灭亡

回鹘的灭亡比吐蕃崩裂还要早，而其灭亡的原因主要也是起于内乱。

回鹘与吐蕃争胜，大伤元气，内部经常因为意见分歧而相攻。唐文宗太和六年（832年）回鹘可汗为其部下所杀。新可汗继立后数年，前任可汗余党引沙陀兵（原西突厥的一部分）入侵，杀新可汗，又再另立可汗。不久，又有逃亡的回鹘人引黠戛斯人（在汉朝时称为坚昆，后来又称为契骨，是现今吉尔吉斯人的祖先）十万骑兵来攻，杀可汗。回鹘诸部溃败，纷纷逃亡，有一部分王室贵族投奔唐朝。唐朝趁机收编，然后又派他们回去剿灭残余的回鹘部族，时为唐武宗会昌三年（843年）。

回鹘三次内乱，都是由自家人引外面势力入侵，导致最后灭亡，说来真正是悲哀而又愚不可及。回鹘灭亡后，部众四散。部分人迁移到新疆，是现今维吾尔人的祖先。另有一部分人移居河西走廊，是现今裕固人的祖先。

黄巢起义与唐朝之灭亡

吐蕃崩裂，回鹘灭亡，唐朝终于免除了亡于外患的危机，然而内部的许多问题仍然存在。安史之乱后，藩镇跋扈的情况更加严重。各地方节度使都看得很清楚，像郭子仪一样的谦谦大度，功劳再大仍是保不住权位。朝廷在宦官把持之下只是嫉害能臣，功成之日便被束之高阁。要想保住权柄，只有两条路：一条路是猖狂跋扈，不听朝廷号令；另一条路是贿赂掌权的宦官，与之同流合污。唐朝的宦官很早就掌控禁卫军，又与藩镇之间有很深的勾结，因而地位极为稳固。总之，唐朝的后半时期，宦官和藩镇的势力越来越大，皇帝的权力已经被架空了。

唐朝晚期不幸还有党争的问题。唐宪宗元和年间（806—820年），以牛僧孺为首的"牛党"和以李德裕为首的"李党"之间开始斗争。双方水火不容,争夺的目标当然是政治权力,不过出身的背景也是分歧的原因之一。唐朝虽然有科举制度,但是并非任官的唯一途径,门阀也能世袭。牛党代表的是科举出身的官僚,是新兴的知识分子。李党代表北方士族出身的官僚,是守旧的门阀贵族。双方的斗争延续四十几年,使得政府陷于空转,社会更加混乱而黑暗。

唐朝有外患、宦官、藩镇和党争等祸害,使得国家衰败,却还能苟延残喘。唐朝最后灭亡的原因则是农民起义。起义起于政府施政腐败,横征暴敛。加上地震、蝗灾、旱灾,天灾连连,以至民不聊生,遂铤而走险,起来造反。如此的亡国过程,在中国已经成为一种公式。从秦朝末年农民起义开始,已经不知道发生几遍了,而仍然重复着。

唐僖宗年间,有王仙芝和黄巢两人,在山东起而反抗,数月之间,有数万人争相投效。黄巢由北方渡过淮河、长江,到了南方,一路上越滚越大,达数十万人;又渡过长江而北上,攻陷洛阳及首都长安。所过数十州,杀节度使、刺史无数,地方残破,哀鸿遍野。其涉及范围之广,在中国以往农民起义之中,前所未有。黄巢起义经过十几年,最后靠各地方节度使围剿,才终于扑灭。然而,在大乱之后藩镇的势力更是强大。藩镇中最强的朱温原先也是黄巢手下的将领,而于投诚之后反过来加入围剿起义军。朱温扶立唐朝最后一个皇帝唐哀帝,之后又迫不及待地篡位,唐朝便灭亡了。唐朝前后共有二十一个皇帝(包括武则天),总计二百九十年(618—807年)。

五代十国

朱温建国,国号梁,史称"后梁",开启了中国的另一段历史,称为"五代十国"。

所谓"五代",是指后梁、后唐、后晋、后汉、后周五个朝代。这五个朝代所能控制的大致都只限于长城以南的华北地区。所谓"十国",是指在同一段时间内,华中及华南地区有十个国家存在。这十个国家分别是吴越、闽、吴、荆南、南唐、楚、南汉、北汉、前蜀及后蜀。

五代总共只有五十三年(907—960年),所以五个朝代平均享国不到十一年就被推翻，说明了这是一个动乱的时代。十国之中，大部分都从后梁朝活到后周朝，并且有一部分又拖到后来的北宋初期才灭亡，所以相对地比较稳定。十国的地域则相对较小，大概只有现今中国的一个或两个省。

事实上，五代十国是唐朝一百五十多年藩镇割据的延续。在唐朝的后半期，中央政府虽然不再有能力号令藩镇，名义上起码是各藩镇的共主。农民军出身的朱温取唐朝而代之，却没有能力征服其他的藩镇，也不被承认。于是大部分的藩镇一一宣布独立，这便是十国的由来。

五代为何都如此短命呢？大致说来，不外以下几个原因。第一，这五个朝代取得政权的手段大多都是篡位，缺乏正当性。其他人很容易也想要取而代之。第二，这五个朝代建国之后，基础都不是很稳固。开国君主迫于现实，不得不继续节度使的制度，以笼络部将。藩镇跋扈的情形既然没有改变，对朝廷的稳定自然是一大威胁。第三，这五个朝代的君主几乎全部都是武将出身，马上得天下之后，不知道要如何下马治天下，因而政治腐败混乱。第四，当时有一个虎视眈眈的契丹崛起，增加了五代各个政权的不稳定性。

契丹取代了原来的突厥和回鹘，成为北方的新强权之后，对于中原地区的兴趣并不只在掠夺财富，而是有更大的企图心，对五代的兴替发生极大的影响。因此在说明五代的历史之前，必须先叙述契丹的发展。

契丹耶律阿保机

在五、六世纪北魏强盛时，有两个比较弱势的东胡部族居住在辽西，现今的西辽河流域，称为契丹和库莫奚。契丹属于鲜卑族，库莫奚族（简称奚族）属于乌桓族，但也有记载说奚族是宇文鲜卑的后代。契丹在东，奚族在西。契丹人主要以渔猎为生，居无定所；而奚族人逐水草畜牧，住在毡庐里，将牛、马车连接环绕，围成营地。两族之间不相隶属，时常互有战斗，而都臣属于北魏，后来又都对突厥称臣。唐太宗号称天可汗，契丹、奚族都到长安朝贡。回纥强盛时，契丹与奚族又转而臣服于回纥。唐朝末年，黄巢起义爆发，契丹趁机发展，逐渐强盛。

契丹原本是由八个部落组成,有八部大人,并规定契丹王由八部大人每三年依次轮流担任。轮到迭刺部的领袖耶律阿保机时,对外征战屡建大功,自认神武非凡,过了九年还不肯接受替代。七部大人等耶律阿保机出征后,正要回来契丹的半路上,共同在边境上截堵,逼他如约退位。阿保机无可奈何,只得交出代表王权的大纛和大鼓。阿保机却暗中准备,经过几年,突然出兵,击灭七部,将契丹并为一国。阿保机接着往北侵略室韦、靺鞨,向西并吞奚族。这时已经到了唐朝末年。阿保机拥兵四十万,四周的邻国无不对契丹感到惧怕。

沙陀李克用

黄巢兵起,唐朝皇帝下诏请各地的藩镇共同对付起义军。在围剿黄巢的藩镇之中,有两个人身份比较特殊:一个是后来篡夺唐朝的朱温,另一个是李克用。

李克用是沙陀人。沙陀又名处月部,姓朱邪,是西域的游牧部族之一,居住于现今新疆准噶尔盆地附近,是当时吐蕃与回纥势力争胜的中间点。沙陀原本投靠吐蕃,后来决定改投唐朝而被吐蕃追杀。沙陀人且战且逃,三万人中只有两千人活命逃出,被唐朝安置在黄花堆(今山西朔州市山阴县),又渐渐繁衍人口。沙陀人骁勇善战,是唐朝佣兵的来源之一。李克用的父亲朱邪赤心曾经帮唐朝平定大叛乱,因而声名远播,被唐朝皇帝赐姓名为李国昌。后来发生饥荒,李国昌和李克用父子不堪地方官克扣粮饷,愤而杀官出逃,投靠位于阴山之北的鞑靼部族(由部分室韦人迁移而建立,是后来的蒙古族之一)。李克用是一个传奇人物,只有一只眼睛,人称"独眼龙",而箭法神奇,曾经一箭射下双雁,鞑靼人仰慕如神。

各藩镇起兵围剿黄巢而没有成效,唐朝君臣又想起沙陀军队的剽悍,于是下令特赦,请李克用带兵入关。李克用的军队都穿黑衣服,号称"鸦军",所向无敌,不久便将黄巢逐出长安,又穷追不舍。唐僖宗中和四年(884年),黄巢被逼到狼虎谷(今山东省莱芜市),自杀而死。

各藩镇围剿黄巢之所以没有成效,原因之一是各怀鬼胎,一方面保留实力，一方面伺机消灭未来的假想敌；只有李克用是真刀真枪在打仗。藩镇之中以朱温最强，也最狡猾，好几次偷袭李克用，必欲除之而后快。李克用向朝廷提出诉告，但唐朝皇帝被朱温挟持，已经自身难保。

后梁与后唐

朱温逼唐朝最后一任皇帝退位而称帝之后，各地的藩镇遂一一宣布独立，先后产生了"十国"。李克用与朱温仇深似海，自然也不承认后梁，坚持继续使用唐朝的年号。李克用看见契丹强盛，便与耶律阿保机结为兄弟，相约出兵共同攻打后梁。朱温也派人到契丹，贿赂阿保机，阿保机于是毁约。李克用愤恨不已，第二年病死，遗命儿子李存勖务必要灭掉后梁。

李存勖骁勇善战，有乃父之风，果然灭掉后梁而建立新的朝代（923年），国号唐，史称"后唐"。不过李存勖从此荒废朝政，尤其沉迷于戏剧。中国历代皇帝中，对戏剧的狂热，李存勖的排名比唐玄宗还要靠前面，绝对是在第一位，甚至自己取一个艺名叫"李天下"，常常亲自粉墨登场。后唐朝廷中伶人因而受皇帝宠幸，都占据要职，引起将士嫉恨。

李克用在世时，喜欢收养强健的小孩以为养子。这些养子来自各个不同的种族，长大以后个个武艺超群，能征善战，大部分成为藩镇之主。后来众多养子之一的李嗣源由部属拥戴，起兵反叛李存勖，取而代之，继位为皇帝。

李嗣源是五代时少有的贤明君主，国力强盛，将契丹挡在关外。李嗣源也收了不少养子，个个长大以后同样勇武难驯。李嗣源还有一个女婿石敬瑭，英武过人。李嗣源死后，继位的儿子没有能力，却想要削除盘踞各处的山头势力，于是引起内战。最后的结果是石敬瑭被围攻而向契丹求援。

辽国与后晋

契丹耶律阿保机在916年开始称帝，至926年驾崩。十年之中，西侵回鹘旧有土地，东灭高句丽人与靺鞨人所建立的渤海国，疆土日广，但是始终没有机会进入中原。在他死后，皇后述律氏总摄朝政。述律太后不喜欢长子耶律倍，立次子耶律德光为帝。石敬瑭向契丹求援，姿态非常低，对契丹称臣，又自称是儿子。当时也有其他后唐的藩镇向契丹求援，并提出类似的条件，所以石敬瑭的条件越开越低。契丹大喜，于是出兵协助石敬瑭。耶律德光亲自带兵，争逐三千里，击灭后唐，时为937年。石敬瑭受契丹册封，自称"儿皇帝"，国号晋，史称"后晋"。石敬瑭同意每年对契丹纳岁绢三十万匹，并依约定将燕云十六州割给契丹。燕云十六州相当于现今北京、天津及山西省北部地区。契丹入主燕云十六州之后，改国号为"辽"。

千百年来，中原王朝与北方强敌的关系，有和亲、纳币、纳绢，从来不曾有对夷狄自称儿子，又自动割地的。割让燕云十六州一事，在五代后期和其后的宋朝都引为奇耻大辱。辽国的女强人述律太后则努力经营燕云十六州，以为继续南征的跳板。南北之间的战火从此延烧数十年。

石敬瑭的侄儿石重贵在他死后继位，对于向辽国卑躬屈膝非常不以为然，于是停止称臣，还带兵北上，预备收复失土，而无视于本身力量薄弱。述律太后大怒，命令耶律德光出兵征讨。后晋将官一一投降辽国，最有实力的藩镇刘知远则驻军在山西，既不投降，也不参战，只是袖手旁观。他对部属说："契丹强盛，此时我若出手，必定大败。不如保持实力，耐心等待。契丹无法治理中国，很快就会撤出。"

耶律德光轻而易举地灭了后晋，决定坐镇在汴京（即是开封，五代都以此为国都），做中国的皇帝。耶律德光不给契丹兵薪饷，放纵胡骑以牧马为名，到处剽掠，称为"打草谷"；又在京城及各大城市大肆搜刮钱财。华北民不聊生，壮丁毙于刀锋，老弱死于沟壑。不到一年，群盗蜂起，攻陷州县。耶律德光叹气说："我不知道中国人如此难制。"到了夏天，天气渐渐转热，耶律德光忍受不住，决定北返。契丹兵所过之处，见到男子便杀，女子则俘虏而北；把婴儿丢掷于空中，举兵刃接杀，引以为乐。中原百姓对契丹的恶劣印象从此无法消除。

耶律德光尚未回到契丹国内就病死了。当初耶律阿保机征渤海国，回程死在半路，述律太后迁怒大臣，杀酋长及将官数百人。耶律德光又死在半路，所有契丹酋长和将官都害怕，在半路上拥立耶律兀欲为王。耶律兀欲就是述律太后所不喜欢的长子耶律倍的儿子。太后闻讯大怒，发兵征讨。带兵的将官却不战而降。耶律兀欲将太后，也就是他的祖母，幽禁在祖父阿保机的墓旁，然后自称皇帝，是为辽世宗。

后汉与后周

契丹既已退兵，又发生内乱，刘知远的远见和耐心等待于是得到报偿，不费吹灰之力便将后晋原有的土地全部收回，只有燕云十六州仍属辽国。刘知远称帝，国号汉，史称"后汉"。刘知远的眼光深远，却看不见自己的儿子刘承佑的问题。刘承佑喜爱游乐享受，嫌父亲所留下的文臣武将碍事，将大部分的老臣都杀了，又要杀深受军队拥戴的元老重臣郭威。郭威只得反抗，鼓动将士拥立自己，将皇帝拉下马来，改国号为周，史称"后周"。后汉的政权来得容易，去得更快，只有四年就换手了，是五代之中最短命的一个。

后汉灭亡之后，仍有残余势力在辽国的扶植之下成立一个新政权，称为"北汉"，占据山西太原附近地区。北汉趁后周郭威死，新皇帝柴荣刚刚登基，以为有机可乘，联合辽国南侵，浩浩荡荡。柴荣率兵截堵，两军在高平（今山西高平县）大战。北汉见后周兵少，有轻敌之意，后悔召辽兵助阵，出言不逊。辽兵统帅至为恼怒。柴荣身先士卒，亲冒矢石，后周兵战志高昂，以少击多，大败北汉兵；而辽兵坐视北汉兵溃败，不出一卒。柴荣在战胜之后立即重赏奋不顾身的将官士卒，斩杀犹豫不前或望敌先逃的骄兵惰卒。后周兵从此成为一支战力强劲的军队。

柴荣与赵匡胤

柴荣胸有大志，以恢复唐朝盛世为目标，决定先对南方的后蜀（在今四川）及南唐（在今江苏及江西）用兵。经过数年，柴荣迫使南唐与后蜀都称臣纳贡，又回师攻北汉及辽国。当时辽国的皇帝是第四代的辽穆宗，经常酗酒，天亮才睡，午后才醒，长期不理朝政，人称为"睡王"。这是辽国开国以来最混乱、最衰弱的时候。后周兵水陆俱进，兵至瓦桥关（今河北雄县），柴荣却突然重病，急忙回到京师大梁后，没多久就不治而死，享年三十九岁。

后周在连年征战之中，战场上出现一个名叫赵匡胤的耀眼明星。赵匡胤在对北汉高平之战以前还是默默无闻，而后一战成名。此后无论对后蜀或南唐的远征，赵匡胤都是主角，战无不克，攻无不胜，威名远播。赵匡胤因而在五年内，升任归德节度使兼殿前都检点，也就是离京师开封最近的藩镇之首，兼禁卫军的首领。

柴荣死后，继任的皇帝只有七岁，皇室只剩下孤儿寡妇。赵匡胤有一天领兵到陈桥驿（今河南封丘陈桥镇）时，忽然将士一起鼓噪，用黄袍披在赵匡胤身上，拥立他为皇帝。朝中武将都是赵匡胤的亲信，文臣也不敢反对，后周的小皇帝只得退位。赵匡胤改国号为"宋"，是为宋太祖。五代的混乱时期到此（960年）即将结束，一个新的统一王朝即将来临。

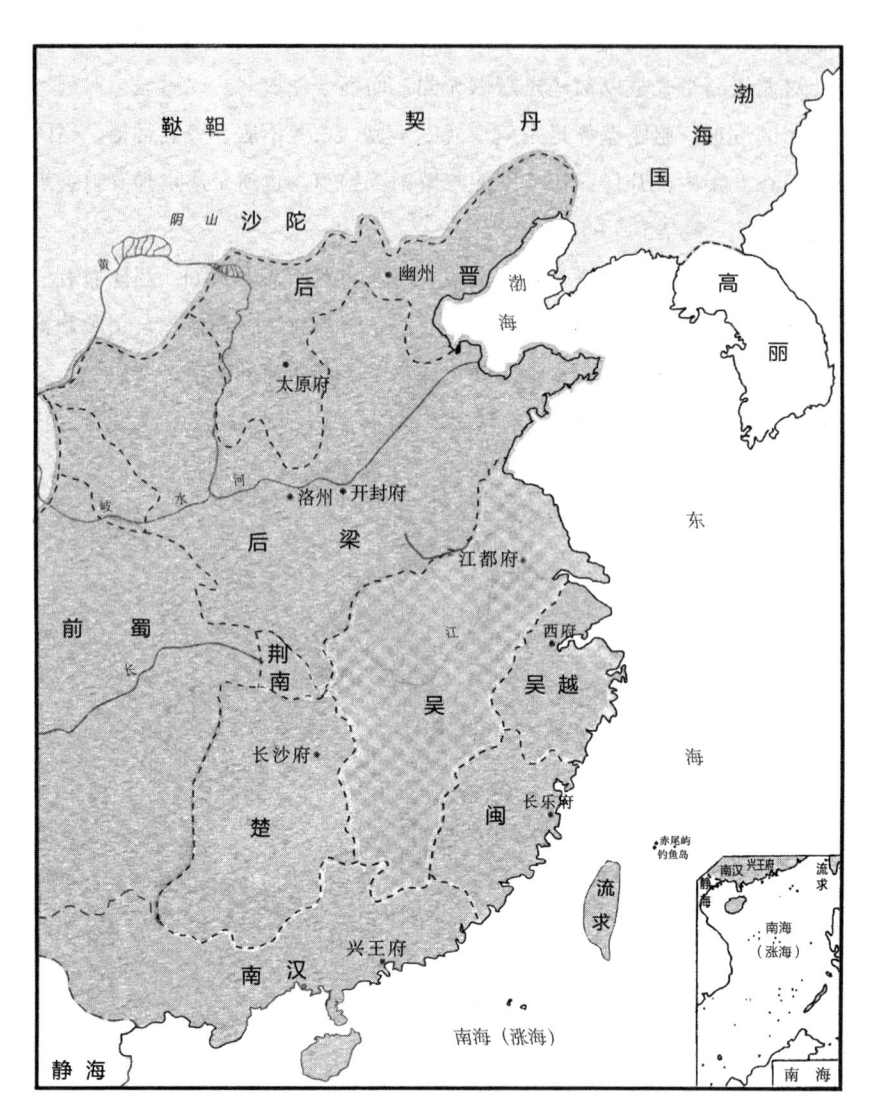

五代初期（公元918年，局部）

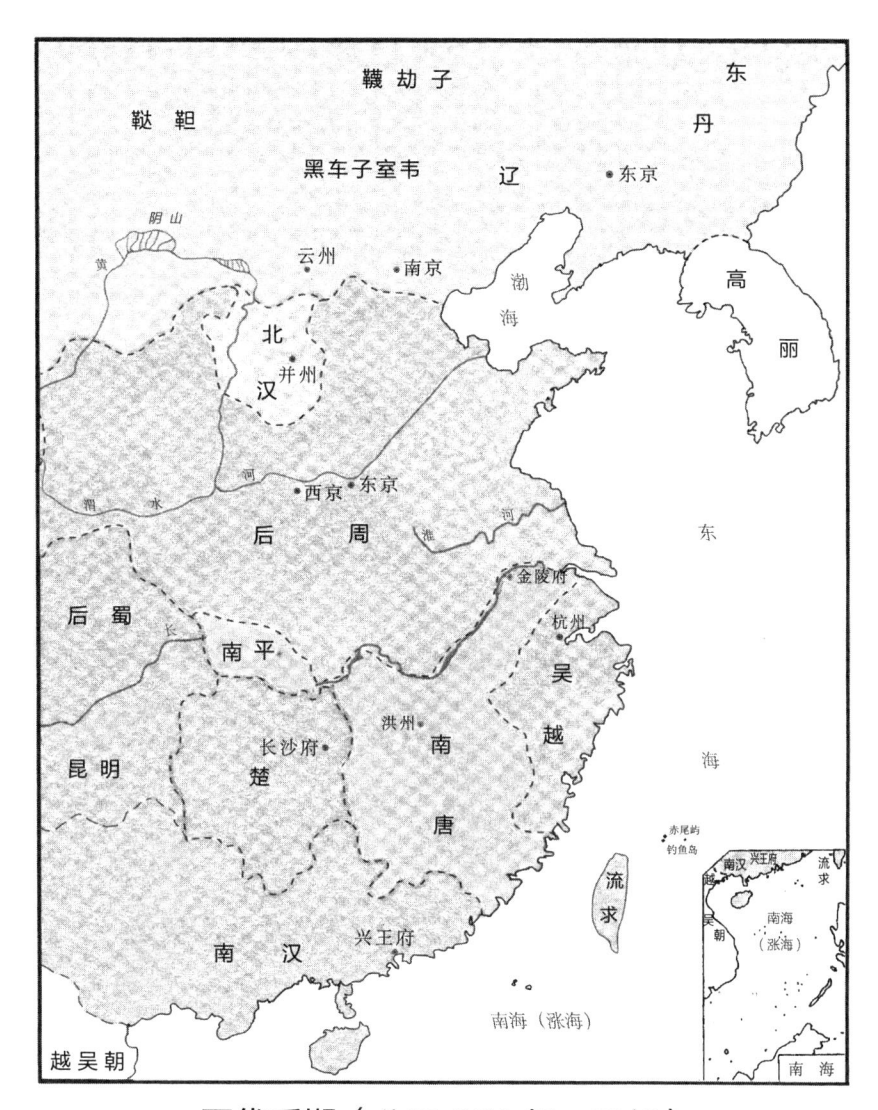

五代后期（公元 951 年，局部）

第 11 章

韩国的三国时代、新罗统一及高丽王朝的建立

中国的史书很早就记载了高句丽，但新罗及百济都很晚才出现。曹魏政权在正始四年（244年）派毌丘俭征伐高句丽，其后又继续南征，在整个过程中都不曾提到新罗及百济。因而，一般推测新罗及百济是在三世纪后期才逐渐崭露头角，并且是因为曹魏的军队击溃诸韩部落联军，打破了原先朝鲜半岛南部由目支国领导的政治生态，重新洗牌，使得新罗及百济有机会借由兼并其他的部族，脱颖而出。

高句丽与慕容鲜卑间的战争

由于辽东的强权公孙氏被司马懿灭掉，高句丽与慕容鲜卑趁机而起，迅速成为辽东并立的两个新强权。晋武帝太康六年（285年），慕容廆率兵东击扶余国，逼得扶余国王依虑自杀。慕容廆将扶余的国都夷为平地，扶余国百姓四散逃亡。幸而当时西晋的国力仍强，出兵击败慕容廆，并护送依虑的儿子依罗回去，扶余才在灭亡之后又复国。

过了二十年，西晋灭亡，五胡十六国开始，中国大乱。高句丽和慕容鲜卑都得到了一个难得的发展机会。高句丽第十五代美川王（中国史书称

为乙弗利）于晋永嘉七年（313年）灭掉乐浪和带方郡，结束汉朝在朝鲜设置了四百二十年的郡县历史。慕容廆的儿子慕容皝在333年称王，建立前燕国，成为华北东部最强大的国家。前燕与高句丽之间开始互相较劲，从此战争不断。

342年（东晋咸康八年，高句丽故国原王高钊十二年），慕容皝出兵五万余人攻高句丽。高句丽也出兵五万人，结果大败，丸都（今中国吉林省集安）被攻陷，高钊只身逃走。慕容皝被称为"文明王"，但是一点也不文明。他下令烧宫室，收府库金银宝物，将丸都山城夷为平地；又开挖高钊的父亲美川王的陵墓，带着他的尸骨，俘虏王太后、王后及男女五万口凯旋。第二年，高钊被迫称臣入贡，慕容皝才归还美川王的尸骨。

慕容皝死后，前燕发生内乱而被华北的新霸主前秦王苻坚灭掉。高钊无力自行报仇雪恨，但及身亲眼看见仇敌为他人所灭，不亦快哉，却不知道自己的厄运也很快就要来了。

高句丽小兽林王、广开土王及长寿王

原本在朝鲜半岛是高句丽一国独霸数百年，百济和新罗等部族不是被高句丽侵略，就是向高句丽入贡称臣。但是中国势力介入，使得朝鲜半岛长期以来的局势发生重大的变化。曹魏毌丘俭征韩是高句丽所受的第一个重击；前燕慕容皝又给了高句丽第二次沉重的打击。在半岛南端的百济国和新罗国于是趁机崛起。百济国逐渐并吞原属马韩的其他部落国，大幅扩张领土之后，与高句丽实力已经不相上下。371年（前秦王苻坚建元七年），百济第十三代近肖古王兵临大同江，大败高句丽军，占领平壤城。高句丽故国原王中箭而亡，距离他的死敌前燕慕容氏被灭亡竟只有一年。朝鲜半岛三国之间的惨烈战争时代，从此开始来临。

高句丽第十七代小兽林王（371—384年在位）继位，面临了开国以来第三次重大的危机。他决定向前秦皇帝苻坚称臣入贡，取得前秦的保护。他也模仿前秦的治国方针，儒法并重，设置太学，颁布律令。高句丽在小兽林王的手中，从一个好勇斗狠的军国，转变成一个有法律、有制度、有文化的新国家，并为后来的拓展奠定了坚实的基础。

383年，前秦皇帝苻坚大举南征东晋，想要统一中国，不料在淝水一战溃不成军，国家跟着四分五裂。鲜卑慕容垂迅速地兴复故国，建立后燕，成为辽东的新霸主。高句丽第十九代广开土王（又称好太王，中国史书称之为高丽王安，391—412年在位）又不得不向后燕称臣入贡，并与盟国新罗一同对付百济。百济无力单独对付两国联军，请倭人渡海来助阵。一场四国大战因而延续了十几年。

395年，中国北方又发生一次决定性的战争，后燕军十几万人在参合陂被北魏的拓跋珪歼灭，国家不久就灭亡了。后燕的残余势力又分裂为北燕和南燕两个弱国。拓跋珪在西方及南方还有很多敌人，无暇东顾，广开土王因而得以大幅地扩张领土。

广开土王的儿子长寿王（413—491年在位，中国称之为高丽王琏）曾经竖立起一个石碑，以纪念父亲的丰功伟业。这个碑经过一千四百多年后，在清朝光绪三年（1877年）于中国吉林省集安市被重新发现，称为"好太王碑"。碑上刻有一千七百多字，叙述好太王征扶余、伐百济，夺取六十四座城，一千多个村子；又记载好太王出兵救援新罗，打败百济和入侵的倭兵。

长寿王深知高句丽的国力不足以与新兴的北魏王朝为敌，因此干脆在427年将国都从辽东往南迁至平壤，以全力经营朝鲜半岛。他又利用中国南北对抗的局势，同时对北魏及南朝称臣入贡，进行两面外交，而确保国家安全。

北魏在太武帝太延二年（436年）出兵大攻北燕。北燕昭成帝冯弘逃入高句丽。北魏要求长寿王交出冯弘。长寿王虽然拒绝了，在两年后却借故将冯弘杀死。没想到在二十几年后，冯弘有一个孙女儿被选为北魏的皇后，后来竟成为掌握北魏军国大政的文明太后。长寿王活到九十八岁，实在是长寿，到文明太后掌权时还活着，因而还得对文明太后称臣入贡。不过文明太后一心一意专注于内政改革，对外以和平为要，极为尊重邻国君主，也不曾问过长寿王当年为何杀了她的祖父。

长寿王在位第六十三年（475年）大举进攻百济，攻陷百济都城南汉山城，杀死百济盖卤王，终于报了当年故国原王死难的深仇大恨。当时高句丽的版图，西起辽河，东到大海，南自汉江，北迄松花江，是高句丽的全盛时期。

三国同盟关系的变化

高句丽之强盛，使得百济被迫迁都到熊津（现今公州）。百济圣王（523—554年在位）因为熊津地处偏僻，又决定将国都搬迁到较具发展潜力的泗沘城（今扶余城）。

新罗从国家创立开始，没有一个朝代不遭到由海上而来的倭人的侵略。新罗一方面接受高句丽的保护，一方面奋发图强，国家越来越强盛。新罗照知王（479—500年在位）时，开始在全国重要地点设邮驿，修官道，在京师（今庆州）设市集，便利四方交易。继任的智证王（500—514年在位）废除奴隶殉葬制度，开始劝农民用牛耕地，正式定国名为"新罗"，取"德业日新，网罗四方"的意思。智证王又效仿中国州、郡、县制度，实施中央集权。法兴王时（514—540年在位）开始颁布律令，并吞金官加耶（今庆尚南道东南，金海市附近）。新罗渐渐也跻身为朝鲜半岛三强之一。

三强之间的同盟关系，分分合合，并非一成不变。高句丽自以为是新罗的保护国，对新罗予取予求，新罗无法忍受，转而与百济站在同一阵线，共同对付高句丽。

551年，新罗真兴王（540—576年在位）联合百济圣王（523—554年在位）共同出兵攻打高句丽，夺回了被高句丽侵夺的汉江流域地区。百济收复汉江下游六个郡，新罗收复中、上游十个郡。过两年，真兴王趁百济没有防备，将百济在汉江下游六个郡也夺过来。百济圣王大怒，出兵偷袭管山城（今忠清北道沃川），不料战败而死。百济从此与新罗结下深仇大恨，转而与高句丽结盟。真兴王以一敌二，而继续扩张，在562年灭掉大加耶（今庆尚北道高灵一带）。真兴王每次攻城略地，便立碑以为纪念。这些石碑中有几个在近代出土，从碑文中可以窥见真兴王已经有了统一整个朝鲜半岛的野心。

隋朝四次征高丽

当朝鲜半岛上三个国家的关系变化多端时，中国处于分裂的状态，因而无暇去理会朝鲜半岛。不过到了589年，隋文帝杨坚出兵灭掉南方的陈朝，又统一了中国。高句丽婴阳王高元虽然派使臣到中国向隋文帝入贡称臣，受封为高句丽王，却突然在隋文帝开皇十八年（597年）和靺鞨联兵进犯辽西，随即被隋兵击败。

隋文帝听说高句丽竟敢挑衅，大怒，命令皇子汉王杨谅率领三十万大军出征。杨谅是一个纨绔子弟，根本不曾带过兵，也不听大将劝谏，出关之后遇见大水泛滥，粮运不继，接着又发生瘟疫。大军尚未接战便已经死了十之八九。婴阳王也害怕起来，派使者上书谢罪，自称"辽东粪土臣元"。隋文帝既找到了下台阶，也下令退兵。

隋炀帝继立后，于大业七年（婴阳王二十二年，611年）命令高句丽婴阳王亲自来朝。婴阳王知道进入中国以后，很有可能被留置而回不了国，因而推托不去。隋炀帝大怒，下令征讨高句丽，并且御驾亲征。婴阳王的弟弟高建武率领水军，在大同江歼灭隋朝水军；大将乙支文德率领陆军，大败隋军于萨水。隋炀帝一败涂地，脸上无光，后来又两次下令出兵攻打高句丽，一再远征，终于引起国内叛乱，一发不可收拾，以至亡国。

泉盖苏文

唐朝统一中国后，唐高祖李渊见到隋朝与高句丽兵燹连年，不愿重蹈覆辙，于是下令主动将当年战争时被俘而留置在中国的高句丽人遣送回国。这时高建武已继任为高句丽第二十七代国王，称为荣留王，接信后大喜，也遣还俘虏回到中国。双方关系转为和谐。新罗怕唐朝偏袒高句丽，也积极拉拢唐朝，一方面遣使朝贡，另一方面控诉高句丽侵犯边境。

唐朝决定两边都不帮忙，要求双方忘记过去，互相和好。当时高句丽国里面分成两派。主和派大部分是文官，主张接受唐朝调停，与新罗和解。主战派大多是青壮派的军官，不能忘怀对新罗的历史仇恨，认为唐朝是干涉高句丽的内部事务，甚为反感。由于唐朝国势强盛，荣留王的倾向也十分明显，主和派一直占上风。然而，在主战派产生一位新领袖泉盖苏文（或称渊盖苏文）之后，局势有了变化。

泉盖苏文孔武有力，性情凶暴而有智谋。他的父亲西部大人死后，许多贵族建议不让他接任世袭的官位。荣留王勉强同意泉盖苏文暂时代理，又派泉盖苏文去修长城。泉盖苏文伺机结交各级军官。荣留王二十五年（唐太宗贞观十六年，642年），泉盖苏文自认羽翼已经丰满，假借一个名目，召集了一百多名贵族及朝中官员，然后纵兵屠杀。他又派兵入宫弑杀荣留王，扶立宝藏王高臧为傀儡国王。泉盖苏文自任为莫离支，掌握了高句丽的军事及政治大权，又与百济联合攻打新罗。

唐太宗征高句丽

唐太宗问群臣要如何处理高句丽问题。长孙无忌说泉盖苏文弑杀荣留王固然可恶，但是不如耐心等一等；泉盖苏文残忍好杀，过几年必然众叛亲离，到时再行征伐比较容易。唐太宗虽然同意，但是新罗不断派使臣来告急，只得又派特使相里玄奖前往调停。

泉盖苏文对相里玄奖说，高句丽和新罗之间的仇怨已久，除非新罗同意归还其所夺取的高句丽竹岭以北土地，不可能罢兵。相里玄奖说这些都是陈年往事，最好不谈。如果要谈往事，那么高句丽占领的辽东地区在魏、晋时代也都是中国的土地，是不是唐朝也要向高句丽讨回来？谈来谈去，泉盖苏文无论如何都不肯和解。相里玄奖到百济，百济王扶余义慈也是一样说法。相里玄奖回到长安，报告调停失败。唐太宗忍耐不住，决定出兵高句丽。

贞观十九年（高句丽宝藏王四年，645年）三月，唐太宗御驾亲征辽东，大将李勣率领十万大军随行。唐兵迅速地连克数城，接着进围安市城（辽宁安市），却遭遇到顽强的抵抗。安市城主性情耿介，在泉盖苏文杀害荣留王时，公然发声反抗。泉盖苏文命令将他撤职，他拒不接受。泉盖苏文派兵去攻打，又无法得胜，无可奈何，只能让他继续担任城主。等到唐兵来攻，安市城主并不因为和泉盖苏文政治立场不同而开门投降，反而发誓与安市城共存亡。

泉盖苏文发动十五万名高句丽和靺鞨联军，星夜驰援安市。不料唐朝有一个原本默默无闻的小将薛仁贵却异军突起，率领唐兵冲锋陷阵，大败高句丽与靺鞨，一战成名。安市城内只剩下几千兵卒，再也盼不到援军，却仍是人人拼死守城，由盛夏挨到寒冬而竟然仍没有被攻破。唐太宗见天候转冷，草枯水冻，粮食又将尽，于是下令退兵。

唐太宗一生战无不胜，攻无不克，到了小小的安市城却无法攻取，连鸭绿江都没有渡过就被迫退兵。唐兵撤退时，安市城主站在城墙上恭恭敬敬地作揖送行。唐太宗派人致送一百匹布，嘉勉他为国奋不顾身，忍饿受冻，不眠不休。可惜这位城主是一个无名英雄，中国和高句丽的历史都没有记载他的名字。

金春秋和金庾信

大唐帝国对高句丽既是无可奈何，新罗遂又被高句丽与百济夹攻，处境艰难。当时新罗王朝的安危主要倚赖两个人：金春秋和金庾信。

金春秋仪表英伟而善于谋略，是新罗第二十五代真智王的孙子。贞观二十二年（新罗第二十八代真德女王二年，648年），唐太宗派大军三十万人，第二次出征高句丽。金春秋带长子金法敏到长安。唐太宗见到金氏父子气宇轩昂，谈吐非凡，十分高兴，更加坚定要与新罗合作。不料唐太宗在第二年驾崩，遗命将在高句丽的远征军全部撤回。又过了五年，新罗真德女王也驾崩，没有子嗣。新罗王朝的贵族对于前面两代都是女王不以为然，于是拥立金春秋为王，是为太宗武烈王。

金庾信是出身金官加耶的新罗第一名将，用兵如神。金官加耶并入新罗之后，其贵族也成为新罗的贵族。金庾信的家族历代都是新罗的高官。唐朝时中国、日本和朝鲜都流行蹴鞠（现代足球的前身）。《三国史记》记载，金庾信和金春秋年轻时都热衷蹴鞠。金庾信有一次在激烈的比赛中撕破金春秋的衣服，带他回家，让妹妹替他缝补。两人因而成为郎舅，关系密切，从此合作无间。

百济灭亡

660年（唐高宗显庆五年，百济王扶余义慈二十年，新罗武烈大王七年），高句丽与百济又同时出兵攻打新罗。新罗王金春秋再次向唐朝求援。唐朝这时掌握大权的皇后武则天决定改变以往的战略，暂时不理高句丽，而先对付百济。大将苏定方奉命带领十万大军，以新罗王金春秋的次子金仁问为副统帅，由成山（山东半岛最东端之荣成湾）出发，渡海远征。新罗王金春秋与大将金庾信也率领五万人马在百济边界集结。百济王召集群臣讨论战略，错误地决定正面接战，而不固守炭岘要塞。结果新罗兵在现今大田市西南击败兵力单薄的百济将军偕伯，直扑百济国都泗沘城。同一时间，百济也倾全国之兵与唐朝水师在伎伐浦（在锦江口至泗沘城之间）大战。百济又大败。唐朝、新罗联军接着围攻泗沘城，百济王扶余义慈出降。

百济不但与高句丽结盟，与日本也关系密切，甚至送王子扶余丰璋到日本做人质，以表示结盟的诚意。然而百济不到一个月就被灭亡，两个盟国根本就来不及出兵救援。百济开国至此，共三十一王，历六百一十八年。

百济的遗民不甘心亡国，派使者到日本觐见天皇，请求把王子扶余丰璋接回去，又请日本出兵协助百济复国。日本派出三万多人，分乘战船一千多艘，与唐朝水师在白村江口（锦江口）大战。日军溃败（详细经过请参阅下一章），百济复国的愿望于是破灭。

高句丽灭亡

百济灭亡后，高句丽开始面对唐朝和新罗两边包夹，但仍然能坚强抵抗。666年，泉盖苏文死，长子泉男生与次子泉男建争权。泉男生在斗争中落于下风而向唐朝投诚。泉盖苏文的弟弟泉净土也投降新罗。唐朝见高句丽内部分裂，机会难再，决定再次远征，以三朝元老李勣为统帅，大将薛仁贵随行，而以泉男生为向导。唐兵势如破竹，斩杀无数。金法敏这时已经继位为新罗王，是为文武王，也率兵北上，与唐兵会师包围平壤。唐高宗总章元年（668年，高句丽宝藏王二十七年，新罗文武王八年），高句丽宝藏王开城门投降。泉男建被俘。高句丽从东明王朱蒙始创至此，共二十八王，历七百零五年。

百济灭亡后，唐朝分设五个都督府以管辖其所属的二百城，七十六万户。过两年，唐朝让百济王子扶余隆回到故土，担任熊津大都督。唐朝又在新罗设鸡林大都督府，以金法敏为大都督，并强迫金法敏与扶余隆刑白马，歃血为盟，永为和好。金法敏敢怒不敢言，只得照办。高句丽灭亡后，唐朝也分设九个都督府，管辖其所属的一百七十六城，六十九万户，选派高句丽遗臣为都督。

新罗统一朝鲜半岛

唐朝接着又在平壤成立一个新的军事及行政机构，称为安东都护府，以大将薛仁贵为都护，率兵镇守。当时唐朝每征服一个大区域，便成立相应的都护府。例如在灭掉东突厥后，于漠北草原设置安北都护府；灭掉西突厥后，于西域设置安西都护府。在大唐帝国而言，成立安东都护府乃是一贯的政策。但是在新罗王金法敏来说，这种做法断断无法接受，于是决定全力反抗。

金法敏出兵占领百济的部分土地，接着又鼓动高句丽人起义，而对唐朝连战皆捷。当时，薛仁贵实际上并不在朝鲜，而是奉派转到青海，率领十几万大军与吐蕃四十万人战于大非川，结果竟全军覆没。武则天大怒，把薛仁贵降为平民。唐朝对新罗连战皆败后，武则天又起用薛仁贵为行军总管。《三国史记》中抄录了这时薛仁贵与新罗王金法敏之间的书信往来。薛仁贵首先致书，责备金法敏背弃盟约。金法敏回信大致如下：

> 先王（指武烈王金春秋）于贞观二十二年到长安，朝见太宗皇帝，与国家（指唐朝）定盟。太宗皇帝谕示朝鲜三国的臣民也是唐朝的子民，而三国之间连年征战不断，民不聊生，因而国家出兵介入，希望终止战乱，使人民回复正常的生活。国家并不是觊觎朝鲜的土地，所以同意在将来战胜百济与高句丽之后，新罗可以拥有平壤以南的土地。

> 新罗倾全国之力，千辛万苦，帮助国家平定了百济与高句丽，结果并没有依照太宗皇帝的谕示得到应有的土地。国家反而扶植扶余隆重建百济，并且逼迫新罗与百济斩白马，歃血为盟。百济人奸诈万端，从来都是反复无常，与新罗之间的仇怨历时已久，又与倭国私通。百济如果不彻底消灭，他日必定又如毒蛇反噬，本王断断不能在此时遗留这般的祸患给百年之后的子孙。新罗往昔尽心尽力匡助国家，从来不曾有反叛之心，如今兔死狗烹，反被冤屈，成为国家大军所指的目标，思之令人心中不胜悲哀……

薛仁贵实际上复任的时间也很短，又因故再一次被罢官，流放到边疆去。唐高宗上元元年（674年，新罗文武王十四年），武则天下令以大将刘仁轨为总管，李谨行为副总管，出兵讨伐新罗；又下令改立金法敏的弟弟金仁问为新罗王。当时金仁问在唐朝，一半是人质，一半是高官，想推辞不当新罗王都不行，被唐朝用来当作离间新罗的工具。

刘仁轨在朝鲜北部七重城大破新罗兵。金法敏害怕，急忙遣使向唐朝谢罪，获得赦免。刘仁轨奉令退兵，黑水靺鞨出身的李谨行留驻买肖城（在今仁川附近），军纪败坏，朝鲜人无不痛恨。新罗王金法敏后来又伺机袭击李谨行。唐兵大败。武则天要再次派兵远征新罗，但是新崛起的吐蕃已经成为当时唐朝的心腹之患，朝中大臣认为新罗虽然难制，并不曾越界侵犯中国，建议不要分兵到朝鲜，陷入两面作战。唐朝因而决定将安东都护府往北搬迁到辽东城（今辽宁辽阳）。新罗遂占据平壤。新罗王朝于是统一了朝鲜半岛，与唐朝以大同江为界，从此与唐朝相安无事。

渤海国

高句丽灭亡后，有部分的遗民一心一意要复国。高句丽贵族乞乞仲象于是领导遗民大举迁移，在靺鞨的协助之下，离开辽东，回到高句丽旧地。

乞乞仲象身份特殊，既是高句丽贵族，又有粟末靺鞨的血统。粟末靺鞨与高句丽一向友好。乞乞仲象的儿子大祚荣后来成为粟末靺鞨和高句丽的联合领袖,于699年(武则天圣历二年)建立一个新国家,称为"震国",后来又改称为"渤海国",建都于东牟山(今中国吉林省敦化县)。渤海国的子民中也有其他各部族的靺鞨人,但是不包括在最北边的黑水靺鞨人。黑水靺鞨生活原始落后,与高句丽是死敌,而与唐朝关系最好,部族领袖被唐朝赐姓为李。被新罗击败的李谨行便是黑水靺鞨酋长之子。渤海国的领土比原先高句丽还要大,包括现今的鸭绿江、部分松花江及乌苏里江流域;但是不包括已经被唐朝收回去的辽东地区。

大祚荣外交手段灵活,与唐朝、新罗、日本同时维持良好关系,对唐朝称臣入贡。渤海国汉化的程度很深,在经济、文化、社会的发展都极为兴盛,被唐朝称为"海东盛国"。然而,渤海国渐渐安于逸乐而失去原先高句丽及靺鞨的尚武精神,国家转弱。926年(契丹天赞五年),契丹领袖耶律阿保机出兵灭掉渤海国,改国名为"东丹国"。渤海国立国共二百二十八年。

新罗圣骨、真骨贵族与骨品制度

新罗最早是由部落国所组成,国王由各部落公推。第十七代奈勿王之后,演变为金氏家族世袭,只有称为"圣骨"的后裔贵族才能候选为国王。第二十九代武烈王金春秋登上王位以后,他的子孙称为"真骨",成为另一份国王候选名单。从金春秋到第三十六代惠恭王,有一百多年承平时期(654—780年),在韩国历史上称为新罗"中代"。中代以后一直到新罗灭亡(781—935年),称为"下代"。中代期间新罗虽然社会安定,经济繁荣,但是新起的真骨与原有的圣骨系统之间存在严重的矛盾与对立,逐渐表面化,引发最后的摊牌。摊牌的结果又影响到下代的政治生态,并导致最后的幻灭。

新罗王朝的根本体制是贵族治国,即所谓的"骨品制度"。除了圣骨和真骨是皇族之外,贵族还有六头品、五头品、四头品三种阶级。国家根据不同等级分别制定出担任官职的最高限度,房子的大小、规格,衣服颜色等规定。三头品以下属于平民身份,永远没有机会做官。姓金的比其他姓氏身份高,首都庆州出身的人也比其他地方人的地位高。六头品、五头品和四头品虽然能够出仕,无不对骨品制度所限定的最高官阶愤恨不平。其中议论最多的，莫过于曾经到唐朝留学的知识分子。这些留学生羡慕唐朝以科举制度取士，对自己国内的骨品制度不免失望。此外，新罗国内各地也有许多地方土豪窜起，并想要再上层楼，却不得其门而入，当然对骨品制度也是不满。

新罗王朝的衰乱与分裂

中代之前，批评骨品制度是一项禁忌。真骨系统比较同情知识分子和地方土豪，又认为可以培养这两个阶级来压制圣骨系统，于是决定仿效唐朝，修改中央及地方官制，借以强化王权。

当时新罗有一个"上大等"的官衔，是贵族会议的领袖，对王室是一种威胁。真骨系统于是在中央设置各部会，以侍中为最高行政长官，用以对抗上大等。真骨系统又在地方设立州、郡、县三级制，官员由中央任命。在土地政策方面则废除贵族世袭的禄邑制，改为依官职给予职田及岁租。

圣骨系统的势力已经有数百年，根深蒂固，遍布全国。真骨系统这样的做法自然引起圣骨系统的强力反弹，于是集结力量反扑。惠恭王时（765—780年），一连发生四次贵族叛乱事件，其中有一次是全国各地贵族一齐反叛，抗拒中央集权，称为"九十六角干之乱"。惠恭王被弑杀，继位的宣德王金良相原来的职位就是上大等。这也标志着奈勿王的圣骨系统又夺回王权。

圣骨系统势力强大，里面却是复杂而分歧，没有人能全面掌控，因而在夺回王权之后，国王的王位并不安稳。从第三十七代宣德王开始到第四十五代神武王的九个国王之中，有六个国王是经由发动政变而取得王位，与中国南北朝时期不断的篡位情形极为相似，是一种恶性循环。

新兴土豪窜起

新罗下代的政治混乱时期，也是大地主与大贸易商出现的时期。大地主是靠兼并小农、贫农，压榨佃农而越滚越大。大贸易商趁中央集权削弱而发展出蓬勃的私人贸易。新罗贵族为了巩固派系的地位，也纷纷拉拢大地主与大贸易商,于是产生了许多新兴的地方土豪。在所有的大贸易商中,最有名的莫过于张保皋。

张保皋原名弓福,生长在清海镇(今全罗南道莞岛,在朝鲜半岛西南端)的一个贫寒家庭。他年轻时到唐朝从军,骁勇善战,屡立战功,改名为张保皋,渐有名气。当时在新罗南部沿海地区海盗猖獗,新罗人常被海盗掳去中国,贩卖为奴。张保皋不忍于心,回到故乡,获得新罗第四十二代兴德王的许可,建立了一支万人的海上部队。历经数年,终于肃清海盗,终止了悲惨的人口贩卖。张保皋在取得海权同时,也开始发展新罗与唐朝之间的贸易,甚至担任唐朝与日本之间贸易的中介。张保皋因而成为巨富,被封为"清海镇大使"。既有钱,又有势,是地方土豪中的巨擘。

新罗第四十三代僖康王三年(838年),上大等篡位,自立为王。张保皋忠于僖康王,派兵入京,击败乱党,扶立僖康王的儿子为王。张保皋对贵族垄断的骨品制度深恶痛绝,又逐渐卷入政治斗争。贵族对他无可奈何,最后派刺客将他刺死。张保皋生前在日本及中国都是声名显赫的传奇人物,却不幸死于非命。

农民革命

新罗下代的农民受欺压愈来愈严重,土地不是被王室贵族兼并,便是被新兴的地方土豪兼并。农民因而成为农奴、贱民,多半被双重剥削,饥寒交迫,无以度日,又天天被税吏催逼。这情形与唐朝中叶以后几乎一模一样。

唐朝的农民革命早已爆发,如野火般燃烧全国。新罗有一个六头品的贵族,也是大学者,名叫崔致远,曾经留学唐朝,参加科举而高中进士,任翰林学士及太守之职。他又参加唐朝政府军追剿义军,写过一篇脍炙人口的《讨黄巢檄文》,因而对农民革命的起因和经过有亲身的经验。崔致远后来回到新罗,上书《时务策》十条给第四十九代宪康王,不被接受,于是弃官隐居,并断言新罗必将灭亡。过了几年(第五十一代真圣女王三年,889年),果然在沙伐州(庆尚北道尚州)开始发生农民叛乱。后来叛乱越来越严重,而以竹州(竹山)的箕萱、北原(江原道原州)的梁吉、完山(全罗北道全州)的甄萱、国西的赤裤贼(全部穿大红色裤子)等的势力最强。

箕萱有一个部属,名叫弓裔,后来反而并吞了箕萱和梁吉的势力,迅速坐大而占据高句丽旧地,自立为王,国号"后高句丽"。甄萱占据原本百济旧地,也自立为王,国号为"后百济"。这两支势力在十世纪初与新罗王朝鼎足而三,又回到新罗统一以前的状态,历史上称为"后三国"时期。新罗的知识分子都痛恨骨品制度,纷纷加入后百济及后高句丽的农民革命。

高丽王朝之建立

弓裔和甄萱两人都十分暴虐。甄萱出身农民,他的士兵军纪不良,所到之处奸淫掳掠,无恶不作,人民畏之如虎。弓裔虽然出身新罗圣骨的贵族,自幼却被遗弃,又只剩下一只眼睛,在寺院里落发为僧,因而对新罗人非常仇视,无论是抓到贵族或平民,一律处决。弓裔建国称王之后,渐渐骄虐无道,又故弄玄虚,自称是弥勒佛再世,能见人所不能见,随意诬赖左右,并施以毒刑,甚至连自己的妻子都受刑惨死。

高丽王朝的创始者王建出生于松岳(今朝鲜开城)。他的家族代代从事与唐朝之间的贸易,也是地方的豪族。王建在二十岁时担任松岳的地方官,而投降弓裔,从此为弓裔开疆辟土,屡建奇功,受到重用。然而王建目睹弓裔倒行逆施,自知处境危险,千方百计要离开弓裔远一点,免得死于非命,却总是不能如愿。弓裔的部属也都长期担惊受怕,最后忍无可忍,拥立王建为王,起来反抗,杀死弓裔。

王建定国号为"高丽",年号为"天授",后世尊称他为"高丽太祖"。他将松岳改名为开城,以之为国都。历时四百多年的高丽王朝从此展开。这时是918年,邻近的契丹耶律阿保机也刚刚建国三年,而唐朝在十年前灭亡,五代十国正处于混沌不明的阶段。

高丽太祖平易近人而治军严谨,各地方的豪族争相结交,因而前来投奔的人越来越多,势力不断地扩张。崔致远也推荐弟子来为王建效命。高丽由此谋臣战将齐备。太祖天授十年(927年),后百济甄萱攻陷新罗国都庆州，杀景哀王，掳掠一空。高丽出兵援救不及，与甄萱在公山（今八公山，在大邱市之北）对战，大败而还。此后高丽与后百济战况胶着，一直到天授十四年（931年），高丽军在古昌郡（今庆尚北道安东）大破后百济军，才开始取得优势。

战后，王建应邀到新罗首都庆州，一路上秋毫无犯。新罗仕女交相庆贺，说："从前甄萱来，如遇虎狼；今日王公来，如见父母。"高丽为民心之所向，统一朝鲜只是时间早晚的问题而已。四年后，新罗最后一个敬顺王自动取消王号，归顺高丽。新罗王朝总共有五十六个国王，历九百九十二年（公元前57—935年），比所有的中国朝代都长。

甄萱有儿子数十人，舍长子神剑而立第四子金刚为世子。神剑不满，趁隙将甄萱幽禁，自立为王。甄萱逃出而投奔高丽，王建亲自迎接，厚礼相待。高丽天授十九年（936年），王建请甄萱为先锋，以父击子，轻易地打败后百济军。神剑见大势已去，只得投降。后百济灭亡。高丽王朝于是又统一了朝鲜半岛。

第 12 章

日本的大和、飞鸟、奈良及平安时代

日本在公元三世纪末，也就是弥生时代末期，还没有统一，而是一个类似邦联的国家。在第四世纪初到第六世纪的三百年间，日本才经过不断的战争及兼并而形成了一个统一的国家，称为"大和朝廷"。日本历史上称这一段时间为"大和时代"。

日本大和时代的兼并

大和时代又称为"古坟时代"，因为在这时期日本全国到处都建了许多大大小小的古坟，南起现今九州，北至本州的宫城县和福岛县，而以奈良县为中心。从古坟的规模、形状和陪葬品的内容，考古学家推断初期这些墓是部落酋长的墓；中期的墓主很明显变成军人、大官、贵族；到了后期，坟墓的数量激增，规模变小，显示一般有能力的百姓也自行建造坟墓了。古坟的演变印证了这三百年是战争与兼并时代的说法。

大和时代部落兼并的情况，在中国的一部《宋书》上也可以得到印证。这部书记载南北朝时期刘宋皇朝（420—479 年）的历史，其中提到倭国有五个国王"赞、珍、济、兴、武"与刘宋皇朝往来。一般认为，其中的倭王"武"

就是日本第二十一代雄略天皇（456—479年在位）。《宋书》收录了一封雄略天皇致送给刘宋顺帝的国书，内容写道：

> 吾国地处偏远，隶属外藩。从祖先开始，亲自披上甲胄，跋山涉水，不得休息。东征毛人，五十五国；西服众夷，六十六国；渡平海北，九十五国……

雄略天皇的国书不免有向刘宋朝故意夸大炫耀之意，但是已经清楚地指出，日本曾经有数百个部落国在互相攻伐吞并，而这项兼并的大工程实际上在雄略天皇之前已经大致完成了。不过，兼并完成绝对是发生在大和时代，与《日本书纪》里所记载神武天皇建立大和朝廷的年代相比较，晚了大约一千年。

神功皇后征三韩？

日本的历史很早就与韩国发生了密切的关系。《日本书纪》记载了在公元200年时发生一件大事。第十四代仲哀天皇刚驾崩不久后，神功皇后虽然怀孕而挺着大肚子，却亲自率领大军渡海攻新罗。一时之间，"船师满海，旌旗耀日"。新罗不战而降，高句丽和百济也畏惧而臣服于日本。然而，在韩国的《三国史记》中，无论是关于百济、新罗或是高句丽的历史，却完全没有提到过神功皇后渡海西征的事。那么究竟是怎么回事呢？神功皇后是不是真有其人呢？是不是日本在古代真的曾经派军队渡海，企图兼并朝鲜半岛呢？

今日可以确定的，是日本人由于拥有良好的航海技术，的确很早就已经到达了朝鲜半岛。到达的时间甚至比上述的神功皇后还要早好几百年。《日本书纪》中提到早期日本与三韩之间的互动历史，从公元前一世纪起就不曾间断。不但如此，韩国史书《三国史记·新罗本纪》也记载新罗的赫居世居西干建国后八年（公元前50年），倭人就开始渡海来侵犯。从此以后，新罗每一个国王在位时，总是有"倭人来犯"的记载，起码连续五百年。

上一章提到，1877年在中国东北吉林省发现了高句丽"好太王碑"。这个碑是由好太王的儿子长寿王在414年刻石立碑的,虽然碑文至今有小部分已经无法辨识,但是大抵完好。其中明确地记载了部分有关好太王与百济、新罗及倭国之间的多角关系,内容如下:

> 百济、新罗从前是高句丽的属民,一向都来朝贡。而倭国在辛卯年(391年)以来,渡海击破百济、新罗,强迫以为臣民。六年丙申(396年),好太王亲率大军讨伐百济。百济王被困投降,献出男女一千人,细布千匹,发誓从今以后,永为奴客。九年己亥(399年),百济违背誓言,与倭和通。而新罗遣使来,称倭人出兵,充塞其国境,攻破城池,奴役人民,向王请命求救。十年庚子,王下令派遣步骑五万,往救新罗,从男居城至新罗城,倭贼退□□□,□□□□□□,追至任那、加罗。十四年甲辰(404年),倭不轨,侵入带方界(今首尔附近),王亲自带兵征讨,倭寇溃败,斩杀无数……

"好太王碑"证实日本确实曾经跨海西征,掀起大战。这很可能是历史上日本和韩国之间的第一次大战。不过"好太王碑"所记载事件发生的时间,比《日本书纪》所记载的神功皇后晚了大约二百年,对应第十六代仁德天皇(313—399年)及第十七代履中天皇(400—405年)在位的时候。《日本书纪》称仁德天皇为"圣帝",也记载仁德天皇因为新罗停止朝贡,派兵去征讨,俘虏了数百人回日本,但是并没有描绘成一场牵涉到四国的大战争,只在后来说高句丽来入贡。有关履中天皇的记载也没有提到任何战争。

大部分的日本学者原本已经怀疑《日本书纪》早期记载的正确性,此一记载不过是再一次证实他们的怀疑。许多学者直接说神功皇后根本是一个虚构的人物。

日本早期在朝鲜半岛的经营

"好太王碑"清楚地指出,从四世纪末起,百济与新罗便夹在高句丽与倭国两强之间。在倭国不断威胁之下,百济选择与倭国同盟;而新罗选择向高句丽求助。但奇怪的是《三国史记》对于这一段战争的历史也没有十分明确的记载。《三国史记·百济本纪》里面只有一条提到第十七代阿莘王六年（397年），太子腆支被送到倭国作为人质。为什么要这样做呢？正是因为高句丽好太王在前一年击破百济，百济被逼无奈，只好送人质到倭国，请求倭国派兵来协助。自此以后，百济一直与倭国结盟，历经两百多年，到亡国前都没有改变。

"好太王碑"又证实了倭国曾经在朝鲜半岛建立了桥头堡，也就是任那与加罗。一般认为，任那是由三韩时代的弁辰演变而来的。弁辰国里人人都刺青，风俗、语言与马韩及辰韩都不同，非常可能是早期倭人渡海到朝鲜半岛南端而建立的部落国。到了大和朝廷统一了日本，任那由于血缘的关系，便接受大和朝廷的支配，成为类似殖民地。《日本书纪》中提到任那国，常常称之为"任那日本府"，意思极为明显。至于加罗，原本是任那的一部分，后来分立，而仍是由倭国控制。

日本对朝鲜半岛的企图心，在前述中国史书《宋书》里的记载也可以清楚地看到。倭王珍（可能是第十九代允恭天皇）曾经派使者带国书给刘宋文帝（424—453年在位），国书中自称为"都督倭、百济、新罗、任那、秦韩、慕韩六国诸军事、安东大将军、倭国王"。后来其他的倭国国王也都在国书中如此自称。倭国国王显然自认朝鲜半岛都是倭国的属地，只有高句丽不在内。

日本势力在朝鲜的衰退

前述雄略天皇给刘宋顺帝的国书，还有下半段，极具历史参考性，内容大致如下：

> 臣虽下愚，尚能克绍祖先，率领所属，统一大业。百济路途遥远，必须装治战船始能到达，而高句丽无道，竟然意图趁机并吞，掠抄边境……臣愤恨寇仇，正在练甲治兵，要伸张父兄的遗志；即使白刃在前，也无所顾惜。

雄略天皇的国书为什么写得如此愤慨呢？那是因为在475年（雄略天皇二十年），高句丽长寿王攻杀了百济盖卤王。盖卤王正是雄略天皇的亲密盟友。雄略天皇决定要为盟友报仇。他在国书中虽然自称是"臣"，真正的意思是请刘宋王朝不要插手。

雄略天皇是一个暴君。他有五个哥哥，都直接或间接被害而死于非命。雄略天皇又大戮宗族，大和政权的国力从此下滑，因而实际上谈不上要如何对付高句丽。不过雄略天皇还是在479年派兵护送在日本做人质的盖卤王的孙子回到百济，扶立他接任为第二十四代东城王。

同一年，雄略天皇驾崩，由儿子清宁天皇继任，在位只有五年也死了。由于雄略天皇心狠手辣，不但杀了自己的兄弟，连其他的同族的子孙也都遭殃，因而王室枝叶稀疏。清宁天皇也杀了同父异母的弟弟，皇室更是稀疏。清宁天皇自知不会有子嗣，派人四处访查，找到两个在逃的远房堂兄弟，才又继承了两代天皇。但传到第二十五代武烈天皇，又没有任何后代，天皇万世一系的血脉看起来恐怕要断掉了。幸而大臣大伴金村等不放弃，终于找到一个血缘非常非常远，第十五代应神天皇（即是传说中的八幡大神）的玄玄孙来接任第二十六代天皇。这个天皇因此称为继体天皇。

百济在倭国国力下滑后已经不太听话，常常与任那发生冲突。继体天皇登基之后不久，百济要求割让任那四个县。继体天皇明知任那对日本的重要性，却无可奈何，只得任由百济拿去。

第二十九代钦明天皇（539—571年在位）即位后，对于割让任那四县给百济耿耿于怀，屡次要求百济圣王归还，而百济圣王总是推托，经过十几年没有结果。百济圣王与倭国之间的关系越来越淡，而与新罗联盟，以共同对付高句丽。不料百济与新罗在战胜高句丽之后却立刻反目。553年，百济圣王攻打新罗失利而被杀。百济遭到重大打击，又回过头来与日本结盟。

562年，新罗真兴王并吞了任那。《三国史记》中没有任何有关任那的记载，却有相当多关于"加耶"的记述，如金官加耶、大加耶及其他加耶等，统称"六加耶"，一一被新罗灭掉。这些加耶国就是日本及中国史书所称的任那及加罗。倭国在朝鲜半岛苦心经营了六个多世纪，自此化为泡沫，不过仍然保有一个盟邦。

苏我大臣与物部大连家族间的斗争

古时候,日本天皇也称作大君,负责祭祀鬼神,地位崇高但不插手日常行政。除了天皇之外,还有两个高阶的领导人:掌握行政大权的官员称为"大臣",另外有一位专门负责行军打仗的长官,称为"大连"。大臣与大连的位置在天皇之下,而和天皇一样都是世袭的。大臣和大连家族互相排挤是常有之事。

钦明天皇时,苏我大臣和物部大连两个家族之间的斗争转剧。苏我家族支持由百济传入的佛教,物部家族捍卫传统的神道教,双方水火不容,互相缠斗了数十年。第三十一代用明天皇将死时,两派又为了支持不同的天皇继承人而武力相向。苏我家族拥戴泊濑部皇子,结合厩户王子而击溃物部家族。泊濑部皇子随即登基(587年),是为崇峻天皇。

推古女天皇与圣德太子

苏我家族的领袖苏我马子原已掌握朝政,又将兵权也夺过来。日本从此不再有大连的官职。但苏我马子越来越跋扈,与崇峻天皇之间渐渐发生冲突。崇峻天皇年纪轻,不能忍受,将爱恨表现得很露骨,又口不择言,使得苏我马子警觉,先下手为强,派人在上朝的时候刺杀了天皇。

崇峻天皇既死,苏我马子是真正能决定下一任天皇人选的人。当时能够继任为天皇的皇子皇孙不乏其人,但是在苏我马子的眼中都靠不住。苏我马子最后选择了他自己的外甥女炊屋姬。炊屋姬又是钦明天皇的女儿,第三十代敏达天皇的皇后。她守寡多年,娇美聪明,善体人意,对舅舅苏我马子十分恭顺,因此入继大统,成为日本第三十三代"推古天皇"。

推古天皇选择在飞鸟(现今奈良县高市郡明日香村附近)建造皇宫,此后便称为飞鸟时代(593—710年)。推古天皇又选定自己的侄儿,也就是当初帮助苏我家族消灭物部家族的厩户王子为太子兼摄政,负责实际行政工作。

厩户王子人物俊美而聪明绝顶,后世称之为"圣德太子",广受当时日本人民的爱戴及后人的景仰。圣德太子公布"冠位十二阶",依官员的才能与功绩授予官职,打破世袭的制度。这是日本第一次有比较完整的官制。他又公布"宪法十七条",主要是对各部族豪强及官吏提出行为的规范。不过当时苏我马子是真正的权力中心,当然不会被他绑住,因而实际上很难推动改革。

圣德太子不幸比推古天皇早死,没有能够担任天皇。他的家族因为家世显赫,而又深受人民爱戴,因而引起苏我家族的猜忌。苏我马子的孙子苏我入鹿比他的祖父还要凶狠,无缘无故便发兵围攻圣德太子的儿子山背王子,逼令其全家自尽。圣德太子遗爱人间,而其后人竟然下场如此悲惨,使得全国百姓都哀伤而愤怒。有志之士与皇族子弟开始暗中联络,准备铲除苏我家族。

遣隋使与遣唐使

推古天皇在位期间(592—638年)是日本历史发展的一段关键年代。在中国,隋文帝于589年统一南北,结束了将近三百年的分裂与战乱。推古天皇与圣德太子决定与中国建立直接的文化交流。

推古天皇八年(隋文帝二十年,600年),日本第一次派遣使者到中国。中国的史书称推古天皇为"多利思比孤"。推古天皇十五年,日本又派小野妹子为特使到中国,在第二年(大业四年,608年)晋见了隋炀帝。日本在此之前都自称倭国,还在国书上对中国皇帝称臣,但是这一次完全不一样。国书一开头写着:"日出处天子致书日没处天子无恙。"隋炀帝大怒,说以后如果有像这般无礼的国书就不用再呈上。不过隋朝对日本使节仍然以礼相待。从此以后,日本对外已经渐渐不再使用"倭"字,但是还没有开始使用"日本"的国名。

推古天皇一共派出五次使节团到隋朝,称为"遣隋使"。使节团还带去学者、学问僧到中国留学,目的是吸收中国先进的文化与技术。在此之前,日本是间接由百济吸收中国的文化。遣隋使是日本和中国文化的首次直接接轨,意义极为重大。遣隋使节团之中的南渊请安及高僧旻后来分别成为日本儒学宗师及著名的学问僧;另有高向玄理专门研究中国的职官制度。

隋朝后来大乱,日本只好停止派出遣隋使。唐太宗统一中国后,日本又继续派出使节团,称为"遣唐使",前后一共十九次,而规模更大。使节团通常派出二至四艘大船,每艘最多可载一百五十人。使节团中有很多由国家选派的留学生。日本这种大规模集体出国考察,送留学生出国研习的做法,在"遣隋使"、"遣唐使"已经奠下传统。十九世纪西方列强兴起,日本推行明治维新,也数次派出庞大的代表团,由高官率领,乘船到欧美各国考察,同时又送一大群学生到国外留学。这是日本之所以能够迅速赶上欧、美,成为当时亚洲新起强权的重大原因之一。

大化革新与《大宝律令》

遣隋使及遣唐使带回来巨大的冲击,使得日本民智大开。学问僧旻、南渊请安和高向玄理三个人回到日本后,都设立私人学堂,广收弟子,其中有很多是权贵子弟或是青年俊彦,影响极大。第三十五代皇极女天皇的长子中大兄皇子也拜南渊请安为师,因而南渊请安的另一个杰出弟子中臣镰足就成为中大兄皇子的智囊。中臣镰足与苏我入鹿也曾经一同受教于学问僧旻,听讲佛经及《周易》。中臣镰足却不齿苏我家族的行径。皇极四年(645年),中臣镰足与中大兄发动政变,在朝中刺杀苏我入鹿,灭掉苏我家族。政变后,皇极天皇坚持要退下来禅位给弟弟,即是孝德天皇(645—654年在位),年号"大化"。这是日本第一次使用年号。

孝德天皇的时代实际上是中大兄皇子和中臣镰足两个人在主导朝廷施政的方向。两人参考唐朝的制度,又请学问僧旻及高向玄理为新政府的顾问,在中央及地方政府组织都做了大幅度的改革。中央政府设立了八省,地方则划分为国、郡、里,长官都由中央政府任命。大化朝廷又依唐朝均田制的做法,将所有土地收归国有,再依户口调查的结果授田给农民耕种,称为"班田收授法"。朝廷又沿用唐朝的租、庸、调法,征收赋税,派遣徭役。这就是日本有名的"大化革新",其目的在于建立中央集权,削弱原有的部落豪强。

革新的诏书虽然发布了,各部落豪强大多拼命抵制,中央政府也没有足够力量去推动。因而革新是否能够推动,是很有疑问的。在孝德天皇以后,历代天皇都必须一再重提革新,并且不断地修改相关的法律与行政命令。中臣镰足因为有大功,被赐姓藤原。藤原家从此成为日本第一巨室。藤原镰足的儿子藤原不比等与刑部亲王两人共同合作,完成了一部新法典,在文武天皇大宝元年(701年)发布,称为《大宝律令》。

《大宝律令》包括六卷刑法条文(称为"律")及十一卷行政法条文(称为"令")。日本从此才真正成为一个"律令"国家。中央政府方面明订为二官八省制。二官指负责祭祀的神祇官,和负责一般行政事务的太政官。太政官之下设太政大臣、左大臣、右大臣、纳言等官。八省分别是宫内省、大藏省、刑部省、兵部省、民部省等。其中大藏省负责财政收支及货币相关事务,从此时设置,至今已超过一千三百年而名称不变,执掌内容仍是大同小异。

白村江之战

中大兄皇子在661年接任为天皇,称为天智天皇。在此前一年,朝鲜半岛发生一件大事,日本的盟友百济被唐朝灭掉,而日本竟来不及出兵救援。在上一章已经叙述其经过。

百济王扶余义慈很早就将王子扶余丰璋送到日本,作为人质。百济灭亡后,遗民不甘心亡国,于是派人到日本晋见天皇,请求把扶余丰璋王子接回去,又请日本出兵协助百济复国。任那被新罗灭掉之后,日本在朝鲜半岛早已失去桥头堡,历代天皇都为此耿耿于怀。如果百济灭亡,意味日本在朝鲜将完全没有立足之地。天智天皇决定出兵。

663年(唐高宗龙朔三年,日本天智天皇二年),唐朝大将刘仁轨、孙仁师、刘仁愿率唐兵与新罗兵水陆并进,到达白村江口(现今锦江口,在朝鲜半岛西南)。日本第一勇将阿倍比罗夫率领三万水军后至。唐朝水军以一百七十艘船与日本水军一千艘船大战。唐兵四战四胜,纵火焚毁日本战船四百余艘。日军都跳水溺死,全军尽没。百济王子扶余丰璋逃奔高句丽,百济复国的愿望于是破灭。这场大战在日本称为"白村江之战",在唐朝及朝鲜都称为"白江口之战"。这是历史上日本与韩国之间的第二次大战,更是日本与中国之间有史以来第一次大战。日本战败,从此退出朝鲜土地。

一直到九百多年后，日本关白丰臣秀吉挥兵朝鲜，明朝出兵救援，日本和中国才又在朝鲜半岛兵戎相见。

天武天皇与持统天皇

日本在白村江惨败使得全国不安，天智天皇又无视于当时传位给弟弟的传统，而传位给儿子大友皇子。他的胞弟大海人皇子因而有借口，起兵击败侄儿，成为第四十代天武天皇（673—686年在位）。日本历史称此一事件为"壬申之乱"。天武天皇即位后，厉行中央集权。

从大化革新到《大宝律令》之间，有一个律令形成的重要过渡阶段，称为《飞鸟净御原令》。这是由天武天皇在681年下令编修，于八年后完成，而由继任的持统天皇颁布。据学者研究，日本是在《飞鸟净御原令》发布后，才正式将国号改为"日本"，并开始有天皇的称呼。

持统天皇的经历有些特别。她原名鸬野赞良皇女，是中大兄皇子的女儿，却嫁给了叔叔大海人皇子。后来当她的父亲和叔叔兼丈夫发生冲突时，鸬野皇女坚决地选择与丈夫共患难。大海人皇子就任天武天皇，鸬野皇女遂成为皇后。天武天皇独裁而不设大臣，皇后却是天皇的左右手。天武天皇驾崩后，皇后更继任为持统天皇。持统天皇与天武天皇之间，和唐朝武则天与唐高宗之间极为相似，同时隔着海分别统治着两边的世界。更加巧合的是，武则天自称皇帝的这一年（690年），也正是持统继任为天皇的同一年。

据日本学者研究，《日本书纪》是运用干支纪年法倒算，从推古天皇十年（601年，辛酉年）起算，往前推一千二百六十年（二十一个甲子）而得到神武天皇元年，等于说公元前660年（也是辛酉年）是日本开国元年。这种推算法有可能是在《日本书纪》编写之前就已经有人想出来了。本书前面已经多次指出，《日本书纪》中的记载错误很多，引起后代的学者纷纷质疑。许多历史学者认为，这些错误最主要的根源来自这个推算法。神武天皇如果真有其人，年代最多只能反推到秦末汉初，《日本书纪》的推算却提早了四百多年。由于这个根本的错误，在其后数百年的记载自然无法避免衍生更多的错误。

白村江之战时，大海人皇子和鸬野皇女两人也都参加救援百济的军事行动，随军队乘战舰西向。当时鸬野赞良皇女十月怀胎，而在筑紫生下一名皇子。《日本书纪》是这两人在后来下令编撰的。因而，有部分学者怀疑《日本书纪》里有关神功皇后的记载，实际上是影射持统天皇自己的亲身经历，是一个虚构的故事。

奈良时代

持统天皇在694年迁都到藤原京（奈良县橿原市）。在她以前，日本的京城都是半永久的，只供一任天皇居住使用。持统天皇希望藤原京建好以后，将来所有的天皇都继续使用藤原京。然而，710年，第四十三代元明天皇又将国都迁往平城京（现今奈良县北郊）。

为什么藤原京新都只用了十七年便废弃了呢？有人说，是因为藤原京规模太小，不敷使用。也有人说，藤原京的交通不方便。又有人说，是因为藤原京的设计太差，不能令人满意。总之，元明天皇的野心更大，是要完全仿效唐朝的长安而建造新的日本国都。编撰《大宝律令》的藤原不比等又奉命规划建造新都。平城京造好之后，果然完全是长安的翻版，东西长4.5公里（含外城约6.3公里），南北宽5.3公里，中央的朱雀大路宽度超过七十米，左右两侧有棋盘一样的街市。

从元明天皇迁都平城京，到第五十代桓武天皇又迁都平安京（今京都市），在日本历史上称为奈良时代（710—794年）。事实上，在大和、飞鸟及奈良三个时代，日本的国都一直都是在奈良地区。

庄园制度

日本将所有土地收归国有后，分授给农民耕种。但由于税法严苛，劳役过重，许多小农民无法忍受，纷纷舍弃土地而逃跑。另一方面，贵族、豪农也不满足于不能永久拥有土地的所有权，因而消极抵抗。农田废耕的情况于是逐渐严重起来，国家的税收越来越少。第四十四代元正天皇只好修改法令，规定农民可以拥有新开垦的田地，并且最多可以传三代，称为"三世一身法"（723 年）。这个法令还没有经过三代，政府又受不住压力，急急颁布新法令，承认土地可以永久私有，称为"垦田永年私财法"（圣武天皇天平十五年，743 年）。

中国从周公创立井田制开始到唐朝，两千年来土地政策总是在国有及私有之间摆荡。土地国有则没有效率，私有则引起土地兼并，一不小心导致农民革命，恐怕连王朝都会灭亡。唐朝实施均田制，却逐渐放宽土地私有，准许买卖。到唐朝中叶时，土地兼并已经很严重。

日本仿效唐朝的制度，不料朝私有化倾斜得更快。"垦田永年私财法"之公布，不仅是屈服于现实，也是律令制度逐渐崩毁的开始。从事开垦土地的，无非是财雄势厚的佛教寺院、神道组织及高官贵族。这些人甚至可以拒绝地方官来盘查，获得免税的特权，因而得以大量兼并土地，又驱使贫农、佃农为他们耕作。其他的地主与农民为了分享免税的特权，也渐渐投靠这些特权分子，把土地登记在高官贵族、寺院或神社的名下。一个层层剥削的"庄园制度"从此渐渐形成。

庄园制度最上层的阶级自然要建立武力，以尽保护之责。另外有一部分独立性较强的大地主、中地主，为了要坚决地保护自己的土地，也开始自行武装，并聘请武师。日本武士的起源便是由此而来。日本朝廷渐渐收不到税，以至财政困难，也没有力量掌控地方。

女人当家的奈良时代

日本在飞鸟时代一共有十位天皇，其中有四位是女性。奈良时代更是一段女人当家的独特时代。在八任天皇之中有四任是女天皇，实际上女人执政的时候是六任。

圣武天皇时，实际执掌朝政的是光明皇后。圣武天皇和光明皇后之间的关系与唐朝的唐高宗和武则天之间也极为类似。光明皇后是藤原不比等的女儿，家学渊源，美艳而善于谋略，豁达而有男子之风。她生平最崇敬的人就是比她早生七十年的武则天，处处学习武则天，而将圣武天皇驯服得服服帖帖。两人所生的皇女和光明皇后是同样的模子出来，因此圣武天皇即位二十五周年便将天皇位置禅让给女儿，是为孝谦天皇。

孝谦天皇曾经因病而将天皇位置交给一个远房叔叔，而实际上仍是她在掌控一切。等到孝谦病好了，又将叔叔拉下来，再一次担任天皇，是为称德天皇，称为"天皇重祚"。

桓武天皇两次迁都

延历三年（784年），桓武天皇把国都从平城京迁到长冈京（现今京都府长冈京市）。桓武天皇之所以要迁都，原因是平城京从他的父亲光仁天皇的时代就开始闹鬼。皇后、太子、公主及亲王接连暴毙。旱灾、火灾连年。光仁天皇也驾崩。桓武天皇即位前也得到重病，长时间昏迷不醒，因此不敢留在奈良。

藤原家的藤原种继受命负责长冈京的设计建造。搬到长冈京后不久，藤原种继忽然被人用暗箭射死。桓武天皇为了不愿意传位给弟弟早良亲王，而希望传给儿子，借此诬赖早良亲王指使暗杀藤原种继，将他逮捕入狱。早良亲王不胜愤恨，在狱中绝食而死。自此以后，长冈京也开始闹鬼。皇太后、皇后及妃子一一暴卒。瘟疫流行，死人无数。伊势神宫起火。桓武天皇坐立不安，又急忙下令迁都。新都就在现今的京都市。桓武天皇将新都取名为平安京，顾名思义，是希望一家大小平安。平安时代（794—1185年）因而是以不平安为开始，却达到了平安的目的。京都也从此成为以后一千多年的日本国都。

桓武天皇还有一件大事，就是征伐虾夷。虾夷人多毛而矮小，又称为毛人，祖先可能来自千岛群岛或桦太岛（Karafuto，即库页岛），其血统、语言和日本人都不一样。虾夷人善于骑马，骁勇善战，神出鬼没，抢掠人民及财货，与日本各朝代都有摩擦。桓武天皇起用一位坂上田村麻吕为大将，率领十万大军，彻底击溃虾夷。田村麻吕被封为征夷大将军，亲自押解两个虾夷酋长回来。新都平安京内，万民欢腾。从此以后，征夷大将军成为日本武将最高的头衔。

平安时代与藤原摄关

平安时代一共有三十三个天皇,共三百九十三年。统计起来,其中竟有十八位天皇在很年轻便将位置禅让给弟弟或儿子,削发出家做和尚,而自称上皇。为什么有这样的现象呢?其中的原因,与藤原家外戚强盛有绝大的关系。

藤原家从藤原镰足与藤原不比等父子两人后,便与天皇家分不开了。藤原不比等虽然声势显赫,但当时朝廷的实权还是在天皇手里。不过从第五十二代嵯峨天皇(809—823年在位)开始,情况就不一样了。

嵯峨天皇是因为前任平城天皇病重而获得禅让,成为天皇。但是已经升格为上皇的平城天皇后来身体康复,又开始发号施令。一国之中于是有两个天皇,当时称为"二所朝廷"。嵯峨天皇任命藤原家的后人藤原冬嗣成立一个新的机构,称为"藏人所"。这是一个特务机关,用来侦察上皇的一举一动,并笼络武将。藤原冬嗣担任"藏人头",工作无比的出色,以至于上皇图谋政变而尚未出兵,手下将校士卒便已纷纷逃散或投降,溃不成军。上皇被押到东大寺削发为僧。嵯峨天皇为了感恩图报,不但自己娶藤原冬嗣的女儿,又命令儿子也娶藤原冬嗣的另一个女儿。

藤原冬嗣的儿子藤原良房青出于蓝,比父亲更加厉害。他在第五十五代文德天皇时(850—858年)成为天皇的岳父,又斗倒所有的政敌,牢牢掌控藏人所及国家大政。天皇从此成为藤原家的傀儡,长达两百多年。

藤原家为了要控制天皇,最重要的一件事是一定要多生几个女儿,并且把她们都嫁到天皇家。藤原家因而永远是天皇的小舅子、舅舅、岳丈或是外祖父,而以外祖父为最佳选择。平安时代最高的行政长官原本只称太政大臣,做了舅舅、岳丈、外祖父之后便可加称"摄政"的封号。第五十九代宇多天皇(887—897年)下了一道诏书,说:"事无巨细,百官总己,悉关白太政大臣,然后奏下。""关白"兼"摄政"从此成为日本真正掌权的人,简称"摄关"。

天皇的册立逐渐成为藤原家的家务事,原则上选择年纪越小的天皇越好。藤原家要天皇退位,天皇也只能从命。朝政虽然被藤原家牢牢掌控,天皇到底还是有享受不尽的特权与荣华富贵，因而有一部分的天皇满足于现状，与藤原家相安无事。但也有部分的天皇在年幼时接任，长大以后却发现傀儡难当，宁愿不做而选择退位，成为无所事事的太上皇，并出家为僧，在佛法中找到自己的天地。当然也有部分的天皇是因为藤原家嫌他碍手碍脚，而被逼退位，让给更年轻、更听话的小孩来担任天皇。

藤原家以天皇的名义而实质上掌控国家，不过并没有贸然篡位而取代天皇。这样的局面就一直维持下去。年深月久，天皇世袭，万世一系，就成了日本全民的共识。日本虽然在历史上发生过几次的改朝换代，产生新的实质统治者，但天皇一职总是由原来大和朝廷的家族成员继续担任，从来不曾改变过。

日本奈良及平安时代的文化发展

回来再讨论日本派出十九次遣唐使这件事的影响。当时除了学问僧及儒生之外，日本也派人到唐朝去学习百工技艺、农、医、乐舞、卜筮等。我们可以很明确地说，今日日本的社会及文化，有很大的一部分是根植于遣唐使。

唐朝是中国文学的黄金时期，几万首唐诗流传至今。在唐朝国力强盛时流行的诗，有描写沙漠、草原、边塞，壮阔而苍凉；有描写使气任侠、饮酒狎妓，狂放而不羁；也有描写儿女情长、生离死别，甜蜜而凄凉。这一类的诗人，以"诗仙"李白为代表。在安史之乱以后流行的诗，有描写百姓流离颠沛，骨肉离散的情景，写实而悲哀，而以"诗圣"杜甫为代表。有对现实失望，隐居不出，转而描写山水田园，歌咏自然，而以王维为代表。唐朝晚期藩镇割据，国家濒于灭亡，诗人们逃避现实，写一些描绘浪漫爱情的诗，唯美而缠绵凄楚，而以李商隐为代表人物。

李白和杜甫两人是好友，都生在大唐盛世，也亲身经历安史之乱的战火，尝到过饥寒交迫、悲欢离合的滋味，因此对照两人各自前后不同时期的诗便能明白时代动乱所造成的伤害。

日本大批的留学生到了中国，流风所及，也开始学赋诗。现存最早的日本汉诗集是《怀风藻》，在孝谦天皇天平胜宝三年（唐玄宗天宝十年，751年）时编纂完成，全部以汉文书写。

日本是一个喜欢唱歌吟咏的民族，在早期尚未有文字时，都靠口耳相传。从中国学到文字之后，就借用汉文来注记，以便传承。到奈良时代，有人便将这些诗歌、歌谣（称为和歌）集合成册，其中现存最早的就是《万叶集》。《万叶集》共收集了四千五百首歌，年代从公元四世纪到八世纪，跨越四百多年。《万叶集》中和歌的作者有天皇、贵族、官吏、文人及以歌为业的人。和歌的内容有男女相悦，有哀挽伤别，有赠答交际；有歌咏四季自然景色，有描写边疆戍卒，有反映社会现象，和唐诗的内容组合极为相近。总之，日本的《万叶集》不只是优美的文学作品，也是可以让后世从其中窥见当时社会百态的第一手材料。

《万叶集》采用汉字的音作为音读，汉字的意思作为训读，是日本假名文字的开始，称为"万叶假名"。当时是用整个汉字，而不是像现在的日文，只假借汉字的一部分来表示。日本原来传说片假名（取汉字楷书部首）是由一位日本在中国留学十八年的学者吉备真备所发明的，又说平假名（取汉字草书部分）是由到过中国留学的佛教高僧空海所发明的，不过现代学者对此大多表示存疑，顶多是这两位在片假名和平假名的演进过程中有很大的贡献。

宇多天皇宽平六年（894年），菅原道真被任命为第二十次遣唐大使。当时唐朝已经发生黄巢起义，遍地烽烟；菅原道真上书天皇，认为这时派遣留学生到中国太危险，因而没有成行。遣唐使的历史于是画下休止符。

遣唐使停止之后，日本关起门来消化外来的文化，与自有文化相激发，渐渐走出自己的路来。一条天皇宽弘五年（1008年，宋真宗大中祥符元年）时，日本出现了一部言情小说《源氏物语》，作者是一位出身贵族藤原家的女文学家，名叫紫式部。书的内容是写一个俊美而聪明的王子周旋在一群美丽女子间的悲欢离合故事，情节曲折而文笔细腻。据说主角光源氏是影射当时的关白藤原道长。这是世界上第一部长篇小说，比中国最早的章回小说《水浒传》还要早三百多年。

几乎与紫式部同时，另外一位女流文学家清少纳言也完成了一部令人惊艳的散文集《枕草子》。据说清少纳言向皇家献上作品时，皇后问说写的是什么，她回答说是枕边随笔记下的，因而《枕草子》就成了书名。清少纳言深入地观察身边四周的自然景色及事物，四季寒暑和白昼黑夜的变化，在其中找到灵感及联想，化成细腻而和谐、理智而感性的文字，表现出平安时代最高的文学趣向，并导引了其后一千多年日本的文学发展之路。

第三卷

交错的历史（公元十至十八世纪）

第 13 章

中国的治乱循环：宋、辽、夏、金及蒙古帝国

宋太祖赵匡胤开创了历时三百二十年的大宋皇朝，必须要感谢后周世宗柴荣。柴荣英明神武，只用了六年的时间便一统山河，可惜不满四十岁便英年早逝，只剩下孤儿寡妇，因而到头来辛辛苦苦打下来的江山被赵匡胤抢去了。南北朝时也发生过同样的故事。北周武帝宇文邕迅速地统一了华北，却因为早死而使得杨坚有机会篡位。

虽然如此，北周武帝的成就，开启了隋唐盛世；后周世宗的辛勤，造就了兴盛的大宋王朝。老子说："生而不有，为而不恃，功成而不居。"从道家的角度看，两人或许不应有什么遗憾。

杯酒释兵权

宋太祖赵匡胤（960—976 年在位）在陈桥兵变，黄袍加身。有人认为他是自导自演，也有人说他是半推半就。无论真相如何，这是唐朝藩镇跋扈问题延伸的结果。远的不说，宋太祖自己就曾经看见开创后周的郭威示范一次。所以说只要掌握兵权的藩镇继续存在，同样的事情还是可能继续发生。宋太祖当然怕手下的武将有人将来也如法炮制，因此迫不及待便要

解决这个隐忧，也顾不得还有许多敌人没有消灭。

宋太祖于是设宴邀请所有高级将领来参加。酒过三巡，宋太祖就叹口气对将领们说："我之所以有今天，全靠的是大家的帮忙。但是自从做了皇帝以后，却反而不快乐，从来就没有一天睡好觉。"此话一出，所有将领都大惊失色，问说："陛下为何如此说呢？"宋太祖说："人谁不想要富贵？一旦有部下以黄袍披在身上，就算原先没有打算，可以拒绝得了吗？人生短暂，不如多积金钱，购买田宅，留给子孙。歌舞快活，以享天年。我们君臣之间，不必互相猜忌，这不是很好吗？"第二天，所有的武将就称病请辞，宋太祖一一照准。

宋太祖"杯酒释兵权"，一举将兵权全部收归中央政府。宋朝三百多年不曾发生像唐朝、五代一样的藩镇盘踞情事。有人评论宋太祖心胸不够宽大，不能与一同出生入死的伙伴共享天下。但是也有评论说，与其如汉高祖和吕后一般阴谋杀害功臣，倒不如像宋太祖一样把话说明白。

宋太祖的宽容，还可以从另一件事得知。他在即位不久之后，便在太庙里的一个密室中立了一块大碑，刻上文字，以为祖训，要求将来所有的新皇帝即位时，必定要来恭读此一碑文，对天发誓。此一"誓碑"上的誓词只写了简单的三条：

  第一，柴世宗的子孙有罪不得加刑，纵然犯下谋逆之罪，也只能在狱中使其自尽，不得公然刑戮，也不得连坐其他家属。
  第二，不得杀士大夫及上书建议的人。
  第三，子孙有违背此一誓言者，天必殛杀之。

这个誓碑原本是秘而不宣，也没有人敢泄漏，但在一百六十多年后，发生靖康之变，金兵攻破汴京，打开太庙，于是成为一个公开的秘密，在当时有许多人的笔记中都有记载。宋太祖显然是对于自己不得不篡位一事心中有愧，所以对柴氏的子孙刻意加以保护。他所立下不杀大臣的祖训也使得北宋一朝能够言路广开，纵使政治斗争激烈，也没有人因而丧命，最多是被贬官放逐。

然而，宋太祖杯酒释兵权，示范后代的皇帝小心防范武将，也使得宋朝的政策和政府的组织执掌明显地偏向重文轻武，因而军队战斗力大幅削弱。此一弊病在后来对北方辽国、西夏、金国的战争中明显暴露，是北宋一百六十多年的致命伤。

宋太宗继位

宋太祖继续周世宗"先南后北"的策略，一一灭掉南方各国。开宝九年（976年），他却在五十岁时突然驾崩。有许多史家怀疑他的弟弟，也就是继位的宋太宗赵光义，涉嫌趁夜晚与哥哥单独在宫中喝酒时，下毒弑兄夺位，因而有"烛影斧声"的传说。宋太宗接着又在短短数年内连续迫死宋太祖的两个儿子，以及自己的亲弟弟。这使得史家更加怀疑他不但篡位，又刻意为自己后代继承皇位的问题清除道路。部分史家断定北宋前二十年的历史档案遭到篡改，以支持宋太宗继位的正当性。

宋太宗（976—997年在位）在接任之前，宋朝的敌人只剩下北汉和在其背后支撑的辽国。宋太宗于是出兵击灭北汉，接着趁势一鼓作气而转攻辽国，不料在北京城附近的高梁河被辽国名将耶律休哥击溃。宋太宗中箭落马，险些被俘，落荒而逃。

宋太宗为什么败得如此之惨？其中一个原因当然是前述"杯酒释兵权"的后遗症。宋太宗自己并不像柴世宗和宋太祖一样，对行军打仗并不在行，身边也没有能征善战的将军。但还有另一个重要的原因，那就是对手辽国昏庸的"睡王"辽穆宗已经不在位。这时辽景宗执政，但因体弱多病，有时无法上朝，军国大事大多由皇后萧绰决定。萧皇后的政治天赋和谋略与唐初的武则天相比，绝对是不相上下，又知人善任，因而辽国的文臣武将盛极一时。

澶渊之盟

辽景宗死后，由长子辽圣宗耶律隆绪继位（982—1031年），只有十二岁。

萧皇后升格为太后，临朝摄政。这时有一个汉人韩德昌，三代都为契丹效力，位居宰相，受萧太后宠信而主导决策及推动政治、经济改革。辽国的国力在萧太后的手中达到一个新的巅峰状态。

雍熙三年（契丹统和四年，986年），宋太宗又发起一次大规模北征，三道出兵，誓言夺回燕云十六州。辽国耶律休哥再次领军应战。结果宋朝各路兵马又是惨败，主帅曹彬在岐沟关（在今河北涿县）全军覆没，死数万人；名将杨业在陈家谷（在山西朔县）力战被俘，绝食而死。宋太宗从此不得不打消收回燕云十六州的念头。

契丹统和二十二年（宋景德元年，1004年），萧太后与辽圣宗亲率大军南征，宋朝第三任皇帝宋真宗听从大臣寇准的建议，也亲自到前线。双方打了几个回合，僵持不下。萧太后派韩德昌与宋朝议和，很快订定和约，称为"澶渊之盟"。双方约为兄弟，宋朝每年送契丹银十万两、绢二十万匹。"澶渊之盟"签订之后，从此双方和平相处，一百多年没有再发生战争。

表面上看起来，宋朝必须每年纳币、纳绢给契丹，是一个不平等的条约，有伤颜面。而实际上，宋朝所付出的并不多，却换来了长久的和平。现代的中外历史学家都一致公认北宋是中国经济和文化发展的黄金时代。如果没有长期的和平，黄金时代是不可能来临的，因此澶渊之盟可以说是为这个黄金时代奠定了基础。

对契丹来说，澶渊之盟也是价值连城。契丹不但争到面子，从此也可以放心对亚洲北方的各个部族动武，而没有后顾之忧。辽国在最强盛时，国土东起日本海，西至阿尔泰山西麓；南有中国的河北、山西，北至贝加尔湖，疆域比起北宋还要大一倍。在此之前，从来没有一个民族曾经统一过蒙古草原和亚洲东北的黑龙江及辽河流域，而小小的契丹办到了。

西夏兴起

除了契丹，宋朝在西北方现今宁夏及陕北一带还有一个新起的敌人西夏。西夏人是羌人的一种，称为党项羌，在唐朝时曾经被吐蕃统治，并为吐蕃打仗。吐蕃衰落之后，党项羌人开始独立。

契丹萧太后刚刚临朝摄政时，党项羌的酋长李继捧归降宋朝，到开封朝见宋太宗。宋太宗将李继捧强留，不让他回去，又要将党项羌人迁移到河南一带。党项羌人意识到情况不妙，于是拥立李继捧的弟弟李继迁为王，聚众抗命。宋朝赶忙封李继捧为节度使，命他带兵回去收服弟弟，但是已经来不及了。契丹萧太后插手进来，直接封李继迁为王，与其建立同盟关系。接着李继捧也被契丹收编。宋太宗一颗棋下错，满盘皆输，从此陷入两面作战。

西夏土地贫瘠，资源短缺，以掠夺宋朝人民财物为生。李继迁的孙子李元昊在宋朝第四代皇帝宋仁宗景佑五年时（1038年）自称皇帝。宋朝不只打不过契丹，对西夏也是屡战屡败，边境居民被西夏掳掠屠杀，损失惨重。最后契丹出面促使西夏与宋朝谈和，在宋仁宗庆历四年（1044年）签订和约。宋朝同意对西夏每年也致送银两、绢、茶等。

北宋与西夏的和约只维持了不到四十年。西夏在第三代皇帝惠宗时，母后及外戚专权，政治腐败。宋朝的第六代皇帝宋神宗以为有机可乘，于元丰五年（1082年）派大军出征。宋军连战皆捷，直逼西夏首都兴庆府（今宁夏银川），不料在银州（陕西米脂县）大败，死二十几万人。宋神宗痛哭流涕，悔不当初。自此北宋与西夏之间就不再有和平了。

宋神宗与王安石变法

宋神宗（1067—1085年在位）赵顼十九岁登上皇帝位，年轻而有抱负。他对于宋朝一直以来必须每年对辽国和西夏贡献，深以为耻，一心想要富国强兵。宋朝开国至此已经超过一百年，累积的政治、社会、经济问题很多，他认为必须要改革。宋神宗于是重用王安石，决定变法。

王安石是一个做事积极而有理想的知识分子。他提出了几个配套的重大改革方案，包括均输法、市易法、青苗法、方田均税法、农田水利法、保马法、保甲法等。改革的层面包括了土地、农政、财税、经济、贸易、国防等，极为大胆而周密。然而，王安石的改革却遭到以司马光为首的保守势力的抵制。在保守势力的眼中，王安石所提拔的一些新进官员的名声

辽/北宋时期（公元1110年，局部）

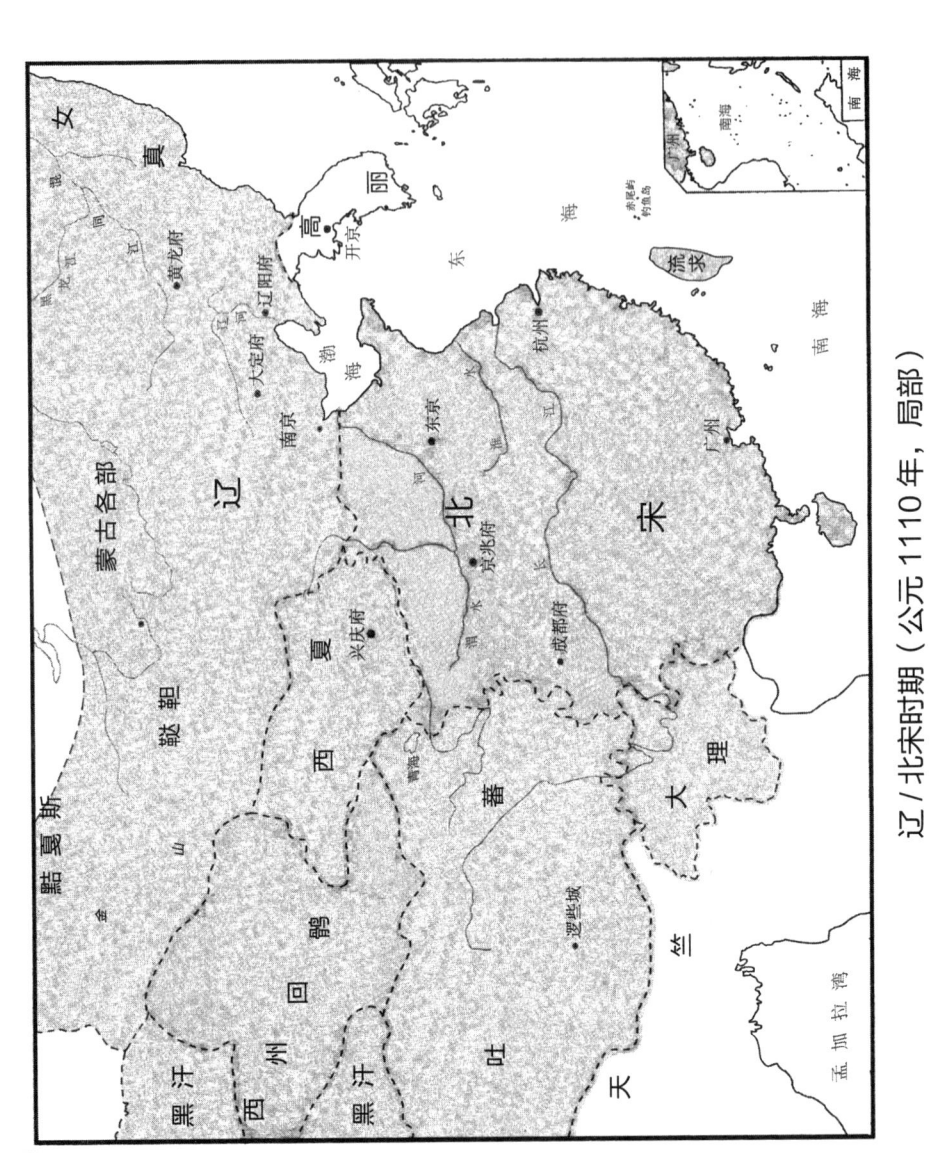

和操守都很有问题,因而又加深了对王安石变法的反感。理念之争于是转为党争,产生了所谓"旧党"与"新党"。双方划清界限,水火不容。

宋神宗不幸在三十八岁时驾崩,儿子宋哲宗赵煦(1085—1100年在位)继位,只有十岁,由高太皇太后临朝摄政。高太皇太后原来就痛恨新法,于是起用司马光,罢除新法,复行旧法。等到太皇太后驾崩,宋哲宗亲政,却又开始重用新党人,恢复新法。宋哲宗传位给弟弟宋徽宗赵佶(1100—1115年在位),同样的剧本又再一次上演。北宋便是在这种纷纷扰扰,恶性循环的政治斗争中,一路走向灭亡之路。

辽国的衰败

辽圣宗的长子辽兴宗耶律宗真(1031—1054年在位)在十七岁时继位为帝。虽然他已成年,生母萧耨斤仍以皇太后之尊摄政。萧耨斤太后重用娘家的人及一些贪官污吏。辽兴宗敢怒不敢言,母子因此结怨。太后预备废掉兴宗,立次子耶律重元为帝。耶律重元与兄长感情深厚,偷偷报告兄长。辽兴宗先下手为强,将母亲幽禁在父亲的墓旁。辽兴宗又承诺将来要把皇帝位传给弟弟耶律重元,日后却没有履行诺言,因而埋下辽国内乱的种子。

辽兴宗施政也是十分腐败,国力逐渐衰弱。当初西夏与宋朝在1044年所签订的和约便是在辽兴宗软硬兼施之下签订的。西夏后来知道原来辽国逼着西夏签和约是为了从宋朝拿到好处。宋朝追加给辽国纳币、纳绢,比西夏拿到的还要多。西夏国君臣都觉得不是滋味,因而与辽国渐渐发生冲突,最后演变成战争。辽兴宗两次御驾亲征,而都无功而返。百姓却因而困乏,怨声四起。

辽兴宗死后,儿子辽道宗耶律洪基(1055—1101年在位)继位。耶律重元盼了十几年,到头来还是没能当上皇帝,只能当皇太叔。耶律重元自己野心不大,并不是非做皇帝不可;但是在儿子及一堆亲信强力劝说之下,半推半就发动了叛乱。这场叛乱没多久就被敉平,然而其酝酿期间长达十年之久,造成皇族的严重分裂,对其后辽国皇室的威信也产生极为负面的影响。辽道宗骄奢淫逸,听信谗言,竟连皇后和太子都杀害了。等到皇位传给孙子天祚帝耶律延禧时，辽国的政治已经和宋朝一样，外表鲜亮，而内部却腐败不堪，而女真人正好在这时突然兴起。

女真人兴起

契丹强盛时，在其疆域最东北角的混同江（现今黑龙江）流域有女真人居住。女真是一个古老的部族，在商、周时代称为肃慎，以渔猎为生，能打造强有力的弓箭。春秋时期鲁国有人捡到一只从天空掉落的大雁，身上还插着一只奇特的长箭，从未见过，便拿去问孔子。孔子说："这是楛矢，是远在数千里外的肃慎人用楛木做成的箭。"肃慎后来在不同时代有不同的名称，如挹娄、勿吉、靺鞨等。靺鞨又有粟末部及黑水部，都臣服于契丹。契丹人称粟末靺鞨为熟女真，黑水靺鞨为生女真。生女真人之中有一个完颜部，酋长完颜乌古乃逐渐成为女真诸部落的领袖，被辽道宗封为女真部节度使。

乌古乃之后，女真族长之位次第传给几个弟弟，传到完颜盈歌，手下的军队才第一次超过一千人。辽天祚帝刚继位第二年（1102年），国内发生叛乱。贵族萧海里率领叛军逃往女真的方向，派人邀完颜盈歌一齐反叛，完颜盈歌将萧海里的使者绑起来送给辽天祚帝。辽国政府军人虽多，追剿叛军却屡战屡败，无可奈何。完颜盈歌请辽军让开，派侄儿完颜阿骨打率领女真兵上阵，以一敌十，大破叛军，杀萧海里。女真人从此认为辽国军队打仗都贪生怕死。

第二年，盈歌病死，女真首领的位置又传回到乌古乃的长孙乌雅束，也就是阿骨打的哥哥。在女真南边的高丽为了国界问题与女真人发生嫌隙。乌雅束派部将率兵南下，大败高丽兵。女真地区出产优良的战马，女真人因而擅长以骑兵冲锋陷阵。高丽人虽多，但以步兵为主，不是女真人的对手。

辽国长期向女真征税，又索取珍珠和贵族狩猎用的鱼鹰，称为"海东青"。辽国国家腐败，官吏骄奢而贪得无厌，欺凌女真部落百姓，作威作福。女真人渐渐忍无可忍。辽天祚帝天庆三年（宋徽宗政和三年，1113年），乌雅束死，阿骨打继位。辽国使者来，尚未吊祭便质问阿骨打为何尚未向辽国报告便擅自继位，看见祭典用的骏马又要占为己有。阿骨打大怒，第二年起兵反叛。辽国两次派兵攻打女真，两次都大败。

女真人打仗凶悍无比，契丹人常说女真兵的人数如果超过一万人，就天下无敌。阿骨打的军队在第二年就有了一万人，于是自封皇帝，国号"金"，年号"收国"。后世称他为金太祖。不久，阿骨打又攻占辽国重镇黄龙府（今吉林农安）。辽天祚帝大惊，亲自率领四十万人，预备一举消灭女真。这时辽国长久以来内部的矛盾却爆发了，部分军队叛变，拥立另一个皇室贵族耶律淳为帝。天祚帝急忙撤兵回国。阿骨打趁机追击。辽兵溃散，尸横百里。

辽国灭亡

女真人突然崛起，宋朝喜出望外，便与金国联盟，约定共同攻打辽国。双方同意在战胜之后，宋朝收回燕云十六州，而原先辽国所得的纳银、纳绢转送金国，再给金国劳军米二十万石。辽国当时内乱越来越严重，文武大臣纷纷投降金国，金国因而对辽国内部情势及山川地理一概清清楚楚。金天辅六年（宋宣和四年，1122年），阿骨打大举攻辽国，取中京（今内蒙古宁城）。宋朝派宦官童贯率十五万人同步攻打燕京（今北京），却被辽军击溃，尸积如山。金兵赶来接替宋兵，大破辽兵，攻陷燕京。

金国大将都认为宋兵比辽兵还要无用，没有任何功劳，建议拒绝将燕云十六州拨给宋朝。阿骨打决定折中，拨七个州给宋朝，但是挟持所有百姓北返。宋朝只得到七座空城。阿骨打回国时死在半路上，弟弟金太宗完颜吴乞买（1123—1135年在位）继位。

辽国兵败之后，天祚帝被金兵一路追杀，逃到现今内蒙古的阴山中躲藏。金兵诈败，引诱天祚帝追击，然后阻断归路；天祚帝只得投降，成为阶下囚。辽国从太祖耶律阿保机建国，至此灭亡（1125年），共计九个皇帝，二百一十年。辽国皇族耶律大石率众西逃，抵达西域，称帝，又建立了一个新皇朝，是为"西辽"（喀喇契丹，Kara Khitai）。西辽国延续九十几年，到1218年才被蒙古成吉思汗所灭。

北宋灭亡

金朝在与宋朝共攻辽国之后,向宋朝索取原先同意的劳军米二十万石。宋朝竟推托不给。不但如此,宋朝又想从金国的手中拿回燕云十六州的另一半,利诱在这几个州的汉人将官背叛金国。来往的书信被金兵抄获。金太宗完颜吴乞买大怒。金朝所有的将领在燕京之战时就已经很看不起宋朝的军队,认为不堪一击。金太宗此时又认为宋朝背信忘义,于是决定教训宋朝,发兵南下。金兵势如破竹,没多久就抵达黄河北岸,直指宋朝国都汴京。

这时宋朝的皇帝宋徽宗是中国历来所有皇帝之中艺术造诣最高的一位。他的书法和画作都还留存到现代,并有很高的评价。然而,在政治上他却是一个无能而不负责任的皇帝。他吓得赶紧把皇帝位传给儿子宋钦宗赵桓,自己置身事外。

宋钦宗被迫割让三个镇给金国,金国于是退兵。但是金国在六个月后又挥兵南下,攻破汴京。宋钦宗投降,同意割黄河以北所有的土地给金国。金兵又勒索贡金一千万锭、银两千万锭、绢帛两千万匹,宋钦宗也只得全部接受。不过宋朝答应容易,却没有办法如期缴纳,金兵于是将宋钦宗、太上皇宋徽宗及皇族、后妃等三千多人全部掳掠北去。北宋从太祖赵匡胤建国,至此(宋钦宗靖康二年,1127 年)灭亡,共九个皇帝,一百六十七年。

当初女真人突然兴起,宋朝上下欣喜若狂,以为是世仇辽国内部的忧患,幸灾乐祸。不料小小的女真族从阿骨打起兵开始,只有十二年就将这两个大国先后灭掉。历史上小国吃大国而速度如此之快,实是前所未闻。北宋和辽国若不是腐败到了极点,也不至于灭亡得如此之快。

宋金议和

金兵俘虏宋徽宗和宋钦宗北去之后,宋徽宗的另一个儿子赵构继任为帝,改元建炎,后来称为宋高宗。宋高宗往南逃,最后终于安定下来,以临安(今杭州)为国都,建立南宋,是北宋的延续。金朝在汴京扶植原宋朝的大臣刘豫成立傀儡政权，国号"齐"。

金太宗驾崩，由儿子金熙宗完颜亶继位（1135—1149年在位）。金朝大将金兀术（完颜阿骨打的第四子）继续领兵在华北征战，威震八方。然而，南宋面临亡国在即的危机，前线的官兵将士用命，民兵也纷纷组织起来，共同抵御强敌。宋朝大将张浚、吴玠、韩世忠、岳飞等在华北与刘齐军和金兵大战，打了几次胜仗，渐渐扭转局势。南宋大将之中，尤以岳飞所率领的岳家军最为有名。岳家军的军纪严明，号令如山，在郾城（今河南郾城县）以长镰刀大破金兵的连环拐子马，是中国历史上著名的战役。岳飞接着又在朱仙镇大胜。金朝的主帅金兀术陷于四面楚歌。岳飞正想挥兵北上，直指金朝首都黄龙府，不料宋高宗却决定与金朝签订和约，而突然连下十二道金牌，命令岳飞退兵。岳飞只得遵旨回到临安，被解除兵权。第二年（宋绍兴十一年，1141年），岳飞被诬陷为谋叛，与儿子岳云一同被处死。

岳飞尽忠报国，反而惨死，是后世的历史学家与民间百姓一致公认的冤案。其背后的原因，一般认为是宋高宗急于与金朝签订和约，深怕金朝将扣留在北方的宋徽宗与宋钦宗送回南方，自己皇帝位置难保，因而与当时的宰相秦桧共谋，必定要置岳飞于死地。这一段惨案，其实牵涉很复杂，对后世的历史和价值观也有很深的影响，因而本书另辟章节予以剖析详论，请读者诸君参阅第三十八章。

南宋、金的和战循环

宋、金的和平只维持了二十年，金朝的海陵王完颜亮（1149—1161年在位）弑金熙宗，自立为帝，然后撕毁和约，动员六十万大军南下。宋高宗和他的父亲宋徽宗一样，没有勇气面对敌人，把帝位传给养子宋孝宗赵昚（1163—1189年在位），自称太上皇，而置身事外。

宋孝宗继位在赵宋皇朝有一项特别的意义。当初宋太宗有弑兄篡位之嫌，北宋的皇帝从此都是宋太宗的后代。但靖康之变发生时，金兵将在汴京的北宋皇族全部都俘虏到北方，只有一个漏网之鱼，就是宋高宗。但宋高宗并没有子嗣，只好收养宋太祖赵匡胤的七世孙赵昚来做养子，以为皇储。

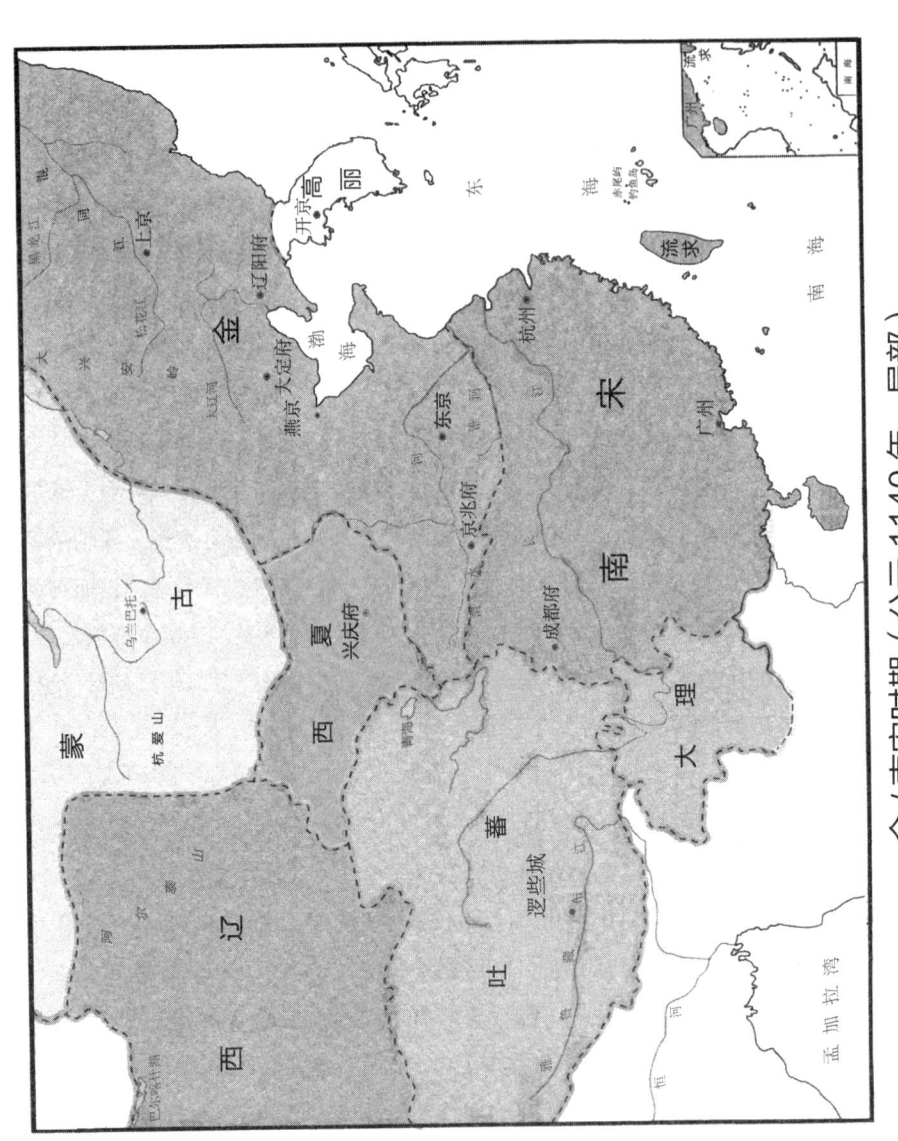

金／南宋时期（公元1140年，局部）

南宋从宋孝宗以后，所有的皇帝都是宋太祖的子孙。

完颜亮原想以泰山压顶之势渡过长江，一举消灭南宋。然而，他是以篡位夺得政权，之后又残杀与自己不同宗的所有完颜氏皇族，因而刚刚出兵，后方就发生叛变。完颜亮率兵到采石矶，被宋朝守将虞允文以霹雳炮（装火药的火炮，在北宋末年发明）击败，最后被乱军弑杀。阿骨打有一个孙子完颜雍，在老家辽东镇守，这时被拥立为帝，是为金世宗（1162—1189年在位）。

金世宗和宋孝宗的军队又战斗了几年。双方筋疲力尽，不得不又讲和，而将精力转到内政来，都称得上是中兴之世。金世宗被后世称为"小尧舜"。两国的后继皇帝也同样地在战与和之间不断地循环，同时又都追求奢靡，逐渐腐化。金世宗的孙子金章宗完颜璟（1189—1208年在位）与北宋的宋徽宗一样，有极高的艺术才华，到后来却无心于治国。在同一时期，西夏也一样逐渐地腐化了。

这三个国家都享受着繁华富庶，并且都重文轻武，却没有注意到蒙古人已经悄悄在草原上崛起。数十年后，蒙古的成吉思汗将率领铁骑踏平整个欧亚大陆。在叙述创造蒙古帝国的成吉思汗之前，本书必须先简述一下蒙古的历史源流。

蒙古源流

中国的史书记载，蒙古人的祖先称作室韦人，属于东胡族，而与鲜卑、乌桓源流相同。东胡人在秦末汉初时被在塞外草原上称雄的匈奴人击破而四处逃窜。鲜卑人到达大兴安岭附近，乌桓人到达西辽河流域附近。室韦人到哪里去，历史没有明确记载。

鲜卑和乌桓人在东汉末年回到塞外草原，后来又转到黄河流域，建立了几个朝代或国家。南北朝、隋、唐时，一般认为是鲜卑、乌桓后裔的柔然、库莫奚和契丹也逐步跃上历史的舞台。室韦人也同步出现。

东魏孝静帝武定二年（544年），高欢掌政时，室韦人派使臣向东魏贡献土产方物。这是室韦第一次在史书上出现。室韦人势力逐渐扩大，而在唐朝时被纳入版图，分为九部。其中有西室韦部、大室韦部和蒙兀室韦部等三个部落居住在额尔古纳河沿岸，最接近漠北草原。一部分室韦人从此逐渐迁入大漠草原。中国的史书对此没有详细记载，但是近代的考古学者却找到一些线索。

考古学家于十九世纪末开始在中亚发现一些突厥各代君主所立的"突厥碑"。其中有"阙特勤碑"（732年立）及"苾伽可汗碑"（735年立）。碑上都明确地记载了"鞑靼人"（Tatar），正是室韦人移民。鞑靼人在突厥及后起的回纥强盛时，逐渐向西、南迁移。唐末沙陀名将李克用曾经落难而亡命北方，投奔在阴山之北的鞑靼人。

回鹘人在唐朝后期灭亡，留下的真空地带又吸引了大批的移民前来。十世纪初，蒙兀室韦部的孛儿帖赤那率领族人向西迁移，到达斡难河（今鄂嫩河）的发源地不儿罕山（今大肯特山）。这就是成吉思汗的祖先。契丹称雄北方时，这个部族被称为鞑劫子。同时，大室韦也到达阔连海子（今呼伦湖）、捕鱼儿海（今贝尔湖）一带。契丹称之为"敌烈"，在金朝时改称"塔塔儿部"。另外还有许多其他的室韦人陆陆续续西迁，形成一股大移民潮。室韦人是最后一个回到故乡草原上的东胡人后裔，并将创造出一个震古烁今、辉煌无比的时代。

成吉思汗的时代及出身背景

蒙古人原本是臣属于辽国，在女真人兴起后，转而臣服于金朝。由于金朝注目的重点是南宋，塞外草原上的各部族势力因而有机会各自发展。当时比较强盛的部族，由东至西，有塔塔儿部、蒙古部、克烈部、乃蛮部，以及漠南的汪古部等。各部对金朝有时顺服，有时反叛，其中以塔塔儿、蒙古二部最为难驯。

对于草原上的各个部族，金朝基本上是采取离间的策略，挑拨仇恨，以避免各部族相互结合。但是草原中生活方式相同的各部族之间发生战争后，并不是杀到你死我活，而是胜者接收败者的全部。因而，金朝的挑拨离间正好促成草原上的快速相互并吞，最后将产生一个强大无比的势力。

草原中与金朝最接近的是塔塔儿部,也受到金朝最严厉的对待。金朝对塔塔儿人血腥镇压,又要求塔塔儿人替金朝对付其他草原上的部族,以作为服从的证明。

成吉思汗的曾祖父合不勒汗统一了蒙古各部落。金朝派使者到蒙古部,因言语冲突而被合不勒汗下令杀死。合不勒汗自己有七个儿子,而遗命遵照习俗将汗位传给同族的兄弟俺巴孩可汗。俺巴孩可汗将女儿嫁给塔塔儿人,并且亲自送女儿去。塔塔儿人却将俺巴孩可汗捉住,送给金朝献功。金朝将俺巴孩可汗钉在木驴上处死。俺巴孩死前传话回去说:"我身为可汗,竟因亲身去送女儿,以致被塔塔儿人擒拿。要以我为戒!你们就是把自己的五个手指甲磨掉,十个手指头磨断,也要替我报仇!"塔塔儿部与蒙古部从此结下深仇大恨。

蒙古部中当时最强的部族是泰亦赤兀惕部,成吉思汗的父亲也速该(Yesugei-Baghatur)属于较次要的乞颜部。也速该有一次在斡难河边打猎时,遇见一对其他部族的新婚夫妻,于是动手抢婚,将新郎赶走,把新娘带回家。这新娘的名字叫诃额仑(Hoelun),便是成吉思汗的母亲。

成吉思汗生于金世宗大定二年(宋高宗绍兴三十二年,1162年),出生时,在右手里握着一个指节大小的血块,也速该为这婴儿取名为铁木真(Temujin)。诃额仑并非也速该的第一个妻子,所以铁木真不是长子,上面还有两个同父异母的哥哥。

铁木真九岁时,也速该为了要给他找一个女孩定亲,决定带他到诃额仑的娘家,斡勒忽讷兀惕部(Olgunuut)去。他在半路上遇见翁吉剌部(Onggirad)的德薛禅。翁吉剌部与蒙古部有姻亲的关系。德薛禅见到铁木真,对也速该说:"你这儿子是个眼中有火,脸上有光的孩子啊。"于是将自己的女儿孛儿帖(Borte)嫁给铁木真,并依照草原的习俗将铁木真留下来。也速该单独回家,在半途又饥又渴,遇见塔塔儿人在盛会,便下马入席,以为没有人会认得。没想到塔塔儿人还是认出来,将毒药掺放在食物里。也速该回到家中几天后便毒发身死。铁木真得到通报赶回家,仍然见不到父亲最后一面。

成吉思汗的崛起

也速该留下两个寡妇,七个孤儿。泰亦赤兀惕人决定弃他们而去。成吉思汗的母亲带领全家挣扎求生存,采野果、野菜,穿兽皮,过着与禽兽无异的生活。小孩们在斡难河边钓鱼或结网捞鱼,以帮助母亲。这时发生一件事,使得铁木真全家的生活雪上加霜,更影响成吉思汗的一生。

铁木真的同父异母大哥别克帖儿在父亲死后,俨然是一家之主,常常欺凌弟妹们。铁木真与弟弟合撒儿钓到的鱼常常被别克帖儿抢去。铁木真向母亲告状,母亲却站在别克帖儿那边。铁木真于是有一次趁别克帖儿独自一人时,竟与合撒儿一前一后,如同猎杀野兽一般,悄悄掩进,弯弓搭箭将别克帖儿射死。

游牧民族的传统是长子继承一切,甚至连继母也由长子接收。换句话说,别克帖儿如果不死,有一天将成为铁木真的继父兼家长。铁木真究竟是因为惧怕这样的未来,或是纯粹愤怒难当,或是为了自己将来的地位而决定杀掉大哥,历史上并没有交代。但是一个十岁左右小孩的心这样凶狠,手段如此厉害,连泰亦赤兀惕人听到了都害怕,决定要回来搜捕铁木真。

铁木真被捉去当奴工,颈上戴着木枷,以防逃跑。后来,靠着别的奴隶帮忙终于逃脱,与母亲、弟妹会合。他又找到岳父德薛禅,发现未婚妻孛儿帖还在等他,非常高兴。

铁木真带孛儿帖回家之后,第一件事是将孛儿帖的嫁妆之一,一条珍贵的黑貂皮衣,拿去送给克烈部(Kereyid)的领袖王罕(Ong Khan)。铁木真的父亲也速该曾经与王罕结为异性兄弟,称为"安答"。王罕高兴地收下铁木真的礼物,收他为义子,同意保护他的一家人。

当年被也速该抢婚的蔑儿乞部在十几年后突然对铁木真发动突袭。铁木真一家幸而及时逃走,孛儿帖却被抢去。铁木真只得去找王罕,请求出兵相助。蔑儿乞部居住在克烈部之北,是王罕很久以来就想兼并的部族。王罕因而欣然同意,并且亲自带兵前往,不但帮铁木真救回妻子,又将蔑儿乞部洗劫一空。

1193年(金章宗明昌四年),塔塔儿人反叛金朝。金朝派大军出征,并下令凡是参加讨伐塔塔尔人的各部族都有赏。铁木真与塔塔儿人有杀父祖之仇，因而跟随王罕一同出兵。塔塔儿很快就溃败了。塔塔儿拥有金、辽、宋的各种奇珍宝物。铁木真从未见过，大开眼界。铁木真分得战利品，骤然富有起来，从此知道战争除了自卫及报复之外，还有其他的目的。由于金朝的政策是维持草原上的平衡，不希望有霸权出现，塔塔儿并没有立即灭亡。数年之后，铁木真却无视于金朝，再度出兵袭击，夺取了所有物品、财产、战马及男女老幼，并吞了塔塔儿部。

成吉思汗统一蒙古草原

除了铁木真以外，王罕还有一名重要的蒙古部大将，名叫札木合。铁木真与札木合其实在幼年时是在一起玩耍的同伴，并曾经结为"安答"。然而两人的性格和作风都有很大的差异，渐渐格格不入。铁木真日渐强大，王罕心中开始疑忌。王罕的亲生儿子桑昆也十分排斥铁木真。

1202年，蒙古狗儿年，王罕受到札木合和桑昆的唆使，假称要将女儿嫁给铁木真的儿子，请铁木真前来，而实际上是要借机杀他。铁木真行至半路，知道中计而转头，遭到追击，几乎全军尽没。当他到达班朱尼湖（Lake Baljuna，在呼伦湖西南）躲藏时，身边只剩下十九个人。铁木真又冷又饿又疲劳，追兵随时会来到，生死未卜。在他的一生之中，这大约是最危险的时刻，但是他机智地将这危机化为转机。在他的提议下，十九个忠心耿耿、不离不弃的属下与他一起捧起班朱尼湖水，含着泪水，同时喝下；又对天发誓如能幸免，将来永不或忘，并将共享富贵。这便是历史上有名的"班朱尼湖之盟"。

数月之后，铁木真集结部众，发动突袭，三天之内就击溃了克烈部。王罕和札木合都逃到西方的乃蛮部，依附太阳汗。两年后，蒙古鼠儿年，铁木真又挥军灭掉乃蛮部，杀太阳汗。太阳汗的儿子屈出律逃亡到西域，投靠西辽国。札木合也再次逃亡，而于一年后被部下捆绑，送给铁木真。铁木真最痛恨的就是部下出卖主子，下令将解送来的人全部处死。铁木真希望与札木合重修旧好，但是札木合只求一死，铁木真只好成全他。

1206年，蒙古虎儿年（金章宗泰和六年，宋宁宗开禧二年），铁木真在不儿罕山上，斡难河上游源头，召开忽里勒台会议。所有草原上的部落代表全部到齐，会中他被推举为大蒙古国的首领，称为"成吉思汗"（Genghis Khan），意思是坚强无惧的领袖。中国的历史称他为元太祖（1206—1227年在位）。

成吉思汗反叛金朝

四年后，金朝的皇帝完颜允济派遣使者拿诏书到蒙古。使者命令成吉思汗下跪听诏。成吉思汗认为完颜允济是一个懦弱无能的人，转身在地上吐一口水，说："我以为中原皇帝是天上人做的，这样庸懦的人也能做？"于是决定要攻灭金朝。在此之前，成吉思汗已经完成准备动作，并吞了畏兀儿人，也就是当年逃奔到西域的回鹘人（中国称之为西州回鹘）。成吉思汗还出兵攻打西夏，迫西夏王李安全献出公主，投降称臣。

1211年，成吉思汗亲率十万蒙古兵南下。金朝集中全国精锐之师四十万人在野狐岭（今河北省张家口市张北县）迎战。金兵大败，尸横百里。蒙古兵在三年后又兵临中都（今北京），金宣宗完颜珣乞和，蒙古退兵。金宣宗怕蒙古兵又来，迁都到开封。成吉思汗大怒，说："签完合约又迁都，是心中有所图谋，存心用和议来欺骗。"于是又再发兵，攻陷中都。

正当蒙古兵几乎要将金朝灭掉时，在中亚发生一件事，使得成吉思汗震怒，决定亲自带兵去征讨。金朝因而幸运地逃过一劫，暂时苟延残喘。

蒙古第一次西征（1218—1225年）

成吉思汗崛起之后，知道要取得财富并不一定是靠武力，利用贸易流通及抽税也能致富。当时在中亚东西交通的交会点上有一个花剌子模帝国（Khwarezm，在现今乌兹别克斯坦及土库曼斯坦国境），由突厥人摩诃末苏丹（Muhammad）统治。成吉思汗派人携带书信给苏丹，要求两国经商往来。苏丹同意。成吉思汗于是命令组织了一个四百多人的商队前往。不料商队进入花剌子模之后竟被官兵抢劫，成员被杀光，只剩下一个骆驼夫逃回。成吉思汗暂时忍耐，再派使者去见苏丹，要求惩处劫匪。苏丹悍然拒绝。成吉思汗发誓要替所有的死者复仇，于是在1218年率领大军西征。

太阳汗的儿子屈出律投靠西辽国后，娶西辽国公主。屈出律信仰景教（基督教的一支），却趁机软禁岳父，取而代之，并迫害境内众多的穆斯林。畏兀儿人四处逃散，向成吉思汗求救。成吉思汗正预备要西征，于是命令大将哲别先出兵灭掉西辽国，砍下屈出律的头，在穆斯林聚居之处传首示众。

蒙古军抵达花剌子模首都撒马尔罕。城陷以后，成吉思汗下令大屠杀。蒙古人接着又攻陷数十座中亚的城池。凡是没有事先投降的，都遭到屠城。约四十年后，波斯著名的历史学家志费尼（Ata-Malik Juvaini）在他的名著《世界征服者史》（*The History of the World Conqueror*）中，有一段简单而令人胆寒的描述："他们到来，他们破坏，他们焚烧，他们杀戮，他们抢劫，然后他们离去。"

摩诃末苏丹逃亡到里海附近。大将哲别与速不台一路追捕。苏丹病死在一个小岛上，但是蒙古军并不知道，仍然继续向北挺进，探索之前从来不曾踏足的高加索地区。乔治亚王国（今格鲁吉亚共和国）派军队在半路拦截。蒙古军歼灭这支军队后，又继续往北，深入俄罗斯境内。基辅的大公率领约五万名俄罗斯联军前来，也被只有不到一半人的蒙古军歼灭。蒙古人自动撤退以后，有一个当时俄罗斯的历史学家写道："鞑靼人在第聂伯河（Dnieper River）返回，他们来自何处，藏身何处，何时再来惩罚我们，不得而知。"

花剌子模的王子札兰丁向东南逃，成吉思汗亲自带兵穷追不舍。但是到达印度河平原以后，气候潮湿而酷热，蒙古人不能适应，纷纷病倒。成吉思汗只好退出，回到中亚。到了1224年，蒙古军营内瘟疫开始蔓延，成吉思汗于是下令班师，回到蒙古。

成吉思汗之死与继承问题

当蒙古出兵攻打花剌子模时，契丹人、畏兀儿人、突厥人都派兵参战，只有西夏人不肯。成吉思汗回来之后，决定亲自带兵去教训西夏，纵兵屠杀。西夏州县尽皆沦陷，白骨蔽野。1227年七月，成吉思汗在营帐里因病驾崩，享年六十六岁。数天后，西夏末代皇帝投降而被杀。西夏立国一共一百九十六年。

成吉思汗的夫人孛儿帖生下四个儿子，依次是术赤、察合台、窝阔台和拖雷。成吉思汗死前，将蒙古帝国分成四块给四个儿子。术赤获得西方的钦察草原，察合台获得中亚和西域，窝阔台获得蒙古草原的中、西部，拖雷获得蒙古草原东部蒙古世居之地。

成吉思汗还得指定一位大汗继承人，这正是他生前最苦恼的一件事。按照一般游牧民族的习惯，勇敢善战的长子术赤是当然的继承人。问题是有人认为术赤不是成吉思汗的儿子。当年孛儿帖被蔑儿乞部俘虏，又被成吉思汗抢回来；之后，生下术赤。虽然成吉思汗本人不在意，并且相信术赤是自己的儿子，其他的人不免怀疑，只是没有人胆敢乱说。察合台却公然宣称术赤不是他的兄弟，没有资格继承大汗的位置。术赤与察合台为此水火不容，多次大打出手，使得成吉思汗头痛不已，心里受伤。最后，成吉思汗决定两个都不要，而指定第三个儿子窝阔台为汗位的继承人。窝阔台嗜酒如命，杯不离身，但是性情温和，有容人的雅量，并且与两位哥哥友情深挚。成吉思汗知道他所建立的庞大帝国最怕的就是内部分裂，因此做了一个睿智的选择。

成吉思汗虽然指定窝阔台，并不能完全保证他能登上大位。成吉思汗自己曾经立下一个规矩，说将来大汗人选的决定必定要经过召开忽里勒台会议，也就是各宗族派代表参加的大会，才能生效。任何人未经推选而自称大汗，人人得而诛之。忽里勒台会议还有其他的功能，例如军国大事的决定，以及处死家族内重要成员的决定等。由于忽里勒台会议如此重要，各方自然先要在内部商讨，准备妥当后，再行召开。因此，成吉思汗死后，窝阔台并未马上坐在大汗的位置，而是由成吉思汗的最小儿子拖雷以监国的身份摄政。拖雷监国期间，对窝阔台显然产生严重的威胁。不过两年之后，忽里勒台会议在克鲁伦河畔正式举行，最后窝阔台仍然登上了大汗之位。会中也决定要出兵讨伐金朝。中国的历史称窝阔台为元太宗（1229—1241

年在位)。

窝阔台和拖雷兄弟俩都贪杯豪饮，身体被酒精侵蚀，伤及内腑。两人都病发而岌岌可危，后来窝阔台病情突然好转，拖雷却死了。蒙古人信奉亚洲北方流行的萨满教，最敬畏的是山川鬼神。传说萨满教巫师替鬼神传话，说窝阔台受到诅咒，无药可医，除非有至亲的人代替他接受这些诅咒而死。拖雷因此饮药，代替窝阔台而死。窝阔台又私下同意，将来会指定拖雷的长子蒙哥为大汗继承人，以为报答。有部分的历史学家认为，实际上这是窝阔台除去拖雷的一项阴谋。窝阔台的承诺，后来又演变成为蒙古黄金家族（即是成吉思汗四个儿子的家族）抢夺大汗之位时的一个严重争端。

蒙古、南宋联合灭金

正当北方的蒙古草原发生巨大的变化时，南宋与金朝的关系是在和与战之间摆荡。从南宋孝宗登基开始，到第四任的宋宁宗驾崩为止，六十年间（1163—1224年），双方的和、战关系大转变了四次。南宋第五任皇帝宋理宗是由前朝的权臣史弥远拥立而成为皇帝。史弥远因而牢牢掌握国家大政，并坚持对金朝一贯的和平政策。

窝阔台就任大汗之后，立即下令攻打金朝，并要求与南宋联盟。史弥远对金朝是主和派，当然不肯。1233年，史弥远死，宋理宗亲政，一下子将政策转变为"联蒙灭金"。金朝被蒙古兵和宋兵南北夹攻，情势急转直下。金朝末代皇帝金哀宗气急败坏，派使臣携带信件到临安见宋理宗，说金朝与宋朝是唇亡齿寒的关系，金朝一旦灭亡，宋朝灭亡的日子也不远了。

宋朝从北宋"靖康之难"以后，与金朝仇恨蓄积已久，不共戴天。宋朝的君臣只想到过去，并没有想到未来，拒绝金朝的请求而加紧与蒙古人合作。蒙古兵迅速攻破金朝首都汴京，金哀宗逃到蔡州（现今河南省汝南）。宋理宗端平元年（元太宗六年，金哀帝天兴三年，1234年），南宋大将孟珙率兵攻破蔡州。金哀宗自杀。金朝灭亡，享国一百二十年。南宋终于如愿灭掉世仇，但是金哀宗给宋理宗的信上所说的话立刻应验。蒙古在第二年发兵三路攻宋，双方陷入全面战争。南宋之所以没有立即灭亡，而再多拖了四十几年，主要是因为蒙古在这一段时间内先后又发动两次大规模的西征，兵力分散，而蒙古又为了争夺大汗之位而发生两次内部分裂。

蒙古第二次西征（1235—1241年）

蒙古军队为什么要同时伐宋又西征呢？据说这个决定是黄金家族在内部利益冲突之下妥协的结果。蒙古灭金所得的华北土地是由窝阔台支配。蒙古如果继续攻打南宋，得到的土地仍然会是窝阔台的。黄金家族中其他三家担忧窝阔台一家的势力过度膨胀，要求另外扩张土地。窝阔台召开忽里勒台会议，结果就是兵分两路。

窝阔台决定自己负责征伐南宋，而下令各部族、宗室、万户长、千户长等都派出长子参加西征。西征军由术赤的长子拔都挂帅，察合台的长子不里、窝阔台的长子贵由和托雷的长子蒙哥（Mongke）都参战。蒙古第二次西征因而又称为"长子西征"，但实际指挥作战的是曾经在上次西征时到过钦察草原的大将速不台。据估计这支部队共有十五万人，其中包括蒙古人、契丹人、畏兀儿人，及中亚人等，并且一路吸收东欧人。

蒙古大军不到三年就攻陷了莫斯科、基辅，将俄罗斯全部收入蒙古帝国的版图。蒙古军接着兵分两路。一路向西北，在现今波兰境内的利格尼兹（Liegnitz）击溃三万日耳曼及波兰联军，大肆屠杀。另一路蒙古军指向西南。匈牙利国王贝拉四世（Béla IV）率领数万大军拦阻，结果也是全军覆没。蒙古军一路追杀，向南抵达亚得里亚海（Adriatic Sea）；向西渡过多瑙河。

蒙古军队引起欧洲人的震动和恐慌，更甚于第一次。没有人知道鞑靼人为什么又突然出现。蒙古军已经离维也纳只有数十公里了，哈布斯堡（Habsburg）王族和维也纳市民纷纷准备逃亡。正当十分危急的时刻，忽然传出窝阔台驾崩的消息。远征军里面的几个黄金家族的长子都是继承大汗的可能人选，于是急忙撤兵，都赶着回到蒙古草原，准备争夺大位。

贵由与蒙哥

窝阔台生前不喜欢长子贵由,而钟爱的另一个儿子阔出却在征宋的战役中死去,于是指定孙子失烈门或托雷的儿子蒙哥继位。皇后秃剌乞纳(中国史书称为乃马真皇后)当然希望贵由继任。拔都自知继任无望,自己坐镇在里海之北,建立钦察汗国,转而支持蒙哥。

秃剌乞纳皇后不愿意在没有把握的情况下贸然召开忽里勒台会议,于是经由察合台的建议,开始监国摄政。五年后,秃剌乞纳皇后用尽种种手段排除异己,确信没有问题之后才召开忽里勒台会议,将儿子贵由扶上大汗之位。但贵由上任不到两年便死了(1246—1248年),并且没有子嗣。窝阔台系统的子孙再也没有人有资格与蒙哥争大汗的位置。蒙哥于是在斡难河畔举行忽里勒台会议,被推为蒙古第四任大汗。

耶律楚材

据说在蒙古第二代及第三代争夺大汗之位时,有一个传奇人物耶律楚材发挥了关键的影响力。

耶律楚材出身契丹皇族,但是当他出生时,辽国早已经被女真人灭掉。女真人只知打仗,并不知道如何治理国家,因此金朝里有很多高官是聘请原来辽国的官员担任。耶律楚材的父亲耶律履既是亡国的贵族,又是当朝的宰相,心情极为矛盾,这从耶律楚材的名字便可以知道。中国的古书《左传》里面有一句话:"虽楚有材,晋实用之。"意思是楚国人才辈出,却因为国君不贤,大多外流到晋国去当官。耶律履将儿子取名为"楚材",字"晋卿",表面上是说这孩子不可能再为契丹所用,实际上在暗示或许也不为金朝所用。

耶律楚材家学渊源,汉化极深,二十几岁就博览群书,精通儒术及天文、地理、医术等,名闻远近。1215年,蒙古军攻占北京后,成吉思汗派人请耶律楚材来,收为幕僚。耶律楚材随成吉思汗西征,渐渐成为成吉思汗最倚重的谋臣。他身长八尺,长髯垂胸。成吉思汗不叫他的姓名而称呼为"吾图撒合里"，意思是胡子长的人。成吉思汗对术赤和察合台失望透顶时，传说耶律楚材是第一个劝成吉思汗传位给窝阔台。成吉思汗对窝阔台说："吾图撒合里是上天赐给我们家的礼物。"要窝阔台将来重用他。

窝阔台被推为大汗后，请耶律楚材全权规划中央和地方政府的组织、职权及赋税制度，又请他担任"中书令"之职，就是宰相。

耶律楚材心存仁慈，屡次劝成吉思汗和窝阔台减少不必要的屠杀。蒙古兵在1233年攻破金朝的汴京，带兵官速不台预备屠城。耶律楚材向窝阔台为民请命，窝阔台于是下令蒙古兵进城只能杀金朝皇室完颜一族，其余不准动手。据估计当时汴京城中有超过一百万人，因而幸免于难。

窝阔台的皇后秃剌乞纳摄政时，明显预备要立贵由为大汗，成吉思汗之弟帖木格不服，准备带兵与贵由决战，拔都在后面撑腰。据说耶律楚材秘密派人向拔都、帖木格及托雷的遗孀唆鲁禾帖尼分析，说贵由身体虚耗，活不了几年，并且不可能会有后代。现在急于打仗，不知要打几年才能分出胜负；如果耐心等待，贵由死后，大汗之位将轻易地落到蒙哥手中。因此，"耐心等待"是最好的策略。帖木格于是自动退兵，一场可能的大战瞬间消弭。总之，许多历史学家认为，如果没有耶律楚材，蒙古帝国恐怕早已因陷入内战而四分五裂，南宋朝也可能躲过一劫。

蒙哥一家过去饱受皇后秃剌乞纳的迫害，在登上大汗之位（1251年）后，大肆展开报复，意图铲除察合台和窝阔台两家的势力。这时耶律楚材已经去世了。蒙哥的母亲唆鲁禾帖尼是一个睿智而祥和的景教徒，尽力想要阻止蒙哥报复而不能，因而叹气说："假若吾图撒合里还活着，怎么会演变成这样的地步呢？"察合台和窝阔台的子孙在西域及中亚所建立的汗国后来一致对抗蒙哥；在蒙哥死后又继续对抗忽必烈（Kubilai）。蒙古帝国再也不是一个统一的帝国，而是分成两个阵营厮杀，延续数十年之久。

蒙古第三次西征（1252—1259年）

1252年，蒙哥决定效法窝阔台两面作战，自己与二弟忽必烈攻打南宋，派三弟旭烈兀（Hulagu）带兵西征，最小的弟弟阿里不哥镇守蒙古老家。

旭烈兀带领蒙古大军从蒙古草原出发，目标是现今的中东阿拉伯世界，包括木剌夷（Mulahida，在现今伊朗及部分阿富汗境内）、阿拔斯王朝（Abbasid Dynasty，或称黑衣大食，在今伊拉克），及阿育比王朝（Ayyubid Dynasty，在现今叙利亚及沙特阿拉伯境内）。当时这三个国家是互相敌对的。

木剌夷属于伊斯兰教什叶派（Shia Islam）的一个极端恐怖主义教派。领袖称为伊马目（Imam），或称山中长老，自认是真主选定的领袖，受到信徒无条件的崇拜。伊马目派出经过训练的杀手出去进行暗杀行动。波斯周围所有的贵族与平民都害怕成为木剌夷刺杀的目标，不敢得罪。木剌夷因而横行无忌。

阿拔斯王朝是伊斯兰教所建立的王朝，以正统自居，哈里发（khalīfat Rasūl Allah）在名义上控制着伊斯兰教世界，到这时已传了三十六代。

阿育比王朝是由著名的伊斯兰教逊尼派库尔德族人（Sunni Islam of Kurdish origins）萨拉丁（Salah al-Din Yusuf Ibn Ayyub, 1138—1193）在1174年所建立，而与阿拔斯王朝对立，不过在萨拉丁死后，国家四分五裂，已经衰弱。阿育比王朝原先也控制了埃及，但是当地的奴隶军队推翻统治者，建立了马穆鲁克王朝（Mamluk Dynasty）。

木剌夷的伊马目也曾经派刺客到哈剌和林，想要刺杀蒙哥。蒙哥怒不可遏，因而旭烈兀第一个要消灭的目标就是木剌夷。虽然木剌夷地势险恶，蒙古人仍然很快就攻陷首都阿拉穆特（Alamut），俘虏伊马目，将他送到哈剌和林。蒙哥下令纵马将他踩死。木剌夷于是灭亡。

旭烈兀接着向巴格达（Baghdad）前进。当时欧洲基督教国家为了要夺回伊斯兰教占有的耶路撒冷，发动十字军东征，已经一百六十年都无法如愿。哈里发对旭烈兀派去的使者态度十分傲慢。旭烈兀征集突厥人、波斯人、格鲁吉亚人、亚美尼亚人等加入军队，又利用与穆斯林有仇恨的基督教徒作内应，然后使用投石机投出炸药、燃烧弹，再引底格里斯河水灌入巴格达城内。1258年2月，巴格达城破，哈里发出城投降，被旭烈兀下令纵马踩死。旭烈兀又下令屠城，八十万居民全部丧生。巴格达城从建立至此超过五百年，遭受了前所未有的浩劫。阿拔斯王朝灭亡。整个基督教世界欣喜若狂，伊斯兰世界则陷入了恐慌。

旭烈兀继续往西。阿育比王朝完全不堪一击,蒙古兵轻易地攻占了大马士革(Damascus)。旭烈兀又派出属下的汉人大将郭侃先后侵入现今的沙特阿拉伯及塞浦路斯,逼迫两个苏丹投降。蒙古军团的先锋部队两万人又继续朝向埃及前进,但是这一次遇见了强劲的敌手。1260 年 9 月,马穆鲁克王朝的大将拜巴尔(Baibars)在阿音札鲁特(Ayn Jalut,现今以色列境内的加利利海附近)率兵抵御蒙古军,结果大获全胜。

旭烈兀正要亲自带兵与拜巴尔再战,却得到蒙哥已经死于中国战场的消息,于是停止再往前进,决定留下来,在他所征服的地区建立一个新汗国,称为伊利汗国(Ilkhanate)。

拜巴尔是属于突厥种的钦察人,当蒙古第二次西征结束时,只有十几岁,而被蒙古兵抓去,当作奴隶卖掉。拜巴尔到了埃及,进入阿育比王朝的奴隶军团里,逐渐因战功而升为将军,后来又参加推翻埃及苏丹,是建立马穆鲁克王朝的大功臣。蒙古人做梦也想不到,当年被他们卖掉的小奴隶,在二十年后竟然领兵击败蒙古人,保住了伊斯兰教的命脉。拜巴尔后来篡位而自立为苏丹,统治埃及、叙利亚和以色列,遂与伊利汗国为邻。

忽必烈灭南宋

旭烈兀开始西征时,忽必烈奉命到云南,在战略上布置对南宋的包围网。忽必烈率领十万大军,经过甘肃临洮,穿越四川西部的高山、深谷,到达云南北部的金沙江边。金沙江水流湍急而危险,蒙古兵以羊皮制成充气的革囊,做成皮筏,或是直接抱着革囊游泳,悄悄地渡过金沙江,突然在丽江出现。当地的纳西族以为是天兵降临,立刻投降,并且充当向导,带领蒙古军直逼大理国。大理国王段兴智也大吃一惊,战败而逃,但是在第二年(1254 年)被追捕回来。云南原本在唐朝时是南诏国的天下,五代时期后晋天福二年(937 年),武将段思平结合当地的土著,推翻南诏国,取而代之。大理国从段思平至段兴智,共二十三王,三百一十八年而亡。不过忽必烈仍然任命段兴智为大理总管,并且世袭。云南的土司制度从此开始。

接下去的数年,蒙古加紧对南宋的攻势,却战况胶着。蒙哥大为不满,决定亲自上阵，于 1258 年到达四川。不料第二年蒙古军中瘟疫大起，蒙哥也染病，竟然死在合州钓鱼城下（今重庆市合州区）。不过也有历史学家说蒙哥是因为在攻城时受伤而死。蒙哥死时，忽必烈正在围攻鄂州城（湖北省武昌），急忙撤军，赶回蒙古草原去和他的弟弟阿里不哥争夺大汗之位。

蒙古这一次的大汗争夺战与以往有很大的不同。黄金家族中各支系都已经有自己的一片天了，认为巩固现有的地盘才是当务之急，因而明显地对大汗之位不感兴趣。甚至旭烈兀也选择固守他所创建的伊利汗国。虽然如此，大部分人都表态支持阿里不哥。为什么呢？最主要的原因是忽必烈汉化的程度太深，手下有太多汉人，在蒙古战士的眼中，已经不确定忽必烈是不是蒙古人了。结果是阿里不哥和忽必烈各自召开忽里勒台大会，由各自的人马拥立为大汗，然后展开内战。经过四年，忽必烈终于取胜，自称皇帝，中国历史上称之为元世祖。但是蒙古各汗国没有人承认忽必烈是蒙古大汗。从此之后，再也没有忽里勒台，大蒙古帝国正式分裂。

这时南宋的情况更加不堪。宋理宗所倚重的宰相贾似道十分狡诈，欺上瞒下。宋理宗又是愚昧不堪，完全被蒙在鼓里。贾似道对蒙古主和，视抗元大将为仇敌，不是杀害就是免职，几乎铲除殆尽。有些人被迫投降元军，以保性命。宋理宗传位给侄儿宋度宗，同样昏庸无能，朝政同样败乱。贾似道将所有战争消息尽量封锁，不到不得已不派兵出援。襄阳城是南宋最后一道防线，守将吕文焕被围了六年，久盼援兵不至，终于也投降了。元兵于是渡过长江，于南宋恭帝德佑二年（元世祖忽必烈至元十三年，1276 年）到达临安城下。恭帝开城门投降。

南宋的残余势力不甘为异族统治，在文天祥、张世杰、陆秀夫等人领导下继续抵抗。三年后，陆秀夫被元兵追杀，背着七岁的最后一个小皇帝，在崖山（在今广东省江门市）投海自杀。宋朝灭亡，立国共三百二十年（960—1279 年）。

蒙古人统治时期

蒙古人统治时期，从忽必烈攻破临安城起算，到最后一任元顺帝被驱

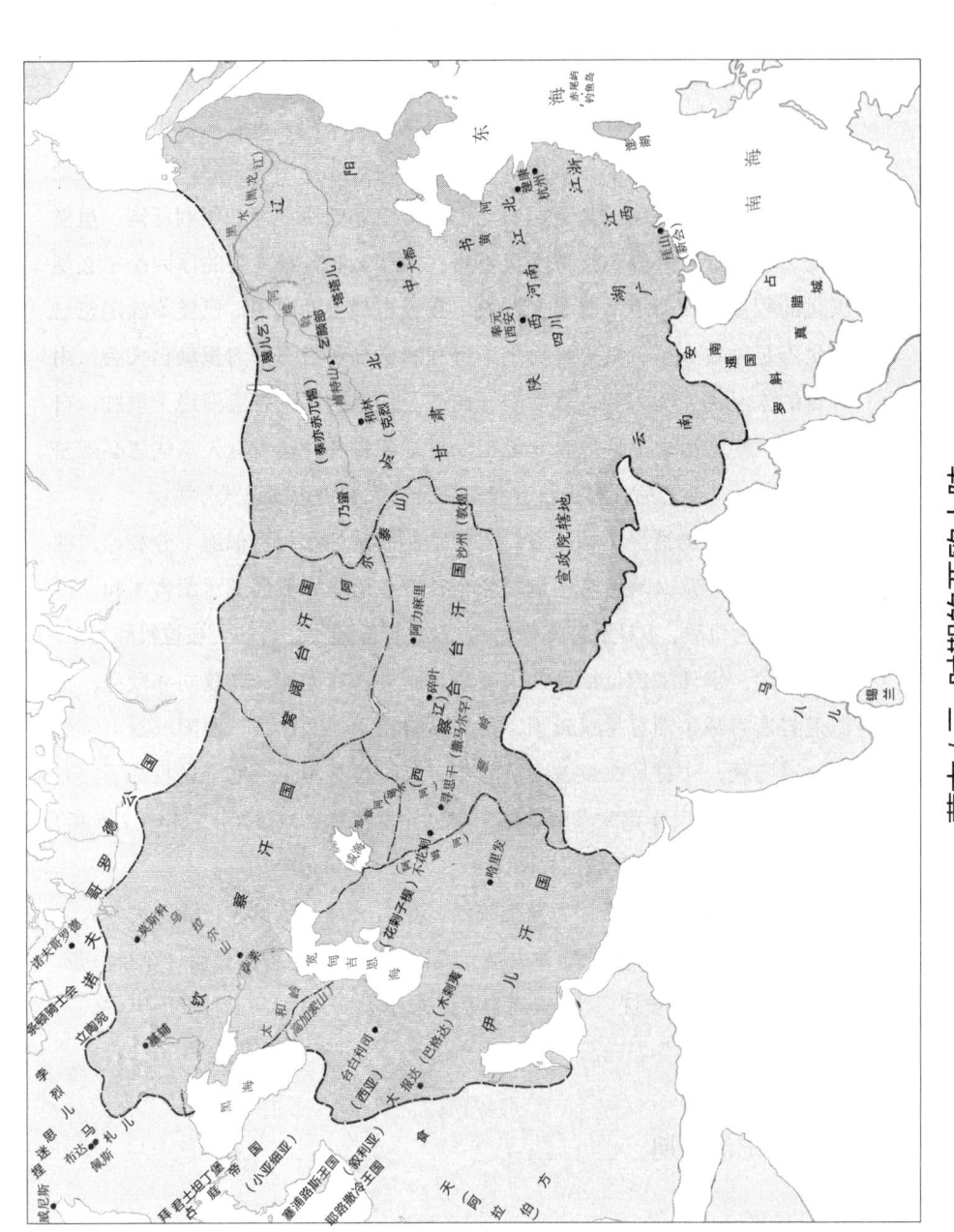

蒙古／元 时期的亚欧大陆

逐回到大漠，总共只有九十三年（1276—1368年）。这一段时期的情况，大致地形容，是初期战争不断，国家财政困难；中期政变夺权迭起，种族歧视严重；晚期天灾频繁，瘟疫流行，群盗蜂起。

忽必烈好大喜功，穷兵黩武，从年轻起到死为止，没有一天不在打仗，与汉武帝一模一样。他并不以征服中国为满足，对周边的国家也都要染指。忽必烈在灭掉南宋之前，早已将高丽收为附属国；入主中国后，又两次派大军渡海远征日本，不料两次都遭遇台风而全军覆没。有关出兵高丽及日本，请容在第十五章及第十六章分别详细陈述。

忽必烈花了十年时间，出兵到占城（今越南南部）、安南（今越南北部）及缅甸，结果死伤无数，安南、占城、缅甸最后勉强同意称臣入贡，实际上还是独立自主。忽必烈又派遣数万人分乘五百艘战舰，远征爪哇，结果大败而回。

忽必烈的孙子元成宗铁木儿（1295—1307年在位）继任以后，又掀起对八百媳妇（今泰国北部清迈）的征战。战争进行中，朝廷要求在现今贵州、广西的土著供应粮食、车马，横征暴敛，并强拉壮丁充军，又引起土著的叛乱。此外，元朝帝国与窝阔台汗国、察合台汗国之间的战争从忽必烈到铁木儿两代，延续了二十几年之久。总之，如此的穷兵黩武，元朝的财政很快就入不敷出，必须大幅加重赋税才能支应，于是民怨四起。

元朝中期政权更替频繁的情况，用数字可以说明清楚。如果将蒙古人统治中国的九十三年中，扣除忽必烈入主的十九年、元成宗在位的十三年，以及末代元顺帝在中国统治的三十六年（1333—1368年），那么在中间八个皇帝合计只有二十六年。也就是说平均每三年左右换一个皇帝，而大部分的皇帝是死于非命。本书不拟详述其间宫廷内的阴谋诡计，但是必须指出一件事：政变之所以如此频繁，当然是由于皇室派系中的野心分子纷纷想要夺权，而其背后更深层的原因，是蒙古统治阶级对汉人的政策有两派抱持着不同的思想及观念。

忽必烈为了要颠覆南宋，在成为大汗以前就决定采取"以汉治汉"的手段，提拔了许多汉人。黄金家族其他成员都不能谅解，而与他决裂。直属忽必烈的蒙古人也有人心中不平，但是都不敢说话。忽必烈又推行汉法，尊崇孔子，崇尚理学。元仁宗和他的儿子元英宗也都效法，以科举取士，进行部分土地改革，继续重用汉人。元朝开国以后，虽然在种族上有蒙古人、色目人（即西域、中亚人等）、汉人（包括女真、契丹、高丽人，及淮河以北的宋朝人）、南人（即淮河以南的宋朝人）的分别，实际上只是便于归类，并没有明显的歧视政策。

在蒙古贵族的想法里，南宋既然已经灭亡，实在不能明白为什么皇帝仍然要这般笼络汉人（此处泛指前述的汉人与南人，以下同）。大多蒙古贵族希望享有特权，并且越来越没有耐性。久而久之，便有人起而发难。皇帝如果不同意，这些人也很容易找到同党，互相声援。更有人开始觊觎皇帝的位置，找人一起策划阴谋，发动政变。新皇帝取得政权之后，便开始采取对汉人歧视的做法。经过几代，歧视变得越来越严重。

元朝末代皇帝

元顺帝登基时，权臣伯颜强力排挤汉人，无所不用其极，例如：取消科举，大幅贬低读书人的地位；禁止汉人参政，禁止汉人学蒙古语，禁止汉人收藏及携带武器。蒙古人与色目人杀死汉人，只需付轻微的罚金；反之，汉人杀死蒙古人与色目人，不但要赔命，还连累亲人。蒙古贵族也常常强占民田。政府对南方的税收尤其苛重。汉人遂逐渐无法忍受。

伯颜跋扈专权，连元顺帝都不能忍受，伺机说服伯颜的侄儿脱脱倒戈相助，废黜了伯颜，而任用脱脱为宰相。元顺帝与脱脱两人都意识到蒙古人口太少，汉人太多，歧视汉人的潜在危险太大。元朝因此又恢复科举，解除其他各种禁令。然而种族之间的鸿沟已深，矛盾日益尖锐，汉人起来反抗已经是不可逆转。

元顺帝统治期间是一个多灾多难的时代。先是北方黄河决堤，水患严重。接着又有旱灾、蝗灾、饥荒、瘟疫相继发生，人民辗转死于沟壑，于是盗贼蜂起。中国过去每当有朝代发生类似的事情时，总是随之改朝换代。元朝也到了快要被推翻的时候。

第 14 章

中国的治乱循环：明朝、北元及清朝建立

自东汉末年黄巾之乱以后，中国每一个朝代都有一些秘密的宗教组织在民间流传，又常常聚众滋事，甚至称兵造反，而被统治者认为是邪教。元朝时，蒙古统治者对汉人歧视，汉人于是纷纷加入秘密的教派，暗中集结。当时有三个教派势力最大，分别是"弥勒教"、"佛教白莲宗"及"明教"。弥勒教从南北朝时已经在民间流传，教徒崇拜弥勒佛。佛教白莲宗是从净土宗发展出来，始于南宋。明教源于波斯人所创立的摩尼教，在唐朝传入中国以后，又渐渐转化。

元朝末年，天灾人祸、民不聊生，三个教派的教徒越来越多。当时有韩山童、刘福通等人便将三者整合为一，喊出"弥勒下生，明王出世"的口号，公然号召民间百姓起来反抗暴政。韩山童被公推为"明王"。全国各地民众群起响应，声势浩大。农民军所有的人都在头上扎红布，称为"红巾军"；又因为烧香拜佛，也称为"香军"。

明太祖朱元璋开国

1328 年，明朝开国之祖朱元璋出生于现今安徽凤阳县的一个贫农之

家。这是元朝最混乱的一年,从年初到年尾,竟然出现了四个皇帝。朱元璋十七岁时,家乡流行饥荒与瘟疫,他的父母与大哥在几天内接连染病而死。朱元璋到附近庙里当和尚,事实上是乞丐,在四处流浪。

朱元璋二十五岁时投奔香军,成为一名小兵。他打仗勇敢而机智,被香军地方领袖郭子兴提拔为亲兵。郭子兴有一个养女马氏,朱元璋被招赘为婿,从此开始崭露头角。他下乡去募兵,募得数百人,接着又兼并其他民兵,并击败政府军,收编降卒,如滚雪球一般,变成三万人的大军。郭子兴不久病死,朱元璋于是接收所有的军队。他带兵军纪严肃,极得民心;手下又有徐达、常遇春等名将,战无不胜,攻无不克,渐渐成为各方瞩目的香军统帅。

韩山童当明王没多久就被捕而死。香军又奉他的儿子韩林儿为"小明王",后来又推奉他为皇帝,国号"宋",标榜"反元复宋"。韩林儿其实不过是一个名义上的皇帝,实际上由刘福通发号施令。至正二十三年(1363年),刘福通被元朝政府军围攻而死。朱元璋带兵赶到,大败元军,及时将韩林儿救出来。朱元璋这时以应天府(今南京)为根据地,已经拥兵数十万,成为香军中的最大势力,而继续奉韩林儿为王。朱元璋的谋臣之首,名叫刘基,却劝他取而代之,不必为无知小儿打江山。朱元璋不敢立即动手,等了三年才派人偷偷将韩林儿沉于长江之中。

正当全国各地革命军风起云涌时,元朝政府的内部也发生血腥的政治斗争。国家栋梁脱脱丞相竟被陷害而死。太子谋反,引发内战。朱元璋趁机将割据各地的强敌,如陈友谅、张士诚等,一一铲除,统一华南及华中。至正二十八年(1368年),朱元璋称帝。他既不愿意如香军先前的口号恢复宋朝,又不敢违背军队中众多明教教徒的期望,于是取"明"字为国号,年号"洪武"。后世称他为"明太祖"。明太祖又命令大将徐达和常遇春带领二十五万大军北伐,将蒙古人赶出长城外。蒙古人回到大漠后,仍然用元朝的国号,高丽人称之为"北元",明朝称之为"鞑靼"。

明太祖杀戮功臣

明太祖称帝之初,大封功臣;到了后期,却无情地杀戮大臣。同样一个皇帝，为什么有如此巨大的差别呢？许多历史学家认为，"胡惟庸案"与马皇后之死，是其中的两个关键因素。

刘基是功臣之首，而被明太祖倚为智囊，却选择在功成之后急流勇退。明太祖启用了一些新人，如汪广洋、胡惟庸等，而仍然派人送信去问刘基。刘基回答说都不适当。胡惟庸与汪广洋知道以后，合谋暗中将刘基下毒害死。两人后来分别担任左、右丞相。几年后，汪广洋因案被捕，接受审讯。胡惟庸怀疑谋害刘基之事已经泄漏，又担心自己贪赃枉法也曝光，于是铤而走险，阴谋杀害明太祖，甚至勾结日本人，以为奥援，不料事机不密而被捕。"胡惟庸案"发生在洪武十三年（1380年），是一个极大的案子，株连很广，致死三万多人。

二年后，皇后马氏去世。马皇后是明太祖的红颜知己，在他最微贱时嫁给他；夫妻感情至深，无话不谈。马皇后十分贤德，常常劝明太祖务必宽厚为政，善待功臣。她的死亡对明太祖不但打击很大，并且使得他性情中的阴暗面显现时，失去一个缓和及阻止的力量。

从胡惟庸案的教训，明太祖认为宰相的权力太大，谋反的可能性太高，于是废除宰相的职务，让六个部的尚书直接向皇帝报告。他又认为所有官吏的忠诚及操守都不可靠，便成立一个皇家侍卫及特务机构，称为"锦衣卫"，直接向皇帝报告。从此明朝的文臣武将被故意构陷，死于非命者不计其数。被害的有大将军冯胜，领兵深入蒙古大胜而回的蓝玉，平定云南的傅友德，订定大明律令制度的李善长等等。其他中低级官员更是数以千计。每次大狱兴起，牵连几千人，甚至数万人，至为凄惨。中国有一句谚语说："伴君如伴虎"，正是最佳的写照。

明成祖朱棣

明太祖在大封群臣时，也大封诸子为王。当时有大臣上书，认为诸王势力太大，将威胁到后任的皇帝，建请削藩。太祖大怒，将上书的人下狱赐死，从此没有人敢再说话。受封群臣渐渐被杀光，诸王的势力却越来越大。明太祖在位三十一年（1368—1398年），太子早已先他而去，因而指定孙子朱允炆继位，是为建文帝（1399—1402年在位）。建文帝的几个大臣眼见枝强干弱的情况很明显，认为非削藩不可。然而这些人做法过于急切，并没有记取汉景帝时七王之乱的教训。各地诸王相继被废之后，建文帝的四叔父燕王朱棣不愿意坐以待毙，在现今的北京市起兵反叛。经过三年的战争，燕王的军队攻破南京，建文帝朱允炆逃亡而不知去向。朱棣称帝，是为明成祖（1403—1424年在位），年号"永乐"。

明成祖痛恨当初为建文帝策划削藩的大臣，下令都夷灭三族。建文帝的大将铁铉战败被俘，不肯投降，也被屠三族。在此一百多年前，南宋的遗臣文天祥率兵抵抗元军而被俘虏。忽必烈劝他投降，但文天祥一意求死。忽必烈最后不得已，只好成全他，但是只杀他一个人。忽必烈以游牧民族而入主中原，尚且有如此风度；而明成祖诛杀本朝的忠臣全家，竟是如此残酷，实是匪夷所思，对比鲜明。明成祖又命令一个翰林院学士方孝孺起草新皇帝登基的诏书。方孝孺性情耿介，看不起明成祖篡位而当上皇帝，宁死也不肯奉召，结果竟被灭了十族。明太祖和明成祖都做了极为不良的示范，因此明朝后代有很多皇帝都是有样学样。

明成祖在原来的锦衣卫之外，又成立了一个特务兼秘密警察的机关，称为"东厂"。东厂的特色是其中的头子们全都是由宦官担任，可以不经司法审判便直接逮捕、审讯各级官吏及百姓。明成祖每次派大将出征时，都派出宦官监军，随时打小报告，如同唐朝后期一般。有如此的皇帝和如此的宦官，明朝注定是中国历史上一个政治黑暗、腐败而恐怖的朝代。

明成祖在位的二十二年间下令进行几件巨大的工程，包括修撰《永乐大典》、修建长城、扩建大运河、兴建北京紫禁城、派郑和六次下西洋等。

《永乐大典》主要是将中国历代的经、史、子、集、百家之言，以及天文、地理、阴阳、医卜、僧道、技艺等书全部搜集起来，重新抄写。为此动员两千多名学者士人，共完成二万二千多卷，约三亿七千万字。这是中国历代以来规模最大的类书编撰工程。不过《永乐大典》成书时只有一部，存放在皇宫中；既未大量印刷，也没有另外抄录，到嘉靖年间才又抄录第二部。

明成祖决定将国都从南京迁往北京，因而修建长城、大运河及紫禁城，全都是与迁都有关。北京离长城不远，出了关外就是北元鞑靼的地方。为了京城安全，明成祖动员数十万人加强既有五千多公里的长城，增加塔楼和碉堡，又加建了一千多公里的新长城。今日世人所看见的长城，基本上就是明朝所修建而遗留的。

隋朝时开凿大运河是以国都洛阳为中心而规划。元朝忽必烈以北京为大都，下令增建新的运河，使得南方生产的米、茶、丝绸不必绕道便可直接从杭州到达北京，称为"京杭大运河"。明成祖动员数十万民工，又将大运河重新疏浚、拓宽、增加水闸。南北漕运数量因而倍增，据估计在明、清两代南北之间的运输量，京杭大运河占有三分之二以上，贡献极大。

今日在北京的紫禁城，集中国历代以来建筑美学之大成，大致的基础是在明成祖时完成的。当时为了这一项庞大工程，又动员了数十万人力投入，整个工程进行了十五年才完工。永乐十九年（1421年）正月初一，明成祖正式举行定都大典，又邀请世界各国派遣使者前来观礼，可谓是"万邦云集"。不料三个月后的一天晚上，忽然雷电交加，击中新建宫殿的屋顶，顿时火光冲天，将三个大殿及两百多个房间烧毁。根据中国传统的解释，已经明白表示上天震怒，不满天子的所作所为。明成祖被迫到宗庙去谢罪，下罪己诏，检讨自己种种施政的不当。

后世的历史学家有部分认为明成祖上述的几项大工程都是极为伟大的成就；不过也有人批评，认为是好大喜功，劳民又伤财，争议很多。如果说到郑和下西洋，争议就更大了。

郑和下西洋与明朝的贸易政策

永乐三年（1405年），明成祖第一次派太监郑和率领船队，从江苏太仓出发，扬帆出海。当时出动了二万七千八百人，分乘六十二艘"宝船"。其中最大的长度约一百三十米，宽四十五米，排水量约一万五千吨。即使以现代的眼光看，都是巨大而坚固的船舶。终明成祖之世，郑和一共奉命出海六次，最后一次在永乐十九年，顺便送西洋各国到北京观礼的使节回国。宝船队每次出海为时两年左右，确定到达的地方有现今的越南、爪哇、苏门答腊、满剌加（Malacca，马六甲）、斯里兰卡、印度古里（Calicut）、也门、麦加、非洲摩加迪沙（Mogadishu）等。

郑和下西洋的目的是什么？最无稽的一个说法，是郑和奉令去找寻失踪的建文帝；而最冠冕堂皇的一种说法，出自郑和自己在现今福建长乐县天妃宫（或称妈祖庙，是北宋以来民间奉祀的海神）前的一块石碑上所刻的碑文中。碑文上面说他是奉命"赍币往赉之，所以宣德化而柔远人也"。也就是带着大批金银钱财去赏赐给远方的蛮夷，借以宣扬明朝的恩德与王化。事实上，郑和是去进行一种极为特殊的"朝贡式贸易"。

什么是朝贡式贸易？在古代中国皇帝自认是万邦之主，周边落后的国家来朝见，进贡土产方物，中国皇帝再赏赐礼物回敬，称之为"朝贡"。通常回敬物品的价值远远高于进贡土产。周边国家虽然矮了一截，但得到实惠；而在中国皇帝来说，是对于属国的一种恩赐。中国对于北方夷狄、南方蛮族无不用此办法。到后来有时改采有条件地开放互市，让双方各自贸易买卖。中国的文化和生活水平自古以来一直远高于周边国家，可以说没有什么必须求于外国的，因而贸易是可有可无。对于生活水平较低的附属国来说，中国的丝绸、瓷器、茶叶、工艺品等商品都是民生必需品，缺少了就有问题。因而，后来中国各个朝代渐渐拿贸易当作武器，对于不肯俯首称臣的国家就不许贸易，予以惩罚。反之，愿意听令的就可以获得贸易特权而享受利益。

中国的对外贸易原本是以陆路为主，但由于通往西域和中亚不但道路险远，又常常受到政治势力和战争的阻隔，因而海上贸易逐渐兴起。其实远在汉朝时，中国经由南洋的海上贸易就已经开始了。唐玄宗时，贸易兴盛，于是在交州、广州、扬州、泉州等地设立市舶司，加以管理并抽税。但阿拉伯人不久崛起，不但在中亚打败了唐朝军队，也渐渐地控制了东西的海上贸易。北宋时，海上贸易更加蓬勃发展，广州的对外贸易占全国百分之九十。到南宋时，泉州已经后来居上。蒙古人从成吉思汗起就鼓励自由贸易，忽必烈入主中国后，也同样在太仓、泉州、广州等地都设有市舶司，贸易比南宋时更加蓬勃发展。

明太祖登基之后，原本也承袭了市舶司，但后来却认定沿海倭寇猖獗（见本章以下倭寇一节）与通商互市有关，竟下令将各地的市舶司通通关闭，颁行海禁，禁止任何海上贸易，禁止使用番香、番货等舶来品。"片板不许入海"遂成为明朝祖训。明太祖虽然允许渔民出海捕鱼，但是禁止造大船或是好船，以避免人民"与外蕃私通"。

明太祖又十分痛恨商人，并以高压手段抑制贸易活动。当时在泉州有一个蒲氏家族，祖先是阿拉伯人，从唐朝时就已经定居中国，历经数百年而成为泉州最大的贸易商。泉州也成为世界第一大贸易港口。明太祖即位后，蒲氏家族立刻遭殃。蒲氏家谱上明白记载："大明建极之后，劫数难逃，阖族惨遭兵燹，流离失所，靡有孑遗。"

明成祖恢复设置市舶司，派郑和下西洋，其实等于是由政府变相地独占海外贸易。郑和选择在重要地点建立根据地，进行贸易及直接采购。郑和率领浩浩荡荡的船队，频繁地出海，究竟是不是值得？实际上，当时思想守旧的大臣大多是持反对的意见。有人甚至深恶痛绝，认为是违反祖训，又耗费钱粮无数，而带回来的麒麟（长颈鹿）、大鸟蛋（鸵鸟蛋），甚至香料、辣椒等等都是无用之物。明成祖死后，儿子明仁宗朱高炽立刻下令停止宝船出使。守旧的大臣便充分展现敌意。有关六次下西洋经过的日志、纪录及档案资料，大部分竟然遭到销毁。

明仁宗在位只有一年便死了。他的儿子明宣宗继位后五年（1430年），又派郑和第七次出使，同样率领庞大的宝船队，到达印度、非洲等十几个国家。然而，这不但是郑和最后一次下西洋，也是明朝最后一次大规模地派宝船队出海。

英国人孟西士（Gavin Menzies）在2002年出版一本书，书名《1421——中国发现世界》。其中说郑和在第六次下西洋时，将宝船队分拆，分别赋予任务。这些宝船结果分别到达澳洲、南美洲、北美洲及北极等地，比欧洲后来知名的航海家发现新世界都要早一百年以上。孟西士引证历历，但是他的说法引起极大的争议，中外学者大多不认同。

有关郑和下西洋这件事的重点，其实不在于谁先发现世界，而在于发现世界背后的思想、观念及态度。今日我们可以很确切地说，明朝初年时中国的造船、航海知识、技术远远超过欧洲及全世界。这是承袭唐、宋的基础，加上蒙古人从阿拉伯及波斯带过来的天文学、数学、航海、工艺等的助力而达到的。从明太祖到明成祖，由极端保守，到好大喜功，政策发生了一次大转变。明成祖死后,又一次政策大转弯。为什么在郑和老死以后,明宣宗不再派宝船出海,历史上并没有明确交代,不过很可能是遭到大臣的反对。总之,从此中国就不再大力发展航海活动,探索新世界了。

反之,欧洲人以积极外向的态度,不只是在造船、航海技术超越中国,也靠着航海探险发现许多新机会、新事物及新大陆。而从这些发现之旅中所培养出来的冒险犯难精神又带领欧洲人发展出科学及工业革命。有人说,郑和下西洋而戛然停止是东西方世界发展的一个巨大分水岭。事实上,这分水岭在明太祖桎梏性的统治思想开始笼罩中国时,已然形成。

鞑靼与瓦剌争雄

回来说蒙古人在北方的发展。"鞑靼"退回到塞外之后四年(洪武五年,1372年),明太祖命令徐达率领大军出长城,分三路追击。结果大败。这是徐达一生中唯一的一次败仗。不过明朝大将蓝玉在洪武二十一年(1388年)又率领十万大军抵达捕鱼儿海(今贝加尔湖)南岸,击溃鞑靼第三任皇帝脱古思帖木儿,俘虏贵族、高官三千人,士卒七万余人。

这次大败使得黄金家族在蒙古部族中的地位一落千丈。瓦剌部首领马哈木趁机而起,与黄金家族的本雅失里在蒙古草原上争雄。瓦剌部,或称厄拉特部(Oirad),原本是居住在黑龙江中上游森林里的一个强大蒙古部族,成吉思汗称之为"林木中百姓",是所有蒙古人中最后一个被成吉思汗征服的部族。马哈木靠明朝的支持而扩张。永乐八年(1410年),明成祖率领五十万人御驾亲征,在斡难河击溃本雅失里。马哈木因而渔翁得利,势力强大,不再听命于明朝。明成祖大怒,又一次御驾亲征,于永乐十二年在土拉河大败马哈木。黄金家族再次兴旺起来,明成祖又出兵打击黄金家族。

如此这般,明成祖六次出兵,其中五次亲征,疲于奔命,而一事无成。永乐二十二年(1424年),明成祖最后一次出关追击鞑靼,到达现今的额尔古纳河(黑龙江上游支流),一无所获,而最终死在回程的半路上。

土木堡之变

明成祖之后的三个皇帝都对蒙古置之不理，鞑靼与瓦剌之争于是分出胜负。马哈木的儿子脱欢击败黄金家族，夺得了大汗之位，统一蒙古草原。脱欢的儿子也先继承汗位时，瓦剌蒙古帝国的疆域日广，几乎已经和成吉思汗被推为大汗时的土地一样大了。到了第六任明英宗朱祁镇正统十四年（1449年），也先率兵蹂躏边境。英宗完全没有自己的主张，大小事情都听宦官王振的安排。王振劝英宗带领五十万大军御驾亲征。王振是明朝第一个专权的宦官，猖狂而跋扈。由于他平素对有反对意见的大臣动辄下狱或处死，满朝大臣除了素负盛名的兵部侍郎于谦之外，没有人胆敢劝谏，但是于谦反对终归无效。

王振为何敢如此猖狂呢？这和明太祖废掉宰相之职有相当的关系。中国的皇帝历来日理万机，忙得不得了，明朝的六部尚书、锦衣卫、东厂等又全都向皇帝直接报告。明朝皇帝因而是有史以来权力最大，也最忙的皇帝，除非是能力超群的人，根本无法胜任。偏偏明朝皇帝大多是中等资质，甚至有几个智力低下，毫无常识。这些皇帝每天看见堆积如山的奏章，没有不头痛的，在皇宫里与皇帝朝夕相伴的宦官就自然成为皇帝的助理。宦官的组织因而越来越庞大，国家大、小事情无不插手。王振是宦官之首，官名是"司礼太监"，替皇帝看奏章，并代拟批示意见，又替皇帝用印。朝廷中大小官员都必须透过宦官向皇帝报告，不敢得罪宦官，尊称没有胡须的宦官为"公公"。

王振不曾有作战经验，出了居庸关却随意指挥大军，带兵官也不敢违抗。大军到达土木堡（在今河北省怀来县）后，一下子被瓦剌四面包围，死十万人。王振被杀，英宗被俘。历史上称这个事件为"土木堡之变"。北京立刻告急，大臣们有人主张坚守，有人主张迁都到南方；也有人主张投降，以便迎回英宗。兵部侍郎于谦严词指责主张迁都及投降之议，声色俱厉。太后听从于谦的建议，一面坚守北京城，一面紧急征召各地军队驰援，并且立英宗的弟弟朱祁钰为皇帝，是为景帝。

也先率领瓦剌军队到北京城外，久攻不下，于是用明英宗作为人质，向明朝要求巨额的赎金。不料以于谦为首的明朝政府竟然拒绝,声称中国已经有新皇帝了。也先无可奈何,过一年主动送明英宗回国。也先此举,为明朝和蒙古双方的后续政治发展埋下极大的变数。

对明朝而言,景帝既已即位,英宗又回来,而一国不能有两个皇帝,英宗于是被软禁,实际上是一个不定时炸弹。八年后(景泰八年,1457年),部分不满新政府的大臣和宦官趁景帝和于谦同时生病无法视事时,将明英宗迎出来,又复辟为皇帝。明英宗尚有良心,认为于谦有大功,所作所为是为了国家,不是针对他个人,因而不忍杀他。但是参与政变的野心分子说:"若不杀于谦,今日之事究竟用什么名义?"于是将于谦按上一个"谋叛罪"处死。

据说于谦死时,天空中有墨黑色的云将太阳完全遮蔽,老百姓说连老天都认为冤枉极了。锦衣卫奉命抄家,发现于谦家中没有任何余财,都不禁流泪。明朝若没有于谦,可能早已亡国了。于谦之死,是中国继宋朝岳飞之后最莫名其妙的一件冤案。于谦死后,也和岳飞一样葬在杭州西湖边。

对蒙古人来说,也先俘虏明朝皇帝而竟然一无所得,还自动把明英宗送回去,明显已经失去领导威权。也先在几年后被部下杀害,瓦剌部陷于内乱,四分五裂。黄金家族的势力趁机再度兴起,发生一件惊天动地的故事,产生一位盖世雄主。

满都海琴斯与达延汗

瓦剌部称雄蒙古时,黄金家族不但被瓦剌部追杀,还发生数十年的内战,人人自危而互相疑忌。成吉思汗的第十二代孙子满都古勒大汗被野心分子离间,怀疑他的侄儿兼继承人把阿秃呼济农。把阿秃呼济农被迫逃亡,在半途中死去,而遗下一个年幼的男孩,名叫巴图蒙克。满都古勒大汗接着在另一次内战中丧生。巴图蒙克的母亲抛下他而改嫁。巴图蒙克孤苦伶仃,被送到满都古勒汗的年轻寡妇满都海斯琴可敦的手中。满都海斯琴是一个女中豪杰。她发现巴图蒙克虽然年幼,却是一个天生的领袖材料,于是拒绝所有人的求婚,尽心抚养、教育巴图蒙克。1480年(明宪宗成化十六年),

满都海斯琴召集大会,强势地宣布巴图蒙克继承大汗之位,尊称他为"达延汗"。满都海斯琴同时宣布下嫁给达延汗。这时达延汗只有七岁,满都海斯琴三十三岁。

满都海斯琴带着达延汗回到斡难河边的蒙古圣地,祭奠成吉思汗和他的妻子孛儿帖,当众发誓要恢复黄金家族的光荣。满都海斯琴又带着达延汗,率领蒙古军队东征西讨,身先士卒。蒙古兵在满都海斯琴的感召之下,个个奋勇争先,彻底击败并收服了分裂的瓦剌各部族。达延汗与满都海斯琴最后终于结束蒙古长期以来的分裂,再度以成吉思汗之名统一整个蒙古草原。

历史上称达延汗为蒙古的中兴英主,一般相信他死于1517年(明武宗正德十二年),享年四十四岁。达延汗之后,蒙古帝国稳固地传承,只是如同成吉思汗的帝国一样,经过兄弟分家,势力又再分散,而瓦剌各部落渐渐又强盛起来。

宦官与权臣败政

明朝的皇帝像前述的明英宗宠信太监王振一样的,还有很多。例如第八任明宪宗宠信太监汪直,第十任明武宗宠信太监刘瑾,第十五任明熹宗宠信太监魏忠贤。这些太监头子在历史上都恶名昭彰。朝廷中大臣无可奈何,大部分只好和宦官同流合污。从经济及商业发展来看,明朝可说是中国历史上十分富庶的朝代,但从政治看,却是黑暗而污秽,不可闻问。

但明朝与唐朝后半叶时期宦官专权的情况有很大的差别。唐朝从安史之乱以后,宦官集团已经逐渐借着长期战乱而掌握了很大的军事及政治权力,不但能假借皇家的威权来控制文臣武将,甚至还有能力废立皇帝。相反的,明朝从开国到灭亡,所有的皇帝都具有绝对的威权。宦官的权力无论多么大,也都是来自皇帝;只要皇帝不高兴,掌权的宦官转瞬间就直接下台。

明太祖虽然明白规定后代不准再设立宰相的职位,但从实质上说,明朝还是有宰相,只不过皇帝常常是让这些人以"文渊阁大学士"、"武英殿大学士"、"华盖殿大学士"之类的名义在管事,可以说是"名不正而言不顺",

皇帝因而拥有更加绝对的权力。在这种情况之下，如果皇帝能力不足而却自以为是，或无心政事，或所托非人，政治腐败是必然的。

第十一代明世宗时严嵩受到重用而专权便是一个例子。明世宗是因为前任的皇帝明武宗死后没有子嗣，因而得以继位，年号"嘉靖"。他即位之后，执意要追封自己的生身父亲为皇帝，许多重视传统礼法的大臣纷纷反对，因而爆发了"大礼议事件"。明世宗将反对的大臣一一罢职、下狱，甚至杖杀了十几人，树立了绝对的威权之后，与大臣之间越行越远。到了嘉靖十三年（1534年），明世宗竟开始不再视朝，只是偶尔召见几位乖顺的大臣来交代办事。他又崇信道教，追求长生不老之术，对政事越来越没有兴趣。严嵩因而得以借机谄媚以迎合明世宗，获得宠信。明世宗在位四十五年（1522—1566年），其中的后半期二十年正是严嵩当国，与他的儿子一起索贿弄权，颠倒黑白的政治黑暗期。凡是不阿附严嵩的大臣，无一不受到排挤；若是敢跟严嵩父子作对，必定被下狱、流放，甚至惨遭杀害。

嘉靖年间不止中央与地方政治腐败达到极点，外患也多。在长城外，有鞑靼达延汗的孙子俺答汗侵暴边境。在沿海各省，有倭寇猖獗，称为"嘉靖大倭寇"，抢劫并杀害良民，而政府束手无策。对百姓来说，鞑靼的问题还算小，倭寇却是大祸害。

倭寇与明朝海禁

"倭寇"这个名词最先是由高丽人用来称呼来自日本的海盗。日本在平安时代末期开始发生战乱，武士战败后，在国内四处流窜；后来渐渐也有人乘船过海，侵入朝鲜，在沿海各地以抢夺为生。高丽政府对出没无常的倭寇束手无策，平民百姓便只有惨遭这些海贼蹂躏了。

日本国内的动乱越厉害，人民生活越困难，浪人也越多，海上的倭寇就越猖獗，这是必然的道理。日本后来进入南北朝的动乱时代，倭寇更加无法无天。原先倭寇只是骚扰高丽，在元世祖忽必烈两次命令远征日本而失败之后，倭寇明显地为了要报复而扩大到中国北方沿海。明太祖建国后也注意到倭寇，但是找不到真正能号令日本的人物来解决此一问题。1375

年（洪武八年），室町幕府第三代将军足利义满派大将今川贞世征服了九州，而九州正是日本海盗的大本营。明太祖于是派使臣到日本，要求足利义满协助解决倭寇之患。

明太祖拿什么让足利义满愿意配合呢？他是用有巨大利益的贸易条件为诱饵。明太祖即位之后不久，厉行海禁，停止对外贸易，但是同意给予足利氏对明朝贸易的独占权，以进行中国特有的"朝贡式贸易"。足利义满统一日本之后，百废待举，正需要财源，实在无法拒绝这样的诱惑，便下令今川贞世取缔海盗，甚至接受明朝册封为"日本国王"，等于是向明朝称臣。

明朝政府大约每隔十年发给日本室町幕府一张贸易许可文件，称为"勘合"，允许幕府凭文件派船到中国港口进行贸易。后代因而称这种贸易为"勘合贸易"。此后一百多年，日本国内有一段比较长的和平时期，人民生活安定，想冒险出海去做海盗的人比较少。

在日本从事勘合贸易获利极为丰厚，幕府之下各方势力都在争夺主导权，在十六世纪初大致分成两派。其中一派是大阪商人，背后是幕府的家臣兼地方势力细川氏；另一派是博多商人，背后是新兴地方豪强大内氏。明世宗嘉靖二年（日本后奈良天皇大永三年，1523年）大阪和博德都派贡船到宁波。明朝在宁波主管市舶司的太监受贿赂而处置不公，细川氏与大内氏两方人马因而大打出手。大内氏的武士竟一路追杀细川氏的代表到绍兴，又放火烧屋，伤及无辜，然后驾船扬长而去。明世宗大怒，又下令废止市舶司，禁止对日贸易。

明世宗禁止对日贸易是一项灾难的开始。日、明贸易既然有丰厚的利润，当然就有走私贸易。政府禁止勘合贸易，走私立刻猖獗。明朝后来虽然又稍微放宽日、明贸易，但是已经挡不住走私大起的风潮了。政府下令缉捕走私，而抓不胜抓。走私集团又互相火并兼并，竟成为庞大的海盗集团，又演变成新的"倭寇"。读者必须注意的是，在元朝时的倭寇称为"前期倭寇"，是清一色的日本人；而在嘉靖年间开始猖獗的倭寇称为"后期倭寇"，全部是以中国人为首，日本人不过是其中的少数。在后期倭寇之中，最具代表性的人物是王直。

王直、朱纨与佛郎机人

王直出生于现今安徽歙县,个性豪迈任侠,年轻时便去投奔盘踞在宁波双屿岛的徽州同乡许栋的走私集团。当时日本走私船到了宁波,与中国商人交易,而中国商人与权贵勾结,仗势刁难,往往银货交割不清不楚。日本人吃了几次大亏,遂宁愿委托许栋为中间人。嘉靖二十六年(1547年),浙闽海防提督朱纨新上任,在第二年率官兵至双屿岛围捕。许栋被擒。王直逃亡,后来被推为继任的首领。

朱纨清廉正直,铁面无私,而勇于任事,大破各处海贼。他尤其痛恨与走私海盗勾结的奸商权贵,也因而得罪无数人。朱纨曾经说:"要除去外国的海盗很容易,要除去中国的海盗就难了,而要除去中国衣冠之盗最难。"这些奸商权贵听见了,无不痛恨切齿,于是联合买通中央大员,伺机要陷害朱纨。

当时在广东、福建一带的"倭寇"中包括远道而来的葡萄牙人。1518年(明正德十三年),第一艘葡萄牙船舶抵达广州。葡萄牙人在此之前已经灭了满剌加,企图顶替满剌加,继续与明朝进行勘合贸易,而获得明武宗同意。嘉靖皇帝继位后,却下令驱逐葡萄牙人。当时被称为"佛郎机人"的葡萄牙人于是开始与明朝政府军队打仗。佛郎机人已有火炮,但是并不精良,因而被明军击败。明朝也从此知道有"佛郎机炮",或称"红夷大炮"。

佛郎机人战败后却不愿离去,开始从事走私,变成海盗,而渐渐聚集在蚝镜(今澳门)。1535年(明嘉靖十四年),广东地方官员受到佛郎机人的贿赂,请得朝廷允许而将澳门租借给佛郎机人居住。佛郎机人一面进行小规模勘合贸易,一面继续做海盗,越做越大,所以是明朝"嘉靖大倭寇"的一部分。广东地方士绅见到有利可图,纷纷与佛郎机人合作,趋之若鹜。

嘉靖二十八年(1549年),朱纨击溃在福建劫掠的佛郎机人,下令斩杀海盗九十几人。明朝御史却弹劾朱纨"滥杀无辜",诬告他杀害正当的满剌加商人。朱纨接获通知免职并接受调查。奉派来调查的官员也被收买,声称属实。事实上,满剌加人早已不存在了。朱纨痛哭流涕,说:"我又穷又病,又生性耿直,无法面对公堂。纵使皇上不杀我,福建、浙江人还是必定要杀我。

我自己死，不必他人代劳。"于是饮药自杀。

朱纨死后，浙闽海防的职务一时没有人敢接手。海防既然松弛，海盗立刻又大起。王直是一个雄才大略而能服众的首领，又有此天赐良机，于是迅速兼并其他走私及海盗集团，在东方的海面上称雄，号令四方。佛郎机人也趁机在南方海上横行无忌。

王直曾经一度又被围剿，兵败而突围，逃往日本。他占据了九州的五岛群岛，自称"徽王"，又称"净海王"，人称"老船长"。当时日本已经渐渐进入战国时代的空前乱局，王直也招募了一些日本武士、浪人、恶少和农民，重整旗鼓，又回到中国东方海域出没，南北沿海五省无一不遭荼毒。这时在明朝政府里，严嵩一人专权。受命剿匪的将领如果曲意巴结严嵩，虽战败也无罪；与严嵩的党羽作对者，如总督张经与巡抚李天宠两人，虽然大胜却被论罪"纵放海贼"而送至北京处斩。"倭寇"于是越来越猖狂。

王直虽然雄霸一方，心里并不希望一直做海盗，而要做一个能呼风唤雨的正当商人，因此透过各种管道呼吁废止"禁海令"；以现代的名词说，就是希望明朝政府允许自由贸易。新任明朝浙闽总督胡宗宪是王直的同乡，又知悉王直主张开放海禁，于是设下圈套，引诱王直到宁波来。王直精明一世，却大意受骗而被拘捕，两年后被处斩。王直的部下对他敬若神明，对于王直受骗而死无不愤怒，因此沿海"倭寇"不但没有平息，反而越演越烈，达到最高峰。

嘉靖四十二年（1563年），严嵩终于垮台了。长久以来被严嵩党羽罢黜压抑的抗倭名将俞大猷和戚继光被重新起用。俞大猷老谋深算，戚继光锐不可当。两人合作，大败倭寇。戚继光在浙江金华、义乌招募的"戚家军"，尤其悍锐，战无不胜。但是倭寇仍然屡败屡起，无法扑灭。

张居正与明神宗

明世宗死后，明穆宗继立（1567—1572年在位），开始重用高拱和张居正。这时明朝已经千疮百孔，奄奄一息。许多历史学家都同意，明朝之所以没有立即灭亡，是因为有张居正力挽狂澜。

张居正执政不久，恰巧鞑靼发生一个乱伦事件。俺答汗年老而色心不减，强占孙子的未婚妻。他的孙子一怒而投降明朝。张居正巧妙地帮俺答汗调解，并趁机谈和，订约通贡互市，一举解决北方边境问题。

张居正也知道海禁是倭寇的根本原因，向穆宗建议取消海禁，允许私人海上贸易。海禁一取消，倭寇不久就烟消云散。这证明一项错误的政策是如何地误国误民。已经在澳门居住多年，亦商亦盗的葡萄牙人也获得贸易许可。澳门遂开始成为中国与西方之间的重要贸易渠道。葡萄牙人从此垄断东西贸易约六十几年。

五年后，穆宗死，儿子神宗继位，只有十岁。太后和宦官之首冯保都支持张居正，因而张居正又继续掌握明朝军国大政，得以整饬贪官污吏，裁减冗员；整饬北方的边防；又解决黄河与淮河的严重水患。更重要的是他推行"一条鞭法"，将原先分开征收的土地税与人头税合并为一，摊分于田亩之中，彻底简化而改善了传统的赋税制度，人民因而也不需再隐匿人口。张居正又下令将全国土地全部重新丈量清楚，因而扩大了政府的税基，使政府的财政危机得到解决。

张居正与宦官头子冯保互动密切，引起很多史家批评，认为他不但与宦官集团勾结互利，又不择手段排除异己。不过也有人为他辩护，说他若不与宦官妥协，根本没有机会出头，要如何拯救国家？然而，张居正最大的失败，是后来明神宗竟成为明朝最糟糕的皇帝。

张居正不只是万历初年的实际执政者，也是小皇帝的老师。太后对小皇帝寄予厚望，请冯保与张居正共同管教小皇帝。张居正对小皇帝极为严厉，丝毫不假辞色。小皇帝因而备受压抑，心怀不平。万历十年，张居正死，明神宗开始亲政，立刻展开报复，囚禁冯保，抄没张居正的家。张居正的家人不是自杀，就是下狱，或被流放充军。

明神宗在报复之后，渐渐不理朝政。万历十七年起，更拒绝上朝。此后三十一年间，皇帝每日在深宫中与宦官为伍，不见任何大臣，只透过宦官单向传达旨意。收到朝臣奏章、请示，一概不理。大部分的官员都不知道皇帝长得什么样子。皇帝知道政府官员有缺也置之不理，全国竟有一半以上的官缺是空着。神宗皇帝唯一有兴趣的是搜刮钱财，巧立税务名目，直接派宦官到全国各地监督征税。所到之处，人民一穷二白，每天老百姓因为交不出税而被杖死的，不知有多少。

明末民变

中国历史上恐怕再也找不到一个皇帝比明神宗更加荒懒怠惰，更加爱财，更加莫名其妙，更加不负责任。明朝各地的民变早已有之，到明神宗时，更是蜂拥而起。民变规模最大的是在宁夏的孛拜及四川播州的杨应龙。

孛拜之起，是因为宁夏巡抚扣克粮饷，冬天到了又不发保暖衣物。军士饥寒交迫，又请愿无效，于是由前任总兵孛拜率领，起兵叛乱。杨应龙是播州（今贵州遵义附近）世袭二十九代的土司。贵州巡抚百般刁难索贿，又不断地拉播州壮丁到外地做苦役，或支援打仗。杨应龙忍无可忍，也起兵反叛。杨应龙之乱前后八年，为此明朝动员官兵二十几万人。大批官兵开到，更加搜刮、骚扰地方，又引起其他的叛乱。

明神宗以敛财吝啬出名，无论如何都不肯花一两他自己的银子去发军饷，一味要求对人民加税。于是每打一次仗，人民就又被剥一层皮。明神宗驾崩前，全国各地没有一省没有民变发生。等到他驾崩时，国家已经是病入膏肓了。

明朝灭亡的远因不胜枚举，而一般认为近因有两个：农民军及女真人。从本质看，这两者其实也都是民变，不同的只是民变通常指的是在一个特定地方，最多一两个省；而农民军是民变之后在全国四处活动；至于女真人是先在东北发生民变，迅速壮大，最后取代明朝而入主中国。女真人是完完全全在万历年间被激化而反叛；起义军虽是在明神宗死后才出现，但在他生前酝酿已经很久了。因此，大部分的历史学者都主张明朝并不是亡于末代崇祯皇帝，而是亡于明神宗之手。

本书在此无法同时叙述女真人及起义军，请先从女真人说起，并说明其来历。

明朝疆域（公元1430年）

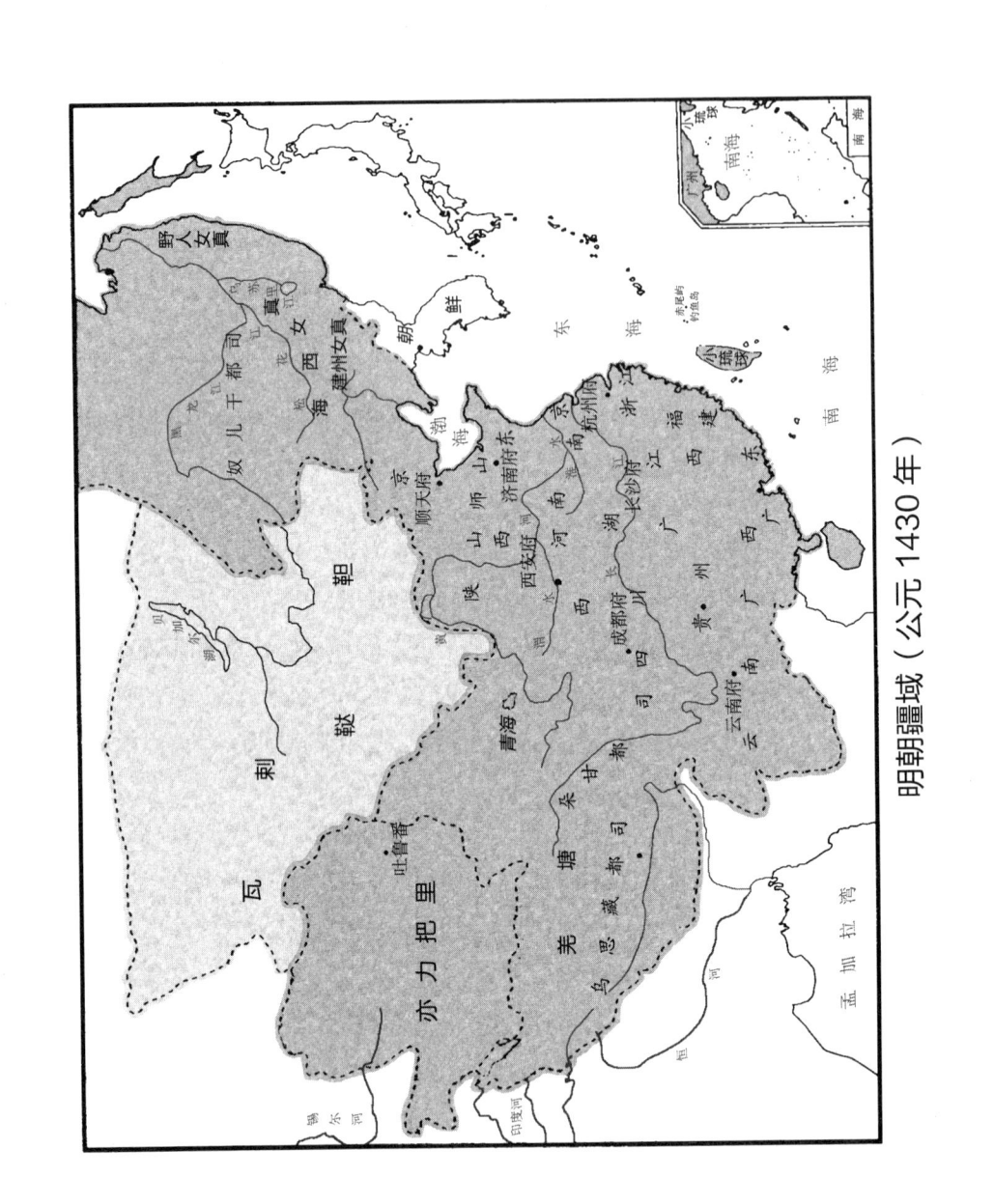

女真人第二次崛起

女真人的祖先在十二世纪初突然兴起，建立金朝，经过一百二十年而被蒙古人灭掉。之后，一部分金朝遗族留在华北而被汉族同化；另有一部分人回到东北，约有五万户。据考证，清朝的始祖布库里雍顺在元朝时受封为斡朵怜万户的酋长，就是当初五万户中的一个，居住在以现今黑龙江省依兰县为中心的松花江及牡丹江流域一带。

明朝建国以后，女真在东北的各部族大多归降明朝。永乐年间，明成祖在东北设置"奴儿干都司"，下面分置卫、所、寨等，而任命各部族首领为都督、都指挥、指挥等官职。

明朝中叶以后，女真人大致可以分为建州女真、海西女真及野人女真三种。野人女真住在黑龙江中下游，及东方靠海之地；大部分是不曾随金朝到中原的原始女真人，文化比较落后。斡朵怜部与另外一个胡里改部因为受到北方野人女真的侵逼，渐渐向东南迁移到现今的辽宁省及吉林省东部。明朝以"建州"为名在当地陆续设了三个卫：建州卫、建州左卫和建州右卫，而称这一个部族为"建州女真"。建州女真人南移后，在松花江及牡丹江流域的女真人还有部分留在原地而没有离开，称为"海西女真"。不过海西女真人同样受到野人女真的侵逼，后来也稍微往南移，并且在南移过程中形成哈达、辉发、乌拉、叶赫四个部族，都是以他们所居住地方的河流为名。

努尔哈赤

清太祖努尔哈赤在明世宗嘉靖三十八年（1559年）出生于建州左卫赫图阿拉城（后改称兴京，今辽宁省新宾县）。他的祖父觉昌安、父亲塔克世都世袭为建州左卫指挥。觉昌安与建州右卫指挥王杲是儿女亲家，也有说王杲是努尔哈赤的外祖父。当时辽东总兵李成梁是明朝的东北地区最高军政首长，受到张居正的重用，有效地阻止了蒙古人大举往辽东发展而有大功。然而，李成梁对于女真人十分歧视，又善于利用女真各部族之间的矛盾操控，甚至带头残杀良民，冒充是杀了叛乱分子而向朝廷领功。

万历二年（1574年），王杲在抚顺马市被明朝地方官侵夺，气愤而杀官。李成梁派兵围剿王杲，攻破他的山寨古勒寨（今新宾县上夹河古楼村）。王杲逃到海西女真的哈达部，被捆绑而献给李成梁，接着被送到北京，受磔刑而死。王杲的儿子阿台投奔海西女真叶赫部，带兵攻打哈达部以报父仇，又毫不避忌地回到古勒寨。

万历十一年（1583年），李成梁利用建州女真的族人为向导，再一次攻打古勒寨。这时觉昌安带领塔克世去劝阿台投降，以免不可收拾。不料阿台的部下受到煽动，竟杀死阿台，开门迎敌。明兵攻破山寨后，李成梁下令屠城。一时血流成河，死数千人。觉昌安与塔克世也都遇难。明朝政府获报，竟在北京告郊庙，立牌坊，大肆庆贺。

努尔哈赤得知噩耗，悲痛欲绝，决心以仅有的十三副遗甲报此不共戴天之仇。经过三十年的奋斗，努尔哈赤先统一建州女真，再击败海西女真与蒙古科尔沁部，最后又征服野人女真，统一了所有的女真部族。李成梁在辽东二十二年，渐渐生活奢侈无度，举凡扣克军中粮饷，操控马市，吞没盐税等等，都利用职权搜刮殆尽。边民痛恨切齿，努尔哈赤因而坐大。

万历四十四年（1616年），努尔哈赤建国，自称可汗，国号"金"，史称"后金"；又二年，以"七大恨"告天，向明朝宣战。虽说是七大恨，实际上只有三种：一是父、祖之仇，二是受汉人歧视，三是受地方官欺辱；其内容正是明朝所有边疆民变的标准原因。

努尔哈赤是一个军事天才，不但勇敢善战，又有极强的军事组织能力。他的军队的主力是"八旗"军。八旗人数有定额，每一旗七千五百人，由努尔哈赤指定儿子们分别担任旗主，称为固山（gusa，即旗的意思）额真。八旗军士完全是以打仗掳掠而分配战利品为生，与成吉思汗的制度大同小异。八旗分别是正黄、正红、正蓝、正白、镶黄、镶红、镶蓝、镶白旗等，共六万人。在后来，又逐渐吸收蒙古人及汉人，增设蒙古八旗及汉人八旗等。

明朝派杨镐率领十万人前往征讨努尔哈赤，却在萨尔浒（在抚顺东南）被努尔哈赤以少击多，各个击破，死四万多人。经此一战，明朝才赫然发现女真人是心腹大患，但是已经无法压制了。努尔哈赤接连得胜，又轻易地击败明朝新任辽东经略熊廷弼及广宁巡抚王化贞所率领的十五万大军，占据辽阳与广宁。努尔哈赤志得意满，继续向前推进，在明熹宗天启六年（1626年），率领大军，号称二十万人，渡过辽河，直扑长城的咽喉山海关前的一个要塞宁远城。

袁崇焕与崇祯皇帝

当时在宁远城发生一件奇迹。明朝守将袁崇焕率领一万人捍卫孤城，虽然军力悬殊，却坚守不退。八旗军竟死伤惨重，狼狈地败退。努尔哈赤从二十五岁起兵，至此四十四年，战无不胜，攻无不克，却在宁远城一役败给了袁崇焕；而袁崇焕在此之前只是个文官，从来也不曾打过仗。努尔哈赤因而引为奇耻大辱，愤恨难消，夜晚辗转无法入眠，不久后竟含恨以终。

努尔哈赤的第八子皇太极继位为大汗（1627—1643年在位），年号"天聪"，随即出兵攻宁远与锦州。袁崇焕再一次大败后金兵，是为"宁锦大捷"。然而，更不可思议的是，袁崇焕在大胜之后却被宦官集团排挤，被迫请辞，黯然离开了辽东。

为什么会有这样莫名其妙的事呢？

明熹宗朱由校（1621—1627年在位）是明神宗的孙子。他的父亲明光宗在接任皇帝后，只有二十九天便因为下痢，又吃了太医所进的药丸而驾崩。历史上称此一大案件为"红丸案"。明熹宗登基时只有十五岁，由于有一个莫名其妙的祖父明神宗不让他念书，几乎是个文盲，而却是一个手艺非常高明的木匠。

明熹宗当然毫无能力治理国家，也没有兴趣。宦官头子魏忠贤趁机揽权，因而比以前明朝的任何一个宦官头子都更有权势。朝廷之中无耻的官员于是都投靠魏忠贤，形成一个"阉党"。朝廷中关心国家、有气节骨气的官员也另成一个党派，称为"东林党"。阉党视东林党为仇敌。正当袁崇焕在前线打了大胜仗时，也是阉党权势最为高涨的时候。东林党大臣杨涟、左光斗、高攀龙等数十人都被下狱，惨遭酷刑而死。袁崇焕被认为是东林党的一员，能够全身而退，已经是值得庆幸了。

袁崇焕刚离开辽东，明熹宗忽然驾崩，弟弟明思宗朱由检即位（1628—1644年在位），年号"崇祯"。崇祯皇帝立刻铲除魏忠贤，重新起用袁崇焕，任命为兵部尚书兼蓟辽督师。皇太极与袁崇焕再次对垒，经过一年多，完全讨不到便宜。正当他不知如何是好时，有汉人献计，说在山海关西边远处，长城上有一个设防较弱的关口龙井关（在遵化东北）。皇太极便带兵绕过山海关，从蒙古南下突破龙井关，长趋直往北京城。袁崇焕得到报告，连忙率兵星夜奔驰，总算比皇太极早一步抵达北京城下。

双方于是在北京城外展开殊死战。不幸的是，崇祯皇帝对袁崇焕原本已经不信任，在北京围城之战中，袁崇焕与崇祯皇帝的战略想法又有极大的差距。崇祯皇帝对于袁崇焕是否忠心越来越怀疑。皇太极趁机使出反间计，故意让两个俘虏来的明朝太监听到事先编撰的机密谈话，误以为袁崇焕与皇太极密谋谈和而反叛明朝，然后又故意让他们脱逃。两个太监回到北京城内立刻向崇祯皇帝密报。同时在北京城内又因间谍散布而谣言四起，说袁崇焕通敌叛国。崇祯皇帝又惊又怒，宣召袁崇焕进城，立刻予以逮捕。六个月后，袁崇焕被绑到北京西市，寸磔而死。

袁崇焕之死是中国历史上又一桩大冤案。崇祯皇帝并不是不想励精图治，却残酷地将一个以国家天下为己任的大臣杀死，自毁长城。明朝至此，亡国的征兆已经很明显了。

皇太极与林丹汗

皇太极是努尔哈赤的第八个儿子，在十几个兄弟间争夺大位时能够脱颖而出，实有其过人之处。他知道袁崇焕虽死，明朝仍然是大国，与之一决胜负的时机未到。后金并不是只有明朝一个敌人而已，在西边有蒙古，在南边有朝鲜。皇太极决定先对付蒙古与朝鲜。

蒙古最后一任大汗称为"林丹汗"，在万历三十二年（1604年）即位，年仅十三岁，而统治了所有的鞑靼部落，包括左翼（在蒙古东边）的察哈尔、喀尔喀、兀良哈三部，及右翼（在蒙古西边）的土默特部、鄂尔多斯及永谢布等三部。他亲自统帅鞑靼左翼三部及其中的蒙古察哈尔部（即是达延汗长子家族系统），而另外指定蒙古王公代为管辖右翼三部。至于瓦剌部，早在达延汗强盛时就已经被驱赶到新疆及青海地方。

林丹汗原本与大部分的蒙古人一样信仰西藏黄教，到了二十六岁时，突然改信红教，并奉一位红教喇嘛为国师。蒙古许多部族大为不满，逐渐疏远林丹汗。林丹汗惯以残忍的高压手段逼迫各个不听指示的部族，更是失去民心。努尔哈赤崛起后，明朝决定联合蒙古打击女真，开始给林丹汗赏银，以为酬佣。部分蒙古部族对于林丹汗当明朝的佣兵而对付同样起源于白山黑水的女真人，非常不以为然。努尔哈赤抓住机会，拉拢各个不满的部族，强力离间蒙古。林丹汗越是镇压，投向努尔哈赤的部族越多，渐渐众叛亲离。

努尔哈赤最常用的手法就是联姻。据统计，努尔哈赤光是与蒙古左翼兀良哈部中的科尔沁部便联姻十次，并且是最高层次的嫁女儿或是为皇子娶妃。其中皇太极所娶的庄妃是后来顺治皇帝的母亲，康熙皇帝的祖母，是清朝初期的擎天一柱。

皇太极继位后，在天聪二年至九年（崇祯元年至八年）三次亲征林丹汗。在最后一役，蒙古东西两翼的部族几乎都会齐，皇太极反而成为蒙古各旗的盟主。林丹汗落荒而逃，在青海病死。皇太极派弟弟多尔衮在蒙古搜寻，找到林丹汗的皇后、妃子和儿子。皇太极封林丹汗的儿子为亲王，将女儿嫁给他；自己和兄弟们又分娶林丹汗的后、妃。蒙古察哈尔部于是死心塌地效忠于后金。

多尔衮还从林丹汗的皇后手中得到中国历代的传国玉玺。皇太极至此坚信他终将一统万年，而在天聪十年（崇祯九年，1636年）改国号为"清"，改年号为"崇德"。这时他统辖的地区极广，东起大海，西至巴尔喀什湖，北至贝加尔湖，南以长城与明朝为界。

崇德二年（明崇祯十年，朝鲜仁祖十五年，1637年）皇太极逼朝鲜投降，签城下之盟。详情请读者参见第十八章。

起义军攻陷北京

天启年间，陕西的民变首先变质而为到处活动的起义军。为什么是陕西呢？因为当时陕西首先发生严重的旱灾，民众起义后只能到外地找食物。第一个义军领袖高迎祥聚集饥饿的农民起义，转战于甘肃、山西、河北等地，攻破各城市，杀官抢粮。各地纷纷响应，其中以张献忠与李自成最为有名。崇祯皇帝见事态严重，调动官兵围剿。起义军虽然屡屡被破，却越来越多。

崇祯八年（1635年），高迎祥、张献忠等带领义军直抵明太祖朱元璋的家乡安徽凤阳，掘开明皇室的祖坟。消息传至北京，崇祯皇帝惊惶战栗，披着孝服，下令务必要拘捕到高迎祥。第二年，高迎祥被擒获，送到北京寸磔而死。李自成继高迎祥而被推为"闯王"，张献忠不服而自立门户。两人分别在黄河流域及长江中、下游流域活动。

明朝内有农民军，外有女真人，内忧与外患并存。明朝政府里的官员有两派意见，一派主张"安内方可攘外"，认为应该与女真暂时议和，集中兵力对付农民军；另一派力主对女真继续用兵。崇祯一贯的立场是拒绝与皇太极议和，但事实上并没有能力两面作战，结果是农民军继续转战各地，声势越来越大；同时间明军对清军也节节败退。崇祯十四年（1641年），蓟辽总督洪承畴率十三万大军与皇太极在锦州决战，大败被俘而投降。

崇祯十六年（1643年），皇太极突然暴毙，由儿子福临继位，是为清世祖，年号"顺治"。福临只有六岁，叔父多尔衮遂以摄政之名独揽大权。

崇祯十七年（清顺治元年，1644年），李自成在西安称帝，国号"大顺"，接着出兵东向，迅速跨过山西、河北，直扑北京。崇祯皇帝急忙下旨召镇守山海关的吴三桂前来勤王。吴三桂的兵尚未到达，李自成已经攻破北京城，崇祯皇帝在现今故宫后面的景山自缢而死。明朝总共立国二百七十七年，经历十六个皇帝。

清兵入关与剃发令

吴三桂退回山海关而拒绝李自成招降。李自成亲率十余万大军，奔赴山海关。吴三桂战败，岌岌可危，向多尔衮求救。清兵于是进入山海关，与吴三桂联合在一片石（辽宁省绥中县九门口）击溃李自成。多尔衮带着年幼的福临随吴三桂进入北京，从此开始清朝两百六十八年的统治。多尔衮又命令洪承畴、吴三桂等降将带领军队南下，次第收降各省，并追击农民军。

明朝的带兵官投降女真的很多，据隅顽抗者也不少，然而抵抗的结果很凄惨。顺治二年（1645年），史可法死守扬州。城破之后，清兵屠城十日，死八十几万人。其他如南京、嘉定（今上海市嘉定区）、江阴等地，也都各死数万至数十万人不等。明末遗臣不断地扶立明朝皇室贵族为王，号召人民继续反抗清朝。清兵不断追杀。明朝最后一个被拥立的"永历帝"朱由榔，奋斗了十八年之后，逃到缅甸，被缅甸送给吴三桂绞死。

清兵之所以大肆屠杀，与多尔衮所颁布的"薙发令"（或称"剃发令"）有极大的关系。原来女真人的习惯是将头发前半部剃光，后半部绑成辫子。清人入关后，要求所有投降的人民一律比照满人的发式办理。洪承畴和吴三桂也都是先剃了发，才被认定是真心投降。

对于发式及衣着，中国人自古以来出乎寻常地重视。孔子曾经说："微管仲，吾其披发左衽矣。"这句话经过历代儒家的诠释，意味发式衣着代表了根本的民族思想。明末因为政治实在腐败，人民对政府早已失望透顶；农民军又大多残暴不堪，人民畏之如虎；因而清兵入关之后，有些地方甚至还张灯结彩，欢迎清兵进城。然而，清兵一旦颁布剃发令，悍然地宣称："留头不留发，留发不留头。"人民遂群起反抗，以至于有无数的惨剧发生。

两百年后，西洋人来到中国，看见清朝的人奇怪的头发及衣着，以为数千年来中国都是如此。许多清朝人也以为中国古代都是如此。殊不知这样的发式服装是经过清朝以残忍手段，杀害数以百万计的人命，才硬逼着改变过来的。二十世纪初，国民革命推翻清朝，新政府要求人民剪辫子，竟有一大群人认为是改变祖宗成法，痛哭流涕，誓死不从。

如果以比较长远的眼光来观察历史，还真是可以发现一些荒谬而又无奈的事。

第 15 章

中国的治乱循环：清初盛世及中衰

女真人之所以能入主中原，其实只有一小部分是由于自己的努力，而大部分是由于明朝的腐败。据统计，明朝万历时期，东北地区奴儿干都司全部的人口大约是二百五十万人。这是努尔哈赤统一女真后，所能掌控人口数的最高限。当时在北方大漠的蒙古人口数总计也不超过两百五十万。换句话说，皇太极得到蒙古加盟之后，所能掌控的人口最多只有五百万人而已。在此同时，明朝的人口是一亿五千万。两边的人口比例是一比三十。

明朝的商业繁荣，文化水平也达到历史的高峰。相对地，女真人还处在很落后的阶段。然而，女真人毫无困难地硬是以小吃大，代明而有天下。其中的关键，还是在于明朝的政治腐败，实在是到了无可救药的地步。

多尔衮与顺治皇帝

多尔衮识见高远，敏锐地把握了历史的机遇，辅佐顺治皇帝定鼎中原，对于大清皇朝的功绩，即使比起他的父亲努尔哈赤，或是兄长皇太极，一点也不逊色。

李自成在北京四十天，放纵军队烧杀抢掠，将贵族官吏数百人都抓来拷打，勒索每人数千至数万银两。多尔衮进入北京，下令"官仍其职、民复其业"。两者之间对比鲜明。一边胸无大志；另一边虽是所谓的夷狄，却有王天下之风范。

清朝早在皇太极时便仿效明朝，由汉人出身的大臣范文程制订吏、户、礼、兵、刑、工六部官制。多尔衮指定各部尚书、侍郎各有一个满、汉人，意在笼络汉人。顺治二年（1645年），多尔衮下令重开科举考试，一切都照原先明朝的制度。如此又进一步笼络汉人知识分子。明朝的皇帝搜刮民间以自肥，屡次加税，因而有辽饷、剿饷、练饷三种名目，每年向人民又征收二千多万银两。人民被剥了好几层皮。多尔衮下令三饷及其他巧立名目的税一律取消，人民只要缴交人头税。

不过多尔衮也有很多恶政。其中剃发及易服令导致千千万万人头落地，已如前一章所述。多尔衮又允许满人在北京及其他几个大城市"圈地"、"占房"，也就是随意霸占汉人的土地、房屋，以至人民无法安定生活。多尔衮对于朝廷的王公大臣，更是猖狂跋扈，无所不用其极地铲除异己。举一个例子。当初皇太极死后，长子豪格与叔叔多尔衮争权。多尔衮得势之后，竟将豪格迫害致死，又强娶豪格的妻子为妃。多尔衮摄政，表面上说是辅佐顺治皇帝，实际上他才是真皇帝，而视顺治如同无物。多尔衮摄政七年，顺治痛恨他到了极点，在他死后亲政，第一件事便是清算多尔衮，开棺暴尸，宣示他的罪状。

虽然如此，顺治对于多尔衮所订定的各项政策及制度，并没有任何更动。顺治在亲政后发现虽然有满、汉尚书并列，但是只有满人尚书奏事，汉人尚书都不敢出头，于是下令所有奏章都要满、汉官员会同奏进。同年夏天，黄河大水，孝庄皇太后谕旨，发内廷节省银八万两赈济水灾难民。如果拿这件事和明末万历皇帝爱钱如命，横征暴敛而不肯从内帑拿一分钱用以发军饷比较，两者相差实在是不可以道里计。清朝一直奉行"轻赋薄税"的政策，不曾更改，因而能以游牧民族而入主中原二百六十多年。

康熙大帝（1661—1722年在位）

顺治皇帝十四岁亲政，二十四岁就死了。有很多人认为顺治其实并没有死，而是出家做了和尚。他的儿子玄烨继位，只有八岁，即是清圣祖，一般称为康熙皇帝。顺治皇帝指定四个顾命大臣以辅佐康熙，其中有一个**鳌拜**跋扈暴虐，将其他的顾命大臣一一迫害而独自擅权。康熙隐忍到十五岁才果断机智地逮捕鳌拜，开始亲政。鳌拜的党羽是满人入关后实施圈地占房的恶政以来，最为猖狂的集团。康熙又下令从此禁止圈地占房。这两件事显示出康熙虽然还年轻，但将会是一个了不起的皇帝。

康熙是中国在位最久的皇帝，前后共六十一年。他汉化极深，能诗能文；勤政爱民，关心吏治而强力惩治贪污。他又下令整治黄、淮两河，以疏解水患。每当有水灾或其他天灾，他便下令免除灾区人民的赋税。康熙五十一年（1712年），皇帝下令"盛世滋生人丁，永不加赋"，意思是按丁口征收的人头税已经足够，从此新增的人丁不必再缴税。后来为求简便，又仿效明朝的一条鞭法，实施"摊丁入地"，从此废除了中国实施两千多年的人头税制度，改按土地征收赋税。

三藩之乱

当初多尔衮"以汉制汉"，派投诚的汉人将领追击起义军与残明势力，留下一个巨大的后遗症。这些人立了大功，都受封为王，各自占据地盘，成为半独立的藩镇。其中最大的势力称为"三藩"，分别是云南的吴三桂、广东的尚可喜以及福建的耿仲明。三藩都表面恭顺而实际上不让朝廷插手，又想将王位传给后代世袭。三藩看见皇帝虽然年轻，而聪明英断，心里都很忌惮，便故作姿态，集体告老，以探测皇帝的态度，而实际上都已经决心在必要时起兵造反。

藩镇跋扈的问题在中国自古已有，并不是这时才出现。唐玄宗时，藩镇失控，以至于发生安禄山之乱，酿成祸害达两百多年，到宋太祖时才结束。康熙皇帝熟读中国历史，当然知道这一段鲜明的教训。康熙性情刚毅果断，宁愿冒着战争的危险，也不想要这个祸根继续留存，因而批准三藩告老，又断然宣布撤藩。三藩于是同时起兵造反。康熙十二年（1773年），南北之间的大内战开打，延续了八年，战火延烧十个省份。康熙再一次以汉制汉，起用大批汉人将领，带领汉人军队来对付三藩。三藩消灭之后，康熙重赏有功将领，但不再有人裂地封王。从这时起，清朝才算是一个统一的国家。

三藩之乱时在台湾的郑氏王朝势力也加入对抗清朝，康熙又过了两年才征服郑氏。有关台湾之事，请容在第十九章叙述。

清朝与俄罗斯的早期互动

从康熙朝起，中国领土开始大幅扩张，康熙朝时还和俄罗斯（中国称之为"罗刹国"）建立了贸易及外交关系。这对于后来清朝的顺利扩张有关键性的影响。因而，在此处要将清朝与俄罗斯之间的早期互动历史先说明清楚。

蒙古人在俄罗斯地方所建立的金帐汗国（Golden Horde）延续约二百八十多年，之后因为内部分裂而被莫斯科大公伊凡三世（Ivan III, 1462—1505）推翻。1547年（明嘉靖二十六年），伊凡四世（Ivan IV, 1533—1584）加冕成为俄罗斯第一任沙皇，从此开始向外扩张。万历年间，俄罗斯人已经在西伯利亚出没。顺治八年（1650年），俄罗斯人从黑龙江上游顺流而下，到处抢劫杀人，与清军在伯力（现称Khabarovsk，位于黑龙江与乌苏里江交汇口）发生战斗。这是中俄间的第一次战争，其后又发生几次战斗。由于清朝并未特别重视，俄罗斯人遂在黑龙江上游北岸建筑雅克萨和尼布楚两个城堡，并且收容清朝犯罪逃亡的人民。

俄罗斯人早已和蒙古人进行贸易，不过发现蒙古除了牛、羊、马、骆驼、毛皮之外，没有什么可以交易的；相反的，和清朝贸易可以获利十倍、百倍，甚至比掠夺土地和财物更加有利可图。俄罗斯因此多次派使者到北京，要求准许通商贸易。然而，清朝与之前的明朝没有两样，贸易的姿态非常高，认为是上国对于野蛮民族的恩赐。清朝要求俄罗斯遣返逃犯，并停止侵犯边境，以作为开放边境贸易的先决条件。双方谈判交涉，毫无结果。

这时康熙皇帝已经了解俄罗斯实力强大，对俄罗斯与蒙古间的关系感到不安，于是决定大举出兵，以免情势蔓延。

康熙二十三年及二十五年，中俄两度在雅克萨附近发生大规模战役，俄罗斯败北。此时俄罗斯罗曼诺夫王朝（The House of Romanov）年轻的彼得大帝（Peter the Great, 1672—1725）与姐姐苏菲亚（Sophia Alekseyevna）争权，内部混乱而无暇与清朝争胜，因而派全权大使与清朝议和。康熙二十八年（1689年），两国代表签订《尼布楚条约》，内容主要是规定双方以外兴安岭和额尔古纳河为界；同意通商互市，进行边境贸易。两国又同意永久和好，互相不收纳对方叛乱及逃亡者。这一纸和约不但维持清朝与俄罗斯之间约一百七十年的和平，并且让清朝在后来平定蒙古、新疆及西藏时，免于俄罗斯的介入。

厄拉特蒙古固始汗扶持西藏黄教

蒙古、新疆及西藏的历史，在明末清初以后便互相牵连，无法拆分，而必须同步叙述。

蒙古的瓦剌部也称作厄拉特蒙古，在也先汗死后分裂为四个部，分别是：准噶尔、和硕特、杜尔伯特、土尔扈特。厄拉特蒙古被鞑靼兴起的达延汗驱逐到蒙古草原西部，后来又遭到西方的俄罗斯、哈萨克挤压，决定移居到新疆，并且赶走其间原有的喀尔喀蒙古人及突厥人。和硕特部的首领固始汗（Gushri Khan，或称顾实汗）是当时厄拉特四部公推的领袖。

1635年，皇太极击灭察哈尔部林丹汗，又整合了鞑靼各部落。固始汗知道实力不足与皇太极争胜，决定留在西方发展。正好这时西藏黄教受到其他各教派的压迫，向固始汗求援。固始汗于是接受达赖喇嘛五世的请求，击败在青海的蒙古喀尔喀部，压制了西藏白教。固始汗接着又在1642年出兵西藏，击灭藏巴政权，帮助黄教取得在西藏佛教的领导地位。清朝在顺治十年（1653年）正式册封固始汗，承认他在西藏的地位。

康熙击灭噶尔丹

达赖五世的弟子中有许多是蒙古的贵族子弟,其中有一个名叫噶尔丹(Galdan),是准噶尔部的大汗之子。达赖五世认定噶尔丹的前世是西藏的一个活佛,因而噶尔丹年纪幼小时便被送到西藏学佛法,拜达赖五世为师。噶尔丹的父亲死后,他的哥哥僧格继位,却被喀尔喀蒙古人杀死。噶尔丹的母亲亲赴西藏,请噶尔丹回乡。噶尔丹以活佛的身份带领族人击败敌人,接着宣布还俗而继位为准噶尔汗。这时固始汗早已死去,达赖五世又坚定支持噶尔丹,因而噶尔丹在康熙十七年(1678年)成为厄拉特蒙古的新共主。噶尔丹接着又发兵吞并天山南疆的叶尔羌汗国(察合台汗国的后裔),统一新疆及青海全境;并向西北攻占现今的乌兹别克和吉尔吉斯,声威大震。

喀尔喀蒙古是达延汗分封给长子(察哈尔部)以外各个儿子的领地,分为三个部落,都居住在现今的外蒙古。由西而东,分别是札萨克图部、土谢图部和车臣部。其中札萨克图部与土谢图部发生纠纷,向噶尔丹求援。康熙皇帝这时也注意到准噶尔兴起。达赖喇嘛对于所有蒙古人显而易见的影响力更是使得康熙不敢忽视。康熙因而派遣使臣,于康熙二十五年(1686年)在喀尔喀蒙古召开大会,目的是要解除札萨克图部与土谢图部之间的仇恨。这次会议却不幸划下了清朝与准噶尔之间的巨大裂痕。

原本达赖五世派首座弟子西勒图前来,是要主持调解。康熙所派的特使阿尔尼却擅自主导会议。达赖位尊望隆,无人可比,阿尔尼却安排蒙古哲布尊丹巴活佛与西勒图平起平坐。会后噶尔丹忍不住写信给康熙,抗议这是对达赖喇嘛的侮辱。康熙尚未回信,土谢图汗与哲布尊丹巴活佛已经回一封更具侮辱性的信。土谢图汗仗恃有清朝撑腰,越加蛮横,竟率兵杀死札萨克图汗。噶尔丹有一个弟弟也不幸同时遇害。

噶尔丹大怒,三路发兵。土谢图汗不支,逃入漠南,请求清朝庇护。噶尔丹穷追不舍。清军与准噶尔兵于是在康熙二十九年(1690年)打了两次大仗。噶尔丹的兄长僧格有一个儿子,名叫策旺,认为噶尔丹占据他应有的位置,早已不满而自行独立,占据部分新疆及青海地区,这时竟趁噶尔丹与清兵大战时偷袭噶尔丹的根据地科布多(在今外蒙古最西端)。噶尔丹不敌清军，战败后回到科布多，发现两头损失惨重。

噶尔丹原先与俄罗斯结盟，却不知道盟友已经和清朝签订《尼布楚条约》，而扬言将从俄罗斯借兵、借武器。康熙所最忌讳的，正是蒙古人与俄罗斯连手，因而下定决心要除掉噶尔丹。噶尔丹整顿人马，在康熙三十五年（1696年）又率领数万人进攻喀尔喀蒙古。康熙皇帝御驾亲征，与噶尔丹在昭莫多（在今乌兰巴托东南）决战。策旺不出一兵，只是观望。噶尔丹大败而逃，第二年在俄国境内自杀。俄国人不敢得罪康熙，将他的尸体送回。

噶尔丹之所以败亡，第一是到处树敌，其次是误判时势，然而最致命的原因是内部分裂。

康熙用兵西藏

昭莫多之战后，康熙在两个投降的西藏喇嘛口中得到一个惊人的消息。原来达赖五世早在十五年前已经去世。达赖的助手，总管行政的桑结第巴竟假称达赖坐关不出，用达赖的名义继续发出指示。因而，十五年来第巴传达达赖给噶尔丹的一切指示，全部都是桑结自己的意思。噶尔丹对达赖五世敬若神明，接到谕示之后，无不遵办。康熙屡次要求达赖五世出面调停蒙古事务，桑结都反其道而行，唆使噶尔丹叛乱，以至于噶尔丹败亡。

康熙于是派人前往西藏，责问桑结第巴为何在十五年中如此倒行逆施。然而康熙的旨意在西藏发生不了作用，也是无可奈何，只能暗中拉拢久已失势的固始汗家族，预备对付桑结第巴。九年后，固始汗的曾孙拉藏汗发动政变，杀桑结第巴，又向康熙报告，说先前桑结第巴所立的达赖六世仓央嘉措并不是真的灵童转世，平日耽于酒色，不守清规，建议予以废黜。康熙请拉藏汗另立一位名叫伊喜嘉措的僧侣为达赖六世，但西藏人民大多拒绝承认伊喜嘉措，认为是假达赖。

桑结第巴的余党逃到新疆准噶尔部，向策旺求救。康熙五十五年（1716年），策旺派兵进入西藏，包围布达拉宫，杀拉藏汗，囚禁新任的达赖六世。康熙大怒，也派数千人进军西藏。这是清朝第一次对西藏用兵，结果全军覆没。康熙更怒，又派十四皇子胤禵率领大军开赴西藏。康熙知道达赖喇嘛在西藏人民心中的地位，便在青海塔尔寺迎立一位十二岁的神童噶桑嘉错为第七世达赖喇嘛，声称要护送他到拉萨。这是清朝对西藏第二次用兵，击退了准噶尔。康熙五十九年（1720年），达赖七世在布达拉宫坐床。

雍正皇帝（1722—1735年在位）

康熙晚年一直无法决定继承人，而为了皇子之间的明争暗斗痛心疾首。在他死后，第四皇子胤禛继位，年号"雍正"。雍正基本上继承康熙的施政方针，兴修水利，减免赋税。康熙晚年渐渐流于宽纵，而雍正主张宽严相济，加强对官员的考核与监督，因而官吏大多公正廉明。许多历史学家认为康熙所奠定的良好制度，都是到雍正朝时才得到彻底执行。清朝政府的经济情况也是到了雍正年间才更加富足。

然而，雍正皇帝最大的缺点是猜忌而残忍。有部分史家相信雍正是以不正当的方法赢得与兄弟们之间的帝位之争。雍正一即位之后，立刻以极为毒辣而残酷的手段整肃他的兄弟。有人被革职、软禁，有人被屠杀、残肢。雍正甚至称呼自己的兄弟为猪、为狗。对于带兵的将官及全国各地封疆大员，雍正也不放心，因此派出特务侦察监督，又挑选心腹，随时写小报告，直接上奏雍正。

清朝和明朝一样，不设宰相。康熙时在南书房处理日常事务，固定召见几个大学士议政。雍正皇帝开始设了一个"军机处"，选定大臣入值议事，从此军机处成为清朝的实质内阁。雍正每日不眠不休与大臣讨论，又亲自批阅所有的奏折，不论是否苛细。总之，雍正就是不愿意下放权力。雍正当然也批阅所有布置在各地的心腹所写的小报告，并且用朱笔在报告上详细指示。雍正可能因此太过劳累，在皇帝位上只坐了十三年就暴毙了。

雍正朝也曾出兵对付准噶尔部。雍正元年（1723年），固始汗在青海的另一个后裔罗卜藏丹津可汗与准噶尔部策旺联盟，共同出兵进犯西宁。雍正命令四川总督年羹尧及提督岳钟琪进击，直抵柴达木盆地。罗卜藏丹津溃逃。

乾隆皇帝（1735—1795年在位）

雍正之后，乾隆继任。有部分史家称赞乾隆是一位文武全才的杰出帝王，但也有人认为他是一个浮夸而好大喜功的皇帝，并且说康熙与雍正所营造的一个强盛帝国，是在乾隆的手中逐渐走下坡。

乾隆刚登基后，大力扫除贪官污吏，但吏治又渐渐败坏，越到晚期，越加不堪，贪官污吏满天下。乾隆死后，继任的嘉庆皇帝清算乾隆的宠臣和珅，抄出家产价值达八亿两白银，大约等于清朝二十年的岁赋收入。和珅的家产大多是中央及地方官员贡献的，要再乘上数倍才是全国官吏贪污的总数。乾隆朝的政治是如何地腐败，光从这个数字便可以得到结论。

乾隆下令编辑《四库全书》，这是中国历史上规模最大的一套类书，涵盖了所有学术领域，共收录古籍图书三千五百多种，将近八万卷，约八亿字，是《永乐大典》的两倍半。不过《永乐大典》是一字不易地抄写，保存了古书的原貌；《四库全书》当中却有部分遭到篡改。例如有部分记载对少数民族不够尊重，或是违背封建思想的内容等，都被修改，或干脆销毁。因而编辑《四库全书》究竟是乾隆之功，或是过，有些历史学家抱持不同的意见，不过大致来说还是褒多于贬。

乾隆又下令搜集古代书法及绘画。其数量之多，质量之精，前所未有。但乾隆自命文采风流，又有一些阿谀附会的大臣在一旁怂恿，因而在欣赏之余，总是在上面题诗、题字。今日留存的中国古代字画国宝上面，有一大部分都有他亲笔题的"御诗"，又盖上"御印"。究竟这对古字画国宝是一种加分，还是对艺术品的一种破坏，现代的学者和艺术家们也有一些分歧的看法。

乾隆到晚年时，对自己的文治武功非常自豪，自号"十全老人"，以标榜他在军事上的十项成就。然而这些是否如乾隆自己所炫耀的那样光彩，历史学家也十分怀疑。

"十全"当中，与蒙古、新疆、西藏、台湾有关的有六项，其实是承续康熙、雍正两朝的经营，不能算是乾隆自己的成就。另外有两项指的是两次平定大、小金川，实际上是动员庞大的人力、财力、物力才征服两个很小的边疆少数部族。至于最后两项成就，说是缅甸、安南先后都投降清朝，那就更加无稽了。以下简述这些经过。

准噶尔灭族

乾隆年间，准噶尔又因继承人问题而发生内乱，有一个名叫阿睦尔撒纳的王公贵族，是策旺的外孙，野心勃勃，却在权力斗争中失利，于是投降清朝，反过来当向导，带领清兵击破准噶尔各部。之后，乾隆命令将准噶尔分置四部，以便掌控。阿睦尔撒纳原先以为自己可以接收准噶尔全部，大失所望，又起兵叛变。清朝派大军镇压，阿睦尔撒纳大败而逃，死于俄罗斯境内。乾隆皇帝认为准噶尔人叛服无常，终究难以制服，决定斩草除根，下令屠灭所有的准噶尔人，务必杀得干干净净。乾隆二十三年（1758年），兆惠驻军于伊犁，四年内搜刮新疆全境，杀六十余万人，准噶尔于是灭种。至今天山北麓准噶尔盆地只是一个地名，但其间已经没有准噶尔人。

乾隆皇帝自命文采风流，是旷世圣主，而竟然下令灭绝准噶尔部。本书在此不禁要问："文明与野蛮究竟是如何定义？乾隆与准噶尔究竟哪一方才是野蛮人？"

平定新疆、西藏叛乱

当初噶尔丹灭掉新疆南路的叶尔羌汗国后，为了争取穆斯林的支持，立伊斯兰教白山派教长大和卓木及小和卓木为新疆南路政教的领袖。准噶尔灭亡后，大、小和卓木大惊，据城守险。清兵围城，两人弃城而逃，最后都被捕而遭到处死。清朝自此（乾隆二十四年，1759年）直接统治新疆天山南北路。

清朝于雍正五年（1727年）在西藏设立驻藏大臣，却遭到抵制，对立严重。乾隆十五年（1750年），驻藏大臣诱杀西藏主管行政事务的郡王，结果自己也被乱兵杀死。清朝派兵平乱。之后，双方签订了一份《酌定西藏善后章程》，强调驻藏大臣的地位与达赖对等，废除第巴（藏王）的职位，另设噶厦以管理政务；又将部分的西藏部族及军队划归驻藏大臣直接管理。

乾隆五十三年及五十六年，西藏与廓尔喀（今尼泊尔）发生两次严重纠纷。廓尔喀派兵越过边境，西藏无力抵抗，札什伦布寺被抢劫一空。乾隆于是任命福康安为大将军，统兵击退廓尔喀；又一路追杀，直抵廓尔喀首都加德满都。廓尔喀国王投降。福康安回师到西藏，趁势与达赖喇嘛再次议定共管西藏，签订了二十九条《钦定章程》，其中对于西藏的政治、宗教、财政制度作了更明白的规定，又再一次强调驻藏大臣在西藏的地位与达赖完全平等。《钦定章程》中的第一条称为"金瓶掣签"条款，详细规定活佛寂灭之后要如何寻找灵童，并由清朝皇帝赐给西藏一个金瓶。将来达赖与班禅活佛转世灵童之认定，都必须要经由金瓶抽签，以决定真伪。

大、小金川之役

元、明、清各朝代的政府都在四川、云南、广西、贵州等地的偏远少数部族实行土司制度。这个制度利弊参半。有些土司对中央顺服，也能安抚部落内部；有些却以暴力统治，又时常反叛，与汉人发生冲突，甚至与其他土司之间互攻。各朝代的政府对此头痛不已。雍正四年（1726年），云贵总督鄂尔泰上疏，建议"改土归流"，主张逐步撤销世袭的土司，而由中央选派流官管理。雍正皇帝大为赞赏，鄂尔泰于是开始办理，"改土归流"遂成为清朝的政策。

实际上"改土归流"也是利弊互见。土司都是既得利益者，国家若是没有正当理由而强行改变，必然引起反抗，导致冲突。政府所派的流官适任尚且会发生问题，如果贪赃枉法，问题当然就更严重，暴乱将不可避免。此外，原本已实施土司的地方范围实在太广，国家根本没有可能同时进行改革。因而经过数十年，各地仍然有很多土司继续存在，而个个对政府严密提防。

大金川和小金川在现今四川成都西北约两百公里，居民大多属于藏族。乾隆十二年（1747年），大金川土司莎罗奔出兵攻打小金川及其他的土司。乾隆皇帝派四川总督张广泗率兵前往。张广泗屡战屡败，被乾隆下令处斩。

乾隆又命令大学士傅恒与四川提督岳钟琪共同前往。岳钟琪是宋朝时的名将岳飞的后人,威名远播。莎罗奔曾经在岳钟琪的麾下参加青海罗卜藏丹津之役,知道厉害,赶紧自动投降。清朝仍然让莎罗奔继续担任土司。

乾隆三十六年(1771年),大金川又联合小金川土司共同攻打邻近的土司。清朝大学士温福领兵前往,结果全军覆没,温福战死。乾隆再派名将阿桂率兵数万前往征讨,耗费了五年时间才终于平乱。清廷废除了两金川的土司制,设厅委官,完成改土归流。

大、小金川所在的地方有高山纵谷,崎岖不平,因而军队行动时,人员、器械、驼马、粮运都非常困难。据估计,清朝总共耗费七千万两白银,比平定准噶尔花费三千万两多出一倍有余;军队死伤数万人,又有三位大臣战死或因战败被处斩。然而,大、小金川不过是三万户左右人家,只是四川地区里面许许多多土司当中的两个。其他六七个省也都还有土司。由此可以想象,清朝如果真正要全面实施改土归流,其困难有多大。

缅甸与暹罗

缅甸向来对中国敬而远之。清朝初年,明朝宗室桂王逃至缅甸。缅王怕惹祸上身,将他绑送给吴三桂。那么为什么还会有缅甸战事呢?其中最主要的原因,是清朝边疆官吏贪赃枉法。

缅甸及云南盛产银矿,部分华人因而成为巨富。乾隆年间,有一个云南百姓吴尚贤在缅甸开设了一个茂隆银厂。吴尚贤致富以后,结交缅甸王室,劝缅王遣使向清朝进贡。乾隆皇帝大喜。不料云南地方官吏见钱眼开,为了谋夺吴尚贤的家产,竟诬陷罪名,将他拘捕入狱。吴尚贤家破人亡。缅甸人对中国边疆大吏从此印象恶劣。

缅甸有一个桂家土司首领,名叫宫里雁,也开设一个波龙银厂而致富。缅甸在1752年(乾隆十七年)发生政变,新的"贡榜王朝"诞生。宫里雁被新缅王雍籍牙击败,弃家逃亡。清朝云南总督竟与缅甸孟连土司共同谋害宫里雁,瓜分他的财产。宫里雁的妻子联合其他缅甸土司,出兵到云南,声称要为宫里雁复仇。战争后来牵连越来越广,将贡榜王朝也牵进来。乾隆三十一年（1766年）起，清朝在三年中前后任命三个云南总督，结果其中两个兵败自杀，一个战死。大学士傅恒又奉派统率数万大军前往，深入缅甸，直抵老官屯，离缅甸首都阿瓦城（今曼德勒）只有五百里，却因水土不服而染病，超过一半人病死。傅恒也得病，进退不得。缅甸军也被清军带来的大炮所震慑，不知如何是好。这时发生一件事，使得两边很快罢兵言和。

缅甸贡榜王朝取得政权后，国势突然强盛，灭掉邻国暹罗（泰国）。然而暹罗出现一个新的领袖郑昭（或称郑信，暹罗人称他为披耶达信），是华人移民的后裔。郑昭组织反抗军，艰苦奋战，终于收复失土，于1769年（乾隆三十四年）被拥立为王。缅甸因而陷入两面作战，不得不主动与清朝谈和，又同意对清朝十年进贡一次，算是给清朝面子。清军班师回朝，傅恒不久在北京病死。

乾隆自夸征缅甸是"十全"之一，实际上不但一无所得，并且损失惨重。军队死伤数万人，又赔上几名总督和大学士。缅甸人在战后评论说："吴宫若在，岂有边患？""吴"就是指吴尚贤，"宫"就是指宫里雁。

新任暹罗国王郑昭后来也派人向清朝朝贡，目的在于借清朝之力牵制缅甸。两年后，不幸暹罗发生宫廷政变，郑昭被杀。正在征伐柬埔寨的一名将军却克里回到曼谷，开始掌握政权，建立一个新的曼谷王朝（乾隆四十七年，1782年）。却克里也有部分的华人血统，在清朝史书称为郑华，在泰国称为拉玛一世（Rama I）。现今的泰皇蒲美隆是拉玛一世的九世孙。拉玛一世基本上继续郑昭的政策，对清朝维持友好关系，多次遣使入贡。

安南（越南）

安南自古独立于中国之外。元世祖忽必烈曾经要想并吞安南而不能如愿。明成祖也想要把安南划为明朝的领土，结果遭到坚强的抵抗。明成祖死后，朝廷决定罢兵息争，安南人黎利在1428年（明宣宗宣德三年）建立了大越国（后黎朝）。黎利也不愿与明朝为敌，因而称臣入贡，奉明朝为宗主国，实际上仍旧是独立自主。双方从此和睦相处。

黎氏王朝到清朝康熙初年还遣使朝贡，不过国家已经由南方的阮氏和北方的郑氏分据。乾隆年间，安南内部又有阮氏兄弟灭掉南、北两个政权，建立新的西山王朝。乾隆皇帝派两广总督孙士毅以宗主国的姿态率兵前去干涉。孙士毅大败而还。此后战争仍然持续不断，清朝劳师动众的程度，不亚于缅甸战争。暹罗兴起后，西山军的领袖阮光平也怕暹罗夹攻，腹背受敌，因而向清朝请和。乾隆皇帝找到台阶下，封阮光平为安南国王（乾隆五十四年，1789年），而实际上安南仍然独立自主。双方于是罢兵，皆大欢喜。

缅甸、暹罗及安南因为上述的微妙地区平衡关系，都奉清朝为宗主国。乾隆五十五年（1790年），三国分别派遣使者到北京，参加庆贺乾隆皇帝八十岁寿诞。安南国王阮光平亲自入朝庆贺，乾隆大乐。然而就在此时，原先安南的阮氏政权贵族阮福映流亡在外，与法国人签约，得到法国允诺协助复国。阮福映同意在复国之后割让土伦港（今岘港，在越南中部），并允许法国在交趾驻军，以为交换条件。十年后，阮福映在法军支持之下攻破顺化，又建立新的"阮朝"。乾隆的儿子嘉庆皇帝不得不封阮福映为新任的越南国王。

清朝中衰

清朝的衰颓，并不是从嘉庆开始，而是早在乾隆的后半期就已经明显易见了。所谓的十全武功，华而不实。国家劳师动众，耗费巨额军费，只不过是使得边疆各部族表面臣服，而实际上心怀怨毒。乾隆六次巡游江南，也是浪费民脂民膏，徒然推升全国奢靡浮华的风气。和珅当权二十年，公然卖官鬻爵，尤其使得官吏无不腐败，人民受尽剥削，忍无可忍。嘉庆皇帝从登基第一天到驾崩之日，前后二十五年间（1796—1820年），没有一天不面对日益严重的各地叛乱。其中比较重大的事件有贵州、湖南苗族全面叛乱，历时十八年；白莲教徒起兵，遍布四川、湖北等五省，历时九年；海上巨盗蔡牵横行于东南沿海，使得海上运输几乎停止。甚至有天理教徒在京畿起事，直接攻打皇宫。

嘉庆皇帝就如同明朝的崇祯皇帝为农民军而疲于奔命一般，而终究不能挽回颓势。崇祯皇帝的亡国命运要拜万历之赐，而嘉庆皇帝的无奈也要拜乾隆之赐。

第 16 章

日本的平安、镰仓、室町及南北朝时代

日本从平安时代开始不久，藤原家便掌握了实际的政权，而天皇只是傀儡。部分的天皇无法忍受，长大之后只好禅位而出家，称太上皇，以逃避现实。这样子经过两百多年，到了十一世纪中，终于有天皇既不愿接受现状，又不愿下台，而决定要反击以摆脱藤原家的掌控，做真正的天皇。第七十一代后三条天皇（1068—1072年在位）、第七十二代白河天皇（1072—1086年在位）及第七十七代后白河天皇（1155—1158年在位）是这一类天皇的代表。

武士兴起

天皇为了和摄关家斗法，当然要建立自己的行政体系及武力。当时地方武人势力已经开始出现，而天皇建立自家的武力对于武士的兴起又发生了推波助澜的作用。

武人其实也是源出日本皇室的两个家族：平氏与源氏。日本皇室源远流长，经过数百年，已经没有办法将所有的子孙都列在皇族。因而有部分人被降入臣籍。大致地说，桓武天皇的后代子孙都赐姓"平"，嵯峨天皇的后代子孙都赐姓"源"。平氏和源氏子孙遍布全国，大多是做地方官，或拥有自家的庄园，而舞刀弄枪，桀骜不驯。平安时代初期的平静于是渐渐被打破了。

在朱雀天皇（930—946年在位）时，有平将门起兵造反，结果被他的堂兄弟平贞盛击败。后一条天皇时（1016—1036年），又有下总（在现今千叶县北方）国守平忠常造反。甲斐（现今山梨县）国守源赖信与儿子源赖义奉命前往讨伐，很快就击破叛军。

第七十代后冷泉天皇（1045—1068年在位）时，东北的虾夷人因为受不了地方官的压榨而叛变。源赖义又奉命出兵平乱。经过十几年，源赖义终于联合出羽国（现今秋田县）的虾夷酋长清原家族击败在陆奥国（现今青森及岩手县）的虾夷酋长安倍家族。日本历史上称这一场战争为"前九年之役"。

后三条天皇的反击

藤原家总是希望天皇是由藤原氏的姑娘所生，以便藤原氏用舅舅或外公的身份掌控天皇。后三条天皇是后冷泉天皇的弟弟，但他的母亲并不姓藤原。那么他为什么能够继任天皇呢？其实，藤原家百密一疏也是万不得已。后冷泉天皇在位二十几年，而藤原家的姑娘无论如何都无法为他怀孕生子。这期间，后三条担任皇太弟，地位极为尴尬，可以说受尽藤原家的白眼；并且只要后冷泉一有子嗣，随时会失去继承天皇的权利。然而，后冷泉最终驾崩时仍是没有儿子。藤原家眼睁睁看着后三条成为两百多年来唯一在血统上与藤原家比较远的天皇，而竟无可奈何。

后三条天皇经过二十几年的委屈，心中对藤原家自然是极为愤恨不满，因而起用兼通儒学与兵法的大江匡房，开始想办法要改革，以对付藤原家。第一件事，是指向庄园问题。

日本全国这时最有价值的土地、田产几乎已经都成为皇亲国戚和名门佛教宗派的庄园，而藤原家又是其中的最大户。整理庄园的目的，表面上是要让特权分子缴税，以解决国家财政的困难，而真正的意图不言而喻。

不过天皇与大江匡房却发现天皇的政令出不了皇宫，因为藤原摄关家有权事先审阅，事后副署。大江匡房挣扎了几年，一事无成，突然想到从前二所朝廷的旧例，于是请后三条禅位给儿子白河天皇，自任太上皇。上皇接着成立自己的办公室，称为"院厅"，从这里开始发号施令，而不照会藤原摄关。"院政"于是开始，一国之内从此有了两个不同的指挥体系。

后三条上皇接下去要做的事就是培植自己的武力，以与摄关家抗衡。然而，后三条上皇虽然有宏大的计划，却在组织院厅后一年就突然重病驾崩了。

白河法皇、源义家与北面武士

白河天皇（1072—1086年在位）继位后，也忍耐做了十几年有名无实的天皇，然后效法他的父亲，禅位给八岁的儿子崛河天皇（1086—1107年在位），然后成立院厅，开始对外发号施令。他怕藤原家又来安排政治婚姻，在崛河天皇十三岁时便将自己的亲妹妹嫁给儿子。日本古代时，皇室近亲结婚是常有的事，像这样姑姑嫁给侄儿也不稀奇。崛河天皇二十一岁时病故，白河上皇册立四岁的孙子为鸟羽天皇（1107—1123年），自己继续做上皇。鸟羽天皇二十一岁时，上皇又逼令他退位，让给他的五岁长子崇德天皇（1123—1141年在位）。鸟羽成为上皇，而白河皈依佛法，自己创造了一个"法皇"的称号。如此，一国之内竟有法皇、上皇及天皇三个国家领导人。让无知的小孩担任天皇，正是法皇的策略，一方面免于受摄关家控制，另一方面使得摄关家的权力根源重要性减低，而凸显法皇自己的重量。

永保三年（1083年），东北虾夷清原家又发生内乱。曾经在二十年前出征陆奥的源义家又奉命平乱。他再次拉一派，打一派，利用清原家三兄弟之间的矛盾而陆续解决其中的两个哥哥，扶植清原家最小的弟弟清原清衡。日本历史称这一次的战役为"后三年之役"。清原清衡本姓藤原，其实并不是虾夷人，只因为父亲战败身死，随母亲改嫁而改姓清原，成为一个拖油瓶。他这时成为陆奥之主，于是又恢复本姓，改叫藤原清衡，而对源义家感激流涕。

源义家大功告成，战胜归来，却没有得到任何封赏。白河上皇认为源义家是忠于藤原摄关家，不敢重用，宁愿信任自己培养的武力部队，称为"北面武士"。藤原摄关家对源义家也没有什么表示。

源义家自己有功不赏也就算了，跟着他的部属也一样没有任何奖赏。源义家自认是英雄盖世，而却无法对部属交代，便拿出祖孙三代以来积存的家产，散发给有功的将士。武士们深受感动，称誉源义家是"天下第一的武士"。原本在日本社会上武士是没有地位的，这时天皇家和摄关家都赏罚不明，反而是武士有道有义。武士的地位一下子大为提高，遂成为许多人向往的行业了。

保元之乱

源义家虽然是天下第一武士，对于自己的子侄却教导无方，个个犯法违纪，跋扈不驯。白河上皇苦心栽培的北面武士却渐渐强大。源义家死后，白河上皇趁机派平贞盛的后人平正盛率领北面武士前往征讨，轻易地击败源义家的儿子们。平正盛的儿子平忠盛更是青出于蓝。父子俩的势力因而快速膨胀。"平家将"与"源家将"开始在全国各地分庭抗礼。然而，这时的问题已经不是单纯地天皇家和平家将在一边，与另一边的摄关家及源家互相斗争，而是更加复杂。

当初白河法皇处心积虑而同时设置三个天皇，开启了一个新的政治体制，也无可避免地埋下了一个极大的变数。

由于白河法皇的强势作为，藤原摄关家逐渐被迫靠边站，白河法皇已经真正掌握了实权，志得意满，甚至夸口说："朕有三不如意。第一，贺茂川的水不听朕的意思流动；第二，骰子不听朕的意思，呼卢即卢，呼雉即雉；第三，比叡山的武僧不听朕的命令调度。"

1129年，白河法皇驾崩，鸟羽上皇也效法白河实施院政，也同样地叱咤风云。过了十二年，崇德天皇已经二十二岁，正想着要做一个有实权的天皇，却在鸟羽强硬的逼迫之下，把天皇的位置让给了三岁的小弟弟近卫天皇，而成为上皇。鸟羽又自称为法皇，继续掌握大权，把崇德架空。崇德勉强忍耐了十几年，等到近卫天皇十七岁时早夭，鸟羽又回过来册立崇德的另一个弟弟，是为后白河天皇。崇德盼望自己的儿子继位的梦想于是成空。

鸟羽为什么对自己的长子崇德这样不友善？日本的历史学家都说，原因是崇德根本不是鸟羽的儿子，而是当年鸟羽的祖父白河法皇淫乱宫廷，与鸟羽的皇后所生的。所以崇德既是白河法皇的曾孙，也是儿子。鸟羽心有不甘，因而有后来种种的不寻常举动。崇德忍无可忍，于是开始暗中布置，笼络朝中大臣及武将，意图扳回局势。鸟羽一驾崩，崇德立刻发难。

当时朝廷中的藤原家、平家将、源家将等家族里，内部也都有类似的矛盾，或是利益冲突，而纷纷在天皇与上皇之间选择一边效力。一场日本空前的大混战于是在后白河天皇保元元年（1156年）爆发，称为"保元之乱"。

当时支持崇德上皇的有源为义、源为朝、平忠正，以及右大臣藤原赖长；支持后白河天皇的有源义朝、平清盛，及关白藤原忠通。崇德与后白河是兄弟，藤原赖长与忠通也是兄弟。源义朝是源为义的儿子，源为朝的弟弟。平清盛（平忠盛之子）是平忠正的侄儿。以上列了这么多的人名，并不是要让读者看得眼花缭乱，而是要说明一件事：这并不是一场家族与外人之间的战争，而是四个家族的成员各自为了利益而分裂，各自加入不同的阵营，演变成父子兄弟阋墙，骨肉相残。人伦之乱，亘古未有。崇德上皇阵营大败，大部分成员自杀或被捕处死。崇德上皇遭到流放。

平清盛

在保元之乱中，源义朝杀父、杀兄而建立功勋，却只被封了一个五品小官。相对地，平清盛被封为播磨国守（今兵库县），是一个有实权的高官。源义朝大为不满，在两年后，起兵作乱，但是被平清盛迅速平定。日本历史称此一事件为"平治之乱"。

后白河天皇也想要效法白河及鸟羽，做万年法皇。他先禅位给长子二条天皇，然后又逼二条天皇禅位给孙子，继位的小孩称为六条天皇。

不过这时天下已经不是法皇所能控制的了。武人的势力已经抬头，凌驾在法皇与摄关之上。在此一时间源家将几乎死光，而平家的势力达到巅峰。平清盛据说也是白河法皇的私生子，官居太政大臣，是百官之首，这在过去是只有藤原家的人才能担任的。百官之中有一半是平家的人；地方国守也有一半是平家将。然而平清盛野心勃勃，还是不满足，他的目标是要和过去的藤原家一样，做摄关兼天皇的外公。他将小姨子嫁给后白河法皇，等小孩生下来五岁时就硬逼六条天皇退位，取而代之，是为高仓天皇。平清盛又将女儿嫁给高仓天皇。法皇和藤原家无法忍受，日夜密议要如何铲除平家。但是图谋不成，平清盛反而捕杀藤原家的重要人物，幽禁法皇。

平清盛的长子平重盛觉得父亲过于骄横，看不下去，不断谏争而无用。平重盛因而忧心忡忡，有病不医，只求早死。在他死后，没有人敢在平清盛面前说任何逆耳的忠言。平清盛于是从人人敬仰的英雄变成一个众人心目中的国贼。他最后终于盼到女儿为高仓天皇生出一个小孩，达到了目标，成为天皇的外公，欣喜若狂，又迫不及待地决定扶立这个外孙为安德天皇。然而安德天皇即位之时，正是平家灭亡的开始。

源平决战

平治之乱时，源义朝和两个年纪较长的儿子都死。平清盛下令将他的第三个儿子源赖朝也杀掉。平清盛的继母池禅尼是一个佛教徒，慈悲为怀，再三为源赖朝求情。平清盛最后勉强饶源赖朝一命。这一段故事，后来竟改变了日本的历史。源赖朝被流放到伊豆。负责监视他的地方官是北条时政。北条在观察源赖朝之后，认为他不是一个平常人，竟反过来将女儿政子嫁给他。北条时政知道平家骄横狂妄，终将灭亡，因此暗中准备，等待机会与源赖朝共同起兵。

二十年后（高仓天皇治承四年，1180年），全国各地掀起反抗平清盛的武装叛乱。源赖朝也起兵，一路如滚雪球一般，由数百人增加为数千、数万人。各地方武人及源氏后裔纷纷加入，连佛教僧兵也起来要推翻平氏政权。佛教寺庙都是庄园制度下的大地主，为了要保护田产，让和尚习武，组织僧兵。延历寺、兴福寺等的僧兵强悍凶暴，连天皇、摄关家及平家都很忌惮。

平清盛尝到众叛亲离的滋味，不久病死。源赖朝渐渐成为反叛军的首领。平家将节节败退，一路往西逃。安德天皇寿永四年（1185年），平家将与源家将在一之谷（今神户市内）、屋岛（今四国香川县高松市北）、坛之浦（今山口县下关市）决战，三战三败，全军覆没。平清盛的夫人背着八岁的外孙安德天皇，手里拿着日本的传国三神器，蹈海而死。

镰仓幕府时代

源赖朝灭了平家将之后，做了两件事：第一，扩大权力；第二，铲除建立大功的亲兄弟。

源赖朝在根据地镰仓设立了自己的小朝廷，不听天皇和摄关的号令。这就是最早期的"幕府"。幕府中最重要的有三个部门："侍所"管理武士及军事事务，"公文所"（后来改称"政所"）管理政务、文书及财务，"问注所"管理诉讼及司法审判。源赖朝对后白河法皇软硬兼施，获得正式任免"守护"及"地头"的权力。守护负责日本各地方诸侯国的军事及行政事务，地头负责管理各国的庄园、土地、税收等。

日本奈良时代时发布《大宝律令》，将全国行政区划分为六十六国及两个岛（壹岐岛与对马岛）。其后历经一千多年，一直到十九世纪明治维新之前都没有很大的变化。平清盛势力最强时，掌控了六十六国当中的一半。源赖朝现在更可以名正言顺地指派自己的亲信掌控各藩国，天皇和摄关是谁已经不重要了。源赖朝在几年后又被天皇敕封为"幕府大将军"。镰仓幕府时代于是开始，而幕府将军成为其后一千多年里日本武家梦寐以求的位置。

源赖朝与源义经

源家消灭平家，其间功劳最大的有两个人：源范赖和源义经。两人都是源赖朝的异母弟弟；范赖排行第六，义经排行第九。源赖朝要铲除的对象，正是自己的亲兄弟。

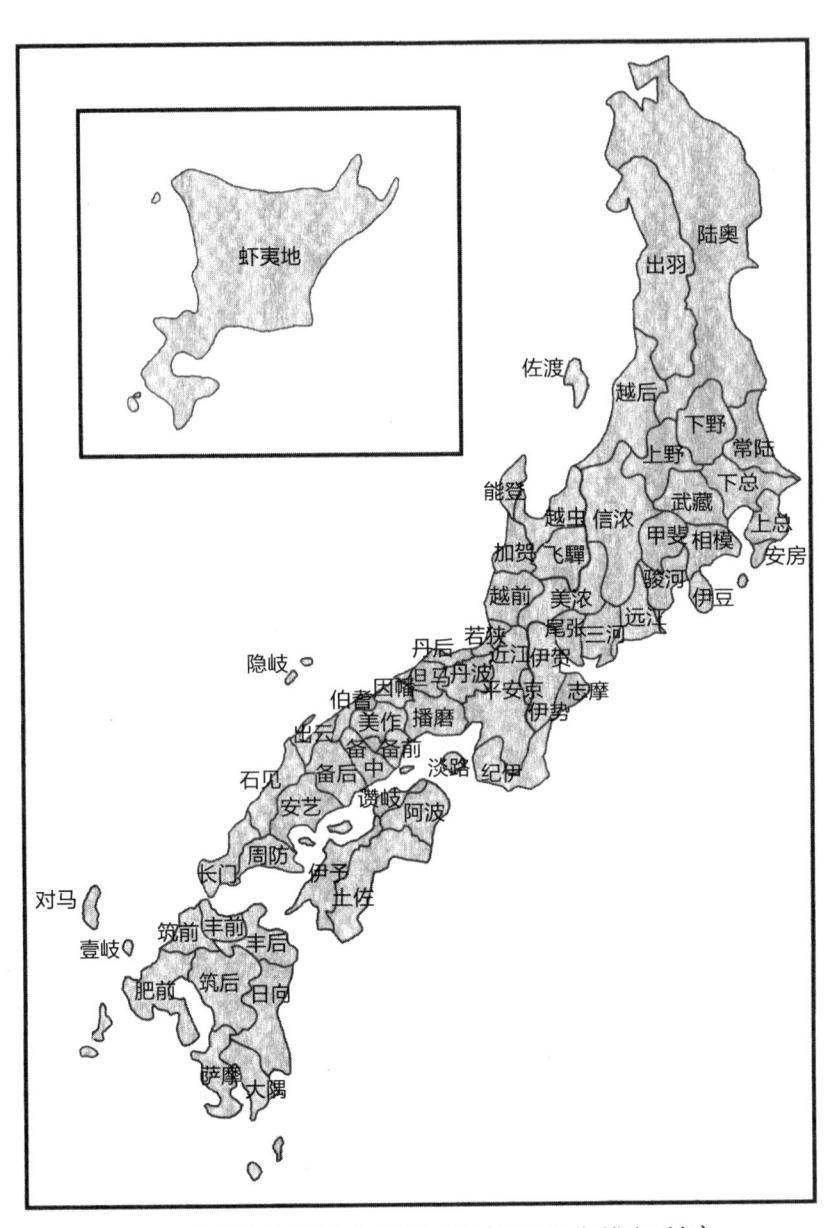

日本古地图（平安时代开始至明治维新前）

源义朝兵败身亡时，儿子源义经只有两岁，被母亲送去作小和尚，到十一岁才知道自己的身世。他开始读书练剑，发誓要兴复家邦。源义经是一个军事天才，在源平之战时充分显露。然而源赖朝是一个多疑的人，而他的妻子北条政子更加心狠手辣。在他们夫妻俩的眼中，源义经虽然是兄弟，仍是一个危险人物。源义经不知道自己的处境，又犯了一个错误：在击败平家将后，还没有见到哥哥便接受法皇封了一个五品官。源赖朝于是借口拒绝源义经献俘，又拒绝任何解释及会面的要求。源义经被百般折磨，四处流亡，最后投奔陆奥国守藤原秀衡。

当初藤原清衡受源义家之赐，成为陆奥的领主，又回复了原有姓氏，对源义家感恩戴德。藤原秀衡是藤原清衡的孙子，在源义经少年时已经知道是源义家的后人，便收留了他，十分礼遇。如今源义经落难，天下之大而无处栖身，藤原秀衡义无反顾，再次收留源义经。陆奥既富且强，藤原秀衡是一方之霸，公然抗拒幕府的命令，拒绝交出源义经。源赖朝大怒，却无可奈何。

好景不长，藤原秀衡在八个月后病死。秀衡临死前，遗命儿子泰衡把军队交给源义经，以对抗幕府将军。不幸泰衡是一个短视、没有度量又懦弱无能的人。源赖朝送一封信给他，要求他交出源义经，否则就要派大军讨伐。藤原泰衡接到这封威胁信之后，便害怕而派兵包围源义经，逼他自杀。藤原泰衡以为这样就没事了，没想到源赖朝收到源义经的头颅之后，立刻发兵三十万北上，四十天便灭掉藤原家三代经营的陆奥王国。藤原泰衡临死前或许仍然不明白父亲遗嘱的意思，因为只有当世第一的军事家源义经才有能力带领陆奥的军队与幕府对敌。当他逼死源义经时，陆奥的万里长城就已经崩坏了。

源赖朝夫妻也怕源范赖会威胁到他们的儿子，几年后也借机诬赖源范赖谋反，逼迫他自杀。源赖朝以为从此镰仓的幕府将军位置传子传孙，百世勿替。然而，当源赖朝把自己的兄弟都一一剪除之后，镰仓幕府再也没有宗室卫护，而北条政子的娘家北条氏却很强盛，因而后来的演变几乎已经可以预见了。

北条氏执权与承久之乱

正治元年（1199年），源赖朝意外落马而死，也有说是病死。他的两个儿子先后继位为将军，但是一个被母亲北条政子废掉；另一个也死于非命。源赖朝的子嗣从此断绝。幕府的政权于是落到北条氏的手中，由政子的父亲北条时政以"执权"的名义发号施令。北条氏找来前摄关藤原家的人或天皇家的亲王来担任幕府将军。日本的上层政治领袖因而有三阶，依次为天皇、幕府将军及执权。实际上前两者都是傀儡，是谁担任并不重要，重要的是谁担任执权。

幕府将军都是北条氏扶立的，不敢有什么意见。但是天皇便不同了。后鸟羽天皇自幼从祖父后白河法皇身上耳濡目染，一心一意要收回天皇的权力，便开始布置。他将自己升任为上皇，让两个儿子先后担任天皇，是为土御门天皇与顺德天皇，最后又传位给孙子仲恭天皇。下台的两个天皇直接掌握北面武士、西面武士等军队。后鸟羽上皇又招抚不满北条氏的武人，以共同对付北条氏。承久三年（1221年），上皇下令讨伐幕府。

后鸟羽上皇筹划周详，但是忘记一件事，那就是源赖朝的夫人北条政子还在。北条政子有大丈夫的气概，临事有决断，对源氏家族的人心狠手辣，对其他的部属却遍施恩泽，因此受到众人拥戴。她早已削发为尼，但是仍旧插手执权的事务，人称"尼将军"。尼将军得知上皇发兵，又知道诸将都受到上皇在暗地里招抚，便召集诸将，开门见山地说："诸位如果不忘先将军（指源赖朝）之恩，则请同心戮力，诛除上皇身边的谗毁之徒。如要奉上皇之召，则请先杀我。请就此决定。"诸将震动，全都表态支持。尼将军命令侄儿北条泰时率领诸将，又号召各地方武人，三天之后便聚集十万大军，迅速地渡过宇治川，攻破京都。日本历史称此一事件为"承久之乱"。

"承久之乱"的结果是日本皇室前所未有的挫折。后鸟羽上皇主导一切倒幕的计划，失败后却下诏推说是臣下所为，不是出于他自己的意思。上皇的缺乏担当与尼将军的果决恰恰是强烈的对比。幕府杀尽附和皇室的保皇派人士，将后鸟羽上皇及其他三位天皇全部充军或流放，并且另立天皇。从此以后，天皇的尊严丧尽，地位更加低落。

北条泰时接任镰仓幕府的第三任执权,统治日本将近二十年,是一个宽厚、公平、公正的执政者。他不愿独揽大权,而邀集其他有影响力的人士,成立十三人的"评定众"为最高决策机构,制订政府政策,判决诉讼,并决定人事升迁。泰时并且完成一部新法典"御成败式目",适用于御家人(幕府所属的武士及家人),是武家的基本成文法典,有别于适用平民的律令。日本在其后数百年各朝代都重新订定武家法律,而都以"御成败式目"为蓝本。

北条氏传到第八代北条时宗(1268—1284年在位)时,隔着海的西边发生惊天动地的变化。蒙古帝国崛起,金国被灭,高丽成为蒙古的附属国,而南宋只是苟延残喘。忽必烈在北京登基,成为皇帝,野心勃勃地想将日本也置入版图之中。

元军来袭

忽必烈派遣使臣,于文永五年(1268年)携带国书到日本,要求对蒙古称臣入贡。日本一向与宋朝和好,并且仰慕宋朝的文化,北条时宗决定不理野蛮的蒙古人。蒙古使者枯候数月没有任何回音,只得回去。忽必烈在其后又不断派使者到日本,而北条时宗总是不理不睬。

忽必烈虽然愤怒,但蒙古军队这时与南宋的激烈战争仍然在进行,只得暂时忍耐。五年后,蒙古军攻破襄阳城,忽必烈确定南宋灭亡在望了,于是在第二年(1274年,日本文永十一年)下令攻打日本。三万两千名高丽人、汉人及蒙古兵联合部队分乘九百艘战船,从高丽出发,先攻占对马岛和壹岐岛后,又从博多湾(在福冈附近)登陆。元军使用的弓箭射程超过两百米,比日本的弓箭射程多一倍。元军使用的火药、炮弹是日本人从来不曾看见的。日军大败。到了夜晚,元军回到船上,预备第二日再战。不料半夜忽然台风来袭,元军战船中有一半都在狂风暴雨中沉没,死一万人以上。其余的人仓皇撤退,回到高丽。日本军队将没有来得及逃离的"元寇"全部斩杀。

忽必烈始终没有放弃对日本的野心,因而在至元十八年(日本弘安四年，1281年）又发动远征，派四万高丽、蒙古及汉人从高丽出发，十一万南宋降兵从中国宁波港出发。蒙古人称在北方的中国人为"汉人"，长江以南的人为"南人"。日本这次准备充分，早已在海岸边建造石墙，集结重兵防守。高丽、蒙古及汉人联军先抵达，无法取胜，只好等待援军。等到两军会合，正预备发起总攻击时，强烈台风又再次来临。瞬时间狂风暴雨，击碎数千艘战船。元军统帅范文虎原本就是南宋降将，贪生怕死，急忙自行逃走，将十几万兵遗弃在平户岛。日军在风停之后大举来攻，杀尽又冷、又饿、又疲乏的蒙古、高丽以及汉人，但是不杀南人。将近十万南人从此归化成为日本人。

若没有两次台风摧毁了忽必烈的远征军，结果可能完全不一样，日本人民或许难逃被大屠杀的命运。日本称这两次台风为"神风"。在二十世纪第二次世界大战后期，日本派出自杀飞机，称为"神风特攻队"。

北条氏灭亡

日本天皇的继承是一项极为复杂的问题，并且向来是皇室的家务事，不希望外人插手。自从白河上皇实施"院政"以后，天皇继承问题更是复杂。最复杂时莫过于承久之乱前，竟然同时有四个法皇、上皇及天皇。文永九年（1272年），也就是"元寇"第一次来袭的前两年，第八十八代后嵯峨上皇驾崩，而同时有一位已经退位的后深草天皇，和在位的龟山天皇。由于后嵯峨上皇死前并未明白指示，如何立皇太子就成为一件烫手的事。北条时宗当时只有二十岁，年轻而大胆，便贸然提出一项叫做"两统交替"的方案，建议先让龟山天皇的儿子为皇太子，而约定后深草天皇的儿子为下一任天皇，再下一任又传回龟山天皇的体系。如此两个系统的子孙交互接替为天皇。

由于北条氏的势力庞大，两位天皇只能点头同意，但是各自心中极为不满。北条时宗自以为解决一个棘手的问题，却不知道是埋下一个未来的大祸患。天皇轮替的制度执行了约五十年，终于爆发冲突。第九十六代后醍醐天皇（1318—1339年在位）是属于龟山天皇系统，一心一意希望自己的儿子接任为皇太子，而当时的执权，北条时宗的孙子北条高时坚持后深草天皇的后裔接任皇太子。后醍醐天皇愤怒到了极点。一个连幕府将军都不是的臣子，竟敢干涉天皇的继承问题。是可忍，孰不可忍？后醍醐于是决心效法后鸟羽天皇，开始布置讨幕的计划，秘密结交各地方势力，延揽人才，等待机会。

元军来袭虽然没有成功，在日本却留下一个严重的后遗症。执权政府担心元军将会再来，下令加强军备，并建筑更多的海边防御措施。由于费用庞大，执权要求御家人分担费用，又强行对百姓增税。御家人和平民百姓都渐渐不满执权政府的专制。北条高时担任执权时只有十四岁，是一个除了吃喝玩乐之外一无所知的纨绔子弟，又宠信一些小人，于是贿赂公行，赏罚不明，各地方渐渐有反叛的事件发生。

后醍醐天皇认为时机已到，决定起事；不料北条高时得到密报，断然出兵前往京都。天皇不战而逃，不久被捕。北条高时另立一个光严天皇，将醍醐天皇废除后，放逐到一个偏远的隐岐岛（在今岛根县），又将皇子也都放逐，并屠杀大臣。各地方势力至为反感，反过来同情后醍醐天皇。后醍醐天皇有一个儿子护良亲王逃过追捕，号召武人起兵反叛。

当时在现今大阪附近有一个只有一千多人的勤王部队，由一个默默无闻，名叫楠木正成的人率领，屡次以寡击众，打败幕府军。执权政府悬重赏要楠木正成的人头，又派出数万大军围攻楠木正成固守的金刚山，经过几个月还是对他无可奈何。楠木正成孤军奋战，以一敌百，渐渐声名大噪，吸引了更多人加入勤王。正在此时，后醍醐天皇成功地逃离隐岐岛，对各国武将发出诏书。一时之间，各地武将纷纷奉召举旗叛变，形势完全逆转。幕府军中有两个军官足利尊氏和新田义贞也接到天皇秘密诏书，又看清了人心的向背，决心改换旗帜，拥护天皇。

足利尊氏回到他的故乡下野国足利庄（今栃木县足利市），召集族人起兵勤王。一路上大军如滚雪球般，到达镰仓外围时，号称已经有二十万人。新田义贞也回到故乡上野国新田庄（今群马县新田郡），在"生品明神"神社召集族人，同样不久便汇流成一个大军团，也指向镰仓。执权政府众叛亲离，镰仓不久被攻破。北条氏奋战失败，一家八百七十人在东胜寺（遗址在今镰仓市小町)集体自杀。这时是 1333 年(后醍醐天皇元弘三年,光严天皇正庆二年)。从源赖朝建立镰仓幕府至此,共一百四十九年,北条氏一共有十六代执权,历经一百三十四年,至此结束。

后醍醐天皇受各地武将支持,重新即位,改元为建武(1334 年)。镰仓幕府建立以来,日本历任的天皇无一不是傀儡。后醍醐天皇获得一个前代所有天皇无不盼望而得不到的亲政机会。可惜他操之过急,浪费掉这宝贵的机会。

凑川之战

后醍醐天皇大权独揽,在中央设置许多新机构,颁布新法令;然后又朝令夕改。京都的公卿贵族得到重用,武家却没有任何地位,也得不到任何好处。天皇已经忘记是谁把他重新扶上来。武士们无不怨声载道。后醍醐天皇又有疑心病,听信枕边宠姬的谗毁,竟将自己的儿子,有大功的护良亲王逮捕下狱,罪名是意图谋反。护良亲王极有人望,各地武家纷纷表示愤怒。

新政府成立只有一年多,叛乱又开始了。北条氏的遗族又占据了镰仓,死灰复燃。后醍醐命令足利尊氏率兵讨伐,却吝于给足利尊氏名位。足利尊氏不到一个月就扑灭叛乱,干脆拥兵自重,自称征夷大将军。足利尊氏慷他人之慨,将关东的土地分赏有功的将士,其中也有部分土地原本属于新田义贞。足利尊氏与新田义贞早已互相觉得碍眼,至此关系破裂。后醍醐命令楠木正成与新田义贞领兵征讨足利尊氏,在东北陆奥的北畠显家也应天皇之召率兵驰援。足利尊氏兵败,逃往九州;然而经过几个月之后,又率领大军进逼京都,号称五十万人。

足利尊氏为什么能够这么快就重新站起来呢?关键的因素,在于他很聪明地把已经被废的光严天皇又重新推出来,然后利用天皇的诏命,名正言顺地招兵买马,结合地方武人。四国地区的细川氏一家便是在此时与足利氏结盟。

楠木正成见足利军势壮盛,建议放弃京都,暂避其锋。但是不会打仗的后醍醐天皇与宫卿大臣却都反对，强令楠木正成与新田义贞二人出战。二人无奈，率兵与足利氏大军在凑川（在今神户境内）大战（1336 年）。新田义贞大败。楠木正成与他的弟弟奋战到底，拒绝投降，最后互相以利刃对刺而死，死前说："我愿七次再生人间，以杀国贼。"楠木正成是日本历史上家喻户晓的悲剧英雄人物，人人敬佩。五百多年后，日本明治天皇为表彰楠木正成，下令在神户建凑川神社以奉祀楠木正成一族；并且在东京皇居广场前竖立楠木正成的铜像。

室町幕府及南北朝

足利氏占据京都，奉光严为太上皇，以光严之弟为光明天皇，挟天子以令诸侯。足利尊氏在京都的市街上选一个地方建筑大宅，设立幕府，从此称为"室町幕府"。足利尊氏决定自己统率武人，将行政事务都交给弟弟足利直义。兄弟俩十分友爱，互相信任，合作无间。

后醍醐天皇还是不认输，逃到吉野（今奈良县吉野町）继续奋战。楠木正成的儿子和新田义贞等也继续为后醍醐效命，忠心耿耿。日本从来不曾有两个不同系统的天皇同时存在，这时不但分为两个阵营，并且延续六十年之久，历史上称为"南北朝"时代。后醍醐天皇的阵营称为"南朝"；光严上皇与光明天皇的阵营称为"北朝"。虽说是南北朝，吉野与京都之间的距离不过四十公里。

凑川之战 后两年内，南朝的两个主将北畠显家与新田义贞相继战死。后醍醐天皇接着也驾崩。继任的皇子称为后村上天皇，只有十二岁。南朝眼看岌岌可危，如风中残烛，随时会熄灭。然而，"满盈则亏"的理论再次得到验证。

北朝连获大胜，武将们逐渐跋扈，其中以足利尊氏的两个大将高师泰、高师直兄弟最为猖狂。高师直曾经出家为僧，是日本古代凶悍蛮横、无法无天的武僧的代表人物。高氏兄弟在足利尊氏的麾下，无役不与；战功赫赫，无人能及。两兄弟因而目中无人，除了足利尊氏以外，连足利直义都不放在眼里，对足利直义所定的法条当然也视如无物。高氏兄弟又极其好色，不管是平民、官员，甚至皇家贵族的闺女都不放过。

足利尊氏放纵高氏兄弟，足利直义虽是深恶痛绝，却也无可奈何。足利兄弟之间于是逐渐产生了裂痕。后来高氏兄弟愈加横暴，使得足利直义忍无可忍，决心要逮捕问罪。但高氏兄弟先下手为强，悍然带兵直扑足利直义。足利直义对于哥哥纵容高氏兄弟的背后原因早已猜疑不定，这时只能相信是哥哥要借高氏兄弟的手来杀自己，一时走投无路，只得投靠南朝。南朝又命令足利直义反过来带兵对付北朝。日本历史称此一事件为"观应之乱"，时间是1350年（北朝崇光天皇观应元年，南朝后村上天皇正平五年）。

高氏兄弟的暴行引起北朝将士及人民的公愤，足利直义因而势如破竹，攻破京都。足利尊氏被迫弃卒保帅，牺牲高氏兄弟，但是已经太晚了。这时轮到足利直义主宰北朝。足利尊氏虽然暂时认输，怎肯屈居弟弟之下？他回到镰仓召集旧部，再一次重整旗鼓。足利尊氏知道天皇名号的价值，又知道南朝渐渐无法控制足利直义而心生不满，便写信给南朝的后村上天皇，要求以天皇的名义讨伐弟弟，并同意胜利后奉还大政。

后村上天皇果然上当，决定帮足利尊氏。足利尊氏因而又打败弟弟，重新执掌大权，并暗中下毒，害死直义。之后，他又另立了一个北朝的傀儡天皇，称为后光严天皇。南朝这时才豁然明白又被骗了。南北朝间的战争于是继续不断。京都在这期间内几度易手。昔日的繁华，尽成瓦砾。

足利尊氏树敌很多，而在晚年时最大的敌人竟是自己的庶子足利直冬。直冬因为母亲出身卑微，所以不为父亲尊氏所喜，沦落在外。直冬的叔叔直义发现后，将他收留，尽心教导。因而对直冬而言，父亲是形同陌路，叔父是恩同再造。足利尊氏毒杀直义后，直冬与生父之间便有了不共戴天之仇。直冬在九州岛经营有成，决定投入南朝阵营，要为叔父向父亲报仇。足利尊氏在1358年去世后，南北朝之争又转为他的庶子直冬对嫡子义诠之间的战争了。

日本在保元之乱时，天皇、藤原、源氏及平氏四家开始做了不仁不义的示范。之后，镰仓幕府的源赖朝对手足兄弟无情无义。现在足利尊氏又再做了一次不良的示范。武士们有样学样，渐渐认为不择手段以求取地位及富贵乃是正当的行为，伦理的价值观已经丧失到了匪夷所思的地步。同父同母的兄弟尚且互相算计，嫡子和庶子之间的冲突就不必说了。偏偏在当时有许多皇室、贵族和武士不但娶妻、置妾，又在外面生小孩，因此每一家族中都有摆不平的事。家族冲突中，如果一方在北朝，另一方便只有投奔南朝；反之亦然。投奔之后，如果觉得受到亏待，又立刻叛变。有人认为，南北朝之所以能延续将近六十年，双方阵营里的人流来流去正是最大的原因。

足利义满

　　足利氏传到第三代将军足利义满，是室町幕府的全盛期。足利义满继位时只有十一岁，他的父亲足利义诠将他托孤给细川赖之。细川家族自从在九州跟随足利尊氏以后，已成为室町幕府最重要的家臣。细川赖之温文儒雅而富于谋略，细心地缝补了这个久经战乱、残破不堪的国家。他又以利益引诱，使得强悍的武人也逐渐遵从各种法规，因而北朝政局渐渐步入轨道。足利义满在平定周边群雄之后，又派大将今川贞世南下，除去支持南朝的九州势力。

　　同一时间，南朝阵营缺乏领导中心，大臣相互倾轧。楠木正成的儿子楠木正仪原本尽心尽力地扶持南朝，而竟无法立足，不得不投靠北朝。南朝逐渐衰微，已经无法与北朝抗争。1392年，南朝后龟山天皇不得不接受足利幕府的提议，同意退位，将传国三神器交给北朝的后小松天皇。混乱无序的南北朝终于结束。后小松天皇成为唯一的天皇，从日本开国的神武天皇起算，刚好是第一百代天皇。足利幕府在后龟山天皇退位前，承诺继续两统交替的做法。事实上，这个承诺从来不曾兑现。

　　日本在南北朝时，由于战争不断，武士纷纷转为浪人，浪人又纷纷转为倭寇，因而是朝鲜半岛及中国沿海倭寇为害最烈的时候。足利义满登上幕府将军之位这一年（1368年），正与明太祖朱元璋在中国称帝，创立明朝同一年。明太祖想要解决倭寇问题，却弄不清楚日本的情势，以为盘踞在九州，属于南朝系统的怀良亲王就是最高领导人，于是派遣使者到日本，称怀良亲王为"日本国王"，并质问怀良亲王为何放纵倭寇到中国作乱。

足利义满的大将今川贞世南征九州，将南朝的势力铲除以后，足利义满才开始和明太祖有了联络及国书往来。足利义满认为国家百废待举，需要和明朝贸易往来，以获取财源。明朝的大患倭寇也需要日本幕府将军协助才能解决。双方协商结果，足利义满同意接受明朝册为"日本国王"，而明朝同意给予室町幕府垄断的贸易特权。中、日两国之间"勘合贸易"于是展开。

第 17 章

日本的战国及江户时代

纷乱的日本南北朝对峙情况在室町幕府的第三代将军足利义满时终于画下休止符。足利义满统一日本，又推动了极具禅宗色彩的"北山文化"，文史、建筑、雕刻、绘画、戏剧、茶道、庭园艺术都蓬勃发展，达到一个巅峰。然而，自此以后室町幕府就渐渐走下坡了。

应仁之乱

足利义满的儿子足利义持在位三十年后，禅位给唯一的一个儿子，不久儿子却因为酗酒过度而暴毙。义持自知来日无多，决定在临死前由四个兄弟中抽阄决定继任者。原本已经出家的足利义教中签，因而还俗，接任第六代将军之位（1429—1441 年在位）。各房的兄弟都愤恨不满。足利义教虽然曾经做过和尚，却心狠手辣，将兄弟各房一一赶尽杀绝。足利义教的属下对他又怕又恨，有一名武将竟刺杀了义教。

足利义教死后，儿子都不满十岁，妻子又很软弱，也已经没有叔叔或伯伯可以倚靠，孤儿寡妇只有任由手底下的大臣摆布了。幕府中掌管行政的"管领"细川胜元和掌管武士的"侍所别当"山名持丰于是成为两个最大的势力，而相互争权。

第八代将军足利义政（1443—1473年在位）继任时，只有八岁。他长大之后是一个伟大的艺术鉴赏家，推动了日本的"东山文化"，而与足利义满创造的"北山文化"相媲美。然而，足利义政在政治上却没有足够的智慧，并且犯下了一个严重的错误。

足利义政与夫人日野富子原有一个小孩，不幸夭折；接下来许多年不再有小孩，因而决定以弟弟足利义视为继承人。不料刚宣布不久，富子竟然怀孕，又生下一个男孩足利义尚。日野富子不甘心儿子不能继任为将军，向山名持丰求援。足利义视也向细川胜元求助。幕府的各股势力及全国各地的守护、大名也全部选边站台。足利义政将军还没有过世，两股势力便开始打起来了。

后土御门天皇应仁元年（1467年），日本各地的军队二十几万人涌入京都，爆发长达七年的惨烈战争，史称"应仁之乱"。两军激战当中，足利义政将军照常游山玩水，鉴赏艺术，对于战争视若无睹。幕府的存在已经没有任何实质意义。到了文明五年（1473年），细川与山名相继去世，战争不了了之。足利义政让位给儿子足利义尚，又过了十几年逍遥的日子。

战国时代

幕府将军足利氏在应仁之乱时威信扫地，已经得不到日本所有地方势力的尊敬。自此日本全境六十六州（或称六十六国）的地方首领无不摩拳擦掌，一方面招兵买马，一方面找寻联盟的对象，意欲问鼎天下。日本于是进入战国时代，持续达到一百三十七年。

日本的战国时代与两千多年前中国的战国时代十分类似，不但守护、大名之间相互攻伐、吞并，并且是一个"君不君，臣不臣；父不父，子不子"的时代。用日本的说法，是一个"下克上"的时代。天皇和幕府将军都像中国的周王朝一样，没有任何地位；守护也像中国的诸侯一样，不免被家臣强行篡位取代。室町幕府成立时，大封功臣，部分武将身兼数个领地而无法自行管理，又分派手下前去代管，称为"守护代"。战乱开始后，许多守护代便不客气地占地为王，而成为真正的守护。儿子囚禁父亲，甚至弑杀父亲而篡位，也不是什么稀奇的事。

第十代将军足利义材上任没几年，管领细川家发起政变，囚禁足利义材而另立一个幕府将军。足利义材逃脱出来，纠合各路兵马，仍然敌不过细川家，只得投奔周防及长门国（今山口县）的守护大内义兴。大内家一向支持博多港商人，与细川家所支持的大阪堺市商人争夺"勘合贸易"，也就是日、明贸易的特权，而落于下风。大内义兴见到幕府将军前来，大喜过望，于是率领大军北上，把细川氏赶出京都。足利义材重新就任幕府将军，封大内义兴为新任管领。

大内义兴在京都停留，却发现在家乡的变化越来越不利，邻国趁他不在时都蠢蠢欲动，觊觎他的领土。大内义兴决定以根据地为要，于是辞去管领之职，回到周防国。大内一走，细川氏的势力又回来，足利义材挣扎了几年，又再度被取代，失去幕府将军的头衔。幕府将军竟然可以由属下随意报请天皇任免，地位已经连大名都不如，也难怪大内义兴不想再费力保护他了。

群雄竞起

大内氏是日本一个非常特殊的家族，据说他们的祖先是百济第二十六代圣王的儿子，在六世纪时来到日本定居。大内义兴回到故乡以后，南征北讨，而成为北九州及本州西南端的霸主，奄有六国。安艺国（今广岛县西部）的毛利元就也俯首称臣，不得不在此后二十几年中带自己的兵，花自己的钱为大内氏打仗，而主要是对付在北边的强敌，出云国（今岛根县东部）的尼子氏。

大内义兴也和细川氏继续争夺勘合贸易。1523年（日本大永三年，明朝嘉靖二年），双方的贡船同时到达宁波，而发生大规模的械斗，以至于明朝下令"闭关绝贡"，导致后来的"嘉靖大倭寇"，祸害延续达四十几年。详细经过及其严重后果在第14章已经叙述。

大内义兴的儿子义隆同样野心勃勃，却能力低下。又经过二十九年的征战，大内氏的家臣陶晴贤逐渐掌握兵权，最后叛变而逼大内义隆自杀。毛利元就于是以为主君报仇为名，出兵讨伐叛贼。1555年（第一百零五代后奈良天皇弘治元年），双方在严岛会战，陶晴贤兵败自杀。毛利元就接着又消灭尼子氏，跨有十国，成为中国地方（在日本本州西部，包含今鸟取县、岛根县、冈山县、广岛县、山口县等五个县）的霸主。

在关东方面，群雄逐鹿更是激烈，其中比较有名的是今川义元、上杉谦信、武田信玄及北条早云祖孙三代。这些至今仍是所有的日本人津津乐道的英雄。

今川义元是世袭的第九代骏河（今静冈县大井川东部）守护，也控制了西边隔临的远江，是一个超级地方势力。他的祖父出征在外，回程中（1476年）被武装农民"一揆"组织杀死。当时今川义元的父亲今川氏亲只有六岁，北条早云是今川氏的一个家臣，也是今川氏亲的舅舅，而尽心辅佐幼主兼外甥在十年后成功地继承为家督，因而被封为一个小城"兴国寺"（今静冈县沼津市）的领主。北条早云自己生活俭朴，却厚待部属，并减免农民的赋税，因而深受拥戴。

北条早云势力渐强以后，决定扩展到关东八州，而以上杉氏为目标。北条早云和儿子氏纲及孙子氏康都是一代人杰，善于用兵，杀得上杉氏溃不成军。上杉氏的末代关东管领上杉宪政穷途末路，只能投奔越后（今新潟县）的长尾谦信，接受保护。

部分的日本历史学家称长尾谦信为自源义经以后四百多年来难得一见的军事天才。谦信的父亲任越后守护，一生几乎每天都在打仗，而死于一向一揆之乱。长兄继位为守护，看见他在十四五岁时已经充分显现其天分，害怕起来，借故派兵前往，却被谦信击溃，不得不让出守护之职。谦信从此威震关东。上杉宪政在永录四年（1561年）收谦信为义子，把关东管领的位置也让给谦信。长尾谦信从此改名为上杉谦信。

武田信玄是世袭的甲斐（今山梨县）守护，名门大族。他的父亲勇敢善战，但是暴虐无道，部属无不恐惧。武田信玄竟联合父亲的部属，趁父亲出国在外时发动政变，取而代之，将父亲拒于国门之外。武田信玄野心勃勃，接着又并吞诹访国和信浓国（今长野县）。邻近各国守护、城主受到威胁，纷纷向上杉谦信求援。谦信慨然出手，双雄于是展开龙争虎斗，历时十二年（1553—1564年）。双方各动员数万人，大战五次，史称"川中岛大战"。结果是棋逢敌手，而两败俱伤，手下能征惯战的武将几乎死亡殆尽。

一揆组织

今川义元的祖父是被国人一揆所杀，而上杉谦信的父亲也是死于一向一揆之乱。说到日本的战国时代，不能不把"一揆"交代清楚。

"一揆"是日本的第三势力，与幕府及地方势力为敌。在室町时代，日本有许多农村饱受领主的压榨，不是集体弃耕而逃亡，就是开始抗税，并武装以求自保。这种武装农民组织称为"土一揆"。

"一揆"这两个字出自中国的儒家经典《孟子·离娄篇》。孟子谈论古代的圣王虞舜和周文王，说："得志行乎中国，若合符节；先圣后圣，其揆一也。"意思是说他们两人虽然相隔一千多年，有先后之分，但是一旦有机会能实现志向于天下，思想与做法是一样的。日本这时的武装农民组织最为重视的就是团结一致，于是引用这句话，将"一揆"定义为有一致的志向、一致的行动、对抗一致的敌人。

最早的土一揆抗暴运动发生于后花园天皇正长元年（1428年）。当时农作物因为旱灾而歉收，瘟疫四起。农民以土地担保向高利贷业者借钱，还不出钱来而失去生活凭借，于是揭竿起义，要求颁布"德政令"，免除欠债及征税。风暴遍及京都、奈良各地。幕府及各地守护拒绝发出德政令，派兵镇压，遭到坚强的反抗。从此日本各地的土一揆运动越闹越大。

土一揆之外，有所谓"国人一揆"，是土著武士对地方守护的抗争；又有"宗教一揆"，是佛教徒的组织。当时净土真宗（一向宗）的教徒都是中下层阶级的人民，受到地方势力剥夺最严重，所以集结而组织的"一向一揆"特别凶悍。1488年，本愿寺第八代座主莲如率领一向一揆包围加贺（今石川县南部），逼守护全家自杀。本愿寺从此成为实质的加贺守护，达九十五年。

织田信长的崛起

第十三代幕府将军足利义辉（1546—1565年在位）精通剑法，号称剑侠将军。无奈幕府将军已经没有权力，仍然得忍受权臣的拨弄。足利义辉无法忍受，秘密请上杉谦信带兵来京都诛除逆臣，不料事机不密，竟被迫自杀。他的弟弟足利义昭出家为僧，在各处流浪，原本也想要投奔上杉谦信，但是上杉的领地在越后，离京都太远。足利义昭最后决定去投靠一个小国之主，尾张（今爱知县西部）的织田信长。同时，正亲町天皇也派出特使，请织田信长起兵勤王。

织田信长有什么吸引力让天皇和幕府将军家同时都伸手求援呢？

从地图上看，尾张北方隔着美浓就是信浓，东边隔着三河就是远江及骏河，往西经过伊势、近江就是京都了。尾张因此是一个战略要地。织田信长的父亲织田信秀处于强敌环伺之中，挑比较弱的三河国动手。三河领主松平广忠急忙向骏河求援，并且送去只有六岁的儿子竹千代，以为人质。不料织田信秀在半途劫去竹千代，并写信给松平广忠，要求投降，否则将杀死竹千代。松平广忠悍然拒绝，声称要杀小儿便杀。幸而织田信秀佩服松平广忠，并没有杀竹千代，否则日本的历史要整个改写。这个六岁的小孩松平竹千代长大以后，正是后来开创将近三百年江户幕府的德川家康。

今川义元接获求救信后，立即派大军驰援，击退织田信秀。两年后，松平广忠突然英年早逝，三河国于是被盟友今川义元接收。今川接着出兵攻打尾张，织田信秀战败而死。

织田信秀的嫡长子织田信长生于后奈良天皇天文三年（1534年），从小粗里粗气，蓬头垢面，全身奇怪的打扮，脑子里有很多奇怪的想法，被认为是一个傻瓜。织田信秀指派一个学养丰富的师傅来教导信长，仍然无法改变信长的行为。这师傅自觉有负所托，竟在信秀的丧礼后切腹自杀。所有的人之中，只有信长的岳父，美浓国守护斋藤道三看出女婿是非常人，说："我的那一群蠢儿子们，连替信长牵马都不配。"

织田氏的家臣大部分都不喜欢信长，又担心这样的主君会败掉尾张国，因而拥护他的弟弟发动政变，没想到被这个傻瓜轻易地击败。信长宽大为怀，赦免所有参加政变的家臣。

桶狭间之战

当时有一部分逐鹿群雄认为,夺取天下的快捷方式就是带兵进入京都,拥戴天皇,像历史上的源赖朝和足利尊氏一样,受封为征夷大将军;又像中国在三国时代的曹操一样,挟天子以令诸侯。日本历史上常常提到"上洛",就是指这件事。日本的文化大部分是从中国的唐朝学习来的,唐朝在武则天以后的首都是洛阳,在中古时代的日本人眼中,京都就是日本的洛阳,所以上洛的意思就是上京勤王。现代的京都市仍是沿用古称,分成洛中、洛西、洛东、洛北、洛外等地区,具有浓浓的历史味道。

今川义元志在天下,也想要上洛。但是第一个挡在路上的就是尾张国,必须消灭。永禄三年(1560年),今川义元率领二万五千人抵达尾张国桶狭间(今爱知县丰明市),在一个小小的山谷中。今川义元以为击败织田氏不过是像探囊取物一样的容易,没想到织田信长趁着暴风雨,天色昏黑之中,静悄悄地率领三千人,直扑今川义元的大营。今川义元连盔甲都没穿上就当场被刺杀,首级被砍下。骏河大军一瞬间崩溃四散。二十七岁的织田信长在这一场著名的"桶狭间之战"以后,远近驰名。

松平竹千代做了十几年人质,在桶狭间之战以后,终于可以脱离今川家的束缚,回到三河国,改名为德川家康,从此成为织田信长的忠实盟友。

织田信长的岳父说了那样伤儿子心的话,这些"蠢儿子"们竟联合起来,杀了父亲。织田信长于是有了借口,声称为岳父报仇,领兵吞并了美浓国。天皇与幕府将军正是在这时决定要把希望寄托在织田信长身上。

织田信长力败群雄

永禄十一年(1568年),织田信长决定上洛,发动大军,势如破竹,不到二十天就进入京都。京都百姓原以为又是一场浩劫,没想到织田信长的兵号令严明,秋毫无犯,不禁大喜过望。京都的权贵全部逃之夭夭。天皇大喜,除了封赏织田以外，也封足利义昭为幕府将军。

足利义昭可以说完全是靠织田信长才能够翻身，却希望织田事事听命于己，恢复往日幕府将军的威风。织田信长当然不会俯首听令。两人之间的冲突于是不可避免。足利义昭唯恐天下不乱，下诏暗中鼓动各地豪强起来对抗织田信长；一时之间，包括武田信玄在内的十几个藩国全部起兵，甚至连比叡山的僧兵和净土真宗的住持也接到足利义昭的征召加入。织田信长受到几次大规模围攻，疲于奔命，最后忍无可忍，决定流放足利义昭。室町幕府长久以来都是有名无实，至此算是真正结束，共传了十五代，两百三十六年（1338—1573年）。

面对各方武力编织起来的包围网，织田信长采取的战略是各个击破。1570年，织田信长在姊川（在今滋贺县）一战大破越前的朝仓氏及近江的浅井氏联军。1571年，织田信长率领大军到达比叡山的延历寺，杀光僧众，连带所有的妇人、小孩，据估计达到两万多人，又放一把火将所有的庙都烧光。延历寺已有将近八百年历史，一向被尊为佛教圣地，但是山上的和尚喝酒吃肉，娶妻生子，杀人越货。凶悍的僧兵连地方大名都害怕，但织田信长比他们更加强悍。比叡山大屠杀使得织田信长成为日本佛教界的公敌。

织田信长与本愿寺第十一代住持显如法师之间的战争从1570年开始，称为"石山战争"，达十一年之久，最后双方讲和。关东群雄之中原本有北条氏康、武田信玄及上杉谦信都有可能与织田信长一较长短，这三人却先后病死。1575年，织田与德川联军在长篠之战（今爱知县新城市）大破武田信玄的儿子胜赖，七年后，织田军又在天目山之战再一次击破武田军。有四百五十年历史的名门武田家从此灭亡。信长的对手越来越少，只剩下中国地方的毛利氏。

织田的殒落

织田信长突然地迅速崛起，战无不胜，攻无不克，自然有一些凡人所不及的地方。他大智若愚而胆识过人，常常能够出奇制胜。他又善于统御部属，赏罚分明而慷慨，因而部将个个奋勇争先。更难得的是他不为任何旧思想所束缚，对于新的事物特别勇于尝试。例如当时大部分的战国大名对葡萄牙人所带来的火枪，大多都抱着拒斥的态度，或只是当作辅助性的武器，织田信长却大量订购。在著名的长篠之战，织田军面对当时各国大名无不畏惧的武田军骑兵队，即是以三千枝火枪给予毁灭性的打击，而取得决定性的胜利。

不过织田信长也有许多的缺点。他个性火爆，很少为别人留余地，因而有些部下虽然表面隐忍而心中愤恨无比。他喜怒无常，使人捉摸不定，对部下没有丝毫的关怀与顾虑，因此君臣之间隔阂很大。织田成功以后更是目空一切。织田有一个名叫明智光秀的部将，自视甚高，无法忍受织田的颐指气使。明智光秀有一次奉命去攻打丹波国，遭遇坚强的抵抗。明智光秀于是改用劝降的方法，以自己的母亲作为人质，邀丹波国主波多野氏兄弟一起去见织田信长。没想到织田下令将波多野氏兄弟全部斩首。丹波国人大怒，也杀了明智光秀的母亲。明智光秀因而与织田有仇，日夜不忘。织田有一次又当众羞辱明智光秀。明智再也无法忍受，决意要反叛。

天正十年（1582年），织田信长派大将羽柴秀吉攻打毛利氏。毛利氏倾全国之兵前来。织田决定亲自上阵，与亲信百余人住在京都的本能寺。明智光秀率领数千人突然在清晨时将本能寺团团围住。织田率部属奋力抵抗，寡不敌众，关起门来切腹自杀，享年四十九岁，结束了辉煌灿烂的一生。织田的儿子住在本能寺附近，也被明智光秀包围，同样切腹自杀。

丰臣秀吉统一日本

羽柴秀吉是一个英雄人物。他在前线接到织田的死讯，便直接派人告知敌对的毛利氏，并问是否还要一决死战。毛利氏佩服羽柴秀吉的爽快，决定化敌为友。羽柴秀吉于是率大军回朝，没有几天就击灭明智光秀，为织田信长报仇。羽柴秀吉邀集诸将会议，会中由于他坚决主张立嫡不立长，织田信长的孙子，只有三岁的"三法师"因而被拥立继承为织田家的家督。

羽柴秀吉出身贫贱。他的父亲是织田家的一名小卒，在秀吉幼年时战死。他的母亲改嫁，因而秀吉从小被继父虐待。他的身材瘦小，长相奇怪，像一只猴子。秀吉十五岁时在骏河今川家当一名下役，后来又回到尾张投奔织田信长。秀吉为人机灵，懂得看人脸色，低声下气。他打仗时却非常勇敢，并且善用计谋，屡立战功，因而升为大将。虽然如此，在讲究家世的年代里，织田家的将领们大多出身贵族、武士，因而瞧不起羽柴秀吉，都跟着织田信长称他为"猴子"。

信长有两个庶出的儿子，都愤恨羽柴秀吉扶持三法师继承家督。一些看不起羽柴秀吉的武将也纷纷站出来支持他们，组织反对势力，向秀吉挑战，却被秀吉一一铲除或收服。

天正十三年（1585年），天皇下诏羽柴秀吉改姓丰臣，又封他为关白。历史上鼎鼎大名的关白丰臣秀吉于是出台，成为日本的新霸主。之后，丰臣秀吉又征服九州、关东与奥州，统一了日本全境。这时是天正十八年（1590年），离织田信长之死，只有八年。

文禄及庆长之役——中朝联军大战日本

丰臣秀吉虽然身材瘦小，面貌猥琐，野心却是巨大无比。他在统一日本后，立刻把目光放在海外。这时外面的世界是什么样的情况呢？

在朝鲜，李氏王朝传到第十四代宣祖李昖，朝廷里东人、西人两党党争严重。李氏王朝在北方受宗主国明朝保护，在南方隔着海的日本又一直处于内战，因而自认是高枕无忧。在中国，贤相张居正已经死了八年，荒唐怠惰的万历皇帝已经有三年不上朝，也不接见群臣，朝政迅速腐败。对丰臣秀吉来说，再也没有更好向外发展的时机。他的目标不仅是朝鲜，还包括明朝。

丰臣秀吉写了一封极为傲慢狂妄的国书给朝鲜宣祖，自称在日本战必胜，攻必取；民富财足，帝京之盛，前古无比，又说："吾欲假道贵国，超越山海，直入于明，使其四百州尽化我俗，以施王政于亿万年，是秀吉宿志也。"宣祖完全不予理会。秀吉大怒，在第一百零七代后阳成天皇文禄元年（1592年，明朝万历二十年）派大将小西行长、加藤清正等率领十五万大军跨海征韩。日军如入无人之境，两个多月就从南方的釜山一直打到平壤，一路烧杀抢掠，杀害无辜百姓。朝鲜宣祖被小西行长追杀，一路仓皇逃到鸭绿江边，急忙上书向明朝万历皇帝求救。加藤清正同时已经带兵从咸镜道越过豆满江（今图们江），进入明朝国境。

明朝在辽东边关的驻军奉命前往接应朝鲜宣祖，但不是日军的对手，几乎全军覆没。万历皇帝大吃一惊，再派名将李如松率领大军驰援，才在平壤击败日军。但李如松随后却因为轻敌而在碧蹄馆（在王京之北三十里）遭到大败。双方自此都不敢掉以轻心，彼此僵持不下。

日本原以为自己的水军无敌，可以仗恃着优势而水陆并进，不料水军却遭到惨败。朝鲜水军将领李舜臣创造出一种"龟壳船"，四周覆以坚固的铁板，又装配火炮。日本战船遭遇朝鲜龟壳船队，大多被击沉，四战四败。日本失去了制海权，粮秣补给线也被切断。同时，朝鲜各地纷纷组织义军起来抵抗侵略者。日军陷于四面作战，最大的粮秣库也被一把火烧光。日本眼看无法继续支撑，因而有意求和。这时明朝国内在宁夏、四川两地分别发生大规模的民变，也是焦头烂额，无法两边兼顾。双方于是同意先罢兵，再议和。

这一次议和的谈判经过是一件非常奇怪的外交事例。根据日本和明朝的史料，明朝的谈判代表沈惟敬完全是一个市井无赖，而韩国部分的史料却说他十分有胆识，深受日方负责谈判的代表小西行长的敬重。不过双方所开出来的条件相差实在太大。沈惟敬到日本，丰臣秀吉亲自接见，提出条件，要求迎娶明朝公主，恢复已经几乎断绝的勘合贸易；又要求朝鲜割一半的领土给日本，送王子及大臣到日本做人质，等等。等到日本使者到达北京，明朝却只同意依足利义满的往例封丰臣秀吉为日本国王，其他一概拒绝，连勘合贸易也不肯。沈惟敬与小西行长无法达成和议，竟决定各自瞒着主子。丰臣秀吉因而以为明朝已经同意他的要求。万历皇帝也以为丰臣秀吉同意接受册封，决定派临淮侯李宗城为特使团正使，带着诏书前往日本。

李宗城是明初开国大将、明太祖朱元璋的外甥李文忠的九世孙，但无疑是一个不知轻重的纨绔子弟。他到了朝鲜之后便一路索取贿赂及美女，到了日本管辖的对马岛，听说对马太守的妻子貌美，竟然又要求她来伺候。

对马太守大怒，派人去警告他，不料李宗城胆子小，以为生命有危险，竟连夜逃跑，在迷路后又用绳子自缢，幸而获救。明朝无奈，只得将副使升为正使，以沈惟敬为副使，命令两人一同前往日本。

后阳成天皇庆长元年（万历二十四年，1596年），明朝特使团带着冠冕袍黻到日本进行册封典礼。沈惟敬与小西行长极力要隐瞒的事实终于无法遮掩。丰臣秀吉得知李宗城之事，十分不快，又获知朝鲜并没有送王子和大臣来做人质，更是生气，但仍然耐心将明朝所送的冕黻穿戴上。等到负责翻译的和尚宣读他只是被封为"日本国王"时，丰臣秀吉不禁勃然大怒，撕破袍黻，将诏书抢过来丢在地上，说："我掌控日本，要称王便称王，何必他人来册封？"

丰臣秀吉决定再一次派十四万大军到达朝鲜。明朝也派熊玠和杨镐率领十五万大军，与朝鲜并肩作战。杨镐在蔚山被日军围攻而溃败，死一万多人。熊玠与日军在朝鲜各处展开攻守战。朝鲜水师全军尽没。

朝鲜由于内部严重的党争，原本已经将上次水军大捷的指挥官李舜臣罢除，贬为平民；这时不得不又起用他，以重建海军。李舜臣与明朝水军共同作战，又一次大败日军，掌握制海权。正在此时，丰臣秀吉突然去世，死前遗命从朝鲜撤兵。

德川家康与江户幕府

丰臣秀吉的长子年幼夭折，另一个儿子丰臣秀赖在他的晚年才由宠姬淀君所生。丰臣秀吉对秀赖至为疼爱，为了确定在他死后部将们会继续对秀赖效忠，曾经要求所有的部属都写下誓书。他放心不下，又叫部将们都写了好几次。然而，在当时混乱的时代里，兄弟、婚姻关系都未必有用，一张白纸黑字的誓书究竟有多大的效力也就不必问了。

丰臣秀吉于庆长三年（1598年）病逝，死前任命五个大臣为"五大老"，以辅佐丰臣秀赖。五大老之中以他的岳父前田利家和德川家康地位最高。前田利家不久也年老而死，德川家康成为群臣之首，对幼主丰臣秀赖产生重大的威胁。效忠于丰臣家的旧臣对德川家康开始防范，也有人想利用此一情况来争夺权位。石田三成是其中野心最大的新起之秀，借淀君与秀赖母子之名，挑拨诸将，打击德川家康。

庆长五年（1600年），支持德川与反德川两股势力在美浓国的关原（现今岐阜县不破郡关原町）展开决战。德川家康老谋深算，早已暗中收买敌方的重要成员，并对敌军的动向了如指掌，因而大胜。"关原之战"奠定了德川家康的地位。庆长八年（1603年），天皇册封德川家康为征夷大将军，并准许在江户设置幕府。德川幕府因而又称为江户幕府，江户从此成为日本的政治中心。

当初丰臣秀吉在统一日本之后，曾经无理地命令德川家康放弃旧领地，搬到关东八州去，并且建议他建江户城。关东八州是偏僻之地，江户更是杂草丛生，人迹不至。德川家康知道丰臣秀吉疑忌自己，不敢辩驳，立刻遵命照办，开始建设江户城，至此成为幕府所在地。江户在明治天皇时改名为东京市，至今已是世界上有名的大都市。

德川家康已经明明白白成为日本的新霸主，丰臣秀吉的寡妇淀君却倔强地不肯接受现实，认为德川家康不过是丰臣氏的家臣，应该继续奉秀赖为主。直接地说，她认为德川家康乃是家贼。淀君暗中联络丰臣氏的旧臣，预备将来找机会扳回来。丰臣氏的旧臣知道已经无法改变，都婉转拒绝。淀君与秀赖却仍然不死心，转而暗中招募无主的武士。

秀赖十九岁时，德川家康第一次见到成年的幼主，发现秀赖英姿焕发。七十岁的德川家康开始担心自己行将就木，而自己的儿孙中没有一个会是秀赖的对手。德川家康决心要在死前铲除丰臣氏，开始对淀君与秀赖提出种种无理的挑剔与要求。淀君和秀赖如果能忍人之所不能忍，也许最后的胜利会是属于丰臣家。但是他们忍受不住，召集数万浪人到大阪城，明白表示不惜一战，正堕入了德川的计谋。

庆长十九年（1614年）冬天及第二年夏天，德川家康两次兵临大阪城。淀君与秀赖战败，一同自杀。德川家康除掉心腹之患，从此可以放心，过一年也病死了。

织田信长、丰臣秀吉和德川家康三个人，一样的武勇，一样的聪明睿智，但是性格与作风完全不同。织田信长出身贵族，狂妄自大，对部属常用高压的手段。丰臣秀吉出身贫贱，特征是谦虚而圆滑，善体人意。德川家康虽然也是出身贵族，但从小就沦为人质，后来更是家破人亡，寄人篱下，必须看人脸色，因而懂得忍耐。日本流传一个故事，说他们三人要使得夜莺唱歌，各有不同的办法。夜莺如果不唱歌，织田信长便把它杀掉。夜莺不唱歌，丰臣秀吉便想尽办法逗它唱。夜莺不唱歌，德川家康便耐心地等到它唱。

幕府传承

德川秀忠继承为幕府的二代将军（1605—1623 年在位），遵照父亲德川家康的遗命，颁布了一些新法令，以确保幕府政权能够永续存在。其中如"武家诸法度"是统御武家大名的根本法。又如"一国一城令"，规定各国大名只能有一座城，其他都必须毁掉，以削弱大名的防御能力。此外，"参觐交替"规定大名必须在江户办置豪宅，隔年轮流在自己的领地和江户居住，以便加强控制，并使得大名耗尽资财，疲于奔命。

第三代将军德川家光（1623—1651 年在位）又新增严格的法规。例如：禁止买卖及分割农地。又设连坐法，每五家连保。幕府甚至干涉人民私生活，禁止人民生活奢靡，例如规定只能穿棉布衣服，丈夫可以因妻子奢华而休妻。德川幕府透过严格控制大名与农民，使得幕府的地位稳固，延续十五代，两百六十五年。

第五代将军德川纲吉（1690—1709 年在位）因为迷信而颁布了数十次关于保护动物的法令，统称为"动物怜悯令"。幕府规定不可任意虐待动物；不许牛、马拉车载重。饲养猫、狗、鸟必须详细登记毛色、长短、年龄、性别等。政府花费巨资建野狗收容所。虐待或伤害动物者，必遭严厉惩处。信浓国守打自己的狗，被判充军。大阪一位高官带家臣去打猎，主仆十一人全部被判切腹。"动物怜悯令"是世界上最早有关保护动物的法令，但是把动物看得比人还重要，使得人民每天战战兢兢。第六代将军德川家宣（1709—1712 年在位）一上任便废除动物怜悯令，人民如释重负。总之，从动物怜悯令可以窥见幕府将军是如何的威风凛凛。

江户幕府的农业及财经问题

江户幕府最终之所以灭亡，与其无法妥善解决农业和财经问题，导致民生困难有很大的关系。

据估计，在幕府刚刚建立时（1600年），日本的人口约为一千二百万。到了1750年，人口增加到三千一百万，比原先增加了一倍半；但在同一时间，日本全国的耕地只增加了百分之五十，实际收成的米谷数量也只增加了百分之七十左右。因而，全国人均收成从原先每人一点六四石降到不足一石（一石等于七十二公斤）。

在这种情况下，农民的生活渐渐困苦，只好兼种其他的经济作物；也有人因为无法负担沉重的租税（称为年贡），或受不了豪农、大地主的高利贷盘剥，于是弃地逃走，转而从事工商业。在十七世纪末以后，日本的商品经济因此反而逐渐发展起来。幕府和各藩国的财政主要是靠农民上缴的年贡，而以耕种土地的面积为计算基础，结果不但没有增加，反而逐年减少，陷入财政困难；部分的藩国财政甚至窘迫到几乎要破产。由于商品经济的发展，城市生活费用增高，靠禄米为生的武士越来越穷，只得向新兴的商人借钱度日，以至于债台高筑。

幕府改革失败

八代将军德川吉宗（1716—1745年在位）认为问题严重，于是下令进行改革，称为"享保改革"。幕府鼓励农民开垦新土地，同时却大幅增加农民上缴的年贡。对于新兴的商业，幕府先是采取压抑的办法，后来不得不放宽，但是仍然予以严加管制。土地政策也是朝令夕改，原先为了缓和兼并而严令禁止土地买卖，后来又不得不开放。幕府发现武士与商家之间借贷的诉讼层出不穷，通令不再受理，结果使得武士贷不到钱，逼得幕府不得不又收回成命。但最严重的是所有的农民对于增收年贡一事至为不满，集体武装抗争，战国时代的农民"一揆"暴动又开始了，称为"百姓一揆"，从吉宗主政的后期起越来越多，越来越严重。

十代将军家治（1760—1786年在位）接任后，重用田沼意次以重新改革。田沼意次的做法是改变传统重农轻商的政策，给予大资本家特权，大力发展贸易，课征商品税及流通税。但他在指定铁、铜、石灰、硫黄、人参等商品或矿石的专卖商行时，却和这些商家勾结图利。田沼意次已经看见商品经济时代来临，社会在移转方向了，可是在他主政之下，富者越富而贫者越贫，因而怨声载道。田沼被传统保守派批评是异端，公然受贿，行为不正，因而声名狼藉。这时又碰到江户大火、浅间山火山爆发、洪水肆虐，引发了"天明大饥荒"（1783—1787年），超过一百万人饿死或病死。全国性的农民起义和城市暴动更加严重，动摇了幕府的地位。

十一代将军家齐（1786—1837年在位）起用名臣松平定信，再次推行新政，号称"宽政改革"。他回复抑商重农的政策，一方面压制豪商，收回给予大商人的特权，严格控制物价；另一方面禁止农民离乡入城，将农民牢牢绑在土地上；又限制只能种植粮食，不能种经济作物。他又要求全民厉行节俭，禁止奢侈享乐；削减幕府及将军家内的经费用度三分之一至一半。松平定信正直而节俭，可惜有美意而无良法，守旧而看不见社会进步以后真正的需要。以结果而论，宽政改革阻挡商品货币经济的发展，但是也不能振兴农村经济，使得人民更加贫困，金融更加混乱，社会各阶层人士无不痛恨，尤以农民最为不满。日本有部分学者认为松平定信甚至比田沼意次更加失败。

幕府改革失败引起各地暴动。在德川家齐执政最后一年，"大盐平八郎之乱"爆发，是社会乱象的代表事件。大盐平八郎是著名的阳明学者，在大阪创办学塾，开课授徒。他对于幕府的无能统治至为痛心，又目睹大地震、大水灾及大饥荒接连而至，连京都及大阪城也是每天都有人饿死，心生怜悯，于是变卖家中藏书以周济贫民。然而他的义举反而引起幕府政权不悦，指责平八郎违法赈济，想要收买民心，意图暴乱。平八郎一怒之下，干脆直接造反。他举起"救民"的大旗，聚集数百名学生、市民和农民，捣毁官吏和豪商的宅邸，抄出粮食来散发给贫民。政府随即派兵镇压。大盐平八郎战败而自杀。大阪中下阶层的市民不论是否认识平八郎，听到他死了无不流泪。

大盐平八郎死后，日本全国各地暴动更多，逼得德川家齐不得不下台，让位给儿子。第十二代将军德川家庆（1837—1853年在位）上台以后，老中水野忠邦被重用，而几乎是和松平定信一样地食古不化，提出的改革办法当然也是毫无成效，不满幕府的人因而越来越多。

西南诸藩的兴起

正当幕府焦头烂额，不知如何是好的时候，在日本西南端有几个藩国却自行解决前述的财政及经济问题，逐渐富强起来。其中以萨摩藩、长州藩、土佐藩及肥前藩等四藩为最强。兹以萨摩藩为例，说明其发展的经过。

萨摩在九州，藩主岛津氏是一个古老的家族。萨摩国的土地贫瘠，生活水平落后，经济、财政困难。德川幕府故意设计"参觐交替"制度，规定各国大名花费巨资在江户维持府宅，又每年来回奔波，更使得萨摩藩负担沉重。

宝历三年（1753年），幕府将军要求第七代萨摩藩主岛津重年出钱出工整治在美浓（现今岐阜县，离萨摩很远）的木曾川等三条河流。这是幕府处心积虑要耗尽诸藩人力、财力的一贯做法。萨摩藩只得借钱来进行这件治水工程。等到完成之后，萨摩藩背负的债务已经是天文数字。负责工程的家老及部属八十几人因而引咎切腹自杀，藩主岛津重年也忧闷致死。重年的儿子岛津重豪继任时只有十一岁，成年后留心西洋学问，为了要追求文明开放而花钱如流水，经过数十年，萨摩藩的财政更加恶劣。重豪最后不得不提拔一位名叫调所广乡的藩士，授以改善财政之责。

调所广乡出身下级武士，在仁孝天皇文政十年（1827年）受命而执政。这时萨摩藩的债务已经累积到达五百万两，其中有部分是高利贷，每年的利息高达数十万两。当时萨摩藩的年收入不过是十五万两，萨摩藩长久以来是以借新债还旧债在苟延残喘，随时会破产。调所广乡采取的策略是"赖债赖息"，以威逼的手段，迫使债权人，也就是大阪的商人接受在二百五十年内每年分期偿还二万两，不计利息。调所广乡又下令在萨摩地区大面积种植经济作物，并垄断所生产黑砂糖的贩卖。他又违背幕府的禁令，经由琉球秘密和中国进行走私贸易。大阪的商人也在这些萨摩藩所控制的专卖及走私贸易中分得一杯羹，取得部分的补偿。

调所广乡可以说是胆大包天，所作所为大部分是幕府三令五申禁止的。但是萨摩藩离江户最远，天高皇帝远也有好处。萨摩藩经此大幅度而不正规的改革，经济和财政终于逐步地健全起来。不过后来调所广乡卷入萨摩藩继承人的争夺战，对立的一方拉拢幕府；幕府派人前来调查，调所广乡只得一肩扛起责任而自杀。调所广乡虽死，萨摩藩却能够继续振兴产业，不但富有，还开始扩充军备，大量引进西洋式先进武器，终于成为南方一霸。

萨摩藩的故事在长州藩也同样发生。长州藩就是战国时代的周防、长门两国，在本州西南端。藩主毛利敬亲也起用一位出身下级武士的村田清风主持藩政，进行关键性的改革。村田清风提倡培养人才、改革教育，并致力于振兴产业。他首先解除中、下级武士的债务，并且鼓励武士勤修武艺与学问，特别是西洋学问"兰学"。他又免除农民新垦荒地的年贡，放宽了对长州特产米、盐、蜡、纸的专卖限制，允许棉花和棉布等商品自由流通，大力发展对外贸易。长州藩财政富足以后，购入新式武器，强化军事力量。天保十四年（1843年），长州藩公然举行阅兵，展示武器与装备精良的部队，轰动一时。

其他各地诸侯有样学样，也陆续进行了类似的改革。相较之下，幕府的改革完全不切实际。西南诸藩开始对幕府不满，展开批判。日本后来推倒幕府，拥护明治维新，便是以西南诸藩为主导。

第 18 章

韩国的高丽王朝及李氏朝鲜时代

高丽王朝建国之后,圣骨、真骨贵族当然都消失无踪,但是新的贵族又立刻兴起,成为高丽时代大部分的政治及社会问题的根源。这些新贵族从哪里来呢?主要是原有的地方土豪势力。高丽太祖王建之得以建国,大部分是靠各地土豪的加盟。这些豪族一开始就势力强大。高丽太祖不愿意得罪这些豪族,而采取怀柔的政策,以联姻的方法笼络他们。高丽太祖的抉择使得全国因而产生许多有外戚身份的门阀,无一不是想要透过裙带关系掌握政权。

高丽王朝的新贵族与外戚

太祖王建的儿子高丽惠宗即位不久,爆发"王规之乱"。王规是庆州土豪兼开国功臣,将两个女儿嫁给太祖,一个女儿嫁给惠宗。太祖的后、妃、嫔之中,有名有姓的就有二十九个,每一个的背后都是地方豪族。因此惠宗继位之后便面对一大群失意的母后及其背后的豪族,战战兢兢地在过日子。豪族之中以王规最跋扈,公然结党争权,又暗施阴谋,一心一意希望惠宗早死,以便自己的外孙能够登基为王。惠宗忧惧而死。惠宗的弟弟定宗幸亏有叔父王式廉带兵回来,铲除王规,才能继位。高丽建国之初,王室力量薄弱，甚至不足以自保，由此可见。定宗与王式廉没几年也都死亡，原因不明。

定宗的弟弟光宗（949—975年在位）继位，不愿意继续每日担惊受怕，决定要强化王权，削弱地方贵族。他首先推行"奴婢按检法"。在后三国时期战乱之中，各地方土豪都把俘虏及灾民当奴婢。土豪的奴婢的数目竟有到达数千人，甚至上万的。光宗下令调查，如果是良民便放回去自行营生。光宗鼓励密报，又以种种残酷的手段，铲除异己，造成奴告其主、子告其父、小人得志、忠良受害等现象。于是乎人人自危，竟不敢在路上耳语。

光宗又推行科举制度，经由考试任官，建立新的官僚体系。这是知识分子企盼已久的，而新起的贵族莫不痛恨。

第六代成宗（981—997年在位）认为光宗的改革造成严重对立，是一项失败，遂重用大儒崔承老，采取比较温和渐进的手法。地方豪族又被吸收到中央。贵族子弟也可以经过所谓的"荫叙制度"继承特权，因而科举并不是唯一的任官之路。

穆宗继成宗而立，与母后不合，明争暗斗，一旁虎视眈眈的大臣又有机会干政。穆宗十二年（1009年），武将康兆领兵进京，入宫逼死穆宗，立穆宗的长子显宗为王，实际上是傀儡。康兆后来在与契丹战争中战死，但是显宗成为另一个权臣金殷傅的囊中之物。金殷傅将三个女儿都嫁给显宗，成为下一任高丽王的外公。此后金家又如法炮制，以外戚的身份牢牢掌控王室及朝政。从显宗到第十一代文宗（1046—1083年在位），一共有四代，历时五十几年，超大门阀"安山金氏"成为真正主宰高丽王朝的豪族。文宗之后到第十七代仁宗（1122—1146年在位）的八十几年间，另有"仁州李氏"取代"安山金氏"，以外戚的身份掌控朝政。高丽仁宗既是权臣李资谦的外孙，又是女婿，关系十分奇怪而复杂。高丽的安山金氏及仁州李氏是两百年前日本平安时代藤原摄关家掌控天皇家的翻版。

高丽与契丹的战与和

契丹紧邻高丽，对高丽是一大威胁。高丽太祖天授二十五年（契丹太宗会同六年，942年）契丹述律太后派使臣带五十头骆驼送给高丽。太祖王建自认与渤海国的高句丽人同文同种，对于先前契丹击灭渤海国愤恨不平，怒斥契丹为"无道之国"。这时太祖王建不但不接受好意，还将契丹使臣流放，又将骆驼弃置于开城万夫桥下，全部饿死。历史上称这件事为"万夫桥事件"。述律太后大怒，两国开始交恶。当时在中原对契丹百依百顺的后晋儿皇帝石敬瑭刚死，继任者对契丹出言不逊，契丹正准备出兵南下，予以惩处。述律太后对高丽虽然怒气勃勃，没有能力分兵对高丽采取任何行动。契丹后来在中国越陷越深，更是抽不出力量与高丽另辟战场。

宋太祖赵匡胤建立宋朝（辽穆宗应历十年，高丽光宗十一年，960年）之后，派人到高丽提出结盟的要求。高丽从来就认为契丹人是野蛮人，因而与宋朝建交，在清川江以北各地筑城造镇，积极备战。但是宋朝忙于收拾南唐、后蜀等在南方割据的国家，与辽国有二十几年没有战争，高丽也不敢单独与辽国为敌。

宋朝统一各国之后，与辽国开始正面对决。宋太宗两次大规模出征，都大败而回。这时辽国的皇帝是辽圣宗，实际上是由萧太后临朝摄政。萧太后明断果决而胸怀万里，是中国历史上少有的巾帼英主。恰好在这时宋朝的夏州（陕西）发生党项羌叛乱。萧太后大喜，立刻派人前往扶植这个势力，封叛军领袖为王。一个新生的西夏王国从此站立起来，成为宋朝的另一个心腹之患。

契丹统和十一年（宋太宗淳化四年，高丽成宗十三年，993年）萧太后任命萧逊宁为统帅，倾全国之兵八十万人攻打高丽。辽军势如破竹，一路打到蓬山郡（在今朝鲜平安北道）。在辽国大军威胁之下，高丽大臣分成主战及主和两派。主战派誓守山河，主和派主张割让部分土地给辽国，以免亡国。不过辽军在节节胜利之后，很奇怪地却不再往前，而是催促高丽派人来谈判。高丽军臣猜不透辽国的意思，而仍然派中军使徐熙前往。谈判的结果完全出乎所有人意料之外，辽国不但同意撤兵，并且将鸭绿江以东原来高句丽的土地（称为江东六州）全部归还高丽。辽国只要高丽与宋朝断交，并使用辽国的年号。

在萧太后的大战略计划中，明显地是以宋朝为主要的敌人，因而故意向高丽示好。萧太后又不愿意高丽误以为辽国软弱，所以先出兵给高丽颜色看，然后见好即收。如此高丽既得到好处，又知道辽国的利害，才会愿意背叛宋朝，死心塌地与契丹结盟。萧太后解除了后顾之忧，从此可以放心，专心一意对付宋朝。十一年后（契丹统和二十二年，宋真宗景德元年，1004年），萧太后大举出兵华北，随即与宋朝签订澶渊之盟，不但获得承认华北占有的土地，得到每年巨额的纳币、纳绢，又确保后来一百多年的和平。澶渊之盟又为辽国铺路，使辽国在后来得以没有顾忌地向蒙古草原及中亚扩张，在亚洲北方建立一个比宋朝还要大的帝国。

前面叙述到康兆弑穆宗，立显宗为王，辽圣宗自认辽国是高丽的宗主国，大怒，亲率四十万大军渡过鸭绿江，问弑君之罪。康兆也率三十万大军迎敌，康兆兵败被杀。契丹接着又攻陷开城，显宗出奔。契丹烧杀抢掠，开成的宫殿、宗庙及民屋都付之一炬。原来高丽得到的江东六郡又回到契丹手中。显宗九年（1018年），辽圣宗又派萧排押率十万兵再攻高丽，同样直接攻到开城，而久攻不克，于撤退时遭到高丽统帅姜邯赞截击，只剩下数千人回到辽国。双方经过十年战争，都已筋疲力尽，于是讲和罢兵。从此数十年之间两国没有再发生大的战役。不过高丽怕辽国侵略，决定再加强防御工事，在北方就原有的长城继续建造，经过几十年，完成千里长城，西起鸭绿江口，东至大海。

高丽与金国的关系

女真人于十一世纪末开始崛起，在第十三章已经叙述。女真与高丽原本相互贸易和好，女真人用来制作兵器和农具的铁还是来自高丽。高丽有一次邀请女真人来，却将两个女真酋长及部属拘留不还，两国于是交恶。女真与高丽的第一次战争发生于高丽肃宗九年（女真首领完颜乌雅束二年，宋徽宗崇宁三年，1104年）。当时完颜女真部队追击其他部族的女真人到咸兴平原（今朝鲜咸镜南道），离高丽千里长城的要塞定州（定平）不远。高丽出兵驱逐完颜女真部队，结果大败，死伤惨重。高丽全国引为莫大耻辱，于是重新组训军队。三年后，大将尹瓘又率十七万大军出关，号称二十万。

其中有步兵、骑兵，还有僧兵，分别称为神步军、神骑军、降魔军。两军缠战两年，各自建造九座城镇对峙，最后女真人仍然以少胜多。高丽不但惨败，并且将九座城送给女真，又将先前扣留的两个女真酋长送回，请求讲和。

乌雅束的弟弟完颜阿骨打继位后称帝，建立金国。接着以小吃大，在十二年内灭掉辽国和北宋两个大帝国。高丽仁宗无奈，只能向金国投降，称臣入贡（1126年）。虽然是一项耻辱，但也因而免去亡国的命运。

高丽武人当政

高丽王朝与日本的平安王朝有若干相似性，前段是外戚掌权，后段是武人干政。

高丽仁宗时，李资谦自恃是仁宗的外祖父兼岳丈，专权跋扈。仁宗不满，暗中联络群臣，竟被幽禁。后来与李资谦同党的武将拓俊京反戈，协助仁宗将李资谦拔除。李资谦之乱虽然被平定，但是高丽贵族跋扈的情况并没有改变。一般人对于大部分贵族的无能与腐败非常失望，改革的声音逐渐高张。贵族都聚集在开京，因此部分改革派主张釜底抽薪之计就是将国都迁往平壤，以为西京。高丽仁宗也同意，命令以僧人妙清为首的改革派开始建造西京。过几年西京造好了，以金富轼为首的开京贵族却攻击西京派利用图谶、邪说、迷信蛊惑人心，坚决反对迁都。

金富轼是"庆州金氏"门阀的代表，也是高丽时代的大学者、大历史学家。韩国第一部史书《三国史记》便是金富轼奉命编撰的。仁宗听了金富轼的建言，改变主意而不迁都。西京改革派大失所望，于是在仁宗十三年（1135年）举兵造反。金富轼带兵前往，经过两年多才平定叛乱。这一场内战使得西京附近残破，内部对立更加严重。

高丽王朝和宋朝一样，重文轻武，武将的地位远远落于文臣之后。但高丽比宋朝更糟的是文臣大多是贵族出身，家世显赫，拥有良田美宅。相对地，武将却大部分生活寒酸，因而个个内心里愤愤不平。经过两次以武力平定内乱，武人事实上已经直接掌控大部分的军队，但是文臣对武将仍然是颐指气使，甚至公然侮辱。仁宗的儿子毅宗生性淫逸放纵，建了许多豪华宫殿，带头与贵族们过着荒诞奢靡的生活，使得武将们更加失望。毅宗二十四年（1170年），大将军李绍膺于大庭广众之中被文臣韩赖掌掴，摔倒在阶梯下。早先也曾发生武将被文臣用火烧胡须的事情。数十年的仇恨，终于忍耐不住而爆发。以郑仲夫、李义方为首的将领发动兵变，杀尽所有的文官，并且将毅宗放逐，另立毅宗的弟弟为王，是为高丽明宗。

这一场流血政变称为"庚寅之乱"，之后，高丽王朝中几乎所有的官都由武人出身的担任。武人一旦掌权，也和贵族文臣没有两样，开始强夺土地、农田、豪宅，争权夺利。二十几年中，武人之间如狼群争肉，又连续爆发数次的流血政变。高丽明宗二十六年（1196年），政权落在崔忠献、崔忠粹两兄弟手中。当初发动庚寅之乱的武将们自相残杀，已经没有一个留下来。

崔氏家族废掉明宗，其后又陆续拥立四个高丽国王。前后六十年中，高丽国王等于是傀儡。崔忠献又建立起私人部队，称为"都房"，历史上因而称他的政权为"都房政权"。崔忠献以为军队私有化便无惧于叛变，却没有料想到都房政权将来要面对的并不是国内的叛乱分子，而是无敌于天下的蒙古铁骑。

蒙古入侵高丽

1215年（高丽高宗三年），成吉思汗攻破金朝中都北平，尽得华北之地。被金朝统治多年的契丹人有一部分趁机起来，想要复国独立，却被蒙古兵追杀到高丽国境之内。崔忠献的儿子崔瑀这时执政，派兵协助蒙古军队击灭契丹的残存势力。蒙古借机要求高丽称臣入贡，崔瑀拒绝。双方于是开始敌对。不过成吉思汗因为忙于西征，暂时没有发起攻击高丽。成吉思汗回来后，派遣使者到高丽（1225年），在返国的途中却遭到杀害，两国关系更加恶化。然而成吉思汗又再一次忙于征伐西夏，还是暂时没有对高丽采取报复。蒙古灭了西夏，成吉思汗同时病死，继位的窝阔台开始派兵征伐高丽。高丽高宗十八年（1231年），蒙古大将萨里台率领大军，一连攻破高丽四十几座城，连开京也被攻破。高丽只得求和，同意俯首称臣。蒙古与高丽签订和约后，崔瑀害怕蒙古人再来时无法抵御，决定迁都到江华岛。崔瑀的举动激怒了窝阔台。

当初成吉思汗兵临金中都，金朝求和。但金朝在与蒙古签订和约后，立即迁都到汴京。成吉思汗大怒，认为金朝不相信和约，完全没有诚意，并且别有图谋。窝阔台对崔瑀迁都的想法也一样。自此之后，二十几年间蒙古兵断断续续地侵入高丽，前后七次。为什么攻势会断断续续呢？因为在这期间蒙古人事实上是从事三面作战：一面进行先后两次大规模西征，一面征宋，又一面征高丽。其间蒙古大汗从窝阔台又三传到贵由、蒙哥、忽必烈，并且发生严重分裂及内战。

高丽的新国都江华岛在汉江口，蒙古兵不善水战，望着广阔的江面而无法进攻，于是在高丽国境内大举屠杀。高丽王朝号召人民起来抗战。人民纷纷响应，结果死伤惨重，农村破败。许多重要的古迹、庙宇被破坏，佛经、图书被烧毁。高丽文臣大多是主和派，对于都房政权坚决主战，导致国家丧乱，极为不满。高宗四十五年（1258年），主和派谋杀最后一任的都房掌权者崔谊，送太子王倎到蒙古军营去求和。蒙古人同意签订和约。太子王倎在第二年继位为王，是为高丽元宗（1259—1274年在位）。从这时起，几乎每一代的高丽国王都必须把太子送到蒙古，以作为人质；而在高丽国王死后，蒙古人又将太子送回来，继承王位。高丽成为蒙古的附庸国。

倭寇

十二世纪开始，日本国内战争不断。战争中失败一方的武士在国内四处流窜。久而久之，也有部分武士乘船到高丽沿海打家劫舍，被称为"倭寇"。高丽高宗时，倭寇为患已经十分严重。蒙古既是高丽的宗主国，高丽不免向蒙古人诉苦。高丽大臣向元世祖忽必烈建议派遣使臣到日本，并说可以担任向导。忽必烈原本就是野心勃勃，想把日本也收入版图之内，正中下怀。不料日本室町幕府对蒙古派去的使节态度冷淡，引起忽必烈不满，因而在1274年（高丽元宗十六年）及1281年（高丽忠烈王八年）两次派大军渡海远征日本。然而两次却都遇到台风而全军覆没。详细的经过已经在第十六章叙述。

忽必烈远征失败对于高丽是一场大灾难。高丽挑动忽必烈，却被逼迫而不得不征调兵勇数万人，又花费巨资来建造船只，供应军粮、军需，以至于国困民贫。"元寇"两次侵略也引起日本人民的愤恨，尤其是原先居住在对马岛、壹岐岛及平户岛附近的人民在"元寇"到来时惨遭荼毒，家园丧尽，纷纷誓言要报仇。战争因而带给高丽严重的后遗症。从这时起，倭寇比起原先的规模更大，手段更狠毒，并且扩散更广。日本镰仓幕府在后来渐渐式微，人民生活越来越苦，成为浪人的武士越来越多，于是参加倭寇的人也越来越多。1333年，镰仓幕府灭亡，南北朝战乱时代开始，倭寇在高丽肆虐也达到最高峰。

高丽沿海的农村饱受倭寇袭击，农民纷纷逃到内地。农田废耕导致饥荒，政府税收严重不足。海上的运输和贸易也因为倭寇而中断。首都开京得不到接济，发生暴乱而宣布戒严。高丽王朝耗尽财力、物力、人力用于对付倭寇，然而成效有限。在日本的南北朝期间，高丽也找不到一个在日本能号令天下的人，可以请求协助。

红巾军

高丽王朝正在为南方的倭寇问题而焦头烂额时，在北方又发生严重的状况。蒙古人在中国建立的元朝政权已经走到尽头，天灾人祸引起人民起义。起义的军队最主要的是以明教为主导的"红巾军"，遍布华中及华北。红巾军首领刘福通发动四路出兵，大举攻打元朝。其中的北路军及东路军在抵达辽东之后，于1359年（高丽第三十一代恭愍王八年）首度越过鸭绿江，侵入高丽。红巾军攻破西京（平壤），所到之处烧杀抢掠，又是一场大灾难。

红巾军虽被击退，两年后又有十余万人渡江而来，竟攻陷高丽首都开京。恭愍王落荒而逃，京城居民纷纷弃家逃难，满路狼藉，哭声震天。红巾军在开京停留数月，京城残破。高丽各道兵马二十万人在开京集结，由总兵官郑世云指挥，最后终于将红巾军赶回辽东。

恭愍王(1351—1374年在位)喜好享乐，开京被占领时，依旧是声色犬马。

郑世云击退红巾军，恭愍王却开始猜疑，认为会威胁到自己，竟唆使其他将官杀害郑世云，然后又将这些将官一一逮捕处死。

红巾军虽然退了，倭寇却仍是驱不走的梦魇。击退红巾军有功的将领，如李成桂和崔莹，都继续投入围剿倭寇的战役中。对于这些将领来说，郑世云的惨死是一面鲜明的镜子，让他们知道一定要明哲保身，而最好是在暗中建立自己的势力。

恭愍王及祸王

蒙古人统治高丽时，强迫高丽人服装和头发都改成依照蒙古的方式，又要求高丽人取蒙古名字，连国王都不例外。例如恭愍王的蒙古名字叫"伯颜帖木儿"。蒙古势力逐渐衰弱，恭愍王决定开始与中国反元的势力结合，以共同对抗元朝。1368年，朱元璋开创明朝，将蒙古人赶回北方。恭愍王立刻表示臣服于明朝，派兵逐步收回蒙古人占有的土地。

恭愍王宠信一名僧侣出身、法号"遍照"的辛旽执政。辛旽是一位具有争议性的历史人物。他进行激烈的土地改革，目标是打击大地主的兼并恶行，而得到许多农村百姓的感戴与支持。然而，朝中大臣，也就是实际上背后的大地主们，自然是极端的不满。大臣们指控辛旽跋扈专权，大兴土木，劳民伤财等等。恭愍王这时又认为辛旽也威胁到自己，于是以谋反的罪名将他除去。

恭愍王往往在发动一些阴谋之后，接着找人替罪，或杀人灭口。1374年（明洪武七年），恭愍王又要除去几名宦官和近臣，预备为一件隐秘之事杀人灭口。不料他自己口风不密，宦官在夜里先行下手。恭愍王被杀，在位二十七年。

继位的高丽国王称为祸王。有人说他是恭愍王与辛旽的奴婢所生的儿子。也有人说他其实是辛旽的儿子，所以名字应该叫做辛祸。总之，祸王登基时只有十岁，因而由拥戴有功的大臣李仁任掌握大权。当时北元虽然退出中国，并未灭亡。高丽王朝的大臣们分为亲元派和亲明派，李仁任主张亲元，高丽因而和明朝断交。朝中大臣如郑梦周和郑道传都是有名的儒家学者，坚决支持明朝，结果都被迫辞官。但是亲元政策的错误随着时间发展而越来越明显，李仁任又被迫将亲明的大臣请回来。明太祖不悦，不承认禑王，拒绝接见高丽使节。直到洪武十七年（高丽禑王十年，1384年）郑梦周奉命出使，才终于获得明太祖接见，又重新建立两国的关系。

李成桂建立朝鲜王朝

1387年（洪武二十年），明朝大将冯胜击败元军，进驻辽东。明太祖决定在边界设置铁岭卫，并且在第二年正式行文告知高丽。

铁岭卫所的预定地在现今朝鲜咸镜南道的永兴。元朝时这里属于蒙古人管辖之地，称为双城总管府。李成桂的父亲李子春当年正是在蒙古双城总管府任职的高官。李成桂就在这里出生。明太祖的决定意味先前二十年里恭愍王收回北方土地的努力都是白费，要全部归还给明朝。高丽君臣大为不满，又分裂为亲明及反明两派。前者以李成桂为首，后者以崔莹为首。高丽禑王听从崔莹的建议，决定发兵突袭辽东，并派李成桂为先锋部队。

李成桂率兵北上，发觉粮饷不济，士气低落。在半路上又有消息传来，明朝大将军蓝玉追击北元到捕鱼儿海，大破蒙古军，俘虏八万人。李成桂震惊之余，盘算此去与明朝交手，必定凶多吉少。他不得不猜想禑王和崔莹真正的目的是要借刀杀人，自己如果真的与明朝对敌而被消灭，正好中计。李成桂于是说服同行的另一位大将曹敏修，共同班师回朝，发动兵变，废黜禑王，流放崔莹，立禑王之子为昌王。

李成桂不久又废掉昌王，改立高丽王朝最后的一任国王恭让王，当作傀儡。恭让王二年（洪武二十三年，1390年），李成桂在高丽发动一次史无前例的激烈土地改革，宣布先前地主手上的地契全部无效，下令在京城的市街上焚烧公私田地的地籍资料。大火数日不灭。他又宣布实行"科田法"，强势规定将全国各地土地按等级（也就是"科"）分配给官员及一般人民。李成桂自己和他的家族、部属当然获得最多。农民及一般民众大喜，只有贵族、前朝官员及寺庙受伤，但是无关紧要。李成桂原本已经掌控国家政治、军事大权，至此又进一步控制了经济和财政。下一步自然是要取高丽王位而代之了。

当初与李成桂一同发动政变的曹敏修早已被铲除。挡在路上不让李成桂篡位的只剩下郑梦周。郑梦周是高丽与明朝外交关系的要角，深受明太祖的赏识。郑梦周并且是高丽儒家朱子学派的泰斗，弟子极多，被誉为"东方理学之祖"。郑梦周又是李成桂的第一谋臣，在对付红巾军及倭寇的许多战役中，运筹帷幄，功劳很大。1377年（洪武十年，高丽禑王十年），郑梦周到九州拜访室町幕府的大将今川贞世，请求协助对付倭寇。郑梦周的人品及学问使得日本人无不尊敬。今川一口答应他的请求。不过今川在两年后奉派回到京都，新任的九州统领对于清剿海盗并不热衷，所以在后来的二三十年中，高丽仍然大部分得靠自己解决倭寇问题。

郑梦周既是朱子儒学的领导者，讲究的是上尊下卑，当然反对李成桂篡位，态度坚决。李成桂也不敢对他如何。李成桂有一个儿子，名叫李芳远，却是性格刚强，派刺客在京城善竹桥刺杀了郑梦周。恭让王于是被逼下台，让位给李成桂。

李成桂怕明太祖不高兴，不敢称王，只用"权知高丽国事"的头衔向明朝上表，说高丽国王昏乱，自己受推戴，不得不即位。明太祖朱元璋态度冷淡，不肯正式册封赐印。李成桂身段柔软，又拟定两个国号——"朝鲜"和"和宁"，请朱元璋决定。朱元璋选了"朝鲜"二字，此后五百多年朝鲜的国名因而确定。朝鲜自开国之后，一直使用明朝皇帝的年号。

朝鲜太宗

李成桂之所以能够登上王位，李芳远的功劳最大，然而李成桂却立他所溺爱的小儿子李芳硕为世子，并且命令大臣郑道传尽心辅佐。李芳远大为不满，在朝鲜太祖七年（1398年）趁李成桂生病时发动政变，杀李芳硕及郑道传，又逼李成桂让位给第二个儿子，是为朝鲜定宗。

两年后，李芳远再一次发动政变，自立为王（1400—1418年在位）。李成桂出奔，逃回老家咸兴居住。李芳远多次派出"问安使"去问候，李成桂每次弯弓搭箭等待，不等使者开口便一箭射出。李成桂年轻时已是敌人闻名丧胆的神箭手，问安使无一生还。李芳远要再派使者，没有人敢去。

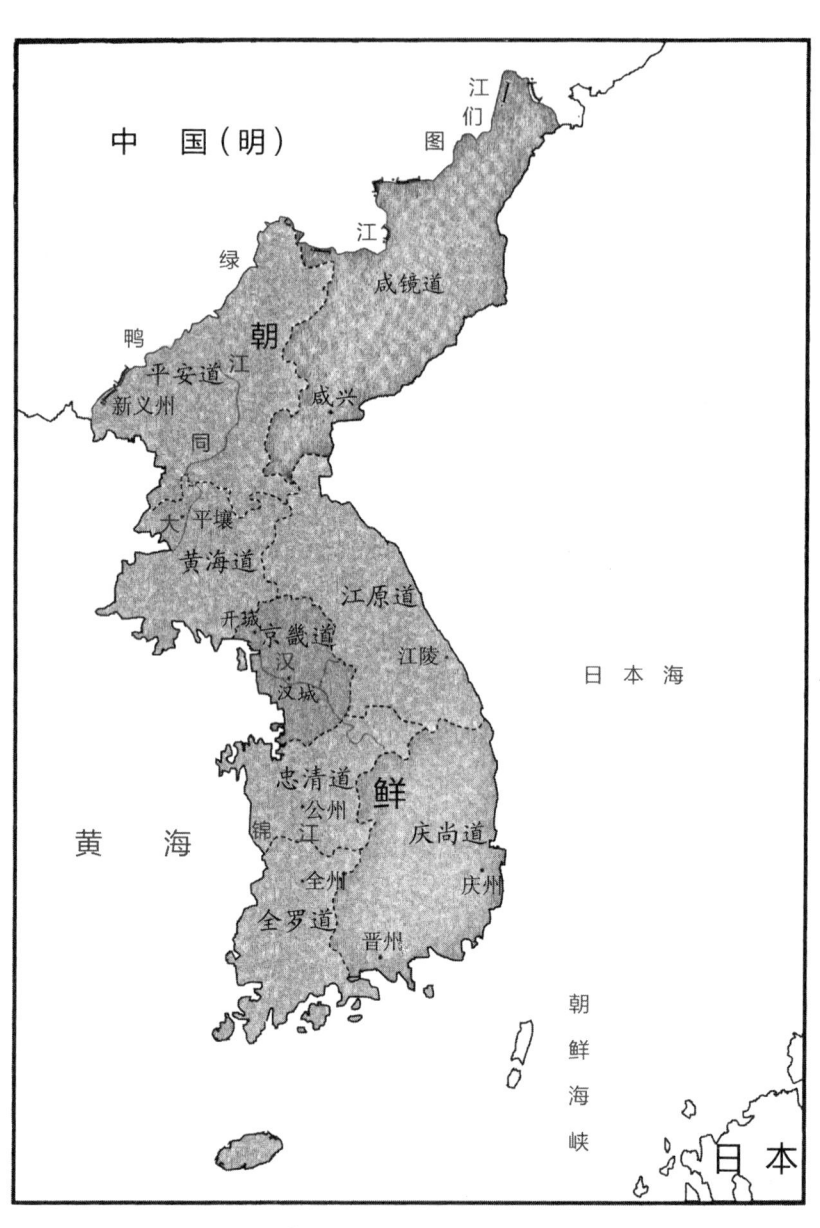

朝鲜八道（十五世纪李氏朝鲜开始）

这样僵持两年，李成桂被挟持回京幽禁，直到去世。

李芳远曾经在洪武二十六年（1393年）随贡使前往明朝首都南京，路过北京时与燕王朱棣，也就是后来的明成祖见面。两人都是枭雄性格，相谈甚欢。没有几年，两人又都篡位成功。李芳远上表给明成祖，获得正式册封为朝鲜国王。相对地，他的父亲李成桂始终只是"权知高丽国事"。

朝鲜歼灭倭寇

1418年（明永乐十六年），太宗禅让王位给第三子世宗大王李祹，自任为太上王。第二年，有将近两百艘倭寇船大举进犯朝鲜，洗劫忠清道和黄海道之后，扬长而去。倭寇问题自发生以来，从来就不曾真正解决过。朝鲜虽然同意对倭寇背后的日本九州及对马岛地方势力，给予贸易特权，但是倭寇仍然不时来侵犯，防不胜防。太上王决定不再忍让，不顾世宗的反对，命令朝鲜将军李从茂率领水军一万七千人分乘两百多艘战船，从巨济岛出发，登陆对马岛。朝鲜水军搜出一百二十九艘倭寇船，悉数烧毁或没收；烧毁所有看得见的房屋和庄稼；杀死岛民一百多人，又释放被俘虏来的中国及朝鲜百姓一百多人。原本控制对马岛的宗氏家族奋战不敌，向室町幕府求援。

室町大吃一惊，以为继一百多年前高丽带领蒙古人之后，这次朝鲜带明朝军队又再次来袭，立刻派兵前去支援宗氏。高丽军大意进攻，遭遇埋伏受挫，从此双方战况胶着。最后朝鲜声明只是惩罚倭寇，并无侵略之意，下令撤回军队。宗氏也小心翼翼地和朝鲜商议，取得三处定点贸易的许可，而交换条件是同意压制倭寇，保证不再骚扰朝鲜。

日本后来称此一事件为"应永外寇"，应永是日本当时的后小松天皇的年号。朝鲜称此一事件为"己亥东征"，是一件光荣的民族历史。

从世宗大王到世祖

朝鲜第四位君主世宗大王李祹（1418—1450年在位）是一位不可多得

的贤君。由于他好学而沉稳，友爱兄弟，朝鲜太宗决定舍弃立嫡的传统，务实地选择立贤。太宗又提早禅位，因而世宗得以在太宗在世时建立稳固的地位。

世宗精通儒学，也关注经世致用之学。他聘请博学大儒为集贤殿学士，从事经书、历史、典章制度的研究，旁及经济、天文及地理等，编撰完成许多重要的农事、医药及历法等相关书籍。

世宗大王又指派郑麟趾、成三问等著名学者研究音韵学，创造了朝鲜自己的文字。韩文字母（Hangul）初创时有二十八个字母，传到现代只用二十四个，由十个元音与十四子音组成。韩文简单易学，没有受过教育的人都能很快学会。在此之前，朝鲜的语言虽然明显与汉人的语言有很大不同，却一直使用汉字。但是汉字文言文艰深难懂，成为知识分子和贵族高官的专利品。历代的政府也很难直接与人民百姓沟通。1446年，世宗大王颁布了《训民正音》。这在朝鲜是一个划时代的事件。不过此后数百年朝鲜官方文书仍然是使用汉字。韩文实际上是一直到二十世纪才开始在韩国推行全面使用。

朝鲜经过太祖、太宗及世宗大王三代，为李氏王朝建立了坚实基础。世宗死后，继任的文宗李珦在位只有两年就病死，王位传给端宗李弘暐，只有十二岁。端宗的叔父李瑈掌权三年，逼端宗禅让，篡位为王，是为第七任朝鲜世祖（1455—1468年在位）。

世祖怕有人也学他一样篡位，又将已经逐渐体制化的政治制度改为极端的中央集权。朝鲜原本是"六曹"与"议政府"并行。所谓六曹就是仿效中国的吏、户、礼、兵、刑、工六部，各设判书为首长。议政府相当于中国的内阁，首辅称为"领议政"，下设左右议政。李瑈尚未篡位之前就是领议政，篡位之后便将议政府废掉，让六曹判书直接向自己报告。朝鲜的政治体制遂与明朝一样没有宰相，君主有绝对的权力，导致绝对的腐败。

士祸

李氏朝鲜从建国开始，不幸地有一个内部斗争的严重问题，如梦魇一般，挥之不去。参加斗争的都是高级知识分子及政府里的官员，而分成不同的党派。

李成桂建国之后，有一部分知识分子不认同他篡位，又看见郑梦周被暗杀，于是选择隐居。这些人在乡间招收弟子，传承学问，称为"士林派"，以吉再为代表人物，以后又传到金叔滋、金宗直父子。相对的，出仕于新政权的知识分子如郑道传之辈称为"勋旧派"。这一派人在世宗大王设立集贤殿后如日中天。士林派和勋旧派由于一在野，一在朝，理念自然不同。大抵来说，士林派注重辞章、义理；勋旧派注重经学及致用。

朝鲜世祖篡位，又导致勋旧派的分裂。其中一部分人参与政变，以郑麟趾为首；另一派人誓死反对，以金文起、成三问为首。反对派有六个人密谋要帮端宗复辟，结果被杀，历史上称为"死六臣"。又有金时习等六个人决心从此不在世祖朝廷中为官，自我放逐，称为"生六臣"。也有人像中国西晋时的竹林七贤，痛心时事而专事清谈，称为"清谈派"。

朝鲜第九代成宗（1469—1494年在位）不满朝中大臣结成利益团体，要引进清流，开始重用金宗直。士林派于是开始抬头。勋旧派大为不满，而只能忍耐。

成宗发现他的长子性情暴戾，有意另立太子，却一直犹豫不决而没有采取行动。长子因而后来还是继位，是为"燕山君"（1494—1506年在位），果然是一代暴君。勋旧派等候多年，终于有机会反攻，于是向燕山君举发金宗直在编修历史时毁谤朝鲜世祖，如何大逆不道。燕山君大怒，下令将金宗直开棺毁尸，又将一百多位士林党人处死或流放。这是第一次士祸发生，称为"戊午士祸"（1498年）。过了几年，勋旧派又向燕山君举发在他年幼时母亲如何被赐死。燕山君更怒，下令屠杀与该案有关的皇亲贵族与士林派。

燕山君使用种种惨无人道的酷刑对付朝臣。为了行猎，他下令拆除京城周边数十里的民房，致使百姓万人无家可归。最荒唐的是，燕山君竟下令将成均馆和佛教圆觉寺都改为妓院。成均馆等于中国各朝代的国子监，是全国最高学府。燕山君最后引起众怒，大臣集结将他废掉，另立他的弟弟为朝鲜中宗（1506—1544年在位）。朝鲜历史称此一事件为"中宗反正"。

勋旧派的许多大臣们拥立中宗之后,却看见一部分旧士林派的子弟也进入朝廷,大为不满,于是又诬陷新士林派阴谋叛乱,导致新士林派领袖赵光祖被处死,另有数十人也遭到整肃。中宗末年,外戚争权在派系之争上面火上加油。中宗有两个尹姓的王后都生下王子。两个王后的弟弟,分别称为"大尹"与"小尹",各自援引朝臣,建立势力。中宗死后,仁宗先继位,大尹得势,重用新士林派。不料仁宗在位八个月就病死,明宗即位(1545—1567年在位),只有十二岁,母后文定大妃垂帘听政。小尹得势,士林派大臣又被整肃。文定大妃死后,小尹也遭到流放。士林派又回到朝廷来。

总计在1498年至1545年之间,发生了四次士祸,大批的士林精英死于非命,或被流放、下狱。

党争

第十四代宣祖时(1567—1608年在位),士林派掌权,不料有两位士林派的大臣沈义谦与金孝元激烈争夺一个称为"铨郎"的中级官职的主导权,互不让步,竟而导致士林派也分裂。"党争"开始,从此一发不可收拾。沈义谦代表的,称为"西人党";金孝元所代表的,称为"东人党"。朝廷之上所有的大小官员只能选择加入其中的一边,中间派几乎无法立足。

只不过是一个中级官员的任命案为什么会导致如此严重的后果呢?实际上,两个大臣的争执只是冰山的一角,真正在背后的原因,除了集团利益之外,又牵涉到理学的派别之争和朝鲜的社会结构,非常复杂。由于这个原因,本书无法在此说明,而必须在第二十三章谈到宋明理学思想对朝鲜的影响时,才能解释清楚,敬请读者谅解。不过在这里也要先指出一件事,那就是党争的影响远比士祸深远,因为对立已经不只是在庙堂之上,而是扩大到全国及整个社会,甚至包括农村在内。

党争开始之后,历经两百多年,没完没了。其间东人党、西人党又各自分裂成不同的党派,而有南人党、北人党、老论派、少论派等,构成所谓的"四色党争",然后又继续分裂。朝鲜党争到最后,各党派已经只知道要照顾集体的利益,不知道什么是国家,什么是道理。争权夺利的本质越来越露骨以后，一党执政，其他的党必定要在背后破坏，无所不用其极，目标是使其下台。

李舜臣的抗日功绩

十六世纪末，日本关白丰臣秀吉两度出兵到朝鲜，掀起中、日、韩三国大战。朝鲜称之为"壬辰倭乱"及"丁酉倭乱"。其原因、经过及结果在第十七章已经叙述过。本书在这里要补充朝鲜方面的情况，特别是其中关键人物李舜臣的功绩。

1592年（朝鲜宣祖二十五年，日本文禄元年，明万历二十年）4月，日本十五万大军渡海于釜山登陆后，势如破竹，十九天便攻下汉城。宣祖及大臣没等日军来到便弃城逃走。日军接着推进到开城与平壤。明朝派援军五千人跨过鸭绿江与倭军接战，全军覆没。明朝大吃一惊，调集更多兵马援助朝鲜。这期间幸而有李舜臣在玉浦、唐项浦、闲山岛等战役连战连胜，击沉日本水军战舰数百艘，完全控制海权，切断日本军队的补给线；否则不等明朝援军到达，朝鲜早已完结。

李舜臣（1545—1598年）出生于现今朝鲜开城一个没落的书香世家，家境贫寒，而从小努力向上，文武兼备。他在三十二岁时参加武举登科，开始从军。日本侵犯朝鲜前一年，李舜臣因为大臣柳成龙的推荐而升任全罗左道水军节度使。他积极操练水军，并自行研究，发明龟甲船，将战船的外壳覆以铁片，并能从四周的孔洞发射炮弹。日本水军轻敌，战船武装不如朝鲜，战术又不如李舜臣灵活，因而大败。

明朝大将李如松率领援军到达朝鲜，与小西行长率领的日军在汉城及开城之间对峙。朝鲜各地人民及僧侣纷纷起义，组织义军，攻击日军。日军的主要粮秣库也被烧毁，声势顿挫。丰臣秀吉只好同意议和，双方撤兵。但明朝与日本议和失败，战事又起，日军再度开往朝鲜。在这期间朝鲜发生一件极为荒谬而不可思议的事。

当初推荐李舜臣的大臣柳成龙是东人党的领袖之一。东人党在1591年（宣祖二十四年）因为拥立宣祖的次子光海君为储君而得势，却同时分裂为南人党及北人党。柳成龙又成为南人党的领袖,而北人党渐渐失势。日本既决定再度侵略朝鲜,又惧怕李舜臣,于是使出种种阴谋诡计,必定要置他于死地。这时北人党与西人党竟也借机附和,一同诬陷李舜臣,指称他与日军勾结。李舜臣竟被革职下狱,差一点被赐死。北人党所支持的元均因而取代李舜臣,成为朝鲜水军的主帅。

元均率领两百多艘战船与日军大战,全军覆没。元均也战死。朝鲜逼不得已,又起用李舜臣。朝鲜水师这时已经全灭,李舜臣到任后,只能从头再建海军。数月之后,李舜臣仅凭数十艘新造的战船,面对日本名将藤堂高虎所率领的三百多艘战舰,二万水军,在鸣梁海峡(在珍岛附近)决战。李舜臣以哀兵之姿竟然大获全胜,又重新将制海权抢到手中,再一次切断日军补给线。

日本陆上部队原本已经一路攻抵汉城,鸣梁海战失败后补给发生困难,又受到明朝增援军队的攻击,只有一路又退回蔚山。明朝这时已经有亡国的征象,武将大多贪生怕死。明军统帅杨镐以重兵围攻蔚山,不料被反包围,竟率先逃走。明军失去统帅,立即溃败,死两万人。明朝将杨镐撤职,又再度大举增兵。双方在蔚山附近攻守达半年之久,互有胜负。到第二年八月,忽然传来丰臣秀吉病死,征韩日军奉令全部撤退。

朝鲜、明朝联军与日本最后一战是在露梁海峡(南海岛附近)。朝鲜及明朝水军分别由李舜臣和陈璘率领,共同截堵日军。日军死伤数万人。但李舜臣在混乱中却中弹身亡。李舜臣两次拯救了国家,最后壮烈成仁,是韩国历史上的民族英雄,家喻户晓。不过李舜臣的遭遇也是朝鲜党争的一个鲜明例子,从中可以看见党争的恶劣本质,及其带来的祸害。当初李舜臣如果被害死,朝鲜恐怕将陷于万劫而不复。

朝鲜臣服于清朝

女真人在中国北方建立的金朝被蒙古人灭亡以后,有一部分后裔回到东北地方,居住在松花江流域地区。后来这些人为了要躲避北方野人女真的侵犯,逐渐向南迁徙,到达鸭绿江、图们江北岸。

明太祖原本要设铁岭卫，在李成桂推翻高丽王朝以后，这项计划却撤销了。边界地区因而成为灰色地带。朝鲜趁机派兵拓展北方土地，渐渐推到了鸭绿江和图们江的南岸。从明朝的角度看，朝鲜是明朝的附属国，明朝对女真人的管辖也只是名义上，因而土地究竟是谁占据或居住并不重要。然而在女真人和朝鲜人看来，对方的存在就是限制自己的扩展，因而互相产生敌意。后来双方之间的敌意越来越深，朝鲜在北方建长城以为屏障，又移民来屯垦。

女真人半农半渔猎，需要进行贸易以获得农具、粮食、布匹等，朝鲜往往利用贸易作武器来挟制女真人。当贸易不通，或女真发生饥荒时，女真人便越过边界来抢夺，朝鲜于是出兵征讨。战争结束后，双方又订立新的互动规则。如此循环，维持了约两百年。

1583年（万历十一年，朝鲜宣祖十六年），女真发生一件历史上的大事，努尔哈赤的祖父和父亲都死于"古勒寨事件"。努尔哈赤一心一意要报父祖之仇，奋斗了三十几年，在1616年（万历四十四年）建立后金，自称可汗。三年后，明朝派杨镐率领大军到辽东与努尔哈赤决战，同时要求朝鲜也派兵支持。杨镐正是二十年之前在蔚山被日军包围，不战而逃的明朝主帅，在朝鲜人人看不起。这样的将领竟然能够免除罪责而再一次受重任，明朝亡国的征象更加明显。朝鲜国王光海君（1608—1623年在位）不得已，只好派一万三千人参战，但是交代主帅相机行事。明军果然在萨尔浒大败，死四万多人。朝鲜军队见势不妙，立刻与努尔哈赤讲和。朝鲜自此以后采取中立政策，以免受女真人报复。

朝鲜党争这时又起。西人党得势，废绌了由北人党支持的光海君，另立朝鲜仁祖（1623—1649年在位）。西人党采取完全不同的外交政策，主张联合明朝，对抗后金。政争失败的北人党余党纷纷投靠后金，怂恿女真人攻打朝鲜。皇太极于是在1627年（后金天聪元年）派三万大军入侵朝鲜，直抵平壤。朝鲜被迫求和，双方订约，结为兄弟之邦。

皇太极又征服蒙古，改国号为"清"。这时皇太极对朝鲜的态度转为严厉，要求与朝鲜的关系从兄弟改为君臣。朝鲜主战派占多数，宁愿战争，不受侮辱。皇太极亲率十万兵渡过鸭绿江，势如破竹，攻陷朝鲜国都汉城。

朝鲜向明朝求援，但是明朝自身难保，哪有能力保护朝鲜？1637年（清太宗崇德二年），朝鲜仁祖被迫签订城下之盟，对皇太极称臣，送世子为人质，同意与明朝断绝关系。

朝鲜内部的党争并没有因为外部环境变化而停止，反而越演越烈。党人只要抓住一个有争议的事，便可以大做文章，并借此扭转政治局势，而进一步夺权。举一个例子。朝鲜孝宗驾崩（1659年）后，满朝文武争论究竟他的继母应该服丧一年，还是三年。十五年后，孝宗王妃去世，类似的问题又引起满朝议论。南人党在两次争论之后掌控朝政，将西人党全部排挤掉。党争的后果竟然如此严重，无怪乎政府官僚对任何小事也不敢掉以轻心，对于兴革之事自然不敢轻易开启。朝鲜政治因而日益黑暗。

第 19 章

中国的治乱循环：台湾历史的开始

　　1921 年，历史学家连横出版《台湾通史》。连横在自序里面一开头写着："台湾固无史也。荷人启之，郑氏作之，清人营之。"意思是说台湾原来没有历史，荷兰人最先来开拓；郑成功与郑经父子接着发展；最后在清朝手中努力经营。

　　荷兰人来到台湾已经是十七世纪初了。是不是在此以前台湾就没有历史？这要看我们对历史怎么定义。如果狭义地认为一定要有某种程度以上的文明持续发展及明确的文字记载，那么台湾确实历史很短，至今还不到四百年。如果以广义的解释，那么台湾少数民族原住民早已在台湾生活了几千年，不能说没有历史。

明朝以前的台湾

　　中国是一个有数千年历史的文明古国。而隔着台湾海峡，不到一百海里之外的台湾开化竟是如此之晚，真是一件很奇怪的事。相对地，在大陆南端的海南岛也是隔着汪洋大海与广东相望，而文明发展却很早。公元前 111 年（西汉元鼎六年），汉武帝已经在海南岛设了儋耳、珠崖两个郡。

古代中国并不是不知道台湾。本书第七章叙述到三国时代的孙权曾经派将军卫温跨海征"夷州",也就是现今的台湾,而与原住民打了一仗,俘虏数千人回去,但从此不曾再来。

隋朝以后改称夷州为"流求"。大业三年(607年),隋炀帝命令羽骑尉朱宽到流求招降"土番",但是因为语言不通,只是捉几个人回去。第二年,朱宽又到流求,仍是不得要领,只能带一些藤甲、衣物回去。当时倭国的使者正好到达隋朝,一见这些东西便说这是"夷邪久国"所用的器物;显见古代的日本人也已经和台湾往来了。三年后,隋炀帝再派将军陈棱带领一万人,在鹿港登陆。"土番"酋长欢斯氏拒绝投降,陈棱纵兵杀掠,俘虏数千人。但隋朝对统治流求也没有兴趣。

《台湾通史》记载,唐朝贞观年间,马来群岛发生洪水,人民无法生活,纷纷驾着木舟、竹筏出海避难,其中有一部分人到达台湾。当时"土番"欢斯氏刚被陈棱的军队击溃不久,所以来自马来及吕宋(今菲律宾)的移民顺利地居住在海边之地。连横引用资料,说"生番"有六分之一说马来话,出身吕宋的占十分之一。

唐朝中叶,有一个诗人施肩吾在江西为官。施肩吾身历藩镇之乱,眼见战火频仍,人民生活困顿而地方官难为,于是隐居而学道,也写了几本有名的道书。后来施肩吾又驾船远赴海外求仙,而到达了澎湖,最后在晚年时(九世纪中)决定率领族人渡海到此定居。当时澎湖人口稀少,生活落后,施肩吾因而被称为最早开拓澎湖群岛的汉人。不过也有很多学者认为施肩吾定居澎湖只是一个传说,并不是事实。

唐、宋数百年间虽然贸易发达,中、外有许多船舶来往于海上,似乎仍然没有人对流求有什么兴趣。一直到元朝最后一个皇帝元顺帝时,才在澎湖设置了一个小衙门"巡检司",隶属于泉州府。

明朝时的台湾

明太祖朱元璋建国之后,颁布禁海令,又认为澎湖可有可无,下令废掉澎湖巡检司,将澎湖居民全部迁回福建。明成祖时,郑和奉令下西洋。

有一些传说指出他也曾经到过台湾,但是没有任何证据或信史记载可以支持这种说法。在当时的人眼里,台湾是野人居住的所在,没有什么贸易价值,郑和也没有什么道理率领浩浩荡荡的宝船队到台湾。有些学者认为,最多是郑和宝船队中有一小部分分航到台湾。

嘉靖年间,也正是日本室町幕府的后期,中国东南沿海的海盗头子招引日本的浪人加入,"倭寇"大起。抗倭名将戚继光和俞大猷奉命追剿。倭寇的首领林道乾和林凤都曾经逃到澎湖和台湾台南暂时躲避。明朝将倭寇赶出澎湖,在当地驻军,并在台南外海监视。但台湾的原住民凶猛而剽悍,林道乾和林凤无法久居,后来都被迫转到别处。倭寇消散之后,有一部分日本人继续留在台湾,大多以南部打狗(番语 Takau 之音译,即今高雄)附近为根据地,进行贸易兼走私。日本人称当地为"高砂",称土番番社为"高山国"。

万历年间,日本关白丰臣秀吉挥兵侵入朝鲜,不久又派使者携带书信到台湾,劝高山国向日本进贡,有经略台湾的意图。日本人到台湾越来越多,甚至与鸡笼(今基隆)附近的番社发生冲突。德川家康继丰臣秀吉统一日本,为奖励海外贸易,核发"朱印状",就是可以经营国际贸易和远洋船运的执照,并命令肥前藩的豪族村山氏负责经略台湾,但后来并未如计划大举进行。

荷兰人、西班牙人分据台湾

欧洲人当中最早到达东方的是葡萄牙人。葡萄牙水手在万历初年驾船经过台湾北部的海面,看见山岳如画,树木青葱,赞叹不已,称之为"福尔摩沙"(Ilha Formosa),意思就是"美丽之岛"。从此 Formosa 就成为台湾的代名词。当时是"大发现时代",西班牙和葡萄牙人四出航海探险,无论到美洲、非洲或亚洲,每次看见漂亮的陆地时,总是发出"Ilha Formosa"的欢呼。因而,据说至少有十二个地方都称为 Formosa。

十六世纪中叶起,荷兰人已经在东南亚地区开始拓展殖民地,发展商业,并成立了十几家私人公司。1600 年,英国女皇伊丽莎白一世(Elizabeth I,

1533—1603年）发出一张皇家特许状，授予新成立的英国东印度公司（British East India Company）在印度的贸易特权。荷兰人意识到在亚洲的竞争已经转变成国家与国家间的竞争了，于是也在1602年合并十四家公司，成立荷兰东印度公司（Dutch East India Company）。当时葡萄牙人早已在中国经营多年，租借了澳门，拿到中国的贸易特权。荷兰人发现自己在中国完全处于劣势，因而决心自行打开一条路，目光就放到澎湖及台湾来。

荷兰人在1604年（明万历三十二年）第一次派兵到达澎湖。当时明朝每年春、秋各一次派兵驻防澎湖。荷兰人在7月盛暑到达，没有守军，所以不费一枪一弹就占领了。之后，荷兰人派代表到福建要求通商。福建巡抚立刻派水师封锁澎湖。荷兰军队得不到物资接济，只得撤出。1622年（明天启二年），荷兰又派兵两千人占领澎湖。这次不但规模较大，并且作长期居留的打算，逼迫当地人民做苦工以兴建堡垒。据估计有一千二百人因为饥饿或被虐待而死。天启四年（1624年）福建巡抚南居益派水师前往，中荷第一次大战于是开始。荷兰人所建的城堡坚固如铁，武器精良，明朝增兵到一万人而仍然无法取胜。双方僵持达两年之久，最后谈和，荷兰同意有条件地撤出澎湖。

荷兰人的附带条件是什么呢？就是要求转到台湾，以此为根据地与明朝进行贸易。南居益同意了。荷兰人于是从澎湖全部移到台湾一鲲身（今台南安平）。第一任长官宋克（Martinus Sonck）开始在安平建城堡，取名奥伦治（Orange），后来改名为"热兰遮城"（Zeelandia），就是现今仍在的安平古堡。当时安平与台南陆地不相连，宋克下令在隔海的沙洲地方建立商馆、屋宇，作为来往的欧洲、中国、日本商旅经商、居留之所。其中最有名的建筑是"普罗民遮城"（Provintia），现在称为"赤崁楼"。

荷兰人占据台南不久后，已经占据吕宋多年的西班牙人也不甘示弱，派兵到台湾北部，占领淡水、鸡笼（基隆）、蛤仔难（宜兰）一带。西班牙人也建了一些城堡，其中最有名的是"圣多明各城"（Santo Domingo），就是现今在淡水海边的红毛城。

那么"台湾"这个名字是怎么来的呢？连横在《台湾通史》里列举了种种说法，但也不能确定。不过从现代所知的各种说法归纳，可以确定几点。

第一，台湾原本是被称为"台员"、"大员"或"大湾"，是从一个番人的部族或地名的音译（有 Tayouan 或 Taiyuen 等种种拼音法）而来的。第二，这个地方即是一鲲身，也就是现今的台南安平。第三，大员或台员的名称后来又渐渐扩大范围，而泛指整个台湾岛。荷兰人占据台湾后，称其派任的最高行政官员为"大员长官"。

颜思齐与郑芝龙

除了日本人、荷兰人及西班牙人以外，还有另一股外来势力也在1624年进入台湾，那就是颜思齐与郑芝龙集团。颜思齐是福建漳州人，少年时因杀人而逃亡到日本长崎。他体格魁梧而精通武艺，生性豪迈而疏财仗义，被尊称为"甲螺"，是部分旅居日本的中国人的领袖。颜思齐组织了一个二十八人的兄弟会，被推为盟主。福建泉州籍的郑芝龙是其中最年轻的一个。

二十八兄弟会也从事海上贸易，并拥有武装的船只。当时荷兰与英国结盟，在日本到巴达维亚（今雅加达）的海面上和葡萄牙与西班牙人分为两个阵营，不但互相攻击，又洗劫在各个港口进出的商船。颜思齐不惜重金向英国人购买大炮装在船上，不但自卫，也向来往的船只收取保护费。

颜思齐野心勃勃，胆大包天，有些史料甚至说他密谋要推翻德川幕府，不料事机不密，遭到幕府派兵围剿。颜思齐率众仓皇逃亡，而无处可去。众人在海上商议之后，决定到台湾，于1624年在笨港（现今北港）登陆。

颜思齐等人在笨港一带从事耕种，并且劝诱在福建的亲族故旧前来，渐渐有数千人的规模。他们也没有放弃老本行，又做起海盗。当时来往于台湾海峡的各国船只上面都载着香料、胡椒、丝、茶叶、瓷器等贵重货物。据说郑芝龙光是一次洗劫暹逻（泰国）的贡船，获利就已经是天文数字。

以1625年（明天启五年）当作观察点，台湾当时的政治及社会势力划分很清楚。西班牙人在北部，颜郑集团在中部，荷兰人在南部。各自都有数千人。在此之前到达台湾的汉人有数万人，围绕在这三块地区周边垦荒。此外，估计有十万人左右的原住民分布在台湾各处，包围并隔开这三个外来势力所占领的地区。同时，在北部和南部还有一些日本人。

郑芝龙的海上王国

颜思齐在1625年病死,郑芝龙继任成为领导者。郑芝龙抢劫粮船,散发给福建饥民。如此地劫富济贫,又礼贤下士,海盗竟然比官军受到民间百姓欢迎,而日益壮大。1627年(明天启七年),郑芝龙集结战舰,一举夺取了厦门。这时明朝同时遭受到农民军内乱和女真人外患的威胁,已经自顾不暇,竟无可奈何。

第二年,崇祯皇帝登基,立刻派人招安郑芝龙,授给他官职。郑芝龙正想借官方的力量改变事业的形态,一拍即合。他带部分手下到厦门投降明朝,同时更加名正言顺地向海上来往的所有船只收取保护费,每艘每年数千两白银,依船只大小而不同。受保护的船只插着郑芝龙发给的令旗,凡是敢动手行抢的,无论是海盗还是"红毛夷",都受到郑芝龙严厉的报复,因而不敢再寻衅。郑芝龙又在几年内扫荡与他不同流的其他海盗,势力越来越大。据说郑芝龙一年的令旗收入达到数千万两,与明朝政府的收入已经不相上下。1633年(明崇祯六年),荷兰人从巴达维亚派出大批战舰,与郑芝龙在金门、厦门之间的海域(现称料罗湾)大战,荷兰人受到空前的挫败,不得不和他签订通商互惠条约。

郑芝龙自己也有贸易事业。有所谓"山五商"在内地各省从事采购、批发。另外,"海五商"下辖五支船队,分别在中国内地、台湾岛、日本、朝鲜、巴达维亚等地载货及销售,船只总数最高达到一千艘以上。荷兰人靠郑芝龙从福建招募工人到台湾种植稻米及甘蔗。日本有许多浪人受雇在郑芝龙的船队当保镖。福建发生饥荒,郑芝龙用船队载运数万饥民到台湾南北各地,又与官府共同发给每人三两银子,每三人一头牛,一下子解决问题。

郑芝龙当时的商业势力之大,获利之丰,与同时的英国及荷兰东印度公司相比一点也不逊色。其所作所为,正是嘉靖年间横行海上的"老船长"王直所企盼而无法达成的。

滨田弥兵卫事件

荷兰人占据台湾以后，开始征人头税，并对来往的船只及货物征税。日本人自认比荷兰人更早来到台湾，当然不服，有些人拒绝交税。荷兰人由于当时正在极力争取日本国内的贸易特权，对日本人尽量容忍，但摩擦仍是难以避免，因而有"滨田弥兵卫事件"爆发。

滨田弥兵卫曾经是朱印船的船长，知道郑芝龙不但决定了在中国沿海航行的船只安全与否，也控制了中国生丝运往日本的整个通路，只要能突破郑芝龙的独占，必有暴利可图。1627年（日本宽永四年），滨田弥兵卫说动长崎的官商出钱出力，到泉州买了大批的生丝，假称是运到台湾，再转欧洲，实际上却是要偷偷转运到长崎。但荷兰的台湾第三任长官奴易兹(Pieter Nuyts)也有自己的利益盘算，表面答应，而暗中作梗，结果滨田弥兵卫及背后出资者全部损失惨重。

滨田弥兵卫和长崎的官商向幕府告状，使得德川幕府对荷兰人十分不满，冷淡对待。滨田弥兵卫耿耿于怀，意图报复，又在第二年带领了四百多人乘坐两条船到台湾，结果被荷兰人搜出大批的弹药武器，并以叛国罪逮捕其中十一名台湾高山族原住民及两名汉人。滨田滞留在台湾，进退维谷，于是用计率众进入荷兰长官府中，斩杀卫兵，劫持奴易兹，要求赔偿先前所有的损失，最后又将奴易兹的儿子当成人质带回长崎囚禁。

日本幕府断然关闭荷兰在平户的商馆。荷兰的巴达维亚总督下令将奴易兹撤职，而仍然无法平息日方的愤怒，最后不得不在1632年同意将奴易兹送到日本，让幕府把他关在牢里。日本人的声势一时威震台湾。但德川幕府从这时起已经渐渐开始了锁国政策（详见第二十五章），并在1635年断然禁止所有的日本人私自出海。日本人在台湾于是销声匿迹。

荷兰人最终之所以能获得在日本两百多年的贸易特权，不能不说有一部分是以牺牲奴易兹的自由而换来的。

荷兰人在台湾的殖民统治

郑芝龙将事业重心转到海上与大陆以后，荷兰人和西班牙人遂成为一南一北两大势力。荷兰人与西班牙仇恨至深，又有贸易上的竞争，于是出兵北上，由鸡笼（基隆）登陆，在1642年（明崇祯十五年）将西班牙人赶出去，从此独占台湾。

荷兰人来台湾的主要目的是要以此为根据地，进行对中国的贸易。台湾后来果真成为荷兰东印度公司在东亚的集散和转口贸易中心。荷兰人又发现台湾土地肥沃，四季如春，极适合种植农作物。种植稻米及甘蔗（用以制成蔗糖）特别获利丰厚，因而开始奖励汉人种植。东印度公司授给人民土地，发给耕牛、农具、种子，又为农民兴修水利和堤防。农民收获时，缴交一定数量的地租。大部分为荷兰人耕种的汉人都是几十个人结成一个团体，从事集体开垦，共同与荷兰人签约。汉人因而是荷兰东印度公司的生产工具，并没有土地所有权。荷兰人在发展农业开垦当中，剥削十分严重，并且越来越苛刻，使得汉人逐渐不满。

在台湾还有原住民（当时称为番人），人数比汉人多，又凶悍好战。荷兰人决定采用怀柔政策，又利用宗教予以吸收、同化。基督教的传教士到达台湾后，以新港平埔番社为中心，开始展开传教事业。荷兰传教士先学会原住民的语言西拉雅语，再用罗马文字拼注西拉雅语，创造出"新港文字"，用以教导学生使用。最后以新港文字翻译《祈祷文》、《圣经》、《摩西十诫》等，用以传教。荷兰人在各个番社创办学校，除了教导学童以外，也有专门为成年男女而办的课程。根据记载，仅仅在1647年一年当中，新港附近的五个番社就招收了七百名学童及一千名成人，其中女多于男。这一年受洗成为基督徒者超过五千人。

荷兰人在台湾统治前后只有三十八年，但是由于教育的成功，平埔人使用新港文字长达一百五十年。平埔人原住民运用新港文字于日常生活中，比如用来和汉人订立土地契约，称为"番仔契"。新港文字虽然最后还是消亡，台湾原住民普遍信仰基督教的状况延续更久。直至今天，原住民中信仰基督教的人口比例仍是占多数，并远远超过汉人信教的比例。

郑成功反清复明

1644年（明崇祯十七年），李自成攻破北京，明朝灭亡。多尔衮率领清兵入关。明朝的遗臣纷纷扶立明朝皇室贵族为皇帝，反抗清朝。郑芝龙既然富可敌国，又有庞大的商业及军事力量作后盾，自然是反清复明人士极力要拉拢的对象。然而当时在南京被拥立的福王愚蠢而腐败，手下大臣又争权夺利，令人厌恶。清兵攻克南京后，逃到福州依靠郑芝龙的隆武帝手下一般大臣也都食古不化。郑芝龙是讲究实际的商人，看在眼里，认为反清复明完全没有成功的机会，决定投降清朝以保全他所建立的商业王国。郑芝龙的儿子郑成功极力反对，但是郑芝龙还是决定亲自到北京去投降，并谈判后续事宜，然而从此一去不复返。

郑芝龙可能无法明白儿子郑成功的思想与他竟是南辕北辙。郑芝龙是商人与大盗的本质，从少年时就鄙弃礼教，每日想的是金钱与权势。郑成功于1624年生于日本长崎平户岛。他的母亲是日本人田川氏，也有人说是福建人而归化为日本籍。郑成功幼年在日本长大，所受的教育是德川幕府定为官学的朱子学，讲究五伦及上下尊卑。七岁时，郑成功与母亲一同回到郑芝龙的老家泉州南安，每日念书、骑马、射箭。据说他最爱诵读《左传》，正是发扬孔子春秋大义的一本书。郑成功满脑子的忠君爱国思想、强烈的民族意识，是有迹可循的。

郑芝龙到北京后不久，清兵攻陷泉州，洗劫郑芝龙的家。田川氏来不及逃跑而被强奸，羞愤地上吊而死。郑成功回到家，一语不发，将母亲肚子剖开，取出肠子清洗干净，再放回去，缝好，然后才下葬。郑成功又将平时所穿的儒生衣帽带到孔庙去，在大殿上一把火烧光。他对着孔子画像下拜，高声说道："我昔日乃是儒生，今日成为孤臣。谨谢儒服，请先师昭鉴。"

郑成功接着在烈屿（现今俗称小金门）起兵，揭起"反清复明"的鲜明旗帜。这时是1647年，郑成功只有二十三岁。他接收父亲的山五商、海五商组织，拥有雄厚的财力基础，上千艘的战舰，十几万人的军队，配备最精良的武器。他的组织能力超强，又发展出绵密而无所不在的间谍及情报网，对清朝的政治及军事行动无不一清二楚。他又吸收中国境内已有的秘密反政府组织，改组为"洪门"，掌握了地下社会。清朝入关至此，发现郑成功是一个可怕的敌人。此后十余年，郑成功在华南地区各地转战，战果辉煌。

郭怀一事件

郑成功是郑芝龙的儿子，而郑芝龙曾经是以台湾为根据地的海盗王。荷兰人一想到这里就十分不安，担心郑成功会突然转过来入侵台湾，因而对台湾的汉人十分提防，一有风吹草动或蛛丝马迹，立即派兵前往盘查、镇压。汉人原本在荷兰政府的横征暴敛之下已经十分不满，至此心里更增加了恐惧，意图反抗。1652年（清顺治九年），台湾发生了郭怀一事件。

郭怀一原本是郑芝龙的旧部，后来定居在笨港，成为当地汉人的领袖。荷兰人知道郭怀一的出身背景以后，半邀半强迫他移居到现今台南永康附近，实际上是就近监视。当时在福建、广东沿海有许多人为了要逃避清、郑之间的战争威胁而冒险乘船逃到台湾。荷兰长官下令拘捕这些偷渡客，而在追捕过程中枪杀了很多人。荷兰士兵奉命挨家挨户搜索窝藏偷渡客，趁机强行带走贵重物品及妇女。汉人至此已经无法忍受，于是拥郭怀一为首，起而反抗。

荷兰在台湾的人不多，为了制衡，对于汉人及原住民一向采取分化的政策，阻止两方互相来往，使其互相仇视。在郭怀一事件中，部分台湾的原住民在荷兰人的威逼利诱之下，选择站在荷兰人的一方以对付汉人。郭怀一起事后，不到三天就被原住民杀了，荷兰长官下令继续屠杀，死者达到八千人。事件之后，荷兰政府立即按照原住民勇士缴纳的两千六百个人头发给奖金。

不过荷兰人对原住民后来也渐渐改采高压政策。据荷兰人的户口统计，台湾全岛番社的数目及原住民的人数在1650年起的十年中，都减少了百分之四十到五十，其中有些是被杀，有些是不堪受虐待而集体逃亡到深山中，以躲避荷兰人的统治。台湾原住民之所以在后来有高山族、平埔族之分，实际上是从荷兰人时代就开始发生了。

郑成功驱逐荷兰人及其死亡

顺治十六年（1659年），郑成功率领十几万大军在南京与清军决战，孤注一掷，却不幸败北。郑成功辛辛苦苦地经营，又回到原点，只剩下厦门和金门两个岛。失望之余，郑成功决定攻取台湾，作为下一步发展的根本之地。

顺治十八年（1661年），郑成功率领二万五千人，分乘四百多艘舰艇，趁着清晨大雾，海水涨潮的时刻，突然在台南外海的沙洲鹿耳门登陆。荷兰人措手不及，又寡不敌众，只好退守热兰遮城。郑成功并不进攻，而是采取围城战略。九个月后，荷兰人终于不支而投降，下旗搭船退返巴达维亚，台湾郑氏王朝于是开始。这时是1662年2月，清朝的小皇帝康熙刚刚登基。

郑氏王朝刚建立，北京传来不幸的消息：郑芝龙在菜市口被斩首。福建也传来消息，清朝下令挖开郑家所有的祖坟，将骸骨全部焚烧砸毁。又过两个月，另一个不幸的消息传来，郑成功矢志忠诚拥立的明朝皇室永历帝（桂王）逃到缅甸，被送回云南，遭吴三桂绞死。郑成功受到多重打击，无法承受，自此常常半夜起身哭泣，开始染病。

这时在厦门又发生一件事，再一次给予郑成功沉重的打击。原来他的儿子郑经奉命留守厦门，却与弟弟的奶娘通奸而生子。郑成功大怒，命令将郑经处死。厦门的部将却拒不从命。郑成功原本指望自己的儿子将来能继承反清复明的大业，如今在他看起来郑经恐怕是一个败家子。郑成功因而万念俱灰，在当年五月就病死了，享年只有三十九岁。

郑成功在围热兰遮城时，已经进一步计划要攻打吕宋，并派了一个外国神父去传递消息，预备里应外合。不料消息走漏，西班牙人知道后大为惊慌，于是下令屠杀在吕宋的华侨一万人，而郑成功却无法及时派兵援助。西班牙人曾经在1603年屠杀过二万五千名在吕宋的华人，这是又一次大屠杀事件。郑成功誓言要率兵到吕宋，为华人报仇，却不幸病死。

郑氏王朝内部的分裂

郑成功死后,郑氏王朝内部立刻发生了分裂。在厦门的诸将拥立郑经,在台湾的诸将拥立郑经的叔父郑袭。郑经带兵跨海击败台湾势力,把郑袭带回厦门,而处死附从的部分将官。第二年,郑经怀疑另一位叔父郑泰也跟反对势力有勾结,设计诱捕郑泰。郑泰的弟弟、儿子们都很害怕,全部带兵投靠清朝;郑泰跟着自杀。这件事的后果极为严重,因为郑泰原本在郑成功手下担任"户官",掌握郑氏商业王国的财政大权,负责五商组织的所有营运。郑经在夺权斗争中虽然获胜,不但失去大半人心,商业王国也无法再顺利运转。

在这样的情况下,郑经还能够执政二十年,一方面是因为清朝还要忙于清剿南明在南方的残余势力,后来又发生三藩之乱,无暇分身;另一方面是在台湾有陈永华辅政。陈永华很早就跟随郑成功,是最重要的智囊,被称为当代的诸葛亮。郑经虽然不是仁德之君,又好逸恶劳,却能够放手让陈永华全权做事。陈永华教导台湾人民进一步发展农业及贸易;建孔庙,办学校,创办科举考试制度,进用人才;又在城乡创设保甲制度,控制户口,加强治安。台湾因安定而日渐繁荣。

三藩之乱于康熙十二年(1673年)爆发。郑经率兵渡海至福建,加入三藩对抗清朝。郑经节节胜利,陆续攻陷厦门、漳州、泉州、潮州各地。三藩之中在福建的耿精忠却深怕郑经从此占据福建,极力排斥郑经。清朝正好利用敌人之间的裂痕进行各个击破。郑经转战六年,见三藩败势已定,只能退回台湾。

部分历史学家批评郑经参加三藩对抗清朝极为失策。从财政的角度看,郑氏王朝在台湾经营十几年,好不容易安定繁荣,却因为连年用兵而将累积的财富花费殆尽,甚至对人民强迫派捐助饷,因而国贫民困,无法恢复元气。从政治的角度上看,郑氏王朝也失去了一次与清朝谋和的绝佳机会。

郑氏王朝其实从郑成功时代起就与清朝一面打,一面谈和,始终不断。三藩之乱是清朝最急于谋和的时候,甚至说郑经只要在福建、广东撤兵,并且剃发表示归顺,便同意郑氏王朝像朝鲜一样,岁时朝贡,通商贸易,等于是独立自治了。郑经拒绝了清朝的谈和条件,到了转战失败归来,又想谈和,而仍希望比照朝鲜向清朝称臣入贡,成为半独立的附属国。然而,这时一切都太晚,因为康熙已经决意要扑灭他眼中的叛乱集团了。

郑经回到台湾后,心灰意懒,不久病死,遗命长子郑克㙷继位。克㙷虽然刚毅果决,有祖父郑成功当年之风,却是庶母所生,不为祖母董夫人所喜。克㙷是陈永华的女婿,却又因岳父已死,失去了屏障。权臣冯锡范等于是教唆董夫人,幽禁克㙷,将之杀害,而扶立只有十二岁的郑克塽为王,等于是傀儡。郑氏王朝原本已经是日落西山,又再一次发生骨肉相残,政权落入权臣之手,来日显然不多了。

郑氏王朝灭亡的远因

郑氏王朝在台湾的统治总共只有二十二年(康熙元年至二十二年,1662—1683年)。其中包括最初郑成功的三个月,郑经继位的二十年,以及郑克塽的最后两年。

对于许多大陆人及台湾人来说,郑成功驱逐荷兰人,是一位民族英雄。也有许多人惋惜他的子孙不肖,以至于创业维艰,守成不易,三代就灭亡了。然而,也有部分历史学家认为将郑氏王朝灭亡完全归罪于后两代并不公允。郑成功在创业过程中,实际上已经铸成一部分灭亡的远因。

郑氏王朝的分裂并不是从郑经和郑袭、郑泰开始,而是在郑成功揭起反清复明大旗之后,便逐渐发生。郑成功崇尚法治,尤其认为在乱世必须用重典。他不只要杀自己的儿子,对于部属更是严厉,并且很少倾听部属的意见。然而,郑成功的部属原来都是跟着他的父亲郑芝龙的一群海盗,一向豪迈不拘,很难一下子接受束缚。郑成功这样一个年纪轻轻的白面书生,突然要采取严刑峻法,树立个人权威,绝对是无法让这些人心服的。因而,冲突在一开始便无法避免了。冲突之后,发生悲剧、叛逃、投敌是一连串可以料想到的结果。

第一个严重的叛逃投敌事件是"施琅事件"。施琅十七岁起就参加海盗,是郑芝龙手下第一善于海战的战将,而自视甚高。施琅不只与郑成功意见不合，有一次又擅杀郑成功的亲信。郑成功大怒，施琅害怕而躲藏不出。不料郑成功竟将施琅一家人全部处决。施琅立刻投奔清朝，从此二十几年间无时无刻不想报仇，希望有一天率领舰队攻破台湾。

据说施琅之所以能够安全逃离，是因为当时有一个大将苏茂私自藏匿他。郑成功大怒，却迫于情势而饶苏茂不死。施琅事件发生后数年，郑成功的军队五万人在广东揭阳战败，郑成功严厉处罚战败诸将，将其中的苏茂处死。所有将领都愤恨不平，认为郑成功专门记旧仇，在多年之后，借这次机会杀苏茂来报复。这些不满的将领中，有一个黄梧便决定投降清朝了。

黄梧叛逃的严重后果只能用"大灾难"三个字形容。他向清朝献出"平海五策"。杀郑芝龙、挖郑家祖坟就是其中的两个毒计。还有一个计策真正是匪夷所思，而清朝竟完全接受了。清朝下了一道比明朝的"禁海令"还要严苛的"迁界令"，命令北起山东，南至广东，所有沿海居民一律向内地撤迁三十里。另外又在福建沿海筑了一道一千八百里的海边长城。

原来清朝虽是中国之主，只能控制陆地，海上是郑家的天下。黄梧知道郑家的财源是来自海上贸易，迁界之后，便可完全斩断郑家的财源。这条命令一下，数百万沿海居民被迫迁徙，从此不能出海贸易、走私、捕鱼，生活陷入绝境。以今日的眼光来看，这样不顾人民死活的做法实在不可思议。但这时是1662年，八岁的康熙皇帝刚即位，权臣鳌拜专权。鳌拜狂妄而跋扈，对满人政敌尚且随意杀害，牺牲数百万汉人而能重伤郑成功，对他来说当然是顺理成章。七年后，年轻的皇帝康熙扳倒鳌拜，才下令稍稍放宽迁界令，使人民获得生活空间；不过还是要等到台湾郑氏王朝灭亡后，迁界令才完全取消。

姚启圣助施琅取台湾

施琅在北京耐心等待，最后终于得到报偿。经由闽浙总督姚启圣的保举，他受封为福建水师提督，于康熙二十二年（1683年）率领清军水师在澎湖大败明郑海军，接着统帅三百艘战舰，沿郑成功打荷兰人的老路，从鹿耳门进入台南安平港。郑克塽及冯锡范不战而降。

台湾如此迅速垮台，有人认为姚启圣的功劳应该要排第一。姚启圣不只保荐施琅，并且对郑氏王朝从事十几年的分化工作，曾派遣无数的间谍到郑氏军中及台湾，从事造谣、挑拨离间及暗中策反的工作。尤其是康熙十八年开始，姚启圣在福建漳州设"修来馆"，公开招降纳叛，成果非凡。

据估计，明郑势力最强时在大陆也不过数十万人，后来在台湾建立的王朝也只有二十几万军民，而姚启圣在郑氏王朝后期所招降到的人数，最保守的估计也有五万人。姚启圣对郑氏王朝所造成的破坏力由此可以想见。当然，郑氏王朝内部发生派系争权及郑克塽被弑杀的事件，也是造成大量叛逃的主因之一。

台湾移民潮

康熙皇帝处心积虑攻取台湾，其实并不是对台湾的重视，而是对盘踞在台湾的郑氏王朝视如眼中之刺，喉中之骨。郑氏王朝灭亡之后，清朝所有的大臣没有一个曾经到过台湾，甚至不曾看过海船，却纷纷议论，认为台湾是一个无用的荒岛，主张放弃。有人主张再把荷兰人找回来，订一个租借条款，每年收贡银就好了。康熙皇帝当时对于海权一无所知，竟然也是同样的看法。只有海盗出身的施琅知道台湾对于海防的重要性，独自一人对抗满朝群臣，向康熙据理力争。施琅在给康熙的奏折中说："台湾虽是一个偏远列岛，实际上是沿海四省海防的要害。不要说台湾气候、土壤适合耕种，能够自给自足；纵然是不毛荒岛，必须靠内地接济物资，也是断断不能放弃。"

康熙皇帝不愧是中国历史上少有的明君，有足够的耐心听取不同的意见，最后听从施琅的建议，决定将台湾划入版图，设置一府三县，属福建省管辖。一府是台湾府，三县是台湾、凤山、诸罗（嘉义）。虽然如此，清朝基本上仍然认为台湾是过去郑氏王朝的巢穴，深怀戒心，采取消极的防弊，而不是积极的开发。清朝政府对于大陆有意来台湾的移民，进行严格的审核，又立下一个奇怪的规定：渡台移民一律不准携带家眷！其中含有以留居大陆的家眷为人质的味道。

尽管清朝的政策消极，台湾的人口数目却从此急速上升。原本人口只有二十万，到乾隆元年（1736年），已经达到六十万人。到嘉庆十六年（1811年）突破二百万，是原来的十倍。移民之中，以福建泉州、漳州的闽南人最多，其次是来自广东潮、汕的客家人。

为什么会发生这样大的移民潮呢？主要原因有二：第一，台湾土地肥沃，气候温和，适合栽种稻米和甘蔗。荷兰人统治时期，台湾已经出口大量稻米和蔗糖，获利丰厚。第二个原因是大陆的人口暴增，造成生活压力。

康熙晚年时（1720年左右），中国的人口数已经达到一亿。乾隆年间是中国历史上人口增加最快的一段时间，六十年间增加两倍，达到三亿人。嘉庆年间虽然有许多动乱，人口还是持续成长；到最后一年（嘉庆二十五年，1820年），达到三亿五千万人。中国在宋朝及明朝时曾经两次超过一亿人口大关，但是随之因为动乱又降下来。像清朝这样人口没有止境地上升情况，是历史上从来不曾发生过的。中国的幅员广大，从来没有想过会发生耕地面积不够之事，这时却发生了。乾隆晚期这个问题开始受到注意。当时的学者洪亮吉提出人口论，说每人平均要有四亩地才能得到温饱。然而根据统计数字，嘉庆年间人均耕地面积已经掉到三亩以下。

正是上述这些原因，使得福建、广东的移民如飞蛾扑火般涌到台湾。申请移民困难，官员百般刁难，便有人不惜雇船偷渡，冒死渡过波涛汹涌而危险的台湾海峡（当时称为"黑水沟"），寻找可以开垦的荒地。早期移民横渡黑水沟，生死未卜，无不到天后宫向妈祖娘娘许愿，祈求保佑；安全到了台湾，又为了还愿而盖了许多妈祖庙。台湾从南到北，因而没有一个乡镇没有天后宫、妈祖庙，这是至今香火最旺的民间信仰。

台民械斗的原因及影响

清朝政府不准台湾移民携带家眷，对当时台湾的社会结构产生巨大的影响。据说有些村庄数百人中，女子只有寥寥数人而已。人口较少的村庄里甚至一个女子也没有。阴阳既不得调和，久而久之，一股暴戾之气于是产生，因而有械斗与民变不断发生。当时清朝对台湾的态度非常消极，所以没有好官要到台湾来,来的绝大多数都是贪官污吏。清朝史书上记载:"全国各省地方吏治,以福建省最恶劣;而福建之中又以台湾最恶劣。"因而,台湾无可避免在后来两百年中"三年一小乱,五年一大乱"。

所谓"械斗",指的是不同族群为争夺利益,或是只为了意气之争而聚众互相砍杀。福建、广东两省人民原本已有此风气,移民到台湾之后,械斗之风更盛。在刚开始时,汉人与原住民势均力敌,但是原住民人数一直维持在十万人左右,而汉人移民迅速增加,许多原住民被迫退往高山上居住。接着是广东籍的客家人与福建籍的闽南人互相械斗,称为"闽粤械斗"。客家移民人数较少,最后不敌而被迫迁移,大致来说是由各地河流的下游转到中、上游居住。客家人退走后,占据河流下游的闽南泉州及漳州人之间又起纷争,称为"泉漳械斗"。泉、漳之间互有胜负,但是大致来说泉州人斗赢的比例较大。泉州人于是又接着分县械斗,或是不同姓氏之间的械斗。据统计,两百多年中重大的械斗次数超过一百次。每次死伤数百人,甚至数千。经过不断的械斗,到台湾割让给日本之前,各种不同族群所居住的区块差不多已经固定下来。

天地会与台湾民变

据说洪门秘密组织创设时,陈永华已经是实际的领导人。郑氏王朝灭亡以后,洪门继续在民间发展为地下组织,并生出许多支派或相关的秘密组织,如天地会、三合会及哥老会等。后来清朝两百多年中发生的许多民变及叛乱事件大多与这些地下组织有关联。孙中山在清朝末年发起革命,这些会党分子也有很多加入到革命党中。

在台湾的地下组织以天地会最为活跃。因而台湾无数民变之发生,除了移民暴戾之气和选任官吏不善之外,天地会教徒广布是第三个重要的原因。据估计清朝台湾较大的民变次数超过四十次,其中以"鸭母王"朱一贵之乱与林爽文之乱最为有名。

朱一贵是在康熙六十年(1721年)于台湾南部起义,盟誓后几小时就有上千人加入,十天后,带领四万人攻陷台南府城。朱一贵于是称王,号召反清复明,声势惊人。然而当清朝派兵到台湾后,朱一贵竟不到一个月就失败了。朱一贵失败最大的原因是内部族群分裂。朱一贵是闽南人,与客家人领袖杜君英原本一同聚义造反,却发生冲突而互相攻杀。客家人受到清朝招安,反而帮清军对付朱一贵。朱一贵受到夹攻,兵败被擒,送到北京处死。

林爽文于乾隆五十一年(1786年)在彰化起义,规模比朱一贵之乱更大。清朝屡次增兵,经过一年都不能平息动乱。最后乾隆派出他最宠信的大臣福康安及名将海兰察率领大军到台湾,才终于击败林爽文。乾隆将这一次台湾之役也列入他的"十全武功"之一。实际上,林爽文之败最大的原因仍然是内部族群的纷争。林爽文是漳州人,起事之后不能够妥善与泉州人相处,以至于泉州人领袖纷纷投降清军,反过来与清军共同夹杀林爽文。

总之,台湾内部客家人、漳州人、泉州人之间长期的械斗种下互相仇恨及不信任的意识,深植于心中。所有的人对于清朝在台湾的统治虽然都不满,而有许多次因为义愤而携手共同起事。到头来,族群敌对的意识却凌驾于对清朝的敌对意识。内部的分裂最后导致起义失败。两百年中同样的历史教训一再重复,却没有人能够记取。

第四卷

思想及宗教篇

第 20 章

中国的诸子百家思想

中国的春秋战国时期,在政治、社会上是一个战争频繁的动乱时代;在工商及经济层面却是开放而自由发展的时代;在思想、学术、文化上更是一个百家争鸣、百花齐放的灿烂时代。

春秋战国时期的经济发展

春秋时代末期,有一段著名的历史故事:越王勾践卧薪尝胆,击败吴王夫差而复国。勾践的第一谋臣范蠡在成功后立即求去,从事经商而成为巨富,后世称之为"陶朱公"。在夏、商、周三代的封建社会里,这种经商致富的事情是不可能发生的,在战国时代却是稀松平常。历史上有记载的还有鲁国的猗顿在山东煮海水为盐;赵国的郭纵从事大规模冶铁;秦国乌氏倮从事畜牧,牛、羊、马满山满谷;巴蜀的寡妇清,数代经营丹砂矿,富可敌国。不过如果要在战国时代最成功的商人中找出一位代表人物,那么非白圭莫属(公元前370—前300年)。

白圭是周人,从事贸易及生产事业。他对于环境时势的变化观察非常敏锐,座右铭是:"人弃我取,人取我与。"意思是当多数人抛售贱卖时,他就便宜买进来；当多数人抢着要时，他就开始抛售。总之，是逆势操作。所以在米谷贱价时，就用丝帛去交换；当丝帛价廉时，又以米谷去交换。白圭一旦看准了机会，就如猛虎、苍鹰一样扑上去，迅速果决，毫不犹疑。

白圭曾经说过一段非常著名的话："我经营事业，就像伊尹、太公望在运用谋略，像孙子、吴起在用兵，又像商鞅变法。一个人如果智慧不够，不能随机应变；胆识不足，不能迅速决断；不够宅心仁厚，不能有所为有所不为；意志不够坚定，不能坚持到底；那么要学我的经商之术，我是不会教他的。"中国后世谈到经营事业，无不奉白圭为祖师。

周朝东迁以前，是一个讲究礼法的封建社会。春秋战国时代，王权衰落而诸侯争霸，争相延揽人才，有识之士对于政治理念、经济政策、社会制度等现实的问题纷纷提出改革的建议，对于人生问题，也提出了种种不同的看法。各种学说、思想纷纷出现。学术不但走向民间，并且学派纷呈，丰富多彩。后世把春秋战国时期的各派学说称为"诸子百家"。其中的儒家、道家、阴阳家、法家、名家、墨家等的思想都流传到后世，对于中国各朝各代的统治者、官僚、知识分子及人民影响都非常大，直到今天。以下分别介绍这些思想的起源及内容概要。

孔子和儒家思想

儒家是由孔子（公元前551—前479年）开创的。孔子姓孔，名丘，字仲尼，生于鲁国（今山东曲阜），他的母亲颜氏和父亲叔梁纥并没有正式结婚，"野合"而生孔子。孔子三岁时丧父，由母亲颜氏抚养成人；生活艰难可以想象，因而，孔子自称少时贫贱，什么事都得学会，是自学成功。他的特长是不耻下问，只要见到有比自己在某方面懂得多的，就虚心求教。因此，孔子年纪很轻就已经成为鲁国有名的学者。孔子是中国开办私人讲学、教育平民的先驱，相传有弟子三千人，因而被后人尊称为"至圣先师"。他教导学生是因材施教，依据学生的资质采用不同的教法。学生之中有贫有富，颜回一穷二白，子贡却是富可敌国的大商人。

孔子毕生的学术成就，用一句话说，是"删诗书，订礼乐，赞周易，作春秋"。诗、书、礼、乐、易、春秋,合称"六经"。其中的《诗经》、《尚书》及《春秋》三部书,在本书第一章及第二章里已经叙述过。以下将其他三部经书也稍作说明。

《易经》也称为《周易》。古代除了用甲骨占卜吉凶之外,另有一种"筮法",是用丢掷筮草,计算筮草的数目及单双而来判断吉凶。一般来说,小事才用筮,大事还是得用甲骨占卜。筮法渐渐发展成一种专门学问,称作"易"。所谓易,就是变化的意思。原本易的变化比较简单,只有八种,所以称为"八卦"。据说周文王和周公对八卦有很深的研究,将其变化复合扩充成六十四种,从此就有了六十四卦。一卦又分成六爻。筮法也由巫祝主持,而将占筮的结果记录下来,于是就有了卦辞与爻辞。最早的《周易》就是由卦辞与爻辞编辑而成的一部巫书。

据说孔子研究《周易》之后,对卦辞与爻辞提出新的解释,加上了彖辞、象辞及系辞等,分别用来说明每一个卦爻的含意,推衍其中所蕴涵的思想、观念,甚至宇宙观。《易经》因而从古代的卜筮迷信一跃而哲学化了。

孔子对于周朝以及前代夏朝、商朝的礼仪都有研究。在古代祭祀、朝会及日常生活中,音乐与礼仪几乎是一样重要,因而孔子同时编订了和礼、乐相关的指导书。不过历来的中国学者大多怀疑今日仍然流传的《周礼》及《仪礼》两部古书可能都不是孔子所传的,而是在战国到秦汉时儒家学者所增色改写的。至于《乐经》,在秦始皇焚书坑儒时已经全部烧毁。因而汉朝以后就只有"五经",不再称"六经"了。

孔子教授弟子,可能是以"六经"为部分的辅助教材。他最常引用的是《诗经》及《尚书》,也极为注重礼与乐的教育。他认为学生若要成材,必须"兴于诗,立于礼,成于乐"。至于《易经》,孔子却很少提到。很多学者怀疑《易经》的彖辞、象辞及系辞等不是出自孔子,而是在战国时代经过许多后来的儒家学者加入而增色完成。

孔子死后,门人搜集他生平的言行纪录,编辑成一部书,称为《论语》。这一部书包含了孔子儒家思想的精髓。

孔子自己说:"吾道一以贯之。"这一贯的道理是什么呢?大致来说,就是仁、恕、礼、忠、孝等几个字所贯穿的道理,其中的根本是"仁"。《论语》里面孔子和弟子反复讨论的命题当中最多的就是"仁"。具体地说,"仁"是一种个人内在的德性修养和原则。根据仁的原则推己及人,就是"恕",就是"己所不欲,勿施于人"。又根据仁的原则来待人接物,就形成"礼"的外在规范;用来对待国家和国君,就是"忠";用来对待父母,就是"孝"。

孔子认为伦理是相对的,并不是只要求下对上的服从,也要求上对下的关照。孔子的理想,是"君君,臣臣;父父,子子"。意思是做国君的要有做国君的"仁";做臣子的要有臣子的"忠";为人父母的要有做父母的"慈";为人子女的,要有做子女的"孝"。

孟子及荀子

孔子之后一百八十年,鲁国又出了一个儒家的圣人孟子(公元前372—前289年)。孟子姓孟名轲,同样幼年丧父,由母亲抚养长大。传说孟子幼年时非常调皮而喜爱模仿。他原本家住坟场边,每日看见丧家摆上牲礼,祭拜嚎哭,就与邻童假装祭拜嚎哭玩耍。孟母看见后赶紧搬家,到了市场边。孟子每日看见屠夫杀猪,小贩卖菜,又与邻童假装杀猪、卖菜玩耍。孟母看见,又赶紧搬家,这次到了学校边。孟子就天天学着年长的学子拿着书念。这下孟母才安心住下来。

孟子提倡的是心性儒学,而基本思想是"性善说"。他认为人的本性都是善的,只是因为后来被一些不当的念头吸引,以至失去了本性,因此为恶。所以孟子主张要让人们"收放心",认为只要把丢掉的"赤子之心"、"恻隐之心"收回来,就能转而向善。孟子在孔子所强调的"仁"之外,又加上一个"义"字。什么是"义"呢?孟子说"羞恶之心",也就是羞耻心,是义的开端。

人为了什么会觉得羞耻呢?当行事不能符合内心自我认定的道德标准和价值观,就会觉得羞耻。所以孟子说人要内心有"仁",行事有"义"。杀一个无罪的人,就是"不仁";取了不该有的东西,就是"不义"。

孟子学问渊博,又是一个雄辩家,辩论时善于举例及反问,对谈之际如大雨沛然而下,常常使得对方哑口无言。他游说各国诸侯,阐扬儒家的思想和治国理念。各国国君虽有很多亲自接见，礼敬有加，但多半认为陈义过高，很少采用。孟子的另一个重要思想是"民为贵，社稷次之，君为轻"。意思是说，人民的重要性放在第一位，国家社会其次，国君摆在最后面。各国国君听了，当然也不高兴。《孟子》这部书据说是孟子本人和弟子公孙丑、万章等人共同编定的。

相对于孟子提倡"性善说"，战国时代另有一位儒家学者荀况提出"性恶说"。他认为人与生俱来就有许多欲望，若欲望得不到满足便会越轨，因此必须用礼法教化来"化性起伪"，以提升个人的人格，规范人们的行为，维持社会秩序。荀子的思想与法家已经有些接近。后来他收了两个弟子，韩非和李斯，前者成为著名的思想家；后者是秦始皇的丞相。两人都主张严刑峻法，是法家学派的代表人物。因此，历代有部分学者认为荀子不应归属于儒家学派，而是法家。

从汉代以后，中国历朝大多倾向以孔子的儒家思想学术治国，到后来还以《论语》及其他相关儒家书籍作为基本教科书，用以举行国家考试、选择官吏。因此《论语》成为数千年来，无可取代最重要的一部书。中国每一个朝代的读书人，大多也涉略五经。

孔子所说的"忠"、"孝"、"仁"，和孟子所说的"义"，合为"忠孝仁义"四个字。对于后世中国人来说，很少有什么比这四个字的影响更大了。"忠孝"不止规范君臣和父子的关系，也扩大适用于其他上、下之间的人际关系，例如雇主与奴仆之间。"仁义"则渐渐扩大适用于兄弟、朋友之间。"忠孝仁义"于是形成了中国社会上牢不可拔的价值观。聪明的国君总是在孝子之门寻找忠臣、良将。忠君爱国之士不惜牺牲生命，也要"成仁取义"。忠义的仆人、婢女受大众钦敬。不管是什么人，为什么目的，当要招兵买马打仗时，总是得尽量号称自己是为了"仁义"，率领一支"仁义之师"。即便是在强盗和黑社会等不法组织中，当头的人也必须要是"仁义大哥"，才能坐得住。

老庄和道家思想

道家的思想是由老子开始。司马迁在《史记》里记载，老子是楚国人，姓李,名耳,字聃,在周王朝的藏书室里管理图书。孔子曾经到周都,向老子请益问礼之后,惊叹老子见识深奥,就像乘风云而上天的龙一样,无从捉摸。不过关于老子的生卒年份,司马迁写得很含糊,只说老子可能活了一百六十岁,甚至两百岁。《史记》又记载,周烈王二年(公元前374年),曾经有一位周太史儋到秦国去,向秦献公预言日后周将会并入秦国里,并且秦国将出现霸王;司马迁又说这位周太史儋也有可能就是老子。

由于司马迁的记载中出现了两种不同可能性的说法,老子的确切生活年代于是成为一个后世历史学家们争论的大题目,至今仍然没有结论,而且论战越来越激烈。

《史记》也记载老子留下一部五千多字的书《老子》。《老子》又称为《道德经》,其中最常出现的一个字就是"道"。什么是道呢?简单地说就是道理,也是道路,是自然的法则。《老子》有一段文字最能说明:"人法地,地法天,天法道,道法自然。"其中的"法"是师法的意思。所以道非常自然,而不是什么特别的东西。任何违反自然的事物,老子都觉得是多余无用的。所以老子主张"无为"、"反智"、"柔弱胜刚强"、"虚无守静"。老子认为其实无为就是无不为,因为大自然会自行让该发生的事情自然发生。

庄子是道家的第二个重要人物。庄子名周,是魏国人,曾经当过小官员。他所留下来的著作《庄子》有十几万字,大部分都是寓言,非常有想象力,而主要用这些寓言来阐述老子和他自己的自然思想。

庄子淡泊名利而旷达不羁,认为人生的最高境界是逍遥自在,是精神的自由。楚威王听说庄子非常有才能,派使者带了厚礼请庄子到楚国做高官。庄子对使者笑说:"钱财和高官爵位是什么呢?你有没有看到祭典上用的神牛?被养了几年,等披上五彩布条,要绑到大庙里去杀来祭祀,才害怕而想要在野外自行觅食,可能吗?我宁可在烂泥中打滚,快快活活,也不要被哪个国君绑住。"

庄子看整个天地,都是充满生机。一草一木,一块石头,甚至一个髑髅,都是有生命的东西,物我不分。《庄子·齐物论》里有一篇文章非常有意思:"从前庄周做梦变成了蝴蝶,飘飘然飞舞,根本不知道有庄周。忽然梦醒了,又觉得自己实在是庄周。但不知道是庄周梦做蝴蝶,还是蝴蝶梦做庄周?"

老子反智，认为聪明人太多了，反而把世界搞乱，因而提倡纯真，厌恶机巧。《庄子·天地篇》里有一篇庄子自己编的故事，充分说明他的思想，大意如下：孔子的弟子子贡曾经在路边看见一个老人正在种菜。老人抱着水桶到井边盛水，又抱着水桶去浇菜，非常辛苦但没有什么效率。子贡就问："老丈你为什么不用抽水机？一天可以灌溉一百亩菜园。"老人反问："要怎么做？"子贡就说明抽水机的原理和作法，说："这样用上下摇动木杆，水就像滚沸一样，很快涌上来，还可以挖水沟引导到菜园子里。"老人听了，变脸说："我听我的老师说，用机械的方法做事必定会有机巧的心思。心胸里有机巧就破坏了人本来的纯然天性，破坏了纯然天性就会心神不定，心神不定的人离开道就远了。我并不是不知道抽水机怎么做，只是不肯做罢了。"

老子提倡"无为而治"，说："法令滋彰，盗贼多有。"认为法令订得密密麻麻，人民只好铤而走险，做强盗、小偷去了。庄子更进一步认为国家的统治者和强盗、小偷没有两样。他说："偷小东西的人叫做小偷，抓到了要砍头。偷了别人的国家叫做诸侯，而诸侯都是标榜仁义为幌子在骗人。"他并且点名齐国田氏政权就是杀了国君，偷了太公望所留下来的齐国。所以他认为所谓圣人、聪明人，其实都是在替大盗做事、看门而已。

传说春秋时代最有名的大盗头子叫做"盗跖"，手下有一万多个强盗，个个剽悍残忍，各国国君也都畏惧三分。庄子就编一个故事，讥讽儒家那一套修养和治国理念，用来做强盗也适用。故事这样说："有人问盗跖：'盗亦有道吗？'盗跖回答：'怎么会没有！要能知道大宅子里有多少钱，藏在哪里，就是圣。一马当先，就是勇。殿后出来，就是义。知道该不该做，什么时候做这一票，就是智。分赃公平，就是仁。没有这五项，怎么可能成为大盗呢？'"

庄子对于生死看得很淡。庄子的妻子死了，朋友去探望，看见庄子坐在地上，一边敲打瓦盆当乐器，一边唱歌。朋友说："这是不是太过分了？"庄子回答："我的老妻刚刚死时，我也很悲哀。后来我想我的老妻本来是不存在的，也没有形体，没有气息。所以我的老妻是从无到有，有了气息，有了形体，再有了生命，现在又死了。这和春、夏、秋、冬四季的变化其实是一样的。人死只不过是安息在大自然中，而我如果在这儿号啕大哭，我觉得是说不通,所以就不哭了。"

庄子自己快要死了,弟子要将他厚葬。庄子说:"不用那么麻烦,我以天地为棺椁,日月星辰做装饰,万物为我送别,这不就很好吗?"弟子说:"怕鸟儿吃您的遗体啊。"庄子说:"不是天上的鸟儿吃,就是地下的蝼蚁吃。你抢鸟儿吃的给蝼蚁吃,是不是有些偏心?"

老子的思想在战国时代和西汉初年流行。当时的道家人物刻意地说道家思想源自远古的黄帝,而与老子合称"黄老"。"黄老思想"是西汉初治国理念的根据,"黄老道"是后来道教的起源。至于庄子的思想要到魏晋南北朝才开始流行,也才有所谓的"老庄思想"。

老庄思想对于后代社会的价值观和文人、百姓的生活态度,产生相当大的影响。特别是在大动乱的时代里,人人颠沛流离,朝不保夕,老庄思想每每成为心灵寄托和解放的依归。古今中外的哲学家、诗人、艺术家有很多沉醉在老庄思想的世界里,在其中汲取创作的灵感。二十世纪以后,科学昌明,人类讲求的是方便、效率、舒适,如果以老庄思想的角度看来,科技反而是破坏了人的纯真,离自然越来越远,内心反而不会平静。

法家思想

秦孝公重用商鞅变法而得以国富民强,在战国七雄中脱颖而出。战国时代法家的重要人物除了商鞅之外,还有韩国的申不害和赵国的慎到。这三个人所注重的有些不同:慎到重"势"、申不害重"术",商鞅重"法"。

慎到的"势",指的是权力。善于运用权力的国君就能使臣下服从命令,使百姓守法,防止暴乱和奸邪的事情发生。国君不但要牢牢掌握绝对的权力,也要能部分授权给官吏,使其能借助君主的权力以管理人民,推行事务。

申不害的"术",指的是权术。大致来说,国君首先要依职位授官;再按各官职所司职责,查核其成效;用种种方法,查核或测试百官的行为、喜恶、忠奸;最后,再决定生杀奖惩。申不害于韩昭侯(公元前358—前333年在位)时任韩国国相,国治兵强,是韩国比较安定而没有受邻国挑衅侵略的时代。

商鞅的"法",指的是法律与制度。他规定所有的人都必须遵守法律。

王子犯法，与庶民同罪。然而商鞅刻薄寡恩，制订的法律过于严厉，刑罚尤其恐怖，有肉刑、大辟，还有凿顶、抽肋、镬烹之刑。又设连坐之法，使秦国人民无所逃遁。据说商鞅曾在渭水边审判囚犯，立审立斩，整条渭水竟全染成红色。秦国虽然强盛，但人民是生活在惊恐戒惧之中。

法家思想最后是由韩非（公元前281—前253年）将上述三派的思想合而为一，集其大成。韩非是韩国的贵族公子，年轻的时候和李斯一起拜荀子为师。韩非有口吃毛病，讲话结结巴巴，可是善于著书，李斯自认不如韩非。韩非眼看韩国日渐削弱，心里很着急，上书了好几次给韩王，可是韩王没有理他。韩非于是发愤著书，写了《孤愤》、《说难》等十几万字。这些著作后来集结而成一部大书《韩非子》，里面包含了所有韩非的思想和主张。

韩非基本上认为"法"、"术"、"势"是治国者必须同时具备的条件，缺一不可。法是公平的，超越阶级，不偏袒任何人。法一旦公布，不容许任何人凭主观意见随意更改或曲解。任何人触犯法律，惩罚必然随之。但是"法"的权威性，必须要靠"势"来建立。君主必须有绝对的权力，以维护法律的尊严。又要注意不让权力过分扩张，威胁到法律的正当性和权威性。

韩非对于"术"，也就是权术的运用，阐述很多。他认为聪明的君主不应该事事躬亲，自己伤脑筋，而是要让臣子多说话，多出意见。君主只要下决定就可以了。最重要的，君主不应事先明白显示好恶，以避免臣子故意附和或反被利用。如此，中等资质的君主才可以指挥有才能的臣子。事情办成功则君主有善于决断的贤名，事情办不好则可以让臣子去担当责任。韩非又为君主想出很多暗地里考察臣子的办法，用以试探臣子。例如：有时故意下达用意不明的命令，使人无从揣测，因而战战兢兢。明知故问，以试探忠奸。故意说颠倒的话，做相反的事，以试探所怀疑的人，等等。

有人把韩非的书带到秦国。秦王政读了，叹一口气说："寡人如果能和这人同游，死了也甘心。"当时李斯已经在秦始皇身边，就逼韩王把韩非送到秦国。秦王政和韩非一见面，发现他虽然书写得好，但是讲话都讲不清楚，有些失望，暂时把他摆着不用。李斯怕韩非终究会被重用，趁机说韩非是韩国王室子弟，如果不用，不如杀掉，免得生出后患。秦王政就把韩非关到牢里。秦王政后来有些后悔，要把韩非再放出来，但是李斯心狠手辣，早就在牢里把韩非害死了。

韩非虽然死于非命，遗留下的著作却在中国的政治上主宰了两千多年。从秦始皇开始，中国各朝各代所有的皇帝和执政者大多采用他的思想和主张，用以治理国家。中国的各个朝代表面上说是遵循儒家思想，而实际上无不夹杂法家的观念、制度和做法，形成"儒法并用"，或是"阳儒阴法"。即便是号称黄老治国的朝代，多多少少也是可以看见韩非的影子。

阴阳家思想

阴阳家提倡"阴阳五行"学说，主要代表人物是邹衍。邹衍生在战国末的齐国，比孟子稍晚。他善于观察大自然的消长，用《周易》的阴阳变化来解释，又以五行学说来使之神秘化。事无大小都可以用阴阳五行的理论予以归纳推演。

什么是"阴阳五行"呢？阴阳家根据《周易》里面说的"一阴一阳之谓道"而认定凡事总有阴阳相互对立，又相辅相成。至于五行，《尚书·洪范》也有记载："五行：一曰水，二曰火，三曰木，四曰金，五曰土。"五行相生相克，"木生火、火生土、土生金、金生水、水生木"，"水胜火、火胜金、金胜木、木胜土、土胜水"。阴阳家以五行为五德，主张历史上各朝代的嬗替即是遵守五行之道，循环变化。五行有对应的特别颜色，木、火、土、金、水分别对应于青、红、黄、白、黑五种颜色。这一套"五德终始说"理论，应用在三代，就是金（商）克木（夏）、火（周）克金（商）。

阴阳五行的理论既然声称和朝代更替有关，各国国君没有敢轻忽的。邹衍到魏国，魏惠王亲自在京城外迎接。他到赵国，平原君自谦不敢和他并排走在一起。燕昭王要盖一个大王宫，亲自去接邹衍来勘查、指导。邹衍所受到的礼遇，其他各学派的人士实在无法与之相比。

邹衍之后，阴阳五行的理论体系仍然继续操控着中国各朝各代。秦始皇灭掉周王朝，自称是水德克火德，崇尚黑色以取代红色。汉朝推翻秦朝，又说是土德克水德，崇尚黄色。以后中国凡是改朝换代全部都遵行"五德终始"说。统治者之所以如此，是要为自己的法统和合理性寻找根据，让老百姓相信是理所当然的。起兵造反的人也一定要用这一套理论来号召革命。

由于皇帝对阴阳五行论的重视，历代的儒生也纷纷研究阴阳五行的理论。民间对阴阳五行说更是笃信不移。阴阳五行在中国渐渐从学说变成信仰，从信仰变成生活的一部分，从生活的一部分又变成生活习惯。即使到了二十世纪，依然如此。古时盖城楼、宫殿，今人盖官舍、房子，无不要看方位、风水，正是五行理论的一部分。古人出兵打仗、举行祭典，今人公司开张、婚丧喜庆，无不要看日期和时辰，也和阴阳五行有关。小孩一出生，许多父母就要请人根据生辰八字，决定名字。如果断定五德之中缺少哪一项，就要设法补足。如果欠水，名字中就用有水字旁的字；如果欠木，名字中就用有木字旁的字，以此类推。其他如问卜、算命，则是《易经》、八卦，加上阴阳五行的一门大学问。

阴阳五行也与中国的医学发展息息相关。中国在远古时代逐渐累积了长久的医疗经验，到战国时期已经出现了几位大医家，如仓公、扁鹊等。中国的第一本医书称为《黄帝内经》，内容记载黄帝与岐伯等大臣讨论医学理论与实际状况。一般相信这是战国时期的方士归纳当时的医学系统理论，假托黄帝之名而出书。《黄帝内经》里面主要讨论人的内脏与经络，而以阴阳五行为其理论基础。依中医的说法，人体里面的肝、心、脾、肺、肾合称为"五脏"，人的气血运行主要是经过肝经、心经、脾经、肺经、肾经等五条"经络"。五脏与其经络分别对应于五行中的木、火、土、金、水，也对应青、红、黄、白、黑五个颜色，而相克相生的理论同样适用。

中医要为病患治病，或是预防疾病，主要在于如何强化或是补足其所欠缺的部分。所以有一部分中医对病患穿衣服的颜色也有讲究。例如，脸色萎黄、消化功能不好的人，大多脾脏及脾经虚弱，应该多穿黄色衣服；经常感冒的人肺经虚，应多穿白色衣服；经常怕冷、小便多的人肾虚，应当多穿黑色衣服。

墨家思想

墨家学说的创始者墨翟（或称墨子）曾经是宋国的大夫，出生的年代比孔子约晚七十年（公元前479年）。墨家主张"兼爱"，意思是没有亲、疏之别的博爱；"非攻"，意思是反对侵略；"尚贤"，意思是不分贵贱，唯才是用；"非命"，意思是拒绝命定论，而要奋斗掌握自己的命运；"节用"，意思是节约，反对奢侈享乐生活；"节葬"，意思是不把社会资源及财富浪费在死人的身上。墨子原本是学习儒术，但是渐渐认为儒家学说过于繁琐，有时甚至不切实际，因而创立自己的新学派。墨家的主张有部分是直接批判儒家的。

墨子二十几岁时，正是战国时代开始的时候。在战乱之中，墨子坚决反对战争以及诸侯之间相互兼并。墨子以天下为己任，立志救人民于水深火热之中。墨家的特点是有极为严密的组织和严格的纪律，所有追随的弟子都心甘情愿接受领导指挥，将生死置之于度外。墨子率领门徒到处去帮助弱小国家抵抗强权，又善于制造攻守城池的器械。据说有一次楚国预备攻打宋国，墨子前往劝说楚王，在楚王面前以模型展开各种攻防战。楚国的代表无论如何都无法在模拟战中得胜，楚王只得下令退兵。在墨子之后，墨家的领袖称为"巨子"，继续宣扬学说，并领导门徒从事反战。

孟子对于墨家批评很多，例如说墨子兼爱，没有亲疏之别，所以是"无父无君"。但是孟子对于墨家的实践精神也是敬佩不已，称赞墨子是"摩顶放踵以利天下而为之"。墨家与儒家是战国时代的两个最重要的学派，并称显学，但在后来逐渐式微。

进入二十世纪以后，墨家所提倡的博爱、反战、节约、拒绝命定、重视平民等思想，以及实践的精神，在在都符合新时代的脉动，因而又受到注意。欧美各国的汉学界尤其有很多学者关注墨家学说。

兵法家思想

在春秋战国时期，战争频繁，并且规模越来越大的趋势十分明显，因而有兵法家出现。兵法家主要在研究战争的理论与实际，例如：指挥官必须具备的种种条件、天候、地貌、敌我分析、战略的拟定、战前的准备、临阵的指挥、心理战、间谍战、攻防之要点、战后的赏罚等等。兵法家的思想源头可以追溯到商汤的伊尹和西周的太公望，相传有《太公兵法》。其他著名的兵法家有司马穰苴、孙子、鬼谷子、孙膑、伍子胥、吴起等。这些人大部分都有著作留存下来，只是难以辨认真伪，而大部分的历史学家都抱存怀疑的态度，有人甚至怀疑历史上是不是有孙子这个人。

1972年，中国考古学家在山东临沂银雀山发现西汉初年的古墓，墓里不但有《孙子兵法》，还有《孙膑兵法》的残简。先前从宋朝起到近代所有学者对于孙子和《孙子兵法》的种种怀疑至此全部不攻自破。

孙子是世界公认历史上最伟大的兵法家，其著作《孙子兵法》十三篇对后世影响极为深远。不只是中国古代的军事家应用其理论，在日本、韩国也被奉为圭臬。例如，在东汉末年的曹操曾经为《孙子兵法》写序，并加注释，而推崇备至；日本战国时代群雄争霸，织田信长、丰臣秀吉、德川家康，还有他们的对手们，几乎没有一个不研究《孙子兵法》的。白圭是中国在战国时代最有名的大企业家，而自称是把伊尹、太公的谋略和孙子、吴起用兵的方法应用于决策和经营事业。现代中国大陆、台湾以及日本也有许许多多的企业家在研究《孙子兵法》，希望能应用到企业的投资、经营及管理上面，而每年都有关于这方面的新书出版。

有关《老子》和《孙子兵法》的论争

《孙子兵法》和《老子》这两本古书在词组、文句、辩证思维，以及各章节里的含意，有许多相似的地方。举例来说，两者都有许多"天地"、"阴阳"、"胜败"、"强弱"、"奇正"、"攻守"、"刚柔"、"生死"、"动静"等对立意思明显的词组，这种紧密的相似性在任何其他先秦的古书中是找不到的。《老子》全书中这种对立词组不下五十个，《孙子兵法》里的对立词组更多，达到一百个以上。

《老子》第三十六章说："将欲歙之，必固张之；将欲弱之，必固强之；

将欲废之，必固兴之；将欲取之，必固与之。"被认为是充满了权谋诡诈，比起《孙子兵法·计篇》中所说的"兵者，诡道也。故能而示之不能，用而示之不用，近而示之远，远而示之近"，毫不逊色；其他还有很多类似的地方。因而，千百年来也有一些学者认为《老子》其实是一部兵书，与一般人认为《老子》一书是为修身、治国而写的印象大不相同。

关于道家的起源，在《汉书·艺文志》里说是出于史官。商、周已有史官，他们记载历代兴衰成败之余，得到自然无为、虚静、柔弱为本的人生哲学，而由老子集其大成，归结为《老子》这本书。但《老子》书中有一部分竟然也含有浓厚的兵法家思想，那么要如何解释呢？

本章前面说到司马迁不确定老子究竟是生在孔子之前，还是之后；关于《老子》这本书的年代，从宋朝起到现代也是争论不断。有一派学者始终认为老子早于孔子，《老子》一书在老子死后已有，而在后来逐渐有部分改动，最后完成于战国时代；另一派学者却坚决认为老子的人和书都是在孔子之后一百多年才出现。《孙子兵法》残简在山东临沂银雀山出土后，孙子与孔子是同时代人几乎已成定论，主张《孙子兵法》早于《老子》的学者更是笃定，有人甚至认为《老子》的部分内容是参考《孙子兵法》而写成的；更严重的，说是有剽窃之嫌。

1993年，考古学家又在中国湖北的一个战国时代楚墓中发现郭店楚简，共出土八百多枚竹简，其中包括《老子》残简，内容与现今的《老子》版本大致一样，但也有小部分文句有差异。这证实了《老子》一书的部分内容在战国时代中期（公元前300年之前）已经广泛流传。不过此一发现仍是无法进一步提供老子生活年代的确切资料。老子的年代问题不仅关系到《老子》和《孙子兵法》二书早晚的争论，更是中国上古思想史发展过程中的一个关键问题，许多学者无不注目，在未来必定仍将是一个持续论战的主题。

第 21 章

道教、佛教、伊斯兰教及其他宗教在中国的发展及影响

中国传统的思想学说,如上一章所叙述的儒家、道家、法家、阴阳家等,都是从本土自行发展出来的。至于宗教,除了道教以外,都是从外国传播进来。然而,外来宗教在进入中国以后,几乎都产生了变化,而与原貌有相当的不同。佛教便是其中一个明显的例子。以下先从道教说起。

道教的兴起

概括地说,道教是由"方仙道"和"黄老道"逐渐发展而来的。方仙道的"方",指的是方士或方术;而"仙",指的是神仙思想。方士大多居住在齐国海边,专门游说神仙思想,向帝王推销不死之药,秦始皇时的徐福就是其中的代表人物。从影响面来看,这些方士知道帝王终究是少数,当目标转到众多的老百姓时,就不可能提出到海上求仙以取得不死之药,必须有更简单易行的方法。炼制丹药,服食以后可以不死成仙,是一条可能的途径。用各种方法修炼,转化自己的身体,而得以长生不死,也是一条可能的路径。

汉成帝时,山东有一个甘忠可编著了《天官历包元太平经》共十二卷,

自称是间接由天帝所传授而来。汉顺帝时，又有山东人于吉写成一部《太平清领书》，简称《太平经》。一般认为《太平经》是道教的开始。道教尊称老子为太上老君，以《道德经》为经典。于吉往来各地，建造精舍，宣传道书，用符水给人治病。《太平经》流传后，被两个人应用：一个是张道陵，另一个是张角。

张道陵在蜀郡鹤鸣山（今成都市大邑县北）传教，广招信徒。每个信徒都要捐出五斗米，所以称为"五斗米道"。张道陵自称太上老君传授他法术，任命他为天师，所以号称"张天师"。他的教派又称为"天师道"。相传张道陵曾在龙虎山（江西省贵溪市西南）炼丹修行，龙虎山自此成为道教的名山。相传张道陵活了一百二十三岁，传道位给儿子。此后父传子，子传孙，传到今日二十一世纪，已经传到了第六十五代，自认是道教的正宗。

张角以符水和咒语为人治病，奉《太平经》传教，号为"太平道"，信徒达数十万人，称兵造反，掀起"黄巾之乱"。汉朝将黄巾之乱剿灭，国家跟着也灭亡了。黄巾之乱是中国第一个打着宗教的旗号而造反的例子，自此以后，每一个朝代几乎都有人以宗教为名，纠集教徒起兵造反。统治者头痛不已，称这些宗教团体为"邪教"。

道教的派别

道教的派别很多，但是可以大分为丹鼎派和符箓派两个系统，各自又分为其他派别。

丹鼎派分外丹与内丹。外丹指用炉鼎烧炼铅、汞等矿石药物，以配制长生不死的金丹。内丹大致上是把人的身体当成炉鼎，而运用自身的精、气、神去修炼。老子的《道德经》说："道生一，一生二，二生三，三生万物。"主张万物都是从"道"衍生而来的。修炼丹鼎派内丹功的道士主张"道"可以看成是一种"气"，气清者上升为天，浊重者下降为地。人们只要勤于修道养生，利用吐纳、胎息、导引、辟谷等方法，就可以达到与道合一的境界，得道成仙而长生不老。

符箓派主要是利用源于古代巫卜的符箓、咒语召劾鬼神，驱邪禳灾、治病除瘟。这个教派包括早期的五斗米道、太平道和后期的上清派、灵宝派等。

道士无疑是中国最早的化学家或医学家。东晋时，有道士葛洪（283—343年）精于采药、炼丹，写了一本《抱朴子》，总结金丹道教与神仙的理论，认为"金丹之道，乃仙道之极"。葛洪是发现用狂犬的血或脑浆涂在狂犬病人伤口上，可以医治狂犬病的第一人。南北朝时，有一位道士陶弘景（456—536年），隐居于茅山（在江苏省境内），后来被称为道教茅山派的始祖。陶弘景对于医药有精湛的研究，曾经整理古代的《神农百草经》，并增收魏晋间名医所用新药，写成《本草经集注》七卷，共记载药物七百多种。他首创将药物以玉石、草木、虫、兽、果、菜、米实分类的方法。中医沿用这个分类法至今不变。

北魏时，河南嵩山有一个道士寇谦之，自称奉太上老君之命，清理道教。他主张改革世袭制度，授予贤能，要求信徒持戒修行。他也重视符箓，并为道教订定许多斋戒作法的仪式。后世将寇谦之的新道教称为"北天师道"。当时北魏国师崔浩不喜佛教，而信奉寇谦之。太武帝受崔浩的影响，从信奉佛教转为道教，也诵读《太平经》。太武帝在统一北方后第二年（440年），将年号改为"太平真君"，明白地表示他崇信道教。

佛教的起源

早在公元前十六世纪，雅利安人入侵古印度以后，便奉婆罗门教为正统，而以《吠陀经》里的一千多首圣歌为梵天上帝的神圣启示。但印度后来出现了一些独立的新国家，而这些国家的国王有许多出身为达罗毗荼人（Dravidian），或是达罗毗荼人与雅利安人混血的后裔。达罗毗荼人就是被雅利安人驱逐、奴役、歧视的印度原住民，属于种姓制度下最底层的"首陀罗"。因而，国王们大多反婆罗门，鼓励自由、反传统的思想，不同的宗教、哲学及思想门派于是纷纷出现。这种百家争鸣、百花齐放的时代，与中国的春秋、战国时代十分类似。

公元前624年（一说是公元前565年），古印度北部，释迦族迦毗罗卫国（今尼泊尔境内蓝毗尼）净饭王的王子，乔达摩·悉达多（即释迦牟尼）出生。释迦牟尼二十九岁时抛弃王子之尊而出家，苦行修道，于三十五岁时在菩提树下悟道。

释迦牟尼悟道之后，决意度化众生，一个新宗教于焉诞生。许多婆罗门教徒或其他"外道沙门"听到释迦牟尼说法之后，纷纷皈依于他的座下。释迦牟尼在生前只是传道，并没有任何著作。在他八十岁涅槃之后不久，弟子们发起大结集，整理出他的言行和教义，完成早期的重要佛教经典，在其后的一百多年间又经过几次结集讨论，佛教从此在古印度迅速发展。

孔雀王朝（Maurya Empire）阿育王（Ashoka，约在公元前304—前232年）时，佛教成为国教，并逐渐向外传播。其后的贵霜王朝（Kushan Empire，公元45—250年）也以佛教为国教。佛教内部后来因为思想的不同而逐渐分为许多部派，不过可以大分为上座部及大众部。大众部发展出大乘佛教而与上座部的小乘佛教对抗。约在公元150年，被称为"释迦第二"的龙树菩萨出生。他整理了之前的大乘佛教学者的论述，并著书立说，予以阐扬光大，因而奠定了大乘佛教的地位。

笈多王朝（Gupta Dynasty，320—540年）时，朝廷决定放任宗教自由发展，佛教不再是国教。大乘佛教在此时期超越小乘佛教而成为主流，其间曾有无著和世亲菩萨两位名垂后世的高僧大德，著名的那烂陀寺成为佛教及当时的国际学术中心。

小乘佛教（Hinayana）对于经义的解释比较保守，注重自我解脱。大乘佛教（Mahayana）的宗旨是要探求佛陀教导的精神与本怀，不拘泥于诠释经文的枝节末文，主张不但要自我解脱，还要兼济众生，因而是比较接近大众。

小乘佛教是以"苦"为出发点，认为人的一生总是脱离不了生、老、病、死的痛苦。针对这些痛苦，佛陀发展出"苦、集、灭、道"的哲理来解决。"集"是归纳人之所以痛苦的根本原因，在于贪、嗔、痴等不当的念头而"造业"所致，而沦于无尽的轮回中。"灭"是主张人们必须彻底地解除苦因，脱离轮回。"道"则是主张以修行"戒、定、慧"，达到究竟涅槃的境界。

大乘佛教是以"空"为基本观念，认为世界上不论是人、畜生或是草木，不论是实有还是空无，都是假象，并非真实存在。甚至"苦"本身也是一种假象，即使从轮回中脱离出来，仍然是暂时的，并非真正的解脱。人们必须要清澈地了悟"空性"，才能解脱成佛。

佛教传入中国

佛教在印度兴盛之后，分三个路线向外传播。一路向南，经锡兰传到现今缅甸、泰国、柬埔寨及越南等；一路向北，经由大月氏（今阿富汗）、西域而传到中国；另有一路越过喜马拉雅山，传入吐蕃（西藏），是为藏传佛教，而时间较晚。

东汉明帝即位不久，夜梦金人，顶有白光，从西方飞来。第二天，他在朝中询问，大臣傅毅博学多闻，说是西方的佛。汉明帝于是派遣蔡愔等十余人到天竺（古印度）求佛法。他们在大月氏遇到了来自天竺的僧人摄摩腾和竺法兰，于是邀请两人同行，以白马驮佛经、佛像，回到洛阳。汉明帝在洛阳城西郊依天竺的图样建筑了中国的第一座佛寺，就取名为"白马寺"，时为东汉永平十一年（公元68年）。摄摩腾和竺法兰翻译出了第一部正式的汉文佛经，称为《四十二章经》。

当时王公贵族里有一位楚王刘英热衷于佛法。他设立道场，安排讲经说道，斋戒祭祀，蔚为盛况。事实上刘英和很多方士来往，不过是把佛教当作方术的一部分。他后来因谋反罪被捕而自杀，酿成巨案，又牵连数千人被杀或坐牢。

佛图澄

佛教自传入中国后，一直是依附在方术和道教之下，无法独立传播。晋怀帝永嘉四年（310年），有一位年纪已经七十九岁的西域高僧佛图澄来到洛阳，希望弘扬佛法。第二年，洛阳被石勒攻破。一个中国历史上最黑暗的时代从此开始。对于经历生离死别，生活在五胡乱华时代人间地狱的百姓，佛法所说的慈悲为怀、破除痛苦、四大皆空、来生前往西方极乐世界等等观念，是一种解脱，亦是一种希望。佛教因而得到一个广大的发展空间。佛图澄收了很多平民信徒之后，体认到度化胡人领袖更加重要。经过仔细观察之后，他决定选择从石勒下手。

传说佛图澄除了佛法高深，学识渊博之外，还能预知未来吉凶祸福。靠着这个本领，他先收服一个石勒的大将郭黑，再由郭黑引介，见到石勒。石勒杀人如麻，见到佛图澄之后却欣然接受佛法，向他虚心求教。佛图澄劝石勒减少杀生，石勒在后来明显地不再进行大规模的屠杀。

石勒死后，比石勒更为凶残的石虎竟也敬奉佛图澄为国师，笃信佛教。石勒和石虎之所以信奉佛教，不排除是为了要自我安心，想减少自己两手沾满血腥的罪孽，避免今世灾祸降临，来世永不超生。无论真正原因为何，在这样一个人人朝不保夕的时代，信仰佛教的人不但在精神上有所寄托，生命又受到保护，信奉的人自然如潮水一般，汹涌而至。佛图澄作为国师的三十年间，后赵所建立的佛寺达到将近九百所，门徒数万人。

释道安与释慧远

石虎死后，后赵发生胡人与汉人之间的种族大屠杀。佛图澄有一位杰出的弟子道安法师带领师兄弟及徒众逃离，在华北迁徙流浪。虽然饥寒度日，历尽艰辛，道安仍然在四处讲经，并在恒山、嵩山等名山建立寺院以弘扬佛法，渐渐成为佛教的领袖，名声远播。东晋兴宁二年（364年），道安又避乱到襄阳，一住十五年。道安不但精研佛法，并且由于家世所学，也精通儒家经典和老庄思想，于是运用孔、孟和老、庄的语言和观念来为各种佛教经典写注解。佛法因而广受接纳。此外，道安法师又订立严格的佛教戒律。由于道安名满天下，这些戒律一经颁布，竟成为当时天下无分南北，所有佛教寺院僧尼共同遵从的规范，这是中国僧团制度的开始。

当时前秦王苻坚渐渐统一了中国北方，然后又夺取在东晋手中的襄阳。苻坚也信仰佛教，而迎接道安法师到长安。由于苻坚的尊崇，道安成为中国北方最高的佛教领袖，并在政治上发生极大的影响力。佛教的发展因此达到一个新的高峰。可惜苻坚不顾王猛的遗言，也不听道安劝阻，执意要南征东晋，以至于有淝水之战，兵败身死。

道安法师为了传扬佛法，曾经分遣师兄弟及门人到中国各地。其中有一位徒弟，名叫慧远法师，到达了江南。东晋江州刺史桓伊为他在庐山建立一座东林寺。慧远于求经、讲经及译经三者兼具。他觉得中国佛经不完备，便派弟子远赴西域，带回经书两百多部。慧远矢志不介入政治，因此在庐山居住三十几年（385—416年），不曾下山过。由于慧远道行高深，所以四方学佛者到东林寺拜师或请益者，络绎不绝。西域的高僧也多次到访。慧远与他的师父道安法师一样，融会贯通儒、道、佛三家的经典。东晋许多名士仰慕其人，也常常上山与慧远谈论，或书信往返。东林寺不但是东晋最重要的佛教学术中心，也成为当时的思想及文化重镇。

鸠摩罗什

鸠摩罗什（343—413年）的父亲是天竺贵族，母亲是龟兹国（今新疆库车）国王的妹妹。鸠摩罗什七岁开始学习佛法，九岁时又与母亲到罽宾国（Gandhāra，或称犍驮罗国，在今阿富汗东部），拜佛学大师槃头达多为师，学小乘佛教的理论。

当时大乘佛教在北印度兴起后，与小乘佛教正在相互辩证之中。鸠摩罗什学成后，在回国的半路上，经过疏勒国（今新疆喀什），遇见一位大乘佛教的名僧须利耶苏摩。鸠摩罗什听他讲经之后，叹息说："我从前所学，如人不知真金，以为黄铜就是宝贝。"于是潜心学习大乘精要。鸠摩罗什后来又自行研究，并与四方高僧来往，相互辩难启发，渐渐在西域声名远播，无人能及。每次鸠摩罗什登坛讲经，各国国王无不跪坐听讲。鸠摩罗什先前的老师槃头达多竟然跋涉千里，到达龟兹，反过来拜鸠摩罗什为师。

鸠摩罗什的大名渐渐也传到中国。道安法师久闻其名，劝前秦王苻坚将鸠摩罗什请来。苻坚大举南征东晋同时，派大将吕光远征西域，又交代吕光务必将鸠摩罗什请回来。吕光击破龟兹，带鸠摩罗什回来，苻坚却已经兵败身死。吕光无法回到长安，在凉州据地称王，建立后凉国。鸠摩罗什也被留置在凉州，前后十七年。这十七年对于鸠摩罗什是无法形容的劫难。

吕光对于佛法毫无兴趣，却又莫名其妙地想尽办法来折磨鸠摩罗什。例如，他将鸠摩罗什强灌烈酒，然后与美女一齐关在密室之中，故意要诱使其乱性。他又故意使鸠摩罗什骑乘狂牛劣马，使其出丑。鸠摩罗什受到百般侮辱，却若无其事，而认真学习华语，自认必有一天会到中国传扬佛法。在长安的后秦国主姚苌也笃信佛教，屡次请吕光送鸠摩罗什来。吕光怕鸠摩罗什到后秦国之后会替姚苌谋划，对其不利，拒绝姚苌的请求。如此蹉跎了十七年，一直到吕光死后，后凉国家衰败，才被逼将鸠摩罗什送到长安给后秦国。这时（401年）鸠摩罗什已经将近六十岁了。姚苌也已经死了，儿子姚兴继位。

姚兴比姚苌更加虔诚信仰佛教，以国师之礼对待鸠摩罗什，让他居住在长安有名的园林逍遥园。鸠摩罗什演说佛经时，姚兴带领文武百官、沙门僧尼和善男信女数千人到逍遥园听讲。上行下效，于是后秦国境内到处都是佛寺。

鸠摩罗什除了讲授佛法外，还不遗余力地翻译佛经。他在翻译佛经时采用的严谨方法，是前所未见的。他在每次翻译之前，都要对原文反复研究，再三推敲遣词用字，力求保持原文的意思、风格，又要兼顾文笔的流畅及口语化，容易让人一念就懂。正式翻译时，鸠摩罗什端坐法坛，手持经卷及笔记，一字一句读出经文，每次读三遍。他所指定的弟子就在下边记录。另有数百人坐在大堂里聆听，随时举手提出讨论。译完之后，他还要亲自校对，确定无误。用这样的方法，鸠摩罗什总共翻译出四十七部佛经，三百八十四卷。其中有许多是佛教真正的经典之作，例如《法华经》、《维摩经》、《阿弥陀经》、《金刚般若经》、《楞严经》、《大智度论》等。

中国千百年来有许多赫赫有名的高僧从事翻译佛经，每一种重要的佛经都有很多翻译版本。不过说到译文的优美、传神及其中表现出的文学修养，还是以鸠摩罗什为最。鸠摩罗什的翻译作品因而几乎全部流传到现在。鸠摩罗什对于中国，以及后来的日本和朝鲜佛教的发展，有无可取代的伟大贡献。

竺道生

鸠摩罗什的弟子数千人，其中最著名的是竺道生。竺道生也曾经拜过几个佛教高僧为师，因而所学甚广，集当代各家之大成。竺道生学成之后，回到建康，受到士林领袖的敬重，争相邀请。竺道生的成就并不在于讲经或译经，而是潜心批注各种佛经，又在融会贯通之后，提出综合论述、澄清疑点，勇敢地提出自己的见解。竺道生明显的独立思考和治学态度使得他成为佛教保守人士眼中的一个问题人物。

当时的佛教界一般都认为只有有智慧的人才有佛性，能够修炼成佛，而凡人是没有佛性的。竺道生剖析他所能接触到的佛教经典之后，提出一个理论，认为"一切众生皆有佛性"，只要彻底了悟，勤加修行，都能成佛。这个大胆的说法触怒了佛教的主流保守派。他们群起指责，认为竺道生是邪说妄言。贵族和王公大臣对于这种说法也不以为然。如果佛性具有普遍性，从政治和社会的角度推论，门第士族的优越性就站不住脚。竺道生因而被围剿，处境艰难。但是他据隅顽抗，绝不妥协。这个困境延续将近二十年，最后才因为另外两个同时代的高僧法显与昙无谶出现，而终于还给竺道生一个公道。

法显与昙无谶

法显对佛教戒律特别重视，而感慨中国有关戒律的经典不够齐全，到了六十岁时，决心西行求经。法显从长安出发，徒步经过河西走廊，穿过西域天山南路连续几个大沙漠，一路上，"沙河中飙起有如恶鬼般的热风。凡人遇到，多半必死。上无飞鸟，下无走兽，举目四望，不知何去何从，只能以死人枯骨为标志"。法显历尽千辛万苦，幸而存活，终于抵达天竺。他开始游学，学习梵文，访问名师，搜集戒律佛典，最后从师子国（现今斯里兰卡）搭船东归。途中遇暴风雨，又经过两次迷航，终于回到了中国。

法显出国十四年（399—412年），回来时年纪已经是七十五岁了。他立即埋首翻译他所携回的佛经，前后十年，一共译出戒律达百万余字，填补了佛教戒律经典的空白。法显又将他游历三十几个国家所见所闻记录下来，写成一本《佛国记》。这本书是后世学者研究新疆、阿富汗、印度、斯里兰卡和印度尼西亚各国五世纪以前历史的必备材料。

法显带回的佛经之中有一部《大般泥洹经》，由他集合京师二百多名僧人一起翻译。"泥洹"和其他佛经中的涅槃是同义字，又称"灭度"；简单地说，就是灭尽烦恼和度脱生死的意思。这个译本于东晋义熙十三年（417年）发表，立刻引起佛教界的大波澜，因为其中有经文明明白白记载："泥洹不灭，佛有真我；一切众生，皆有佛性。"与竺道生所坚持的主张完全一样。

竺道生从未见过《大般泥洹经》，而竟能独自推论出这个堪称大乘佛教的理论基础，着实令人敬佩。按理说论辩应当到此为止，大家接受此一说法，但是当时发生的经过却刚好相反。《大般泥洹经》发表之后，有人嫌翻译不好，主张加以修改；更有人认为这部经书完全是伪造的，不足采信。竺道生虽然因为新发展而得到新的支持者，处境却反而更加困难，越加受到排挤，竟然被要求于僧众中起立忏悔。

竺道生性情刚烈，愤然说："如果我所说的不合经义，就让我立刻得到疠疾吧。"于是拂袖而去，到吴郡（现今苏州市）虎丘，聚徒讲经。不数日就有数百僧徒。虎丘山上有一个池塘中至今还有几块石头，据说当年也和僧众一同听竺道生讲经，并且频频点头。这是传说中"生公说法，顽石点头"的故事，讽刺愚顽之人，连石头都不如。

刘宋元嘉七年（430年），北凉国传来一本新佛经，称为《大般涅槃经》。这是由来自罽宾的佛教界巨擘昙无谶所翻译而成的。江南佛教僧团翻开这本经书，震惊地发现上面说众生也能成佛。竺道生的先见之明再一次得到证明，无疑是佛陀的本意。"一切众生，皆有佛性"的理论自此渐渐成为中国大乘佛教的主流思想。

北魏太武帝灭佛

北魏皇帝拓跋珪和拓跋嗣对于佛教和道教都同样尊重，而不偏好。太武帝拓跋焘原本信奉佛教，后来宠信崔浩而改信道教，崇奉寇天师，已如前述，而渐渐对佛教徒不友善。太平真君六年（445年），关中地区有一个名叫盖吴的平民称兵作乱，一瞬间就声势浩大。太武帝亲自带兵去平乱，到了长安，发现寺院里有兵器，认为佛教徒在背后支持盖吴。他又发现寺院内私藏妇女，认为是藏污纳垢，大怒。崔浩趁机建议杀光境内的僧人和女尼，焚毁经像，没收寺产。寇天师反对如此残忍的手段，认为有伤天和，与崔浩激烈争执。太武帝最后仍是下令焚烧寺院，尽诛沙门，不论男女老少。北魏佛教势力几乎被铲除得干干净净。寇天师大失所望，预言崔浩将因而有灭门之祸。

过三年，北魏发生一个重大的文字狱事件，称为"《国史》事件"。太武帝命令崔浩编写北魏开创以来的历史，又对崔浩说要尽量照实记录。崔浩于是将拓跋氏历代在塞外荒漠时生活鄙贱情状，以及各朝发生的弑逆、乱伦、无耻等丑事都一一翔实记载，又将《国史》的内容全部刻石，置于京城郊外的大路旁。来往的人在刻石前后指指点点，议论纷纷。鲜卑族人无不愤怒，纷纷向拓跋焘告状，认为是故意宣扬国恶。太武帝大怒，下令杀崔浩，并诛灭三族。

崔浩是北魏三代帝王的国师，参与所有军国大事，真正是决策于帷幄之中，取胜于千里之外。然而，崔浩自恃才能，又备受魏主宠信，于朝廷中与众人争辩，向来得理不饶人，树敌不知有多少。一旦事发，众人趁机踩踏，于是乎死无葬身之地。寇天师的预言竟然成真。

南齐竟陵王与范缜

南北朝时佛教在南北同样昌盛。南朝的帝王与贵族大臣无不大力倡导佛教，广建佛寺。其中贵族王侯的代表人物是南齐的竟陵王萧子良；至于帝王的代表，非梁武帝萧衍莫属。

竟陵王是南齐开国皇帝萧道成的孙子，喜好结交佛门高僧，常常举办大型斋会、法会、放生会等，并以宰相之尊亲自为众僧取水、供食，执弟子之礼。他也常手抄佛经，注释佛经，达一百多卷。南朝佛教鼎盛，使得有识之士开始担忧，建议抑制僧众的人数。有人认为佛教崇拜的是胡神，必须严"夷夏之分"。其中反对最激烈的是范缜,从根本上否定佛教的理论。

范缜不信鬼神,也不相信有佛,对于神明(即是精神)相续以至成佛的说法,深深不以为然。范缜写了一篇著名的《神灭论》,其中有如下的论述:"形体是神明的本体,神明是形体的应用。神明对应于本体,就如同锋利对应于刀刃;形体对应于应用,就如同刀刃对应于锋利。我不曾听说刀刃不存在而锋利犹存,所以怎能说人的形体已经不见,而还有神明继续存在呢?"

范缜也不相信有因果轮回。竟陵王问:"先生如果不信因果,那么人何以会有富贵贫贱之分?"范缜回答:"人生就好像树上的花同时开,随风而飘落。有些花幸运而落在宝座之上,有些不幸落在粪坑中。落在宝座上的,就是殿下。落在粪坑中的,就是下官。富贵虽然有不同,与因果哪里有什么关系?"

南齐第二任皇帝萧颐将帝位传给孙子萧昭业,而命令次子竟陵王和养子西昌侯萧鸾共同辅政。萧昭业原以为皇位会传给叔叔竟陵王,对他深怀戒心,而将大权都交到萧鸾手上。竟陵王忧惧致死。萧鸾后来篡位,杀尽南齐王室的所有子孙,造成南北朝最惨的屠杀王室事件。竟陵王的家人同样不能免于劫难。竟陵王如果地下有知,或许又要问因果究竟怎么说。

梁武帝与达摩祖师

梁武帝是南北朝在位最久的皇帝,前后四十八年。他原先信奉天师道,当了皇帝后第三年,忽然弃道从佛,自己写了一篇《舍道归佛文》,说:"弟子迷荒,因为历代相承,服侍老子,染上此种邪法。"从此以佛法治国。梁武帝靡费巨亿,用来盖佛寺。宫内的华林园是帝王讲经之所,宫外的同泰寺是皇帝舍身出家的寺院。他又多次办无遮大会,每次参加的僧尼和俗家弟子都达到数万人。当时有一个大臣郭祖深认为梁武帝沉迷过度,上书详列二十九项反佛的理由。奏折中如此写道:"国都建康一地的佛寺五百余间,穷极宏丽。僧尼十几万人,资产丰沃。各郡县亦然,不可胜计。僧人和女尼又畜养仆役,不列入税籍,天下户口几乎去掉一半。而僧尼多伤风败俗,目无法纪……"但梁武帝置之不理。

佛教禅宗流传一个故事，说是在大通元年（527年），有一个天竺来的达摩禅师到达建康，被延请进宫。梁武帝问："自我登位以来，建了许多寺庙，印了许多佛经，供养了许多僧人、女尼，是不是有很大的功德？"达摩回答："没有功德可言。"梁武帝再问："为什么没有呢？"达摩说："你的所作所为不过是世俗的小果报而已，谈不上功德。"梁武帝又问："那么什么才是真正的功德？"达摩回答："真正的功德是最圆融纯净的智慧，其本体是空寂的，不可能用世俗的方法去取得。"达摩与梁武帝话不投机，便渡过长江，到了北方，创立了禅宗。

不过近代的历史学者，甚至佛教界的高僧，大部分都认为这个故事并非事实。根据考证，达摩在刘宋朝建立（478年）之前便已经到了中国北方。这个故事主要是借此说明梁武帝虽有奉佛之心，却不知佛法。梁武帝执迷不悟，到了晚年发生侯景之乱，竟然被活生生饿死，国家也灭亡了。

北周武帝毁佛毁道

北魏太武帝毁佛之后，各代皇帝都笃信佛教，因而佛教很快又由衰转盛。到宣武帝及胡太后当政时，北朝佛教已经流于浮滥了。据估计，在孝文帝时北魏境内的寺庙约有六千多座。四十年后，北魏灭亡前，增加到三万多座。僧尼的数目达到两百多万人。和尚及尼姑一入寺庙，就可以游手好闲而不愁吃穿，并且可以经营高利贷，又逃避租税和劳役、徭役。越到后来，出家人的动机越不单纯，朋比为奸，甚至聚众谋叛。佛教僧尼不但成为国家的沉重财政负担，并且是祸乱之源。

北魏分裂以后，佛教成长更快。北齐与北周国境之内，分别有四万及三万多间佛寺。北周武帝原本对儒、佛、道三家预备兼容并蓄。建德三年（574年），北周武帝下令儒生、道士和僧人代表齐集京师，于太极殿辩论，以决定三教排名先后次序。佛、道两教代表激烈地互争长短，互揭疮疤。道教斥责佛门不净。佛教驳斥道教窃取佛法内容，歪曲老庄玄理，更加不干净。北周武帝越听越怒，下令将佛教和道教一起禁止，将经像全部销毁，勒令道士和僧人全部还俗。

三年后，北周灭北齐。北周武帝在邺城又召集僧尼、道士，说五经弘扬礼义忠孝，必须存立；佛、道费财兼且不忠不孝，必须废除。有僧人厉声警告武帝，如果毁佛，难道不怕将来必入地狱吗？武帝说为了国家，宁愿自己入阿鼻地狱，也要毁掉北齐境内的佛教和道教。大殿之上，鸦雀无声，人人低头垂泪。北齐僧尼、道士遂尽皆还俗。

北周武帝时，由于过去数百年的丧乱，中国北方的人口不超过三千万。当时被武帝先后两次逼迫而还俗的僧、尼、道士、道姑，估计约在五百万人左右，比例之高已经到了令人无法置信的地步。不难推想，北周武帝为何说宁愿入阿鼻地狱，也要强迫僧尼和道士还俗。简单地说，北周武帝认为国家已经养不起了。

不过北周武帝只是强迫僧人和道士还俗，并没有滥杀无辜，或焚烧庙宇，与北魏太武帝的暴虐强横做法有很大的不同。巧合的是，北周武帝在北齐毁佛毁道之后，第二年突然患重病而死，享年只有三十五岁。北周最终也被隋炀帝杨坚篡夺。

唐朝的佛教教派——天台宗、华严宗、净土宗

佛教传到唐朝时，进入了黄金时期。佛教的几个主要宗派如天台宗、华严宗、净土宗、法相宗和禅宗，都是在唐朝时开创或发展完成。

"天台宗"是南北朝时的高僧智𫖮在浙江天台山创立的，以《法华经》为本，所以又称为"法华宗"。这是一个教义经过整理、已经中国化的佛教教派。

智𫖮大师认为，佛陀说法是随着时间不同、对象不同，而选择不同的说法，因材施教。智𫖮把佛所说的法分为五个阶段，名为"五时"。第一段"华严时"，佛于初证大道时说《华严经》，以最高理解力的诸天神佛为对象。第二段"鹿苑时"，佛于鹿野苑等地，十几年间说小乘阿含经，以最低理解能力的群众为对象。第三段"方等时"，佛遍说《维摩经》、《方等经》、《楞伽经》等，修正小乘佛法的执著，阐扬大乘佛法。第四段"般若时"，说各种《般若经》，专门说诸法空相之义。第五段"法华涅槃时"，佛在晚期说《妙

法莲华经》,究竟圆满;于入灭前说《涅槃经》,明心见性。

天台宗认为《法华经》是经中之王,但也参考其他各种经书,而集其大成。智顗大师辩才无碍,说法时深入经中要旨,因而名动公卿,在陈朝及后来隋文帝时备受崇敬,封为国师。进入唐朝以后,天台宗仍是佛教最盛的宗派之一。

华严宗以《华严经》为根本教义,认为《华严经》是法界之法,阐明了法界(即是宇宙)事事物物无穷的缘起相生,却又没有离开自性,圆融无碍。唐朝时有一位对佛法有深入研究的名医孙思邈,被后代尊称为"药王"。唐太宗极为敬重孙思邈,曾经问他:"佛经以何者为大?"孙思邈回答:"《华严经》为诸佛所尊大。"唐太宗于是虚心受持《华严经》。华严宗的第三代祖师法藏和尚先后为唐高宗、武则天等五位帝王讲学授戒,成为国师。第四代祖师澄观又是唐代宗到文宗等七帝之师。华严宗因而在唐朝最为显赫,如日中天。有人认为华严宗以"一心统摄万物,一即多,多即一"的思想与帝王思想若合符节,所以受到唐朝皇帝的推崇。

净土宗的创始人善导法师(613—681年)是一个先知先觉的大师。他深知广大的人民生活困苦,莫不需要有精神寄托,而中国传统佛教却把这些人都拒于门外。善导于是创立"净土宗",以吸收平民百姓。他认为人世间是秽土,西方阿弥陀佛世界是极乐世界;善男信女无论是贫富贵贱,只要信佛,常常诵读《阿弥陀经》,或是简单地口中念"阿弥陀佛",并遵守戒律,便会受佛的接引,前往极乐世界。

净土宗的说法在刚开始时受到其他佛教教派的排斥,认为不谈思想观念,只是念佛,太过简单,甚至斥为异端邪说。但是正因为简单,净土宗是佛教中最容易入门的宗派,渐渐信仰者众。安史之乱以后,人民饱受战争的摧残,朝不保夕,生离死别,只能寄望今生少受痛苦,来生到达极乐世界。净土宗于是如火如荼地发展起来,而成为佛教信徒最多的教派。

法相宗的创始者赫赫有名,是西行到天竺取经的玄奘法师。禅宗由达摩祖师创始,经过六祖惠能禅师而发扬光大。玄奘与惠能不但是当时的佛学大师,对后世的影响更是深远。

玄奘法师

玄奘法师（602—664年）俗家姓陈，于隋文帝时生于洛阳附近的缑氏县（今河南省偃师市）。玄奘十三岁出家，之后曾向十余位佛教高僧求佛法，但是越来越不能满足于所得到的答案。他认为中国的佛教经典和理论必定有不够完备之处。当时在天竺的那烂陀寺是全世界佛教的圣地。玄奘于是决定前往天竺，直接探索佛学的堂奥，而于贞观元年（627年）开始踏上西行的道路。一路步行，经过河西走廊和西域，其间的艰难危险，与东晋时法显和尚的情形没有两样，多次濒临死境；幸好在到达高昌国（今吐鲁番附近）后被国王麴文泰待如上宾。玄奘离去时，麴文泰又赠送资具，派人护送，甚至为玄奘写了二十几封书信，请一路上各国的国王照护放行。如此，玄奘终于顺利地到达目的地那烂陀寺。

那烂陀寺的住持是戒贤法师，已经将近一百岁，对于玄奘到来超乎寻常的重视，留他在那烂陀寺五年，破例为玄奘说法，倾囊相授。其后，又安排玄奘到天竺各地游学，拜访名师请益。那烂陀寺是法相宗的大本营，但是玄奘并不拘泥于一宗一派之中，只要有名师开讲座，玄奘就前往听讲，虚心求教。玄奘渐渐参透佛教奥义，融会贯通，有大师的风范，甚至取代戒贤成为那烂陀寺的首席，是天竺佛教最崇高的位置。玄奘声名远播，成为天竺各国国王钦敬、顶礼膜拜的高僧。有一次，天竺两个国王争着要请玄奘去说法，几乎大动干戈。最后玄奘只得在两国边界上开说法大会，到会的有十八个国王、三千多个僧人及两千多个婆罗门和外道。

贞观十九年（645年），玄奘决心返国。玄奘出国时默默无闻，并且由于违反法令规定，实际上是偷渡出境。但在他离开天竺时，统一北天竺的戒日王亲自召见，并且送行。回程之中，西域各国国王无不盛大迎送，并要求玄奘停留讲经。到达长安时，万人空巷，善男信女沿路膜拜。唐太宗派卫队开道，并且亲自接见。玄奘法师从印度带回佛教经、律、论的典籍六百五十七部，回国后与弟子们在长安弘福寺、大慈恩寺开始从事翻译事业，整整十九年，至死为止。他所主持翻译的佛经共七十五部，一千三百三十五卷，并且都是上乘杰作，至今仍是许多佛经最常用的版本。

玄奘法师还将他在国外的见闻写成一部书，书名《大唐西域记》。这是一部极为重要的古代历史及地理名著。书名中"西域"的意思并不只是现今的新疆，还包括中亚、天竺等地，总共一百三十八个国家。书中记录了玄奘在各地旅游，参观佛教寺庙、遗迹，会见各国人民、高僧、国王等，所见所闻的经过。其中包括与西突厥著名的统叶护可汗会面，参观现今阿富汗境内被毁的巴米扬大佛，参访释迦牟尼在菩提树下悟道的菩提迦耶（Bodh Gaya）。玄奘也翔实记述了天竺佛教大师马鸣、龙树菩萨如何弘扬大乘佛教。《大唐西域记》是现代研究古印度史的专家学者的宝贵史料。

玄奘法师所创立的法相宗也称作唯识宗。佛教是注重谈论心灵的宗教，所有经论无不是教人如何解决因心而生起的种种烦恼。唯识宗认为一切都是由心所造，心外无法；外在的情境并非真实的，都只是由心的认知所形成，也就是"识"。

禅宗与六祖惠能

禅宗的祖师是达摩禅师。据说他曾经在嵩山的少林寺面壁。禅宗由达摩之后传了五代，到六祖惠能法师（638—713年）才终于发扬光大。

禅宗最重要的一本书《六祖坛经》是由惠能的弟子所编写的。根据这本书记载，惠能原本是居住在岭南（广东）。他从小便失去父亲，由母亲养大，以卖柴为生，并不识字。有一次他卖完柴，听到有人念经，经文如闪电一般击中他的心，于是问那人念什么经。那人告诉他念的是《般若金刚经》，是从湖北黄梅山的禅宗五祖弘忍法师那里学来。惠能立刻决定去见弘忍法师，跋山涉水，到达黄梅。弘忍问他从哪里来，要做什么。惠能回答："弟子从岭南新州来，要拜师成佛。"当时的北方人都看不起南方人，认为都是蛮夷。弘忍故意试探惠能说："你从新州来，是南蛮之人，如何能成佛？"惠能回答："人虽有南北之分，佛性岂有南北之别？"一句话就使得弘忍大吃一惊，知道是一个天赋异常、质朴无邪的材料，于是收留了他，让他在后院椎米，以免引起其他弟子的嫉妒。

弘忍为了了解弟子们潜心研究佛法的心得，有一次召集弟子们，请大家用简短的偈子来报告心得。当时有一位众人所公认佛法精湛的神秀和尚便写了如下的四句偈子：

  身是菩提树，心如明镜台；
  时时勤拂拭，莫使染尘埃。

众人一看都佩服极了，便不再有人写，而人人诵读神秀这四句偈子。惠能正在椎米，听见和尚们诵读这偈子，走到前庭，也请人替他写了四句偈子：

  菩提本无树，明镜亦非台；
  本来无一物，何处染尘埃。

这是惠能第一次在大众之中显现出其独特的悟性，所有的和尚无不被震慑。然而弘忍知道当时的宗教界和凡俗世界一样，也有黑暗的一面；惠能直指人心，已经得到佛法的根本，却恐怕不为一般凡俗佛教界所接受。弘忍怕惠能受到嫉害而无法保护他，因此表面上不赞扬惠能，却私下将衣钵传给他，而让他悄悄离开，回去南方。惠能从此隐姓埋名，经过十五年，才又在广州出现。

惠能的复出，也是一段极有禅味的故事。当时在广州法性寺有一位年高德劭的住持印光法师在讲经，听众里有两个和尚看见旗子在风中飞扬，便展开激烈的辩论。一个说是风在动，另一个说是旗子在动。惠能正好在人群之中，忍不住说："不是风动，也不是旗动，是你们的心动。"所有听众大吃一惊。印光法师便问："我听说弘忍的衣钵南传，不知在何处，莫非你就是他的传人？"印光与惠能讨论佛经奥义，钦佩地说："我的讲经，如同瓦砾；你的真知，如同纯金。"于是替惠能再次落发受戒，又反过来拜惠能为师。

禅宗从此在惠能手中发扬光大，成为一支中国化的新佛教宗派。当时神秀已经是武则天的国师，而心胸开阔，与惠能处于良性竞争，人称"南能北秀"，或是"南顿北渐"。两位大师的不同之处，在于神秀倾向渐悟，强调"诸恶莫作，众善奉行"。惠能主张顿悟，强调"直指人心，见性成佛"。

两人的不同，事实上在黄梅山上作偈子时，已经清楚了。

惠能的弟子中有南岳怀让、荷泽神会等，其后又有马祖道一、百丈怀海等，都是唐朝非常著名的高僧。唐玄宗时，神会在一项盛大的公开辩论中驳倒神秀的门人，自此禅宗愈加流行。到了唐朝后期，禅宗发展出许多不同的宗派，其中最重要的有五派，分别是沩仰宗、临济宗、曹洞宗、法眼宗、云门宗等。禅宗后来传入韩国与日本，都成为重要的佛教宗派。禅宗里的临济宗及曹洞宗更是日本的重要佛教宗派，并且成为日本发展出特殊文化的一大重要源流。

佛教密宗

密宗，或称密教，也是佛教的一个支派。释迦牟尼原本不鼓励信徒们使用天竺盛行的咒术、占卜、相面、占星等活动，但到了后来由于"外道"皈依佛教的人日益增多，于是有限度地准许弟子们使用善咒以治疗小病痛。第六七世纪时，婆罗门教在天竺又逐渐取得了优势的地位。在社会潮流及竞争影响之下，大乘佛教也吸收了婆罗门教的咒语（称为"陀罗尼"）、瑜伽和宗教仪式，把咒语作为弘法护教的一部分手段。这一套富于神秘色彩的新佛教宗派渐渐从大乘佛教中独立出来，称为"密教"。相对地，原有的大乘佛教及小乘佛教称为"显教"。密教教徒自称大乘佛教的创始者龙树菩萨也是密教的创始者。密教的主要经典是《大日经》与《金刚顶经》。

密教与显教有显著的差异。显教的教主是释迦牟尼，而密教的教主是大日如来。依佛教的说法，佛陀有三身，即是三种不同的面貌。释迦牟尼与大日如来是其中的两个身。显教是释迦牟尼对众生说法，因而是公开而浅显的。密教是大日如来自己述说内心证悟的真理，因而是秘密而深奥的。显教可以由个人从经典中自学而领悟，不一定要师父传授，也不必有特定的仪式。密教则一定要有师父传授才能领受，在求法过程中要经过一系列的灌顶仪式（象征如来智慧的甘露水灌浇头顶）。所有的灌顶和修法仪式都必须在有对应布置的坛场内进行。

密宗在七世纪兴起于东印度的波罗王朝(658—1137年，在今孟加拉国)。

波罗王朝历任国王所建的飞行寺与超戒寺，与原有的那烂陀寺同为佛教的三大学术中心。当时天竺的佛教教义几乎全部以密教为主。天竺密教于唐朝中期传入中国。唐玄宗时，印度高僧善无畏、金刚智、不空相继来到中国，分别译出大量密教经典，宏扬密法，史称"开元三大士"。中国的密宗被称为"唐密"。长安的大兴善寺成为中国密宗的发源地，其他密宗的主要道场包括长安的青龙寺和凤翔的法门寺。

唐武宗及后周世宗灭佛

唐朝的皇帝姓李，道教尊奉的祖师李耳也姓李，因而唐朝的皇帝从唐高祖起就对道教特别尊崇。但唐朝的历代皇帝也大多笃信佛教，已如前述，尤以武则天信佛最为虔诚。这使得佛教势力不断地膨胀。全国的僧、尼和道士都享受供奉，又有特权不必缴税，不耕而食，不织而衣，成为国家经济的一大负担，情形和北周武帝时十分类似。

禅宗著名的百丈怀海大师（720—814年）对于上述的情况也开始警觉，自问为什么一个身心健全的和尚要像寄生虫一样地生活在社会上呢？怀海于是提出了《百丈清规》，其中除了规定和尚出家必须立誓做到"不杀生、不偷盗、不淫邪、不妄语、不饮酒"等五戒以外，还要求僧尼都从事耕种、生产，而不靠乞食为生。怀海自己虽然是住持，也坚持要工作才能吃饭，不能例外。百丈怀海活到九十四岁高龄，据说在年老时徒弟们劝他不要再工作操劳，但是被他拒绝。徒弟们把他的工具藏起来，怀海遍寻不着，于是拒绝吃饭，徒弟们只好又把工具拿出来还他。《百丈清规》由此成为禅宗的戒律与制度。

百丈怀海死后约三十年，崇信道教的唐武宗于会昌五年（845年）断然下令灭佛，数月之中，有四千六百多所寺院、四万余所招提、兰若被拆除，僧、尼二十六万人被迫还俗，寺产数千万顷良田被没收。当时由于藩镇割据，唐朝皇帝的旨意无法在全国贯彻，所以还是有些佛教寺院得以幸存。唐武宗宣称灭佛的原因是他认为佛教僧、尼不耕不织，蠹害国家，但另有一个重要的原因是他所宠信的道士在旁边极力怂恿，所以也可以说是因为宗教冲突而引起。

第二年，武宗驾崩，继位的唐宣宗下令停止灭佛。佛教又蓬勃发展，经过一百多年，在五代后期再度发展成为巨大的宗教体系。佛教寺院大多拥有庞大的寺产，又私度僧、尼、罪犯，私养大批的奴婢，营私图利。有一些寺院以烧臂炼指、截断手足、符禁圣水等旁门左道的手法蛊惑民众。后周世宗柴荣生性俭朴而刚毅果断，于是在显德二年（955年）断然下旨，命令凡是没有国家敕许的寺院一律拆废，没有家中所有的长辈允许的人一概不许出家，禁止各种毁坏身体的邪法。一年之中，天下寺院毁掉三万多所，只剩下约两千七百所，登记在册的僧、尼只剩下六万多人。

中国历史上曾经发生过四次大规模的灭佛事件，由北魏太武帝、北周武帝、唐武宗、后周世宗分别下旨，合称"三武一宗"。后周世宗以后，中国历代王朝再没有发生过执政者激烈打击佛教的事件。

事实上灭佛事件不只发生在中国，也曾经多次发生在佛教的发源地天竺。孔雀王朝的阿育王信佛太过，建舍利塔八万多座，毫无节制地布施，厚供寺院及僧侣，开了一次又一次的无遮大会，导致府库空虚，佛教僧侣随之奢侈堕落。王位传到阿育王的曾孙时，大将补砂密多罗得到婆罗门教的协助而篡位，于是毁寺灭佛，屠杀无数的佛教徒。贵霜王朝保护佛教，压迫婆罗门教，在迦腻色迦王死后，婆罗门教反击，又发生一次法难。在笈多王朝时，王国及其他独立国家中也是法难频频发生。佛教在天竺发生法难的原因，与在中国如出一辙，不是因为过度发展及内部的腐化，就是来自不同教派之间的敌视，或是两者都有。

西藏莲花生与阿底峡大师

唐朝时，吐蕃境内传统的苯教势力强大，佛教传入以后，渐渐与苯教分庭抗礼，引发反佛的声浪。松赞干布虽然提倡佛教，成效仍是不彰。吐蕃第三十七代赞普赤松德赞（754—796年在位）决心再度引进佛教，以压制贵族所支持的苯教，借以提高王权。赤松德赞先后邀请天竺密宗的大师寂护和莲花生（Padmasambhava）进入吐蕃。传说莲花生大师不只精通佛法，对于天文、地理、阴阳五行、医术等也一一精通，能够降服诸魔，因而收服了苯教。赤松德赞遂将佛教订为吐蕃的国教。寂护和莲花生依天竺飞行寺为蓝本，建筑了桑耶寺，又将天竺的密教组织制度、教学方法、典籍等都传到西藏，造就出许多吐蕃的人才，对藏传佛教的贡献巨大而深远。莲花生所传承的教派高僧都戴大红帽，因而后世称为红教（宁玛派）。西藏的密教被称为"藏密"。

然而，在赤松德赞晚年，吐蕃佛教内部分裂，甚至互相残杀，苯教又趁机兴起，再度与佛教激烈竞争。838年（唐文宗开成三年），支持佛教的吐蕃第四十代赞普墀祖德赞被支持苯教的贵族刺杀。继任的赞普朗达玛又因迫害佛教而被僧人弑杀，引爆了长期内战。从此西藏陷入四分五裂，进入空前的黑暗时代，数百年间没有一个足以统一整个地区的政权出现。

1027年（宋仁宗天圣五年），在天竺又有一位高僧阿底峡受聘而进入西藏。据说阿底峡当时已经六十岁了，而佛法高深，德行感人；所到之处，无不皈依；西藏的佛教风气焕然一新。阿底峡提倡大乘佛法，宣扬显密贯通，观行并重的理论；他所撰写的佛经，有三十几部至今都还收在藏文大藏经《丹珠尔》之中。

西藏的佛教教派

在阿底峡之后，佛教逐渐成为主导西藏的宗教，并且进入一个百家争鸣的时代。除了原有的宁玛派（红教）以外，还有噶当派、噶举派（白教）及萨迦派（花教）等，都是重要的宗派。此外，还发展出黑教。有人认为黑教不属于佛教，因为它原本是西藏传统的苯教，祀奉天地、日月、风雨、山川诸神，念咒语而崇尚巫术。佛教视之为异端、外道。

蒙古兴起之后，窝阔台最喜爱的皇子阔端奉命接触西藏。当时萨迦派的高僧班智达向阔端宣讲佛法。阔端因而信奉佛教，并建议窝阔台免除天下僧尼的赋税和兵役。班智达的侄子八思巴更得到忽必烈的信任，被封为国师，并且奉令以藏文字母为基础创造蒙古文字。八思巴因而成为西藏的政治兼宗教领袖，开创了萨迦派的黄金时代，称为"萨迦时期"（1253—

1358年)。蒙古统治中国后期歧视汉人,却视西藏人为兄弟。蒙古人对西藏喇嘛尤其尊敬。元朝皇帝都以喇嘛为帝师,对喇嘛不敬的人会被砍去手脚。

萨迦政权作威作福,不得民心,在蒙古人的势力衰退之后被推翻。新起的统治者出身于乃东地方(在拉萨东南),因此被称为"乃东政权"(1358—1565年)。这时西藏出现了黄教。

宗喀巴与西藏黄教

黄教的创始者宗喀巴于1357年(元至正十七年)出生现今青海省湟中县塔尔寺附近一个名叫"宗喀"的地方,因此得名。他继承了噶当派的全部教法,又吸收萨迦派、噶举派等其他教派的精髓,遍学显宗及密宗法要,而集藏传佛教之大成。

宗喀巴学成之后,认为当时显教不受重视,戒律废弛,僧人竞相以密法迷惑世人,吞刀吐火,败坏风气,因而誓言改革佛教。黄教从此吸收广大的徒众皈依,迅速发展成为西藏佛教的重要宗派之一。著名的西藏三大寺庙,包括甘丹寺、哲蚌寺、色拉寺等便是在此时兴建完成。

十三世纪起,噶举派根据佛经上所说的过去、现在及未来的"三世"说法,开创了活佛转世的传统。黄教也跟着活佛转世。今日西藏的宗教领袖是达赖喇嘛,至今已有十四代,而第一世达赖喇嘛根敦朱巴是宗喀巴的最小弟子。另有班禅喇嘛,也是由宗喀巴的另一位弟子克珠杰转世而来。

然而,黄教的强烈改革色彩引发红、白、花、黑各教派的不满,逐渐受到联合抵制,而处境艰难。1565年(明世宗嘉靖四十四年)西藏政权转到"藏巴政权"手中。藏巴政权支持白教,黄教受到严重的迫害,无法在西藏立足。部分黄教的高僧被迫流亡,大多到达蒙古,便开始向蒙古人传教。达赖喇嘛及班禅喇嘛也常到蒙古弘法。蒙古王公贵族渐渐皈依而不遗余力地支持黄教,竟使得蒙古人几乎都信奉黄教。这正是黄教转祸为福,最后在西藏胜出的关键因素。

祆教

唐朝时，由于唐太宗对于所有的宗教都是采取接纳和鼓励的态度，因而各种宗教都能得到发展。祆教、摩尼教及伊斯兰教是其中值得注意的教派。

"祆教"又称拜火教，是一个古老的宗教，由古代安息帝国人琐罗亚斯德集前人之大成而创立，在中东及西亚流行，是古代波斯帝国的国教。祆教是二元论，认为宇宙万物分为善与恶，有代表光明的善神，也有代表黑暗的恶神。祆教最高的神就是善神。教徒日夜燃烧火炬，以光明支持善神。

拜火教从波斯传到西域，又从西域传到北魏。当时称为天神教，而称所奉祀的神为"胡天神"。北魏的胡太后信仰佛教之外，也信奉胡天神。以后的北齐、北周也都奉祀不绝。唐朝时境内有许多寺庙属于拜火教，光是长安就有好几个。

摩尼教与明教

摩尼教在公元三世纪由波斯人摩尼（Mani, 216—274 年）所创。摩尼教的教义同样认为世上存在着光明与黑暗两种互相对立的世界，而又加入部分佛教和基督教的教义，企图熔为一炉。例如，其中有过去、现在、未来的三世因果，是佛教的理论。摩尼教七天做一次礼拜，又是基督教的做法。摩尼教合三教为一，却被佛教及基督教认为是邪门外道，被祆教认为是叛徒，因而不能在波斯立足。摩尼教靠虔诚教徒的努力，才在中亚、北亚和西域流行，后来又成功地传入中国北方的回纥。回纥人甚至有摩尼教大祭司，称为大摩尼，参与其军国大计。

唐朝人把景教、祆教、摩尼教的寺院统称为"三夷寺"。唐朝帝王建三夷寺的目的，其实是为了要笼络四面而来的众多胡人，但是并不鼓励汉人信仰胡神。回纥人协助唐朝平定安史之乱有功，唐朝又需要回纥来帮忙对付吐蕃，因此同意回纥人的要求，在全国各地盖了很多摩尼寺，称为大云光明寺。摩尼教徒在民间传教特别积极，汉人信仰摩尼教的人越来越多。唐武宗废佛时，连景教、祆教、摩尼教也一并禁绝。景教、祆教从此销声匿迹。摩尼教徒非常强悍，表面上是消失了，实际上是转入地下活动，吸收农民，其间也有流氓及恶少。

从五代起，摩尼教徒曾数次聚众作乱。北宋徽宗时，政治腐败，又为了皇室庭园造景而强征"花石纲"，弄得江南一带民不聊生。在浙江地方有摩尼教领袖方腊发起民变，纠合十几万人，攻陷各州县，抓到痛恨的贪官污吏便以极为残酷的手段报复。抽筋剥皮、残肢挖心，以消仇恨。抓到妇女则关在岩洞中，使其赤身露体，并虐待致死。方腊之乱最后由大将韩世忠等敉平，前后死伤估计有两百多万人。

南宋时，摩尼教徒发动的造反事件层出不穷，官军极为惧怕。有人开始称摩尼教为"魔教"，而摩尼教徒因为信仰善神，称之为明尊，所以自称是"明尊教"，简称"明教"。

蒙古人统治中国时，对汉人十分歧视，明教在地下流传，越来越广，成为反抗朝廷的一股力量。明教后来与崇拜弥勒佛的"弥勒教"，以及佛教的一个支派"白莲宗"整合为一，公然造反，最后推翻了元朝。明朝开国之主朱元璋就是明教的教徒，而明朝的"明"也是从明教的"明"字得来的。然而明太祖后来却非常忌讳别人提起他的出身，并且下令对明教、弥勒教及白莲会镇压查禁，手段残忍。当时有关明教、弥勒教的史料大部分被销毁，官方所修的史书中也避免提到。

明太祖为什么要镇压明教、弥勒教及白莲会呢？理由很简单，他怕有别人和他一样，在"民间邪教"的蛊惑之下，又起来造反。明太祖把功臣杀得干干净净，没有人有机会起来反抗。然而三个教派的教徒何止几百万，如何能完全杀尽？这些人心怀不甘与怨恨，转入地下活动，不时起兵作乱，光是在洪武年间就有十几件，一直到明朝灭亡不曾停止过。大部分叛乱都是以白莲教的名义起事，弥勒教和明教渐渐消失，白莲教因而成为明、清两朝势力最大的"邪教"。

伊斯兰教传入中国

伊斯兰教（Islam）的创始者穆罕默德于公元571年生于阿拉伯的麦加

城（Mecca），在610年（隋炀帝大业八年）创教，时年四十岁。伊斯兰教或称回教，认为万能的阿拉是世界上唯一的主宰，教徒必须无条件地信仰阿拉，并服从其使者。真主阿拉经由使者传给穆罕默德的《古兰经》是伊斯兰教的根本经典，也是伊斯兰国家立法、道德规范和思想的基础，是所有事物的最高指导准则。伊斯兰教信奉绝对的一神教，反对其他的神、多神教和偶像崇拜。

穆罕默德不容于麦加的贵族，备受迫害，于是与其信徒迁往麦地那（Medina）；经过十年的奋斗，在阿拉伯半岛取得统治地位。穆罕默德去世（632年，唐太宗贞观六年）后，伊斯兰教开始向外扩张，西侵罗马帝国，东灭波斯帝国的萨珊王朝，而与唐朝接境。651年（唐高宗永徽二年），新起的阿拉伯帝国派遣使者到达长安，受到十分礼遇，唐朝称之为"大食国"。

唐玄宗天宝九年（750年），安西节度使高仙芝贪婪背信，残害昭武九姓中的石国，引起中亚各国公愤，向大食国求援。高仙芝被大食及各国联军击败，中亚于是逐渐成为伊斯兰教所控制的地区。西域各民族也渐渐转而皈依伊斯兰教。

阿拉伯人善于经商，不但控制了陆上丝绸之路的贸易，也经由海路来到中国南方，掌控了海上的贸易，同时又进行传教。中国最古老的伊斯兰教礼拜寺为长安的清教寺和广州的怀圣寺，据传都是在唐朝时建立的。

从海路来到中国的阿拉伯人越来越多，大部分是集中在广州、扬州、泉州等通商港口。不过当时中国频繁的战乱也使得这些富有的异教徒生命财产受到严重威胁。举一个例，《新唐书》里记载了安史之乱时有一个名叫田神功的将领率乱兵进入扬州，趁机杀人抢劫，遇难的大食、波斯胡商竟有数千人之多。但阿拉伯人仍是受到贸易厚利吸引前来，人数有增无减，估计到唐朝末年已有数十万人。曾经有一位阿拉伯历史家记载，黄巢起义时进入广州，并下令大杀穆斯林、基督教徒等，总共达到十几万人。

宋、元时的伊斯兰教发展

宋朝以后，东西方的海上贸易更加控制在阿拉伯人的手中。在各个通商港口及大都市经商的阿拉伯人极多，教育阿拉伯人子弟的学校及伊斯兰教寺院也渐渐普遍。泉州有名的清净寺是在宋朝初年建成。这时来到中国经商的阿拉伯人不但多，而且都很富有，生活极为奢侈豪阔。也有不少阿拉伯人被中国人同化，参加科举考试，受命为官。

宋朝末年，在泉州有一个阿拉伯家族，哥哥蒲寿成及弟弟蒲寿庚两人协助官兵击退猖獗的海盗。蒲寿成后来官拜梅州刺史，还是一个著名的诗人；蒲寿庚官拜泉州提举市舶司。南宋被蒙古人灭掉后，遗臣张世杰拥兵带着小皇帝，逃到南方。蒲寿庚决定弃宋降元，帮蒙古兵在崖山击溃张世杰。南宋遗臣陆秀夫抱着小皇帝蹈海而死。蒲寿庚因而仕宦显贵，蒲家后来成为泉州最大的贸易商，经过数十年努力而与其他阿拉伯商人共同协助将泉州推展成为世界第一大贸易港口。蒲寿成却忠于宋朝，不齿弟弟的行径，隐居于山中，拒绝在元朝出仕。

成吉思汗的子孙在欧亚大陆建立了几个疆域广阔的大汗国，而大部分是处在信奉伊斯兰教的阿拉伯人世界里。这些大汗于是也渐渐开始信奉伊斯兰教，其中有一个是封于钦察汗国的长子术赤的第三个儿子伯勒克，也就是拔都的弟弟。伯勒克下令穆斯林可以免捐田赋。旭烈兀西征，攻破巴格达，屠城，杀了八十万穆斯林。伯勒克接到消息，大怒，率领大军兴师问罪，大败旭烈兀。马穆鲁克王朝的拜巴尔急忙派使者去见伯勒克，结为同盟。因而旭烈兀已经无法单独对付拜巴尔。

旭烈兀的儿子阿八哈和孙子都信奉基督教，而压迫穆斯林。然而，伊利汗国国境之内就是现在的伊朗、伊拉克等国家，绝大多数是虔诚的穆斯林。旭烈兀的第三代子孙已经有人打着伊斯兰教的旗帜以争夺汗位，不断有叛乱发生。阿八哈的孙子合赞为了收揽民心，不得不改信伊斯兰教。从此人民才心悦诚服，国家也才开始得到安定。

元世祖忽必烈的部属中从蒙古来的有一部分已经是穆斯林，从西域、波斯来的称为"色目人"，绝大多数更是穆斯林，地位还比汉人高，位居高官的比汉人还多。据统计，在元朝担任过宰相的色目人就有十一个。元朝时从西域、波斯到达中国经商的穆斯林更多，而有"回回遍天下"之说。

伊斯兰教之所以也被称为回教，一般认为因为这是"回回"的信仰。

据学者考证，回回的称呼是从北宋开始，但在不同的时代可能有不同的意义。北宋时，回回与"回鹘"（回纥）通用。当初回纥在登里可汗时以摩尼教为国教，继任者谋害登里可汗，将国号改为"回鹘"（788年）。数十年后回鹘亡国，族人逃到现今的甘肃河西走廊及新疆，分别称为甘州回鹘及西州回鹘。后者在南宋时称为畏兀儿，是现今维吾尔人的祖先。回鹘人在中亚和西域伊斯兰强大的势力范围中，大多皈依伊斯兰教。不过在元朝时，回回已经成为畏兀儿以西中亚各族群的集体称呼，但不包括畏兀儿在内。在明朝初年，回回一词专指信奉伊斯兰的教徒。

明、清时的回教发展

元朝统治期间，有越来越多的汉人信仰回教。明太祖推翻元朝，创立了明朝；在他左右的大将之中也有许多是信奉回教的。有人考证，认为名将常遇春、沐英、蓝玉及汤和等都是回教徒。由于回教徒势力雄厚，明太祖对回教不得不表示尊重，甚至在南京敕建清真寺，并赐书赞美穆罕默德是"至贵圣人"。这个回教寺庙至今仍然留存在南京市里。

明成祖对于回教也是采取笼络及保护的政策。在他的左右也有许多回教徒，其中最著名的是七次率领宝船下西洋的太监郑和。此后，所有明朝的皇帝对于回教大致都是采取同样的态度。

不过明朝是汉人经过革命，推翻蒙元的统治而建立的皇朝，因而汉人的民族意识很强，对于外族人相当疑忌。原本来自外国而居住在内地的回教徒虽然仍坚持信仰真主阿拉，有些人开始刻意隐藏其为外人的身份，并且通婚越来越多，久而久之，这些人的子孙在服装、语言和生活方式已经和汉人相似。虽然如此，回教徒大多仍然保有其特殊的宗教信仰、礼仪和习俗，例如注重洁净、不吃猪肉、使用回历、进行斋戒月活动等，使得部分非教徒误解而产生隔漠，甚至敌视。清朝初年，全国各地常常有人针对回教徒造谣生事。幸而清初的几位皇帝都能包容，没有酿成大灾难。

康熙年间，有官员据报回回夜聚明散，不知道是斋戒月活动，以为是图谋叛乱，上奏康熙皇帝；但康熙皇帝不以为然，下旨凡是官民虚报回民谋反者，有司可先斩后奏。雍正年间，山东、直隶、安徽等地都有官员上奏，请求取缔回教徒，并严加惩治；雍正皇帝却几次下诏书说回民乃是"国家之赤子"，并直接将上书的安徽按察司革职议处。到了乾隆时，又有广西巡抚意图兴起文字狱，上书指称回民把诵读的教义称为《至圣实录》，实属僭妄。江南各地官府同时接获咨文后，立即查办，捉拿为首教徒。但乾隆皇帝也不同意，下令不必查办，释放教徒。

虽然居住在内地的回教徒受到朝廷庇护，新疆、陕西和甘肃的回教徒从清兵入关之后，却与清朝之间时有战争。顺治五年，甘州回民丁国栋、米喇印起兵，号称"反清复明"，又结合土鲁番回教势力占据肃州，结果被清军击破，死三万余人。

天山南路的回部原本有黑山宗、白山宗对立，黑山宗驱逐白山宗。准噶尔的噶尔丹与康熙对抗时，插手进来，率兵击破黑山宗，立白山宗为教长，居住在叶尔羌。噶尔丹在昭莫多战败自杀后，继起的策旺和阿睦尔撒纳也都继续扶植白山宗。阿睦尔撒纳又败死后，白山宗大、小和卓木率数十万回教徒顽抗，却在乾隆二十四年（1759年）遭到清军击溃而被杀。

大、小和卓木之役后五年，新疆回部又发生乌什民变，其原因主要是当地回民无法忍受清朝派任的地方官贪婪敲诈，公然奸淫妇女。清朝派兵前去镇压，在乌什城破之后杀尽城中壮丁。然而，终乾隆之世地方官大多是贪污舞弊，欺压人民，在边疆地区尤其恶劣。因而，新疆、甘肃的民变也无法停止，有昌吉之役、苏四十三之役、田五之役等发生；其中苏四十三之役甚至必须由军机大臣阿桂率十几万大军前往，才弭平乱事。

乾隆之后，边疆治理仍是不得民心，周边的政治环境又日趋复杂，所以回民民变一波接一波，仍然继续下去。

第 22 章

儒家思想在中国的演变及影响

战国时代诸子百家思想如百花齐放一般。到了秦始皇时,焚书坑儒,采取的是愚民政策,所有与思想有关的书籍不是烧毁,就是没收。但秦朝在很短时间内就灭亡,思想又恢复了自由。西汉初年的文帝、景帝倾向以黄老治国,不过对于其他的学术思想并没有任何干涉。汉武帝登基(公元前140年)之后,却发生了极大的变化。

汉武帝罢黜百家,独尊儒术

汉武帝登基时只有十六岁,年轻而有大志,跃跃欲试。当时有儒生董仲舒上书,陈述古今为政之道,称扬孔子,认为百家争鸣,各说各话,不利于国家的统一,因此建议罢黜百家,独尊儒术。丞相卫绾也说董仲舒是儒学泰斗。汉武帝于是采用董仲舒的建议,命令卫绾等人准备设明堂、改历法、改服色等事情。许多官员为了逢迎武帝,也都倾向儒学。

不过当时的太皇太后,也就是汉文帝的窦皇后,汉武帝的祖母,仍然活着。太皇太后和汉文帝一样,倾向黄老治国的思想。卫绾怕太皇太后阻止,建议汉武帝不要报告太皇太后。但是太皇太后仍然知道了,勃然大怒,逼汉武帝让卫绾自杀，同时还有一些大小官吏被杀、被囚禁，或被罢除。所有儒术相关事情一概停止。之后，没有人再敢提儒术和变革。

过了六年，太皇太后驾崩，再也没有人可以挡住汉武帝了。

董仲舒主张的是"天人相应、三纲五常"的新儒学。从周朝以来，帝王就被称为"天子"，意思是上天的儿子。董仲舒进一步发展出一套"天尊地卑"的思想，认为皇帝受命于天，是天的代表，而君临大地，臣民只能服从。帝王既然代表上天在管理人间，大自然出现祥瑞就是上天在表彰帝王，而出现灾异就是帝王有过失，上天不满的表征。上天的意旨因而与人间的现象有感应的关系，这就是所谓的"天人相应"，或称"天人合一"。

所谓的三纲，就是"君为臣纲、父为子纲、夫为妻纲"。意思是臣子要无条件地效忠皇帝，儿子要无条件地孝顺父亲，妻子要无条件地顺从丈夫。所谓的五常，是指"仁、义、礼、智、信"等五种人伦关系。董仲舒假借孔子的名义而设计三纲五常，套在臣子头上，来为君父服务。

汉武帝欣然采用董仲舒的建议，从此儒学成为中国正统的政治思想。建元五年（公元前136年），汉武帝下诏设置五经博士，建立太学，并从中拔擢官吏。在功名利禄的吸引之下，天下儒生于是都沉浸在五经中。

汉宣帝时，《尚书》的权威学者夏侯胜受聘教导太子，兼及后妃。夏侯胜九十岁时死了，皇后亲自素服戴孝五日，以报答师傅之恩，儒者皆以为荣。宣帝自己在民间时，亦曾经拜大儒为师，通晓《诗》、《书》。他下诏请全国著名儒学大师在长安讲论五经，并设了十四个五经博士。儒学风气因此鼎盛。

武帝时博士弟子只有五十人，到了宣帝增加为两百人。汉元帝一下子增至一千人，汉成帝干脆加到三千人，以与孔子的三千弟子等量齐观。东汉继续扩张，竟然达到三万人。太学生因而形成一股很大的社会力量，而与东汉末年的宦官集团对抗，不幸引致党锢之祸。

儒家与阴阳家的结合

汉武帝实施"阳儒阴法"，在思想上尊崇儒家，在施政上却用法家的刑名、法术以建立权威。后来西汉和东汉的皇帝也都是照办。

不过阴阳家的阴阳五行理论深入人心，从皇朝的正统和合理化角度来看，不能不予以理会。此外，皇帝也同样迷信，希望能够长生不老，这又给了阴阳家发展的空间。汉武帝和秦始皇一样好几次巡游四海，又封禅泰山。这些大部分都是阴阳家术士所建议的。汉武帝有一次巡游，经过黄帝在桥山的陵墓（在现今陕西省黄陵县），祭拜之后，问说："朕听说黄帝不死，为何却有陵墓？"阴阳家出身的大臣公孙卿趁机进言："黄帝已经成仙，升到天上去。群臣思慕他，将他的衣冠葬在这里。"汉武帝听后，羡慕之情溢于言表。

阴阳家自知地位终究无法和儒家显学相提并论，又看见所有的人都在钻研五经，于是设法要把阴阳家思想渗透进去，以一种神秘主义和灵异的方式来解释五经。董仲舒所说的"天人相应"已经有一些阴阳家的味道，正好为他们开了一扇门。阴阳家于是主张星象、天候、地貌、灾异等等都是国家社会将要发生而未发生事物的征兆，并且从五经中撷取字句，据以佐证、发挥。

阴阳家用不同角度解释五经的论述渐渐形成一种新的学派，称为"谶纬学"。"谶"是假托神灵，有关吉凶的预言，常常附有图画，所以又称为"图谶"。"纬"与"经"相对，就是以阴阳五行来解释五经的说法。

谶纬之学

王莽一心要复古，实施政治改革，但是怕反对者众，于是自行炮制许多祥瑞，然后利用谶纬学说，使得自己所作所为都合理化。汉光武帝起来革命，除了使用武力以外，也同样利用谶纬《赤伏符》来让知识分子和老百姓信服他是真命天子。汉光武帝在位三十年后，颁布图谶于天下。凡是反对谶纬的人，都得不到朝廷重用。汉章帝也亲自召开过一次全国经学讨论大会，即是"白虎观会议"，并命令班固整理会议记录，编辑成书。其中也掺杂讨论谶纬之学。在帝王提倡之下，谶纬学勃兴。每当灾异频传，朝廷公卿和市井小民更是热烈讨论谶纬征兆及相应的现象。

东汉末年有一位著名的经学大师郑玄，博通古今，遍注五经，著作等身，集汉代经学之大成。郑玄又精于天文历算及谶纬之学，所写的纬书如《易纬乾凿度》《尚书纬帝命验》等，将近二十部之多。因此，在东汉时谶纬学与经学的学术地位绝对是不相上下的。郑玄住在北海高密（今山东高密县），名满天下，在朝廷和民间都有崇高的地位。汉桓帝时，黄巾起义，天下大乱。当时所有的起义者相戒，不敢进入高密，怕打扰郑玄。

魏晋南北朝时的儒者只要是博通五经，又精研天文、地理，大多都是应用谶纬之学，并且成为帝王之师。北魏的崔浩是其中出类拔萃的人物。其后随着道教、佛教、玄学的兴起，谶纬学的地位渐渐没落。虽然如此，阴阳家的学说并没有衰退，而是转身渗透到新兴的道教及佛教里面，在广大的民众之中牢牢占有一席之地。

隋、唐、宋、元的科举制度

在隋、唐两个朝代里，儒家在中国的地位越来越重要。

隋文帝为了改革魏晋南北朝以来的世袭贵族制度，决定开始实施科举制度，下令各州选派生员参加"秀才"考试。隋炀帝初年又增设"进士科"。整个隋朝的三十八年里，举行考试不过五六次，录取的秀才及进士不过十几个人，但中国长达一千三百多年的科举制度从此开始。

唐朝继续发展科举制度。应考的有国子监的学生，称为"生徒"；也有"乡贡"，是经过府考、州考等地方政府基层考试后再选拔到中央来应考的。考试的内容分为秀才、明经、进士、明法、明书、明算等科目，其中进士科和明经科比较常见。进士科以辞章及策论为重；明经科以经义为重。无论是进士或明经，考题总是围绕着儒家的经典。经过考试录取的学子一律分发到中央或地方任官。唐太宗时，孔颖达奉令召集数十位知名的博学大儒共同讨论，编撰成一部《五经正义》。从此，儒家学术有了标准本。唐太宗曾经说："天下英雄，尽入吾彀中矣。"露骨地把他之所以要扩大举办科举考试的目的说了出来。

唐朝虽然有科举考试，并不是唯一仕进之路。士族门阀的子弟也能够借世袭祖荫而当官。两个不同出身背景的集团之间自然产生矛盾，并且越来越严重，因而后来有牛李党争。但是唐朝到了后半期藩镇跋扈，已经是武人的天下，文人的出路有限了。五代十国也有科举，但进士科录取人数不多，而明经科往往一次录取百人以上，并且几乎都是武人的子弟，没有几个是真正读过书，能写什么文章。科举制度已经变质而被武人子弟垄断。

宋朝的政策是"重文轻武"，明经科既然在五代时已经声名狼藉，只有隆重举办进士科考了。据统计，唐朝二百九十年间录取的进士总人数是六千四百四十二人，平均一年只有二十二个人。北宋年间，平均达到一百九十四人。从宋太祖、宋太宗开始，宋朝皇帝无不在殿试时亲临试场，甚至亲自阅卷。举行进士初试时，在礼部设香案，考官与考生互相对拜。进士第一名称为状元，由皇帝派卫队开道传呼。宋朝所有的宰相几乎没有不是进士出身的。

宋朝把科举制度当成是国家第一等大事，又如此地礼遇读书人，使得"士"这个阶级的政治及社会地位提高到历史上前所未有的地位。相对地，士大夫对于朝廷及国家的认同感也达到了顶点，完全翻转了唐朝晚期和五代时的乱象。士大夫也纷纷开始以国家社会为己任。北宋名臣范仲淹的名言"先天下之忧而忧，后天下之乐而乐"，代表了这种时代背景下的心理。

南宋继北宋之后继续举办科举，据统计平均每年录取的进士人数是一百四十九人。当时北方女真人所建立的金朝也同样注重儒家思想，尤以金世宗和金章宗为最，不遗余力地推行科举制度。据统计金朝每年平均录取的进士人数也是一百四十九人。

蒙古人建立元朝后，国家是不是举办科举考试，要看皇帝对汉人的态度而定。歧视汉人的蒙古贵族如果得势，就不办科举；反之，又恢复考试；真正有举办科举的时间不到一半。汉人、南人和蒙古人、色目人分开考试，而前者录取率低很多，录取后授官任职的职位也比较低。汉人、南人知识分子既然仕进之路阻塞，许多人就把时间和精力花在通俗文学上，因而有元曲、小说的成就。

韩愈上书《谏迎佛骨表》及其影响

读者如要明白唐朝以后儒家思想在中国发展的全貌，必定要同时把佛教的发展也一并纳入讨论，因为二者既相成，又相拒。不仅如此，在韩国及日本两国的历史上，佛教与儒家思想之间的关系也是同样复杂，无法分开谈论。以下先讨论在中国的发展及演变，而其中有部分是引述现代著名的历史学家余英时先生的大作《朱熹的历史世界》。余先生这本书不只写朱熹的时代，也有很大的篇幅是叙述王安石前后的时代，见解十分精辟。

佛教的势力在唐朝时过度地膨胀，甚至超越了道教，其铺张浪费，不劳而获，以及倡导迷信的现象实际上早已引发许多儒家学者的不满。元和十四年（819年），唐宪宗派宦官到凤翔法门寺迎接佛骨到长安。佛骨是相传释迦牟尼死后所留下来的一段指骨（也有说是牙齿）。这是唐朝开国以来每三十年才有一次的盛会，隆重无比。这时却有一个名叫韩愈的大臣上书《谏迎佛骨表》，说佛本是夷狄之人，不知君臣之义，父子之情；自从汉明帝信佛以后，各朝代的皇帝寿命越来越短；南北朝时梁武帝信佛，以至于饿死，殷鉴不远；请唐宪宗不要示范迷信，使得愚顽的百姓纷纷效法，伤风败俗；又建议把佛骨丢到水火之中毁弃，永绝根本。唐宪宗认为韩愈是诅咒自己早死，大怒，把韩愈贬到荒僻的潮州（今广东潮安）去。但很凑巧的是，唐宪宗在第二年竟突然暴病而驾崩。

韩愈上书《谏迎佛骨表》在当时可能只是一件小事，但从东亚的宗教及思想史的角度来看，却是一个重大的历史事件，其后续影响持续七八百年之久。

从汉朝起，经过魏、晋、南北朝到唐朝，中国的文人写文章有一个现象，就是"骈文"逐渐成为风尚，只追求对仗工整、辞藻华丽，往往洋洋洒洒，内容却十分空洞。韩愈遂提倡"古文运动"，主张"文以载道"，也就是说文章应该要用汉朝之前的古文质朴写法，并且要有具体的内容。韩愈因而开创了一个新的文学风气，是所谓的"唐宋八大家"之首。宋朝的大文豪苏轼（也是唐宋八大家之一）称誉韩愈"文起八代之衰"，意思是由于他的领导而翻转了从汉朝到唐朝的萎靡文风。

在思想上，韩愈更是以维护儒家的道统为己任。这所谓的"道统"，是从尧、舜、禹、汤、文、武、周公一直到孔子、孟子，一脉相传的。韩愈认为佛家及道家的思想是虚无而空泛，对世道毫无益处，因而他的文章里有很多是以排斥佛老为主题。韩愈上书《谏迎佛骨表》所代表的是自认儒家中的正统派向他们认定是异端的佛教宣战。韩愈虽然被逐，但在其后的北宋、南宋及明朝时又有人继之而起，继续向佛教宣战。

北宋王安石新学与其他理学宗派的对立

韩愈上《谏迎佛骨表》后仅仅二十五年，便发生了唐武宗灭佛（845年）；再过了约一百一十年，又有后周世宗灭佛（955年）。但佛教的力量根深蒂固，在两个事件后不久就恢复了其势力。北宋初年，部分的士大夫对此感到忧心，于是再一次推展古文运动，效法当年的韩愈排佛而尊孔孟。

当时佛教也发生一个变化，在部分有德高僧，如天台派的智圆和禅宗的契嵩的倡导之下，渐渐从出世走向入世，不但关怀时事，也希望从思想上着手，重建人间秩序。他们认为，儒家思想和佛法虽然表面上说法不同，在道理上是相通的，都是要教化人民，让人迁善远恶。

智圆与契嵩两人也都精研儒学，善用韩愈所提倡的古文写文章，极受当时许多士大夫敬重。智圆特别率先提倡《礼记》里面的一篇《中庸》，认为"中庸"的意思与大乘佛教龙树菩萨所称的"中道"是一样的，都在讲心性之法。智圆身在佛门，却自号是"中庸子"，可见他对《中庸》的重视及钻研之深。

对于痛恶佛教的士大夫，契嵩更是与之殷切恳谈，努力化解其敌意。事实上，儒家学者中并不是全部都对佛教拒斥，有些学派也愿意兼容并蓄，接受部分佛教的思想。与契嵩同时的大学者兼政治家，如王安石、欧阳修、苏东坡等，对契嵩无不十分礼遇。王安石亲自写成《三经新义》、《易义》等书，用以阐述儒家的经典，其中便夹杂了部分佛家的思想及观点。王安石是当朝宰相，受宋神宗宠信而主持新政，因而王安石的"新学"便成为当时儒家的新学派，而领导士林。

但士大夫中也有部分的人坚持排佛，不同意儒、释相通的说法，认为这也是一种异端，甚至比佛教本身更加不能接受。程颢、程颐兄弟便是这一个正统派的代表人物。因而，儒、佛的冲突又进一步引起儒家中不同学派之间的对立。

程颢和程颐兄弟合称"二程",是北宋另一位大儒周敦颐的弟子。周敦颐写了一本《太极图说》以阐释他的宇宙观,说无极衍生太极,太极衍生阴阳两仪,又衍生出四时及五行。周敦颐又写过一篇《爱莲说》,夸赞莲花是"出淤泥而不染",充分说明他对思想纯正及人格养成的重视。二程将周敦颐的思想与孟子的"性善说"结合,创立一个新的学术方向,即是"性理之学"。他们认为,万事万物都只是一个"天理",或称为"理",主张所有社会的道德规范都应该以"理"为依归。

二程原先是赞同王安石变法,后来却又转投到反对派的阵营。二程之所以离开王安石,当然是因为不同意部分的新法措施,但另一方面也是因为他们认为王安石的思想方面出了问题。王安石变法失败以后,二程曾批评说:"王氏之教靡然而同,是莫大之患也。"又说:"到今日,却要整顿介甫之学,坏了后生学者。"

当时党派林立,而思想歧异,有以二程为首的洛党,以苏轼一家人为首的蜀党,另外还有朔党等等。这些党派其实都是属于司马光所领导的旧党的一部分,但他们不但攻击王安石的新学,也各自提出不同的儒学新主张。"理学"便是在北宋这种各家争鸣的情形下产生的,代表了一个儒学新时代的开始。广义地说,"理学"涵盖上述所有的儒家门派的新思想,包括王安石的新学在内。旧党在野时,各门派目标一致反对新政,互相还能和睦相处;旧党一旦执政,内部的矛盾便完全暴露出来,思想层面的冲突又进一步扩大到政治层面的冲突,以至分裂。

南宋理学的发展

南宋高宗时,由于权臣秦桧偏向王安石的新学,所以其他的理学都无法与新学的势力相抗衡。宋孝宗继位以后,新学定于一尊的地位开始摇动,许多不同的门派又发展出来。

一般认为,朱熹(1130—1200年)是南宋集理学之大成的学者。他根据二程的学说再加以发扬光大,以维护道统为己任,主张"去人欲,存天理",

认为这是儒家圣贤的精髓所在。他特别阐扬《大学》里面"格物、致知、诚意、正心、修身、齐家、治国、平天下"的思想,认为这是儒者一生所必须追求的过程与目标。"格物致知"就是要能穷尽事物之理,做学问必须循序渐进,要能博学之后才能简约。

另有一位大儒陆九渊(1139—1193年)是著名的"心学派",主张人应该从本心出发,认为心就是理,明心即能见性,重视内省的功夫,而不在于多方学习外界的知识。两人的思想针锋相对,却从来不曾见过面。当时有另一位大儒吕祖谦于是在宋孝宗淳熙二年(1175年)邀请两人一同到现今江西上饶市铅山县的鹅湖山上鹅湖寺集会,以相互辩难,连续数日。这一场"鹅湖之会"是中国哲学史上有名的大辩论,据说与会的学者、官员超过一百人。陆九渊雄辩滔滔,批评朱熹所说的"格物致知"是繁文末节,支离破碎,问朱熹若是一定要读书穷理才能致知,那么"尧舜之前有何书可读"?朱、陆两人在会后都说收获甚多,但朱熹实际上心中十分不快,自己说曾经到深山中静坐思考数月,后来朱熹写信给朋友,批评陆九渊等于是提倡尽废讲学,虽然质朴,但自信太过,规模窄狭,恐怕会流于异学而不自知。

另有一个"气学派",是由北宋时张载所开创的。所谓的"气",指的是自然界组成万事万物的材料。气学派的学者认为"气"是宇宙万物的根本,"理"是"气"运动变化的规律法则,两者是同一件事。朱熹却认为"理"是先于自然现象和社会现象,是一种形而上的法则或伦常;认为气是形而下,是次要的。气学派不同意朱熹"理与气是二物"的理论,更加不能接受朱熹主从的说法。南宋时的理气之争不过是学者之间相互辩难,但后来在理学传到朝鲜后,却成为血淋淋的"党争"的源头,比北宋的党争还要严重,详细请参见下一章叙述。

前面所提到的吕祖谦是"金华学派"的创始人,在当时与朱熹和陆九渊齐名,鼎足而三。吕祖谦家学渊源,又四处拜师,对北宋的王学、程学、蜀学都有涉略,特点是心胸广大,不拘于一门一派之言,甚至对佛学也有很深的研究。南宋的士大夫公认吕祖谦是理学家中对历史最有研究的一位。不过吕祖谦认为读书做学问的目的在于经世致用,认为若只是空谈性命之学，无益于国计民生。吕祖谦与朱熹交情既深且久，常劝朱熹要避免过度拘泥己见，排斥其他人。

吕祖谦不幸四十几岁就病死了，有些重要的著作写到一半而无法完成。在他死后，陈亮继起为"事功学派"的代表，反对空谈性理。陈亮攻击提倡道学的儒者只知颂扬董仲舒所说的"正其义不谋其利，明其道不计其功"，而无视于国家艰难，人民困苦。但在朱熹看来，事功学派标榜"功利"，反而是十分危险的思想。朱熹认为国家兴亡，关键只在于道德的有无深浅，每次上书给皇帝或当权的宰相，通篇只是强调仁义道德，不及其他。两人为"王霸"而争论不休。朱熹言必称尧舜，说："尧是初头出治第一个圣人。"又常说尧如何如何教导舜，周公、孔子又是如何一脉相传。陈亮却说汉、唐两朝也都传承了几百年，有其道理，不一定非要复古不可。

南宋时，佛教仍然十分昌盛，各派的理学家们也多少吸收了部分的佛教思想，但有些人仍认为佛教是异端，并以在家谈禅者为主要批判对象，即使是过世已经一百多年的王安石也被严厉攻击。朱熹说王安石是"学术不正当，遂误天下"。陆象山也说："荆公之学，未得其正。"批评最激烈的是另一位理学家张栻，说："介甫之学乃是祖虚无而害实用。"又说王安石："高谈性命，特窃取释氏之近似者而已……故其横流蠹坏人心，以乱国事。"

在南宋之后的各个朝代，注重经世致用的学派得不到执政者的支持，无法成为主流，因而，在此后数百年里，中国的士大夫大多是朝着"坐而论道"的方向发展。

朱熹的生平及思想

朱熹生于南宋高宗建炎四年（1130年），死于宋宁宗庆元六年（1200年），活了七十一岁，跨越了高宗、孝宗、光宗和宁宗四朝。他的一生之中，除了有七年多曾经当过地方官，其余全部都在讲学、著书，因而多半只能靠门徒的束脩、朋友的馈赠过日子，家境可说是贫穷，却是安贫乐道。

朱熹主张居敬穷理，认为穷理是做学问的方法，而居敬是做学问的态度，是个人的修养功夫。朱熹对于礼法尤其重视。根据记载，他每天天还没有亮就起床，穿着整齐后，率领弟子焚香拜祭祖先和先圣先贤的画像，然后才坐到书房里。书房中的桌、椅必定摆得端端正正，书籍和文具也都整整齐齐。吃饭时碗筷都摆在定位，吃食取汤也都有一定的规矩。朱熹祭祀时，对于所有细节十分在意，要求尽善尽美，只要有小小疏失，便终日不乐。总之，朱熹生活处事的态度非常严肃。

朱熹所学极广，对儒、道、释都曾经潜心研究，对于儒家的经学不但注意古人的批注，也兼取北宋以来各大家的见解。朱熹解释天理和人欲时，其实并没有说二者是对立的，甚至说人欲是从天理而来，其间只有程度的差别。朱熹自己举例说，饮食是天理，因为那是凡人生存都自然需要的，但如果进而要求美味，就是人欲。然而，在实际的生活和学术论争上，朱熹显然并不能接纳兼容并蓄，而常常排斥他人，要与人一较胜负，让人认为不够恢弘温润。

朱熹的思想强调上下尊卑、三纲五常，充满封建社会的意识形态。这种逻辑不只是在君臣、父子之间，又推展到家族、夫妻、兄弟、主仆之间。他在给皇帝的奏章上主张，凡是有狱讼，必定要先问尊卑、上下、长幼、亲疏。凡是以下犯上的，先要追究凌辱尊长之罪，而不问是非；如果地位卑下的人理屈，更是罪加一等。换句话说，仆人到官府控告主人，依朱熹的做法可能是先惩处仆人，而不问仆人遭受何等委屈。

朱熹做官时，兴水利，救饥荒，为民请命减税，重修白鹿洞书院和岳麓书院，政绩斐然。他又疾恶如仇，弹劾了一些贪官污吏。朱熹曾经弹劾一位属于事功学派的官员唐仲友，认定他是贪污虐民，前后竟写了六道奏章，不达目的绝不罢休。据说朱熹又对一名官妓逼供，强迫她承认与唐仲友有不寻常关系，但这官妓却抵死不承认。这件案子在当时十分轰动，也引起后世的学者议论纷纷。有一部分人（如陆九渊）鼓掌叫好，却也有另一些人（如明末的大学者黄宗羲）认为朱熹可能是被人利用，并且有诬陷之嫌。不过真相如何，至今仍是难以辨明。

宋宁宗被权臣韩侂胄等人拥立为皇帝（1195年）之后，听说朱熹的大名，请他担任经筵侍讲。朱熹不但在侍讲时讲进德修业，用大道理教训年轻的皇帝，又当面批评很多时政，结果上任前后只有四十天就被免职了。有人问宋宁宗为何要把朱熹免职。宋宁宗说当初只不过是请朱熹来当侍讲，但朱熹却事事都要过问，言下之意是忍无可忍。

朱熹和门人常常以道德自居，又积极地参与政治，树敌很多。宋宁宗逐走朱熹之后，韩侂胄等人对朱熹及其门人党徒趁机落井下石，说朱熹本无学术而欺世盗名，又发动谏官攻击朱熹，说他是："口说先王之言，身为市人所不为。"称之为"伪学"，或是"假道学"。第二年，韩侂胄请宋宁宗下旨查禁伪学，后来又将五十九个与朱熹有关的党人列册，永不录用。

南宋对金作战失败后，韩侂胄被杀，朱熹又恢复了名誉。宋理宗即位之后，提倡理学不遗余力，理学突然得到蓬勃的发展。但宋理宗沉浸在理学中，对实际政治事务没有兴趣，将国家大事先后交给史弥远、丁大全及贾似道等三个不学无术的权臣，而不加闻问，因而国事日非。再传到下一代皇帝，国家就灭亡了。

朱熹与后代的科举制度

朱熹生前的著作很多，其中有一部分是批注儒家的经典，包括《大学章句》、《中庸章句》、《论语集注》和《孟子集注》等。朱熹后来将这四部书合订在一起，称为《四书集注》，倾毕生精力，反复不断地修改这部书，据说到临死前一天还在修改其中部分的章节。

朱熹的思想及学说虽然在南宋时引起极大的争议，但是他强调上尊下卑的伦理关系深获后来的统治阶级认同。元仁宗在皇庆二年（1313年）规定科举考试必须在四书内命题，而以《四书集注》为标准教科书。朱熹学说于是与科举联结在一起。

明朝也举办科举，读书人要先取得"生员"的考试资格，然后再循序参加乡试、会试、殿试三个等级的考试，被录取的分别称为举人、会士及进士等。考试的内容同样以朱熹的《四书集注》为依据。原本考生所写的经义、策论并没有一定的格式，但是到了明宪宗成化年间，却开始规定要把文章分成破题、承题、起讲等八段。"八股文"由此而来，知识分子的思维空间于是越来越狭窄。

明朝之后，清朝各代的皇帝同样也都尊崇朱熹。朱子哲学因而成为元朝以后所有朝代统治阶级的官方哲学，统治了中国的思想。

后世有许多学者认为，朱子儒学已经成为一种新宗教，称之为"儒教"，而批评儒教是"以理杀人"、"吃人的礼教"。近代有许多人认为封建时代有若干做法，如贞节牌坊、僵硬的家法和鼓励愚忠、愚孝的行为，大多违反人道，而将之归罪于朱子。许多外国的学者也以为朱子哲学就是代表儒家哲学，据此严词批判孔子和儒家思想。

事实上，孔子的儒家思想在历史上至少被扭曲了两次。第一次是在董仲舒时，第二次是在朱熹时。明、清两代的封建帝王又刻意地扭曲了朱子儒学。明、清时代的钦定儒学因而根本已经无法代表原有的儒家思想。

王阳明学说

朱熹学说成为主流以后，陆九渊一派的学说逐渐沉寂下来。明朝中叶，由于王守仁的出现，陆九渊一派的学说才再度复兴，称为"陆王学派"。

王守仁（1472—1528年）是浙江余姚人，后世称为王阳明。他小时候读书，有一天问老师："什么是第一等事？"老师说："就是读书中举，登第做官了。"王守仁听了，不以为然，说："登第做官恐怕不是第一，大概要做圣贤才是。"十几岁时，王守仁学朱熹格物致知的学问，在庭院中对着竹子去"格"。结果一无所得，反而生病。接着他又遍学辞章、佛学、黄老，游历边塞。二十八岁时参加科举，高中进士，开始做官。然而他的心中并不踏实，总觉得缺少目标。

王守仁三十四岁时，明武宗宠信宦官刘瑾，发生大案，大臣多人被逮捕下狱。王守仁上书为大臣申冤，竟也被逮捕，受廷杖四十下，当场晕厥，几乎死去。王守仁康复之后，被贬到贵州龙场（在今贵州修文县）担任驿站的站长。龙场在万山之中，与世隔绝，到处是毒虫瘴气。四周居住的都是部落土人，言语不通。常人到这里，不免颓然丧志，但是王守仁是非常之人，竟然在这样困顿的环境中得到突破。王守仁的基本思想可以说都是在龙场五年中，人生最低潮时，独自一人冥思领悟得到；从此胸中一片澄然，找到人生的方向。

王阳明的哲学是唯心的理想主义。他的哲学体系可以由"心即理"、"致良知"和"知行合一"三句话总括。简单地说，他认为圣人之道，是要从心中内省，而不是从外在的事物中求得。人心因而就是天理，是天地万物运行的基本原则与规律。所谓良知，是人与生俱来的善，也就是孟子所谓的"赤子之心"。人之所以为恶，是因为后天的私欲遮蔽了良知，以至于做出违背天理之事。因而必须去人欲，存天理，找回良知。王守仁特别注重"致良知"，说："我此良知二字，实千古圣圣相传一点滴骨血也。"王阳明认为知与行是同一件事，一个人心中虽知道，而行为与心中所想相反，只是不知，所以必须知行合一。知是行的开始，而行是知的完成。

王守仁并非只是谈理论，同时也实践知行合一。他后来曾经当过县官，也曾经带兵打仗，平定各处的盗匪，甚至在明武宗的叔叔朱宸濠叛乱时，他也迅速地出兵平定祸乱。不过由于嘉靖初年政治派系林立，暗潮汹涌，王守仁遭到排挤，始终不曾成为朝廷高官。虽然如此，王阳明不废讲学，时时召集门人集会讲论，相互问答。阳明学说（或称王学）风行一时。但当时朱熹学派是官方哲学，因而各方的攻击蜂拥而来。

王学讲究的是内心的自省，而以静坐为方法之一。大部分的批评因而集中于王学"虚静而类禅"，也就是说和静坐参禅没有两样。禅宗在明朝时如何受到部分官僚及知识分子敌视由此可知。还有很多守旧派攻击王守仁处处怀疑先圣先贤的至理名言，而提出自己的见解，罪大恶极。对王守仁的批判到了最高峰时，嘉靖皇帝亲自下了一道诏书，上面说："守仁放言自肆，诋毁先儒，号召门徒，声附虚和，用诈任情、坏人心术。近年士子传习邪说，皆其倡导。"

王守仁在世时，门人已经陆续将他平时的讲学、谈话的记录及来往书信，集结成书，书名《传习录》。有一段时间这本书也被官方列为禁书，阳明弟子因而只能私自传习。嘉靖皇帝死后，禁令解除，后来王阳明又被配祀孔庙。王阳明学说从此确立其在学术上的地位。

清朝的文字狱

清朝入主中原以后,知道满、蒙人数太少,必须要获得多数的汉人认同才能长保江山稳固,而科举是最能够笼络知识分子的办法。多尔衮因而下令重开科举考试,一切都照原先明朝的制度。对无意于科举功名的大儒,清朝也下诏举博学鸿儒,极力延请。

虽然如此,清政府对于汉人仍然十分疑忌,深怕汉人的民族思想抬头,危害到政权的稳固,找到机会便不遗余力地加以打压,因而有文字狱。康熙二年(1663年),鳌拜当政时发生第一次的文字狱,当时有一个名叫庄廷鑨的儒生刊印一本《明史》,其中不用清朝皇帝的年号,而使用明朝末代各流亡皇帝的年号;字里行间也有许多对满人不敬之处。有人向朝廷告密。鳌拜一向歧视汉人,决定借此压制汉人,下令捕杀有关人员,结果死了数百人。康熙晚年,又发生一件《南山集》文字狱,也与明朝的历史有关,牵连了主角戴名世等三百多人。

雍正年间也发生许多起文字狱事件,而最重大的一件吕留良案仍是和民族思想有关。事实上吕留良在雍正登基时已经去世了四十年,但留下一些著作,明显地倡导民族思想。例如,他在书里说:"华夷之分,大于君臣之伦。"意思是说满人是异族,汉人不必效忠于清朝。雍正时,有一个名叫曾静的文人看了吕留良的书,十分敬佩,于是开始策划行动。曾静派弟子张熙去游说川陕总督岳钟琪,劝他起兵革命,驱逐满人。岳钟琪是南宋时忠臣岳飞的后代子孙,吓得不敢不向雍正报告。雍正大惊,下令杀掉吕氏后代一家人。不过雍正却没有杀曾静和张熙,而是命令两人在狱中写供词,承认思想错误。雍正又亲自写文章,提出"天下一统,华夷一家"的说法。雍正把曾静、张熙的供词和自己的文章放在一起,编成一本书,称为《大义觉迷录》,用来破解汉人的民族思想。

乾隆时代发生的文字狱就更多了,至少有一百件以上,其中大部分都是捕风捉影,无中生有。往往只要一篇文章中的一段,甚至一个字被挑出毛病,便能兴起大狱,连累数百人家破人亡。乾隆自命文采风流,实际上是阴毒而残忍。当初雍正不杀曾静和张熙,乾隆即位后不久却下令将两人处死，又下令销毁《大义觉迷录》。乾隆与雍正的做法，是十分明显的对比。

在清朝的高压统治之下，知识分子人人自危，被迫转而研究训诂、考证等所谓"小学"，而避开意识形态，不敢再碰触民族思想。清朝"小学"的成就辉煌，原因也在此。

第 23 章

佛教及儒家思想在韩国的发展及影响

古朝鲜各民族的原始宗教信仰是萨满教（Shamanism）。这是一种出现在新石器时代的信仰，也可以说是一种原始渔猎部落的生活形态，流行于亚洲北方，比世界上任何一个有组织的宗教还要早，距今至少一万年。女真人、蒙古人、匈奴人、鲜卑人以及突厥人的祖先，莫不信奉萨满教。中国在商朝以前的部落社会信仰，基本上也可以说是一种萨满教。至今亚洲北方的少数民族，如赫哲、鄂伦春、达斡尔人等都还保存着此一信仰。在非洲，许多土著民族也同样保留着此一原始的信仰。

萨满教

萨满教的特点是灵魂观念，认为天地之间的万事万物都有灵魂。不但是人与动物有灵魂，虫蚁、树木也有灵魂，甚至日月星辰、山川雷电、云雾风雨也都被赋予灵性而神格化，视为主宰大自然和人间的巨大力量。通古斯语称巫师为萨满，巫师就是各部落萨满教活动的主要领导人物，而通常是经过一代又一代口传而世袭的。古代的萨满教并没有成文的经典，没有寺庙，也没有宗教组织，更没有特定的创教人物。亚洲北方，东西横亘数千公里,各部落虽然分隔,但是所有的人都跟着巫师一起,崇奉祭祀各种神灵及部落的祖灵。

大自然中充满了各式各样的神。祖先亡故之后,灵魂又转成为鬼。神鬼观念以及人间对各种天灾、疾病与死亡的恐惧因而是萨满教的核心观念。巫师也不断地提醒族人绝对不能违拗、触犯各种神灵与祖灵,以免被惩罚或报复。

中国的史书《后汉书·东夷列传》对于远古时期高句丽有如下的描述:"喜好祭祀鬼神、社稷、辰星,以十月举行祭天大会,名曰'东盟'。"文中又记载马韩的生活形态,说:"常以五月竞祭鬼神,昼夜酒会,群聚歌舞……十月农事完毕,又再一次。各部落以一人主祭天神,号为'天君',又立苏涂,建大木,悬挂铃鼓,以事鬼神。"韩国在三国时代以前,各部落鲜明的萨满教色彩由此可以清楚看见。至今在韩国的首都首尔郊外及乡下地方仍然可以看见苏涂大木,挂满了铃铛,是萨满教的遗迹。

到了公元四世纪,佛教才开始分别传入高句丽、百济及新罗三国。

儒学及佛教分别传入三国

公元370年,高句丽故国原王在与南方新兴起的百济近肖古王作战时,兵败身死。继任的高句丽小兽林王在国家面临危机之中,决定向中国北方新兴的霸主前秦苻坚称臣入贡,结为盟邦,并全面引进中国的文化及制度,以从事政教改革。前秦王苻坚派遣高僧顺道法师携带佛经、佛像,到达高句丽,开始建造寺庙。这是韩国佛教之始。小兽林王也在国都创办"太学",以儒家经典教导学生。儒家的学术思想从此正式引入韩国。

公元384年,有天竺高僧摩罗难陀从东晋到达百济,受到第十五代枕流王盛大的礼遇,开始传扬佛教。第二十六代百济圣王四年(526年),有一位高僧谦益从天竺求法回国。谦益在天竺停留五年,对戒律研究透彻,翻译律部七十二卷,而成为百济律宗的祖师。百济圣王笃信佛教,广建佛寺,又将佛法介绍到日本,是佛教传播到日本的一个重要人物。

新罗一开始对于佛教比较排斥,一直到第二十三代法兴王时,发生大臣异次顿为坚持宣扬佛法而自愿被斩首的殉教事件（527年），佛教才终于开始可以自由传教。新罗第二十七代真兴王（540—576年在位）时，新罗的佛教突然兴旺起来，高僧辈出。有沙门义信到天竺取经，又有圆光、慈藏、义湘等大师到中国求法。其中圆光法师集成实、涅槃、般若宗之大成。

真兴王在晚年时创办了一个国家的教育机构，称为"花郎道"。国家将选定的青少年们集中一起，教授儒家思想、传统道德、礼仪规范等，用以培养其精神、体魄、学识及修养。学员称为"花郎徒"，都必须遵守圆光法师所提倡的"世俗五戒"，内容是："对国君要尽忠，对双亲要尽孝，对朋友要有信，杀生要有选择，临阵对敌时绝不后退。"

花郎道的师生遍游名山大川，以增长见识和历练。花郎道培养出来的青少年长大之后都成为杰出的文臣武将，后来在新罗统一三国的过程中发挥了极大的贡献。金春秋和金庾信就是其中两个最重要的人物。

高句丽第二十七代荣留王（618—642年在位）即位不久，统一中国的唐高祖有鉴于隋朝与高句丽连年战争，导致民生涂炭，国家动乱，因而主动示好，下令释放先前因为战争而被拘留在中国的高句丽俘虏。荣留王大喜，投桃报李，也主动向唐高祖表示愿意引进道教。

道教的祖师是太上老君李耳，与唐高祖李渊同姓。因而，唐朝虽然对宗教采取开放的态度，对道教却是青眼有加。荣留王此举，使得唐高祖极为高兴，于是派出道士，携带《道德经》到达高句丽。高句丽将部分的佛寺改建为道观，以供唐朝的道士作法、修行及传道。道教从此兴盛，渐渐与佛教分庭抗礼，后来甚至凌驾在佛教之上。

新罗统一时代的佛教发展

韩国有许多高僧到中国及天竺求法，回国之后，纷纷开山立派。其中重要的宗派有涅槃宗、戒律宗、华严宗、法性宗（海东宗），以及净土宗等，也出现了许多杰出的佛教宗师。以下略述其中几位具有代表性的大师的生平及成就，以及禅宗的兴起，借以说明新罗时代的佛教发展情形。

■圆测法师（613—696年）

圆测法师原本是新罗的王孙公子，自幼出家并到唐朝留学，读遍佛教三藏经典，极负盛名。玄奘大师从天竺归国后，圆测即拜玄奘为师，协助译经讲道，历时近二十年，是玄奘大师的左右手。玄奘圆寂后，圆测在西明寺继续弘扬唯识教义，并提出很多自己的见解与理论。新罗统一后，神文王曾数次请圆测回国，但武则天也重视圆测，无论如何都不让他回去。

南北朝时，有一位名叫真谛的天竺高僧来到中国，翻译许多佛经，与鸠摩罗什和后来的玄奘齐名，并称三大佛经汉译大师。圆测曾经潜心研究真谛的思想及见解，而写成十卷《解深密经疏》，是今日研究真谛的重要参考资料。这十卷经疏在唐朝末年传至吐蕃，被译为吐蕃文，据说对黄教的创立者宗喀巴发生巨大的影响。

现今长安兴教寺玄奘的灵骨塔旁各有一个塔，一个供奉圆测的遗骨，一个供奉玄奘的另一个重要弟子窥基法师。两塔一左一右，侍立于玄奘塔身旁，如同生前一样。圆测在中国佛教界地位之尊崇由此可知。圆测因为武则天强留而终究没有回到新罗，但是他有几个杰出弟子是新罗人，分别回国之后，也带给新罗的佛教界巨大的影响。

■义湘法师（625—702年）

义湘法师是新罗人，二十岁出家后，矢志到唐朝留学，与人结伴由陆路经高句丽要过辽东边界。由于当时高句丽与唐朝、新罗处于战争状况，高句丽守军误以为他是间谍，将他逮捕囚禁数十天；后来虽被释放，仍然被迫回到新罗。660年（唐显庆五年，新罗文武烈大王七年），唐朝与新罗联兵灭掉百济。义湘法师于是在第二年搭乘唐朝的使节船，从百济出发而到达中国，拜在华严宗第二代祖师智俨的座下。经过十年，义湘回到新罗，建浮石寺，开创了新罗华严宗，门下有十大弟子。唐朝华严宗的第三代祖师法藏是义湘的同门师兄，贵为唐高宗及武则天的国师，而对义湘推崇备至，时常书信往返，互相切磋。

华严宗在唐朝的地位显赫，每一代的住持几乎都是唐朝皇帝的国师。新罗华严宗后来也同样成为新罗最显赫的教派。

■元晓法师（617—668 年）

元晓法师俗家姓薛，十五岁时在新罗皇龙寺出家。元晓法师与其他同时的僧人一样，也想到唐朝留学，并且尝试了两次。第一次是跟义湘法师一起，因为高句丽阻隔而失败。第二次是在四十五岁时，经由海路入唐。元晓法师抵达后，徒步西行，要去拜见名师。有一天夜晚，他走到半路上碰到暴风雨。在漆黑之中，很幸运地找到一个有顶盖的土龛，在其中避雨过夜。睡到半夜，觉得口渴，便用手捧起地上凹处的水来喝，觉得味道十分甘美。

第二天清晨，法师醒来，发现原来身处之地是乱葬岗，四周的坟墓上到处是暴露的棺木和骸髅。元晓法师想离开，但是因为风雨一直不停，只好又多待一个晚上。这一晚元晓法师翻来覆去，无法入眠。想到四周都是死人，心中有些疙瘩。半夜又口渴，想到地上的水可能泡过骸髅或腐尸，一阵恶心，怎么样都喝不下去。

在长夜漫漫之中，元晓脑海里忽然灵光一现，想到佛经中所说的一句"心外无法"。前一晚睡得很安稳，喝水觉得很甘美。第二晚无法入睡，喝不下水。事实上土龛还是土龛，水还是水，我还是我，只有心境已经完全不一样了。他顿时明白了"三界唯心，万法唯识"的真义，一切事物都随心而转。心外既无法，又何必去向外求法？既不必向外求法，那么寻找高僧大德也没有必要。元晓法师于是在雨停后，便转头返回新罗去。

新罗的佛教宗派很多，说法不一，相互诘难。只有元晓法师是自行了悟，没有宗派，也不受特定宗派所限制。他广泛研究各派经典而融为一炉，并根据自己的领悟，注释各种佛经，写成《金刚三昧经论》、《法华经宗要》等八十几部著作。他又提出"和诤思想"，说佛陀所说的法其实只有一种，而众家解说论点不一，衍生出无数争论。元晓法师于是将各派说法去异存同，希望消除对立，使之协调。元晓法师所创立的法性宗因而是新罗特有的佛教宗派。

元晓所注重的是内涵与精神层面，对于世俗戒律并不十分在意。当时他遇见一位王室公主，名为瑶石，正在守寡。两人相恋，元晓竟脱去僧服而还俗，并与瑶石共同生了一个儿子，引发佛教界及民间议论纷纷。

元晓在破戒之后深入民间，转而开始提倡净土宗。新罗时代皇室贵族崇信佛法，僧人过的是半贵族的生活。元晓法师认为自己与一般的百姓没有什么差别，对贵族与农民、穷人一视同仁，都要以佛法度化。如本书第二十一章所述，中国南北朝时善导法师开创了净土宗，主张信徒只要诚心地念"阿弥陀佛"，不必研究高深的佛教教义，便能够前往极乐世界。元晓创作一首《无涯歌》，用以教唱贩夫走卒及愚夫愚妇，以此来弘扬佛法。新罗末期进入后三国时代，国家丧乱。人人在战火之下，颠沛流离，不是死于刀锋，便是冻饿而填入沟壑，今生已经无望，只有期望来生。净土宗于是大受欢迎，成为规模最大的佛教教派。

禅宗兴起

六祖惠能禅师时，禅宗在唐朝兴起。当时新罗已经有僧人将禅宗带回去传播，但是一直不是很兴盛。以现代的名词来形容，禅宗的思想带有相当的"个人主义"色彩。新罗王室贵族因而排斥禅宗。新罗下代开始以后，王位的篡夺斗争使得地方土豪势力逐渐坐大，社会处于崩溃边缘，使得知识分子大失所望，衍生出各种不一样的想法。在这样的时代里，思想活泼的禅宗于是一跃而成为最受欢迎的佛教教派。各地的土豪为了要与王室一别苗头，也纷纷支持禅宗，在全国各地建立道场，开宗立派。其中最有势力的分别以九座名山为根据地，称为"九山"。禅宗九山与原先的五教不只是教义不同，政治立场也各异，于是产生对立。

高丽时代的佛教发展

高丽太祖王建建国以后，在开京建立许多大寺庙，并且遗训子孙要尊崇佛教。到第十一代文宗时（1046—1083年在位），高丽佛教发展达到巅峰，新建寺院不知凡几。其中费时十二年兴建的兴王寺，有两千八百个佛殿、禅房，是佛寺之最。高丽国家每年都办各种佛教祭典活动，其中最隆重的是燃灯会（正月十五日上元节）及八关会（十一月十五日仲冬）。这些活动在新罗时代就已经有了，并且带有萨满教的色彩。君臣、百姓、外来使节及商贩以歌舞、百戏娱乐天地诸神，祈求国泰民安。

高丽王朝基本上是由各地方土豪支持王建而建立的，因而各地方土豪的势力不减反增。高丽王室当然比较支持五教。但是各地方土豪势力却全力支持禅宗。五教与禅宗之间的对立于是越演越烈。在严重的对立中，产生了一个新的教派：天台宗。

天台宗大觉国师义天

大觉国师，名王煦，字义天（1055—1101年），是高丽文宗的第四个儿子。他在十一岁时由父母引导而剃度出家，于三十二岁时（高丽宣宗三年，宋哲宗元佑元年，1086年）到宋朝求佛法。由于义天的特殊身份，宋哲宗亲自在皇宫接见，并且命令一个钦差大臣带队，护送义天遍访当时宋朝所有重要的佛教宗派领袖。华严宗及天台宗住持都特别为义天登坛说法。一年后，义天携带三千多卷佛经回到高丽。义天的中国行不只让他佛学造诣更上层楼，增广视野，更大大提高了他在佛教界中的地位。他回去以后做了两件事：第一，是发扬高丽天台宗；第二，是调和高丽五教与禅宗之间的对立。两件事其实是二而一。

天台宗是唐、宋的佛门大宗派，但是在新罗并不发达，在高丽王朝初期也不兴盛。中国南北朝时，天台宗高僧智顗提出"五时八教说"，主张佛陀说法有五个阶段，因时、因地、因对象而有不同说法，后代因而衍生出许多不同门派，而其实佛法都是同一个道理（详细请参阅第二十一章）。义天在出国前已经想要调和五教和禅宗之间的冲突，但是苦无良策。义天在中国发现天台宗的教旨正是解决纷争的钥匙，于是大力提倡天台教义，主张教、禅归一，融合二者双修，等于重新开创高丽的天台宗。五教与禅宗自此稍微解除嫌隙与对立，而高丽的佛教转成五教两宗的局面。五教仍然不变，两宗是禅宗与天台宗。

新罗与高丽时代的儒学发展

新罗在首都设立国立大学，称为"太学"。然而，太学里的学生全部都是贵族子弟。新罗王朝的"骨品制度"不但扼杀平民的上进之路,连贵族子弟也一样受到出身的严格限制,不能依照能力高低而升迁。新罗历代诸王虽然也曾想要引进唐朝的科举制度,但是从来都无法成功。骨品制度因而是人人痛恨。新罗晚期的大儒崔致远曾经在唐朝应试科举,又奉派为官,然而回到新罗之后也是无法突破僵硬的制度而有任何作为,只能退隐。

高丽王朝建立后,前面几个国王都受制于豪族外戚。第四代光宗(949—979年在位)极为不满,于是决定开始举办科举考试,借以建立中央集权的制度。科举考试的内容当然是以儒家的思想为中心。考试科目大致分为进士、明经与杂科等三类。其中进士科考诗赋及策论,是最重要的一类,录取人数最多;明经主要是考儒家的五经;杂科考医学、天文、地理、法制等。然而,只有"良民"才能参加科举,"贱民"被排除在外,仍然被歧视。

高丽文宗不只崇信佛法,也大力提倡儒学。高丽文风因而大盛,出现许多名儒,其中有一位极重要的人物,名叫崔冲(985—1068年)。崔冲自己在二十岁时高中科举考试的状元,又曾经在高丽六位国王任上为官,名重朝野。1055年(文宗九年),崔冲创办了一所私塾,称为"九斋学堂",分九个科目招收弟子入学。学生被称为"崔公徒"。这是韩国历史上第一所既有规模又在社会上受人敬重的私人兴办学校。崔冲也因而被美称为"海东孔子"。当时有其他的儒者纷纷学样,创办私塾。一时之间,竟有十二个私人学校,合称为"私学十二徒"。从此以后,高丽的私学渐渐发达,竟超越了国立学校。后来的高丽国王不得不也开始调整太学,以与私学竞争。

朱子儒学传入高丽

高丽王朝在对蒙古人称臣入贡以后,与元朝的互动密切。高丽忠烈王年轻时曾经在蒙古做人质,又娶元世祖忽必烈的长公主为王妃。忽必烈为了要远征日本,在高丽设立征东行省,任命忠烈王为左丞相。忠烈王干脆下令全国都改穿蒙古人的衣服,和蒙古人一样编辫子。总之,一切都向蒙古看齐。

忽必烈入主中国之后,以标榜"上尊下卑,三纲五常"的朱子儒学做为官方哲学，用来当作举办科举考试的标准教科书。1289年（高丽忠烈王十五年，元世祖忽必烈至元二十六年），高丽学者安裕（或称安珦）随忠烈王到达大都（今北京）。忽必烈送给忠烈王一部《朱子全书》。这是高丽人第一次接触到有系统的朱子理学。安裕回到高丽之后，便极力鼓吹朱子理学。许多年后，忠烈王把王位传给儿子忠宣王，自己又带着安裕的学生白颐，以及一些学者再次到北京，向元朝的所有博学名儒请益朱子儒学。白颐等人在中国居留多年，携回儒家经籍上万卷，回到高丽之后，掀起了朱子儒学的热潮。经过了几代，朱子儒学已经成为高丽的儒学正宗。

在同一段时间内，佛教经过三十几代国王的翼护，渐渐腐败。僧侣只知大肆扩大寺院，举办铺张的法会，坐拥庞大的寺产及田地，敛财营利。凡此种种，与中国南北朝及唐朝中晚期都极为相似。中国曾经因为佛教过度发展而发生了四次灭佛事件，称为"三武一宗"；看起来高丽佛教的灾难也不远了。再从思想史说，宋朝部分的理学家们矢志要维护儒家的正统，把佛教视为异端，极力推展排佛运动，朱熹正是一个代表人物。因而，传承朱子儒学的高丽学者必然也是要强烈批判佛教，并要消除儒家思想里的佛教色彩。

朝鲜王朝崇儒抑佛

高丽末期发起攻击佛教的一大群儒家学者中有两个重要的人物：郑梦周及郑道传。郑梦周是高丽儒家朱子学派的泰斗，人称"东方理学之祖"。郑道传也是一个大学者，写了十五篇《佛氏杂辩》，明明白白地说佛教是社会的寄生虫。郑梦周及郑道传两人后来都是李成桂的左右手，因而，李成桂开创朝鲜王朝以后，佛教的命运就已经决定了。

不过李成桂并没有采取十分激烈的手段，而只是采取度牒制度，限制僧侣的数目，又不准随意兴建或扩充寺庙。然而，当性格刚强的朝鲜太宗李芳远即位后，对佛教来说，真正是大祸临头了。朝鲜太宗下令全国原有的几千间寺院只留下两百四十间，其余全部拆除；僧人、女尼几乎都被迫还俗，土地田产被充公，奴婢也都没入官府。朝鲜佛教受到严重打击，一蹶不振，佛教徒在社会上地位一落千丈。

朝鲜在后来虽然有零星几位国王对佛教表示同情，但是大部分都秉持"崇儒抑佛"的政策。一代暴君燕山君（1494—1506年在位）更带给佛教另一次大灾难。燕山君不但废掉教宗的本寺兴德寺及禅宗的首刹桧岩寺，更将首都的圆觉寺改成为妓院。不过燕山君并不是只有针对佛教，因为当时的最高学府成均馆也改为宴乐的场所。又过了约四十年，到第十三代朝鲜明宗时，由于国王与王后都虔诚信仰，佛教才又获得喘息。

士祸与党争

在李氏朝鲜王朝的五百多年中，儒家已经独霸，成为国家唯一的思想及价值标准，儒生是皇亲国戚以外社会上地位最高的一个族群。既然没有人能够再挑战儒家，理念不同的官僚于是形成不同的派系而结党互斗，因而前有"士祸"，后有"党争"。

士祸从朝鲜建国（1392年）时已经开始酝酿。李成桂放任儿子李芳远杀害郑梦周，除去篡位路上的障碍，使得部分儒生既寒心又不满，因而有士林派和勋旧派之分。士林派退出朝廷，归隐林下。朝鲜世祖李瑈又篡位（1455年），导致勋旧派也分裂，有更多人退出朝廷，加入士林派。朝鲜第九代成宗（1469—1494年在位）开始重用士林派的金宗直。士林派于是在朝廷中与勋旧派分庭抗礼。等到成宗的儿子燕山君继位之后，勋旧派挑起燕山君的仇恨心理而屠杀士林派，"士祸"爆发。从此勋旧派与士林派之间的斗争越演越烈，朝鲜许多精英分子纷纷在斗争的过程中死于非命。然而，最终得胜的士林派却又再次分化，而于第十四代宣祖（1567—1608年在位）时转为党争。党争所牵涉到的问题远比士祸复杂，而必须从儒家学术的派系开始说起。

党争的背景及其祸害

中国的性理之学在南宋时分成几个派别，如朱熹的理学派、陆九渊的心学派、张载的气学派及陈亮的事功派等。其间的差异，在第二十二章已经详细说明。

朝鲜吸收中国的性理之学，士林派在十六世纪初开始分裂为"理学派"与"气学派"，相互争论。后来"理学派"出现一位集大成的大人物，名叫李滉（1501—1570年），人称"东方朱子"。"气学派"也出现一位大人物，名叫李珥（1536—1583年），人称"东方圣人"。李滉领导的"岭南学派"，是朱子哲学的基本教义派，拒斥其他一切的学派，使用极具攻击性的语言、文字批判所有他认定是不纯正的思想及学说，如老庄思想、功利主义、心学派、气学派等。相对地，李珥的学派称为"畿湖学派"，对于实务及经世致用也相当关心。这两个学派之间，原本只是为了学问而争论，但渐渐扩大为意气之争，最后又进一步转为争权夺利，而水火不容。

宣祖八年（1574年），有两个大臣沈义谦与金孝元公开决裂。起因其实只是为了要争一个五品官的主导权，但这个导火线使得过去既存的矛盾爆发开来，所有朝臣被情势所逼，不得不全部选边站台。站在金孝元这边的称为"东人党"，大部分是李滉的门人。站在沈义谦那边的称为"西人党"，大部分是李珥的门人。

党争开始之后，历经二百五十几年而不断。东人党得势之后，又分裂为南人党及北人党。北人党得势后，又分裂成大北党、小北党。但西人党也没有消失掉，而是在等待许多年后，又夺权成功，然后又分裂为老西派、少西派、老论派、少论派、僻派、时派等等。

为什么党争可以延续两百多年呢？这要从"书院制度"说起。

朝鲜建国以后，士林派的儒者既然不得势，便纷纷选择隐居山林，在各地设私塾，如崔冲一样，招收学生讲学，不过并没有大规模的书院。世宗大王注重文教，在城市及乡村广设书院、乡校，不过博学大儒仍然集中在成均馆。朝鲜中宗时，有一个重大的变化发生，国家决定拨给充裕的经费，在部分殷实的农庄之上建立书院。此后地方书院蓬勃发展，到宣祖时已经不下一百所。书院既是依附在农庄之上，不但是士林儒者讲学之处，也是被逐出政界的失意政客避居的地方。渐渐地士林不同派别分别占据各书院，父子相传，把同族同乡的子弟聚集起来教育，形成一种血浓于水、师生之情交错的集合体，难以拆散。书院因而是参加党争各党派的堡垒，各党派在政治上得势便援引同党，执政于庙堂之上，失势便回到家乡的书院，等待下一次机会。

为什么党争又会一再分裂呢？

答案很简单，义理之争其实不过是表面，党争实际上就是在争权夺利。一个党派得胜以后，内部的利益往往也是摆不平，总是有贪得无厌的人希望得到更多，而另一方坚持不让。于是斗争再起，又一次分裂。

党争不停另有一个原因，就是从宣祖到英祖的八位国王在位期间，重大的政治问题不断地发生，无一例外。这些问题包括政变、废立国王、王位继承人之争、后宫妃嫔之间争宠夺权，以及对明朝、日本及女真人之间的外交政策及战争，等等。实际上，政治问题与党争是互为因果。政治问题使得意见不同的官僚及知识分子发生争执而分裂，党派也以斗争为目的而制造出新的政治问题，从而开辟新的战场。

朝鲜第二十一代英祖（1724—1776年在位）有鉴于恶劣党争严重伤害国家，即位之后立即推行"荡平策"。他下诏说："一廷之中，攻击为事，一室之内，干戈相寻，如此而国将奚似？"于是召回所有在前朝被放逐的大臣，又费尽心力安排，让老论、少论、南人、北人四个党派（称为四色党派）都在朝任官，以达到权力平衡，又强力劝使各党派和睦相处。然而，这种平衡只不过是一个临时的假象，到了英祖后期，由于世子早逝，王位继承之争又使得党争剧烈起来了。

朝鲜时代的社会

韩国在高丽时代原本就已经是一个十分封建的社会。李成桂建立朝鲜王朝后，社会结构及封建思想也没有发生什么大的变化。当时社会大致分成四个阶级：两班、中人、良民与贱民。

"两班"是朝廷中的官员，分为东班的文人与西班的武将。两班同时也都是大地主，奴婢成群。所谓"中人"是负责行政工作的僚佐，例如医官、翻译官、税务士及下级文武官员等。"良民"大部分是农民，替两班地主耕种，交付租税，服劳役、兵役等义务。这些人终日辛苦，受剥削而不得温饱。良民虽然也可以参加科举考试，但是受到限制极多，只有很小的窄门可以通过，借以改变身份。良民也包括商人、工匠，但是地位更低，更不自由。"贱民"是最低下的阶级，包括奴婢、巫卜、娼妓、屠夫等。其中又以奴婢为最低，被视为私人财产，可以随意买卖、赠与。贱民基本上是世袭的，一旦生在贱民家庭，永世不得翻身。

朝鲜的宗族与家庭制度也和中国的明朝、清朝一样，极为僵硬死板。举凡结婚、丧葬、祭祀都有一定的礼法，由宗族内的族长或家长主持。同姓不婚，近亲不婚，尊卑不婚，不同阶级也不婚。女子丧夫原则上不鼓励再婚。妇人再嫁所生子女被社会百般歧视。对妇人不再婚而守节者予以表扬，最高等级建立贞节牌坊，与中国完全一样。朝鲜还立下"庶孽禁锢法"，认定嫡子高高在上，庶子地位低下。待遇的差别，有如天与地。

朝鲜社会的不平衡已经十分明显。两班的高官贵族只知利用僵硬的阶级和宗法制度来对社会上最底层的人民予取予求。社会上批判及抗议的声音越来越大，出现了一本极具代表性的小说《春香传》。据说《春香传》的故事起源于高丽时代，而到十六世纪后半朝鲜英祖、正祖时期才形成一部完整的作品。《春香传》是以韩文创作，标志了庶民文学开始萌芽。朝鲜世宗大王在十五世纪中叶下令创制了朝鲜文字以后，使得文学产生了一个新的变化。

《春香传》

《春香传》故事的情节如下：朝鲜全罗道的贵族公子李梦龙巧遇绝世美女春香，是官妓之女。两人一见钟情，私定终身。然而在当时阶级分明的封建社会制度之下，这段婚姻几乎是无效的，也不被李梦龙家承认。李梦龙在父亲调任离职时，只好忍痛与春香分别，期待他日科举及第，再回来接春香。然而新任地方官卞学道听说春香艳名，百般逼迫春香作侍妾。春香拒绝后，被施以酷刑，问成死罪，关进监牢待斩。幸而李梦龙考中状元，适时回来，救出春香，完成一段美满婚姻。

《春香传》小说出现以后，大受朝鲜百姓欢迎，自此流传三百年，在韩国家喻户晓，被编成戏剧、电影、电视，不下千百次。《春香传》翻译成汉文后，又传到中国，也同样流传，并且被改编为平剧、粤剧等不同剧种；有时或许人名不同，而情节大致一样。以实际情形来说，在朝鲜时代像春香与李梦龙有情人终成眷属的情节不过是少数中的少数又少数，绝大多数的人并无法跨越阶级的巨大鸿沟。《春香传》之所以如此轰动流传，自然是因为完全反映了时代的脉搏，让人民在实际生活中无法达成的愿望，透过小说、戏剧得到实现。

朝鲜还有一位名叫许筠的学者也写了一本通俗小说《洪吉童传》。书中描述主角，一个庶子，如何因为受到宗法制度及社会的歧视，受到贪婪的官僚欺压，而度过坎坷的一生。许筠借此表达他对于虚伪教条的不满，向社会大声疾呼，要求改革。

十六世纪末，日本丰臣秀吉两次挥兵侵略朝鲜，宣祖紧急号召人民奋起为国效力，又承诺要提升农民、贱民及僧人的社会地位，因而有义兵及僧兵纷纷起来，以血肉抵抗日本军队。女真人兴起以后，朝鲜正规军屡战屡败，义兵及僧兵又再一次起来为国捐躯。然而，阶级宗法制度根深蒂固，农民、贱民及僧人以生命换来的社会地位的改变，其实十分有限。

朝鲜儒学的新发展

朝鲜党争的两百多年中，不管是哪一个党派得势，朱熹思想永远是官方哲学。在野的党派当然不愿意和执政的政党讲一样的话，因而都在私下研究朱熹哲学以外的学问。朝鲜有阳明学派、古证学派及实学派等，便是在不断地被打压、被禁之中，持续地发展。

以阳明学派为例。王阳明的《传习录》至少在朝鲜明宗（1545—1567年在位）初年已经传到朝鲜。这时朝鲜党争尚未开始，但号称"东方朱子"的李滉认为王学对朱子哲学是一种反动，又知道嘉靖朝将王学定位为异端邪说，立刻发起攻击。李滉的门人柳成龙是后来朝鲜宣祖时代的高官，东人党的大将，继续排斥阳明学说。朝鲜的朱子学派特别厌恶佛教，因而也和明朝一样把他们认为蕴含禅味的阳明学派当作敌人。

明神宗年间，由于大学士申时行等人的建议，王阳明配飨入祀孔庙。朝鲜朱子学派知道以后，一片愕然。有人主张也要让王阳明入祀朝鲜的孔庙，有人说反黑为白，莫此为甚，坚决反对。王阳明的牌位最后虽然没有进到朝鲜的孔庙，但王阳明学说已经吸引更多人注意。然而，随着政治生态的恶化，阳明学说很快又被打入冷宫。韩国有一位近代的阳明学者郑寅普曾经评论说："在朝鲜根本没有阳明学派。阳明学派被视为异端邪说，只要有人将其书放在桌上，别人就已经准备声讨他为乱贼了。"

朝鲜第十九代肃宗（1674—1720年在位）时，有一位属于古证学派的著名学者尹镌，极力反对盲目追随朱子的治学态度，主张要参考中国汉代以前的古籍，竟被认为是"儒学的叛徒"，遭到流放，最后被处死。其他的在野党派于是纷纷躲避，在乡间隐居讲学。其中有一位朝鲜开国大功臣郑梦周的第十一世孙子，名叫郑齐斗（1649—1736年），隐居在江华岛，创立了"霞谷学派"，被认为是韩国阳明学的关键人物。

实学派以尹拯、朴趾源、柳馨远、李瀷等学者为代表，反对空谈性理，提倡实用之学。尹拯原是与老论派斗争失败的少论派领袖，提倡"民本思想"，主张致力于解决民生问题。朴趾源谈论士、农、工、商，认为士大夫若是不能"明农、通商、惠工"，为其他三种人服务，而只是致力于性理、辞章之学，究竟有什么用？柳馨远及李瀷主张废除科举制度，又倡言改革农村制度，例如限制个人占有土地面积、更改赋税制度等。朝廷上得势掌权的人当然认为这些思想非常危险，极力予以打压。

实学派的知识分子既然无法与既得势力抗衡，只能眼睁睁看着国家社会陷入泥淖，越陷越深。十八世纪以后，西洋的科学逐渐由中国间接传入，其内容及精神与实学派不谋而合。实学派得到极大的鼓舞，遂日渐壮大。

第 24 章

神道、佛教及儒家思想在日本的发展及影响

古代的日本人认为，不但人和鸟兽虫鱼都有灵魂，天地、日月、星辰、山川、雷电也都有灵性。所有的原始部落都在巫师的率领之下，敬拜天神、山神、河神、树精、狐狸精、大石头、祖灵、凶神恶煞等等。这种原始自然的宗教与在亚洲北方的蒙古人、女真人、朝鲜人的祖先所信奉的其实没有两样，不同的只是名称。中国史书称之为"珊蛮"，现代翻译为萨满，英文为Shaman，古代日本称之为"神道"。珊蛮是通古斯语，意思是通神作法的女巫。"神"在日本泛指大自然的神灵（即是神），也用来指死去的灵魂（即是鬼）。

神道教与佛教的冲突

直到六世纪初，日本仍然是神道的世界。中国的史书《三国志》记载卑弥呼女王"年长不嫁，服事鬼神，以妖惑众，有侍婢一千人"。《日本书纪》开头第一卷也记载了天照大神（太阳）、月读命（月亮）、素笺呜尊（恶神）、火神等诸神。这些都说明了当时神道的权威。

日本与百济在四世纪末开始建立同盟的关系。佛教传入百济之后，自

然也逐渐传入日本,但只是在民间流传。日本第二十九代钦明天皇十三年(552年),虔诚信仰佛教的百济圣王派遣使臣带释迦佛金铜像一尊和佛经若干卷到日本,送给钦明天皇。这是佛教第一次正式传入日本。天皇聆听说法,十分欢喜,询问属下是否能够礼佛,没想到竟掀起一场历经三十年的惨烈政治斗争。

大臣苏我稻目上奏:"西方各国都在礼佛,我国怎么不礼佛呢?"大连物部尾舆不同意,也上奏:"我国天地社稷间有一百八十位大神,春夏秋冬,都必须祭拜。假如改拜蕃神,恐怕国神震怒。"天皇于是说:"那么就让苏我一家先试试礼佛吧。"苏我大臣和物部大连之间原本早已为了权力斗争而有旧恨,新兴的佛教明显地威胁到传统的神道教,又成为两方的新仇,从此越加斗得你死我活。苏我一派奉命试行信佛之后,日本发生瘟疫,死了很多人。物部一派趁机将罪责归于苏我一派信佛所致,建议毁佛。天皇也不想为瘟疫担负责任,立刻同意拆掉佛寺,烧掉佛经,将所有的佛像都丢到河里。

钦明天皇的儿子敏达天皇也不支持佛教,苏我家族无可奈何。再下一任的用明天皇对佛教和神道教都表示支持,苏我又有机会和物部家族缠斗。用明天皇又老又病时,希望皈依佛教,但是物部大连一派坚决反对,又抬出怕国神震怒的威胁,天皇也无可奈何。

用明天皇将死时,下一任天皇继承权问题终于引爆两派火并。大臣苏我家族与厩户王子(即是后来的圣德太子)联盟,杀尽大连物部家族,拥戴泊濑部皇子即位,是为崇峻天皇。

苏我派的胜利也是佛教的胜利。传说厩户王子在发难之前曾经向四大天王许愿,如果获胜就要兴建寺庙。消灭物部家族后,圣德王子果真在难波(在大阪)建四大天王寺,另外又在大和(奈良)建法隆寺。苏我马子也在飞鸟(在奈良)兴建法兴寺,日本的佛教从此兴盛。四大天王寺及法隆寺至今仍存,都是日本的国宝。

儒学传入日本

根据《日本书纪》,儒家学术传入日本比佛教还要早。应神天皇十六年

（285年），百济国王派一位名叫王仁的"博士"到达日本。《古事记》又记载王仁携带了《论语》十卷及《千字文》一卷到日本。据说这是日本有文字的开始。

然而这件事的真实性有些可疑。《千字文》是南北朝时梁武帝命令一个大臣周兴嗣编定的，一共有一千个汉字，后来成为中国、韩国及日本人教小孩学习汉字的一篇重要文字。不过《千字文》编写完成的时间，无论如何都不可能早于500年，因而这项记载很可能是一项错误。《日本书纪》又记载继体天皇七年（513年），百济武宁王送五经博士段杨尔到日本。这一条就比较可信了。

遣隋使及遣唐使的影响

日本从第三十三代推古天皇起，派出五次遣隋使。隋朝灭亡之后，日本又派出十九次遣唐使。遣隋使及遣唐使对日本所造成的冲击，巨大无比。使臣每次都带了许多学者及学问僧，分别学习中国的佛教、儒学、天文、地理、历法、技术等，留学的时间长达十到二十年。这些留学生回到日本之后，导致日本在思想、文化、政治、社会等方面发生翻天覆地的变化。苏我家族因而覆灭，孝德天皇开始推动大化革新。

不过如果要问日本派出遣隋使及遣唐使的主要目的是什么，第一位当然是学习佛法。遣隋使到达长安之后，自己说是因为中国佛法昌盛，所以遣使来朝拜，带领沙门数十人来学佛法。

经过飞鸟时代及奈良时代的发展，日本产生了六个佛教宗派，统称为"南都六宗"，包括华严宗、法相宗、律宗等。这些宗派有一部分是由日本留学唐朝的和尚创立的，也有部分是由来自唐朝的高僧东渡日本而创立。华严宗的本山是奈良的东大寺，于第四十五代圣武天皇五年（728年）建成。圣武天皇并且下令全国各州一律都比照东大寺盖一座寺院，而规模较小，称为国分寺。

日本律宗是由来自唐朝的鉴真和尚所创立的。鉴真东渡日本的经过，是一个震撼人心的故事。

鉴真和尚渡海赴日

鉴真是扬州人,十四岁出家,二十一岁受具足戒,专修佛教戒律,是一位饱学而有德行的高僧,名闻天下。依佛教传统来说,戒律可分为五戒、八戒、具足戒等不同等级,受具足戒就是符合佛教所有的戒律。当年在日本没有一个僧人具备授具足戒的资格,因此戒法不全。日本佛教界久闻鉴真的大名,因此派遣僧人前去邀请鉴真到日本。当时鉴真已经五十六岁了。

日本遣唐使坐船到唐朝,其实是一项冒险,因为海潮、海浪、飓风等因素并不是当时航海技术所能克服的。船只覆没,或是不知去向的事,时有所闻。若非有极大决心的人,绝对不会愿意冒险乘船横渡八百公里的海面。鉴真的年纪在当时算是高龄,所冒的危险更大,却直接说愿意到日本结善缘、普度众生。

然而,答应容易,进行困难。鉴真自此在七年内五次准备出海,而全部失败。其中有两次是因为当时的法令管制问题而被密告要偷渡,同行的日本僧人甚且因而入狱,船也被没收。另两次是出海之后遭遇台风,船被吹翻,几乎淹死。第五次也是遇到飓风,经过十四天海上漂流,被漂到现今的海南岛。鉴真虽然活着回到扬州,却因为瘴气余毒而双目失明。所有的人都以为鉴真自此不再想要东渡日本,鉴真却说既已立下愿望,绝不半途而废。有人问鉴真眼睛瞎了今后如何巡游讲学,到日本弘法?鉴真微笑地说:"经卷尽在我心中。"

鉴真五次渡海失败的事情渐渐广为人知。唐天宝十二年(日本孝谦天皇天平胜宝六年,753年),日本第十二次遣唐使藤原清河及副使吉备真备在中国停留一年多后,启程返回日本,行前特别邀请鉴真同行。鉴真喜出望外。虽然他所搭的船在途中又遭到台风侵袭,鉴真终于安全地踏上日本国土。

六十八岁的鉴真到达日本,震动朝野。人们不仅敬仰他在佛学上的成就及学问的渊博,更加佩服他在来日本之前十二年中展现出的惊人毅力与遭逢不幸时所表现出的豁达。鉴真立即进驻平城京的东大寺,奉命筑起戒坛,受封为"传灯大法师"。传灯在佛教的意思是传播佛法的光明,直到永远。日本圣武太上皇、光明皇太后、孝谦天皇都来从鉴真受菩萨戒。文武官员五百多人也都一一受戒，一时盛极。鉴真因而是日本律宗的开山祖师。鉴真凭他的超强记忆力，订正了日本佛经许多错误的地方。鉴真又精通医药，口述许多药方，治疗百病。后人搜集他的药方编成一本《鉴上人秘方》，可惜至今已经失传。天皇为鉴真改建一间新佛寺，称为唐招提寺，到今天是日本最重要的佛寺之一。

最澄及空海和尚

比鉴真晚约七十年，日本同时出现两位佛教界的巨人：最澄及空海和尚。

最澄是近江国滋贺郡人（今滋贺县大津市），十八岁时在东大寺受具足戒，之后在比叡山修行，遍读所有佛教经典。空海是赞岐国屏风浦人（今四国香川县善通寺市），比最澄小七岁。空海早年学习汉学，十八岁进京，研读《春秋左氏传》、《毛诗》、《尚书》等中国经书。

桓武天皇延历二十三年（唐德宗贞元二十年，804年），最澄及空海同时被选派跟随遣唐使到中国留学。当时最澄已经是皇宫里供奉的护持僧之一，而空海仍然是默默无闻，连他为什么能够入选为留学生都不是很清楚。

最澄顺利到达中国之后，先到浙江天台山跟随道邃法师学习。道邃是天台宗第九代祖师湛然的嫡传弟子。最澄又到龙兴寺向道行高深的顺晓法师学习密教，到禅林寺向翛然法师学习新兴的禅宗。在唐朝停留八个月后，最澄便回到日本。当时桓武天皇病重，最澄为他念经祈福，天皇逐渐恢复健康，欣喜地将比叡山延历寺赐给最澄。最澄学得天台宗、密教及禅宗，将三者的精髓冶炼为一炉，于是在延历寺创立了日本天台宗。

空海和尚的中国之旅就没有那么顺利了。当时日本遣唐使的船队只有两艘安全抵达，另两艘遇难。空海所搭的船被漂到现今福建福州霞浦的赤岸镇，百死一生。空海登陆后竟被地方官以为是海贼，又拘留了五十几天。空海几经困顿，终于步行抵达长安，跟随长安青龙寺高僧惠果学习密教。惠果是密教宗师不空三藏的传人，又是唐朝代宗、德宗、顺宗三朝皇帝的国师，望重一方。空海获得倾囊相授，成为惠果最得意的弟子之一。空海的书法造诣一流，在惠果圆寂之后，被公推为师傅写墓志铭碑文。这个碑至今仍留存在西安碑林博物馆里。

空海于806年回到日本，之后并不很顺利。嵯峨天皇（809—823年在位）登基后，空海才渐渐崭露头角。空海与嵯峨天皇是当时齐名的三大书道家里的两个，嵯峨天皇对空海自然极为赏识。弘仁七年（816年），嵯峨天皇下旨将高野山（在今和歌山县伊都郡）赐给空海作为道场。空海在此建立了真言宗的本山金刚峰寺。天皇又将平安京的重要寺庙东寺也赐给空海，作为在京城的道场。

空海是一个眼光远大、企图心十足的高僧，并不以皇家贵族支持佛教为满足，而立志将弘法活动广布全国的平民。他在东寺的旁边设立"综艺种智院"，聘请僧、俗教师讲授儒、道、释各种学问，不分僧俗贵贱都可入学，开创了日本平民教育。

空海的真言宗和最澄的天台宗里都有密教的成分，其后在日本分别称为"东密"与"台密"。

镰仓六大新佛教发展的历史背景

在中国唐朝初年，佛教是属于贵族的宗教信仰。日本在初期开创的南都六宗也都属于贵族的宗教。天台宗及真言宗都是受到皇室的眷顾而创立的，在本质上仍然是属于贵族的宗教。

日本平安时代末期武家兴起，对人民来说，是战争带来苦难日子的开始。此外，天灾不断，五谷不登，人民无不生活在痛苦之中。这对日本的佛教将会有什么影响呢？答案其实很容易便可在中国及新罗发生过的历史去找寻。

唐朝晚期，藩镇之乱达到顶点，朝廷等于不存在，人民生活在水深火热之中。净土宗主张，人们不论男女老幼、富贵贫贱，只要简单念佛，都能得到佛陀引渡，到达西方极乐世界。唐朝的黎民百姓这时在现实的世界既然已经没有指望了，精神上自然希望有所寄托。净土宗因而大受欢迎，如火如荼地开展，成为人数最多的佛教新教派。稍晚在新罗"下代"，土豪各自割据称雄，人民同样为战争所苦，不堪折磨。元晓法师提倡净土宗，也在动乱中快速地兴盛起来。

再说到禅宗。唐朝藩镇地方势力起来后,各自独立,嫌传统佛教与帝王关系太深,总想走出与皇室不一样的路。士大夫、知识分子及一般百姓也觉得传统佛教过于封建古板。禅宗思想"不立文字,教外别传",极其活泼而没有繁文缛节,又带有奥妙的人生哲学意味及个人主义色彩。藩镇、知识分子及许多百姓因而如逢甘霖般地仰慕而皈依禅宗。在新罗,下代的土豪也都欣然接受禅宗,以与新罗王室一别苗头,因而有禅宗九山对抗传统佛教五宗。

明白了唐朝及新罗的历史发展轨迹,便可以断言,日本从平安时代末期开始,净土宗与禅宗兴盛的趋势无论如何是挡不住了。能够体察民情的高僧因而纷纷起来创立新的宗派,引发了日本佛教界的大革命。新发展出来的教派主要有六个,合称"镰仓六大新佛教",分别是净土宗、净土真宗、时宗、临济宗、曹洞宗及日莲宗。其中除了日莲宗以外都和净土宗及禅宗有关系。以下分别介绍日本这些新的佛教宗派。

净土宗与净土真宗

净土宗的开山祖师法然(1133—1212年)的父亲是一个地方官,在他九岁时因为争夺权位而遭人刺杀。法然的父亲临死前禁止他向对方报仇,担心将来代代互相寻仇,冤冤相报而没完没了。法然被送到庙里当小和尚,长大后曾经到比叡山延历寺学习,学成之后被称为"智慧第一"。之后,法然到达京都,在那里目睹源平争战的整个经过,见到战争荼毒下的人民生活苦况,痛心疾首。法然读到中国善导法师的著作与事迹,深感正是受苦的人民所需要的,于是创立"日本净土宗",提倡无论是贤愚贫富,"人人只要诵经念佛,死后即可前往极乐净土"。日本人民原以为佛法高深难懂,佛教是贵族的专利品,对法然的说法大大欢迎,纷纷入教。

净土宗吸引的教徒五花八门,良莠不齐,引起传统佛教的不满,开始批评并施加压力。后鸟羽上皇的时代,奈良兴福寺的住持借机上奏,说净土宗藐视戒律,引诱皇宫内的宫女信教。并指证历历,说念佛之外,也有不轨之事。上皇大怒,下令禁止净土宗,将法然流放到土佐(今四国高知县),

又判两名弟子死罪。然而净土宗越是被迫害，流传越广，信徒越多。在法然的诸多弟子之中，有一个亲鸾法师尤其特异独行，另创了一个教派，称为"净土真宗"。

亲鸾（1173—1262年）出身下级贵族家庭，也曾经在比叡山修行，之后投入法然门下。后白河法皇禁止净土宗，亲鸾也被放逐到越后国（今新潟县）。亲鸾后来在关东各地传教。他所创立的净土真宗与净土宗有相当大的差异。亲鸾自己娶妻、吃肉、喝酒，也不要求信徒遵守清规戒律，正是传统佛教所批评挞伐的对象。他不要求信徒每日不断地念佛，而是强调信仰必须坚定。他认为只要诚心信佛，纵使只有一次念佛，就可以得到佛陀的引渡。他又提出一个"恶人正机论"，说善人早已有资格进入极乐净土，因此佛陀其实真正要引渡的对象是恶人。任何人只要承认自己是恶人，愿意改过，佛陀便会伸出援手。

对传统日本佛教界人士来说，净土真宗的教义真正是异端邪说，恨不得除之而后快，而偏偏许多平民百姓都皈依于净土真宗。武士们大多两手沾满血腥，听说信佛可以除罪，又听说信教后仍然可以娶妻、吃肉、喝酒，于是乎也纷纷投入净土真宗的座下。

与净土宗有关的还有一个时宗，是由一遍法师所创立。一遍法师在全国游走传教，教信徒一面打鼓、跳舞，一面念佛。他又分发上面写着"南无阿弥陀佛"的念佛牌给徒众，作为往生极乐净土的证明。一遍得到许多下层阶级的农民、贩夫走卒皈依，据估计一共发出二十五万多面佛牌。

临济宗与曹洞宗

临济宗属于禅宗的一个支派，与中国道家老庄哲学思想最接近。中国临济宗的祖师是义玄禅师，生活在唐朝晚期，以锲而不舍地追求"真我"著称。日本临济宗祖师荣西禅师（1141—1215年）也曾在比叡山学习天台宗教义，后来到中国留学，在天台山拜见临济宗的第八代嫡传高僧虚庵怀敞法师，又跟随他转到宁波天童山天童寺。

荣西尽得虚庵怀敞大师所传，回国之后，便创立日本临济宗，而受到比叡山极大的压力。荣西看见当时源赖朝刚刚创立镰仓幕府，便积极接近幕府的人物，希望取得支持。没想到源赖朝的妻子，也就是镰仓幕府中最有实力的人物北条政子竟皈依于其门下，临济宗因而蓬勃发展。1196年，荣西在博多建圣福寺，是日本禅宗寺院之始。以后荣西又应二代将军源赖家之请，于京都建筑建仁寺。日本临济宗于是大为兴盛。建仁寺在后来成为临济宗的本山。

曹洞宗也是禅宗的一个支派。中国的曹洞宗的创立者洞山良价和他的弟子曹山本寂都是生活在唐朝晚期。今日之所以称为"曹洞宗"，而不是洞曹宗，并不是因为徒弟比师父重要，而是因为徒弟所居住的曹山有一个"曹"字，与禅宗六祖惠能所居的曹溪的"曹"字相同。为了尊崇六祖，所以称作曹洞宗。

日本佛教曹洞宗祖师道元禅师（1200—1253年）出身显赫的官宦之家，但是父母都早死，因而于十四岁时在比叡山出家，后来又投入临济宗门下，是荣西的再传弟子。他渡海到中国，也到了宁波天童寺，谒见曹洞宗的第十三代祖师如净禅师。道元随侍座下，受如净教导参禅法要："参禅是身心脱落，不用烧香、礼拜、念佛、修忏、看经，只管打坐。"所谓"身心脱落"是说形体、心智都脱离束缚，达到完全自由的境界。道元回国后便创立了日本曹洞宗，渐渐成为日本佛教的大宗派。他在越前（今福井县）所建的永平寺，后世成为日本曹洞宗的本山。

临济宗与曹洞宗内容大同小异。两者相同之处都是要悟道，寻找自我。差别之处，简单地说，是一动一静。临济宗的大师常常出各式各样有哲学及象征意味的难题，称为"公案"，给徒弟在坐禅时或生活中思考。曹洞宗的师父指示徒弟"只管打坐"，因而在日本称为这样的禅风为"默照禅"，现代日本禅宗仍然极为盛行。据估计临济宗约有六百万信徒，而曹洞宗有一千万信徒。中国浙江宁波的天童寺不但是日本临济宗的发源地，也被日本曹洞宗尊为祖庭。

日莲宗

日莲宗的创立者是日莲和尚（1222—1282年）。他的父亲是武士出身，因而影响他也带有强烈的武家精神。日莲也曾在比叡山出家，熟悉天台宗的基本经典《法华经》。在他看起来，《法华经》应该是所有佛教最高的教义。当时地震、饥荒、瘟疫接连不断，社会不安。日莲认为这就是佛陀所说的"末世"即将来到的征兆，而原因是大家舍弃了正法《法华经》。他又说如果情况继续，不但天灾不停，还会引起他国侵略的更大灾难。龟山天皇文应元年（1260年），日莲将这种主张写成《立正安国论》，呈给第五代执权北条时赖，结果却被认为是危言耸听，遭到流放。过了八年，蒙古忽必烈的招降国书到达日本。又过六年，蒙古军乘战船，来势汹汹地抵达日本。这是日本开国以来第一次有外族侵略，引起朝野恐惧。日莲因为先前的预言而声名大噪。

日莲的思想可以由他的一句话归纳："众生的心地污浊，所住的国土也就污浊；心地清净，所住的国土也就清净。净土也好，秽土也好，并不是说国土有两种区别，而是说这全部是由我们心中的善与恶来决定。"他认为人人口念"南无妙法莲华经"，虔诚地信奉《法华经》时，人便可以活着成佛，不必等到死后。日莲宗信徒尊称他为"日莲大圣人"，尊崇无比。由于日莲宗的传教方式非常积极，并且有排他性，引起其他宗派的反感及排挤，引发争议极多。日莲宗信教者众，据估计现今超过一千万人。

1930年，日本有"创价学会"成立。"创价"的意思是创造价值。创价学会的基本思想可以归结于"人间革命"一词。创价学会自认是以日莲的佛法为基础，发起一个自发性的内心变革，以求对外在环境发生正面的影响，从而促进世界的繁荣与和平。创价学会对二十世纪的日本社会具有极大的影响力，并且在海外各国广设分会，非常活跃。然而日莲宗与创价学会却因为理念不同，在1990年代发生裂痕，继而分道扬镳。

日本所有新佛教的创始人在年轻时全都在比叡山延历寺研习过，无一例外。之前创立真言宗的空海和尚也曾经在比叡山住过。比叡山因而不仅仅是天台宗的母山，也可以说是日本所有佛教的母山，当之无愧。不过从比叡山传统佛教的角度看，后来的新兴佛教教派却都是叛徒。

日本在镰仓时代的高僧也有部分是因为蒙古人灭了南宋，所以选择从中国东渡到日本。例如，名僧兰溪道隆深受第七代幕府执权北条时赖的尊崇。

北条时赖为兰溪道隆在镰仓建筑建长寺。北条时宗又特地从中国礼聘另一位德高望重的禅师无学上人祖元，并为他在镰仓也盖了一座圆觉寺。建长寺与圆觉寺是镰仓至今最著名的两座寺庙。北条时赖和时宗父子分别跟随道隆与祖元学习坐禅。据说日本武士将"禅"当作重要的功课，就是从这父子俩开始的。

镰仓佛教对日本建筑、艺术及文化的影响

镰仓时代是日本佛寺建筑及雕刻艺术的黄金时代。

奈良东大寺在源平争战时被烧成焦土一片。源赖朝下令六十岁的重源僧负责重建。重源曾经三次到宋朝，学习寺庙建筑的最新技术。他为了铸造大佛，又从中国聘请大师陈和卿。雕刻部分，重源请平安时期雕刻大师定朝的第七代传人运庆和快庆两人负责。运庆雕刻的手法阳刚而写实，快庆则阴柔而唯美。整体而言，东大寺的建筑采用的是大佛式的样式，粗犷而豪放。

宋朝禅宗寺庙的风格讲究纤细、协调而注重细部，也渐渐移入日本。前述的镰仓圆觉寺便是一个例子。除此之外，也有许多寺庙是采用日本传统和式的建筑手法。京都的三十三间堂是和式佛寺的代表。日本的寺庙在此之后，便融合大佛式、禅宗式及和式，既仿古又创新。

佛教对于文化及人民的生活方式也有极大的影响。中国在唐朝时出现一位茶道大师，名叫陆羽，被后世尊称为"茶圣"。他写出世界第一部有关制茶、泡茶、品茶方面的书，被称为《茶经》。陆羽在出生后被收养在寺庙里，成年以后虽然没有出家，却日日与名僧往来，因而深受佛法的影响。宋朝时吃茶已甚为流行，禅林寺庙尤其注重吃茶时的过程、礼仪，借以调和心神，当作禅门修行的一部分，因而有"茶禅一味"的说法。

日本临济宗的祖师荣西被称为日本茶的始祖。他在中国求法时，居住于天台山及天童山，正是中国产茶之地。荣西拜别师父回国时，带了大量的茶树种子回到日本。荣西一面自己在九州播下茶树种子，一面将茶树种子分送。当时在京都拇尾山的明惠上人也获赠种子，悉心播种，发展制茶、

饮茶的文化。

曹洞宗的祖师道元在前往宋朝求佛法时,有一位家臣加藤四郎也跟随他到天童山。道元专心学佛,而加藤四郎专心学习制陶的技术。浙江是南宋顶尖名窑集中之处,加藤四郎悉心学习,学成回日本后在尾张濑户(今爱知县濑户市)开始烧制黑釉瓷,称为"濑户烧"。这是日本有精致陶瓷的开始,加藤四郎在后世被尊称为日本的"陶瓷之祖"。

室町及战国时代佛教对文化及艺术的影响

室町幕府的第三代将军足利义满与明朝进行勘合贸易,不但稳固了幕府的财政,并且有余钱大兴土木。他在京都郊外的北山建立一所大别庄,称为"北山殿",又在其中建筑了一座极具日本风格的楼阁,里里外外都贴满了金箔,既金碧辉煌,又清幽雅致,这就是今日日本的国宝"金阁寺"。日本著名的京都"北山文化"于是在足利义满的悉心规划下逐渐璀璨起来。北山文化的内容还包括建筑、雕刻、猿乐、绘画及文学等。

第八代将军足利义政在京都的东山也建造了一座"银阁寺",与金阁寺相互辉映。足利义政又敦请名师善阿弥规划将军宅邸"花之御所"及其他寺院的庭园,日本庭园设计开始形成一门艺术。与此同时,日本茶道之祖村田珠光将茶与禅结合,让品茶走入朴实而风雅的境界。京都六角坊的僧人池坊专庆承继为池坊流花道第十二代家元,插花的手法使得人人惊艳,名闻天下。池坊流从此领导花道的风尚,至今传了四十几代,领导世界潮流。

足利义政惹出应仁之乱而无法收拾,使得日本走入战国时代,遍地烽烟。不过他推动了"东山文化",使得日本在文化及艺术上的成就极不平凡,至今深深影响全世界。

在战国时代后期,日本茶圣千利休(1522—1591年)登场。千利休出身堺市的一个鱼贩之家,却向许多名家学习茶道,又潜心学习参禅。千利休约五十岁时成为织田信长举行茶会时的茶头,在织田死后又继续得到丰臣秀吉的关爱,被誉为"茶道天下第一人",成了品茶的绝对权威。他的茶道讲究闲静、幽雅而有禅味,不在地方大小,也不讲究华丽。然而,当时的战国大名、堺市商人都是竞相炫耀奢侈，尤以丰臣秀吉府中黄金茶室最为豪华。千利休越受时人赞誉，丰臣秀吉越是认为千利休的茶道表现出对他的一种无言的轻蔑，而无法忍受。最后，丰臣秀吉竟命令七十岁的千利休切腹自杀。不过不久之后，又有小崛远州、千宗旦两位茶道名家继之而起，以后代代相传，至今茶道已经成为日本的特殊文化及艺术，在世界上独树一帜。

平安至室町时代儒家、佛教和神道的发展

日本在派出遣唐使以后，随即模仿唐朝的律令及典章制度。大化革新当中，又设立了学校，以教导学生。天武天皇又进一步在中央设大学，在地方设国学，而以儒家经典为教本，以培养政府官员。然而，儒家思想对于平安时代及其后的日本所造成的影响，比起佛教传入日本后所发生的影响，根本不能相比。其中主要的原因，是日本从来就没有实施科举制度。

日本大学逐渐发展后，有文章、明经、明法、明算等四个科目。表面上说，修完课程的学生经过考试及格后就可以分到政府各单位任职，而实际上一般学生获得官职的过程极为艰辛，路途遥远。相对地，上层贵族的子弟却享有特权，靠荫子荫孙的制度而轻易地获得职位。日本虽没有像新罗一样阶级分明的骨品制度，实际上也差不多了。中、下层的百姓子弟只能依附在特定的家族才有机会发展。因而，平安时代不止是贵族门阀世袭，连儒学也家学化了，各科目分别被菅原、大江、藤原、小野等几个家族所垄断。竞争之门既然如此窄小，儒学就逐渐颓败了。

平安时代的末期，武家兴起，渐渐形成武人的世界，公卿贵族尚且面临被淘汰的命运，文人更加不用说了，儒学因而渐渐转到僧侣的身上。

中国在唐朝后期及宋朝时，是佛教禅宗的黄金时代。许多禅僧不但学习佛法，对于儒家的学问也多半有涉略。宋朝的儒家性理之学发展以后，部分禅宗大师认为与佛法相通，而将儒学与佛法熔为一炉，主张"儒禅一致说"。日本这时候到中国留学的僧侣在耳濡目染之下，思想中自然也灌注了宋儒哲学。

在中国的禅宗各派里，临济宗尤其重视研究儒学，人才辈出。北涧禅师及无准禅师是其中尤其有名的有德高僧。前述受聘到日本的名僧兰溪道隆及无学祖元都曾经拜在北涧及无准禅师门下，对日本的儒学发展也都有极大的贡献。北涧禅师也指导了一名来自日本的禅师，名叫不可弃俊芿，一般认为是将朱子学说带回日本传播的关键人物。

元世祖忽必烈两次侵略日本失败，他的孙子元成宗仍然不放弃，在1299 年（元大德三年，日本后伏见天皇正安元年）派普陀山的名僧一山一宁到日本去招降。一山一宁却从此一去不复返。一山一宁学问广博，兼通儒、道、释三家，旁及文史，又培养了许多资质超众的儒僧，为下一个室町时代儒学发展开启了新的道路，不但创造了五山文学，又进一步推展了朱子哲学。

所谓的"五山"，实际上是学习中国南宋时禅宗将重要的禅寺排名的制度。当时在鎌仓有五山，依次为建长寺、圆觉寺、寿福寺、净智寺、净妙寺；在京都也有五山，依次为天龙寺、相国寺、建仁寺、东福寺、万寿寺；十个寺院合称为"五山十刹"。不过在所有寺院之上，还有一个地位特殊的南禅寺。一山一宁的弟子们，如虎关师炼、梦窗疎石和绝海中津等著名禅僧将诗与禅结合，表达出一种新的文学趣向，其创作的特征是"禅风禅骨，禅意禅趣"。

日本佛教从最澄和空海的时代起，就出现一个"本地垂迹论"的说法。"本地"是指佛的本尊，"垂迹"是说佛会变化成各种不同的分身来到人间，以普渡众生。佛教势力逐渐强大以后，日本传统的地方神社也渐渐向佛教靠拢，说日本各种神祇就是佛陀的化身，因而神佛是一体的。

日本在南北朝对抗时，南朝战事不利，主帅楠木正成死于湊川之战（1336年），勇将北畠显家后来也阵亡。北畠显家的父亲北畠亲房是南朝的大臣，受到中国强调正统的史观的影响，写了一本《神皇正统记》，其中主张南朝才是代表皇室的正统，强调"大义名分"。他又认为神、天皇和国家是三位一体的，日本是神国，而天皇是神皇。虽然南朝后来终究被北朝所吞并，但《神皇正统记》对后世日本的思想潮流却发生了极大的影响，也影响了宗教。

室町时代后期，在京都有一位神道家吉田兼俱（1435—1511 年）创立了"吉田神道"（或称唯一神道），主张"神道是万法的根砥，儒是枝叶，佛是花果"。也就是说神道才是根本。吉田神道的主张与主流背道而驰，并且显露出统一日本神道界的企图，不但儒家学者和佛教各宗派不同意这样的说法，在神道中也有像伊势神宫等大神社不满，发起攻击。但由于《神皇正统记》的影响，日本有越来越多的人接受日本是神国的大前提，而同意必须恢复古代日本传统的神道，以拥护天皇。吉田神道因而渐渐得势，成为许多神社的指导者。

儒学、佛教及神道在江户时代的消长

德川家康统一日本以后，开始认真想要改变日本武士长久以来跋扈不驯的行为。朱熹的学术思想既是中国封建统治阶级的官方哲学，德川家康也很快看出朱子学对于巩固幕府地位的价值，因而决定敬奉儒学大师藤原惺窝以提倡朱子学。

藤原惺窝（1561—1619年）原本是京都相国寺的僧人，后来专注于研究朱子儒学，逐渐对佛学感到不满。丰臣秀吉派兵侵入朝鲜以后，带回许多俘虏，其中有一位名叫姜沆，是朝鲜有名的朱子学者。藤原惺窝与姜沆交往密切，深受其影响，因而在关原之战后（1600年）不久发表还俗宣言。藤原惺窝的宣言意义重大，代表了一个新儒学已经产生，开始以佛教及旧儒学为敌。

藤原惺窝弟子众多而杰出，其中以林罗山最有名。对于不同的思想，林罗山比藤原惺窝还要排斥。他不但拒斥佛教，也不能容忍陆象山与王阳明的学说，认为陆王的学说是顿悟之学，等同于佛教禅宗，是异端邪说。

林罗山经藤原惺窝推荐给德川家康之后，从此成为幕府的最高智囊。据说德川家康刁难丰臣秀赖的种种手段有很多都是林罗山所献的计策。林罗山又是二代将军秀忠和三代将军家光的老师，地位尊崇无比。《武家诸法度》也是由林罗山起草的，其中的封建思想十分明显。林罗山家族的后代在江户时代一直世袭大学头，极为显赫。

值得注意的是，林罗山一面排斥佛教，另一面却支持神道。他曾经写了一本《本朝神社考》，在序里开宗明义直接说："庶几世人之崇我神，而排彼佛也。"又说日本是神国,而王道也是天神传下来的。林罗山所说的"王道",意指幕府将军。换句话说,"神道"与"王道"并行,天皇是神国的统治者,幕府将军是代替天皇行使政权,二者的权力来源,都是由天神所授。神、儒、佛一致的思想从此少了一环,转为神儒一致。日本的神道于是脱离佛教而回复独立发展。宽文五年(1665年),江户幕府规定如果没有吉田家的许可,所有神职人员都不得从事神道工作,全国的神职人员等于都在吉田神道的掌控之下。不过有部分地位特殊的神宫、神社不愿受制于吉田神道,还是直接与朝廷联系。

与林罗山几乎同时,有一位山崎闇斋(1618—1682年)创立"垂加神道"。山崎闇斋也是从学佛转而弃佛从儒,并综合研究伊势、吉田等许多不同的神道,进而主张"神儒妙契",说外来的儒学和日本本土的神道之间虽然表现形式不同,但其内在的道理是完全一致的。林罗山与山崎闇斋同样都致力于结合朱子儒学与神道,但最大的不同,在于前者的理论同时照顾到天皇及幕府将军,但后者却说天皇之德是至尊无二,已经有贬低幕府的味道了。

江户时代的儒学发展

幕府虽然提倡朱子学,并没有下令禁止其他学派,因而王阳明学说还是在民间传播。中江藤树(1608—1648年)是日本阳明学的关键人物,他反对朱子学的教条主义、形式主义,特别强调人的身份虽然不同,不应有上下之分,而是对等的。这样反体制的思想自然不受幕府欢迎,却得到部分中下级武士拥护。中江藤树被尊称为"近江圣人"。他的得意弟子熊泽蕃山因为公然批评幕府而被判幽禁。然而反体制的思想一旦散布,影响极广。三代将军家光刚去世时,在骏河发生由井正雪叛乱事件,意图推翻幕府。第十一代将军德川家齐时,大阪发生大盐平八郎之乱。两个事件都与阳明学派思想有关。

也有部分学者认为研究儒家学术不应该只是研究朱、王的诠释,而要直接在孔子和孟子的著作中去重新发掘。这一派称为"古学派",其中以山鹿素行(1622—1685年)及荻生徂徕(1666—1728年)最为有名。

山鹿素行也是个著名的兵学家。他钻研古书，得到的结论是朱子学说完全扭曲了孔孟的原意，公然批评朱子学，结果被幕府判决流放。

荻生徂徕也被称为是"古文辞学派"的始祖，因为他认为一个人如果能掌握好古文辞，自然能在各种古书中找出具体的圣人之道。在荻生徂徕的观念里，没有什么是绝对的正统性。他认为若要探求圣人之道，并不能只守住某一部书，而是要将各种不同的记载与立论研究拿来比较，然后加以批判。荻生徂徕对朱子学派的批判是："以明善恶而将先王的领域缩小，以争论正邪来把孔子的教导范围缩小，此皆是儒者之罪。"对于老庄和其他思想，荻生也能够包容，认为这些所谓的异端思想莫不是出于人情，而圣人之道也不过就是尽人情而已。荻生徂徕尤其提倡经世致用的学问，主张儒者并不是只要修身进德，成为道学先生而已，也要学习政治经济、使得民生富庶，文史、艺术都能得到发展。

荻生徂徕之后，日本出现各种折中的学派，价值观开始多样化，有人甚至开始质疑为什么在士、农、工、商四民之中，士的阶级高高在上，而为被歧视的商人（称为町人）打抱不平，强调商业行为是正当而必要。幕府渐渐无法控制思想，于是断然宣布禁止讲授朱子学以外的学问，是为"宽政异学之禁"（宽政二年，1790年）。但松平定信主持的宽政改革以失败收场，异学之禁也没有发生多大效果。民间所办的私塾越来越多，超过幕府从林家接收改办而成的直属学校，活泼的思想潮流已经无法再被强力拘束了。

朱舜水与水户儒学

三代将军德川家光掌政时，中国发生翻天覆地的变化：明朝灭亡，清人入主。明朝遗民纷纷逃避海外，但是只有少数来到日本，因为当时日本执行锁国政策，不容许外国人在日本居住。在极少数获得许可的例外中，有一位是对日本影响巨大的饱学大儒。现今在茨城县太田市日本水户藩主家的陵园中，有一个极为特别的墓，墓里埋的便是这一位有名的明朝儒者朱舜水。朱舜水在1666年到达日本长崎，年纪已经六十岁。他经历国破家亡，孤身一人，只剩下一个愿望，就是将所学的正统儒学传播于日本。他在长崎经过五年的贫苦生活后,才见到水户藩主德川光圀派去的使者,接受礼聘。

德川光圀是德川家康的孙子,也是匡辅幕府将军的所谓"御三家"之一,地位显赫。他对朱舜水渊博而扎实的学问至为敬佩,请朱舜水到水户开设学校,改革社会风气,并且成为朱舜水的弟子。朱舜水所学不为朱子或王阳明所束缚,思想自成一个体系。他说:"学问之道,贵在实行。"又说:"不患不巧,患不诚。"他不喜欢谈论性理之学,注重的是经世致用,因而对天文、地理、算术、农艺、建筑、政治制度等无一不通。日本各地名儒风闻,纷纷投在门下,成为入室弟子,水户儒学因而成为其后两百多年日本儒学的重要学派。

德川光圀从小嗜读司马迁的《史记》,又受到朱舜水的感召,便召集一大批儒者共同编撰一部《大日本史》,上起神武天皇,下至第一百代后小松天皇。后代的水户藩主又继续支持编撰,历经二百多年,直到明治时代才全部完成,最后共有三百九十七卷,堪称是皇皇巨著。德川光圀没想到的是,在《大日本史》漫长的编撰过程当中,儒家的"尊王攘夷"思想、《神皇正统记》里的正统观念以及垂加神道所主张的天皇至尊无二思想,竟全都逐渐发酵起来。

如果尊王中的"王"指的是天皇,"正统"也是指天皇,那么幕府将军的地位应该摆在哪里呢?"尊王"的思想产生,使得幕府末期的日本志士纷纷把效忠的对象转到天皇身上,对幕府的伤害之大实在无法估计。日本许多学者因而认为,水户就是明治维新思想的发源地。

第 25 章

基督教在中国、日本及韩国的传播及影响

首先要说明,本章所称的基督教(Christianity),泛指天主教(Catholicism)、东正教(Eastern Orthodox Church)、基督新教(Protestantism)及其他所有信奉耶稣基督的宗派。

基督教的教义及起源

基督教的基本经典是《旧约圣经》和《新约圣经》。

《旧约圣经》里的第一篇《创世记》据说是由以色列人的先知摩西(Moses)编写的,其中说耶和华神创造了天地万物,又照着自己的样子创造了人类的祖先亚当,后来又造了一个女人夏娃给亚当作配偶。《旧约圣经》中其他篇幅的作者不清楚,而内容是讲述包括摩西、约书亚、大卫王、所罗门王等以色列历代先知、诸王,以及人民的历史。

《新约圣经》里前面的四个篇章都是耶稣基督的传记,称为"四福音书",而由马太、马可、路加及约翰四个人分别写成。约翰、路加及马可都是与耶稣同时的人。约翰是耶稣的使徒,路加是一个犹太医生,马可提供场所供早期基督教会聚会之用。马太生长在耶稣之后约五十年,是一个信奉耶

稣的税吏。因而,《新约圣经》里有四个人以不同的角度来观察并描写耶稣。

综合"四福音书",耶稣基督可能是在公元前6年降生于罗马帝国犹太行省(现今以色列及巴勒斯坦地区)的伯利恒(Bethlehem)。当时犹太地区的执政官是希律王(Herod the Great)。耶稣成年后开始传道,自称是神的儿子,被派到这个世上传播天国的福音。他训勉徒众,又展现神迹,让瞎子复明,使死人重生。许多犹太人渐渐信仰耶稣。犹太教的祭司们又怕又恨,于是纠众殴打耶稣,向耶稣吐口水。犹太教众又把耶稣捆绑,向执政官彼拉多提出控诉,说耶稣自称是神的儿子,是犹太人的王,真正是大逆不道,要求彼拉多把耶稣处死。

彼拉多问耶稣是不是犹太人的王,耶稣也不否认。除此之外,彼拉多看不出耶稣做了什么恶事。但犹太祭司及群众坚持耶稣说出这般僭妄的话,罪无可赦。彼拉多决定取悦犹太教众,耶稣于是被钉在十字架上而死;但所有耶稣的门徒都相信他在死后第三天又复活了。

基督教在耶稣死后仍然遭到迫害,却更加迅速发展,在公元一世纪便已遍布叙利亚、埃及、希腊及意大利等地,而到四世纪末竟成为罗马帝国的国教。《新约圣经》后面的篇章大部分都是使徒保罗所写的,内容不是叙述基督教在耶稣死后继续宣教而扩张到罗马的经过,便是阐述基督教的教义。因而,基督教之所以能够成功,耶稣的忠实信徒保罗可说是居功厥伟。

公元六世纪时,东罗马帝国决定改变历法,而以耶稣的出生之年为新纪元元年。但是当时负责制订历法的基督教僧侣并不确定耶稣是生在哪一年,而判定以耶稣被处决之年减去三十年为公元元年。但后世的学者认为,耶稣正确的生辰,应当是在公元前6年,或是公元前2年。

基督教传入中国

基督教蓬勃发展以后,由于欧洲各地对于教义逐渐有不同的解释,因而分裂出本章一开头所提到的三大教派及其他许多小教派。绝大部分的基督徒都相信圣父、圣子、圣灵是三位一体,相信神爱世人,人们只要悔改而信奉主,灵魂可以得到救赎,并获得永生。不过不同教派之间常常发生互相排斥、挤压的现象。

唐朝时，基督教的聂斯脱里派（Nestorius）已经传入中国，称为"景教"。在现今中国西安的碑林博物馆中，收集了很多古代以来的石碑，其中有一块非常特别，称为"大秦景教流行中国碑"。碑文共有一千七百八十个汉字，另有数十个叙利亚文字，记述唐代时景教流传的情况。石碑在唐德宗建中二年（781年）竖立于长安的大秦寺中。大秦是唐朝时对罗马帝国的称呼。

根据碑文记载，景教有一个来自叙利亚的代表团于唐太宗贞观九年（635年）到达长安。唐太宗亲自接见团长阿罗本（Alopen Abraham）。三年后，唐朝认可景教，并资助其在长安、洛阳、成都及其他城市修建寺院。事实上，当时聂斯脱里派不容于天主教，被认为是异端，而被迫往东方发展。

景教在唐朝时并没有发展起来，到唐武宗迫害佛教时，景教也同样被禁止，传教因而中断。

蒙古帝国崛起后，成吉思汗对于宗教采取自由开放的态度。蒙古第三任大汗蒙哥的母亲是一个虔诚、睿智而慈祥的景教徒。蒙哥的弟弟忽必烈也答应要保护基督教，因而基督教在元朝时又在中国积极传教。明太祖的心态封闭而保守，不只宣布海禁，禁锢贸易，又禁止所有的"邪教"。基督教又一次被迫停止传教。

利玛窦在中国

明朝万历十年（1582年），有一位意大利籍的耶稣会（Society of Jesus）传教士利玛窦（Matteo Ricci）来到中国南方的澳门。耶稣会是天主教的一支，除了传教之外，极为注重教育及培养人才，在欧洲创办了几所大学。利玛窦学问渊博，精通天文、地理及数学。然而当时因为明朝封闭的锁国政策，外国人只能留在澳门，无法到中国内地其他地方，更不用提传教。利玛窦却不放弃，决定长期奋斗。他从学习中文开始着手，而逐渐与明朝地方官员及知识分子交往，获得准许搬入内地，又渐渐北移。他与明朝的翰林学士徐光启共同将《几何原理》翻译成中文，亲自制作世界地图《坤舆万国全图》，又将中国的《四书》翻译成拉丁文。明朝的士大夫对他十分敬重，尊称他为"泰西儒士"。1601年，利玛窦到达北京，进呈自鸣钟、《圣经》、《万国图志》等给明神宗。明神宗大悦，准许利玛窦长住在北京。利玛窦虽然不敢大张旗鼓地传教，却能够体会中国民情，允许中国教徒敬拜祖先。天主教传教因而极为顺利，收了几百个教徒。中国也从传教士接触到了科学。

中国礼仪之争与禁止基督教

比利玛窦稍晚，另有一位耶稣会士汤若望（Johann Adam Schall von Bell）也在明朝末年到北京。他介绍了伽利略的望远镜，协助明朝制造火炮，又被封为钦天监监正，负责天文、历法。清朝入主中国以后所颁布的第一个历法"时宪历"就是汤若望所制订的。汤若望的副手南怀仁（Ferdinand Verbiest）也受到康熙的重用，同样负责钦天监。

耶稣会在中国传教成绩斐然，到康熙时已有将近三十万教徒。康熙本人对西洋科学有浓厚的兴趣，亲自演算数学问题而乐此不疲。然而，在成功的背后却有一个阴影，这个阴影逐渐扩大，最后竟使得传教士的活动突然终止。

基督教的传教士分属不同教派，到了海外往往互相扯后腿。利玛窦、汤若望及南怀仁都是属于耶稣会的教士。自从利玛窦准许中国教徒祭拜祖先及孔子之后，有一个由西班牙教士所主导的道明会（Ordo Dominicanorum）却认为祭祖祭孔的行为违反了基督教的一神论，而与耶稣会争论，并向罗马教廷报告。历任教宗对此左右为难，但数十年来并没有做出什么决定。

1704年（康熙四十三年），教宗克莱门十一世（Pope Clement XI）突然正式发布命令，禁止祭孔祭祖。克莱门十一世的命令实质上将基督教内部的"中国礼仪之争"升高为清朝政府与教廷之间的政治问题。教宗的特使晋见康熙皇帝，态度倨傲，又擅自对各教区发布禁令。康熙大怒，命令将特使拘捕，送到澳门，交给葡萄牙人囚禁。教廷特使后来竟死在狱中。

康熙六十年（1721年），清朝下令禁止传教士传教。1742年（乾隆七年），教宗本笃十四世（Pope Benedict XIV）又再次重申禁令，并要求所有在华传教士宣誓反对祭祖。清朝也立刻予以反制。从此教廷与清朝已经无法善了，基督教传教只能转入地下活动。

清朝与教廷交恶的结果，是基督教传教的一大挫败，而清朝的损失更大。基督教耶稣会的特点之一是注重教育，耶稣会士个个都是饱学之士，并且毫无保留地从事于新知识的传承。基督教被禁，中西文化交流也跟着中断；对中国来说，等于关闭了新知识的源头。

不只如此，清朝在贸易方面也把大门越关越窄。原本清朝还有四口通商，乾隆朝时下令只有广州开放，并且由十三洋行垄断其进出贸易。外商必须透过这些洋行代理，不能直接与中国人贸易。这样几近锁国的政策可能会带来什么样的严重后果，很不幸地，清朝的皇帝都一无所知。

基督教传入日本带来冲突

日本在1467年进入战国时代，因而不像明朝一样，没有人能够下令不让外国人来到日本。葡萄牙人达·伽马在1497年首次驾船绕过好望角之后，西洋的船只渐渐来到东方。1543年，第一次有葡萄牙人乘商船抵达日本种子岛，带来火枪，还卖了两管给种子岛的岛主。

天文十八年（1549年），第一次有耶稣会传教士沙勿略（Francis Xavier）到达鹿儿岛，开始传教。沙勿略传教极为顺利，没有几年教徒就已经上万。不过九州以外的地区佛教势力稳固，基督教无法打进。永禄十二年（1569年），织田信长在京都会见了基督教教士。织田向来对于新的事物都非常好奇，是第一个花大钱向洋人买大批洋枪洋炮的大名。他又十分厌恶当时佛教的猖狂腐化，并且与各地的一向一揆战争了十几年，而认为或许基督教有助于压制佛教恶势力，便认可基督教传教。此后基督教迅速膨胀，到织田死于本能寺之变时（1582年），已经有教徒将近二十万人，而以九州一带最盛。

丰臣秀吉继织田信长而统一日本，并且亲征九州。当时的基督教徒已经增加到了三十万人。丰臣秀吉在亲眼目睹九州基督教发展的种种情况之后，大吃一惊。在他看来，基督教不但发展太快，并且不怀好意，又排斥佛教和神道，怂恿信徒破坏庙宇。有部分的日本人被葡萄牙商人送到南洋当奴隶,而基督教士视若无睹。并且有消息指出,基督教在其他国家的一贯做法是先派传教士去宣传福音,引诱人民信教,最后推翻当地的统治阶层,将土地全部接收过来。基督教显然是披着羊皮的狼,是未来的隐忧,是西方国家侵略的先头部队。丰臣秀吉于是在天正十六年(1587年)断然下令禁止人民信教,驱逐传教士,毁掉教堂。不过丰臣秀吉并没有严格执行这个命令。

德川家康掌政之后,对贸易十分注重。当初丰臣秀吉挥兵侵略朝鲜,使得中、日两国关系破裂。德川家康原本想要恢复与明朝的外交关系,但是到死都不能如愿,因而对于和西洋人贸易通商十分热衷,对基督教传教也采取开放的态度。基督教因而又再度蓬勃发展,达到一百万人。

然而,德川家康渐渐发现幕府及地方势力已经被基督教渗透。在调查一个弊案当中,证实在九州长崎的岛原城主有马晴信与幕府要员冈本大八互相勾结,而两人都是基督徒。更进一步调查,发现竟连御林军和幕府的侍女里面也有许多是基督徒。德川家康一生也和无数的一向一揆打过仗,知道宗教和迷信的厉害,大为惊慌。这时信仰新教的荷兰人也来到日本,他们以贸易为首要目地,传教只是次要,因此也附和德川,说葡萄牙和西班牙天主教士传教的动机并不单纯,是有领土野心的邪恶势力。德川家康于是在庆长十七年(1612年)下令禁止基督教,驱逐传教士,强迫教徒放弃基督教。然而,许多教徒悍然不怕死,受酷刑也不肯求饶,更不肯放弃基督教。德川家康下令将他们分批烧死,但心底里却更加惶惶不安。

日本的锁国政策及岛原之乱

二代将军德川秀忠遵从父亲的遗命,与西洋人保持距离;为了不让基督教藉贸易而传播,下令限制外国船只只能在少数几个港口进出。三代将军德川家光对西班牙人特别不满,禁止西班牙船只到日本。宽永十二年(1635年),幕府干脆禁止人民私自出国,避免到国外以后受到污染。各藩国的大名也一样不得私自派船出国。这些做法已经是在模仿明朝,逐渐走向锁国的道路。

宽永十四年（1637年），"岛原之乱"爆发。被乱民扶上台面的领导者是一个只有十六岁的少年，名叫天草四郎。天草也是个地名，在岛原的南方。德川家康当年下令处死岛原城主有马晴信，禁止基督教，又杀害教徒，岛原人民无不切齿难忘。天草地方的人民与德川幕府之间的仇恨结得更早，在关原之战时已经种下。丰臣秀吉当年征伐九州之后，把肥后藩的南部封给大将小西行长，其中包括天草地区。小西行长笃信基督教，使得领地的基督徒迅速膨胀到十万人以上，还带领一支一万多名教徒组成的军队。小西行长后来在关原之战加入西军对抗德川，兵败被擒，由于信教而不能切腹自杀，结果被拖去游街，然后枭首示众。

岛原之乱的导火线是因为地方政府搜捕基督徒，抓到一个少女，剥光衣服之后，将她活活烧死。少女的老父亲当场发狂，聚集的老百姓长久的仇恨被激发，于是演成暴乱。参加岛原之乱的人几乎全部是基督教徒，其中有许多是小西行长与有马晴信的旧部。这场叛乱延续半年之久，幕府出动十余万大军，最后才终于敉平。城破之后，两万多名教徒被屠杀殆尽。

岛原之乱中，荷兰人应邀派战舰以火炮轰击岛原城的叛乱教徒，又趁机在德川家光面前对葡萄牙人的行径加油添醋，危言耸听。德川家光因而认定葡萄牙人是背后的主使，下令与葡萄牙断交，禁止葡萄牙船只到日本。锁国政策又进了一步。

荷兰人由于小心伺候幕府，又强调不传教，只要贸易，因而最后雀屏中选，成为欧洲各国中唯一能与日本进行贸易及文化交流的国家。这种垄断特权持续二百多年，一直到幕府末期才被打破。荷兰是一个欧洲新兴的蕞尔小国，竟能同时控制了台湾与巴达维亚，又独占日本的贸易，遂成为远东地区最有影响力的贸易势力。

兰学的发展

岛原之乱以后，日本儒学逐渐进入百花齐放的时代。西洋的学问也随荷兰人传到日本。荷兰人答应幕府不在日本传教，而幕府有选择性地透过荷兰人引入"无害的"科学新知。八代将军德川吉宗（1716—1745年在位）

喜欢新奇而实用的事物，对于天文、地理、历法、农学、马术等都有兴趣。他准许引进西洋书到日本，又同意部属学习荷兰语。1774年，第一部由荷兰文翻译成日文的书籍《解体新书》问世，是有关医学解剖的书籍。之后，不断有新的翻译书籍出现，将西方的科学、技术介绍到日本。"兰学"于是成为最新的学派，有志之士无不涉略。

幕末时，日本各地出现一些专门教授兰学的私塾，其中首屈一指的是绪方洪庵（1810—1863年）在1838年所创办的适适斋塾，简称"适塾"。绪方洪庵是一位兰学大家，也是医生，在大阪悬壶济世。适塾所造就出来的人才超过一千人，是明治维新时的一大推动力量，其中最有名的是福泽谕吉。同时间第九代水户藩主德川齐昭在水户建成弘道馆，是专门为贵族及武士子弟办的学校，采取中西兼备、文武两道的教育方针，也教授马术、剑道及各种西方科学。这是官办"藩学"中的一个例子。其他还有许多民间针对平民所办的基本教育机构，称为"寺子屋"。日本的教育及识字水平开始大幅提升。原本日本幕府的地位在经济不振及水户学所引发的"尊王思想"冲击之下已经开始动摇，这时更加动摇得厉害了。

朝鲜与西方的第一次接触

朝鲜对西洋的认知，刚开始是由明朝与日本间接传入的。朝鲜宣祖晚期，派到明朝的使臣已经将利玛窦的世界地图和介绍天主教的书籍带回来。仁祖时，陆续又有关于火炮、望远镜、自鸣钟、天文、历法等书籍从中国传入。1627年（仁祖五年），有一个在日本从事贸易的荷兰人朴渊（Jan Janse Weltevree）因船只漂流而到达朝鲜，从此停留，成为一个传奇人物。据说朴渊曾经协助朝鲜练兵，又制造红夷大炮，用以对抗女真人。

1653年（孝宗五年），朝鲜发生一件历史上的大事。在此之前十三年，荷兰人统治下的台湾有一艘船预定前往长崎，却在途中失踪了。荷兰人以为这艘船已经沉没，船员全部死难。不料在这一年突然有八名这艘船的船员又出现在长崎。这些船员说，原来他们的船在朝鲜沿海失事获救，以后被滞留在当地，后来才趁机逃出。其中有一个名叫哈美尔（Hendrick Hamel）

的船员将他的经历写成一本书,书名《史伯伟号漂流记》(*The Journal of the Unfortunate Voyage of the Jaght the Sperwer*),在鹿特丹出版。这本书立刻成为畅销书,并翻译成欧洲各种文字出版。欧洲大众从此才知道有"朝鲜"这个国家。基督教于是有教士陆续前往朝鲜传教。

朝鲜禁止基督教传教

朝鲜许多两班官僚与知识分子都被基督教士的学问新知所吸引。一向不满朱子学的实学派得到极大的鼓舞。基督教没有阶级意识,因而对良民与贱民也产生吸引力。

然而朝鲜政府逐渐对于实学派的勃兴与基督教散布阶级平等的观念感到忧心。罗马教宗与清朝皇帝之间关于"礼仪问题"的冲突事件传到朝鲜以后,朝鲜朱子学派的儒家学者至为振奋,更是借机痛批基督教。朝鲜有部分教徒遵照教宗的指示而拒绝祭祖、祭孔。朝鲜政府认为问题严重,终于在1785年(正祖九年,清朝乾隆五十年)下令禁止基督教传教,不准任何人从中国带回有关基督教的书籍。

朝鲜部分的天主教徒无视于政府的禁令,仍然暗中传教。1791年(正祖十五年),全罗道有一名进士及第的教徒尹持忠在母亲死后不设神主,也不祭祀。亲友及地方儒生愤恨不满,向政府告发。尹持忠被政府以"不孝"的罪名处死。朝鲜政府认为基督教是邪教无疑,又一次下令禁教,并禁止民间收藏西洋书籍,连国家图书馆"弘文馆"里的汉译西洋书也全部焚毁。

中、日、韩三者锁国的比较

在东亚的三个国家中,第一个禁止基督教传教的是日本的丰臣秀吉,时间在1587年。到德川幕府时代又一步一步更加紧缩。日本禁教的原因,一般说法是幕府感受到基督教传教背后野心的威胁,又进一步要防止人民的思想受到污染。实际上,还有更深层的原因。

德川家康统一日本之后,六十六个藩主在表面上都俯首听令,实际上都是各据一方，无法让幕府随意任免。幕府如果不小心谨慎，中国历史上发生过的唐朝节度使失控，导致国家覆灭，便是一面明镜。德川家族用尽一切心机防范这些藩国，不但要控制他们的思想，还要尽量削减他们的财力和武力。江户幕府提倡朱子儒学，标榜忠君爱国的思想；引入《武家诸法度》、《参觐交代制度》、《一国一城令》；又强迫各藩主派员到远地去整治河川，建设工程，花费无数；无一不是为了这个目的。

日本原来在织田信长时代早已引进西洋枪炮，并且曾经一度是世界上生产枪支最多的国家，为什么突然放弃使用枪械呢？表面上是说这样能维护传统武士的阶级形象，让武士能公平决斗，展露高超的武艺；实际上，德川幕府是有计划地一步一步要消灭枪械。首先，是限制枪支生产，限制发给持有枪械的执照。再来就规定只有国家认可的厂商才能制造，又渐渐减少订购数量。最后干脆收归国有，然后停产。全国的武士都只在腰间插着两把武士刀，若是拿一把枪，必将受到耻笑。露骨地说，德川幕府处心积虑，目的无非是怕藩国及武士们有了枪械，便无法驾驭了。

在如此的时代背景之下，德川幕府决心不让基督教及洋人有机会和藩国及武士们接触，应当不难明白。不过德川幕府仍然将宗教与贸易切割，从来就没有完全锁国，也没有用"锁国"两个字。幕府仍然开放对马岛为对朝鲜贸易的窗口；萨摩为对琉球的贸易窗口；长崎则是对中国及荷兰的贸易窗口。德川幕府并透过荷兰人继续与西洋文化交流。后代的幕府将军管制渐渐松了，兰学因而在日本逐渐发芽，引入新知的活水，不知不觉中已经在为明治维新做准备了。

清朝康熙皇帝对基督教的禁令（1721年）比日本丰臣秀吉的禁令晚了一百三十四年。乾隆又将国家大门越关越小，不止禁教，也不愿意与洋人直接贸易接触，只能透过十三行中间商，锁国封闭的程度已经超过了日本。清朝禁教的根本原因是传统思想与基督教之间价值观的差异太大，无法取得妥协，并不是因为国家安全受到威胁。中国太大，康熙、乾隆年间又是清朝国力鼎盛的时候，没有什么国家能够对它产生威胁。清朝的中央集权程度比日本彻底得多，也不必担心洋人与地方势力结合而造反。西洋人真正对清朝产生致命的威胁，是在此一百年后。

朝鲜第一次禁教（1785年）比清朝康熙皇帝的禁令又晚了六十四年，比日本几乎晚了两百年，而锁国的封闭程度是三国之最。朝鲜刚要关起门时，实际上日本在文化交流方面已经开了一个门缝，并且渐渐越开越大。朝鲜禁教的根本原因自然也与清朝一样，是由于传统思想与基督教之间价值观的差异，但是党争及既得利益阶层的私心作祟恐怕也占了很大的一部分。朝鲜学清朝一样把西洋新知锁在外面，国家遂没有进步的空间。当宗主国清朝后来陷入困境时，朝鲜也只有跟着掉到深渊了。

第五卷

近代篇

第 26 章

西方威胁下的东亚巨变

十三世纪末,忽必烈统治中国时,有一个威尼斯商人马可波罗(Marco Polo)来到中国,居住了十几年,对于当时中国先进的文化成就赞叹不已,认为比欧洲超出太远。后来他写成了一本《马可波罗游记》,这本书使得所有的西方人对东方无限憧憬与羡慕。但中国明、清两代自恃天朝的自大心态、僵化的封建思想以及对贸易的无知,使得中国从此不再进步。日本的德川幕府与韩国的李氏朝鲜王朝也都同样有陈旧的封建思想,盲目锁国,以为不看、不听就没事了。

西方的兴起

正在东方世界停滞不前的时候,西方世界却发生了一个思想、文化的大革命。十四世纪初,在意大利北方由于商品经济发达,产生了新兴的资产阶级。他们认为西方的人文、艺术已经衰退了一千年,必须恢复古希腊、古罗马的古典文化,不惜花费巨资来赞助文学家、艺术家。罗马教廷和许多城市国家的执政者也都热心支持这样的想法,文艺复兴运动(Renaissance)于是轰轰烈烈地推展开来,到十六世纪时达到鼎盛,影响遍及全欧洲,不仅在文学、绘画、建筑、雕刻等方面取得辉煌灿烂的成就，也带来快速的科学进步。

科学进步当然对武器、造船都有立竿见影的助力。以火药为例。一般相信火药是中国所发明的，而被蒙古人在西征时大量使用。欧洲人大惊失色，也无法抵抗。经过一百多年，欧洲的化学、冶金术远远超过东方，火炮与火枪的威力因而比当初蒙古人所用的简陋武器强得多。拜科学之赐，欧洲人不仅"船坚炮利"，拥有进步的航海技术，更有了冒险犯难的精神。

1492年（明孝宗弘治十年），哥伦布（Christopher Columbus）由西班牙向西航行，抵达北美洲，发现新大陆。1497年，葡萄牙人达·伽玛（Vasco da Gama）从里斯本驾船出发，绕过非洲南端的好望角（Cape of Good Hope），到达印度的加尔各答（Calcutta），开启了航海的新纪元。这两件大事宣告了海权时代的来临，也标志着西方国家向外寻求贸易机会转而侵略的开始。

西方人到达东方

1510年起，葡萄牙控制了果阿（Goa，在印度西海岸）及满剌加（Malacca，今马六甲，在马来半岛南部）两个重要的东西贸易转运港，开始称雄海上。1518年（明正德十三年），第一艘葡萄牙船舶抵达中国广州。有关葡萄牙人如何成为中国东南沿海的海盗，如何取得澳门的租借权，又如何因为明朝开放海禁而获得贸易许可，垄断欧洲与中国之间的贸易，在第十四章已经叙述。

西班牙是第二个到达远东的欧洲国家，在1542年（明嘉靖二十一年）抵达菲律宾，大肆杀戮土人之后，开始殖民统治。

英国及荷兰发展较晚，但后来居上。英国于1588年在英吉利海峡击溃西班牙的无敌舰队之后，成为海上新霸主。1600年，英国东印度公司（British East India Company）获得伊丽莎白一世女皇（Elizabeth I, 1533—1603年）特准而成立；后来在1612年击败葡萄牙人，获得莫卧儿帝国皇帝的青睐，取得投资及贸易特权。到了十七世纪末，东印度公司已经在当地建立了一支强大的武装力量，甚至买下了向商人及平民收税的权利，而成为印度及孟加拉国的垄断势力，然后又以此为根据地向东推展。

1602 年，荷兰东印度公司（Vereenigde Oost-Indische Compagnie，简称 VOC）经由十几家荷兰私营公司合并而成立，获得国会授权独家向东拓展贸易，并且可以自组军队、发行货币。1619 年，荷兰东印度公司占领巴达维亚（Batavia，现今的雅加达），建立殖民地，然后也是以此为根据地向东推展。

法国和德国的海上力量不强，又忙于为了在欧洲大陆上争霸而打仗；意大利则到 1871 年才真正成为一个统一的国家，三者因而在远东的发展都很晚。俄国原本也是一个古老落后的国家，但年轻的彼得大帝（Peter the Great，1672—1725 年）亲政后，断然从事全面改革，并且建立了一支完全西方化的强大军队，于十八世纪初一跃而成为欧洲一等强国。在北美，美国在 1776 年独立之后，一直忙于内部，到十九世纪三十年代才出现在亚洲。

南欧国家的锁国政策

读者或许要问，西班牙和葡萄牙既是开创了海权时代，又率先到达了东方，为什么后来在其他列强纷纷活跃于远东时，却好像是退缩了？关于这一点，现代的美国学者戴维·蓝迪斯（David S. Landes）在他所写的一本《新国富论》（*The Wealth and Poverty of Nations*）里综合前人的研究，提出了十分精辟的分析。

蓝迪斯指出，西班牙在海外掠夺而成为欧洲最富有的国家之后，开始沉溺于奢华享受，以及不断对邻国发起战争的无底洞，结果家产迅速败光。葡萄牙人同样也是挥霍无度。

另外还有一个更重要的原因。在文艺复兴的过程中，由于科学和人文主义兴起，人们渐渐怀疑教会神学的权威，对僵硬的教条产生不满，而想要摒弃一切对思想的束缚，结果在十六世纪初引发了宗教革命。但由于欧洲各国的国情不同，经过数十年，竟朝两个不同的方向发展。西欧及北欧国家的人民大部分都成为新教徒，而在南欧的西班牙、葡萄牙、意大利等国家的政府却坚决地与天主教教会站在一起。新教徒大多拒绝权威,乐于接受新知识,天主教教会则视新教为异端邪说,用尽所有的力量以阻挡其蔓延。西班牙和葡萄牙政府禁止人民使用印刷技术,禁止进口外国书籍,禁止人民到意大利以外的国家留学,又迫害国内所有的异教徒,以及疑似叛教的教徒。

南欧天主教教会势力之强大,及其对人民思想桎梏之深,可以用一件人人皆知的历史事件来说明。意大利的科学巨擘伽利略(Galileo Galilei)在改进荷兰人发明的望远镜,用以观察天文之后,发表论文公开支持波兰天文学家哥白尼(Nicolaus Copernicus)所提出的《天体运行论》,认为地球是绕着太阳转,而不是太阳绕着地球转。天主教教会大怒,判定伽利略的说法是邪恶、错误,违背《圣经》。伽利略在1615年被送到异端裁判所接受审讯,被逼不得不声明放弃原先的说法,但仍是遭到终生软禁。

当时还有一个庞大的奥斯曼帝国(Ottoman Empire),占据了整个地中海的东半部,是由虔诚信奉伊斯兰教的突厥人在十三世纪末所建立的,而国力强大,曾经在1453年灭掉东罗马帝国。但奥斯曼帝国的统治者也深怕西欧的异端邪说会污染伊斯兰教世界,因而拒绝引入印刷术,切断所有新知识流入的管道。

总之,从十六世纪起,整个地中海周边的国家都陷入了自大、排外、守旧、思想僵化的锁国状态,与当时在万里之外的中国、朝鲜、日本几乎是一模一样。因而,后来西欧发生工业革命,并传播到北欧,但西班牙、葡萄牙、意大利和奥斯曼帝国却选择拒绝进步,而渐渐失去活力。西班牙和葡萄牙的国力持续下滑,到了十九世纪末时人均国民生产值(Per Capita GNP)分别只够得上英国的百分之四十及百分之三十。奥托曼帝国也是大幅衰退,无法再和西欧国家为敌,逐渐走上分崩瓦解的道路。

工业革命、资本主义与共产主义

西欧的工业革命是发生在文艺复兴发端之后约三百年,而主要是从英国开始。1733年,英国的约翰·凯(John Kay)发明了飞梭,后来哈格里夫斯（James Hargreaves）又发明珍妮纺纱机，大大提高棉纺的生产效率。1769 年，英国人瓦特（James Watt）发明蒸汽机，工业革命遂加速展开。此后还有纺棉机、轧棉花机、织布机、高压引擎、火车、轮船、电报等，不断推出。

东、西方的科技与工业水平差距更加拉大之后，武力自然也更加悬殊。东方的国家不管是知或无知，总之已经无法拒绝被改变。

不过工业革命对于欧洲的人民并不一定是好事。蒸汽机发明不到五十年，欧洲各国大资本家纷纷设立大型工厂，取代了传统的手工业。冷血的资本家聘请工人，给予极低的工资，予以虐待、剥削。传统的手工业者无法竞争，不是失业，便是被迫开始过着非人的生活。资本家成为剥削阶级，而工人成为被剥削阶级，二者间的财富分配日益不均，矛盾日形尖锐。资本主义时代来临所带来的问题，十分明显而易见。

1848 年，马克思（Karl Max）与恩格斯（Friedrich Engels）宣称受到广大的国际工人组织委托而发表《共产党宣言》。两人提出如下的主张：

> 至今一切社会的历史都是阶级斗争的历史……我们的时代，资产阶级时代，却有一个特点：它使阶级对立简单化了。整个社会日益分裂为两大敌对的阵营，分裂为两大相互直接对立的阶级：资产阶级和无产阶级……它（指资本主义）把人的尊严变成了交换价值，用一种没有良心的贸易自由代替了无数特许的和自力挣得的自由。

总之，结论是无产阶级若不团结起来，以对抗资本主义，便将永远被奴役。共产主义于是伴随资本主义而诞生了。

《共产党宣言》及马克思后来独自写成的《资本论》对世界影响极大。不过共产主义是在二十世纪才逐渐成为强大的力量。十九世纪正是资本主义如火如荼发展的时候，已经不是任何国家、任何力量可以挡得住。资本主义在欧洲本土既是为富不仁，唯利是图，又怎么可能在海外不对殖民地进行巧取豪夺？《共产党宣言》当中也这么说："不断扩大产品销路的需要，驱使资产阶级奔走于全球各地。它必须到处落户，到处开发，到处建立联系。"

东亚巨变

面对西方带来铺天盖地的变化与威胁,东方国家是如何对应呢?答案是各个国家对应的方向与速度完全不同,因而也导致了完全不同的命运。拒绝随着外界的变化而改变,或改变太慢的国家,如清朝与朝鲜,注定继续沉沦下去,愿意适应外界的变化而迅速学习改变的国家,如日本,即将一跃而起。

从十九世纪初开始的两百年里,东亚的发展大致可以分为四个阶段。

- 第一阶段(1867年之前),中、日、韩都一样,对内有无数的问题无法解决,对外来的威胁不知所措。
- 第二阶段(1868—1905年),中国与韩国仍然固步自封,而日本展开明治维新,国力迅速强大,击败中国及俄国,成为地区强权之一。
- 第三阶段(1905—1945年),日本取得地区霸权的地位,军国主义势力抬头,加紧对周边国家的侵略,终至第二次世界大战战败。
- 第四阶段(1945年以后),美国与苏联两个新强权强力介入,又改变东亚各国的命运。

本章将专注于叙述第一阶段中,东亚各国的发展与变化。以下先从中国说起。

道光与张格尔之乱

清朝道光皇帝(1821—1850年在位)一生的命运与他的父亲嘉庆皇帝一样坎坷,没有一天不面对国内的叛乱。在他刚继位不久,新疆便发生张格尔之乱。张格尔是当年乾隆皇帝平定回部时,大和卓木的孙子,流亡于浩罕(乌兹别克人在中亚建立的国家)。张格尔矢志复国,潜入南疆回部,号召族人发动叛乱,并得到浩罕国王支持。英国意图从印度往北继续扩张,巴不得中亚地区发生动乱,因而支持张格尔,派出顾问协助他训练军队。由于清朝派在边疆的官员贪腐暴虐,不得民心,张格尔很容易便攻占喀什噶尔、叶尔羌(今莎车)、和阗(今和田)等城,新疆大乱。清政府派出数万大军,费时八年才终于平定叛乱。

张格尔被送到北京,道光皇帝要亲自审问他,问他为何叛乱。不料官员怕张格尔说出真相,早已防备,将张格尔下药,使他口不能言,手不能写。道光皇帝终究得不到答案,只能下令将张格尔以极为残酷的刑罚处死,给叛乱者一个警惕。但是人民的怨毒哪里是酷刑可以挡得住的?张格尔的兄弟紧接着又站起来,继续叛乱。过几年,又轮到张格尔的下一代,一波又一波而不断。

张格尔之乱还在余波荡漾中,湖南、广东的傜族人,四川的夷人,以及云南、陕西的回民又陆续发生民变。这些少数民族也都是因为清朝地方官吏腐化贪婪,忍无可忍,揭竿而起。民变规模之大,都到了必须命令各省总督率大军进剿。清朝所推行的"改土归流"政策立意在于加强控制少数民族,但是若不能选任适当的流官,结果只是国家越来越乱。

道光皇帝的问题还不只是内乱,更发生了一件对近代历史影响巨大的事件——中英鸦片战争。

中英鸦片战争

英国从十七世纪开始就已经是世界上的一等强国了,但是来到中国之后,自认为受到不平等的对待。英王乔治三世(George III)于1793年(乾隆五十八年)派特使马戛尔尼(Lord George Macartney)携带国书觐见乾隆皇帝,提出互派使节、增开广州以外港口贸易、宽减关税等要求。马戛尔尼坚持英国与清朝对等,拒绝向乾隆下跪行礼。乾隆大怒,拒绝他所有的请求。此后,法国革命军席卷整个欧洲,拿破仑(Napoleon Bonaparte, 1769—1821年)崛起。英国忙于联合各国和拿破仑打仗,无暇东顾。一直到1816年(嘉庆二十一年),乔治四世(George IV)才再派特使阿美士德(William. P. Amherst)到达北京,晋见嘉庆皇帝,结果同样因为不肯行跪拜之礼,又不欢而散。

1834年(道光十四年),英王威廉四世(William IV)派律劳卑(Lord William J. Napier)为驻华贸易监督。律劳卑直接到广州向两广总督卢坤投递公函，要求面谈。卢坤以上国对付蛮夷的姿态，勒令律劳卑退回澳门待命。律劳卑悍然拒绝，卢坤于是下令中断中英贸易。律劳卑召来英国军舰三艘进入广州虎门、黄埔，双方以火炮互轰。律劳卑被迫退出广州，不久在澳门病死，死前留下遗言："要打破中国自大的心态，获得平等的待遇，只有战争一途。"

事实上英国这时已经在印度经营了两百多年，势力越来越大。莫卧儿帝国及孟加拉国土著企图反抗，却在几次战役中遭到彻底击溃。莫卧儿皇帝因而成为一个傀儡，对东印度公司只能俯首听令。清朝的官员如果知道这一段历史，就会明白律劳卑的遗言并不仅仅是他自己一个人的看法，而是代表了多数在远东的英国人心底里的希望。

从另一方面看，中英之间的冲突，其实不只在清朝的高傲态度，更在于贸易的不平衡。由于中国出产的茶叶、丝绸、瓷器等商品在欧洲市场十分受欢迎，而英国却没有什么商品是中国需要的，因而，英国面对庞大的贸易逆差，必须从其他国家购入大量的白银来偿付；日积月累，渐渐不堪负荷。英国在印度种植罂粟，制成鸦片，便试着将鸦片销往中国，没想到却一炮而红。

鸦片是毒品，害人吸食上瘾后无法戒除。清朝早已下令禁止，但是禁不胜禁。嘉庆年间进口还不过几千箱，道光十八年（1839年）时增加到超过四万箱。中国对英国的贸易因而反过来成为入超。其结果不但使中国每年大量白银外流，更严重的是，导致社会风气颓废，人民的健康受危害。清朝有识之士无不呼吁禁绝鸦片，其中以曾经在江苏、湖广查禁鸦片的林则徐态度最为坚决。他说："烟不禁绝，数十年后，国家不只没有可筹的粮饷，并且没有可用的兵。"道光皇帝于是再度颁布禁烟令，并派林则徐为钦差大臣，前往广州负责执行。

林则徐要求各洋商缴出鸦片，以每箱鸦片对茶叶五十斤冲抵，共得到鸦片二万余箱。林则徐下令立即在虎门海口销毁。洋商大多具结永远不再贩卖鸦片，唯独英国的驻华商务监督义律（Charles Elliot）只交出鸦片，拒收茶叶，并且不肯具结，因而被逐出广州。这时又发生一个英国水手杀死尖沙咀村民的事件。义律自认有领事裁判权，拒绝交出凶手，而在私自审判后，将五名水手送回英国服刑。林则徐断然下令停止中英贸易，双方的炮艇开始互相轰击。鸦片战争的序幕战已经开始。

英国政府原本怕背负强销鸦片的恶名，坚持和平解决争端。清朝强势停止中英贸易，却使得以贸易为国本的英国忍无可忍，并找到借口。维多利亚女王（Queen Victoria, 1819—1901 年）向国会演说，态度强硬。国会中议员激辩，主战派压倒主和派，以二七一票对二六二票通过出兵。英国舰队于是奉派出征，在 1840 年（道光二十年）抵达中国；首先封锁广州港口，再北上到达天津外海的大沽口，直逼北京。

当初在清廷里的官员有人主张对英国强硬，有人主张和缓。道光皇帝斥责主张缓办鸦片的满族大臣穆彰阿与直隶总督琦善，全力支持林则徐，甚至明白指示林则徐不可对英国人过于软弱。等英国舰队到达天津，还没有打仗，道光却已经害怕起来。穆彰阿与琦善趁机落井下石。林则徐于是被撤职，流放到新疆伊犁。琦善继任，奉命与义律谈和。琦善同意割让香港，赔款六百万两白银，给予英国人平等待遇。道光又大怒，认为琦善让步太多，无能之至，将琦善下狱，决心继续与英国人打仗。没想到英国外相巴麦尊（Henry J. Temple Palmerston）也认为这个草约太宽松，对英国没有好处，将义律撤职，另派璞鼎查（Henry Pottinger）接任。璞鼎查随即出兵攻占厦门、宁波，进犯上海、南京，清军完全不是对手。道光皇帝只得又退缩，再派钦差大臣耆英议和，与英国在道光二十二年（1842 年）签订了《南京条约》。

《南京条约》

《南京条约》一共有十三个条款，其中重要的有开广州、厦门、福州、宁波、上海五口通商；允许英国派驻领事；永久割让香港岛；赔偿军费、被销毁的鸦片等共计二千一百万两白银；双方商订税则等。比起原先的草约，《南京条约》不知要严苛几倍。

《南京条约》是中国与西洋国家签订的第一个不平等条约，内容称得上是丧权辱国。所有西洋国家在整个战争与议和的过程中全都清楚地看见，清朝军队是如何地腐朽，不堪一战；无能的官吏是如何地推脱责任，互相构陷；能干的大臣如林则徐，是如何快速地在官场中灭顶；而皇帝又是如何地无知、胆小、善变、缺乏担当，又出尔反尔，自取其辱。鸦片战争之前，大部分的西洋国家还以为中国虽然不讲理，但是国家太大，不能随便得罪。战争之后，结论已经很明显：这样一只纸老虎，正等着狼群分食。

鸦片战争对中国之害，不只在割地赔款，更在于战败使得鸦片继续流毒数十年，甚至到清政府灭亡之后，中国还有很多人在吸食鸦片。话说回来，鸦片之害人人皆知，而英国种植罂粟在先，拒绝配合清朝禁烟在后，最后竟自欺欺人，以维护自由贸易为名而发起战争，在战后又强迫清朝继续开放鸦片贸易；总之，是为了商业利益而不择手段。英国后代的子民如果明白这一段历史的经过，恐怕没有多少人会认为是光彩的。

美国黑船事件

西方列强既是如此地热衷于拓展贸易，当然不会希望日本德川幕府一直继续锁国，而只与荷兰人来往。十九世纪的前五十年，据估计有四十几艘英、法、美、俄的船只到达了日本。俄皇所派的使节雷萨诺夫（Nikolai P. Rezanov）于 1804 年到达长崎，要求通商，被日本拒绝；1811 年，俄国又有海军军官葛洛夫尼（Vasily M. Golovnin）在日本海域探查，遭到逮捕囚禁。1818 年英国人戈登（Charles G. Gordon）驾舰艇登陆浦贺港；1827 年美国"莫里逊号"（Morrison）进入浦贺港，遭到炮轰；1846 年美国人毕迪乐（James Biddle）乘舰艇到达浦贺港，要求开放通商。

日本幕府将洋人当成洪水猛兽，尽量不让洋人来。官员如果做不到便是严重失职。例如，1808 年英国军舰"费顿号"（Phaeton）强行闯入长崎港，长崎的地方首长松平康英无法阻挡，竟因而切腹自杀。在此之前，日本政府还有人溺己溺之心，规定要搭救漂流外海的外国船只，给予必要协助后使其安全离开。"费顿号"事件后，日本政府改采强硬措施，对外国船来到一律以枪炮驱离。后来"莫里逊号"声称护送遇到海难的日本人民回国，竟也遭到炮击。

中国在鸦片战争战败的消息传到日本，引起震撼。幕府赶紧取消之前对外国船不友善的命令，又重新对漂流经过的外国船给予人道帮助。但是洋人在意的不是这些，而是要逼日本打开贸易的大门。荷兰人独占了两百多年的日本贸易，这时国力已经大大不如从前，因而也诚实地对幕府建议要适度开放门户，以免遭到像中国一样的劫难。

该来的终于来了。嘉永六年（1853年），美国东印度舰队司令培理（Matthew C. Perry）率领四艘战舰进入浦贺港，携带美国第十三任总统费尔摩（Millard Fillmore）的国书，直接要求通商，否则开战。幕府无计可施，只得说必须向天皇请准。培理停留几天后，答应明年再来。美国舰队离开后，俄国海军中将蒲大廷（Evfimii V. Putyatin）也率领四艘战舰，直抵长崎，要求通商。幕府同样要求他一年后再来，蒲大廷也接受了。

阿部正弘

在这关键的时刻，幕府的首席"老中"阿部正弘邀集幕府里的大小官员及各地藩主前来开会讨论。为什么邀各藩主来呢？这正是他的高明之处。他清楚地知道各地方藩国势力强大，今非昔比，尤其是长州藩、萨摩藩和水户藩等三个超强的藩国一向对幕府不满。面临西洋的威胁之下，各藩国意见纷纭。有主张强硬抵抗的，称为"攘夷派"；也有主张早日与外国通商的，称为"开国派"。如果幕府不能整合意见，恐怕难以善了。讨论的结果，连"攘夷派"里的领袖们也都没有把握对付洋人，于是一致决议开放门户。

第二年（嘉永七年，1854年），培理又率领舰队抵达，双方签订了《日美和亲条约》（或称《神奈川条约》）。日本幕府持续两百多年的锁国政策至此结束。日本接着也和英国、俄国、荷兰等国分别缔结亲善条约。

《日美和亲条约》的主要内容是开放下田（今静冈县下田市）、箱馆（今北海道函馆市）两个港口供美国船舰停靠，补充物资、饮水；给予美国商务最惠国待遇。实际上，这并不是什么不平等条约，也不是通商条约，因而日本各方面都平静地接受了。

阿部正弘少年老成，眼光远大而思想开放。早在黑船尚未到来之前很多年，他已经在幕府里设置一个机构，称为"海防挂"，打破幕府阶级观念的限制，聘请各藩国诸侯手下有学识的兰学家、兵学家、炮术家等，齐聚一堂来研究外交及国防问题。他也是幕府里第一个下令铸造西洋大炮，第一个决定向洋人直接购买舰艇，第一个准许藩国建造大船的决策官员。总之，在阿部正弘的领导之下，日本的武器、船舰、科学甚至人文，都得到迅速的发展。他主政的这段时间称为"安政改革"，而人才辈出。

阿部正弘度量大而身段柔软。他为了缓和攘夷论的激烈态度，主动邀请"攘夷派"的领袖德川齐昭在幕府任官，发表意见。他又让位给开国派的代表人物堀田正睦继任为首席"老中"，自己反而屈居其下，如此方便做事又避免被孤立。他与萨摩藩主岛津齐彬更是交情深厚，互相提携。

吉田松阴与安政大狱

安政四年（1857年），阿部正弘突然病死，享年只有三十九岁。第二年，井伊直弼被任命为大老，开始掌权。井伊直弼也是有理想的开国派人士，然而行事专断，无视于保守的反对力量，又缺乏阿部正弘的手腕与身段。日本的政局开始风雨欲来。

日本所谓的"开国论"，是针对幕府的锁国令而提出的相反论说。开国论与一本中国人所写的《海国图志》有部分关系。《海国图志》的作者魏源是鸦片战争的主角林则徐的幕僚。林则徐在奉命查禁鸦片时，动员许多幕僚，花了很多工夫搜集研究西洋的历史、地理与国情的资料。鸦片战争失败后，魏源感叹万分，便将林则徐的资料编辑成《海国图志》，其中有世界各国的地图，而论说的目的是要唤醒国人多多研究外国事情，打开眼界，才能挽救危亡。然而，《海国图志》在中国几乎没有人看。鸦片战争的惨败使得守旧的朝廷官吏和民间的学者、百姓都对西方蛮夷更加深恶痛绝，大部分对魏源与林则徐的主张没有任何兴趣。

当时也有日本人将《海国图志》带到日本，不料却被视为奇书。阳明学派的儒学大师佐久间象山读到魏源所说的"师夷之长以制夷"，大为赞赏，引为外国知己。日本有许多原本主张攘夷论的武士看到《海国图志》之后，也改变观念成为开国论者。

佐久间象山有一个得意弟子吉田松阴，在1854年美国黑船再次来到日本时，偷渡登上美国船舰，要求培理带他周游海外，结果被拒绝。吉田松阴向幕府自首，被收押了一年多。出狱后，他回到长州藩萩松元村家乡（现今山口县萩市），在叔父所开设的私塾松下村塾教授弟子。吉田的叔父是山鹿素行兵法的传人。在当时幕府的眼中，吉田松阴是一个问题人物，因为他倡导"尊王抑霸"，心目中只有天皇，而无幕府，并且公然宣示，毫不避忌。

井伊直弼接任大老之后，做了两个引起轩然大波的决定。首先，他悍然决定以德川庆福继任德川家定而为第十四代将军，无视于各藩国支持水户藩德川庆喜。其次，他在美国驻日总领事哈里斯（Townsend Harris）强大的压力之下，同意与美国另外签订《日美修好通商条约》。这个新条约规定增开神奈川、长崎、新潟、兵库等几个港口；开放大阪、江户互市，促进自由贸易；美国拥有领事裁判权，以及关税由双方共同协商决定等条款。其中后面两项是货真价实的不平等条约。其他四个欧洲国家要求也签订通商条约，井伊直弼也都同意了。井伊直弼既不与各路诸侯事先商量，也没有向孝明天皇禀报。天皇既忧且怒，秘密发出"敕书"给各藩国的藩主，表示反对这些条约，不惜退位。诸侯纷纷反弹。武士们跟着激烈批评。其中吉田松阴更是旗帜鲜明，声音刺耳。

井伊直弼不敢对天皇如何，对各藩国却大肆镇压，逮捕了几个藩主，连水户藩主德川齐昭都被下令不能出大门一步。反幕的精英武士、学者几乎被一网打尽，遭到监禁、流放，甚至杀害。日本历史称此一事件为"安政大狱"。吉田松阴也被捕，判处死刑，死时只有二十九岁。

吉田松阴在当时不过是无数死难志士当中的一个，看似无关紧要。然而，他的弟子如木户孝允、高杉晋作、伊藤博文、山县有朋等，后来却都成为明治维新的领导人物，因而吉田松阴竟成为日本明治维新的精神领袖，产生巨大的影响。

日本攘夷与开国的矛盾

部分日本历史学家认为，井伊直弼与美国等五国签订通商条约其实是别无选择。当时日本如果不屈服，只有打仗。以日本当时的国力，真正打起仗来，日本的下场说不定比清朝还要凄惨。虽然如此，井伊直弼的强横做法却引起公愤。在安政大狱前后，水户藩受到伤害最大，因而一蹶不振，以至于后来无法与长州藩、萨摩藩争雄。出身水户藩的武士因而对井伊直弼最为不满。

万延元年（1860年），水户藩武士十八人在江户城的樱田门外埋伏，发起突击，刺杀井伊直弼。"樱田门之变"是攘夷论在日本走向极端的开始。武士痛恨洋人，也不准日本人学习西洋事务。洋学者在路上被殴打，甚至被杀害的事件层出不穷。

幕府在这一年首次派出一个考察团，搭乘三年前阿部正弘向荷兰人购买的军舰"咸临丸"访问美国，由胜海舟率领。这是日本改革之路的一个里程碑，距离黑船事件发生后不到七年，显示日本人学习之迅速。考察团九十六人中有一个兰学先驱绪方洪庵的学生，名叫福泽谕吉。当时他不过是一个随员，后来却成为日本现代化的启蒙大师、思想领袖及庆应大学的创办人。福泽谕吉在他的回忆录《福翁自传》里对这次访问美国有深刻的描述。其中有一段极为震撼。

福泽谕吉问美国的招待人员，美国开国之父华盛顿的儿女现在何处？得到的回答竟是冷淡的三个字："不知道。"在日本人的脑子里，华盛顿的地位等于是开创江户幕府的德川家康，而居然后代没有人继续从政，也没有人关心他的后代，实在太不可思议了。

不过在咸临丸返航时，所有成员目睹社会激烈的排外、暴戾之气，没有人敢随便说刚从美国回来。虽然如此，幕府继续派团到欧洲、美国考察的计划并没有停止。幕府派遣的人员到达国外之后，直接向洋人订购最新的战舰和火炮。

文久二年（1862年），排外风潮导致了"生麦事件"。当时有四个英国人，其中一位是女士，在横滨郊外的生麦村骑马，路遇萨摩藩主数十人浩浩荡荡的阵仗。英国人闪避不及，萨摩藩的武士不由分说便拔起武士刀，杀死一人，杀伤两个，只放过这一名女士。英国领事大怒，要求逞凶、赔款。幕府赔了十万英镑。英国方面不满意，又派七艘军舰到鹿儿岛，与萨摩藩发生冲突,互相炮轰,不分胜负,史称"萨英之战"。最后萨摩藩也同意赔偿,由幕府代垫,解决争端。这件事传到欧洲,让欧洲人认为日本人都是不可理喻的野蛮人。福泽谕吉正好也随一个考察团到达巴黎,明显感受到法国人态度由热情转为冷淡。然而,在日本却是人心大快,把萨摩藩武士当成英雄。日本这时每个武士身上都带着两把刀在街上横行,一言不合便拔刀相向。凡是被公认为国贼、奸臣的都是武士们实行"天诛"的对象,因而人人自危。

倒幕风潮

"萨英之战"让萨摩藩知道一味攘夷终究不是办法。但长州藩里重要的官员大部分都是吉田松阴的弟子,仍然坚定地抱持"尊王攘夷"的观念。"攘夷"不用再说,所谓"尊王"就是拥护天皇,具体的目标就是打倒幕府,是所谓的"倒幕派"。当时大部分的藩国仍然拥护幕府,属于"拥幕派"。在二者之间就是所谓的"公武合体派",主张幕府要尊重天皇,在重大政策实施前要取得天皇同意,发布敕令。简单地说,攘夷、开国的主要分别是对西洋国家与事物的态度是排斥或接受;倒幕、拥幕、公武合体的主要分别是究竟要效忠天皇,还是幕府,还是中间路线。

吉田松阴的弟子之一高杉晋作在长州藩组织了一支新的陆、海军,全部使用向西洋购买的枪炮,用西方式的方法练兵,称为"奇兵队"。文久三年(1863年),长州藩公然假借天皇的名义出兵向幕府问罪,结果被萨摩藩、会津藩等拥幕派、公武合体派联合击败。长州藩又在下关大胆地对海上通过的英、法、美、荷四国的船舰炮击。长州藩的鲁莽行径引来反击,第二年,四国联合派出十六艘炮艇攻打下关。长州藩大败。幕府又被连累,赔了一大笔款项。幕府再也忍耐不住,下令征讨长州藩,调动二十个藩的军队十五万人,由萨摩藩的西乡隆盛率领。大军尚未抵达,长州藩便俯首认罪,命令两个家老切腹自杀。西乡隆盛不愿逼迫太甚,便下令退兵。

长州藩经此教训,也知道盲目攘夷并没有用,只有增强力量才是上策,不过倒幕的意志更加坚定。幕府怕长州藩越来越难节制,勒令禁止长州藩向洋人购买枪炮。有一个出身土佐的倒幕志士坂本龙马就居中牵线,以萨摩藩的名义向洋人买武器，分一部分给长州藩。萨摩藩因而与长州藩关系密切，渐渐受影响，转为倒幕，甚至与长州藩秘密签订"萨长同盟"，内容主要就是如何对付幕府。日本幕府处心积虑要防杜长州藩，结果弄巧成拙。"萨长同盟"是后来终结幕府的最大力量。

庆应二年（1866年），幕府再次下令讨伐长州藩。然而这次情况已经不同了。各藩国都不愿意花钱打内战，只是勉强应付幕府。萨摩藩又已经秘密成为长州藩的盟友。正在两军僵持不下时，第十四代将军德川家茂（即是庆福）突然病死，双方于是罢兵。水户藩出身的德川庆喜终于坐上第十五代幕府将军的位置。五个月后（1867年1月），孝明天皇也驾崩。明治天皇继任，是日本第一百二十二任天皇。一个日本前所未有、轰轰烈烈的新时代即将来临。

太平天国与捻军

回头来说中国。清朝咸丰皇帝（1851—1861年在位）比他的父亲道光皇帝更加不幸。他刚即位这一年，就爆发太平天国运动，之后延续十四年之久，到他死时还没有结束。太平天国运动范围极广，遍及华南、华中、西北十几个省。

太平天国的创始者洪秀全是广东花县（在今广州市内）客家籍的一个书生，屡次参加科举考试都名落孙山。他受到极大的打击，大病四十几天。康复之后，洪秀全突然自称受天之命，要驱逐骑在数亿汉族人民头上的数百万满族"狗鞑奴"。他无意中得到一本基督教的宣传小册子《劝世良言》，仔细研读后，又突发奇想，将基督教的教义搬过来借用，从此自称是天父的第二个儿子，耶稣是他的哥哥。他创立了一个"拜上帝会"，开始积极传教，又联络各地的天地会。

太平天国在广西桂平县金田村起事，初起时只有一万多人，两年之内就超过一百万人，席卷南方数省，攻陷南京，以之为首都。为了表示唾弃清政权，洪秀全下令所有的人一律留发。太平军因而被称为"长毛"或"长毛贼"。其中有十万人是女兵，是中国从来没有的现象。

太平天国打着民族主义的大旗，以宗教吸引农民，借助天地会等秘密会党的力量，又有严格的纪律。凡此种种，都是它迅速成功的原因。清朝政府一开始认为这是汉人的革命，因而不敢让汉人将领带兵。然而满人将领没有一个是太平天国的对手，清朝政府不得已，只好起用汉人。湖南籍的曾国藩在家乡自行招募、训练乡勇，创办"湘军"。他又提拔左宗棠、胡林翼、李鸿章等将领。李鸿章是安徽人，也创办了"淮军"。湘军与淮军是太平天国最后覆灭的催命符。

曾国藩是汉人，为什么要帮助清政府消灭同是汉人的太平天国呢？

其实曾国藩的心中也是非常矛盾。以现代的名词来说，曾国藩是在民族意识与传统的价值观之间彷徨，而最后不得不做出一个抉择。太平天国里面的人物大部分知识水平都不高。洪秀全自己三次落第，因而对儒家产生愤恨，下令不许读四书五经。他也排斥佛教、道教。太平军所过州县，无庙不毁，连民间崇拜的关公、岳飞庙也都被捣毁，并将神像推倒斩首。民间又盛传太平天国表面上严禁男女混杂，而实际上是关系混乱。曾国藩在起兵平乱时，发布《讨贼檄文》，把他的抉择原因说得很清楚：

> 举中国数千年礼义人伦、诗书典则，一旦扫地丧尽，乃是开辟以来名教之奇变！……凡读书识字者又焉能袖手旁观？

当时英国、法国也直接帮助清朝政府对付太平天国。洋人又为什么要帮清朝呢？原因很简单，在洋人眼中，太平天国是异端邪说，无论如何不能接受洪秀全自称是耶稣的弟弟。太平天国在大城市与洋人发生冲突，也不知道要与洋人和平相处，逼得洋人害怕而无从选择。咸丰十年（1860年）开始，上海的官、商合力招募洋人、菲律宾人、中国人，组成洋枪队，号称"常胜军"，以美国人华尔（Frederick T. Ward）为统帅。

太平天国其实并不是亡于湘军、淮军、常胜军，而是自行灭亡。对手无论如何强悍，都比不上太平天国的内讧对自己所造成的伤害之深、之大。咸丰六年（1856年），洪秀全命令北王韦昌辉杀害太平天国中排名第二的东王杨秀清。韦昌辉又株连无辜数千人。太平天国里最开明、善战而得人望的翼王石达开批评几句，韦昌辉竟将他的全家老小也杀光。石达开痛心之余，率领二十万人出走，从此孤军奋战。洪秀全又杀韦昌辉及其党羽数万人。从此太平天国由盛转衰。幸亏还有名将陈玉成和李秀成两人共同撑住，太平天国自此之后还能继续存在八年。

曾国藩的弟弟曾国荃率兵围困南京三年。同治三年（1864年），洪秀全病死。一个月后，曾国荃攻破南京，下令屠城，鸡犬不留，死十几万人。太平天国终结。

咸丰皇帝在位时，所面临的问题不只是太平天国而已。咸丰五年（1855年），华北又有大规模的捻军起义发生，延续十八年，与太平天国互相呼应。捻军一股一股聚众起义，越是荒年歉收，捻军越是活跃。捻军骑兵纵横驰骋于华北、华中八省，兵力达到二十万，而到处流窜，飘忽不定。太平天国灭亡以后，曾国藩又奉命负责进剿捻军。曾国藩认为官军原来在后追赶捻军的战法，徒然是疲于奔命，下令改为在四省十三州定点设营，又利用黄河、大运河等天然屏障设防，限制捻军马队行动。同时又成立一支快速马队，专司游击，形成前后夹攻之势。捻军被逼而拆分成"东捻"、"西捻"两股，不能相互呼应。最后东捻被李鸿章率领的淮军所灭，西捻也被为左宗棠率领的湘军所歼灭。

英法联军攻北京

太平天国运动及捻军都还在如火如荼的时候，清朝又遭到一次外来的巨大打击——英、法联军攻北京。英、法为什么与清朝发生冲突呢？简单地说，这是延续鸦片战争而来的仇外事件。

广东向来民气强悍，仇外心理非常强烈，对英国人尤其不满。中英《南京条约》中虽然同意英国人可以进驻开放的五个港口，但是广州官府和民间极力阻止英国领事及船舰进驻广州，甚至动员群众示威。英国人知难而退，忍耐十几年，到咸丰六年（1856年）时又来与两广总督叶名琛商量让领事进入广州。叶名琛直接拒绝。这时发生一件清朝水师官兵登上英国船舶，强行逮捕十几名华人水手，并侮辱英国国旗之事。英国领事巴夏礼（Sir Harry S. Parkes）为此又与叶名琛发生冲突，而下令英国舰艇炮轰总督衙门。

英国舰艇撤退后，民众纵火将英、美、法在广州的商馆都焚毁。法国与英国决定共同派出舰队，于第二年到达广州，向叶名琛提出最后通牒。叶名琛仍然不理不睬。英法联军于是攻陷广州，俘虏叶名琛，送到孟加拉国监禁。

英法舰队继续往北到天津，攻陷大沽口。咸丰皇帝慌了手脚，由俄国和美国居中调解，与英、法签订和约，称为《天津条约》，其中同意赔款、自由传教及自由贸易，并约定在次年到北京换约。

第二年，英、法如期前往，不料清朝出尔反尔，竟然发炮偷袭进入大沽口的英国军舰，等于再次向洋人宣战。清朝君臣人人称快。不过英法联军过一年（1860年，咸丰十年）又派军舰到达天津，攻陷大沽口，也攻陷北京附近的通州。咸丰皇帝慌忙命令再与巴夏礼谈和，自己逃出北京，前往热河。负责议和的大臣怡亲王戴垣以为巴夏礼是关键人物，只要除去他就能解决问题，下令逮捕巴夏礼等约四十人入狱。英法联军于是进攻北京，清朝军队不堪一击，全面溃败。

咸丰皇帝再派恭亲王奕訢为全权代表去谈和。英、法先要求释放巴夏礼等人。然而巴夏礼虽然获释，先前被捕捉的四十人中已经有十几个死在牢里。联军愤怒异常，于是用更野蛮的手段来惩罚清朝野蛮的行为，在北京城四处纵火破坏，火烧圆明园。俄国人又站出来调停，清朝与英、法两国再次分别签订合约，称为《北京条约》。其内容重点是分别赔偿英、法国各八百万银两，增开天津海口、大连为商埠，又割让香港对岸的九龙给英国。

俄国在第一次调解签订《天津条约》时，借机要挟清朝签订《瑷珲条约》，割去黑龙江以北的土地；在第二次调解签订《北京条约》时，又要挟清朝政府另签一份《中俄北京条约》，割去乌苏里江以东的土地。合计两次，俄国不费一兵一卒，得到超过一百万平方公里的土地。今日中国与俄罗斯之间在东北的疆界，就是在这两个条约中决定的。

中国与日本的对照

直接地说，英法联军攻北京有一大部分是肇因于清朝所犯的错误。当时上有愚昧而骄傲的皇帝，中有愚痴而无能的大臣，下有无知的百姓。人人必欲逞一时之快，而无法认清敌强我弱的事实，遂有火烧圆明园及《北京条约》的耻辱，俄国的趁火打劫。清朝屡次不守信用，订约而不履行，使得西洋列强更加鄙视。这一段历史，真正是印证了孟子所说的："人必自侮，而后人侮之。"

反观日本，虽然幕府主政的阿部正弘与井伊直弼先后被迫与洋人签订条约，政府却能认清力不如人的事实，并且一贯地遵约履行。即便全国上下有许多人反对，井伊直弼甚至被刺杀，也没有人说要将已经签订的条约废止。极端攘夷派的长州藩惹出事端，幕府乖乖赔款，又适时惩罚长州藩，使得事端不致扩大。自此以后，日本不再有人强出头向洋人寻衅，自找麻烦。欧美列强也没有人瞧不起日本，只是要求贸易持续进行，而没有其他进一步的无理要求。

面对西洋排山倒海的风暴来临，中国与日本的不同命运其实并不是在明治维新完成后才分别出来，而是在开始之前就已经可以看见了。

朝鲜势道政治

朝鲜在上述的时间又是怎样情形呢？可以说是既幸运又不幸。不幸的是，朝鲜也与中国一样，不断沉沦。幸运的是，列强的眼光一开始都放在中国与日本，朝鲜受到注意的时间较晚。

朝鲜党争持续两百多年，政治生态之恶劣使得朝廷及社会上一片乌烟瘴气。第二十一代英祖（1724—1776年在位）刚即位时，实施"荡平策"，费尽苦心调和党派对立。然而党争并没有因此停止。在他晚年，太子不幸死去，朝鲜政坛又分裂而形成"僻派"与"时派"两个集团。英祖的两个妃嫔金氏与洪氏分别是两派的首脑，为自己的儿子争夺继承权。背后的外戚与大臣各自选边站，旗帜分明。

英祖虽然明白宣示太孙为继承人，但是太孙的登基之路仍然是经过千辛万苦，靠母亲的娘家洪氏族人强力支持才终于坐稳王位，是为正祖（1776—1800年在位）。洪氏一族的领导人洪国荣因而同时掌握行政及军事大权。洪国荣又将妹妹嫁给正祖，仗恃拥立之功及皇亲国戚的身份，贪污腐败，胡作非为。正祖勉强忍耐三年之后，将洪国荣撤职，亲自掌政。

正祖是朝鲜第一流学者。他对于经学、性理学及实学都有很深的研究。他在皇宫后苑创建"奎章阁"，搜集中国及朝鲜历代的经典，藏书。奎章阁经过不断地扩充，至今收藏约二十六万册（件）古图书、古医书、古地图等，其中有不少是在中国失传的古籍。

正祖死后，继任的纯祖（1800—1834年在位）只有十二岁，金氏贞纯王后垂帘听政。五年后，贞纯王后死，纯祖的岳父金祖淳开始掌权，并排除异己，"安东金氏"的势力布满朝廷。朝鲜的政治生态至此发生巨变，进入"势道政治"，也就是外戚专权的时代。接着朝鲜宪宗、哲宗也都年幼登基，由丰壤赵氏、安东金氏分别掌政。权贵卖官贩爵，买到官的人无不营私舞弊，巧立名目向农民征税。农民无法忍受，于是有纯祖十一年（1811年）的洪景来之乱，占据平安道定州，自称大元帅。乱事虽被敉平，此后六十年中，民乱四起，而政府束手无策。部分农民皈依天主教，部分人加入新起的东学党。

天主教与东学党的对抗

十九世纪后半起的朝鲜政治斗争与天主教有密切的关系。朝鲜政府在十八世纪末开始禁止天主教，但是无法严格执行。有一部分政府高官也是天主教徒，当然不可能迫害其他天主教徒。在党争恶斗的政治环境下，这种庇护天主教徒的行为又成了敌对党攻击的目标。宗教于是也卷入政治斗争。大抵来说，时派与天主教徒比较接近，僻派则反对天主教。

纯祖刚即位，摄政的贞纯王后的父亲是僻派，在二十几年前政治斗争失败而被流放。贞纯王后积了多年的怨毒，开始报复时派，连带下令对天主教展开大迫害，掀起"辛酉邪狱"（1801年）。天主教徒三百多人遭到处死，或是流配。当时有一个名叫黄嗣永的进士在汉城传教，并担任会长。他在逃难时用白绸布写了一份一万多字的"帛书"，内容记述天主教传入朝鲜以来被迫害的经过，又请求清朝并吞朝鲜，或请西洋人派军队来逼朝鲜开放自由传教。这份帛书因为黄嗣永被捕而被抄获。黄嗣永被切成六块，送到各道示众。朝鲜天主教徒的狂热到了如此地步,在政府看来不只是大逆不道,兼且通敌卖国了,因而更要予以镇压。

朝鲜教难不断发生,不下十几次,每次数十人,或数百人因而丧生。天主教中有许多教徒以殉教为光荣,悍然不怕死,所以越禁越兴旺。安东金氏势道政权对天主教采取宽容的态度,到哲宗(1849—1863年在位)时代,天主教徒的人数达到数万,已经蓬勃发展。天主教的兴起又引发社会反弹,于是有崔济愚起来创立"东学",明白宣示反抗西学。

崔济愚是高丽时代的大儒崔致远的二十八代孙。他在哲宗十年(1860年)自称悟得天道,创立"东学",是一种综合儒家、道家、佛家混合而成的新宗教。东学的基本观念是"人乃天"、"天人合一",可以追溯到古代朝鲜族流行萨满教"敬天"的思想。东学也利用萨满教的巫术、咒语及鬼神的观念吸引广大的基层人民。东学党同时获得苦闷的知识分子及贫苦的农民认同,迅速地扩张,不到三年也有了几万名教徒,与天主教分庭抗礼。不过这时势道政府眼见清朝发生太平天国之乱,与狂热宗教有关,不免心惊肉跳,因而认定东学党是比天主教还要危险的另一个邪教,断然采取镇压的手段。崔济愚在1863年被捕,第二年在大邱被枭首示众。创教祖师虽死,第二代教主崔时亨继之而起。东学党和天主教一样,已经很难扑灭了。

大院君与锁国政策

朝鲜哲宗在位十四年后驾崩。由于他没有子嗣,王族子弟李熙被推出继位,是为高宗(1864—1907年在位),只有十二岁。高宗的父亲"大院君"李罡应因而掌握了政治大权。大院君性格强烈而专断,掌权之后第一件事便是把跋扈专权的势道安东金氏铲除掉。他又认为朝鲜数百年来的党争与势道是因为有地方书院所造成,因而下令关闭书院。全国的书院从六百多个裁减到剩下四十七个。大院君又下令强征新税,用以重建两百多年前日本侵略时遭到焚毁的景福宫。

西洋各国纷纷来到朝鲜,要求通商。借用日本的说法,大院君是完完全全的攘夷派,对洋人一律拒绝,不论是俄国人、法国人或美国人,一律都要驱逐出境。至于天主教，当然也要查禁。高宗三年，大院君下令彻底镇压天主教。九名法国神父及八千多名教徒被捕而惨遭处死。

法国政府大怒，派出军舰到朝鲜，结果因为轻敌而落败。同一年，又有美国商船"薛门将军号"（General Sherman）驶入大同江，到达平壤。地方官吏及民众将船烧毁，并杀死船员。五年后，美国派四艘军舰抵达江华岛，追究"薛门将军号"事件的责任。大院君下令开战。双方互相炮轰，不分胜负。美国军舰不久自行离去。

当时中国及日本都向西洋人低头而签订不平等条约，朝鲜军队却两次击退西洋人。大院君一时成为民族英雄，自己也洋洋得意，于是下令在全国各地设立"斥和碑"，上面刻着："洋夷侵犯，非战则和，主和卖国——戒我万年子孙。"用以宣示攘夷和锁国的决心。

大院君志得意满，却不知道他关闭书院，已经使得全国的儒家学者及生徒几乎都以他为敌人；下令强征新税，又使得人民无不痛恨。大院君距离下台的时候，已经不远了。

第 27 章

从明治维新到日俄战争

日本江户时代末期，幕府领导无方，威信不再。天皇虽然在一千多年里大部分的时间只是象征性的领导，民间对天皇的崇敬却根深蒂固。发端于水户的"尊王"思想因而开始发酵。黑船事件及安政大狱使得"尊王倒幕"运动更加如火如荼。到了萨摩藩和长州藩签订同盟之约，加入倒幕的行列，江户幕府的覆灭就已经无可避免了。

大政奉还

明治天皇在1867年继位登基，而得到了许多藩主及武士的拥护。"大政奉还"的呼声响彻全国，要求第十五代幕府将军德川庆喜把政权交还给天皇。幕府也有了心理准备，只是在想如何表面上顺从时势，而实际上仍能保留最大的权益。拥幕派的藩主也都齐集在将军身旁献策。当时拉拢长州藩与萨摩藩的坂本龙马因为从事贩卖武器、军舰，也与其他各藩都建立交情。有一回他与土佐藩的谋主后藤象二郎同乘一条船前往京都，一路谈论国事。坂本提出很多意见，后来被称为《船中八策》。其中建议幕府将政权交还皇室，由天皇发布政令；设上、下议政局等。后藤将内容稍作修改，主张议院的议长由幕府将军转任，如此将军仍能掌握实权。

幕府收到修改后的《船中八策》，认为可以接受。德川庆喜也预备辞去将军，就任议长。然而反幕派却不能同意一个换汤不换药的改革方案，天皇左右的近臣也不能同意天皇继续当傀儡。萨摩藩与长州藩忽然都收到天皇的密敕，要求他们讨伐幕府。讨幕派与拥幕派于是分别齐集大军，战争一触即发。庆应三年十二月（1868年1月），天皇的重臣岩仓具视召集讨幕派藩国代表到京都，请明治天皇亲临，表明接受幕府将军辞职，又断然宣布"王政复古"的大号令。新政府发布的官员名单中竟没有一个是原来在幕府任职者，明白地要将德川幕府完全废绝，更严重的是命令德川庆喜要将土地献出给天皇。

德川庆喜终于忍不住，命令集结的幕府军开到京都。内战开打。幕府军失去民心，节节败退。三个月后，讨幕军兵临幕府所在的江户城。幕府的主战派原本要决一死战，但主帅胜海舟不愿内战扩大，与讨幕军主帅西乡隆盛商量，获得同意对德川庆喜宽大处理。德川庆喜听从劝告而投降，讨幕军"无血入城"。江户城内超过一百万的人民幸而免去一场原本难以避免的浩劫。然而有几个拥护幕府的藩主仍然顽固地反抗，战争又延烧到东北及北海道，持续了一年才结束。这场战争在日本历史上称为"戊辰战争"，为明治维新扫除了障碍。

明治维新

明治维新基本上是由朝廷里的岩仓具视、三条实美与长州、萨摩、土佐等藩国的藩士共同领导、规划。政府与民间共同发起所谓"御一新"运动，决心破除旧有的习惯，广求世界的知识，广招全国的人才，以天皇为中心而进行改革。

新政府决定大刀阔斧强制实行"版籍奉还"与"废藩置县"。这两件事其实只是一件。日本在平安时代发布《大宝律令》（701年）之后，认定了六十六个律令国，此后藩国的划分几乎一直沿袭下来，历经一千多年而没有重大改变。明治新政府决定将封建制度彻底摧毁，要求各藩主都交出领

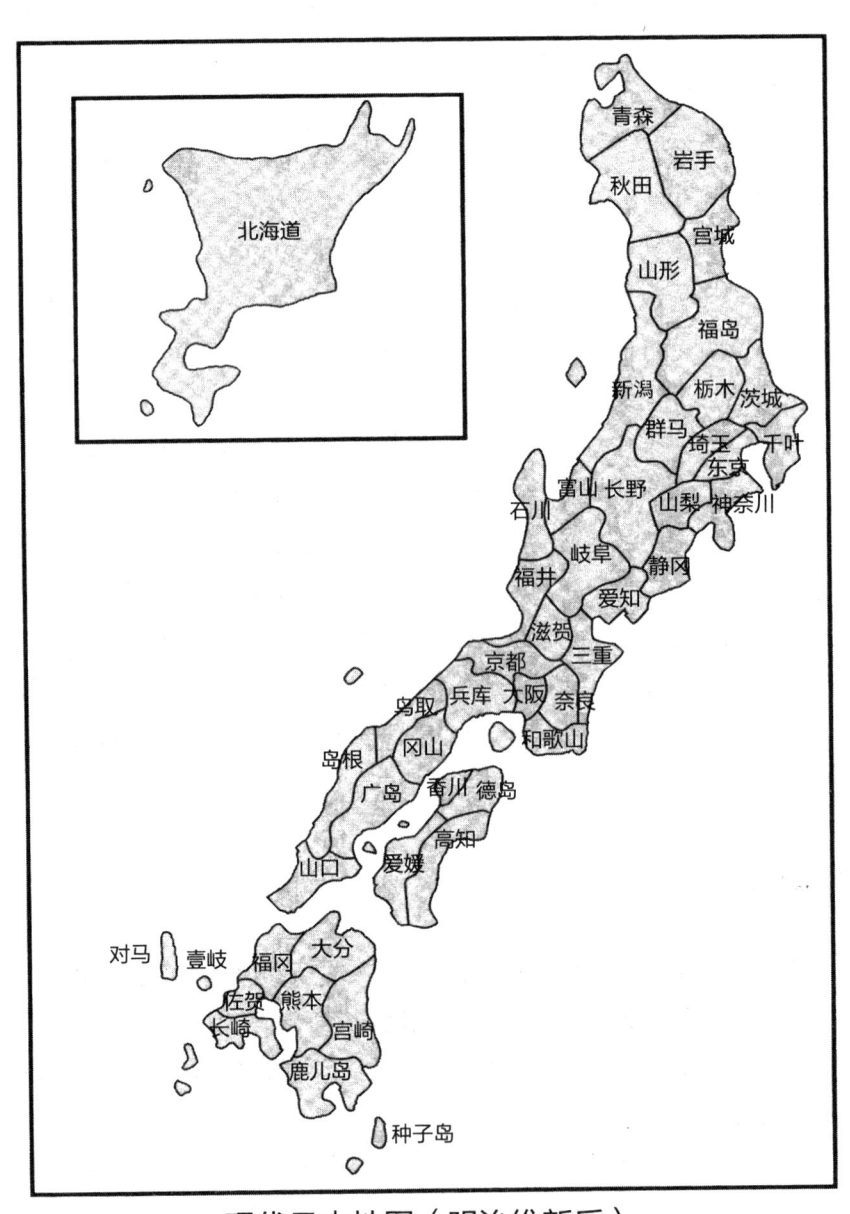

现代日本地图（明治维新后）

土（即版图）和臣民（即户籍）给新政府，重新划分为三府（东京府、京都府及大阪府）、七十二县，由中央选派府、县知事。中央集权式的政治体制因而得以确立。大部分藩主为了大局，竟然都愿意牺牲其既得利益，接受大幅削减土地、税收，并容许手底下的藩士脱离而为新政府工作。

明治维新并不是在短期间仓促完成的，而是在大约二十年中逐步完成，其间有很多过渡的权宜体制及措施。大部分的人都同意洋人不只船坚炮利，更有良好的政治、经济、军事及法律制度，必须仿效；又有先进的科学与文化，值得学习。明治维新之所以能成功，这个几乎"全盘西化"的基本态度是关键因素之一。

为了要彻底向西洋取经，新政府决定派出一个使节团，以岩仓具视为正使，木户孝允、伊藤博文、大久保利通等为副使，总共一百零七人，到美国及欧洲十二国访问。使节团于明治四年十一月（1871年12月）出发，明治六年（1873年）九月回国。在日本派遣到西洋的访问团中，这无疑是层级最高、时间最长的一次，对日本的影响也最大。考察团中包括四十三名经过选拔的年轻人，于路途中一一留下来，成为留学生，开启大批留学的风气。

岩仓考察团回国之后，日本开始逐渐引进西洋的各种制度。在军事方面，新政府彻底改革军队编制，参考德国制度编训陆军，参考英国制度编训海军。政府又颁布"废刀令"、"断发令"，从此武士不得随意带武士刀上街，武士的传统发式也一律剪短。这对当时的社会是一件极为震撼的大事。新政府又宣布，无论是士、农、工、商，一律平等。在此一"四民平等"的新制度之下，幕府时代武士阶级的优越性于是消失了。

明治八年，天皇发布诏书，宣示将要阶段性推行立宪政体。第一任内阁在明治十八年成立，由伊藤博文出任内阁总理大臣，下设外务省、厚生省、大藏省、文部省等十四个部级单位，各有国务大臣主掌。明治二十二年，大日本帝国宪法公布。日本于是确立了君主立宪的体制，实施行政、立法、司法三权分立。最高行政机关是内阁，立法机关是众议院与贵族院的两院制；最高司法机关是大审院，后来改称为最高裁判所。

其他的重要改革还包括改革土地制度，准许土地买卖；停用阴历，改用阳历；引进西方近代科学及工业技术；统一货币，推动工商业的发展；颁布新的学制，推行义务教育，发展高等教育；容许宗教自由，取消基督徒传教的禁令，区分神道教与佛教。明治五年，由东京至横滨间的铁路通车，是日本第一条铁路。明治十年，东京帝国大学成立，是日本第一所新式大学。明治十五年，日本银行创立，是日本第一次设置的中央银行。

"征韩论"

日本明治维新改革之大胆，范围之广泛，动作之迅速，规划之细腻，可以说是举世罕见。事实上在维新之前，日本已经逐渐开始强盛了。以军事力量为例，据估计在庆应年间（1865—1868年），日本幕府与各藩国买进的枪炮数量总共达到三十七万挺。当时美国南北战争刚结束，一大堆剩余武器无用武之地，就便宜地卖到日本。因而明治维新开始不久，日本已经明显地成为东亚地区新兴的势力，国民无不感受到激励与兴奋。然而，在一片光明之中，却有几片阴云笼罩。

任何改革之中，不免有人得意，有人失意。明治维新过程中，最得意的是新政府中的官员，最失意的是改革前各藩的藩主及武士。明治维新的主要人物中有许多原来都只是中下级武士，例如西乡隆盛、木户孝允、伊藤博文、大久保利通等，但另有一大群武士却不知道要何去何从。举一个例，促成明治维新最重要的萨摩藩及长州藩的末代藩主在废藩置县以后，都被封为公爵，后来又担任贵族院议员，实际上却是毫无权力。这两人如此，其他的中下级武士的命运如何也就不问可知了。四民平等、征兵令、废刀令及断发令对武士的打击更是巨大。

从宏观历史的角度看，明治维新是日本传统的武士世界与新兴的资本主义世界的分水岭。工商业发达使得原来在日本被称为"町人"的商人阶级窜起。三井、大仓这几个御用商人便是从这时开始，在新的执政者支持下，渐渐转变成为大财阀。大部分的武士原来是高高在上，素来看不起町人，不屑与之为伍。但这时武士就算放下身段，想要转行，在商业世界里也不是町人的对手。因而明治维新一开始，如何安置众多的武士阶级及其家属就成了一件烫手的事，于是有"征韩论"。

明治天皇即位之后，日本送了一封国书给朝鲜，要求建交。朝鲜执政的大院君断然拒绝，称日本是"野蛮之国"。日本维新功臣中如西乡隆盛、后藤象二郎、江藤新平等，便主张要出兵教训朝鲜，认为这样不但可以扩张国土，连带国内武士安置的大问题也可以迎刃而解。

天皇并没有反对，但是认为兹事体大，应该等出国访问的岩仓考察团返国，再行讨论。等到考察团回国后，所有成员却坚决反对出兵朝鲜。考察团中的木户孝允与伊藤博文都是吉田松阴的弟子，为什么会反对"征韩论"呢？其实他们并不是不赞同，只是认为时间未到，建议优先推动维新。"征韩论"于是被暂时搁置。主张"征韩论"的参议、军人及官僚大失所望，几乎都辞职返乡。

西南战争

在大时代的巨轮推进下，日本的士族，也就是原本的武士及其家族，一开始就注定是属于被牺牲掉的一个族群，据估计有四十万户，一百八十万人，占全国人口的百分之五。"征韩论"既被搁置，新政府又拿不出办法解决。武士尊严受到伤害，生活又进入窘境，破产而无以为生的人比比皆是。不平之气越积越严重，叛乱便无可避免地发生了。当时叛乱的模式常常是下级武士聚众造反，新政府派出经过西式训练的新兵用最新式武器来平定叛乱。最后返乡的开国功臣于心不忍，挺身而出，与家乡子弟站在一起，同归于尽。

在许多士族叛乱的案子里，最有名的有两件。一件是发生在明治七年（1874年）的佐贺之乱，前司法省大臣江藤新平在战败后被捕而遭斩首。另一件是发生在明治十年的西南战争，开国大功臣西乡隆盛战败而在故乡鹿儿岛切腹自杀。

江藤新平廉洁而正直，备受世人尊敬，在明治维新时是主导司法改革的主要人物。至于西乡隆盛更是不用说了，若是没有西乡隆盛，幕府恐怕不会这样快就覆灭，可能也就没有明治维新。这两个人到最后竟成为反政府的首脑,而战败身死。历史的吊诡与无奈不禁令人叹息。日本的人民在当时都同情西乡与江藤两人,认为是国家对不起他们,而不是他们对不起国家,更不认为他们是造反。明治天皇也是痛心疾首。明治二十二年,天皇下令撤除两人反叛的罪名,又追赠他们官爵,其中不无含有安抚士族的意味。

自由民权运动

明治维新的过程中有一个很明显的现象。所有退出政府而参加叛乱的功臣几乎都是属于原来的萨摩藩、土佐藩、肥后藩等;所有代表新政府的权贵几乎都是属于长州藩。长州藩系因而成为明治新政府里最大的派系势力。

非长州藩系的功臣中有一部分既不愿参加叛乱,又痛恨长州藩系把持新政府,于是发起自由民权运动。出身土佐藩的板垣退助是这个运动的创始者,在明治七年(1874年)提出《民选议院设立建白书》,主张让人民参与政治。许多农民都支持板垣退助,造成一个巨大的社会旋风。新政府面临强大的压力,不得不同意在十年后召开国会。板垣于是在明治十四年成立了自由党,又在明治三十一年经由与友党合作,合并组成进步党,赢得大选,并组成新内阁,而由他的盟友大隈重信担任首相。这是日本第一个民主政党内阁。

慈禧太后

当日本正在大刀阔斧进行改革时,中国是什么情况呢?

清朝在咸丰之后的是清穆宗,年号"同治"。这个年号的意思很明白,就是说继任的皇帝只有六岁,而由两个太后"共同治理"国家。两个太后是咸丰的皇后及新皇帝的生母,分别称为"慈安太后"和"慈禧太后"。慈安太后性情温和,容易受利用。慈禧太后有小聪明,野心勃勃而又手段毒辣。咸丰因为英法联军攻北京而逃到热河,死在承德避暑山庄。咸丰临死前任命了八个顾命大臣以辅佐小皇帝,慈禧却利用慈安发动政变,杀掉所有的顾命大臣，从此掌握清朝大权。

同治皇帝在位十三年后，已经成年而要亲政，却突然驾崩。慈禧又找来一个四岁的小孩来继位，是为光绪皇帝。慈禧继续垂帘听政，因而前后实质统治了中国四十六年（1862—1908年）。慈禧太后思想封建而保守，既自大又自私，只有阿谀谄媚的大臣才能得到重用。在一个风云变色的关键时代里，对中国来说，再没有比这更加不幸了。

清朝中兴名臣

在慈禧主政期间内的重要人物，除了曾国藩以外，还有胡林翼、左宗棠、李鸿章、曾纪泽等。这些人都是曾国藩一手提拔出来的，曾纪泽是曾国藩的儿子。

清朝若是没有曾国藩，早已亡于太平天国。曾国藩却对于权位看得很淡，也知道慈禧太后对自己十分疑忌，因而在捻乱还没有消灭，就已经急流勇退。同治十一年（1872年），曾国藩病死。胡林翼干练而内敛，是曾国藩最重要的幕僚，也不幸早死。

左宗棠聪明、果决而善于谋略，不过性格孤傲，使得慈禧对他怀有戒心。

光绪初年，左宗棠奉命带领湘军到甘肃及新疆，平定了回民叛乱。当时俄国和英国在中亚争霸，也都企图染指新疆，使得新疆的情势很复杂。亲英反俄的浩罕国（今乌兹别克）受英国指使，派阿古柏可汗带兵护送昔年的新疆叛乱首领张格尔之子回国，趁机占据新疆。清朝政府派左宗棠出征，但因财力枯竭而无法负担军费。左宗棠获准向洋人及商人借债以自筹军饷，并向洋人订购精密的武器。他花了大部分的时间，用于筹饷、练兵、运粮、定策；一旦出兵，就像宝剑出鞘一样，只不过三个月便打通了天山北路。休息整补了一年，又迅速地打通天山南路。

俄国趁阿古柏分兵新疆时出兵灭掉浩罕国，同时也占据了新疆西北的伊犁。俄国原本是看不起清朝，但是看见左宗棠用兵如此神速，不禁大吃一惊。然而，正是因为左宗棠如此能干，反而使慈禧对他更加疑忌不安，非到不得已，不敢重用。

曾国藩所提拔的顶尖人才中，李鸿章对慈禧最为小心翼翼，几近谄媚，因而得到慈禧的赏识与宠信。左宗棠出兵新疆之前，李鸿章主张海防重于边防，建议放弃新疆。左宗棠力争如果失去新疆，西北边防洞开，英国、俄国野心勃勃，国家将暴露于不可预测的危险之中。李鸿章原本就与左宗棠不合，从此将左宗棠视为最大的敌人，伺机向慈禧进言打压。

新疆平定后，清朝要求俄国交还"代管"的伊犁，俄国趁机要挟。慈禧太后先后派出满人大臣崇厚及曾纪泽去谈判，最后仍是不得不赔款，并割让数万平方公里的土地。曾纪泽兼任驻英、驻法及驻俄大使，是当时少数有新思想的知识分子，也遭到李鸿章打压。

曾、左、胡、李都见识到洋人的船坚炮利，同意要"师夷长技以制夷"，主张要向洋人购买轮船、洋枪、洋炮，推行"自强运动"。同治初年清朝在北京设立同文馆，在上海、广州设广方言馆，目的都是教授西洋语文及科学，以培养人才。接着又在上海开办江南制造局，学习洋人制造新式火炮枪械；在福州设马尾造船厂，学习洋人建造新式舰艇。

光绪年间，李鸿章主办洋务，开办招商局、矿务局、电报局、武备学堂、北洋海军、北洋新（陆）军、兵工厂、冶铁厂等，又派出大批留学生到外国学习。李鸿章在清朝末年西化过程中，是兴办洋务的最为重要的人物。不幸的是，大部分的新事业建设都和李鸿章本人一样，只是虚有其表，华而不实，其病症在后来一一暴露。

李鸿章的人格特质，从一件事可以看见。同治二年（1863年），英国军官戈登接任常胜军指挥官。戈登骁勇善战，与李鸿章等人共同围攻苏州城。太平军接受招降，戈登亲自为双方降约立誓作证。不料太平军投降后，李鸿章竟违誓杀降。戈登大怒，带着枪四处搜寻李鸿章，而李鸿章四处躲藏。李鸿章是此后三十几年清朝最重要的政治领导人，而如此不守信诺，又不敢坦然出面承担，清朝的国运也就不问可知了。

清朝改革的内在阻碍

清朝推动自强运动而终归失败，当然也不能怪罪李鸿章一个人。历史学家一致同意，清朝的根本问题在于革新不够彻底，只知模仿西方的工业生产，枪炮、船舶制造等技术，而不能深层地学习政治、法律、教育、商业等各种制度。将中国与日本比较，明显地可以看出日本是在进行一场全面而踏实、根本而快速的改革；而清朝的改革则显得片面而虚浮，肤浅而缓慢。

话说回来，清朝与日本在改革前的国情完全不同，实际上难以进行全面改革。清朝并不像日本，没有地方强藩，权力全部在慈禧一个人手中，没有人可以逼她改革或下台。清朝入主中国以来，满人官员大多迂腐无能而又疑忌汉人，使得汉人在内政上无法插手。买洋枪、洋炮很简单，但是要像日本那样进行政治、法律、教育的全面改革，势将危及满人特权及封建帝制。有谁敢向慈禧太后提出这样的建议，而冒着被杀头甚至抄家的危险？

不过归根究底，任何改革之中，最重要的还是思想与观念的转变。日本人的思想在维新前已经渐渐活化。萨摩与长州两个强藩挑衅洋人失败后，"尊王攘夷"思想快速地转化为"开国进取"。在中国，封建思想根深蒂固，无可摇撼。不要说慈禧太后与满族大臣，即使是汉人士大夫与人民也是守旧排外，执迷不悟。举一个例。英国人于1876年在上海建成淞沪铁路，是中国第一条铁路，比日本完成东京与横滨间的铁路只慢了四年。当时有一大群官吏与人民反对铁路，理由是破坏风水。清朝政府竟在两年后将这条铁路买回，然后全部拆毁。

清朝的人民和官员既是如此的愚昧，慈禧太后与满族权贵怎么会有压力去进行更深层的改革呢？

留美幼童学生的命运

清朝与日本之间的对照，从两国选派幼童到美国留学的经过与结果更是可以看得清清楚楚。

1872年，清朝首次派出一个幼童的留学团，总共有三十人，年纪都在十岁到十五岁之间。此后又派出三次，总共一百二十人。留美学童之所以能够成行，主要是由一个名叫容闳的人所推动。容闳幼年时跟随传教士到美国，长大后毕业于耶鲁大学，是中国的第一个留学生。他回到中国之后，希望贡献所学，却处处碰壁。容闳感叹之余，立志要带更多的留学生到美国去，希望能复制他自己的经验，培养更多留学生，如此才有可能一起改变中国。他奋斗了十六年，终于在曾国藩和李鸿章的支持之下，获得慈禧太后允许，并且亲自担任设在康涅狄格州（Connecticut）的"留美事务局"副委员。

留美事务局之设立，除了就近照应小留学生的生活之外，最重要的是防止他们在思想上受到西洋人的污染。因而，事务局的正委员是由一位守旧的大臣担任。事务局严重警告小留学生们不得剪掉辫子，也不得信仰基督教。

清朝在康熙九年（1670年）曾经颁布一个十六条、一百一十二字的《圣谕》，其内容主要是提倡孝悌人伦、勤劳节俭、端正风俗、黜除异端等。政府并下令全国各地的地方官每半个月聚集各城镇和乡村的士绅、百姓，讲解《圣谕》。后来雍正又把这十六条再加以阐释，成为约一万字的《圣谕广训》，继续强制实施，形成一种制度，至此已有两百年。清朝政府也训令留美事务局每隔七天要对幼童宣讲《圣谕广训》一次，"示以尊君亲上之义，庶不至囿于异学"。

然而，留学生渐渐长大，陆续进入耶鲁、哈佛、麻省理工学院等著名的高等学府，怎会只是乖乖念书，不受到影响而在思想上起变化？有少数人竟大胆地剪了辫子，或成为基督徒，而被事务局惩处，甚至被送回中国。后来事务局的部分官员认为情况严重，建议政府断然把所有的留学生送回中国。容闳反对无效，已经卸任的美国第十八任总统格兰特（Ulysses S. Grant）亲笔写信给李鸿章也没有用。全部留学生于是在1881年8月被召回，只有两个学生决定抗命而逃跑。

美国所有的报纸对这个事件都大幅连续报道，并加评论。以下摘录《纽约时报》在获悉学生将被召回后，连续数天发表的评论，充分代表了当时美国人的看法，而指出清朝政府的问题所在：

有迹象显示，中国一项极有前景的留美教育计划即将中止……此一计划之放弃如果没有经过慎重考虑，将令人非常遗憾。

这项计划中止的原因，是因为中国官员担心这些没有保持严格传统教育的青年将来无法真正为国家效力……可以确定的是，中国政府对于这项留学计划的意义没有容闳博士看得那么远。

不可思议的是，中国政府认为这些学生应当只学习工程、数学和其他科学，而不受周围的政治和社会的影响。这种想法真正是荒唐可笑……他们已经学会了铁路建设的知识，而清朝政府却刚刚拆除了国内唯一的一条铁路……这个政权是如此的复杂而神秘，大多数的臣民根本不知道国家的正确位置到底在哪里……中国不可能只从我们这里引进知识、科学和工业，而不引进那些带有"病毒"性质的政治改革。否则，她将什么也得不到。

日本比清朝政府早三年（1869年）派出幼童留学生到美国。第一年有五十人，第二年加倍为一百人，到1873年留学生总数就已经超过一千人了。日本留学生进入大学之后，不但有学习理、工科，也有学习经济、政治、社会、教育等，这些都是中国留学生不得碰触的学问。幼童里还有部分是女学生。幼童留学生计划的推动与执行，是一个缩影，已经预告了中、日两国未来的不同命运。

台湾牡丹社事件与琉球的命运

维新的日本与守旧的清朝第一次交手，并不是在甲午战争，而是在台湾。

1871年，有一艘琉球船只遇到台风而漂流到台湾南端的八瑶湾。船上的人上岸后，遭到牡丹社排湾族原住民攻击，有五十四人被杀死，其余十二人幸免于难，辗转回到琉球。

琉球是东亚贸易转运之地，商业繁盛。在政治上，琉球不得不脚踏两条船，同时向清朝与日本称臣入贡。清朝与日本因而都认为琉球是自己的属国。清朝没有理会"牡丹社事件"。然而，在日本看来，这却是一个国民在海外遭到杀害的严重事件，一定要处理。日本决心出兵台湾，以教训牡丹社原住民。虽然牡丹社目标小，日本政府还是小心翼翼，派代表到北京质问清廷关于琉球难民在台湾遇害之事。清朝推托说这是台湾"化外之民"生番肇事。日本扬言要自行出兵问罪，清朝也不置可否。

当时日本的决定其实有一部分是为了要转移目标，以安抚先前搁置"征韩论"所引起的不满情绪，于是刻意派西乡隆盛的弟弟、陆军中将西乡从道，于1874年（明治七年，同治十三年）率领三千六百名士兵到台湾。日军从恒春登陆，只花了二十天就攻陷牡丹社。接着扎营，预备屯田长住。清朝急忙派大臣沈葆桢率领福建水师到台湾，又请英国公使出面调解。清朝这时正要出兵新疆，怕陷于两面作战，所以急于谋和，同意日本负责谈判的大臣大久保利通的要求，赔偿日本军费四十万两白银，承认日本出兵是保民之举。日本也同意将军队撤出台湾。

对于日本来说，牡丹社事件是一件大事，是明治维新以来第一次对外用兵获得胜利。外务省和军部都雀跃万分。大久保利通回到东京，受到民众夹道欢迎。

牡丹社事件带给琉球一个天翻地覆的巨大变化。清朝既然认为日本出兵是"保民"的举动，那么无异于承认琉球是日本的领土。日本于是决定干脆并吞琉球，而于明治十二年（1879年）出兵。琉球国王向中国求援。中国内忧外患太多了，决定袖手旁观。日本俘虏琉球国王，将琉球改名为"冲绳县"。琉球王朝历经五百多年，至此灭亡。

牡丹社事件和琉球被并吞也带给清朝极大的震撼与警讯。日本显然今非昔比，并且和洋人一样野心勃勃。清朝决定对台湾加紧建设，不能再放任不管。

清朝对台湾的建设

沈葆桢原本带兵到台湾，积极备战。中日谈和以后，沈葆桢就留下来建设台湾。他上书清朝政府，取消了禁止移民携带眷属的不合理规定。他又在台湾北部新设台北府，从此台湾发展由南向北迁移。沈葆桢对台湾的贡献包括"开山"与"抚蕃"。所谓开山，是开凿北、中、南三条横贯道路，穿过横亘其中的高山，连通台湾东部与西部。所谓抚蕃，是招抚蕃社的头目、协助蕃民改善耕作、设立"蕃学"，取消汉人不得进入蕃界、不得与蕃人通婚的禁令。

光绪十一年（1885年），清朝下令将台湾从福建省分出来，成为台湾省，派刘铭传为第一任台湾巡抚。刘铭传大刀阔斧地展开建设。他首先着手进行土地丈量，制定赋税，接着又开办铁路、邮局、水力发电厂，并设立西式学堂，教授学生外语及科学。刘铭传原本是淮军的将领，思想却开放而先进。在他任职的六年中，台湾几乎是从全中国最落后的一省变成最进步的一省。光绪十九年（1893年），基隆与新竹之间的铁路通车，是中国第一条自己兴办的铁路。

朝鲜开国与甲申事变

日本虽然暂时搁置"征韩论"，实际上只是要等到维新改革更加落实，机会更加成熟。在日本等待之中，朝鲜内部发生一个大变动。大院君掌权十年，一味高压，得罪了所有的儒生、两班与原先的势道家族。朝鲜高宗的王妃闵氏有新思想及新见解，于是结合各路的反对势力，在高宗十年（1873年）将大院君驱逐下台。闵妃主政以后，日本的机会来了。

1875年（日本明治八年，朝鲜高宗十二年）日本派出一艘军舰"云扬号"在朝鲜海域探测，停泊于江华湾。朝鲜炮台守兵奉令开炮，"云扬号"也立即还击。日本凭着"船坚炮利"，轻易地战胜，并且占领朝鲜炮台。日本随即派特使到朝鲜，要求建交及签订友好通商条约。二十几年前美国黑船强逼日本开国，这时日本也完全照一样的模式强逼朝鲜开国。

清朝声称是朝鲜的宗主国，不能坐视日本侵略朝鲜。日本则称中国对朝鲜的宗主权是有名无实的。在中、日两国各执一词之中，闵妃却径自与日本签订了《江华条约》。条约主要内容是：日本承认朝鲜独立自主，与日本对等；朝鲜同意逐步开放港口通商，容许自由贸易。之后，朝鲜也分别与美、英、法、俄等国分别签订友好通商条约，走向开放。

闵妃擅自与外国订约引起所有守旧顽固的大臣与儒家学者强烈的反弹。闵妃派出使节到日本考察后，却发现日本维新惊人的进步，认为必须急起直追。闵妃于是决定实行更进一步的开放政策，其中推行最积极的就是强化军备，改革军队编制，训练新军，但是这样又引起旧军人的不满。下台多年的大院君趁机集结守旧势力，于高宗十九年（1882年）发动政变。不料中国出奇迅速地出兵汉城平乱，逮捕大院君，送到中国囚禁，将政权又归还给高宗。

朝鲜高宗与闵妃继续朝开放的道路前进。然而大臣们又因为对于开放的速度有不同看法而产生对立。其中一派以金弘集、金允植为首，主张缓进，跟着清朝走，称为"事大党"，意思是服事大国。另一派以洪英植、金玉均、朴泳孝为首，不满朝鲜社会的封建守旧，主张激进的改革，称为"开化党"，与日本比较接近。朝鲜数百年党争的阴影似乎仍是挥之不去。

高宗二十一年（1884年），开化党与日本公使竹添进一郎共同发动政变，杀害事大党官员，劫持高宗。三天后，清朝派驻在汉城的二十六岁军官袁世凯大胆率兵进入王宫，救出高宗，瓦解了这次政变。开化党人大部分跟随竹添进一郎逃亡到日本。日本使馆在混乱中被焚毁。朝鲜高宗与闵妃在袁世凯的护卫之下，得以继续执政。这次事件在韩国的历史上称为"甲申事变"。

中法战争

朝鲜乱局一波未平，中国在西南一波又起。法国割据了越南南部，又出兵将曾经是"吴哥古国"的柬埔寨（高棉）纳入为保护国，但还是不满足。光绪八年（1882年）法国海军司令李威利（Henri L. Rivière）率兵从西贡攻打河内。越南阮氏王朝向宗主国清朝求援。清朝湘军将领刘永福率领"黑旗军"击溃法军。李威利阵亡。法国再派海军将领孤拔（Amédée Courbet），直接攻陷越南首都顺化，俘虏国王。越南另立国王，继续对法抗战。清朝与越南并肩作战而节节败退，李鸿章一度与法国代表议和，结果无效，战争反而继续扩大。

孤拔攻击福建马尾的南洋水师,将港内清朝舰队全部歼灭。这时清朝被逼无奈,命令原先被架空的军机大臣左宗棠南下统筹,战局立刻反转。孤拔进犯台湾,被刘铭传击退。孤拔又攻浙江镇海,结果被炮火击中,身受重伤,不久死去。在陆战方面,法军攻陷谅山,却在镇南关遭到清朝将领广西提督冯子材指挥"黑旗军"和"恪靖定边军"伏击。法军全面崩溃,中国军队乘胜追击。镇南关之役战败的消息传到法国本土,总理茹费理(Jules Ferry)被逼下台,内阁否决追加军费。

正在清朝军队节节获胜,而法国已无力再战时,李鸿章却突然又与法国代表会谈,并且签订一个《中法新约》(1885年)。清朝在条约中放弃对越南的宗主权,承认越南是法国的保护国,又同意将军队撤出越南。越南从此成为法国的殖民地。

李鸿章为什么战胜而求和?慈禧太后又为什么会同意李鸿章签订《中法新约》?答案无从猜测。无论原因为何,当消息传到欧洲时,法国举国欢腾,连下台的总理茹费理都不敢相信。左宗棠气愤填膺,对于自己坐镇指挥而战胜,李鸿章却签下一个屈辱的和约,完全不能理解。他骂李鸿章误尽苍生,将落得千古骂名,而自己在一个月后就病死了。

清朝退出越南后不久,法国又向西扩展,将寮国(老挝)也列为保护国。英国从印度向东延伸,并吞缅甸为殖民地。只有暹罗(泰国)最幸运,处于法国与英国势力范围之间,获得两国同意维持中立。清朝至此失去所有西南的藩属国。

朝鲜东学党之乱与中日甲午战争

日本早已摩拳擦掌,意图对外侵略。被称为日本明治维新启蒙大师的福泽谕吉在1885年发表了一篇短文《脱亚论》,其中露骨地鼓吹日本脱离亚洲国家的行列,与欧美列强一起对中国及朝鲜进行侵略。此一思想于是形成军方的共识,并以朝鲜为第一个目标。

甲申事件以后,袁世凯成为清朝在朝鲜最高的负责人,在朝鲜颐指气使。清朝作为朝鲜的宗主国以来,从来不曾有人像袁世凯这样强势,俨然是太上皇。朝鲜闵妃与俄国签订友好通商条约，逐渐与俄国亲密，有疏远清朝的趋向。袁世凯强逼闵妃疏远俄国。袁世凯为了要制衡闵妃，又请清朝将拘禁在中国的大院君放回去。然而，大院君当年政变被中国拘捕，又被软禁三年，对清朝愤恨难消，日本正好趁机与大院君接触。大院君为了想要再度掌权，也不惜与昔日的死敌日本人合作。中、日、俄三国在朝鲜的角力因而日益复杂。中、日之间的关系尤其剑拔弩张。1892年（朝鲜高宗二十九年）朝鲜爆发了东学党之乱，正好给了日本机会。

东学党向来反对腐败的官僚，也反对基督教及外国势力。东学党数万人在这一年为死去的教主崔济愚发起"教主申冤运动"，在全国各地示威。东学党农民运动从此逐渐暴力化。政府派兵镇压，越镇越乱。二代教主崔时亨号召诛杀权贵，也号召"逐灭夷倭"。这时，恰巧朝鲜流亡的亲日派党人金玉均突然在上海被刺杀。日本人民群情激奋。日本与清朝于是在1894年分别出兵朝鲜。

东学党农民军是乌合之众，在清军与日军到达之后立即溃散。清朝向日本提议一起撤兵，但日本已经决心借此机会将清朝势力逐出朝鲜。双方谈判破裂，朝鲜的内乱于是演变成中、日两国的大战。俄国原本也要出兵干涉，最后却选择袖手旁观。

日军有备而来，精锐尽出，在牙山湾击败清军，追击到平壤。总指挥山县有朋亲自率领两万日军渡过鸭绿江，另外有两万日军也登陆辽东半岛，都势如破竹。海军方面，经过两个回合大战，清朝北洋舰队全军覆没。北洋舰队是李鸿章一手建立的，结果证明多年来的建置与训练完全是虚有其表而不堪一击。

《马关条约》

清朝战败求和，派李鸿章与伊藤博文在日本马关（日本称为下关）谈判，最后于1895年（清光绪二十一年，日本明治二十八年）签订了《马关条约》（日本称为《下关条约》）。清朝同意撤出朝鲜；同意割让台湾、澎湖及辽东半岛；又同意赔偿日本军费二亿两白银。

在清朝与洋人签订的所有不平等条约之中，《马关条约》是最为苛刻无情的。就以其中的赔款来比较，《南京条约》对英国赔款二千一百万两，《北京条约》对英、法共赔款一千六百万两，《伊犁条约》赔偿俄国九百万卢布（约合五百一十万两）。日本要求的赔款约等于清朝先前三次赔款总和的五倍。从另一个角度算，二亿两白银约等于当时日本政府每年税入的三倍，中国税入的两倍。中国因而陷入赤贫，日本一下子成为暴发户。

英、法、俄三国对于日本经由《马关条约》夺取辽东半岛至为不满，提出强烈的抗议。俄国图谋中国东北已久，尤其反应激烈。在三国的威胁之下，日本只好放弃占领辽东半岛，而由清朝再多付三千万两了结。《马关条约》因而伏下日本与俄国终究必须一战的因子。

光绪百日维新与孙文革命

清朝在甲午之战惨败，舆论都骂李鸿章昏庸误国；和约签了以后，又骂他媚日卖国。李鸿章当然有推卸不了的责任，但是慈禧太后的责任呢？却没有人敢提。这正是帝制时代最不合理的事。慈禧太后只知有自己，不知有国家人民。北洋舰队之所以不堪一击，重要原因之一是多年来海军经费被挪去修建颐和园，供慈禧赏玩之用，因而没有经费更新战舰。甲午战争初起，光绪皇帝请求暂停修缮颐和园，慈禧太后大发雷霆。

光绪皇帝在《马关条约》签订时，已经是二十七岁了。他身为皇帝，看见国事日非，忧心忡忡，却无从插手。全国有识之士都知道国家如果继续如此，非要灭亡不可，于是有很多人发声献策，企图挽救国家。孙文和康有为是其中两个代表性人物，而主张完全不同。

孙文是出身广东香山县（今中山市）的一个医生，曾经在香港读书。他认为只有推翻无药可救的清政府才能救中国。甲午战争后，孙文对清朝彻底失望，决心开始行动，在檀香山（即夏威夷）创立"兴中会"，并积极招募三合会、天地会等会党，以及海外的志士，又四处筹募资金。

《马关条约》签订后，孙文立即在广州发起第一次革命。结果失败。第二年，他到达英国伦敦，被清朝驻英公使馆诱捕。幸而他在香港读书时的老师康德黎（James Cantlies）伸手营救，向英国政府报告，又在报纸上刊登消息，使得清朝驻英公使馆不得不释放孙文。孙文因祸得福，从此名闻海内外，有许多人开始慕名而资助，或直接加入他的革命事业。

康有为也是广东人，是一个饱学的儒生，曾经在广州设讲堂，收徒讲学。他的弟子中最有名的是梁启超。甲午战争之后，康有为联合全国十八省一千三百名举人上书反对签订《马关条约》，提出"拒和、迁都、练兵、变法"等主张，全国震动，称之为"公车上书"。康有为又与梁启超组织"强学会"，号召变法图强；创办报纸，宣传维新思想。光绪皇帝读到康有为的文章，深受感动。

光绪二十四年（1898年）是清朝风雨飘摇的一年。由于日本对清朝予取予求，列强深怕动作如果太慢，中国这块大饼就被抢光了，于是加紧对清朝勒索，争夺地盘。德国人取得山东胶州湾租界与山东铁路矿产的权利。俄国人取得旅顺、大连租界及修建南满洲铁路的权利。英国强行租借威海卫港。慈禧太后仍然游园看戏，若无其事。

光绪皇帝终于下定决心，召见康有为，询问国家大政及变法之道。康有为除了详细解说以外，又呈上他所写的《俄罗斯大彼得变政记》、《日本明治变政考》两本报告，其中分析了两国变法之所以成功、由弱转强的原因。光绪大喜，于是下令变法维新。新政很快就出炉，内容有废除八股文，科举改用策论取士，创办京师大学堂为新式大学（即后来的北京大学），裁汰闲散行政机关，改设农、工、商局，裁汰冗兵，招收新兵，引进西洋式练兵法，等等。

康有为所提出的各种变革方案并非不好，问题是一时之间端出太多的新办法来，又雷厉风行要同时实施。他也许不明白明治维新是经过二十年逐步推进才大功告成，而且引发多年的内战。当时在清朝旧制度底下生活已久的人，如读了一辈子八股文的儒生、官僚、军人等，无一不是立即受到变法的威胁，因而群起反对。慈禧也大怒，决定要停止新法，废黜光绪皇帝。

当时袁世凯在天津小站练兵，手下有两万名新式陆军。光绪密诏请袁世凯率兵入京勤王。袁世凯表面答应，慷慨流涕，背后却出卖光绪。慈禧于是下令囚禁光绪,搜捕新党分子。这一场维新变法,前后只有大约一百天,后世称为"百日维新"或"戊戌变法",就这样草草落幕。新党分子被捕获者,一一被杀。康有为与梁启超幸而躲过一劫,逃亡到日本,继续鼓吹变法自强。

康、梁与孙文之不同是前者主张君主立宪,仍然要效忠于光绪皇帝,因而被称为"保皇党";后者主张完全推翻满清帝制,建立一个现代的民主共和国家,被称为"革命党"。两个党各自都有支持者,但都是书生,手上没有真正而足够的武力。

义和团与八国联军

清朝末年,民间有一个教派兴起,称为"义和拳",是白莲教的一个支派。义和拳舞枪弄棍,声称作法念咒之后可以刀枪不入。山东巡抚毓贤愚昧而无知,鼓动义和拳改称"义和团",打出"扶清灭洋"的口号,到处与洋人及基督教为敌,甚至焚烧教堂,杀害教徒。洋人向清朝政府提出强烈抗议,清朝于是派袁世凯为新任山东巡抚。义和团的本质与朝鲜的东学党其实没有什么不同,都是民间对现实不满,利用迷信而壮大。袁世凯在朝鲜多年,亲自带兵镇压过东学党,因而到任之后就派兵痛剿义和团,称之为"拳匪"。义和团在山东无法立足,都窜逃到直隶(河北)。北京的王公大臣相信义和团有神技在身,也表示支持,建议慈禧太后扶植义和团对付洋人,以张国势。

慈禧对洋人本来就非常痛恨,听到这些话,深为同意,以为可以用义和团铲除洋人。光绪二十六年(1900年,庚子)五月,慈禧太后下诏对各国宣战。清朝在东南十三省的几个总督知道国家大祸即将临头,纷纷拒绝奉诏,并且与各国领事签订互保条约,出兵保护外国侨民及财产。

义和团在北京城屠杀洋人、教民及无辜百姓十几万人。城内火光冲天,日本使馆书记官及德国公使也遇害。六月,英、德、奥、美、法、意、日、俄八国组成联军十万人,攻陷天津、通州,直抵北京。除了美国尽力约束军队之外,各国痛恨义和团的暴行,决定以更野蛮的方法报复,放纵士兵在北京城内奸淫烧杀。北京宛如人间地狱。慈禧太后带着光绪皇帝仓皇逃到山西,又辗转到了西安,仍然继续听戏玩乐。

李鸿章奉命和各国代表讨论了几个月，在第二年签订了《辛丑和约》。其中规定清朝道歉并惩处祸首；赔款总共四亿五千万两白银，分年偿付。条约中规定的赔款称为"庚子赔款"，其数额比例依高低次序分别是俄国百分之二十九、德国百分之二十、法国百分之十六、英国百分之十一；其他国家分别只占百分之四到百分之七。这些百分比分别标示了当时各国贪婪的程度。美国也分到大约百分之七，不过在几年后公开承认索赔的金额远远超出所蒙受的损失，并决定把多余的钱全部捐出来，设立一个教育基金，用以奖助中国选派学生到美国留学。后来选派学生赴美之前的预备学校发展成为一所新式大学，就是今日著名的清华大学。

李鸿章为人处世的哲学

李鸿章在和约签订后不久就劳瘁而死。清朝末年与外国签订了三十几个不平等条约，大部分都是李鸿章去谈判而签订的，许多人因而批评李鸿章卖国。历史学家多半不同意这样的说法，因为清朝是国家衰弱，打败仗才会被逼签订不平等条约，并不能说是李鸿章的责任。即使是《中法新约》，也有人为李鸿章辩护，说他选择在镇南关大捷之后掌握最佳时机，签订和约，只是将清朝终究无法保护的越南丢掉，而不需赔偿半分钱。

对于李鸿章一生的功过，评论极多，大致贬多誉少。那么李鸿章自己怎么评断自己呢？清末有一本《庚子西狩丛谈》，是记载八国联军时，慈禧逃亡到西安的经过，其中有一段记载李鸿章自己这样说：

> 我办了一辈子的事，练兵也，海军也，都是纸糊的老虎，何尝能实在放手办理，不过勉强涂饰，虚有其表。不揭破，犹可敷衍一时。如一间破屋，由裱糊匠东补西贴……乃必欲扯破，又未预备何种修葺材料，何种改造方式，自然真相破露，不可收拾，但裱糊匠又何术能负其责？

这一篇文字是否真的是李鸿章自己说的，无法确定，不过已经传神地描述李鸿章为人处世的态度。有人不免要问：既然知道自己只是勉强涂饰，虚有其表，为什么还要占住位置？何不干脆退位，让给更有能力的人来办？这个问题事实上在古今中外普遍存在。没有能力的人偏偏要拼命做官，至死不放；又拼命结党营私，打压异己。有能力的人却常常被挡住，或根本不屑置身其中。

朝鲜独立运动

甲午战争刚结束，日本就立刻将手插进朝鲜，请大院君复辟执政，成立一个"军国机务处"，而实际上是一个傀儡政府。日本透过傀儡政府迫不及待地进行全面改革，废除阶级身份制度，废除科举及两班制度，禁止奴婢买卖。另外也进行司法、经济、财政方面的改革。在日本强制之下，朝鲜终于破除了千百年的传统，开始走向现代化。这一段历史，称为"甲午更张"，不能不说有极大的意义；而朝鲜竟不能自己动手，必须靠侵略者来进行。

《马关条约》签订之后，英、法、俄三国的干涉不但逼使日本归还辽东半岛，也影响到朝鲜的政局。闵妃领导的亲俄派的势力又再一次抬头。日本当然不能忍受到手的肥肉又被抢去。1895 年 8 月，日本驻朝鲜公使三浦梧楼直接派兵进入朝鲜皇宫，将闵妃拖出寝宫之外杀死，并且放火焚烧尸体。三浦的暴行引起国际公愤，朝鲜全国反日情绪沸腾，纷纷武装抗日。闵妃在二十几年国家风雨飘摇之中四起四落，奋斗不懈，而竟惨死，后来在韩国被尊称为"明成皇后"。

高宗逃到俄国公使馆内，并居住了一年多。在此期间，朝鲜出现了一个新的政治团体，称为"独立协会"，是由徐载弼创办的。徐载弼原先属于留日的激进派，与金玉均一同流亡日本。但是他后来看清楚了日本的野心，不愿意受利用，于是转往美国读书，然后又回国创办了《独立新闻》，向大众报道时事，介绍当代科学和西方思想，批判政府，主张国家自主、尊重民权，发起独立运动。《独立新闻》在朝鲜引起了巨大的回响，徐载弼接着又成立独立协会。会员除了政府要员之外，还有社会精英及青年知识分子。

朝鲜高宗受到独立协会批评，不得不搬出俄国公使馆。1897年，高宗听从各方建议，下令改国号为"大韩帝国"。1898年，独立协会在汉城举办"万民共同会"。这是独立运动达到最高峰的时候。然而，由于独立协会经常批评政府，举发弊案，引起官僚强大的反弹；加上日本势力又迅速抬头，徐载弼被迫再度流亡海外，独立协会也随即被解散。

日俄战争

日本在甲午战争时已经攻占了东北，却被迫放弃。八国联军时，俄国趁机出兵占领觊觎已久的中国东北。但日本如何能够坐视到手的肥肉被俄国人平白抢去？于是联合其他各国对俄国施压。俄国被迫口头同意，却一再拖延，明显地根本不愿撤兵。日本越来越无法再忍耐。

1904年（光绪三十年，明治三十七年）2月，日本突然同时出兵偷袭停泊于旅顺港及仁川港内的俄国舰队。第三天，日本才向俄国宣战。日本又派陆军分别渡过鸭绿江，登陆辽东半岛，而与俄国在中国东北展开激战。双方投入军队人数越来越多。在有名的旅顺二〇三高地之战，日本出动十四万人，俄国有二十三万人。规模最大的是1905年3月的奉天（沈阳）会战，日本出动二十五万人，俄国有三十七万人。日本国家这时如旭日东升，锐不可当。反之，俄罗斯帝国已经像夕阳西下，暮气沉沉。因而，日本几乎在所有的战役中都是以少胜多。

海军方面的决定战发生于1905年5月。名将东乡平八郎指挥日本舰队在对马海峡以逸待劳，将远道而来的俄国波罗的海舰队全部歼灭，而自己的舰队只有轻微的损伤。这是一场前所未见的经典海战。

俄国投降。双方由美国调停，在美国朴茨茅斯（Portsmouth）签订和约。俄国势力从此退出朝鲜及辽东半岛；并同意桦太岛北纬五十度以南永久属于日本。

日俄战争（日本称为"日露战争"）的胜利对日本的意义远胜于甲午战争。清朝虽大，已经病得奄奄一息，俄国却是西欧的第一等强国。日本击败俄国，等于宣布日本终于跻身于世界一流的强国了。日本举国欢腾，但是从此走上军国主义侵略的不归路。

俄国的战败，引发本身更严重的灾难。俄罗斯帝国自立国以来，无止境地对外扩张，而国土越广，内部的社会矛盾越严重。战败使得矛盾更加凸显，不久爆发革命。俄皇尼古拉二世（Nicholas II, 1868—1918年）勉强又支撑了十几年，终于在1917年被列宁所领导的布尔什维克推翻。

日本并吞韩国

日本战胜后，将韩国视为禁脔，分阶段将韩国头上的枷锁一步一步收紧。首先是在当年8月开始实施"顾问政治"，派出财政顾问、外交顾问及内政、军部、警察等顾问，要求所有相关之事一定要顾问裁决之后才能实施。12月，日本又决定实施统监政治，在中央成立"韩国统监府"，在各地方设置"理事厅"；剥夺韩国的外交及内政权力，接管一切。韩国人民纷纷组织义兵反抗，但无济于事。1907年，朝鲜高宗派使臣到荷兰，希望借万国和平会议向各国请愿，结果不得其门而入，反而使得日本极端不满，逼高宗让位给儿子纯宗。

1910年，日本逼韩国签订《日韩合并条约》，正式并吞韩国。李氏朝鲜王朝至此灭亡，共二十七代国王，五百一十八年。日本在韩国设朝鲜总督府，开始长达三十五年的殖民统治。

第 28 章

中国的革命及列强的干涉

八国联军在北京的恶行真正是野蛮而残忍，但追根究底却是清朝也难辞其咎，并导致了巨额的庚子赔款。罪魁祸首无疑是慈禧太后，但八国退兵之后，慈禧仍然掌握大权，继续作威作福。对于这样一个误国误民、一再犯错的封建体制，而人民竟没有任何机制能够给予制裁。

慈禧迫于国内外的压力，派出五个大臣出洋考察，并在五大臣回国后（1906 年）又不得不下令更改国体为君主立宪。然而更改的只是政府部门名称，实质内容并没有太大变化，而上层决策组织丝毫不变。人民失望之余，只有寄望于体制外的改变了。

立宪派与革命党

对于孙文(孙中山)的革命运动来说，八国联军是一个转折点。在此之前，舆论都视革命党为乱臣贼子，洪水猛兽。在此之后，同情革命党的人大为增加，并且有同样性质的革命团体在国内外陆续成立。不过梁启超所主导的保皇派势力仍然比较受一般人的支持。梁启超下笔千言，笔端常带有丰富的感情。他所发行的《新民丛报》，风行海内外，执舆论之牛耳。相对之下，革命党显得比较弱势。

1903年,上海有一家报纸《苏报》刊登留日革命分子邹容和章炳麟的文章,鼓吹革命,号召人民起来推翻清政府,建立独立自由的新国家。清政府将报纸查封,又逮捕了这两个人。邹容不幸病死于狱中,年仅二十岁。邹容在报纸上登载的文章被集结成一本小册子,书名《革命军》。这本小书畅销海内外,发行了一百多万册,造成巨大的震撼。自此之后,革命的思想与保皇派的君主立宪思想逐渐势均力敌。

所有革命势力的领袖都体会到一件事,那就是如果各股革命势力无法集结在一起,不是革命无法成功,便是将来分裂对抗。孙中山因而与黄兴、宋教仁、章炳麟、蔡元培等,在头山满、宫崎滔天等日本帮会友人的协助之下,于1905年(光绪三十一年)8月在东京集会,将各自所组织的兴中会、华兴会、光复会、青年会等革命团体合并成为"中国同盟会"。孙中山被推为总理。同盟会发行的《民报》与保皇派的《新民丛报》展开激烈的论战。革命党人才荟萃,许多人都为《民报》撰稿。相对地,《新民丛报》几乎只有梁启超一个人在独撑大局,渐渐地革命党的声势开始超越了君主立宪派。

1908年10月,清廷宣布光绪皇帝与慈禧先后病死。许多历史学者争论,认为慈禧不甘心自己先死,所以在死前下令将光绪下毒致死。一百年后(2008年11月),中国政府公开发布新闻,经由现代各种科技的分析,证明光绪皇帝确实是在死前遭到强灌砒霜而致死。慈禧在死前又立溥仪继位为小皇帝,只有三岁,由其生父醇亲王载沣摄政。载沣是光绪皇帝的弟弟,痛恨袁世凯在百日维新时出卖哥哥,掌权之后立即将袁世凯免职。袁世凯只好回河南老家,表面上是赋闲,实际上仍然暗中控制着他一手创办的北洋军系。

革命前夕

孙中山的革命党争取的主要对象是会党、海外华侨、留学生,以及军中官兵。孙中山很早就加入天地会洪门致公堂,成为会党的一分子。他不但负责向海外华侨筹募巨款以支持革命,也亲身参加规划历次的实际革命行动。孙中山在十六年间（1895—1911年）一共发动了十次起义，而全部失败。这十次起义其实规模都不大，对清政府并不能构成真正的武力威胁。以最后一次广州黄花岗之役为例，参加人数不过数百人，死亡八十六人。然而这些牺牲的革命志士都是青年学子，有部分还曾留学海外，而人人视死如归。这使得清朝官员心生畏惧，社会人心激荡。清朝军队里的年轻官兵尤其受到震撼而同情革命，纷纷暗中加入革命党。

恰巧清朝政府在这关键时刻犯了一个大错，引发民间大规模的武装抗争，而与革命党结合，因而直接导致清朝迅速覆亡。此事与清朝的铁路政策有关，而又牵涉到美国的"排华案"，因而必须回溯在美国华人的辛酸历史。

从1850年代开始，中国有大批华人被加州的淘金潮吸引而漂洋过海到美国，后来又有更多人去参加建造铁路。到了1870年代，华人在美国已经超过十几万人。华人移民的语言、生活习惯与当地的人民格格不入，又被认为是抢走其他白种移民的工作机会。美国西部的一些利益集团、工会及政客便联合展开政治运动，立法歧视华工。美国发生排华浪潮，导致大批华工被欺侮，被侵占，甚至被谋杀。1882年，美国国会通过《排华法案》，不仅禁止华工在未来十年赴美，而且剥夺了在美华人入籍美国的权利。这项法案明显地违背了美国南北战争以后引以为豪的种族平等原则。华人既不能成为美国人，不受法律保护，悲惨的命运就无法停止。

美国国会在1894年又通过《排华法案》再度延长十年；1904年，更变本加厉而无限期延长。消息传来，中国民情激愤，全国各地商会发起抵制美货，致使美国对中国贸易额在当年减少了百分之四十。清朝政府在民间的压力之下，决定逐步收回洋人过去经由不平等条约在中国取得的铁路权及采矿权。洋人的路权相关合约到期后，清朝便将铁路收回，交由各省商民办理。也有合约尚未到期就被强行收回路权。新建铁路也都由中国人自行兴办。

1911年，清廷忽然宣布要将铁路收归国有。四川、湖南、湖北及广东的地方士绅辛辛苦苦经营川汉铁路及粤汉铁路，转眼即将利益成空，因而群起反对，宣称要与铁路共存亡。路权的问题一下子从中外之争转为政府与民间之争。清朝采用高压政策，缉拿首要分子。四川商民反应激烈，在8

月组织保路大会，发动罢市、罢课、拒绝缴税。革命党见机会来到，便响应而参加其内。四川总督赵尔丰派军队镇压，四川地方士绅也动员武装抵抗，其中有数万人是哥老会党分子，也有新军加入。保路大军占领了四川各县，官军节节败退。

这时，湖北武昌革命军起义的枪声也突然响起，日期是阳历10月10日。这一年是农历辛亥年。这一场革命因而称为"双十革命"，或是"辛亥革命"。

民国诞生

武昌起义的革命党里大部分是湖北新军的官兵。新军领袖黎元洪其实原先并没有加入革命党，只因为是最高的带兵官，又同情革命，临时被公推为领导人。黎元洪因缘际会，又看见革命时机已到，于是通电全国，宣称拥护共和体制，并呼吁各省起兵，推翻清政府。全国共有十四省的革命党和新军也纷纷循着同样模式，在一个多月内成功地起事，推翻地方政府，宣布独立。清朝政府见事不妙，急忙将袁世凯又请回来。

袁世凯所创办的北洋新军是清朝最精锐的部队，分别驻在山东、河南、河北各省。袁世凯很早就特别防范，不让革命党渗透，因而华北这几省仍然在北洋军系的手中，没有参加革命起义。这时中国的局势已经演变成南方革命军对抗北方的北洋军系，清朝政府反而是无足轻重。袁世凯立刻出兵，击败黄兴领导的革命军联合部队。

外国势力在这时开始介入，劝双方谈和。一时之间，国内外纷纷争论中国是否会陷入长期内战？清朝皇帝是否应该退位？中国应该实施共和体制，还是君主立宪？谁会是中国新的领导人？外国势力各有各的盘算，其中日本对中国的动向尤其关切。

中国革命初起，日本长州藩元老山县有朋主张立即出兵中国，帮助清朝镇压革命。首相西园寺公望却说："一国最好是不要革命，但是革命一旦开始，必定要成功，否则政治永远不会安定。这是历史的法则。帮助他国镇压革命，是一件不应该而不可能的事。"日本因而终究没有出兵。

南方革命军为了避免内战，同意议和。十四省成立联合临时政府，选孙中山为临时大总统,设置临时参议院,定国号为"中华民国"。革命军此举,主要目的在于明白表示共和体制是无可讨论的议题。孙中山本人所在意的并非权位,而是新国家的未来,因而也明白表示,只要清帝退位,那么他愿意自动辞职,让袁世凯担任大总统。袁世凯的将领也都联名赞成共和体制。

清朝末代宣统皇帝溥仪及太后在各方压力之下,只能同意接受优待条款,在宣统三年(1912年)二月宣布退位。孙中山遵守承诺,将临时总统的位置让给袁世凯。清朝至此灭亡,立国二百九十六年。如果从入山海关起算,清朝真正统治中国的时间是二百六十八年(1644—1911年)。对中国来说,这一年更重要的意义是历经数千年的封建帝制,到此结束。

日本大正时代

中华民国成立的这一年,也是日本改朝换代的一年。明治天皇在位四十五年之后驾崩,享年五十九岁。日本自有天皇以来,很少有像明治一样的风光而受人民崇敬。日本在这四十几年中,从一个受西洋人逼迫的亚洲旧世界弱国一跃而为世界第一等现代化强国,创造了一个奇迹,让所有日本人都感到自豪。日本因而竟有许多人无法接受明治天皇驾崩的消息,决定自杀殉死。日俄战争时的陆军大元帅乃木希典因为两个儿子都在战争中死去,早已没有生趣,却不敢先天皇而死。等到天皇驾崩后,乃木大将与夫人双双自杀。乃木的心理和行为是当时千千万万个日本人的缩影。

大正天皇(1912—1926年在位)表面上是承继了一个光鲜耀眼的国家,然而事实并非如此。甲午战争后,日本积极准备与俄国打仗,每年大幅增加军费。日本从清朝拿到的巨额赔款很快就花完了,又对外举债。日俄战争虽然胜利,军费却是天文数字,以至于不得不再向外借款。明治天皇死时,日本已经是背负大笔外债,入不敷出。在这样的情形下,军方却无止境地要求大幅增加军备。国家财政困难也使得人民生活困苦,颇有怨言。

1901至1913年间,日本的内阁总理总是由桂太郎与西园寺公望两人接替担任,称为"桂园内阁时代"。西园寺公望是极有名望的贵族公卿,而桂太郎是长州藩系的第三号实力派人物,仅次于伊藤博文与山县有朋。西园寺内阁不同意增加军费,跋扈的陆军大臣悍然辞职,军部却拒绝推荐继任的人选。西园寺内阁于是被倒阁,被迫总辞。

桂太郎接任,预备答应军部的要求。国会中的两大政党怒不可遏,激烈指责,并且对民众演说。数万名愤怒的民众包围议会,捣毁警察局和御用报社,高呼"打破阀族,拥护宪政"。桂太郎黯然下台。这是日本发生的第一次宪政拥护运动。十年后又发生一次。藩阀及军人因而在大正时代非常收敛,深怕引起社会的非议。

袁世凯称帝

中国革命成功后,同盟会合并其他党派而为"国民党",是第一大党,声势浩大。孙中山任理事长,而实际由宋教仁代理。宋教仁在国会选举大胜后,到处演讲攻击临时总统袁世凯及新政府。袁世凯的脑子里充满了封建时代的威权思想,心中原本就不想当总统,只想当皇帝;这时更怒,竟指使杀手刺杀了宋教仁。他又将政府里的国民党人一一撤职,并起用部属段祺瑞为国务总理。国民党人在各省起兵,声称讨伐国贼,但是都归于失败。

1913年,袁世凯被正式选举为总统,随即命令解散国民党,又强行解散国会,准备复辟。一些热心的立宪派分子及趋炎附势的学者都在报章杂志上为袁世凯造势,鼓吹君主立宪,认为中国的国情不适合民主共和的体制。这时立宪派的创始者梁启超却发表一篇《异哉所谓国体论者!》,坚决反对。梁启超的文笔辛辣,文章一针见血,以今日之我否定昨日之我,轰动一时。但是袁世凯仍然按照原定计划推进,在1915年登上皇帝之位。

这时第一次世界大战(1914年7月—1918年11月)早已开打。日本趁机对德国宣战,派兵占领德国在山东的势力范围,又提出"二十一条要求",逼中国承认日本继承德国在山东的所有特权;扩大日本在满洲、内蒙古的权益;承诺军械一半以上向日本购买等。袁世凯明知一旦签署,将为国人所唾骂,却急于想做皇帝,最后还是屈服地接受了。

袁世凯的举动激起全国人民的愤怒与抵制。南方各省再一次纷纷起兵,而与袁世凯的部队大战。然而袁世凯的部将大多也不认同复辟,于是联名请袁世凯退位。这时外国也来干涉，对袁世凯提出警告。袁世凯受到内外交逼，成为众矢之的，羞愤而死，距离称帝只有六个月。

中国军阀割据

袁世凯死后，中国实质上已经是军阀割据，形成一个四分五裂的国家。

袁世凯的旧部主要分成皖系及直系。前者由段祺瑞领导，势力范围大致在安徽、山东及浙江一带。后者由冯国璋领导，势力范围是直隶（河北）、江苏及湖北一带。此外，在河南还有一个张勋，思想守旧。他的军队在民国成立后仍然留着满洲式的辫子，所以被称为"辫子军"。

除北洋军阀之外，还有出身广西的陆荣廷，称为桂系；出身山西的阎锡山，称为晋系；广东的陈炯明，称为粤系；以及出身云南的唐继尧的滇系等。在东北奉天、吉林和黑龙江三省，也有一个土匪出身的军阀张作霖，称为奉系，而受到日本势力的支持。

国会又重开，并选黎元洪为总统。然而黎元洪手上没有足够武力，国务总理段祺瑞因而跋扈，不接受命令。正在两人互相斗争之中，张勋突然率领辫子军进入北京，将黎元洪赶下台，扶立清朝宣统皇帝，又一次演出复辟的闹剧。张勋的行为连北洋系其他军阀也不能接受，因而联兵驱逐张勋。但是北洋军阀拒绝重开国会，唯恐又被国民党控制。

孙中山虽是革命领袖，既无兵又无地盘，也不能指挥任何军阀，真正是一无所有。他眼见自己多年从事革命的结果如此，至为心痛，但并不灰心，反而下定决心要重新出发，再一次革命。不过他只能依附于南方的军阀，看人脸色。

巴黎和会与五四运动

第一次世界大战给日本带来空前的景气。欧洲协约国忙于打仗，物资严重不足，日本趁机大量出口。日本的造船业、钢铁业、纺织业因为大战而蓬勃发展，一下子跃升为世界真正的经济强国，先前的财政窘迫情况也完全改善。中国南、北内战更是日本贩卖军火的好时机，因而有所谓的"西原借款"。段祺瑞政府向日本借巨额款项一亿四千五百万日元，用以购买武器及军需品，又同意给予日本在山东及东北地区的铁路、矿产、森林等权益。

第一次大战结束后，战胜的协约国家于1919年在巴黎召开和会。会议中，日本代表主张德国在山东的权益完全归日本，中国代表主张由中国自行收回，并提议取消列强在中国的特权。协约国责备中国只是忙于内战，对德国是宣而不战，不曾出过一兵一卒，因而同意日本的提议。消息传到中国国内，北京各大学学生三千多人于5月4日齐集天安门，手持标语，高呼口号，游行示威，将他们所认为是卖国贼的几个亲日派官员的住宅捣毁。北洋政府下令逮捕肇事学生，结果引发更大的风潮。五千多名学生自请入狱，各大学校长全部辞职，全国各地罢课、罢工、罢市。历史上称这一段为"五四运动"。段祺瑞只得训令中国代表拒绝在巴黎和约上签字。

五四运动的内在原因及其影响

"五四运动"的导火线是巴黎和会，而实际上有其内在原因。五四运动对于中国所产生的影响极为深远，也不只是拒绝在巴黎和约签字而已。

中国的民族意识在数十年的外患中与日俱增，但是在思想上一直缺少领导的方向。孙中山说："主义是一种思想，一种信仰，一种力量。"但他的"三民主义"缺乏撼动人心的吸引力，只能吸引少数的国民党人信仰，无法引起一般知识分子共鸣。梁启超的思想也过于陈旧。

1915年9月，有一本新的杂志《新青年》在上海创刊。这本杂志是留学日本的陈独秀所创办的，由留美博士胡适、学者钱玄同以及文学家鲁迅等精英知识分子共同轮流执笔、编辑。《新青年》发起一项新文化运动，高举民主、科学、平等、自由等大旗，又提倡白话文学运动，大受中国知识分子欢迎，从思想、政治、文化上激发了青年的爱国热情。"德先生"（Democracy，即民主）与"赛先生"（Science，即科学）成为青年知识分子向往的理想。

1917年，在欧洲发生一件大事。俄国在第一次世界大战中加入协约国以对抗德国，在前线有一百七十几万人死亡，在后方有严重的内政混乱和饥荒。列宁（Vladimir I. Lenin）所领导的布尔什维克因而有机可乘，起来发动十月革命，推翻俄罗斯帝国，建立了苏维埃政权。马克思发表《共产党宣言》之后，经过七十年，世界上终于有了一个共产党统治的国家。

陈独秀受到俄国局势的影响，开始在中国倡导马克思主义。1918年12月，陈独秀又与李大钊合办《每周评论》杂志，内容从思想、文学转到政治与时事，对外批评列强，对内号召除去"军阀、官僚、政客"三害。《每周评论》的影响比《新青年》更大。创刊不久之后，巴黎和会开议。各大学学生的深层民族意识与现代思想结合，热血沸腾，无法忍受和会的决议，因而有"五四运动"。

陈独秀和李大钊在三年后都成为创立中国共产党的主要人物。后来毛泽东自称受到陈独秀本人及两份杂志影响很大。另有一位曾经在日本明治大学留学的周恩来，也因为投入五四运动而被捕。他在获释之后乘船赴法国勤工俭学（即是半工半读），后来加入新成立的中国共产党，担任社会主义青年团旅欧总支部书记，而渐渐成为中国共产党的领导人之一。

中国共产党创立

列宁十月革命成功之后，俄国爆发大内战。忠于沙皇的保皇党势力以及富农、地主和资产阶级组成"白军"，对抗苏联"红军"。列宁由于要全力对付白军而单方面与德国签订和约，径行退出第一次大战。协约国对此大为不满，并且害怕共产主义蔓延，因而决定援助白军，声称要将新生的苏维埃政权"扼杀在摇篮中"。美、英、法、波兰等十三国派出陆、海军直接干涉。在东方的日本也派出三万人，后来又不断增兵，达到七万人，是出兵最多的国家。红军在托洛茨基（Leon Trotsky）率领之下，经过四年苦战，终于获胜，保住了国家。

列宁自称苏联在战争中被"打得半死"，却决定成立共产国际（Comintern），不忘马克思的遗言，要联合世界上被剥削的无产阶级，推翻资产阶级的统治。共产国际开始派人到各国寻访合作对象，协助组织共产党，做地下工作，积极输出革命。

1919 年 7 月，苏联发表对华宣言，自动废除不平等条约，放弃帝俄在华的特权、庚子赔款，无条件交还中东铁路等；又声称愿意协助中国脱离外国的侵略。中国北洋政府及全国人民欣喜之余，半信半疑。

1920 年，共产国际代表吴廷康（Grigori N. Voitinsky）来到中国，寻找革命伙伴。他不仅找了陈独秀、李大钊，还找过直系的大将吴佩孚，也找了孙中山。他最后决定支持陈独秀、李大钊成立中国共产党，从此共产党在全国各地宣扬马克思主义，发展组织，招收党员。1921 年，中共在上海举行第一次全国代表大会，选出陈独秀为中央书记。

中国军阀内战

"五四运动"的影响虽然深远，但是完全无法摇撼当时军阀割据的事实。中国内战的规模逐渐升高，并且蔓延全国。不但有南北之间的内战，有北洋军阀各系之间的内战，还有南方各省之间的内战。估计在 1919 年至 1925 年之间，大小战争超过一百场。其中大的战役有数十万人参战，小的战役也有数千至数万人。战争的目的，当然是要扩大地盘，最终要取得中国的统治权。这和中国过去两千多年来旧王朝垮台之后群雄逐鹿的情形，其实是没有两样。

在北方，直系、皖系及奉系发生三次大内战，最后奉系张作霖得胜，而仍然妥协，邀请皖系段祺瑞及直系的叛将冯玉祥共同组成新政府。

在南方，广东、广西、贵州、云南各地的军阀之间相互合纵连横，打了无数次的仗。孙中山跟着在夹缝中起起落落，最后终于凭一己的声望、锲而不舍的毅力，以及苏联提供的实质协助，在广东立定脚跟。

国共合作

苏联为什么要帮助孙中山呢？简单地说，是希望利用孙中山的名望来帮助共产党迅速茁壮成长。孙中山又为什么要接受苏联的协助呢？因为当时孙中山饱受粤系军人陈炯明的逼迫，几乎没有立足之地。1922 年，双方开始讨论国共合作的可能性。列宁指示中共与国民党暂时联合，但是不放弃共产党的身份而继续为无产阶级奋斗；孙中山也决定联俄容共。双方一拍即合。孙中山又派部属蒋介石率团到苏联考察，并学习军事。

蒋介石是浙江奉化县人，曾经毕业于日本振武学校（日本士官学校的预科班），并加入同盟会。辛亥革命时，蒋介石回国协助革命领袖陈其美在浙江及上海起义成功。之后，蒋介石逐渐在国民党中崛起，成为孙中山所倚重的军事将领。

1924年，孙中山接受共产国际代表鲍罗廷（Mikhail M. Borodin）到广州成立顾问团，帮助国民党改组，并提供军事援助。这时列宁病死，托洛茨基与斯大林（Joseph V. Stalin）争权。当初托洛茨基是国家的英雄，不料与斯大林争权却落于下风，被迫逃亡，最后死在海外。

孙中山接受苏联顾问的建议，成立黄埔军校，以蒋介石为校长，廖仲恺为党代表，戴季陶（后改名传贤，字季陶）为政治部主任。周恩来担任政治部副主任，做戴传贤的副手。还有不少共产党员也在黄埔军校任职，其中叶剑英、聂荣臻等后来都是中华人民共和国的元老。

国共合作之后，南方的军政府开始壮大。蒋介石率领革命军，以黄埔军校学生为主干，迅速击败广州商团，其后又歼灭陈炯明的部队四万多人，完全掌控广东。苏联顾问加伦（Vasili K. Galens）将军制订作战计划，功不可没。

北洋新政府邀请孙中山北上商谈国是。孙中山临行发表宣言，主张召开国会，反对军阀，打倒帝国主义。北洋政府、各省军阀及各国公使听到都觉得刺耳。孙中山到了北京之后，陈炯明溃败的消息传开。各方大吃一惊，不敢再认为孙中山只是空谈。不过孙中山却开始染病，于1925年3月病逝，死前遗言："革命尚未成功，同志仍须努力。"北京城万人空巷，夹道送别。

国民党内部分裂

孙中山之死是国民党内部分裂的开始。分裂的原因在于对共产党的不同态度，以及权力斗争。

国民党内部对共产党的态度因人而异,有左派及右派之分。廖仲恺对共产党特别友善,被归为左派。右派以胡汉民为首,对共产党怀疑戒惧。戴季陶是最早接触到共产党的国民党要员,在中共组党时曾经积极参与其筹备工作,不过对共产党渐渐产生疑虑,指责中共在国民党中自行扩张组织,建议共产党员加入国民党必须放弃原有党籍,然而孙中山并没有接受他的建议。但孙中山一死,内部的矛盾立即凸显。

共产党借国民党势力而茁壮之后,在全国各地展开群众活动。上海、汉口的外资工厂都发生罢工。数千名学生在上海示威支持,被外国巡捕开枪扫射,死伤多人。全国愤慨,引发更大的反英、反日风潮。1925年5月,广州及香港同时有二十几万人发起"省港大罢工",声称打倒帝国主义。英、法军队开枪,示威群众死数百人。广州军政府与英、法使馆互相指责。香港进出的船只减少百分之八十五,经济瞬间暴落。

南方军政府这时改组为国民政府,而内部斗争升高,转为血腥。左派大老廖仲恺首先遇刺而死。蒋介石、汪精卫与苏联顾问借机指称右派元老胡汉民有嫌疑,将他软禁。右派分子被联手打压,纷纷出走,在上海另设党中央。国民党左、右派正式分裂。

1926年3月,"中山舰事件"爆发。蒋介石自认为在中山舰上险遭暗杀,而在背后策动阴谋的是共产党,因而下令逮捕嫌疑人物,将他认为不受欢迎的苏联顾问遣送回国,请苏联再派加伦回来。汪精卫也被逼走。陈独秀不能忍受蒋介石的跋扈,建议中共退出国民党。共产国际代表吴廷康却说:"现在是中国共产党为国民党当苦力的时候。"坚持利用国民党继续发展。

究竟廖仲恺是如何死的?中山舰事件究竟是真有其事,还是蒋介石自导自演的夺权阴谋?国民党与共产党各有不同的说法,至今都是谜,将来大约也很难得到真相。

北伐及国共分裂

国共既已掌控广东,目标便一致指向北方。1926年6月,蒋介石率领国民革命军，开始北伐。当时桂系的新实力派人物李宗仁与白崇禧也带兵加入国民党，参加北伐。国民革命军一共有八个军，约十几万人，每一个军都有俄国顾问。革命军势如破竹，于半年之内席卷华南各省。然而随着军事胜利，蒋介石与苏联顾问间的斗争也越来越激烈。共产国际联合国民党内的反蒋势力，削减蒋介石的权力，确立共产国际的领导地位。武汉成为国民政府的新权力中心。

国民革命军每克复一座城市，共产党便发动群众排外运动。各城市外侨纷纷撤退到上海。1927年3月，革命军占领南京。共产党又在南京发起激烈的群众排外运动，造成外国使馆、教堂、医院及学校被毁损，洋人及传教士被杀的事件。英、法舰艇发炮护侨，声明不惜进行武力干涉。蒋介石这时公开指责"南京事件"是左派分子过激的行动，明显地要与左派决裂。

国民党内的右派分子见到左派势力大涨，蒋介石也受到排挤，立刻拉拢蒋介石而在南京另外成立新政府，以与武汉政府对抗；并决定进行"清党"，也就是要清除国民党内的共产党。

上海在南京之后也迅速落入革命军手中。中共又派周恩来到上海组织工人，发起群众运动。蒋介石下令上海卫戍司令白崇禧派军队镇压。外国也决心以武力保卫上海租界，并与青帮、洪门等帮会分子共同加入"剿赤"的行动。工人因而死伤三百多人。第二天，共产党发动十万名工人、学生举行集会、请愿、抗议。蒋介石下令士兵持枪扫射，接着又大肆捕杀共产党员。数千人因而死亡或失踪。周恩来及时逃走而免去一劫。国民党右派在全国各大都市展开全面清党。张作霖也在东北逮捕并处死大批的共产党员。

武汉政府大怒，公开宣布开除蒋介石党籍，称他是"总理之叛徒、本党之败类"。另一方面，南京政府却下令通缉苏联顾问鲍罗廷及中共的首要分子。国民党称此次为"宁汉分裂"。武汉方面以汪精卫为党主席，听命于苏联顾问；南京方面以胡汉民为党主席。

同一时间，共产党内也发生分裂。共产国际向来标榜工农革命，并不满足于只发动工人暴动，认为必须同时发动农民进行土地革命。陈独秀和鲍罗廷都不同意，认为应该等到北伐完成以后才进行，却无法抗拒共产国际的指令。武汉政府内许多军官家中都拥有田产，对中共组织的农民运动激烈反对。汪精卫也反对中共的新政策，决定解除鲍罗廷的顾问职位，宣布"分共"。中共立刻反击，宣布武汉政府是"反革命"，从此与国民党分道扬镳。

　　1927年8月，周恩来、朱德、叶挺等人率领两万人发起"八一南昌起义"（国民党称为"南昌暴动"），目标是打倒地主、土豪，进行土地重分配。中共对这次起义有很高的评价，认为是共产党第一次脱离国民党而自行发展，打响了革命的第一枪；不过起义却失败了。中共在失败后立即召开会议，把所有的错误归于陈独秀，批评他是"右倾主义者"，陈独秀从此失去领导人的地位。毛泽东稍后也在湖南、江西边界领导发动"湖南秋收起义"，但是也失败而退入井冈山。

蒋宋联姻

　　汪精卫既赶走俄国人，武汉与南京两个国民党政府之间的立场一致，于是握手言和，共同在南京组织新政府。新政府通知苏联断绝外交关系。苏联在各城市的领事馆都只好下旗归国。国民党右派与左派原本与蒋介石都有宿怨，联合以后，又共同对付蒋介石，撤除他的总司令职位。蒋介石虽然下野，实际上仍然牢牢掌握军中的嫡系部队。

　　1927年12月，蒋介石在上海与宋美龄结婚。宋美龄的家族在中国堪称是第一显赫，无人能比。她的父亲宋嘉澍是基督教传教士兼富商，曾经支持孙中山革命，慷慨捐输，几乎因而破产。宋嘉澍有三个女儿，一个儿子，都在美国名门大学毕业。大女儿宋霭龄嫁给出身山西孔家的孔祥熙，是中国第一富豪；二女儿宋庆龄嫁给孙中山；三女儿就是宋美龄，如今要嫁给蒋介石。蒋宋联姻因而意味中国最强大的军事势力与最大的金钱势力结合在一起。但宋庆龄是站在同情共产党的一方，激烈谴责蒋介石是孙中山的叛徒，不惜与娘家断绝关系。

　　南京政府在各方的压力之下，不得不又请蒋介石回来复职，并决定继续北伐。蒋介石将全国军队整编为四个集团军，他自己带领嫡系军队，而冯玉祥、阎锡山及李宗仁分别率领他们自己的西北军、山西军，以及桂系军队。不过蒋介石这时面临的问题已经不只是能不能扫荡北方的军阀,而是要如何对付日本的挑衅。

田中义一

日本大正八年(1919年),第一次世界大战结束,日本几年来发战争财的美好时光也结束。出口业大幅衰退,工厂找不到订单,经济下滑。大正十二年(1923年),前所未有的关东大地震发生,导致十四万人死亡或失踪,五十几万户房屋倒塌或烧毁。东京、横滨一带的工厂全部夷为平地。大正天皇于1926年驾崩。裕仁天皇继位,改年号为"昭和"。第二年,日本发生金融恐慌。三十二家银行因为发生疯狂挤兑的事件而倒闭,无数人破产。民众生活失去保障,政府成为众矢之的。在此一景气萧条极为严重的时刻,沉寂已久的军人又开始抬头。

日本长州藩系的陆军大将田中义一,正是在昭和二年金融恐慌发生后登上首相之位。在此之前,若槻首相重用外务大臣币原喜重郎,实行"协调外交"。南京事件发生时,币原外相在蒋介石与西洋各国之间扮演调解的角色。田中义一认为"协调外交"就是"软弱外交",无法扑灭共产党,也无法阻止中国炽烈的排外风潮,因而上任不到两个月便派出军队到山东,声称要保护两万日本侨民在山东的权益。田中又听从军部里激进派的意见,决心对满洲也采取强硬的政策。

济南惨案及皇姑屯事件

1928年初,蒋介石率领国民革命军继续北伐,主要的敌人是占据山东的军阀张宗昌及占据北京、东北的张作霖。这两人与日本都关系密切。国民革命军击败张宗昌后,在5月继续往济南推进。日本驻军奉令阻止国民革命军前进,双方于是发生冲突。中国派员前往交涉,竟然也被射杀。据估计中国军民死亡三千多人,称为"济南惨案",日本称之为"济南事件"。蒋介石不愿在这时扩大与日本的争端,下令绕道往北。

一个月后，在东北发生"皇姑屯事件"（日本称为"张作霖爆杀事件"），震惊国际。

张作霖原本是马贼出身，后来被招安加入政府军，又借日本人之助而成为东北的霸主。田中义一上台后对中国强硬的姿态引起中国人的普遍不满，在各地示威反日，东北各大城市也同样的炽烈。日本要求张作霖镇压反日风潮，但是张作霖只是推托。日本要求他配合日本兴建南满铁路，张作霖一样推托。日本甚至暗示要扶植他成立独立的东北政权，张作霖又是推辞。日本驻在东北的关东军认为张作霖是靠日本二十年的栽培才有今日，而竟如此的"忘恩负义"，因而决定要置张作霖于死地。关东军计算张作霖乘火车由北京返回东北，抵达沈阳附近的皇姑屯车站时，将预埋的炸弹引爆。张作霖被炸，伤重而死。

关东军原本的计划是张作霖一死，日本可以趁乱控制东北。然而张作霖的部属拥护张作霖的儿子张学良，秘不发丧，等到布置妥善之后才发布张作霖的死讯。东北因此井井有条，转危为安。

根据后来的调查，"张作霖爆杀事件"是关东军参谋河本大作所策划的。背后是否有人指示？到达什么层级？已经无法得知。关东军对外宣称这是国民革命军所做的，企图嫁祸。然而张学良得到种种证据，确定关东军是杀父仇人，因而不顾日本人的威胁，与南京政府议和。1928年底，东北改插青天白日国旗，中国完成统一。欧美各国都宣布承认国民政府，只有日本不愿意。

"张作霖爆杀事件"的真相渐渐外泄，纸包不住火。世界各国的媒体大肆报导批评，日本国会议员也大肆抨击。田中义一坚称完全不知情，却无法不负起责任。田中去拜谒裕仁天皇，不料被天皇斥责，只好黯然下台，心情抑郁，不久病死。继任的是出身民政党的文人滨口雄幸，宣布日本对中国没有侵略的意图，又请币原喜重郎回来担任外相。日本的右派军方气焰暂时被压下来。

中原大战

蒋介石完成北伐之后，声望如日中天，然而却不能说已经统一国家。

第二阶段北伐实际上并没有经过任何大战,而是大家握手言和。冯玉祥、阎锡山、李宗仁及张学良还是拥兵自重,军阀割据的局势并没有什么重大改变。国民政府由政客妥协体制转为军阀的集合体。在各路军阀的眼中,蒋介石名义上代表中央,而野心比他们还要大,不能不小心提防。

1929年初,蒋介石召集各派系军事首领,宣称全国军队人数达到二百三十万人,而国家财力有限,无法支持这么多军队,必须适当裁军。各方虽然同意,却认为蒋介石所提的裁军方案不公平,明显是要借此机会削藩,会议因此不欢而散。各个军阀回到自己的势力范围积极备战。蒋介石大怒,第一个拿桂系的李宗仁、白崇禧开刀。双方大军对峙时,桂系的部分将领被蒋介石收买而反戈,结果大败。蒋介石对冯玉祥也是如法炮制。冯玉祥也大败。各派系军阀在被蒋介石各个击破的过程中,为求自保而达成共识,集结在一起而对抗蒋介石。

1930年5月,中国的大内战"中原大战"开始。反蒋联盟有八十万大军,蒋介石的政府军有六十万人。政府军分兵与阎锡山战于山东,与冯玉祥战于河南,与李宗仁战于湖南。东北军张学良原本保持中立,六个月后却突然加入政府军阵营。反蒋联盟因而败北求和。

这场大战中,双方死伤共约二十五万人,受害灾民达数千万人,财物损失不可计数。战区之辽阔,祸害之深,是民国以来之最。大战后,几个军阀表面上归顺中央,实际上仍然各自割据。

国民党右派首领胡汉民认为内战无法停歇,必须从体制上解决,而与蒋介石争论应该早日实施宪政,建立民主与法治。蒋介石不但不同意,又将胡汉民监禁。反蒋的势力于是又一次集结,预备再战一场。不过在这个时候,蒋介石已经发兵从事于另一场战争,目标是剿灭共产党。

蒋介石发动围剿

中国共产党人起义失败而退入了井冈山以后,渐渐发展壮大,又出兵攻占附近的县市及农村。国民政府军奉派前往镇压,而没有成效,最主要是因为各军阀势力之间的内战使中共有机会生存。内战最激烈的时候,正是中共发展最迅速的时期。1930年初，中共已经据有江西、福建、湖南、湖北等各省的边界偏远地方，一百二十个县，分别成立了几个苏维埃区，其中江西苏维埃区由毛泽东掌控。中共在苏维埃区内实施土地改革，没收富农、地主的土地，分配给贫农、佃农，大受农民的感激与拥护。中共的军队"红军"也因而增加到八个军，总共十六万人。

中共壮大之后，掌权的李立三决定不顾共产国际的指示，采取更积极的"都市路线"攻势，目标夺取城市，配合农村而形成革命高潮。毛泽东等人强烈反对，而终归无效。红军分三路出兵，结果全部惨败。共产国际大为不满，指示改组中央政治局，将李立三的势力全部拔除，改由曾经留学苏联的陈绍禹、秦邦宪等人掌握大权，称为"国际派"。

李立三的"都市路线"不但导致自己的失败，也使得蒋介石看见共产党再起，势力比以前更强。1930年12月起，十个月间，蒋介石对中共发动三次围剿，规模一次比一次大，出兵从十万人增加到三十万人。政府军在前两次围剿都一败涂地，使得蒋介石在第三次决定亲自指挥，又出动空军轰炸苏维埃区。正在双方战况胶着之中，李宗仁率领粤、桂联军北上，声称要讨伐蒋介石。其他军阀也都预备参战。蒋介石即将陷于两面作战。这时，日本关东军在东北忽然发动"九一八事变"。消息传来，三方全部暂时停止内战，将注意力转到外来的侵略。

"九一八事变"是六年后中日之间爆发全面战争的序曲，其经过请容留在下一章再一起叙述。本章以下要补叙在中国革命的过程中，蒙古、新疆及西藏等边陲地区的剧烈变化。

列强对中国边陲地区的觊觎

清朝初年，由于康熙、雍正及乾隆三代皇帝长期对外扩张，使得中国的版图扩大，又有西南各个藩属国，比唐朝盛世有过之而无不及。等到清朝盛极而衰，列强不但强迫中国签订不平等条约，逼中国开放贸易，取得特权，强占租借地，也都觊觎清朝的边陲地带。

甲午战争后，日本独占台湾，又与俄国同时看上中国的东北与朝鲜，导致了日俄战争。英国人看上缅甸，法国人的目标是越南、寮国（老挝），两国遂联手瓜分了中南半岛。

俄国又想要插手蒙古、新疆及西藏，英国对其中的新疆及西藏也同样兴趣浓厚，这几个地区便不得安宁了，其中尤以西藏是关键，最先发生问题。以下就先从西藏说起。

第十三世达赖喇嘛

西藏第八世达赖喇嘛于嘉庆九年（1804年）圆寂，享年四十七岁。以后的四任达赖喇嘛最多活到二十二岁，最短命的只活到十一岁。历任达赖喇嘛无疑是遭到谋害，而谋害他的人，几乎可以确定就是摄政的喇嘛，以及贵族、大地主集团。这些人为了要长保自己的利益，都不希望达赖长大成人，亲政而干涉太多。清朝政府得到密报而下令调查，但驻藏大臣也不希望达赖喇嘛长大亲政之后成为麻烦，并不想认真调查，反而借机敲诈牵涉其中的利益集团，发一笔大财。谋杀达赖的凶手们因而更加肆无忌惮，导致历任的达赖喇嘛都在成年之前，或成年不久就暴毙了。

光绪二十一年（1895年），第十三世达赖喇嘛二十岁，九十年来西藏第一次有了达赖喇嘛亲政。然而，达赖十三世生在一个动乱的时代，带领一个弱势的族群，注定要过一辈子流离颠沛的生活。在他亲政之前，西藏已经是风雨欲来。英国在1888年占领哲孟雄（锡金），接着又出兵西藏。清朝受到几年列强的欺凌，已经是惊弓之鸟，不敢与英国对抗，因而与英国在1890年签订了《中英藏印条约》。两年后，又订了续约，双方划定西藏与哲孟雄的疆界。清朝承认哲孟雄为英国的保护国，又开放亚东为商埠，供贸易互市。清朝又同意约束西藏人，不使前往哲孟雄属地从事游牧活动。

达赖十三世认为清朝对英国只是一味地屈服让步而牺牲了西藏的利益，极为不满。以往有关西藏的和约都是清朝驻藏大臣与英国签订的，达赖十三世认为当时他年幼，并没有参与，所以不承认，也拒绝开放亚东商埠。达赖从甲午战争的结果也明白了一件事，那就是西藏无法再倚赖清朝的保护，必须寻找第三势力以对抗英国。俄国趁机与达赖互派使节往来。当英国又派兵侵入西藏时，俄国立刻提出抗议，俨然成为西藏的保护国。

英国势力进入西藏

当时日本与俄国正在朝鲜及中国东北争锋，因而积极拉拢英国。两国遂签订同盟条约，目标是共同对付俄国。1904年，日俄战争爆发。英国早已与日本有默契，趁机派荣赫鹏（Sir Francis Younghusband）上校率领一万人，携带各种新式枪炮，由后藏侵入，攻陷江孜，进入拉萨，共屠杀五千名藏民。达赖十三世仓皇逃亡。荣赫鹏逼西藏的摄政噶厦签订《拉萨条约》，同意赔款、承认英国在西藏的特权、让英军久留西藏等。清朝不同意这个合约，派员与英国谈判。英国人同意提早撤离西藏，不过早已从西藏掠夺了许多珍贵的文物，据说用马匹总共运出四百多驮。

达赖十三世逃到蒙古，受到盛大欢迎。蒙古法王哲布尊丹巴活佛却渐渐发现人民对达赖喇嘛的尊崇，远远超过了他，于是对达赖开始冷淡。达赖十三世只好辗转到达北京。达赖在北京所闻所见，使他对清朝越来越加失望。同时，他又认清一件事实，那就是俄国也已经日落西山了。至此达赖已经没有什么选择，只能改变态度，从坚决反英改为寻求与英国合作。英国也愿意协助达赖回到西藏，前提是达赖不再反英。双方遂化敌为友。

达赖十三世流亡期间，西藏发生很大的变化。清朝决定进一步控制西藏，派赵尔丰在四川与西藏边界的西康加速进行"改土归流"。原有的土司一一被撤除，而以流官代替。"改土归流"雷厉风行，离西藏越来越近，使得藏人越来越不安。

达赖十三世于1909年11月回到拉萨。三个月后，清朝任命赵尔丰兼任驻藏大臣，又命令川军进入西藏。清朝此举，无异于宣布西藏也将要随西康之后进行改土归流。达赖下令藏军抵抗，结果被川军击溃。赵尔丰的大军继续前进，距离拉萨只有几天的路程。达赖只得匆匆地逃出拉萨，冒着大雪，翻过喜马拉雅山，前往印度北部的大吉岭，接受英国保护。

达赖逃亡后，清朝竟发布命令，废除达赖喇嘛的封号，任命班禅喇嘛为西藏的宗教领袖。印度及西藏、蒙古、新疆等地所有佛教徒一致声明，反对清朝政府的命令。班禅喇嘛也婉拒清朝的任命。同时间，英国也向清朝提出严重抗议。清朝政府受到内外的压力，把责任推到赵尔丰身上，将他调任为四川总督，但是仍留下部分川军驻在西藏。

赵尔丰到四川以后，以高压手段推行铁路收归国有的政策，引发各地的保路风潮，剑拔弩张，因而促成辛亥革命爆发。赵尔丰被四川革命党俘虏，立即遭到处决。

西姆拉会议

辛亥革命后，中国陷于一片混乱。藏人也组织军队，驱逐在西藏无恶不作的川军。达赖于是从印度回到拉萨。袁世凯掌权后，又命令川军进入西藏。英国向袁世凯提出强硬的照会，否认中国对西藏的主权。袁世凯、英国及西藏地方政府代表一同开会。会议中西藏要求完全独立，中国代表则坚持西藏是中国领土的一部分，坚持派驻官员及军队。英国提出妥协方案，并草拟一份三方协议。在草案中，英国外务大臣麦克马洪建议划定一条新的中印边界。西藏接受了，并且在协议上正式签字。中国认为这一条"麦克马洪线"（McMahon Line）比原先印藏边界线往北退缩，等于是将一块约九万平方公里的土地划给印度，因而拒绝签署，并声明不承认此一协议。

英国和西藏地方政府之间的《西姆拉协议》是在1914年签订的。中国从来就不承认"麦克马洪线"。

西姆拉会议后，西藏在英国的协助之下，开始推行新政，例如开办军官学校，积极购置武器，扩充军队编制，从事经济建设，又派出青年子弟到印度、英国留学等。新政需要经费，执政噶厦向各大寺庙强征巨额税收。西藏三大寺庙被摊派的税收尤其苛重，因而与噶厦的关系急遽恶化。班禅九世不堪压迫，于是在1924年逃亡，投奔国民政府，历经十五年，至死而始终无法回到西藏。

西藏建立了军事力量，又有英国在背后支持，于是趁中国内战方殷，出兵西康及青海，与盘踞当地四十几年的回族马氏家族发生冲突。1932年，马家军在马步芳率领之下将藏军完全逐出青海。马步芳后来成为青海省主席，号称"青海王"。

达赖十三世于1933年圆寂。1938年，西藏政府在青海湟中县寻获达赖转世的灵童，请求国民政府协助。蒋介石命令马步芳派兵护送四岁的达赖十四世进入拉萨。这便是现今的第十四任达赖喇嘛，而注定也是要过一辈子流离颠沛的生活。

杨增新、盛世才与新疆

左宗棠平定新疆之后，清朝在新疆开始设立巡抚的职位。辛亥革命爆发时，革命党在伊犁起义，成立军政府。第八任新疆巡抚袁大化派兵弹压革命党而无效。袁大化的部属杨增新继任为督军，逐渐排除各股势力而统一了新疆，建立了一个半独立的地方政权。

杨增新在内政方面整顿吏治，严厉打击贪赃枉法，官场风气立刻清新；在经济方面，积极创办工业，开垦农田，改善了财政。他对汉、回各民族采取怀柔政策，曲意笼络，并使得各民族之间和睦相处。在宗教方面，杨增新采取自由开放的政策，不加干涉。杨增新的作为受到许多当地人民的支持与爱戴。

1917年，俄国十月革命，爆发内战。白俄军向东逃窜，红军追击。杨增新决定严守中立，驱逐入界的白俄残部，使新疆不受到俄国内战的侵扰。苏联新政府成立后，杨增新与苏联订立通商条款，开放边境贸易，维持双方友好，并要求英国与俄国商人依法纳税。杨增新的外交策略成功，使得新疆暂时免于英、俄的干涉。

1928年，新疆发生政变。杨增新被刺杀身亡，民政厅长金树仁出兵镇压叛乱分子，继任为新疆省主席。金树仁一反杨增新的作风，贪污腐败，又采取高压手段剥削百姓，对穆斯林尤其歧视，穆斯林纷纷起兵抗暴。这时出生于青海回族马家的马仲英也率兵到新疆，声援穆斯林。金树仁倒行逆施，渐渐众叛亲离。1933年初，他的部属集体叛变，推盛世才为首，新疆成为马仲英与盛世才双雄对立的局面。盛世才无法取胜，于是决定借助苏联的力量，与苏联签订了秘密协议。

苏联不只大量提供军火物资援助盛世才，还派红军直接进入新疆，并以飞机、大炮轰击马仲英的部队。马仲英节节败退，发表声明，说盛世才是卖国贼、苏联的代理人，希望南京的国民政府或英国人协助。然而，中国还在内战，国民政府自顾不暇，英国人见到苏联势力强大，今非昔比，也不愿出面。马仲英孤立无援，只好接受停战协议，经苏联安排前往莫斯科，从此不知所终。

盛世才脚踏两条船，既听命于斯大林，又接受国民政府任命为新疆省政府主席，号称"新疆王"，自此统治新疆达十年之久。

外蒙古独立

辛亥革命后，外蒙古哲布尊丹巴活佛八世在俄国的支持之下，宣布独立，建立"大蒙古国"。袁世凯执政时，中国政府与俄国达成协议，外蒙古取消大蒙古国的国号，承认中国为宗主国，而实际上独立自主。俄国爆发十月革命后，中国北洋政府趁俄国内战而无暇顾及时，派徐树铮出兵外蒙古，进入库伦，废除之前的中、俄、蒙一切条约。蒙古回归中国，取消自治。

苏联在内战中成立共产国际，致力于输出革命。出身外蒙古贫苦人家的苏赫－巴托尔（Sukhe-Bator）与乔巴山（Horloogiyn Choybalsan）两人获得共产国际的支持，成立"蒙古人民党"。

1921年，白俄军进入外蒙古，不到半年又被苏联红军击溃。外蒙古在苏联的扶植之下建立了一个君主立宪的革命政权，并与苏联订立了友好条约。中国北洋政府忙于内战，无可奈何，只能发布声明，不承认外蒙古独立。北洋政府在白俄与赤俄之间选择支持白俄，迟迟不愿承认赤俄，以为反制。双方关系因而僵持不下。哲布尊丹巴活佛圆寂后，外蒙古政府于1924年宣布废除君主立宪制，成立"蒙古人民共和国"，定都库伦，改名为"乌兰巴托"（Ulaanbaatar）。外蒙古成为苏联的第一个卫星国家。

苏联在内战结束后日益壮大，外蒙古独立也日益成为不可摇动的事实。由于苏赫－巴托尔在1923年突然遭到暗杀，英年早逝，乔巴山遂成为后来三十年中的外蒙古领袖。

第 29 章

中日战争及第二次世界大战

1937 年（昭和十二年，民国二十六年）7 月 7 日，中国与日本的军队在北平西南的卢沟桥发生冲突，自此进入全面战争。这场仗前后打了八年，到 1945 年才结束。中国称之为"八年抗战"，日本称之为"日中战争"。事实上，日本早在 1931 年就在中国东北制造了"柳条湖事件"（中国称为"九一八事变"）。之后，两国已经进入局部战争状态，所以战争实际上延续有十五年之久，日本的历史学家因而称之为"日中十五年战争"。

"柳条湖事件"是中日关系急遽恶化的分水岭，也是日本国内法西斯狂潮飙起后的结果。因而，在叙述这个事件发生的过程之前，本书必须先说明法西斯主义是如何在日本兴起。

日本法西斯主义

日本首相田中义一虽然在昭和四年（1929 年）黯然下台，这只是标志着长州藩掌政时代的结束，并非军方的势力下降。事实刚好相反，军国主义的浪潮正在方兴未艾。军部中许多高级将领并没有把内阁看在眼里，脑中只有天皇至上及对外扩张侵略的思想。少壮派的军官更是充满一股法西斯（Fascism）狂热。

　　法西斯主义源自欧洲。1921年希特勒（Adolf Hitler）出任德国工人党（纳粹党的前身）的党魁。同一年，意大利的墨索里尼（Benito Mussolini）组成了国家法西斯党。欧洲的法西斯主义自此开始急速发展。希特勒在1925年出版自传《我的奋斗》（*Mein Kampf*），其中宣扬种族主义，无所保留地表露了日耳曼民族的强烈优越感。他又明白地鼓吹要废除《凡尔赛和约》，主张对外侵略。日本军人稍有国际知识者，无不受到欧洲法西斯主义的影响，与原本已有的"征韩论"、"脱亚论"当中蕴含的侵略思想、种族优越思想互相激荡。1929年10月，纽约股市崩盘，接下来的世界经济大恐慌更使得这三个国家里面的法西斯主义狂飙。

　　第一次世界大战结束后，世界上五个军事强国曾经一起讨论限制建造新的海军舰艇，达成协议，并付诸实施。昭和五年（1930年）初，五国再次召开军备缩减会议，讨论是否要延长限制。日本滨口内阁派代表到伦敦去参加会议。日本海军军部极力想要扩军，坚持各种舰艇的数量都要与美国保持一定的比例。大藏大臣与外务大臣却都反对，主张接受缩减妥协案。最后海军军部让步，签订了军缩条约。不料日本有许多少壮派军官对此条约无法接受，其中有一个海军少佐草刈英治竟然在出席军缩会议的海军大臣回国时，在其所乘坐的火车上切腹自杀。军令部长跟着辞职。

　　六个月后，滨口首相在东京车站遭到枪击，中弹倒地，九个月后伤重而死。日本的法西斯主义已经走上一个不受任何力量拘束，无法停止的道路上了。在中国东北的关东军更是军方最为跋扈的部队，连军令部都无法掌控。

九一八事变（柳条湖事件）

　　在中国东北，民间的排日运动持续不断，使得日本非常不满。张学良自从父亲被日本人炸死后，不但对日本人采取不合作的态度，并且暗中发誓要报仇。日本关东军与张学良发生剧烈的冲突，关东军决定使用武力将满、蒙全部收归日本所有。1931年9月18日，在奉天（今辽宁省沈阳市）北方柳条湖附近的南满铁路发生爆炸。关东军指控这是张学良的东北军蓄意破坏，而实际上是关东军自导自演，用以制造借口。关东军出兵沈阳、营口、长春等地，发动袭击。蒋介石当时正在面对红军及粤、桂联军两面作战，命令张学良不抵抗。关东军因而轻易地攻陷各城市，在三个月内占领整个东北。1932 年 3 月，关东军成立"满洲国"，将已经退位的清朝末代皇帝溥仪请出来，做"满洲国"的傀儡皇帝。中国有部分思想守旧的保皇派人士及追逐个人利益的野心分子纷纷到东北，参加"满洲国"。

日本在中国东北的一连串行动引起欧美各国的抗议。中国向国际联盟投诉，国际联盟决定派一个团到中国东北来调查。八个月后，李顿（Victor R. Lytton）调查团完成报告，指出日本并不是如其所宣称只是为了自卫，而是明显的侵略者。国际联盟根据此一报告，建议在不抵触中国主权完整的原则下，让东北实施自治。日本政府大怒，宣布退出国际联盟。德国与意大利不久也跟着退出国际联盟。第二次世界大战从这时起已经无可避免了。

一·二八事变

中国人民受到九一八事变刺激，纷纷要求停止内战。国民政府内部各势力及军阀为此讨论，而仍然意见严重分歧，没有任何实质结论，有部分人要求蒋介石下台。这时日本军队又在上海附近集结，中国部队对于日军的挑衅也不甘示弱，跃跃欲战。1932 年 1 月 28 日，日本与中国的军队在上海发生正面冲突，大战开始。估计双方各有六七万人，日本还有军舰、航空母舰、飞机提供陆、空支持。中国军队虽然奋力抵抗，但是武器装备远远不如日本，因而损失惨重。中国称此一冲突为"一·二八事变"，日本称之为"上海事变"。

一·二八事变促成中国各方政治人物又再次会商，并且达成协议，由汪精卫出任行政院长，蒋介石出任军事委员会委员长，掌握军事大权。蒋介石一贯的战略思想是"先安内，后攘外"，认为共产党如果没有完全消灭，绝不能和日本打仗，因而对日本委曲求全，积极谈和。日本也受到英、美两国的压力，不得不接受调解，而与中国签订停战协议。

红军长征与遵义会议

中日和约成立后，蒋介石立刻出动二十万大军对共产党展开第四次围剿。正在围剿中，关东军突然又大举出兵热河。蒋介石只得再一次与日本谈和。双方协议达成后，蒋介石又在1933年4月急急地展开第五次剿共。

蒋介石动员了政府军五十万人，加上两百架飞机，决心毕全功于一役，要将共产党消灭干净。他师法清朝曾国藩平定捻军的方法，在江西筑成两千九百座碉堡，对中共各苏维埃区进行经济、交通、物资、人员封锁，然后步步进逼，如捕鱼收网。当时的中共领导人博古（原名秦邦宪）及苏联军事顾问李德，决定发动所有红军，与政府军展开正面决战，结果大败，死伤惨重。

蒋介石围剿中共引发全国各界的反对，纷纷要求停战。中共也表示愿意"停止内战，一致抗日"。然而蒋介石自认战略正确，无视于全国反对，执意要先消灭共产党，甚至不惜暂时放弃部分国土给日本。

红军支撑不住，在1934年10月决定撤出中央苏维埃的首府江西瑞金，开始中共历史上有名的"长征"。其他各苏维埃区的红军也陆续撤走。红军先往西撤，到达贵州之后，转而向北，最后到达陕西北部。一年之中行军两万五千里，经过十四省，一路上攀山越水，逃避政府军和地方军的截堵追击。长征之前，红军原有约十五万人，到达陕北后只剩下不到一万人。后来的建国元勋几乎无一不是参加过长征，对长征的过程有特别的情感，认为这是中国共产党领导中国人民英勇革命的一段壮丽史诗。

红军之所以惨败而被迫长征，大部分的党员都认为博古及顾问李德的领导路线出了问题。毛泽东也批评国际派只会背诵马列主义教条，完全不切实际。他向来与国际派针锋相对。红军到达贵州遵义之后，中共中央召开会议，当权派在会中自我检讨。结果博古、李德下台，张闻天取代博古负责政治事务；毛泽东成为政治局常委，协助周恩来负责军事事务。

"遵义会议"是一件历史上的大事。对中共来说，是组党以来第一次脱离共产国际的指挥而自行决定大事。对毛泽东个人来说，是进入权力核心的起点。毛泽东在此后一年多又历经几次政治斗争，逐渐攀向权力高峰。长征结束，到达陕北后，毛泽东已经成为中共最高的领导人，反而位居周恩来之上。

西安事变

红军残余的部队抵达陕北后还是无法躲开政府军的追击。蒋介石命令张学良的东北军前往围剿。九一八事变时,张学良因为听从蒋介石的命令而不抵抗日军,被全国的报纸讥嘲,是学生罢课抗议的对象。这时张学良却带兵剿共,更是引起全国的不满。

张学良屡次出兵,却被红军击败。红军俘获东北军之后,不但不杀,还亲切招待,又趁机对俘虏灌输思想,说蒋介石派东北军到陕北对付共产党,其目的是使得二者两败俱伤;又说,国难当前,为什么中国人不一致抗日,而要互相残杀?这些俘虏被释回之后,转为亲共,又引起张学良的注意。张学良因而也开始同情中共,并和周恩来会面。

当时中国国内各方呼吁"停止内战、共同抗日"的声音越来越响亮。毛泽东也发动和平攻势,向蒋介石提出国共合作的要求。国外的媒体也逐渐关注中共。美国记者斯诺(Edgar Snow)在1936年从延安发出的第一手新闻报道更是引起全世界的注意,使得更多人同情中共。然而,蒋介石仍然坚持消灭共产党是第一要务。张学良劝他改变心意,反而被斥责是意志不坚定。1936年12月,蒋介石到达西安,对张学良说剿共已经达到最后的重要关头,必须坚持;如果张学良不愿意继续剿共,只好将他调职。张学良又惊又怒,于是与西北军将领杨虎城发动兵变,劫持蒋介石。

"西安事变"的消息传出,在中国及全世界掀起轩然大波。中国国内反蒋势力大喜,主张杀掉蒋介石。国民党内的主战派出动大军包围西安及陕北,意图以战争逼使张学良交出蒋介石。

正在一发千钧之际,苏联领导人斯大林发出指示,命令中共劝张学良不可杀害蒋介石,而要趁机谋和,一致抗日。周恩来于是衔命前往西安调解。蒋介石被逼无奈,只得同意张学良、杨虎城所提的条件,"停止剿共,改组政府,共同抗日"。张学良怕蒋介石被杀害,亲自护送他飞回南京。不料蒋介石一到南京就下令逮捕张学良。从此张学良被软禁长达五十五年,直到九十岁才被释放。

西安事变促成了国共第二次合作。中共同意停止武装暴动及没收土地,又同意将红军编入政府军中，建立抗日统一战线。中国各界欣喜若狂，认为抗战有望。同一时间，日本极右派的军部也已经完全掌控了国家。中日之间爆发全面战争的时刻因而已经不远了。

蒋经国返回中国

西安事变是改变中国历史的一件大事，也可能是蒋介石一生中最痛恨的事情之一。不过蒋介石却也因为事变而得到一项收获，那就是他的长子蒋经国在苏联被斯大林流放多年，终于能够回国。蒋经国返国这件事又在数十年后改变了台湾的历史。

1925 年，孙中山死后，苏联为了纪念他，在莫斯科成立了一所"孙逸仙大学"，扩大招收中国留学生。国民党派了三百名学生入学。蒋介石的长子蒋经国也在其中，而备受礼遇。一年半后，国民党却开始清党，与中共决裂。蒋经国从此既是人质，又是工厂里的劳工，还被流放到冰天雪地的西伯利亚。国共既然第二次合作，斯大林就把蒋经国送回中国。蒋经国在被流放期间，曾经患病，几乎死去，经一位白俄罗斯姑娘悉心照料而康复，并结为夫妻。蒋经国离开俄国时，不顾一切阻力，将妻子（中文名为"蒋方良"）也一并带回中国，称得上是有情有义。

不过蒋经国在苏联长年接受社会主义的洗礼，又度过坎坷的岁月，因而与他的父亲在思想上完全不同。蒋经国后来在台湾继承蒋介石统治，带给台湾极为不同的政治风貌，是台湾在 1980 年代以后民主化及本土化的推手。

大战前的日本国内局势演变

中日大战之前，日本的人民其实大部分并不支持对外发动战争，而是一步一步地被好战的军人胁迫。1930 年，日本首相滨口雄幸被枪伤致死之后，日本军部又拟了一份名单，将所有不认同军部的社会知名之士全部列在上面，不论是政界、财经界或是文化界，任何人只要表示不同意见，都有可能遭到不测。1932 年 5 月，陆军几名军官竟然带队直接冲到首相犬养毅的府邸，枪杀七十六岁的首相。

犬养毅高风亮节，辩才无碍，备受日本国人敬重。他曾经与宫崎滔天共同协助孙中山及宋教仁在日本组织革命党，后来又拉拢各个派系合并为同盟会，因此是所有日本政治家中与中国关系最为密切的一位。在日本大正时代的两次护宪运动中，犬养毅都是掌旗人物，又坚决支持军缩，因而是少壮军人的眼中钉。犬养毅遇害以后，继任的日本首相如果不是军人出身，也必须对军部唯唯诺诺。犬养毅之死标志了日本政党政治的衰落，是昭和时代政治上的一个分水岭。

日本极右派的军部与共产主义自然是势不两立。当时有一个京都大学法学教授泷川幸辰写了两本书，被军部认为有"左倾"思想，判定为禁书，又要求将他开除。京都大学不肯，军部向文部省施压，结果京都大学法学部全体教授都辞职抗议。其他东京大学、东北大学等纷纷响应，闹成大学潮。文部省虽然将学潮抚平，但是泷川幸辰仍是被免职。"泷川幸辰事件"说明当时日本已经不是一个讲理的世界。军部并不被大多数的社会人士认同，却仗势着武力，蛮横地一意孤行，越来越跋扈。军部主导的暴力事件层出不穷，一件比一件大，一件比一件血腥。

1936年（昭和十年）2月26日，日本"皇道派"青年军官率领一千多名士兵，荷枪实弹，在清晨时候分别袭击首相、内大臣、大藏大臣、天皇侍从官等人的宅邸，进行大屠杀。首相冈田启介幸而躲过一难。军队又接收警视厅，袭击各报社。"二二六事件"说明日本的少壮派军官胡作非为，已经到了无法无天的地步；狂烧的法西斯火焰无论如何都无法扑灭了。

1937年，日本国会议员发起最后一波攻势，强力批评军部。军部认为议员的发言侮辱了军人，强行解散国会。广田弘毅内阁也被迫总辞。继任的林铣十郎只做了三个月，也干不下去。最后由贵族院议长近卫文麿出来组阁。这时，中日大战已经濒临爆发的边缘了。

中日大战爆发

1937年"七七事变"（或称为"卢沟桥事件"）爆发后，中、日全面战争开始。日本军队不久就迅速地攻陷了北平和天津。中国方面已经有长期抗战的决心，广西的李宗仁、白崇禧，山西的阎锡山，以及红军总司令朱德等人全部在南京集会，公推蒋介石为统帅。

中、日两国的第一个大规模战役发生在上海。蒋介石调集五十万人，日军集结了二十万人。日军的陆上武器精良，又有海上战舰及空中飞机的优势，因而大获全胜。日军继续往西推进，攻陷南京，接着在城里奸淫妇女，屠杀百姓，连婴儿也都不免，造成中外喧腾的"南京大屠杀"事件。一般中国的学者估计日军在南京至少屠杀了十几万人，甚至有说达到三十万人；不过日本学者的估计大部分数字要低很多。

对于中、日之间的战争，欧洲各国因为面对德国与意大利的威胁，自顾不暇，所以并不关心。美国的民意倾向孤立主义，政府只得保持中立。只有苏联与中国利益一致，在这时站出来，提供中国五千万美金的贷款，用以购买飞机、大炮。苏联还派出空军志愿队"正义之剑"来协助中国脆弱的空防。苏联国防部长甚至公开表示，在中国生死关头绝不坐视。

中国的败退及焦土政策

战争经过一年，日军在华北占有河北、山东、山西几省，在华中推进到武汉，气焰万丈。中国军队节节败退。1938年上半年，中国军队六十万人与日军二十四万人在徐州大会战，日本仍然凭着强力的武器与绝对的制空权取得大胜。中国军队弃守之后，日军又攻陷开封，继续往西推进。6月，蒋介石接受幕僚建议，下令军队掘开郑州以东的花园口黄河堤防，以延缓日军的攻势。洪水在一瞬间决堤，浩浩荡荡地淹没黄河南岸四十四个县，冲毁民房一百四十万家，有一千万人以上受害，八十九万人死亡。相对地，据估计日本军队只有一千多人死伤。

这一场人为的巨祸震惊全世界。对中国而言，虽然暂时阻止了日本机械化部队继续西进，人民付出的代价却是无比惨痛。有许多人质疑这项决策的正当性。

1938年7月起，中、日在武汉进行开战以来的第三次大会战。中国出动一百一十万人，两百架飞机，三十艘军舰。日本方面有三十五万人，五百架飞机，一百二十艘战舰。三个月后，中国不支撤退。这是中日战争中最为惨烈的一战，总计中国死伤四十万人，日本死伤十四万人。之后，中国政府将首都迁往重庆，一直到战争结束。日本虽然获胜，元气也受到极大损伤。同年10月，日军由海路攻陷广州，开辟了第三条战线，从此得以北、中、南三路并进，攻势更加凶猛。

日军又大举进攻湖南长沙。蒋介石召集军事会议，决定再一次采取"焦土政策"，不留任何物资给日军。长沙政府命令数百人在夜间同时纵火，却没有对长沙市民预先警告，人民于睡梦中忽然惊醒，看见全城都是大火，来不及携带金钱及物资，只能仓皇逃命。有两千多年历史的古城长沙燃烧三天三夜，虽然只有两千多人死亡，估计竟有百分之八十建筑物化为灰烬，五万多栋民房夷为平地。大火之后，全国各界声讨。中国共产党发表声明，严厉谴责政府不顾人民死活，犯下严重的错误及罪行，一定要向受灾的人民讲清楚。蒋介石下令枪毙警察局局长和部分纵火队干部，以熄众怒。

长沙大火是继花园口黄河决堤之后的另一次重大的人为巨祸，严重打击中国抗战的民心士气。中国政府的焦土政策说起来振振有词，但实施时却是荒腔走板。许多人民无法了解为什么中国政府军竟比日本军队更加残忍。

美国对中国态度的转变

中日战争的初期，美国国内孤立主义仍然在主导国家的方向。蒋介石派曾经留学美国的文化界领袖胡适博士为新任驻美大使，在美国国会不遗余力地拉拢议员，又到民间不断地发表演说，希望改变美国人对亚洲进行中的战争的冷漠态度，逐渐产生了效果。

罗斯福总统 (Franklin D. Roosevelt) 也深怕中国顶不住日本侵略而投降，将带给美国无穷的后患，因而终于排除孤立主义者的强大压力，在1938年12月同意给予中国第一笔贷款两千五百万美元，用以购买军车等战争物资。这笔贷款以中国桐油出口为抵押，所以称为"桐油贷款"。这时中国的军队在武汉刚刚大败退。蒋介石的政敌汪精卫又公然倡议与日本谈和，筹组傀儡政府,等于是叛国。美国因而是在中国处于最艰困的时候适时地雪中送炭,政治意义非常重大,鼓舞了中国的民心士气。此后,美国又陆续借款给中国,越借越多。美国政府也开始对日本实施禁运战争物资,包括零件、炮弹等。后来禁运的项目越来越多,包括油品、废铁及机器设备等。美国报纸及国会议员批评:美国贩卖这些物资,等于是日本的帮凶。例如,用一吨废铁做成的子弹就能杀死成千上万的中国百姓。

诺门罕事件

日本在中国节节胜利,使得军人的气焰高涨。1938年7月底,在"满洲国"南部张鼓峰的第十九师团(大部分是朝鲜人)竟对边境的苏联军队挑衅。苏联军队随即反击,引发战争。八个月后,关东军又在外蒙古的诺门罕草原与苏联、外蒙联军发生冲突,引发更大的战争。双方各出动了大约六万人,各有大约八千人战死,伤者加倍。战况胶着持续到了1939年9月,忽然欧洲大战爆发,希特勒出兵波兰。斯大林急忙与日本议和,以便出兵瓜分波兰东部。日本发现苏联的实力坚强,不可轻视,也对苏联示好,主动从外蒙撤军。斯大林于是大胆地将二十几万远东部队渐渐撤回欧洲,以防备希特勒。思想属极右派的日本军部与苏联共产党为了各自的利益,开始有合作的迹象。

苏联因为侵略波兰而被国际联盟除名,借口中国未投反对票,开始拒绝提供中国新的援助。中国国民政府与美国的关系刚刚由冷转热,和苏联的关系却由热转冷了。

国、共明争暗斗

中日战争开始时,中共兵力只有大约三万人,活动地区局限在陕西、甘肃边远地区。中共一面对日进行游击战,一面扩充实力。经过三年后,在华北的八路军已经有三四十万人,控制陕西、山西、河北两百多个县;另外在江苏、安徽的新四军约有十万人,占领五十个县。八路军在山西南部破坏铁道、公路、桥梁。日军不堪其扰,大举进击,与中共所集结的一百零四个团,约四十万人,在1940年8月展开大战。八路军死一万八千人,日军约两万五千人。"百团大战"成功地破坏了日军的补给线,阻止日军在华北的进攻。对中国来说,这是一项重大的胜利。可是这场胜利让蒋介石清楚地看见共产党又坐大了。

蒋介石在对日抗战前坚持要先消灭共产党,就是怕"斩草不除根,春风吹又生"。到此时,他所害怕的已经成为事实。1941年1月,政府军在安徽南部包围新四军,将九千人全部缴械,并处死部分将官。中共抗议国民党同室操戈,舆论也以"新四军事件"("皖南事变")攻击国民党;蒋介石却声称新四军不听号令,必须整肃军纪。美国及苏联紧急介入调解。国、共之间的矛盾从此更加严重。

美国参战

抗日战争爆发后第四年,中国已经岌岌可危。日军封锁了中国所有的海岸线,又攻占湖北宜昌。这是长江从四川到湖北、湖南的必经之地,中国的重庆政府等于被掐住咽喉。法国与英国受到日本胁迫,也分别封锁滇越铁路(由中国云南至越南)及滇缅公路(由云南至缅甸),停止为中国运输物资。苏联不满国民党对中共的攻击,也将空军志愿队撤离中国。

在种种雪上加霜的情况下,美国罗斯福总统伸出手来,又一次雪中送炭。1941年1月,罗斯福向国会提出国情咨文,要求通过《租借法案》,"授予足够的权力与经费,以便制造各种的军需品与战争装备,供给那些正在与侵略者作战的国家。我们最有效和最直接的任务,是充当他们和我们自己的兵工厂"。罗斯福并且在咨文上首次提出人类的四项基本自由,分别是"尊重言论的自由、宗教的自由、免于匮乏的自由和免于恐惧的自由"。美国国会在两个月后通过这一个法案,使得美国能够不直接参战而提供给同盟国战略物资。在欧洲,英、法、俄三国因而得以撑过对德、意的战争。在亚洲,中国因而才得以获得需要的援助。英国见到美国对日本的态度渐渐强硬,不久也重开滇缅公路。中国于是重新得到补给,终于又喘过一口气。

罗斯福又接受陈纳德(Claire L. Chennault)的建议,让他组织空军志愿队。陈纳德是美国的空军退役上尉,早在中日战争开始时就已经受聘为顾问,协助中国建立空军,在昆明办航空学校,招训飞行员。罗斯福这时批准美国公民自愿出国服务,于是有大批的美国空军人员退休,转到中国参战。美国空军志愿队被称为"飞虎队",与中国空军并肩作战,在成立之后至战争结束期间击落来袭的日本飞机两千多架,击沉无数日本的船舰,对日本陆上部队发动攻击,又越过喜马拉雅山到印度载运战争物资,对中国抗战的胜利功不可没。

1941年6月,希特勒决定大举进攻苏联,出动五百五十万大军,无数的大炮、坦克及飞机。日本也经过御前会议通过,决定建立所谓的"大东亚共荣圈",夺取欧洲国家在亚洲的殖民地。日本第一个出兵的对象是越南,攻占了西贡。美国对日本提出严重警告,态度强硬。日本置之不理,干脆请文人首相近卫文麿下台,由陆军大臣东条英机继任。东条英机一面派大使到美国谈判,目的在于欺敌;一面准备不宣而战,偷袭美军太平洋舰队的基地珍珠港。

1941年12月7日,日本联合舰队在海军大将山本五十六率领下,突然发起偷袭珍珠港。美国完全没有防备,珍珠港内的所有船舰、飞机几乎全部被炸沉、炸毁。英国首相丘吉尔得知"珍珠港事件"的消息,知道美国必定正式参战,兴奋异常,拍手说:"我们胜利了。"不料两天后英国的东洋舰队也在马来半岛东方海面遭到日本空袭,全军覆没。日本趁美国和英国都暂时失去海上战斗力,迅速地进占关岛、香港、马尼拉、新加坡、爪哇、缅甸。西方帝国主义花了三个世纪才在东亚及南亚建立了一大片的殖民地,日本不到几个月就全部占据了。日本军队并且在各国分别成立傀儡政权,如同在中国的"满洲国"和汪精卫政权一样。"大东亚共荣圈"于是成形。

日本在太平洋败退

日本偷袭珍珠港成功,全国欢腾,山本五十六顿时成为民族英雄。山本曾经在美国哈佛大学留学,深知美国国力雄厚,原本是不赞成和美国打仗,然而美、日两国既然已经势如水火，他也无可奈何，只能为国效忠。

当时许多日本的知识分子都是和山本一样的情况，在战前极力反对，一旦开战之后，又不得不参战，而一直在良心及爱国心的矛盾之间挣扎。日本军国政府完全掌控国家以后，利用宣传机器对人民实施洗脑，灌输效忠天皇，绝对爱国，以及无条件服从的思想。一般的人民到后来也都以为能够为天皇及大日本帝国牺牲，是无上的光荣。

山本之所以提出偷袭珍珠港作战的构想，是因为他知道如不偷袭，日本完全没有机会打赢美国。不过他也预言，美国将很快又站起来，经过两三年后，日本将不是对手。他的预言只有一点不对，那就是美国比他想象的更早就重新站起来了。

珍珠港事件后只有八个月，美国尼米兹海军上将（Chester W. Nimitz）指挥美国海军在中途岛第一次重创日本舰队，接着又在所罗门群岛几次战役中获胜，开始取得主动权。山本五十六在一次飞行中，座机被击落而丧生。日本海军失去这一座精神堡垒后，士气大受影响。此后，美军在塞班岛（Saipan）、马里亚纳群岛（Mariana Islands）、雷伊泰岛（Leyte）连战皆捷。同时，美国麦克阿瑟（Douglas MacArthur）将军率兵从澳大利亚、新几内亚，一路北上到菲律宾，势如破竹。

1944年10月发生的雷伊泰岛（在菲律宾的北岛和南岛之间）海战是历史上最大的海战，双方共有二十一艘航空母舰及其他船舰，总吨数超过两百万吨。日本舰队几乎全军覆没。麦克阿瑟在接下来的两个多月指挥雷伊泰岛登陆战，击败有"马来亚之虎"美誉的山下奉文大将，歼灭日本军队将近八万人。

史迪威与缅甸之战

珍珠港事件发生后不久，由薛岳率领的中国军队在长沙打了一个大胜仗，歼灭日军将近六万人。这是薛岳于两年半里在长沙第三次大败日军，中国军民和盟国都大为振奋。

美国派史迪威（Joseph W. Stilwell）将军为驻华美军司令、美国总统特使及中印缅战区的参谋长，以协助蒋介石，并确保中国的物资供应。当时中国政府对外所有的交通都被日军封锁，只剩下滇缅公路仍然通行。然而日军迅速攻向缅甸，切断了这一条补给线。此后，中国所有的运输只能靠飞机从昆明起飞，经过西藏，越过喜马拉雅山，到印度东北部的阿萨姆邦。这一条所谓的"驼峰航线"是世界上最危险的一条航线，因为喜马拉雅山的海拔在五千至七千米。据估计美国与中国的空军在此后数年内有六百架以上的飞机在飞越驼峰时失事坠毁，两千多位飞行员殉职。

中国为了重开滇缅公路，派出远征军十万人进入缅甸与英军共同作战，而由史迪威指挥。1942年3月，中国远征军第三十八师在仁安羌（Yenangyaung）以八百人击退十倍人数的日军，奇迹似的救出英国军队七千人，名噪一时。这时英军却决定退回印度，只剩下中国远征军陷入日军的包围，损失惨重。最后有一部分人随史迪威突围到印度；另外一部分人进入缅北野人山，其中有半数以上葬身于原始森林里。

中国远征军任务失败，导致大约六万人丧生，使得蒋介石大怒，而认为是史迪威的领导及战略有问题。史迪威却认为在缅甸战争中蒋介石跳过他而遥控中国远征军的将官，侵犯他的指挥权，所以致败。两人互相指摘，关系恶劣。史迪威对于缅甸之败深以为耻，希望能再次出兵。他把从缅甸撤退到印度的两师中国军队都改换为美军装备，编成"新一军"；又请蒋介石再次派兵入缅，两面夹攻。但是蒋介石不信任史迪威，对他的催促完全不理。

史迪威失望之余，发现在重庆也有很多人私下对蒋介石极为不满。他渐渐得到一个结论：蒋介石贪得无厌，对美国要求许多贷款、武器、军费，而实际上对抗日十分消极；并且国民党人大多是腐败无能，令人厌恶。另一方面，史迪威对共产党却开始产生好感。当时罗斯福总统派来中国的所有顾问、特使，凡是与中共有接触者，特别是与周恩来见过面的人，几乎无一不是同样的看法。罗斯福的顾问群完全无法了解为什么蒋介石派二十几个师的国民党军队包围陕北延安？为什么蒋介石自己既不抗日，也不让共产党的军队抗日？为什么两年前会下令残杀中共的抗日部队新四军？斯大林在1943年5月下令解散共产国际，停止输出革命，使得许多美国顾问松了一口气。他们认为中共是比国民党更可靠的抗日力量,建议罗斯福将部分美援直接拨给延安。史迪威也建议干脆武装中共,以投入缅甸之战。蒋介石大怒,要求罗斯福撤换史迪威。

罗斯福认为打通到缅甸的陆上交通是绝对必要,因而对蒋介石软硬兼施,使他同意再次派出云南远征军,配合驻印度的新一军进攻缅北。1943年10月,史迪威率领新一军及美国志愿兵反攻缅甸,而于十个月后取得了密支那(Myitckyina)大捷。第二年,新一军又从密支那再继续往南前进,最后终于和云南远征军会师,打通了滇缅公路。

孙立人的遭遇

中国军队在仁安羌大捷、密支那大捷,以及最后打通滇缅公路三次战役中,出现了一颗耀眼的明星,就是新一军的指挥官孙立人将军。孙立人原本是北京清华大学的毕业生,到美国留学时,决定弃文从武,插班进入弗吉尼亚军校;而于毕业之后立即回国报效。孙立人的行为思想因而与一般的国民党将官有很大的差别。简单地说,孙立人是一个异类,虽然光辉耀眼,却受到一般平庸腐败的长官或同僚排挤,也不被蒋介石信任。孙立人从缅甸回到中国战场之后,因而只有短期得以带兵打仗,之后便被调职,不能有所作为。他后来随蒋介石退守台湾,却受到蒋介石严密防范。1955年,他被蒋介石以莫须有的罪名逮捕,加以软禁;经过三十三年,到八十八岁时才恢复自由。

历史家批评,张学良及孙立人的例子,显示出蒋介石不能容人,也不知如何用人。国民党对共产党的斗争最终失败,这是根本原因之一。

开罗会议与德黑兰会议

欧战的所有战役中,斯大林格勒之战(Battle of Stalingrad)被称为人类历史上最血腥的大规模战役。1943年2月这场战役结束时,德国与苏联共有大约两百万人死亡。五个月后,双方又在库尔斯克会战(Battle of Kursk),各自出动两千架以上飞机,三千辆以上坦克,规模也是空前。苏联在两场大战中虽然付出惨重的代价,却都获得胜利。苏联红军自此反守为攻。盟军也进占北非,又攻下意大利的西西里岛。墨索里尼政权垮台,意大利向盟军投降,但德国与日本仍然顽强地在抵抗。

罗斯福看见同盟国胜利已经在望,决定召集会议以研究如何加速结束战争,并讨论战争结束以后的事宜。罗斯福也邀请蒋介石参加会议。然而,斯大林早已和蒋介石交恶而无互信,拒绝与蒋介石一起开会。罗斯福只得于1943年11月在埃及的首都开罗先召开一次会议,邀请英国首相丘吉尔及蒋介石参加;几天后又与丘吉尔及斯大林在伊朗首都德黑兰再召开一次会议。

美、英、中三国在会议完毕之后,共同发表了《开罗宣言》,其中主要内容为:要求日本无条件投降;日本应将侵略所得的东北、台湾及澎湖等土地归还给中国;朝鲜应该恢复自由与独立;美国接受托管太平洋各个岛屿。美国国会在开罗会议之后也通过取消排华法案。罗斯福发表演讲,称排华法案是一个历史的错误。

对于中国来说,蒋介石参加开罗会议所显示的意义非常重大。中国从清末以来,备受列强的欺凌,几乎被瓜分掉。曾几何时,中国的领袖与世界一等强权的领袖在国际会议上竟能平起平坐。盟国也同意放弃对中国的不平等条约,只有英国坚持仍然保留九龙与香港。

在德黑兰会议中,罗斯福明白表示为了避免美国子弟兵在亚洲战场上伤亡过多,希望苏联早日参战。斯大林只承诺在德国投降后才会对日本宣战。

美国不满国民党

蒋介石尽管在开罗会议上十分风光,与罗斯福的关系却开始恶化。蒋介石要求更多贷款、援助而被罗斯福拒绝,威胁要撤回云南远征军。罗斯福怒不可遏,至此对蒋介石的印象之恶劣无以复加,相信幕僚所说,蒋介石只是不断地向美国狮子开大口,而不肯积极对日抗战。

1944年底,日本军队打通了从广州经武汉到北京的铁路沿线,完成"大陆打通计划",声势惊人。中国军队更加迅速地溃败。

日军在河南的对手是国民党军队的将领汤恩伯。他的部队以军纪废弛闻名，强拉民夫，抢掠百姓，强奸妇女，无恶不作。河南当年在黄河花园口决堤事件首当其冲，数百万人无家可归。后来又发生水灾、旱灾、蝗灾，有三百万人以上死亡。当地人民说河南有四灾："水、旱、蝗、汤"，其中的"汤"就是汤恩伯。河南人民痛恨汤恩伯更甚于日本人。汤恩伯的军队被日军击溃后，河南人民竟蜂拥而起，追杀部分的政府军。汤恩伯是蒋介石的嫡系心腹大将，在兵败之后也没有受到任何严厉惩罚。

美国驻华大使馆写报告回去给罗斯福，说国民党已经失去民心，建议停止支持蒋介石，必须另谋他策。史迪威安排一个观察团到达陕北，在延安会见毛泽东与周恩来。观察团的结论是：国民党已死，中共是新生的力量；建议在中国促成联合政府以取代蒋介石的独裁政权；并协助武装中共，以投入抗日。这时史迪威与蒋介石又为了在缅甸的下一步行动发生歧见，爆发了严重冲突。罗斯福为了顾全大局，决定将史迪威调离中国，以魏德迈（Albert C. Wedemeyer）代替。美国也为了避免过度刺激蒋介石，决定对中共的援助仍然透过国民党政府进行。

罗斯福总统便是在这样的背景下，约丘吉尔于1945年2月一同前往克里米亚半岛，与斯大林进行雅尔塔会议（Yalta Conference）。

雅尔塔密约

罗斯福总统到达雅尔塔时，事实上已经重病在身，却不得已而勉强成行。当时德国已经明显即将战败，而罗斯福也有把握击败日本。但是日本皇军悍然不畏死，在屡次太平洋诸岛战役中战到最后一兵一卒也不投降，使得美军伤亡惨重。罗斯福又对中国战场情势彻底地失望，因而认为苏联如果能早日出兵投入中国战场，甚至将来一同攻入日本本土，战争必能提早结束，美军伤亡也能大幅降低。斯大林充分利用此一情势，在雅尔塔会议中予取予求，因而成为大赢家。

斯大林同意，苏联在欧洲战争结束后三个月内将参加盟军对日本作战，但是要求恢复1905年日俄战争前俄国在远东的权益，例如归还库页岛南部；租借大连、旅顺；与中国共同经营南满铁路等。斯大林又要求苏联所扶植的外蒙古（蒙古人民共和国）维持独立。这些条件中，有关外蒙古、大连、旅顺及南满铁路的部分实际上是损害正在与美国并肩作战的中国的权益，但是罗斯福总统却承诺将"设法"获取蒋介石的同意。

在欧洲事务方面，罗斯福与丘吉尔在谈判桌上也无法取得斯大林让步。三人决定德国必须无条件投降，将来德国由美、英、法、苏四国分区暂管。丘吉尔要为波兰说话，斯大林却声称波兰是历来入侵苏联的走廊，所以不容谈判。至于其他东欧的国家，斯大林同意将来先建立过渡性的政府，以后再"经由自由选举，尽快成立关心人民愿望的政府"。然而斯大林的这项承诺从来没有实现过，东欧国家后来遂都被关入"铁幕"之中。

罗斯福在签订《雅尔塔密约》之后两个月去世，死前并没有将密约内容告知蒋介石。5月7日，德国投降，欧战结束。继任的杜鲁门总统（Harry S. Truman）这时才通知蒋介石，要求蒋介石同意其中条款。中国没有什么选择，只能与苏联签订友好条约，追认斯大林所提的要求。

亚洲的历史学者批评罗斯福未曾事先照会中国便自作主张而牺牲中国的利益，是背弃盟友的行为。他们认为罗斯福几近哀求苏联参战，以期打败日本人，是一项错误的判断。不过也有人指出，当时如果国民党不是那么腐败，罗斯福对蒋介石不是那么失望，或许也不至于做出这样的选择。

后世的历史及政治学者对于《雅尔塔密约》的批评大部分都是负面的。欧、美学者认为罗斯福葬送了波兰、东德及所有的东欧国家。在2005年欧战终止六十年纪念日，美国总统布什（George W. Bush）公开承认《雅尔塔密约》是一项历史的错误。但是也有部分学者指出，苏联实际上已经占有东欧各国的土地，美国与英国除非决心再打一次仗，很难强迫斯大林退出，只能相信他会实践在雅尔塔会议的诺言。又有人批评罗斯福总统的错误并不是在雅尔塔会议，而是早在《租借法案》通过而开始执行时，错误就已经发生了。

《租借法案》的问题

第二次世界大战时，美国经由《租借法案》援助盟国的物资，总金额是五百零一亿美金（据估计等于 2008 年的七千亿美元）。盟国分配得到金额大致如下：英国三百一十四亿元（63%），苏联一百一十三亿元（23%），法国三十二亿元（6%），中国十六亿元（3%）。

苏联获得飞机约一万五千架、坦克七千辆、卡车三十八万辆，又利用美国所提供的无数战略物资和贷款，从事生产各种武器。其中真正用于对德国战争有多少？又有多少是用于壮大自己？只有苏联自己知道。美国根本无从要求斯大林提出获得援助款项及物资去向的报告。苏联因而在战争中获益之大，无从估计。苏联虽然在大战中受害也最大，不过在战后却实实在在成为超级强国。

英国在《租借法案》执行中分配得到最多援助，不知如何却在战争中明显地沦为二等国家。丘吉尔在雅尔塔会议时自嘲是坐在一只硕大的"北极熊"及一只"美国水牛"之间，只是配角而已。

日本投降

雅尔塔会议之后，美国发动硫磺岛（Iwo Jima，在东京正南方约一千公里海上）战役，接着又登陆冲绳岛。美国虽然攻克这两个岛，却因而死伤不下十万人。美国的飞机不断地轰炸东京及日本各大都市，也轰炸台湾，但是日本丝毫没有投降的迹象。日本组织空军"神风特攻队"，以简易的零式战斗机用自杀的方式攻击美国军舰。虽然没有很大的效果，却使得美国人害怕。美国越是胜利，越是害怕，越加不断地催促苏联参战，但是斯大林只是推托。

1945 年 7 月，美国在新墨西哥州的沙漠中首次核弹试爆成功。美、英、中三国联合发表《波茨坦宣言》（*The Potsdam Proclamation*），要求日本投降，日本却置之不理。杜鲁门等不及要结束战争，便下令于 8 月 6 日和 9 日分别在广岛、长崎投掷原子弹，瞬时造成数十万平民伤亡。斯大林得知美国对日本投掷原子弹，立即对日宣战，出兵中国东北。8 月 15 日，日本宣布无条件投降。第二次世界大战至此结束。

盟军命令日本在中国境内的军队向中国军队投降，东北的关东军向苏联军队投降。苏联数天内就控制了中国东北,接着又出兵到平壤,占领朝鲜北部。

中国共产党渐渐壮大,在内战中击败国民党,最后建立新政权。在韩国,苏联所支持的朝鲜共产党与美军所支持的韩国政府隔北纬三十八度对峙,后来也爆发内战。朝鲜战争导致了今日韩国、朝鲜的分立。

第 30 章

日本帝国殖民统治下的韩国及台湾

1895 年（清光绪二十一年，日本明治二十八年），甲午战败后，清朝派钦差大臣李鸿章与日本首相伊藤博文签订了《马关条约》，被迫将台湾割让给日本。1910 年（明治四十三年），日本的韩国统监寺内正毅与大韩帝国的傀儡政权总理李完用签订《日韩合并条约》，正式将韩国并入日本帝国。台湾与韩国先后都成为日本的殖民地。

1945 年，日本战败投降，台湾与韩国又脱离日本的殖民统治。总计日本统治台湾刚好是五十年，而统治韩国三十五年。

韩国与台湾的历史差异

在日本统治期间，大抵来说，台湾人民对日本殖民政府的态度是从激烈反抗到表面顺从。日本政府也对台湾采取镇压与怀柔、同化的政策，韩国人民对日本统治者，自始至终不只是怀疑，还有仇恨与不合作。相对地，日本政府对韩国人民也是一贯地采取高压暴力手段。

为什么有如此差异呢？其中恐怕与历史发展的背景关系很大。

韩国的文明历史发展比日本早好几百年，而一向直接受中国的影响。

日本在隋、唐时代以前，大部分的文化是靠韩国转播的，后来才从中国直接传入。韩国人向来对自己的历史与文化感到骄傲，而认为日本只是后起的模仿者，有轻视之意。日本在十九世纪后半突然兴起，并不能让大多数的韩国人增加对日本的敬意。明治维新期间，大院君拒绝与日本建交就是一个具体的例证。

韩国与日本的互动历史非常早。公元三四世纪，韩国的三国时代初期，"倭人"已经在朝鲜半岛南端出没，并进而与百济国联盟，不断地侵扰新罗国。关于这些，日本有神功皇后的传说故事，韩国的《三国史记》有明白的文字记载。十六世纪末，日本丰臣秀吉两次下令挥军渡海征韩，被朝鲜与明朝联军挡住，无法得逞。日本军队在征韩期间残暴嗜血，杀害无辜，在韩国人心目中留下无比恶劣的印象，历久不灭。朝鲜开国后，日本与中国和俄国在朝鲜争夺主控权，恶形恶状，让朝鲜人极为厌恶。朝鲜明成皇后惨遭日本人杀害，更是让韩国人难以忘却。

韩国与中国为邻，在历史上有时独立，有时是中国的藩属国，而实际上完全自主。即使是蒙古人设立征东行省时，也还是透过高丽王朝行间接统治。中国唯一直接统治朝鲜半岛的时候是在汉郡县时代，但那是公元前的事，年代已经久远。

总之，韩国人自认历史源远流长，在历史上从来都是独立的，断断不能接受日本的殖民统治。

反观台湾，在明朝末年以前并没有开化，而只有生活比较原始的原住民在此居住。荷兰人及海盗郑芝龙来了以后，台湾才开始发展。荷兰人之后有郑成功占据，郑氏王朝之后有清朝统治。清朝对台湾不但是漠视，兼且歧视，使得台湾成为清朝官吏最腐败、治安最乱的一个地方。移居台湾的人民饱受煎熬苦闷，以至于三年一小反，五年一大反。清朝到了中日甲午战争前十年才忽然惊觉，刻意要经营台湾。然而为时已晚，台湾终究还是被日本抢去。

日本在德川幕府锁国之后，与台湾已经没有什么瓜葛，只有到牡丹社事件发生后，才在1874年出兵到台湾，但也只是教训肇事的排湾族原住民。

清朝割让台湾给日本后，台湾人民的态度很复杂。有人慷慨激昂，誓言要死守台湾。有人愤恨清朝政府无能，而以台湾为牺牲品。大部分的台湾人民已有田产、家园，对不确定的未来有些恐慌。

台湾人民对割让的抗争

清朝决定放弃台湾之后，台湾的文武百官奉命收拾家当，返回大陆去。一些乡绅豪富，如台湾首富林维源，也纷纷携家回福建避难。日本政府同意台湾人民如不愿接受日本统治，可以在两年内随时变卖产业而离去。很多人因而选择留下来观察再说。清朝派驻在台湾的官员及军队大部分居留不久，对台湾认同不深，谈不上要如何保乡卫国。台湾巡抚唐景崧原本也要离开，但是有部分地主、商人、士绅及军官将他强留下来，于是组织了"台湾民主国"，自称大总统。中法越南之战的名将刘永福在甲午战争时奉命重组黑旗军，驻在台南，这时也加入抗日的阵营。

日本派桦山资纪大将为第一任台湾总督，负责接收台湾。桦山资纪在二十年前曾经是牡丹社事件发生后奉派到台湾进行秘密调查的军官之一，对台湾已经有研究过。桦山得知台湾部分官民准备反抗后，立刻调动数千名在中国东北的近卫师团，从台湾北部的一个小渔港澳底登陆。"台湾民主国"在北部的军队是临时招募的，缺乏训练、军纪，也没有使命感，接战之后立即溃败。八天后，唐景崧急忙乘船逃走，"台湾民主国"便结束了。战败的官兵军纪更差，在台北城内搜刮、抢劫及杀人，官兵变强盗。其他不良分子及暴徒也趁火打劫。台北城内境况危急。富商、士绅们因而集会讨论，决定派代表请日本军队进城；但是推托许久，没有人敢前去。

这时有一个年轻的鹿港商人辜显荣自告奋勇，大胆地进入日军营地，引导日军不发一枪一弹就进入台北城。辜显荣从此成为日本人倚赖、信任、咨询的对象，日据时代的台湾豪富。在后来数十年中，有一部分民族意识较强的人批评辜显荣，说他是汉奸。但是也有一部分人从人道主义为辜显荣辩解，称道辜显荣保护了台湾人的生命财产，说如果不是辜显荣，台北城内居民的下场恐怕不堪设想。一个人的功过善恶，当然是要看从什么样的价值观出发去评论，但也要问这些价值观究竟是不是能经得起更深层的质问。

日军顺利地进入台北,以为从此无事;然而从大嵙崁溪(今大汉溪,是淡水河的上游)以南,就开始遭遇到民间义勇军的奋勇抵抗。日军采取扫荡政策,开始屠杀无辜,焚毁民房,甚至强奸妇女。台湾民情原本就极为强悍,日军的行动招致强烈的反抗。然而台湾的早期移民分为泉州、漳州、客家籍,地域观念浓厚,导致不团结。清朝时如此,这时也一样。日本军队因而一路过关,向南推进。在台南的刘永福与他的黑旗军声名远播,可是无钱无粮,支撑不久,也只好弃守逃遁。台南商民也仿效台北城,请英国传教士引导日本军队和平进城。

日军从登陆到完全占领台湾,只花了五个月,估计台湾人有一万五千人战死。日军死亡四千多人,其中大部分不是战死,而是不适应台湾的恶劣气候与卫生环境,患病致死。

后藤新平

日本占领台湾之后的前三年中连续换了三任总督,每一个总督基本上都把台湾当作战利品,而无心于治理。台湾人民纷纷起来反抗。日本总督府为了要镇压游击队而疲于奔命。第三任总督乃木希典是后来日俄战争时的陆军元帅,竟也叹息台湾人民难以统治,说日本得到台湾就像"叫花子讨到马匹一样,既养不起,又不会骑"。日本政府每年拨出大笔军费给台湾,用以剿乱,也开始怀疑是否应当放弃台湾,或是干脆把台湾卖掉。

1898年,台湾第四任总督儿玉源太郎上任。他又任命一位名叫后藤新平的民政长官当副手。台湾从此走向不同的面貌。儿玉源太郎正是当初牡丹社事件后与桦山资纪一起奉派到台湾秘密调查的另一位军官。他是职业军人,对于治理殖民地并不在行,因此只问大原则,而完全放手让后藤新平去规划并执行。

后藤新平是留学德国的医学博士,对政治也是门外汉,有的经验只是担任过陆军检疫部长官及卫生局长的工作。他还曾经因为借钱给朋友,又替他担保,以至于卷入案件,被捕入狱半年。后藤新平在人生最低潮时,得到任命降级到陆军参加甲午战争后回国将士的检疫工作。据说他日夜操劳,忙于规划督导,四十几天没有上床睡觉,只是随便打盹。儿玉源太郎因而对他印象深刻,在担任台湾总督后邀请后藤新平来做副手。

儿玉在1900年起就兼任日本陆军大臣、内大臣等职务,1904年起又参加日俄战争,所以台湾实质上等于是由后藤新平统治,有八年多的时间悉心规划,从事于改造台湾。儿玉无法分身,也曾经推荐后藤升格为总督。不过后藤是聪明人,深知日本当时是军人当家,一个纯粹的文人总督反而无法做事,不如上面有一个强而有力的人作为靠山,因而推辞总督之职,宁愿做副手。

后藤接受的教育是科学训练,处事也是采取科学方法。他自称对于治理台湾并没有什么既定的政策,而是以"生物学的原则"来推动。他认为若不经过详细的调查,就不会有好的政策,因而上任后就进行三种调查:户口、土地以及风俗习惯。

根据他的调查,台湾在1905年时有三百零四万人,其中福建籍的有两百五十万人,客家籍有四十万人,原住民八万三千人,日本人只有不到六万人。日本政府确实掌握人口之后,台湾的治安便已经在掌握之中。

后藤组织的团队进行精细的土地测量,得到台湾耕地总面积比刘铭传时留下来的资料多出百分之七十五,因而田赋收入大增。台湾也从这时起才有精密的地形、道路图。当时台湾农民名义上都是租户,并没有地主;租户获得政府发给开垦许可证,向政府缴税。后藤发现大租户占有台湾总耕地的百分之六十,因而在后来推动以现金及公债补偿的方法,将大租户的地转给小租户,完成和平渐进的土地改革。大租户拿补偿金投资到工商金融业,摇身一变成为生产及服务事业的股东。如此皆大欢喜。后藤又推动土地所有权制度,使得土地可以自由买卖,奠定日后农业及工业发展的基础。

后藤对于民俗的调查是古今中外少有的。他坚持统治者的当务之急,是尊重风俗习惯,了解民情,因此必须详细调查,以作为施政参考。他所留下来的台湾民俗调查报告,堆满一个办公室,至今仍是这方面最完备的第一手历史文献。

后藤着手的第二件事是裁汰冗员,一次裁掉一千多名官员,政风立刻清新。然后他又聘请少数学有专精的新人，主持各个部门，进行各种制度及新事业的规划，例如法制、财政、公卖、糖业、医院、教育等。后藤极为重视人才的延揽及选任。他常说："一是人，二是人，三也是人。"

台湾的建设及发展

有人、有计划后，还要有钱。后藤于是拟定发行公债的计划，并使尽种种办法，说服东京各部会首长及派阀议员。最后日本国会批准他发行三千五百万日圆的公债。后藤立刻开始着手于各种经济建设。1899年，台湾银行及台北医学校（为台湾大学医学院的前身）成立；基隆港开始第一期工程建设。1900年，南北电话开通。1903年，首座水力发电厂在深坑（今台北县深坑乡，在新店溪上游）落成。1908年，台湾南北铁路全线通车，高雄港开始建港。1909年，台北开始供应自来水。另外，台北市完成现代化下水道的时间比日本东京早两年。台湾的卫生、医疗和疾病防制制度之建立，使得疾病传染及死亡率大为降低。当时到台湾视察的日本国内官员，原本都以为台湾很落后，来到之后无不大吃一惊，因为他们所见到的台北甚至比日本所有的都市都干净而宽阔。

日本之所以要求割让台湾，除了战略原因外，有利的农业生产条件也是着眼点。台湾早在荷兰时代就已经有制糖工业，是出口的大宗。后藤规定农民种植甘蔗之后，全部要卖给政府指定的制糖厂。三井、明治等会社陆续在台湾设立新式的制糖工厂。1902年台湾蔗糖出产三万吨，四年后加倍，到1937年抗日战争前已经达到一百万吨。另外，樟脑及茶叶也是出口的大宗。台湾经济突飞猛进，从入不敷出渐渐变成日本政府的摇钱树。

后藤又推行食盐、烟、酒、樟脑、鸦片等的专卖制度，而将经销特权分配给日商、退休官僚和日本政府认定的台湾绅商。如此一石二鸟，不但控制销售通路，得到经济利益，又使得台湾士绅更加死心塌地配合总督府。对于没有专卖的商品，如糖、茶叶等，后藤也用尽心机，使得日本人与台湾人合作，打击多年来控制市场的西洋商人。

不过日本总督府并不乐意看见台湾人拥有经营实权的企业，所以用立法及行政命令的手段禁止由纯粹台湾人组成的公司设立。一直到1923年，由于法源《台湾民事法》被废止，这种情况才不再继续。然而，日本有几个大财阀如三井、三菱、铃木等早已在总督府的羽翼下垄断了台湾的产业。这些财阀实际上在日本全国也是垄断的势力，台湾因而是日本帝国垄断势力的一个新环节。

关于鸦片专卖，后藤也受到当时及后世的人非常严厉的批评。日本接收台湾时，台湾还有十几万人在吸食鸦片。伊藤博文在签订《马关条约》时，曾经明白表示日本禁止鸦片，所以也要将台湾的鸦片禁绝。当时身为卫生局长的后藤向伊藤博文建议改采逐步禁止的政策，由政府专卖，对医生证明已经吃鸦片上瘾而不愿戒除者发给特许证，抽极重的鸦片税，而把税收拿来做建设。在后藤任内及其后约二十年中，鸦片税占总督府各年年度收入的百分比非常高，最多时达到百分之二十，最少也有百分之十，实际上没有可能停止征收。台湾抽鸦片的人因而减少得很慢，到1930年竟还有两万多人。到总督府真正下令禁止鸦片时，已经是日本帝国在太平洋战争战败的前夕了。

台湾的治安

后藤一面发展建设，一面以铁腕控制治安。基本上，他将台湾塑造成一个"警察国家"。各级警察无所不在，威风八面，被称为"大人"。小孩晚上如果哭闹，只要听到说："大人来了。"大多都吓得不敢再哭。后藤也学习清朝留下来的办法，实施保甲制度。他规定每十家为一牌，十牌为一甲，十甲为一保。"保正"负责税收，人口异动报告及协助警察。保甲之内发生事故，除主犯之外，也惩处连坐的其他人。保正的社会地位至为崇高，几乎与警官等齐。警察与保正若是收受贿赂、贪污、徇私舞弊，同样会遭到罚薪、免职，甚至更严厉的惩处。

对于继续抗日的义勇军，后藤采取的手段是招抚与镇压并行。后藤运用辜显荣等台籍士绅招抚游击队，同意既往不咎。游击队投降之后，便指定地区让他们开垦土地，修建道路、桥梁，或从事其他生产事业。不过这些抗日义勇军的头目投诚之后，大部分在几年后又再度反抗而被杀。1902年，著名的抗日领袖林少猫被杀，台湾抗日活动至此暂时停歇。后藤自称他在任时，总共消灭三万两千名"土匪"。

日本在韩国的高压统治

日本对韩国的实质统治并不是从1910年并吞后才开始，而是始于1905年日俄战争获胜之后。一开始，日本先强迫韩国聘请日本顾问，实施"顾问政治"；之后，设立韩国统监府，实施"统监政治"；最后成立了朝鲜总督府，实施直接统治。如此一步一步加紧桎梏。

日本第一任韩国统监是曾任四次首相的伊藤博文。伊藤注重国际关系的协调，并主张稳和政策，企图以长程的眼光来发展、经营韩国，不同意军方快速合并韩国及采取高压统治的主张。1909年7月，日本内阁会议决定合并韩国，伊藤随即辞去韩国统监的职务，却在10月被韩国反日的志士安重根刺杀而死。伊藤之死，使得日本军部更加主张要在韩国实行高压统治。

日本陆军大臣寺内正毅出任为第一任朝鲜总督，立刻关闭各个报社，布置警察宪兵网，实施所谓的"武断统治"。宪兵既是警察，警察也是宪兵，所以称为"警察宪兵"。全国有两万名警察宪兵，外加两万名宪兵辅助员。此外，还有两个师团兵力驻在韩国，以镇压义兵的反抗。人民一旦被认为有反抗的行为，不需审判就可以被判刑。1912年，韩国有五万人被捕入狱；1918年，增加到十四万人。韩国的反日情绪随着时间不但没有减低，反而升高。

在经济方面，日本的政策是尽量掠夺。总督府公布各种土地相关的法令，开始"土地调查事业"。在调查进行当中，总督府利用种种手段将土地没收。这项工作结束后，总督府就成为最大的地主，占全国百分之四十。总督府又把土地让售给日本的公司和移民，与韩国人争利。

日本在韩国的蛮干作风，与后藤新平在台湾的作为比较，相差实在不可以道里计。后藤并没有在土地上占台湾人便宜，只是做了重分配；但是他将整个产业链的控制点摆在后段的蔗糖专卖制度上。台湾农民名义上拥有土地,实际上是变成制糖会社的佃农而被剥削。当时台湾的蔗农也知道,所以有一句自我调侃的俗语说:"第一憨,种甘蔗给会社磅。"不过生活既然过得去,就没有人会参加抗日义勇军。

韩国三一运动

日本的高压政策引起韩国人的不满。民族意识高昂的志士纷纷流亡到上海、北京、满洲、苏联等地,组织独立革命团体。韩国国内也有秘密组织成立。第一次世界大战结束后,美国威尔逊总统(Thomas W. Wilson)提出"民族自决"的原则,韩国海内、外的民族运动受到极大的激励。

1919年2月,六百多名韩国留日学生聚集于东京,公开发表《独立宣言书》。3月1日,韩国的基督教、天道教、佛教领袖三十三人集会,签署并朗读《独立宣言书》,宣布朝鲜为独立的国家。日本警察宪兵立刻逮捕所有的人。同一天,有两万人也聚集在汉城塔洞公园宣读《独立宣言书》,高呼口号。总督府以武力流血镇压,但是独立运动已经展开,无法遏止。一直到8月为止,韩国总共发生一千五百次以上的示威活动,有两百万人以上参加。据统计,示威被捕者有四万多人,被杀者七千多人。"三一运动"中死亡者最有名而不幸的是梨花学堂(今梨花女子大学)的女学生柳宽顺。她的父母在警民冲突中都被枪杀,而自己因为参加示威活动被捕,判刑七年,在狱中被虐待而死,死时只有十八岁。

同年5月,中国北京发生"五四运动",也同样延烧全国,引起罢工、罢课、罢市的反日狂潮。中、韩两国的反日运动,使得日本政府焦头烂额。西洋各国也向日本施压。日本政府被迫对韩国改采怀柔政策,派斋藤实为新任朝鲜总督,推行"文化政治"。大抵而言,所谓的文化政治是一种有名无实的放宽统治。例如,将宪兵警察制改为普通警察制,而实际上并没有多大的差别。又如准许韩国人办报,却强力实施报纸检查制度,随时予以没收、停刊。日本声称将来会有文人总督,实际上一直到日本二次大战战败投降,从来也没有一个总督是文人。

1926年6月,朝鲜王朝最后一任国王纯宗出殡,数万名学生夹道送行,并散发文宣资料,高喊"大韩独立万岁"口号。日本警察逮捕了一千多名学生。1929年,光州又爆发规模更大的学生独立运动,持续半年之久,有五万名以上学生参加,一千六百多人被捕。

日本总督府在韩国的血腥高压手段导致韩国人民激烈的抗争,激烈抗争又使得日本政府采用更血腥、更高压的手段。如此在镇而暴、暴而镇的恶性循环中,无法超脱。日本改派文人总督也就遥遥无期了。日本在韩国的统治,只能用"失败"两个字归结。当初日本内阁如果实行伊藤博文的策略,不急于合并韩国,缓和渐进,或许会有不同的结果。

韩国海外独立运动与朝鲜共产党

韩国海外独立运动原本各自独立,后来在上海合并成立了"大韩民国临时政府",主要参加的人有金九、李承晚、李始荣等。李承晚年轻时曾经参加徐载弼所创办的独立协会,后来遭到逮捕,幸而不死。出狱后,李承晚赴美留学,获得美国普林斯顿大学的博士学位,然后又回来从事独立运动。然而李承晚与其他韩国本土派的独立运动者格格不入,虽然短暂被推为临时政府的总统,仍然被排挤而离开上海,再往美国,一直到1945年才又回到韩国。

由于蒋介石在中国进行北伐及剿共,而对日本委曲求全,大韩民国临时政府不能进行任何公开的反日行动。金九于是秘密组成韩人爱国团,开始以恐怖手段进行抗日活动。1932年1月,金九指挥韩国志士在东京向日本天皇的车队投掷炸弹。结果坐在副车上的内大臣受到重伤,而天皇安然无恙。四个月后,金九又趁上海日侨庆祝天长节(天皇生日)时,指挥尹奉吉在虹口公园典礼会场投掷炸弹。日本上海派遣军司令官白川义则大将当场被炸死,日本公使重光葵受重伤。金九是韩国势道政治时代安东金氏的后裔,这时成为韩国的传奇人物及抗日英雄。在日本人看来,他却是一个人人痛恨的恐怖分子。

韩国反日志士也有很多人逃亡到苏联,在当地成立社会主义组织,从事反日活动。然而,韩国人并不合作,竟然有两个高丽共产党先后成立,互相倾轧，自封正统。共产国际决定对两党都不予承认，令其自行解散，而在莫斯科另组共产国际高丽支部。1925年，在汉城又有朝鲜共产党的地下组织成立，并在日本、满洲和上海设分会，而加入共产国际。然而朝鲜共产党又多次发生派系斗争，使得共产国际再一次宣布不承认朝鲜共产党。李氏朝鲜时代党争不断，使得国家积弱数百年；但韩国人似乎在国家灭亡后仍然是重复同样的历史。

1930年，共产国际发出通知，命令在满洲活动的朝鲜共产主义者全部加入中国共产党。第二年，有一位出身平壤的二十岁朝鲜青年，名叫金成柱，在满洲加入中国共产党。金成柱逐渐在东北人民革命军抗日战争中崭露头角，并改名为金日成，正是后来朝鲜的创建者。

台湾明石总督与八田技师

后藤新平在台湾八年之后，转任中国东北满洲铁路总裁。1918年到任的第七任总督明石元二郎在短短一年又四个月的任期内设立了二十几所农业及商业学校，包括现今台湾大学的法商学院。他将二审司法制度改为三审制，又颁布"台湾森林令"，其主旨是对伐木与造林并重，禁止人为滥伐。

明石所推动的经济建设中，最重要的有两个：日月潭水力发电厂及乌山头水库。建设日月潭发电厂需要的经费是六千八百万日元，乌山头水库要五千三百日万圆，而当时日本总督府的总预算一年只有五千万日元而已。前几任的总督都因为日本政府的反对而无法决定，明石总督却能排除万难，一一定案。

乌山头水库工程采用最新的工法建造水坝，另有总长度二万四千公里的灌溉及排水网络系统，费时十年，建成后是当时亚洲最大的水库。台湾嘉南平原的十六万公顷田地中，原本只有五千公顷有水利灌溉，其他都是"看天田"，必须雨量充分才有收成。水库完工之后，农作物收成增加四五倍，数十万农民受益。嘉南平原成为台湾的谷仓。

日月潭发电厂完工后，台湾夜间首次大放光明，农、工、商业随着迅速发展。

明石总督并没有活到眼见两个大建设完工。他因为患病，被送回日本家乡九州疗养，却不治而死。明石的遗言竟是要把尸体送回台北埋葬，这样可以在九泉之下见到工程完工。明石的遗体因而被葬在台北市内，约过了八十年才迁到郊外。

负责乌山头水库工程的八田与一技师后来在太平洋战争中乘船要回日本，却被美国潜水艇击沉而身亡，日期是1942年5月8日。三年后战争结束，八田的夫人来到乌山头水库，投水自杀，留下遗书说要追随八田而去。到今天每年5月8日，台湾嘉南农田水利会都会集合农民及地方人士，在乌山头水库堰堤上祭拜八田与一夫妻。

明石总督和八田与一的故事说明一件事：日本帝国取得台湾之后，的确有一部分日本人将台湾看成是日本的一部分，而不是殖民地，一心一意要建设台湾。这样诚挚的奉献打破了国界，化解了民族对立，得到了许多台湾人民的尊敬。

关于日本人在日据时代对于台湾的建设，从当时起到现代一直有很多争议。有人评论，认为台湾的进步与现代化最应该感谢的是刘铭传，而不是日本。也有人以盖房子来比喻：刘铭传只不过是破土而已，日本人才使得台湾这栋房子能够施工、落成。

又有人虽然同意日本建设台湾的成就，但批评日本这样做并不是为了台湾人民，而是为了自身的利益。对此也有人不同意，说除非认为学校、铁路、自来水、卫生设施、电气化、农田灌溉系统等对人民没有好处，就不应以任何理由做负面的批评。

台湾"同化"运动

日本并不是每个人的行为、思想都和明石、八田一样。有许多人还是固执地要以征服者的姿态凌驾于殖民地人民的头上。从另一方面说，台湾人对日本人的观感更是复杂。有人很容易满足，有人逆来顺受。有人总是要求给得更多、更快，还有人始终对日本人抱持着敌意。因而在日据时代台湾人对日本政府一直有种种不同形式的抗争及对立。

1911 年，孙中山领导革命，推翻清政府。台湾受到刺激，又开始出现一波波的抗日活动，不过规模都很小。其中比较有名的是在 1913 年由同盟会员罗福星所领导的民族革命，结果两百人被捕。1915 年，余清芳领导宗教性"西来庵事件"。这是日据时代规模最大的一次抗日活动，有数千人被杀。自此之后，台湾人明白以武力反抗日本政府完全没有成功的机会，再也没有大规模起事。代之而起的是和平政治运动，林献堂与蒋渭水是其中的代表性人物。

林献堂出身台湾五大家族当中的雾峰林家。他曾经与梁启超会面，并求教台湾人要如何争取与日本人同等的地位。梁启超建议他仿效爱尔兰对英国抗争的方法，厚结日本政府显要以施压台湾总督府，从而改善不平等待遇。林献堂于是到东京拜访明治维新的元老、自由民权运动的领袖板垣退助。板垣在 1914 年慨然同意到台湾来帮忙林献堂发起"同化会"。但是板垣已经七十八岁了，也失去了政治势力。台湾总督亲自迎接板垣到台北，等板垣离开后，立刻下令解散同化会。

在前述的第七任台湾总督明石元二郎上任后，同化运动却忽然成为日本总督府的政策。明石总督宣示他的施政目标是感化岛民，使之具有日本国民的资性。换句话说，就是要同化台湾人。明石总督死后到 1937 年抗日战争爆发前的十九年间，台湾历任总督都是文人出身。这是日本政府在韩国讲了而没有做的，在台湾却直接做了。这期间里，日本总督府一直奉行同化政策。

同化其实是一件充满矛盾的事。当初林献堂发起同化会时，引起部分台湾人的疑虑，以为是要倡导大家放弃做台湾人，改做日本人。林献堂却说是不过要借此争取平等的待遇。因而，日本人与台湾人对于"同化"两个字的解释是不同的。部分台湾人民的民族观念很淡，关心的只是政府是否照顾民生，因而当然欢迎同化。对于民族意识较强的人来说，这只是一个陷阱。

台湾文化协会、台湾民众党与共产党

韩国的独立运动及中国的五四运动掀起后，台湾在日本的留学生也受到影响，在东京发起"启发会"、"新民会"等组织。1921年，"新民会"向日本国会提出设置台湾议会的要求。这时台湾有一位极为活跃的医师蒋渭水邀请林献堂回台湾，一同向总督府申请成立了"台湾文化协会"。蒋渭水痛心台湾社会道德颓废、风俗丑陋、虚荣腐败，希望以知识教育台湾民众，以革除弊病，因而发起文化协会。蒋渭水由此也参加林献堂的政治活动。

台湾文化协会开始发行《台湾民报》，举办各种讲习会、演讲会、短期学校等活动，内容从学术、文化的启蒙工作，逐渐跨入有意识形态的社会、政治运动。蒋渭水也因为关心农人、工人被剥削，极力为他们争取权益而逐渐"左倾"。这时激进的社会主义无产阶级组织也在台湾活动，渗入文化协会之中，最后竟控制了文化协会。林献堂、蒋渭水等被逼，不惜脱离自己所创办的文化协会，于1927年另组台湾第一个政党"台湾民众党"。第二年又有谢雪红等成立"台湾共产党"，主张阶级斗争，争取台湾独立。台湾共产党在台湾是非法的，所以选择依附在文化协会、台湾民众党内。

总之，在日本统治时代，台湾由于意识形态及政治立场的不同，分成许多不同派别。大抵来说，由右至左，有辜显荣为代表的皇民派，林献堂为代表的温和改革派，蒋渭水为代表的小资产、农、工阶级非暴力抗争派，以及谢雪红为代表的共产党暴力派。四派之间既互相攻讦斗争，也合纵连横。日本总督府态度极为明确，先扑灭共产党，逮捕谢雪红及其外围组织人员数千人；又压制蒋渭水，解散台湾民众党。林献堂与总督府取得妥协，放弃连续十五年的台湾议会请愿运动，而总督府在1935年开始举办州议会、市议会的地方议员选举，以为回应。这是有史以来台湾人第一次拥有选举权。皇民派则继续得到总督府的青睐，在协助维持台湾的安定与经济发展中获得私人利益。

雾社事件

台湾山地的面积大于平地。后藤新平经营台湾之后，平地已经渐入正轨，总督府于是开始注目在山地。日本政府聘请两千多位林业专家，用了十六年的时间调查台湾山林，整理出巨细靡遗的林相资料，并订定种种计划。根据调查结果,九成的山林土地是无主之地。日本总督府直接规定这些山林地属于官有地。日本总督府为了开垦土地作为经济用途,又决定进行"理蕃"。

总督府的山地政策使得台湾的原住民受到威胁,居住的范围越来越窄,受到的限制越来越多,颇有怨言。原住民的生活方式比较原始,有些日本警察因而表现出明显轻视的态度,让部分原住民心里受伤,认为受到侮辱。日本总督府采取"和蕃"的政策,鼓励驻在山地的日本警察和原住民头目的女儿结婚,但是日本警察对原住民妇女常有始乱终弃的情形。更有一些日本人玩弄原住民妇女,甚至欺骗原住民妇女从事卖娼工作,使得原住民对日本人的仇恨更是加深。冲突于是不断地升高,终至发生日据时代最大的一次原住民抗暴流血事件——"雾社事件"。

1930年,雾社地区(今南投县仁爱乡)的赛德克人马赫坡社首领莫那鲁道率领族人,突然在清晨发起攻击,杀死在睡梦中的日本警察及平民一百多人,又杀伤两百多人。日本总督府断然出兵镇压,出动机关枪扫射,又用飞机投掷毒气弹。马赫坡战士不敌,一部分战死,一部分自杀。日本警察又鼓动其他亲日的当地蕃社屠杀残留的马赫坡人。雾社原住民原本有一千两百多人,最后只剩下二百八十九个老弱妇孺,而被迫迁村。

雾社事件震惊台湾、日本及全世界。台湾民众党将事件经过致电日本总理、议会及各大政党,并要求调查。台湾总督因而下台。后任总督在世界各国及日本国会的关注之下,只得采取安抚政策。

二次大战中的韩国

日本吞并朝鲜,在战略上是要以此为基地而"北进"中国东北。1931年九一八事变之后,日本开始一步一步将朝鲜改造成军需的基地。总督府直接征收棉花、矿产、煤炭及粮食等军需物资。日本企业如三菱、三井、住友等在朝鲜投资重化工业,几乎形成独占。相对地,朝鲜人的中小企业既得不到资金,也拿不到原料,因而连纺织、木材、食品等民生工业都无法支撑下去,而让日本人整个端过去。朝鲜工业生产急速攀高,产出金额很快就超过农业生产。然而支持战争为第一优先,朝鲜人无法享受到这一切,反而因为粮食短缺,物价飞涨,黑市猖獗而受害。

原本日本总督府是不让朝鲜人碰到武器的。但是1937年中日大战爆发后,第二年日本就开始在朝鲜实施志愿兵制度,招收十七岁以上男子。地方官员和警察以半强迫的方式将朝鲜人民推上战场。这一年在中国东北图们江边发生"张鼓峰事件",日本与苏联交锋十日。当时日方的第十九师团就是朝鲜军,其中除了少数军官之外,几乎都是朝鲜人。

据估计,第二次世界大战期间,朝鲜有超过二十万名男子远离家乡,为日本帝国打仗。这些被迫参战的朝鲜人有一部分脱逃,反过来参加苏联与中国共产党所组织的东北抗日联军,投入对日本的游击战。东北抗日联军有十一个军,四万五千人,是关东军的死敌。后来朝鲜的第一代领袖,如金日成及崔庸健,大多是东北抗日联军的中高级军官。

原本在上海的大韩民国临时政府也统合各个右翼党派,成立韩国独立党,随中国政府迁到重庆,并组织一支"光复军",约有八千人,与中国军队并肩对日抗战。

随着战争越来越紧急,日本总督府开始推行"皇民化政策"。每一个朝鲜人民每天都要面向东京方向背诵《皇国臣民誓词》,宣誓向天皇效忠。总督府喊出"内鲜一体"的口号。所谓"内",就是日本;所谓"鲜",就是朝鲜。日本总督南次郎说:"内鲜一体是统治的最高指导目标。形态上、心灵上、血液上、肉体上都必须成为一体。"无奈日本在此之前三十年的统治实在无法让韩国人认同,"内鲜一体"的海报虽然在四处张贴,无非是自欺欺人。

总督府又强制讲日语,禁止朝鲜语。学生在学校里如果使用朝鲜语说话,必将受到严厉的惩罚。总督府更进一步要求韩国人更改姓名为日本姓氏。朝鲜人不理,总督府于是采用差别待遇方式诱逼。凡是更改姓名者,会得到许多优待。反之,拒绝更改者收不到信件,到官府办事受尽各种刁难,子女不能就学,获得配给的物资及食物也减少了。部分朝鲜人只得向现实低头,接受改名换姓。

二次大战中的台湾

日本统治了台湾四十年后,还不太确定台湾人在中日战争中究竟会站在哪一边。不过1936年发生一个"祖国事件",使得日本人极为失望。林献堂在这一年率领一个考察团前往中国大陆。到达上海后,他对中国大陆的欢迎团体致词,脱口而出:"林某回到祖国。"日本台湾军部知道以后大怒,在林献堂回台湾之后,派人当众赏林献堂一个耳光。林献堂是台湾人里的温和改革派,日本人对他一直礼遇。然而"祖国事件"使得日本人自认在台湾施行二十年的同化政策失败了。

"祖国事件"之后第二年,中日全面开战。日本不敢把台湾人送到中国大陆战场,只是动员台湾人民,加紧生产军需物资,并且加紧推行"皇民化政策"。台湾人也被逼着讲日语,报纸上不准出现中文版,另外有超过十万人被迫更改为日本姓氏。

太平洋战争爆发以后,日本便以台湾为"南进"的基地,开始征求"志愿兵"到南洋参战。"志愿兵"最早是由山地人组成的,称为"高砂义勇队",共有四千多人。所谓"高砂族"就是高山族,包括赛夏、泰雅、阿美、布农、卑南、鲁凯、排湾、雅美等所有不同种族。日本人在雾社事件中认识到原住民的厉害,因而想到利用他们。台湾原住民有天生精于狩猎的本能,能够自在地在菲律宾、新几内亚等地的丛林里生活,穿梭侦察,分辨声音远近,寻觅食物,伏击敌人。这些都是日本军人办不到的。

1974年,在印度尼西亚摩罗泰岛热带雨林中发现一个野人,原来是第二次世界大战时的日本军人,日文名字叫做"中村辉夫",而实际上是台湾阿美人,中文名字叫"李光辉",原名叫"史尼育唔"。史尼育唔不知道日本已经战败,独自一人在丛林度过了三十年,与世隔绝,而手上仍然留有当初日本军部发给他的三八式步枪、子弹、军用水壶及钢盔等。史尼育唔步出丛林,回到台湾,震惊全世界。日本媒体称史尼育唔是"最后的一名皇军"。

日本总督府募集志愿军的对象后来扩及台湾平地人。由于台湾实施严格经济管制,食物不够,生活艰辛,有许多台湾人为了改善生活,提高家属的地位而应募参战。到战争将近尾声时,总督府才开始改为强制征兵。根据统计,第二次世界大战期间,台湾和朝鲜一样,也有超过二十万名男子远离家乡,为日本帝国打仗,其中有大约三万人战死异乡。

在战争中,台湾人的国家认同其实非常分歧。有人到大陆去,参加国民政府。有人参加日本所扶植的傀儡政权,到大陆充当翻译及桥梁。又有人在中间彷徨,不被两方接受。台湾在战后有一位文学家吴浊流写了一本小说《亚细亚的孤儿》,描写这样的情境。其中的主角胡太明留学日本,却受到歧视;回台湾后,又被乡人冷嘲热讽。后来他到中国大陆去,极力隐藏身份,而仍然暴露,被认为是日本的间谍,竟锒铛入狱。他回到台湾,却又被日本特务机关跟踪,当作是中国大陆的间谍。悲哀的主角竟不知道祖国到底是日本还是中国?又应该何去何从?

在美国人的眼中,台湾和日本是同一阵线的,都是敌人。在战争末期,美国派出飞机同时对日本及台湾轰炸。台湾人因而必须每日逃警报,躲在防空洞内。逃避不及的人便只有丧生了。台湾到日本之间的水域布满鱼雷,许多来往的日本人与台湾人因而葬身大海之中。

日军慰安妇

日本在战争开始以后,就开始招募、诱骗或强迫本国及殖民地的妇女到前线去,或在占领区直接俘虏妇女,专门做为日本军人的性工具,是所谓的"慰安妇"。慰安妇实际上就是军中妓女,身心所受到的伤害极大。

根据各方不同的估算,慰安妇的总人数约在八万至二十万左右,其中以韩国妇女为最多,其次是中国大陆人,再次是日本人及台湾人,也有少部分是东南亚国家的女性。

慰安妇在战后回到家乡,无颜面对乡亲父老,为社会所鄙夷。有些人为性病后遗症所折磨,有些人终生无法抹去痛苦、耻辱的记忆,有人最终选择自杀。从1970年代起,幸存的韩国及台湾在战时被送往前线做慰安妇的妇女开始站出来控诉日本暴行,透过政治及法律途径向日本政府要求赔偿。日本政府有部分官员承认,并且公开道歉。但是也有部分右翼的政治人物及学者坚决认为慰安妇都是自愿的随军公娼，否认有任何强迫的情况，因而主张日本不必道歉。这些言论又引起中国大陆与台湾地区、韩国更大的愤慨，双方争执、叫嚣不断。慰安妇遂成为一个棘手而难以解决的问题。

第 31 章

二次大战后东亚的分裂及后续变局

第二次世界大战时,全世界有六十几个国家参战,死亡的总人数大约是七千二百万人,其中平民的数目是军人的两倍。各国之中以苏联、中国、德国死亡人数最多,分别为二千七百万、二千万、七百五十万。日本由于主战场都不在本土,所以战死的军人有两百一十万人,而平民死亡只有六十万人。

麦克阿瑟与吉田茂

日本投降后,盟军决定接管并改造日本。杜鲁门派太平洋战争的英雄麦克阿瑟为盟军总司令部(GHQ, General Headquarters)最高司令官。麦克阿瑟认为天皇所任命的首相东久弥稔彦亲王太过守旧、高压而不民主,逼他下台,而以战前实行"协调外交"的币原喜重郎为首相。麦克阿瑟从GHQ发出指令,间接统治日本。币原内阁遵照指示,释放政治犯,废除思想警察,开放妇女参政;禁止军国主义教育、确立新闻自由。

1946 年 5 月,吉田茂出任日本首相。

吉田茂的出身背景极为特殊,自称有三个父亲:生父竹内纲是国会议员兼大实业家；养父吉田健三是新世代商人，曾经创办过五花八门的新事业而成为大阪第一富豪；岳父牧野伸显是明治维新大功臣大久保利通的次子，政治界的重量级人物。此外，吉田茂的养母是日本江户时代末期鼎鼎大名的汉学大师佐藤一斋的孙女，兄长是日本著名的企业小松制作所（Komatsu）的创办人。如此显赫的家世，使得他年轻时便以"桀骜不驯"、"独断独行"出名。

吉田茂幼年起受到养母严格管教，在私塾中求学时，除了洋学之外，也熟读《史记》、四书、《老子》、《韩非子》等中国古书，汉学根底丰厚，而自认受益良多。他曾经回忆说："我觉得，凡是待人接物这方面的事，都可以从汉学中寻求解答。"然而，吉田茂却对于当时的中国人十分轻蔑。欧美列强到了非洲及亚洲以后，对当地的人民极为藐视，认为对未开发的文明进行统治和教导，乃是"白人的职责"。明治维新成功之后，一般的日本人受到影响，对中国人也同样轻蔑。因而，吉田茂是处于对中国古代文化的敬意及对当代中国人民藐视的矛盾之中。

吉田茂毕业于东京帝大，之后开始从事职业外交官的工作，曾经被派到欧洲各国，也曾经被派到中国东北，而做到日本驻奉天的总领事。他满脑子侵略、好战的帝国主义思想，对中国的态度最为强硬而蛮横，是中国人之间风评最坏的一个日本官员。不过吉田茂也是一个冷静的现实主义者。他因为曾经出使国外，对于英、美等大国的实力十分清楚，而主张日本在对外侵略时，绝对不可得罪英、美两国。然而，在战前日本军部法西斯主义者绝大多数都是盲目而鲁莽，自然无法接受吉田茂的"软弱外交"，将他当成一个异类。

1930年，吉田茂受命从中国转调去意大利当大使，后来又转为驻英国大使。几年的欧洲出使生涯使得他更加与掌控日本的军部分道扬镳，而成为军部的眼中钉。1936年，日本军部无视于吉田茂的反对，与德国签订了"防共协议"，目标是共同防堵共产国际输出革命。吉田茂大失所望，断言这个协定必然会继续往政治、军事方向推展，而使得日本错误地和德国、意大利站在同一阵线，最终将走向和英、美交战的不归路。

1939年，吉田茂选择完全离开政府，成为白身，而仍然被标志为"亲英美派",受到军部的严密监视,甚至被短暂拘捕。日本果然如他所预料,从与德国、意大利缔结军事同盟而一步一步走向与英、美敌对,走向太平洋战争,走向战败及崩溃。不过,吉田茂的"亲英美派"背景却也使得他成为战后日本与美、英之间的重要桥梁。他和麦克阿瑟更是建立了亲密的私交。日本因而能得到美国强力的支持,得以顺利进行善后及重要的政治、经济改革。

天皇退位或留任问题

　　日本在二次大战时人口已经达到七千万人,地狭人稠,粮食一直无法自给自足,而靠并吞来的台湾地区和韩国两个殖民地进口补充。战败后,日本就只能靠自己了。吉田内阁成立之后,立刻面对严重的粮荒危机。有二十五万人在首都示威,高唱"红旗歌",宣称要解放日本;四处都流传着有一千万人即将饿死的谣言。麦克阿瑟同意吉田茂的请求,一方面紧急运送大批米粮到日本,另一方面又下令,严厉禁止六百万劳工预定的大罢工,日本才终于渡过危机。

　　日本战败后,盟军在东京召开远东国际军事法庭,公开审判挑起战争的祸首,而于1948年底宣判。受判决惩处的战犯共有三千四百多名,其中二十八名是甲级战犯,大多是前任首相、陆军与海军大将,如东条英机、板垣征四郎、小矶国昭、广田弘毅等,被判处决。中日战争爆发时的首相近卫文麿拒绝受审而服毒自杀。

　　裕仁天皇亲自参与整个战争的过程,曾经多次召开御前会议,并做成决策。盟军中有许多国家都认为天皇也应该在受审之列。美国罗斯福总统一向认为天皇的责任无可推卸,坚决主张将天皇废掉。不过罗斯福却在战争结束前就病死了。继任的杜鲁门却认为防止共产党扩张才是要务,而天皇有助于日本的稳定,因而基于日本的特殊国情,倾向不追究天皇的责任。

　　前述的粮食危机,更加使得美国深刻认知日本被赤化的可能性,因而请麦克阿瑟透过吉田茂要求裕仁天皇留任,以免横生变数。据说天皇在获知远东军事法庭宣判后,心中痛苦,哭肿了眼睛,已经写好一篇《谢罪诏书草稿》，表示后悔发动战争，向国民谢罪，准备要引咎退位了。这篇草稿却在吉田茂等人劝说之下被封存起来。

尽管如此，日本国内还是有许多人认为天皇必须担负责任。日本东京大学教授，后来曾任最高法院院长的横田喜三郎说："虽然天皇本身并非希望战争，但考虑实质上战争的准备与开始，都与天皇有深厚的关联，终究是无法推卸责任。"东京大学校长南原繁对学生演讲，也认为天皇应该担负最强烈的道德及精神上的责任。

有些人甚至认为，天皇如果不担负责任，将对日本的社会风气产生负面的影响。连天皇的近臣村井长正也说："日本在世界各国造成莫大的牺牲，陛下若是不吭一声，佯装什么也不知情，实在过于不合情理……不然，如同这股开始出现的风潮一般，今后我国必定会面临一个不负责任的时代。"

然而，天皇自始至终从来没有公开表示过要引咎退位，也从来不曾道歉过。

日本的改造

日本的农地有一半以上是地主所有，租借给佃农耕作，而抽取超过一半以上的田租。由于土地分割过于零细，农地单位产量也低。GHQ 的幕僚有人研究历史，认为亚洲地区的农民动乱与地主佃农制度有密切的关系，日本历史上的"土一揆"、"德政一揆"本质上就是农民暴动。粮食危机虽然渡过了，日本如果不进行改革，共产党将有机可乘。麦克阿瑟因而要求日本政府进行农地改革，目标朝向"完全自耕农"。政府于是分年强制收买地主过量的土地，再便宜卖给自耕农。经过五年，全国的佃地只剩下十分之一。十年内，农产生产增加一倍。农地改革的成功，为日本后来社会稳定、经济起飞打下坚实的基础。

在美国的眼中，日本的财阀体制是军国主义的温床，而必须排除家族的支配力。1946 年起，GHQ 强令十四家"财阀家族"解散，三井、三菱、住友、安田四大财阀被迫分散出售持股。三井被拆分为两百多个会社，三菱被拆分为一百三十几个会社。日本有名的企业家松下幸之助，白手起家创办了松下电器株式会社,竟也被认定是财阀,财产被冻结,员工减少一半,子公司必须分离独立。松下幸之助本人也是衣食无着,被迫举债度日;幸而一万五千名员工发起向GHQ请愿,GHQ在调查后才放宽对松下电器的整肃。

1946年12月,日本在GHQ的指引之下公布了日本新宪法,仍然维持君主立宪制,采取行政、立法、司法三权分立。宪法中的第九条明白规定日本永远放弃以发动战争或武力行使的方式作为解决国际争端的手段。日本因而只保留部分自卫的军力,称为"自卫队"。

1949年,美国为了要协助日本经济自立,派特使道奇(Joseph M. Dodge)到东京。道奇推动强力而激进的新经济政策,抑制物价攀升,稳定汇率与金融。其间虽然有许多企业因而倒闭,无数员工被裁员而失业,引发严重的纷争,但日本的通货膨胀却也迅速得到控制,日本经济振兴的基础因而确立。

国共内战

战后的中国又是如何呢?日本投降后,中共的领导人毛泽东及周恩来立即飞到重庆,与蒋介石展开谈判。双方在1945年10月10日签署《双十协定》,同意要避免内战。

当时中共的军队大多在华北及华中,蒋介石命令日军只能向国民政府军,不能向共产党投降。共产党当然不理,径自逼日军缴械投降。国民政府急着要派军队到华北、华中,但是共产党控制住几条重要的铁路、公路,使得国民政府军无法迅速移动。美国总统杜鲁门深怕共产党坐大,派轮船、飞机协助运送国民政府军到南、北各大城市接收。国、共在各省争着接收而发生冲突。《双十协定》签订后的第二天,国共内战的第一战正好打完。刘伯承、邓小平部队在山西著名的上党古战场击败国民党阎锡山部队,击毙三万五千人。

美国派马歇尔来中国调解,建议成立联合政府,容纳各党派,整编国、共军队。1946年底,北京发生女大学生沈崇被美国大兵强奸的案子。北京学生罢课,全国各地响应,造成前所未有的反美风潮。美国特使马歇尔调停一年,任务失败而黯然归国。

抗日战争结束时,共产党军队的人数远低于国民党军队,配备又不如。蒋介石与军政部长陈诚因而自信满满,声称一年内可以肃清共产党。然而,国民党腐败、贪污的情况比在对日抗战时还要严重。各地负责接收的官员及特务机关借机搜刮、勒索。政府收复了土地,却失去了人心。蒋介石仗恃的是军队的力量,毛泽东争取的是人民的支持。一来一往,国、共之间逐渐你消我长,形势逆转。

苏联远东军总司令马林诺夫斯基(Rodion Y. Malinovsky)在中国东北接受日军投降,之后便一直驻军停留,坚持日本在东北所办的各种工厂及建设都是苏联的战利品,将这些价值超过美金二十亿元的战利品,连同所有工程师及技术人员一并掳走。蒋介石派员前往,要求他撤兵,以便国军接防。马林诺夫斯基只是推托阻挠,以便共产党的军队布置。林彪迅速地在几个月内组建一支五十万人的"人民解放军"。苏联逐步撤退,解放军也跟着进占,自此开始和国军在东北激战。国军的军纪不良,远远不如解放军受到人民拥戴,兵源、粮饷逐渐匮乏,露出败象。

国民党之腐败及金融风暴

国民党政府为了支付内战军费,不断增加法币的发行量,以至于法币在三年间贬值一千倍,造成了恶性通货膨胀。公务员及升斗小民全都受害,豪富之家却借机操纵,套购黄金及外汇,囤积居奇,贪污舞弊,其中尤以孔、宋两家最为不择手段。素负清望的知识分子领袖傅斯年在报纸上发表一篇文字《这个样子的宋子文非走开不可》,轰动一时。文章摘要如下:

> 古今中外有一个公例,凡是一个朝代,一个政权,要垮台,并不由于革命的势力,而由于他自己的崩溃!有时是自身的矛盾、分裂,有时是有些人专心致力,加速自蚀运动,唯恐其不乱……国民政府如果不承认失败,是谁也不相信的。政治的失败不止一事,而用这样的行政院长,前有孔祥熙,后有宋子文,真是不可救药的事……

> 孔祥熙几乎把抗战的事业弄垮，而财政界的恶风遂为几百年来所未有……今天连资本家也有许多同情共产党，开万国未有之奇，宋子文把他的政府伺候得这样子的，人民不必说了，他心中反正没有人民的……我向社会广泛提议，如立法院，如参政会以及一切人民，都该彻底调查，上海及他地以及国外，所有豪门权族之"企业"是些什么内幕？他们的营业范围如何？他们的外汇得自何处？
>
> ……
>
> 我真愤慨极了，一如当年我在参政会要与孔祥熙在法院见面一样，国家吃不消他了，人民吃不消他了，他真该走了，不走一切垮了……

不止中国人对孔、宋两家痛恨，美国人也是一样气愤。据报道杜鲁门总统曾经私下对记者大骂孔、宋家族个个都是贼，从美国援助中国抗战的钱中偷走数亿美元，然后投资于纽约的房地产。孔、宋两家腐蚀中国的根基，在当初蒋、宋联姻时便已经种下恶因。宋氏三姊妹中只有宋庆龄看不下自己的家人的贪腐，选择与共产党站在一起。浙江、四川发生抢粮风潮。大学教授的薪资与学生的公费追不上物价，因而示威游行，学潮汹涌。中外有识之士都知道国民政府已经无药可救，共产党必然取得胜利。

国民政府于1948年8月开始发行"金圆券"，以取代信用破产的法币。政府强势地禁止私人持有黄金、白银及外汇，限期兑成金圆券，违者没收。百姓都乖乖地将私蓄仅有的家当都拿出来换金圆券。然而国民政府从一开始就无限制地印钞票。金圆券发行之后立即狂贬，十个月后，贬值超过十万倍。这是世界金融史上最荒唐的一幕。全国人民因而一夕破产者不知凡几。金圆券风暴使得人民对国民政府最后的一点点向心力也丧失了。

同一时间，政府宣布冻结物价，造成有行无市，所有商品都流向黑市。有财有势者大量囤积物资，经济更加陷入混乱恐慌。蒋经国奉父亲蒋介石的命令到上海去整顿，雷厉风行，目标是"打老虎"，收押、枪毙了许多不法的投机分子，其中有部分是上海闻人子弟。不过蒋经国最后办到孔祥熙的儿子，却因为宋美龄介入而办不下去，只好去职。金融秩序更是失序，如脱缰的野马。

中国共产党的胜利

1946年7月,毛泽东向共产党军队信心喊话,宣称预计在五年内从根本上打倒国民党。国民政府的军队原本有四百多万人,在内战中逐渐被消灭,或投降共产党,只减不增。反之,原本只有一百多万人的解放军却迅速增加,到1947年底已经超过三百万人,情势逆转。1948年9月,毛泽东发出电报指示重要的将领准备在十个月内进行三次大战役,电报中又说两年前估计五年内打倒国民党是"具有可能性的";换句话说,不是那么确定。

毛泽东显然在当时对人民如何痛恨国民党知道得还不够,也不知道正在发生的金融风暴事件将会对国民党造成多大的杀伤力,将会如何使更多的人转而支持共产党。毛泽东所规划的三次大战役在其后都如期进行,每次双方的军力都超过百万人。但解放军利用农民组成"支前民工",协助挖战壕,运送粮食、弹药,破坏铁路及道路运输等,总人数是解放军数目的五到十倍,这却是国军办不到的。因而,解放军在短短四个月内取得三次决定性的胜利,其速度及战果的丰硕都远远超出毛泽东的想象。林彪在"辽沈战役"中歼灭国军四十七万人;刘伯承、邓小平、陈毅在"淮海战役"中歼灭国军五十五万人;林彪、罗荣桓、聂荣臻在"平津战役"中歼灭及收编国军共五十二万人。解放军接着又渡过长江,席卷华南地区,取得全面胜利,控制了整个中国内地。从毛泽东喊话时起算,共产党实际上只花了三年就"从根本上打倒国民党",而不是五年。

1949年10月1日,共产党宣布成立中华人民共和国,将北平改名为"北京",定为国都。毛泽东获选为国家主席,周恩来为总理。蒋介石在全面败退中被迫辞职,让副总统李宗仁代理,而实际上仍然暗中操控,布置台湾,以为退路。12月,蒋介石宣布将"中华民国"政府迁往台北,并继续统治台湾、澎湖及福建部分岛屿。海峡两岸从此处于对峙状态。

台湾回归祖国的失落

日本战败后,将台湾归还给中国。台湾人大部分对于回归中国抱持着欢迎的态度，许多人甚至张灯结彩，燃放爆竹，祭拜祖宗，热泪盈眶，以为是重回慈母的怀抱。然而，高兴并没有维持很久。

蒋介石命令七十军为先头部队到台湾，在基隆港码头登陆。台湾人无不祈盼着这历史性的一刻，然而所看到的，却是一个衣衫褴褛、军纪涣散的部队。"大家都穿草鞋，有的只穿一只而一只赤脚。跛脚的也有，瞎一眼的也有，皮肤病的也有……背后插着雨伞，队伍东倒西歪。"一个多月后，六十二军也有数百人在高雄登岸，同样都是邋遢而不像军人，身上挂着雨伞、棉被、锅子、杯子，大都连枪都没有，推挤着下船。带头的军官面对着盛大的欢迎群众，连致词都没有。

台湾人大失所望，但大部分人并不明白，这些军人如果不是经历了长期的战争，百死一生，已经极度疲累消沉；就是突然在街上或田里被抓去当兵，甚至来不及辞别爹娘就糊里糊涂地到了台湾。下船的军人当然也不明白台湾民众对他们的寄望有多深。

蒋介石任命陈仪为台湾行政长官，到台北接受日本末代台湾总督投降。台湾人大多只会说日本话及台湾话，不会说北京话。陈仪于是引进许多大陆籍人士，或是所谓的"半山"（即是台湾人而在日据时代移居大陆者）来。这些人占据政府及政府经营事业中的重要职务，而有一大半素质不良，形成外行领导内行，台湾人开始觉得无法忍受。有些报道说陈仪本身生活俭朴，廉洁刚直，但无法有效拘束部属。大陆人之中有不少原本就是贪官污吏，来台之后仍然不改贪腐心态，营私舞弊，目无法纪。

在一般大陆人的观念中，台湾是日本的殖民地，受到日本毒素的教育，而在中日战争中站在日本一方，对抗"祖国"，部分人因而斥责台湾人是"汉奸"。台湾人则认为，当初正是"祖国"在甲午之战失败之后把台湾当作牺牲品割让给日本，所以除了极少数富豪有能力迁回内地以外，大部分台湾人毫无选择的余地。如今大陆人却又来说台湾人是汉奸，如何能接受？

台湾在太平洋战争中有二十几万人被迫到海外充当日本皇军，在战败后被抛弃，境遇极为凄惨。每一个人在回到台湾的过程中，都有一段辛酸的历史。举一个例，当时有记者在海南岛榆林港报导，说至少有六千人在那里等待遣返，已经苦苦等了一年多。这些人个个蓬首垢面，饥饿难耐，身上穿的是一年多前投降时的单衣，已经发霉腐烂；万一生病，就只有等死了。好不容易回到台湾，却又受到严重的歧视，大部分失业，因而对新政府更是仇视。总之，台湾回归中国之后没有多久，"外省人"与"台湾人"便已经出现矛盾摩擦。

当时大陆在蒋介石治下正是投机资本家扰乱金融、黑市猖獗的时候，部分来到台湾的贪腐官员认为是发财良机，于是勾结商人从事盗卖米粮出口。台湾战后物资短缺，因而更甚，米价突然在数月中涨了三四倍，人民生活顿时陷入苦境。政府无法管制走私，却实行经济统制政策，管制米、盐、糖、煤油等民生必需品。烟、酒专卖向来是日本总督府的岁入来源，台湾长官公署也一样依赖这项收入，因而查禁私烟、私酒是重要工作。许多民众无以维生，对政府怨恨，有识之士已经观察到随时将有暴动。不幸的"二二八事件"便是在这样的背景之下发生了。

二二八事件

1947年2月27日，在台北市延平北路的天马茶房前，有六名专卖局查缉员及四名警察查获一名妇人林江迈正在贩卖私烟，当场没收林妇的香烟及身上所有的钱。林妇跪地求饶而被查缉员打伤。

围观的民众愤怒而包围查缉员。查缉员中有人开枪示警，却失手击毙了一名市民。民众上前围殴查缉员，又激愤地包围警察局，要求惩凶。第二天，台北市出现罢工、罢市。群众集结于台湾省行政长官公署门口请愿示威。卫兵开枪并造成伤亡，使民众情绪更为激昂，转而占据电台，广播报道事件始末，呼吁人民起来抗争。全面反政府事件终于爆发了。

外省人在全岛四处遭到攻击。对外省人施暴者主要是海外归来、积怨已深的台籍日本兵，以及各地流氓。许多外省人被称为"外省猪"，被殴打、被抢、被杀，妇女被强奸、被强逼喝馊水。全岛总共有数千人受害，连孩童都不免。当时也有许多台湾人挺身而庇护外省人，例如，有些在学校、公家机关里任职的台湾人收留外省人同事，林献堂全力护卫后来曾任台湾"总统"的严家淦。但是暴民继续升高行动，攻击政府机关及警察局，又抢夺武器，与警察及部队互击。台湾共产党有谢雪红在台中、嘉义组织民间武装部队号召起义。陈仪一面设法安抚士绅，一面紧急向蒋介石报告，请求支援。

二二八事件发生时，正是国民党军队与解放军在大陆战况胶着的时候。蒋介石接获陈仪的报告，立刻从战场上调兵到台湾。大军一到，陈仪立刻展开镇压。

国民党政府在一周内肃清各地动乱后，开始名为"清乡"的扫荡工作，目标不只是暴乱分子，还包括社会名流、意见领袖和各级知识分子。两个月间，许多人被无故拘捕，经秘密审讯及毒打之后处死。死亡及失踪总人数估计在一万至两万人之间，其中有台湾大学的文学院院长、金融界名人、议会议长、议员、著名的报人、作家、画家、医师等。这些人里面有很多并不曾参与暴乱，因而许多台湾人认为国民党是在有计划地消灭台湾精英分子。

"二二八事件"是由许许多多的错误重叠而造成的一个历史悲剧，其影响既深且广。

"台湾人"和"外省人"之间的分裂因而加深。在这个事件之后，许多台湾人告诫子孙从此不要涉入政治，正说明了他们心中对大陆来台政府是如何地不信任。也有一部分台湾人深受刺激，选择离开家园，不愿再回来。又有一小部分人发誓要寻求建立一个属于台湾人的独立自主的政府，这是战后"台湾独立"运动的开始。

从另一个角度看，大部分的外省人一方面实在无法忘怀在二二八事件前段时间所遭受到的恐怖攻击，缺乏安全感；另一方面又仍然心系中国，所以对独立思想深恶痛绝。

台湾在战后约有六百万人，而国民党在大陆失败后约有一百多万军民撤退到台湾。这七百多万人在后来的六十年中繁衍成为三倍的人口。由于通婚非常普遍，族群融合过程极为迅速，许多第二代子女已经说不清是本省人或是外省人，双方的隔阂逐渐消失。然而，"二二八"却多少仍是一项共同的历史负担，族群间潜在敌对意识的源头，是所有居住在台湾的人必须努力共同弥平的裂痕。

台湾土地改革

1949年,台湾开始发行新台币,通货膨胀的情况得到疏解。曾任北京大学校长的蒋梦麟博士受命规划农业改革,提出"三七五减租"的建议,规定地主向佃农收取的地租不得超过收成的千分之三百七十五。台湾省主席陈诚于是发布命令,强制执行。后来陈诚又推行"耕者有其田"的政策,规定地主只能保留一定数量的农田,其余由政府征收,连同公地一起放领给农民。政府征收地主土地后,以债券及公营事业股票补偿。佃农承租土地十年之后,土地归佃农所有。后来在台湾经济发展的过程中出现的大企业家,有一部分就是原先的大地主。

台湾实施土地改革时,美国派在GHQ的农业顾问也有一些人来到台湾,提供建议。台湾有部分措施因而是借镜GHQ在日本的改革经验。一般认为国民党在台湾的土地改革极为成功。国民党显然已经记取在大陆失败的教训,要在台湾争取民心,免得又发生革命。有人说,国民党如果在大陆早早进行和平的土地改革,或许不至于被共产党赶到台湾来。

朝鲜战争及韩国、朝鲜分治

韩国的命运在二次大战结束后又是如何呢?简单地说,是从不确定走向战争,由战争又走向分裂。苏联的军队在日本天皇宣布投降五天后就抵达平壤,三天后,美军才从仁川登陆。美国与苏联其实早有默契,美军统帅麦克阿瑟将军宣布美、苏两国以北纬三十八度线为界,分别暂时占领。韩国此时国内各党派林立,都自称具有充分的代表性,但是最终仍是背后支持的外国政治力量在左右政局。苏联以军舰送金日成回到朝鲜,成立朝鲜共产党。美国送流亡美国的独立运动领袖李承晚回到汉城。在重庆的韩国临时政府主席金九也由中国送回汉城。

美、英、苏三国开会,会后决定将韩国交付盟军托管五年。韩国人民无分南、北,全部激烈反对,发起示威,罢工罢市。此后的几年内,韩国实质上是南、北分治。1948年7月,南韩在美国坐镇之下进行普选,选出李承晚为大统领。同年9月,朝鲜在苏联的主导之下,选出金日成为国家主席。南、北朝鲜正式分裂,即今天的韩国和朝鲜。

韩国以金九为首的本土派独立运动人士实际上并不同意南、北分治,仍然希望追求国家的统一,与亲美派意见不合。金九不惜抵制韩国的普选,又到朝鲜参加各党派联席会议,在第二年六月却遭到暗杀而死。韩国因而爆发反美的大风潮。

1950年1月,美国国务卿艾奇逊(Dean G. Acheson)突然发表声明,宣称"美国关心的是从菲律宾到冲绳、日本、阿留申群岛的战略防线,对其他地区没有防御的责任"。等于说朝鲜半岛及台湾都不在美国的防御范围之内。美国的声明使韩国更加陷入混乱。李承晚的政党在国会议员大选中惨败,朝鲜更是误以为如此便可以用武力完成韩国统一,在六月后突然出兵南下,朝鲜战争于是爆发。

朝鲜出兵十万人南下,三天内便攻占汉城,韩国败退到釜山附近。美国向联合国安理会提出控诉,正巧苏联代表因为抗议联合国拒绝接纳中华人民共和国为新会员国而缺席,安理会于是表决通过出兵,以美军为主导,由麦克阿瑟担任联军统帅。其他十五个国家也派小部分军队参战。台湾要求参战,却被拒绝了。

联军在仁川登陆,斩断朝鲜军队后路,夺得战局的主导权。一个月后,联军越过三十八度线,攻陷平壤,又直扑鸭绿江边,越来越接近中国的边界。中国既怕朝鲜战争延伸到国境之内,又不愿与美国及联合国军队正面为敌,因而犹豫再三,不过最后还是决定出兵。毛泽东命令彭德怀率领"中国人民志愿军"二十万人,于10月间渡过鸭绿江,喊出"抗美援朝"的口号。联军被迫退到釜山。麦帅下令增兵反攻;中国也增兵,采用人海战术。之后,双方在三十八度线附近展开拉锯战。

有些专家学者认为中共之所以出兵有一部分是为了要取信于斯大林,实在不得已。

二次世界大战末期,苏联与南斯拉夫共产党之间开始发生裂痕,在战后冲突不断,渐行渐远。1948年,斯大林严厉批判南斯拉夫共产党领袖铁托(Josip Tito)"背叛马列主义,实行民族主义的道路"。声言与南斯拉夫决裂,并对之采取经济封锁。铁托被迫向美国请求援助,美国立刻拨给贷款,趁机予以分化。这使得斯大林产生戒心,怀疑毛泽东是不是真正的马列主义者,怀疑中国共产党也有可能像南斯拉夫一样与苏联决裂,又怀疑美国在背后拉拢。

现代有些学者从解密的苏联秘密档案得到资料,推论金日成在发动战争前虽得到斯大林的同意,并没有完全知会中共。一部分的学者因而推论韩战是由斯大林一手导演,借金日成的野心发动战争,又逼中共在羽翼尚未丰满时不得不与美国在战场见面,从此关系无法转圜。

美国总统杜鲁门一开始出兵就打定主意只打有限度的战争,深怕背后的苏联参战,届时第三次大战将不可避免。然而,麦克阿瑟作风强势,曾经多次建议要大规模轰炸中国东北、动用原子弹轰炸中国的大城市,又建议邀请在台湾的国民党军队参战。杜鲁门一一驳斥之后,又怕麦克阿瑟抗命不遵守约束,突然下令解除麦克阿瑟将军的职务,派李奇威将军(Matthew Ridgway)接任。

朝鲜、中国、联军三方开始举行停战会议。经过两年多边打边谈,最后终于在1953年7月于板门店签署停战协议,同意韩国、朝鲜仍以北纬三十八度线为界,分开统治,又回到了原点。

估计在朝鲜战争中美军有超过十五万人伤亡,中国人民志愿军有超过四十万人伤亡,韩国、朝鲜各自有超过一百万军民死伤。这些国家都因朝鲜战争而受害,而朝鲜战争的受益者,无疑是周边的日本及台湾。

1950年代之后日本及台湾的发展

美国在朝鲜战争中花费大约两百亿美元用以购买军需物资。日本如久旱逢甘霖一般,急遽扩大生产及输出,产生特需的景气,经济开始复苏。日本许多财阀也因而在经济起飞当中宣告复活。日本与美国签订《日美安保条约》,将国防安全置于美国的保护伞下,专心致力于经济建设,从此一路扶摇直上,在1960年代成为亚洲的一等经济强国。

美国国务院在蒋介石败退台湾之后发表《中美关系白皮书》,声明在中

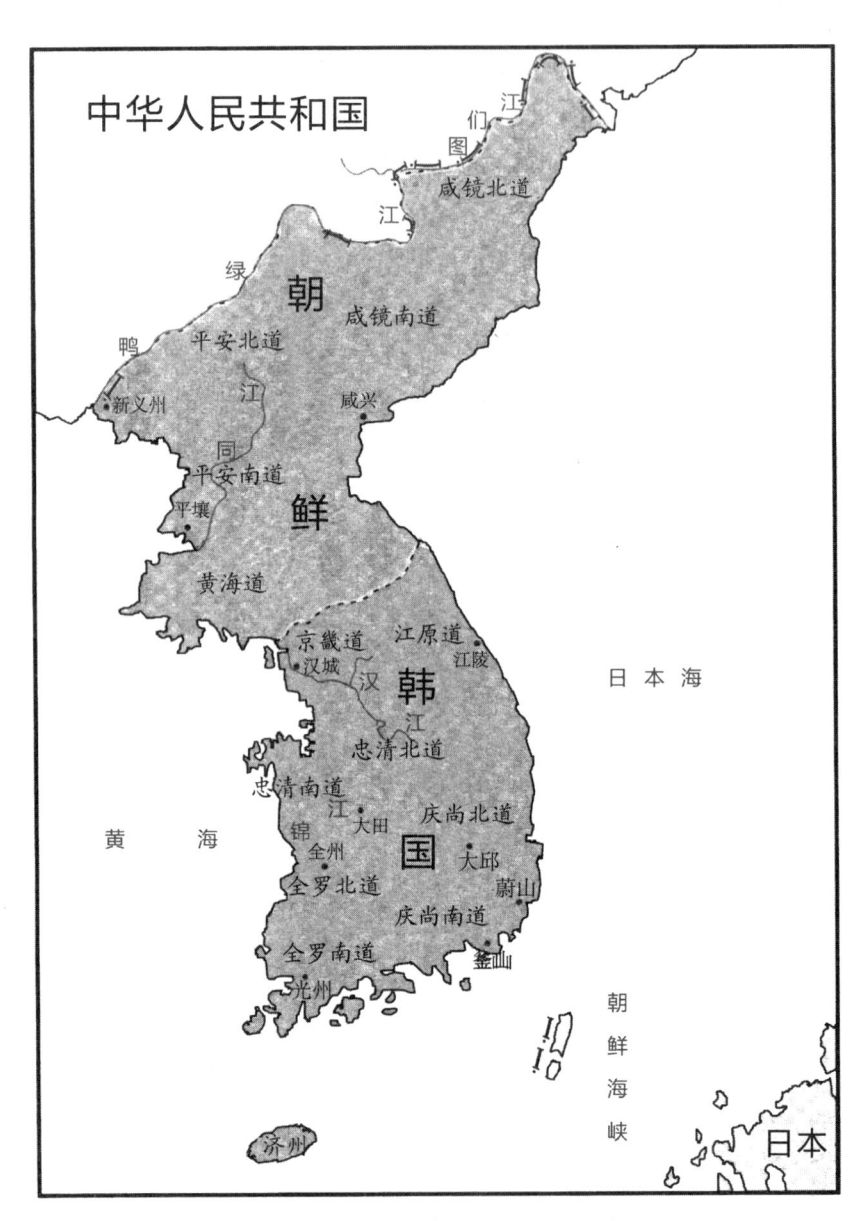

韩国与朝鲜（1951年后）

国反共的失败完全是因为国民政府腐败无能，也就是说美国并没有任何错误或责任。国务卿艾奇逊在 1950 年 1 月的声明也明白表示美国对台湾没有任何防御的责任。因而国民党政权这时正是处于最低潮的阶段，不知道什么时候解放军会挥军渡过台湾海峡。朝鲜战争爆发后，美国的政策立刻转向，命令第七舰队巡弋台湾海峡。台湾立刻转危为安。美国又在台湾成立"美军顾问团"，提供台湾蒋介石当局军备和训练的协助。不过除了美军顾问团之外，台湾蒋介石当局还有另一个军事顾问团，称为"白团"。

蒋介石在对日战争前及战争中无法如愿消灭共产党，等到中日战争一结束，立刻派亲信与日本在中国的最高军事指挥官冈村宁次签订密约，聘请他为剿共参谋。冈村宁次在蒋介石的保护之下，逃过了东京战犯审判，于是应蒋介石的要求，协助组织"白团"以对抗共产党。国民党政权败退到台湾，"白团"也随着到台湾，其成员大多是原来日本皇军的少将至少佐级的核心分子，但都使用中文的化名。蒋介石后来对军队里的中高级军官实施大规模的改造、训练及思想教育，并在金门、马祖等外岛建立起固若金汤的防御工程，其中大部分是出于"白团"的建议及协助。

在政治方面，国民党一方面怕人民集结反对力量，一方面也怕共产党借机渗透、颠覆，因而在 1949 年发布"戒严令"，以党、政、军、特务重重高压掌控。许多持反对言论的人士往往无故被指为"匪谍"，受到非法迫害，处于白色恐怖之中。国民党表面上从 1950 起开始实施地方自治，实质上仍然是一党专政。这种情况一直延续到蒋介石的儿子蒋经国于 1975 年接班之后才逐渐开放，而走向民主化及本土化的方向。

韩国在朝鲜战争后的发展

朝鲜战争在韩国制造了一大群孤儿寡妇，失业人口遍布街头，国家丧乱。美国强力支持的李承晚政权仿效台湾实施戒严法，实行一党独裁统治，而贪污腐败，受到人民唾弃。1960 年，李承晚已经在位十二年，又竞选第四任大统领。执政党在选举中公然舞弊，全国哗然，各大学学生罢课，示威暴动，要求李承晚下台。政府强力镇压，使得示威抗暴更加激烈。李承晚最后不得不辞职下台。尹潽善赢得大选而继任,却无法控制局面。一年后,军人朴正熙发动政变,开始实施长达十八年的强人独裁统治。

1961年,越战爆发,持续至1974年。美国派遣数十万子弟兵到万里之外的越南丛林中与共产党打仗,不但无功而返,又耗费了至少二千五百亿美元,比在第二世界大战时的战费还要多。日本再一次得到发战争财的机会,一跃而为世界经济的一等强国。台湾和韩国也在越战期间靠大量的生产及输出而有突破性的经济发展。

韩国经济虽然大幅增长,政治上却仍是在军人高压统治之下。1979年,朴正熙突然被自己宠信的中央情报部长枪杀。另一个军事强人全斗焕又发动政变,取得政权,而继续实施高压统治,甚至变本加厉。1980年,光州发生学生政治抗争运动,数万愤怒的学生走上街头,要求政府解除非常戒严,保障言论自由,又要求全斗焕下台。在全斗焕的眼中,这却是一场由反对党领袖金大中在背后操控、有计划的武装革命,于是下令最精锐的空降部队进入光州,断然采取血腥镇压。震惊世界的南韩"五一八光州事件"于是爆发。

南韩军队镇压学生的过程中,手段极为残暴,并伤及无辜,引起光州市民公愤,纷纷加入抗争行列,示威人数竟达到二十万人。军方下令对群众开火,更出动了装甲车及坦克,在十天后完全压制了这场抗争。韩国军人主控的政府在五一八光州事件时对付本国人民的手段,竟比殖民时代的日本总督府还要粗暴,令人无法了解。

韩国在五一八光州事件后,又历经十几年的军事强人统治。到了1993年,由于在野党领袖金泳三与军方合作,才终于有文人当选大统领,并且在此后渐渐脱离军方的控制,走向民主之路。

中国大陆在1950年代之后的发展

中国在朝鲜战争之后被美国认为是新起的侵略者,也是围堵的对象。共产党原本在国共内战后已经是面对着残破的国家,百废待举,为了朝鲜战争又大伤元气,并且背负巨额的战费,再加上被围堵,使得国家更加穷困,复原的工作更加艰难。

1958 年，中共中央动员全国发起"大跃进"，并实施"人民公社"制度。一连串错误的工业及农业政策导致经济破产。1966 年，毛泽东发动"文化大革命"运动，历时十年，造成又一次的大浩劫。数以千万计的人受到打击、迫害，有的甚至含冤死去，其中包括无数党、政、军重要人物，以及人文、艺术、学术等各方面的精英。

毛泽东在 1976 年去世以后，被罢黜的邓小平逐渐复起，并巩固其地位，而领导中国走向改革开放的道路。三十年后，中国已然成形为世界上的经济大国。

中国共产党内部曾经讨论毛泽东的历史地位，而在 1981 年发布决议，认为他发动十年"文革"是犯了错误，但由于他是中华人民共和国的缔造者，对国家人民建立了永远不可磨灭的功勋，因此他的"功绩是第一位的，错误是第二位的"。

被孤立的朝鲜

朝鲜在朝鲜战争后被孤立于资本主义国家之外，只能与苏联、中国及其他社会主义国家贸易往来，在初期经济还能迅速成长，后来却随着苏、中两国经济下滑而急速恶化。

1980 年代起，苏联在东欧的许多附庸国由于经济发展陷入停滞，民生困难，开始出现政治动荡。1985 年新上任的苏联共产党总书记戈尔巴乔夫（Mikhail Gorbachev）也希望借由改革和开放来挽回颓势。波兰的团结工联因而开始壮大，强力挑战当时的威权政府，并在 1989 年经由大选击败波兰共产党，夺得政权。同一年底，象征资本主义与共产主义之间的藩篱柏林围墙被市民推倒，东、西德在经过四十五年的分裂后重新统一。其他所有被关在"铁幕"里的东欧国家于是无不一一跟着推翻共产党政府的统治。南斯拉夫及捷克甚至分裂为几个国家，而发生严重的内战。1990 到 1991 年的两年内，苏联的十几个加盟共和国如立陶宛、格鲁吉亚、乌克兰、哈萨克斯坦等也纷纷废弃共产主义的意识形态，宣布独立。最后，已经完全失势的戈尔巴乔夫不得不在1991年底正式宣布辞去苏联总统的职位，苏联于是解体。新成立的俄罗斯联邦和已经独立的各个加盟共和国组织了一个"独立国家联合体"，不过俄罗斯在其中的影响力已经今非昔比，也有部分前苏联加盟共和国拒绝加入独立国家联合体。

经过苏联及东欧剧变，朝鲜成为世界上极少数仍然奉行共产主义的国家，因而更形孤单。金日成在1994年去世后，儿子金正日继承为领导人，仍然坚持共产主义的意识形态。

第六卷 历史的借镜——论兴亡之道

第 32 章

从中国历史上的十四次大动乱说起

中国的历史上曾经发生过无数次的动乱，而动乱最严重的，总是在改朝换代时，尤其是在大分裂和大一统的循环过程中。著名的章回小说《三国演义》在一开头写着："话说天下大势，分久必合，合久必分。"总结这种分分合合的必然性。当动乱发生时，暴政、战争、劫掠、焚烧、强奸、大破坏、大屠杀等人祸都是无法避免的。人祸与天灾又往往互为因果，因而有地震、水灾、旱灾、蝗灾、饥荒、瘟疫等伴随着发生。对于老百姓来说，无疑每一次都是惨绝人寰的浩劫。

综观在中国发生过的所有动乱，称得上是大动乱的事件有十四次，详如附表。本书在此要用具体的数字来说明究竟这些大动乱带来多严重的破坏，并总结其前因后果。在此必须说明，本章中的人口估计数字，大部分是引用近代中国学者王育民先生的著作《中国人口史》，以及何炳棣的《1368—1953 中国人口研究》的资料。

秦、汉之间的三次大动乱

据估计，中国的人口在夏朝时还不到三百万，商朝时只有四百万。周

中国历史上十四次大动乱前后人口统计

历史上十四次大动乱		西元起迄	人口数（万）			
			动乱前	动乱后	减少数	减少比例
1	秦末大乱	前209—前202	2 200	1 500	700	32%
2	王莽末大乱	17—36	5 900	1 500	4 400	75%
3	东汉末黄巾起义	184—208	5 600	2 600	3 000	54%
4	西晋末五胡乱华（只计华北）	304—319	3 200	1 600	1 600	50%
5	东晋孙恩起义（只计华南）	399—411	1 700	900	800	47%
6	北魏六镇之乱（只计华北）	524—535	3 000	2 100	900	30%
7	隋末大乱	611—627	4 700	1 230	3 470	74%
8	唐朝安史、吐蕃、回鹘之乱	755—764	5 290	1 690	3 600	68%
9	唐末农民起义	874—907	3 000	1 500	1 500	50%
10	金灭辽及北宋（只计华北）	1118—1142	4 500	2 000	2 500	56%
11	蒙古灭金及灭南宋	1223—1276	10 500	6 180	4 620	44%
12	元末大乱	1351—1368	10 400	6 000	4 400	42%
13	明末农民起义及清兵入关	1618—1650	15 000	6 000	9 000	60%
14	清朝太平天国起义	1851—1864	43 000	31 800	11 200	26%

公辅佐成王时，西周的人口约为一千四百万。战国时代战争频繁，较大的战役动辄死伤数万，乃至数十万人，但基本上当时的战争多半没有殃及无辜平民，而农业和商业都得到迅速发展，所以在战国末期中国人口已经超过两千万人。

秦始皇统一天下之后，施行暴政，强迫人民参加修建宫殿、林园、驰道、长城、陵墓等工程，导致民不聊生。秦二世时，陈胜、吴广起义，引爆农民全面起来革命。秦朝迅速灭亡，但群雄逐鹿，争着要做皇帝，内战因而更加扩大，延续七年（公元前209—前202年）。最后汉高祖刘邦统一天下。

在这一场中国第一次的平民革命中究竟死了多少人很难估计。古代的史书有说是"五损其二"，也有说是"十分无三"。总之，减少的人口数可能在六百万到八百万之间，大约是从原先的二千二百万人减少到一千五百万人。

西汉统一后人口不断上升，到了末期，人口达到五千九百万人（汉平帝元始二年，公元2年），是历史上的第一次高峰。接着王莽篡汉，建立新朝，但王莽的复古改制等措施不幸地导致了前所未有的大动乱，天灾与人祸相随而至。旱灾、蝗灾、地震、瘟疫不断。盗匪杀人如草芥，官军杀害百姓更是残暴。农民再次起来革命，群雄又一次逐鹿中原，引发规模更大的内战。东汉光武帝刘秀最后统一了天下，在即位三十年后（中元二年，公元57年）下令普查人口，竟只有二千一百万人。光武帝即位之初的人口必是更低，估计只有一千五百万人左右。因此，在王莽当政前后约二十年内，中国的人口大约减少了四分之三，死去四千四百万人。所谓"生灵涂炭"，正是当时人民凄惨遭遇的写照。

百姓在东汉王朝的统治之下，又渐渐恢复了元气，经过大约一百三十年（汉桓帝永寿三年，157年），人口又达到了另一个高峰，五千六百万人。然而，东汉王朝越来越腐败，外戚与宦官斗争数十年后，宦官集团获胜，猖狂腐败也到达顶点。人心开始思乱，另一个灾难已经等在前面。

灵帝中平元年（184年），黄巾之乱爆发，乱民四处烧官府，劫乡里。黄巾军被官兵剿灭之后，接着是军阀大内战，延续二十几年。汉献帝及百官在洛阳尚且要自行砍柴生火，吃草根树皮，人民如何地纷纷饿死、病死、被杀死就不必说了。赤壁之战奠定了三国鼎立的局面，中国才稍微得到安定。

据估计，三国初期的人口总和是两千六百万左右。中国的人口因而在历史上第三次浩劫中减少了一半以上，大约三千万人。

五胡十六国及南北朝的三次大动乱

西晋初年，中国的人口又回到了四千五百万人，估计其中约有十分之七在长江以北。304年，五胡之乱爆发，华北顷刻之间成为人间地狱。大动乱之外，旱灾、蝗灾、瘟疫也同样随之而来。史书记载，蝗虫成群飞来，遮蔽了太阳，连牛、马的毛都被蝗虫啃光了。战争及大屠杀之残酷，使得野无炊烟，遍地白骨。由于这一段历史太过混乱了，对于这一期间的人口变化并没有确切的记载。不过根据部分文献推断，北方的人口在十几年间至少减少一半，其中大部分死亡，只有大约一百万人幸运地搬迁到相对平静的江南地区。

南方的东晋维持偏安的局面，人口逐渐成长，又吸收北方的移民，到四世纪末达到一千七百万人。然而长期的政治腐败，又引发孙恩、卢循之乱，遍及东南沿海各地。人民不是饥馁死于沟壑，便是毙于刀锋。史书上说："三吴户口减半，会稽（今绍兴一带）减少十分之三四，临海、永嘉死亡殆尽。"综合估计，死亡大约在八九百万人，也就是南方一半的人口。

北方在强权北魏建国（386年）之后，人口稳定成长，一百三十年后又回到了三千万人。然而，由于北魏后来政治急速腐败，引爆六镇之乱（正光五年，524年）。却又使得人民死了大约三成，只剩下两千万人左右。在所有的大浩劫中，人口减少三成算是最轻微的了。

隋唐的三次大动乱

史家都说隋唐是中国的盛世。实际上，隋唐的辉煌时期都是在前期，后半段大部分都是衰败混乱的时候。在这两个朝代中也发生了三次大动乱，并且动乱的程度比起其他的朝代有过之而无不及。

隋文帝统一南北之后，中国成为亚洲的超级强权，人口快速成长。隋炀帝即位不久（大业五年，609年），已经达到四千七百万人。不幸隋炀帝好大喜功，既要营造洛阳新都，开凿大运河，又要大举远征高句丽。被征调充军及劳役的百姓超过八百万人，而死亡超过一百万人。农地因而大多荒废，而官吏又贪污腐败。百姓穷困，做良民则被侵夺而冻死、饿死，做强盗还能苟且求生，于是全面叛乱。群雄竞起之后，转为全面内战。唐太宗征服群雄，再一次统一天下。根据贞观十三年（639年）的统计文献，人口只剩下一千二百六十万人，也就是死掉四分之三。自从王莽之乱以后，这是最具毁灭性的一次大动乱，比五胡之乱还要令人心惊胆战。

唐朝还没有到改朝换代，便又发生安史之乱（唐玄宗天宝十四年，755年），接着是回纥、吐蕃蹂躏中原。唐朝人口在此之前原本已经又恢复到五千三百万，经过十年的动乱，在唐代宗广德二年（764年），竟然降到一千七百万，也就是减少了将近七成，三千七百万人。

唐朝末年，宦官控制中央，藩镇控制地方，无不腐败残暴，横征暴敛。天灾再一次发生，地震、蝗灾、旱灾连连。人民无法生活，又起来造反。王仙芝和黄巢两人领导义军数十万人，所过地方无不残破，哀鸿遍野。起义军被围剿扑灭以后，唐朝跟着灭亡。黄巢之乱所造成的破坏程度是中国历史上所有发生的动乱里面最难估计的，因为在此之前唐朝实际上已经支离破碎，在此之后又进入分裂的五代时期，前后都没有可靠的人口数据供参考。勉强地估计，乱前大约是两千五百万人到三千万人之间，乱后约减少一半人，只剩下一千五百万人。

宋、元的两次大动乱

史家也常说宋朝是中国经济和文化的黄金时代，然而北宋及南宋时的军事力量却出奇的弱，以至于分别被女真人和蒙古人灭掉，遭到两次大浩劫。

北宋实际上是与辽国一南一北，分治中国及亚洲大陆北部。十二世纪初，辽国的人口约为九百万人，北宋的人口超过八千万，其中在淮河以北地区大约有三千六百万人。等到金国兴起，灭了辽国和北宋，淮河以北的总人口已经从四千五百万人减少到剩下约两千万，减少了一半以上。不过其中有部分人是迁徙到华南，而不是死亡。

女真人兴起时，无论怎样算人口也只有几十万，而竟然在建国（1125年）十二年后就连续灭掉了辽国及北宋，真正是令人无法想象，值得从政的人以戒慎恐惧之心去仔细研究其中的原因。

金朝在和南宋对峙一百多年后，人口迅速成长，达到五千三百万人。南宋的人口反而是成长缓慢，估计只有五千万上下。两者合计超过一亿人。正当两国各自安于逸乐时，蒙古人突然兴起，先灭掉金国（1234年），再灭掉南宋（1279年）。蒙古人的破坏力不亚于女真人，造成人口大量减少。忽必烈入主中国之后，人口总数估计只有五千八百八十万人，所以死去了四千六百二十万人，减少了四成以上！

元末明初的大动乱

元朝最后一任皇帝元顺帝统治中国的期间是一个多灾多难的时代。汉人早已因为长期遭到歧视而与蒙古人之间产生种族鸿沟，矛盾日益尖锐，正等待着机会要起来革命。不幸这时天灾频繁，首先是北方黄河决堤，水患严重，接着又有旱灾、蝗灾、饥荒、瘟疫相继发生。这场瘟疫非常严重，正确的医学名称是"鼠疫"。同一时间在欧洲也爆发鼠疫，称为"黑死病"，使得欧洲减少两千五百万人，约为当时人口的三分之一。欧洲人普遍认为黑死病是从亚洲传到欧洲的。

汉人起来革命时，发生内战；同时蒙古人忙着进行宫廷斗争，也发生内战。老百姓因而陷于双重内战的荼毒中。现代中国的学者估计元朝人口最多时大约是一亿零四百万人。后来朱元璋建立明朝，于洪武十四年（1381年）进行一次精确的户口普查，得到的人口数略低于六千万人。所以这段期间又有超过四成，大约四千四百万人死于天灾、瘟疫与人祸。

明末清初的浩劫

中国自古以来，每一个朝代的户口统计其实都不是很可靠，而各有各的问题。以宋朝为例,官方的记录只有"户数"及"丁数"。所谓丁,是指年满二十岁到六十岁的男子,至于小孩和妇女都不算在户口里。所以宋朝的人口都是学者推测出来的。

到了明朝时,官方记载的人口数从建国以后两百多年中一直维持在六千万人上下。学者一般认为这个数字完全错误,是人口流动频繁及大量为了逃税而隐匿户口的结果。现代的学者普遍同意明朝在万历二十八年(1600年)的人口已经达到了一亿五千万,是历史上的新记录。

明朝万历皇帝时,国家已经千疮百孔,病入膏肓;在他死后,一场大浩劫于是乎无法避免。先是民变四起,接着黄河、淮河水灾,陕西、山西及其他各省连年旱灾,然后必然的蝗灾接踵而至。"野无青草,十室九空。村无吠犬,白骨青磷,夜夜似闻鬼哭……","人相食,草木俱尽"。这时华北各省又瘟疫大起,早上发病,至夜即死。瘟疫地区没有死的百姓往往在一夜之间惊逃四散,只留下一座空城。

人祸比天灾更惨。农民军与官兵转战十几省,连续二十年,所到之处不论官、商、百姓都杀,而其中以张献忠最为残忍。张献忠以杀人取乐,包括孕妇及婴儿,其残暴的手法是自古以来所没有的,在明末文人和外国传教士的笔记中都有详细记载,本书实在不忍转述。清兵入关后,张献忠在四川下令大屠杀,惨况更是空前绝后。四川在明朝万历初年的人口有三百多万,到清朝顺治时普查人口,竟然只有八万人。减少的人口当然也有逃出去的,不完全是被张献忠杀掉,但张献忠的罪恶实在是到了天地不容的地步。清朝政府后来不得不长期鼓励外地的人民搬迁到四川,以填补空虚,因而有所谓"湖广填四川"。

农民军虽然残忍,有些官兵比农民军更加残暴。剿匪将领之一的左良玉号称拥兵数十万,军纪尤其败坏。他追赶张献忠至湖北襄阳。张献忠逃走之后,襄阳城内家家户户都住着左良玉的部卒,个个要吃、要住、要钱、要逞淫欲,还要杀人取乐。相较之下,百姓竟然更加痛恨左良玉。

清朝入主北京城后,开始清剿农民军,以及标志着"反清复明"的残余势力,又厉行薙发令,屠杀所有拒绝投降或拒绝剃发的人。仅仅扬州一个城就屠杀了八十几万人,真正是鸡犬不留。关于上述张献忠屠四川的一段历史，有部分史家指出，在被杀的三百多万人之中，至少也有一百多万人是清军在进入四川后屠杀的，并不能都推到张献忠的头上。明末清初的人民在遭逢义军、官兵及清兵三重屠杀之下，恐怕用"欲哭无泪"也无法形容了。

清朝最早有丁口记录的时间是在顺治八年（1651年），而估计约为四千三百万人。一般认为这个数字严重低估，至少应有六千万人。即使经过这样调整，读者很容易便能算出，明末清初的五十年中，人口减少了六成，即是九千万人。这个惊人的数字代表了中国历史上所有改朝换代过程中最为触目惊心的一段。本书一再地说，从文化及经济发展来看，明朝是一个辉煌灿烂的时代；但从政治上说，明朝无疑是中国历史上最黑暗而腐败的朝代。人民在这个朝代结束的过程中所付出的代价，在历史上最不幸，也是最惨痛。

太平天国的大浩劫

康熙晚年（1720年左右），清朝的人口又回到一亿人的关口。由于国家富裕，从此人口不断地直线上升。乾隆二十年（1755年），突破两亿大关；嘉庆六年（1801年），达到三亿。到了道光三十年（1850年），人口已经是四亿三千万人了。不料第二年（咸丰元年）太平天国革命爆发，一个巨大的浩劫又再次降临。

太平天国是一个集宗教信仰、农民革命及反传统礼教于一身的组合，在初期可能还有一点理想，但是不久就变成一个虚伪、愚昧、封建腐化、崇尚暴力的武装集团。太平天国军队所过之处，任意杀戮，屠城无数；分裂之后，内斗更是血腥无比。湘军、淮军视太平天国为社会的毒瘤，下手决不留情，太平军及其支持者即便投降也无不被屠杀殆尽，难逃一死。经过十四年的动乱，华中及华南许多省份遂血流成河，遍地白骨。

中外学者有许多人研究这一段时间的人口变化，但由于清朝在太平天国以后的人口数据残缺不全，因而众说纷纭，提出的数字相差很大。少部分人说是减少六千万人，大部分学者说是超过一亿人，也有人说是到达一亿六千万人。如果后二者的数字可信，太平天国运动就是所有中国发生过的农民起义中，造成的死亡人数最多的一次。

另一只看不见的手

总括地说，从秦朝到清朝的两千多年间，中国前后一共发生了十四次大动乱。每次人口死亡在百分之三十至百分之七十五之间，随着人口增长，死亡人数从数百万、数千万，增加到超过一亿人。十四次大动乱无一不是因为政治腐败而引起，而其中三件又牵涉到外敌入侵（女真人两次，蒙古人一次）。十四次大动乱的间隔时间，从九十年到二百五十年不等，而平均大约是一百六十年。

中国有两位现代学者金观涛及刘青峰在他们的著作《兴盛与危机》里面归纳指出，中国历代王朝之所以崩溃，是由于"无组织力量"累积到国家社会无法承受的地步。所谓的"无组织力量"，简单地说，就是在政府体系里面官僚机构及人员的膨胀和腐化，以及在农村发生严重土地兼并的情况。这两位学者解释宏观历史现象的角度，与热力学的观念相符。

热力学第二定律指出："一个孤立系统的熵值（entropy，或翻译为乱度，意思是混乱的程度），永远是在增加中。"换句话说，任何事物最终都是从有序走向无序。依照此一定律，人类社会资源的正常分布应该是分散而不集中于少数人手中。但一般来说人类的天性总是贪婪的，当一个社会过分放纵其人民追求财富，无论是以正当的手段，或是经由贪污、兼并、巧取豪夺的手段而使得财富过度集中时，此一社会系统的熵值便大幅降低了。这种不符合热力学第二定律的分配或许可以存在一时，却无法持久，因为自然有一股修正力量会生出来，引导社会系统回归到自然的分配。寡占的情况越严重，表示熵值越低，修正的力量也将越大。

在过去几千年中，中国的历史便是在人类发挥其贪婪的天性和回归热力学第二定律之间反复不断地循环。自古迄今其他国家的历史也莫不如此。

十八世纪时，亚当·斯密（Adam Smith）发表《国富论》，认为神秘的市场机制像"一只看不见的手"（an invisible hand），会引导经济活动自然走向对社会最有利的结果，使得资源得到最佳的利用。自此以后，这一只看不见的手便成为许多西方国家放任经济自由发展政策背后的理论基础。然而，放任的资本主义造成贫富不均、不公不义的结果也是公认的事实。资本主义如果不是发展过度，也不至于有共产主义出现，而以埋葬资本主义为其目标。

我们可以大胆地说，热力学第二定律所定义的熵是"另一只看不见的手"，其作用与亚当·斯密所称的"一只看不见的手"刚好相反。如果有哪一个国家，或整个人类社会发展到必须这另外一只看不见的手来干预，那么后果就是革命与动乱。

中、日、韩三国动乱年代的比对

读者们如果仔细比对中国、日本、韩国历史上动乱发生的年代，将可发现一个耐人寻味的事实，那就是从九世纪末起，三者几乎都是在前后相差不远的一段时间内发生大动乱。以下是本书作者的观察比较。

九世纪末，在中国的唐朝末年发生黄巢起义后不到二十年，在朝鲜半岛上的新罗王朝也爆发农民革命，有甄萱、梁吉、赤裤贼、弓裔相继起兵，最后王建创立了高丽王朝。

十二世纪初，女真人突然兴起，灭掉辽国和北宋。同一时间，在韩国也发生李资谦之乱和妙清之乱，开京和西京平壤都因而残破。在日本，由于天皇与藤原摄关之间争斗，使得武士阶级也在这时突然兴起，经过长期酝酿，而有1156年的保元之乱。

十三世纪初，蒙古人突然兴起，灭掉金朝。同一时间，在日本发生承久之乱，北条氏击溃天皇，幕府从此取代天皇而拥有绝对威权。蒙古铁骑在其后的二三十年间分别蹂躏高丽和南宋，最后又渡海远征日本。日本虽因飓风而幸免于难，却已经饱受惊吓。

十四世纪中，在中国正是元朝末年，天下大乱；在日本，南北朝之间的战争也正是如火如荼。高丽则是间接受害，北有由中国来的红巾军，沿海有日本来的倭寇，以至于农地荒废，民不聊生，国家残破。最后朱元璋建立明朝、足利义满统一日本、李成桂建立朝鲜王朝，全都发生在前后二十几年间。

十六世纪末，在明朝万历年间中国民变蜂起，孛拜、杨应龙、努尔哈赤相继被激而叛变。在日本，战国时代正进入战乱的最高峰，织田信长、丰臣秀吉和德川家康相继跃起。至于高丽，因为日本丰臣秀吉两次挥军朝鲜而遭受荼毒，惨况前所未有。

十九世纪中，清朝发生太平天国运动及捻军起义，南北动荡。朝鲜也是民乱四起，从洪景来之乱到晋州之乱，越乱越大；基督教因膨胀过速而遭到大迫害，又有东学党起而领导农民叛乱。在日本，正是倒幕运动风起云涌的时刻，后来发生黑船事件，接着幕府倒台，而有明治维新。三者动乱的形式及结果或许有不同，其革命的本质并没有什么不一样。

为什么中、日、韩三国的历史脉动竟有如此惊人的相似性？若要清楚回答这个问题，恐怕必须要说到气候变迁对历史的影响。

气候变迁与动乱的关联

大约从一百多年前起，欧美开始有历史学家和气候学家研究历史上的气候变迁问题，进而推论中国历史的脉动和气候有关，而尤其认定华北干冷气候的周期性变化是其中的关键。美国气候学大师亨廷顿（Ellsworth Huntington, 1876—1947 年）是这一派理论的代表性人物。后来中国有许多学者也跟着投入研究，并发表许多有关历史上气候变迁的论述，其中以竺可桢（1890—1974 年）为代表人物。

学者们在研究古代气候时各有各的不同方法，有些是引用中国古代历史关于气候及动植物分布的记载，有些是研究千年古树的年轮，有些是采用沉积在地下的古代花粉，拿来与现今的花粉比较，也有研究在南极冰山底层冰核里二氧化碳的含量。香港大学教授章典和他的研究团队在 2007 年所发表的一篇论文《千年以来中国东部的气候变迁与战争频率》，是一份具有代表性的研究报告。这个团队认为，过去一千年中发生于中国的动乱与战争，大多是肇因于气候变迁而造成的食物短缺。战争的频率和规模，尤

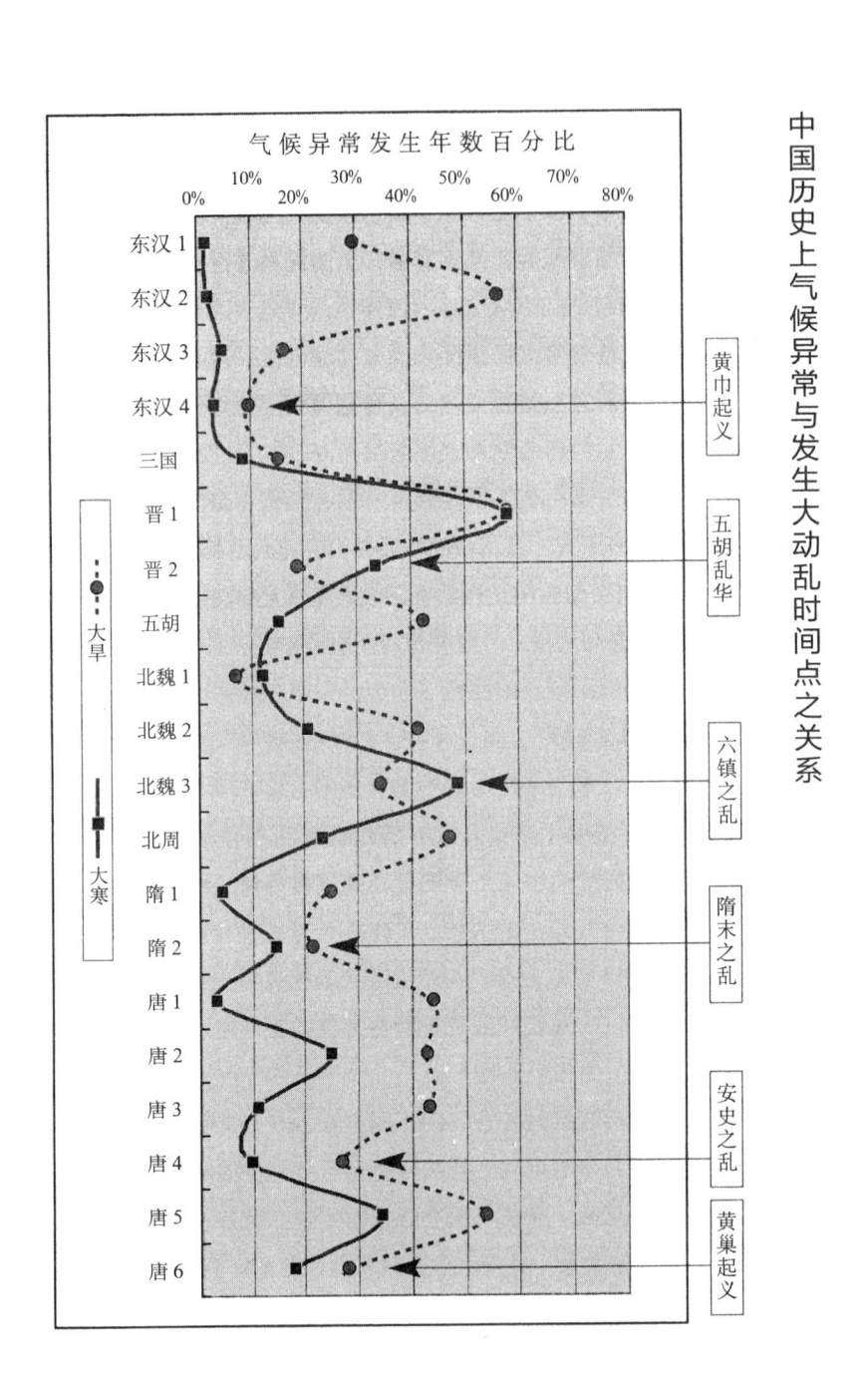

中国历史上气候异常与发生大动乱时间点之关系

气候异常发生年数百分比

图例：
- ●（虚线）大旱
- ■（实线）大寒

纵轴时期：东汉1、东汉2、东汉3、东汉4、三国、晋1、晋2、五胡、北魏1、北魏2、北魏3、北周、隋1、隋2、唐1、唐2、唐3、唐4、唐5、唐6

标注事件：
- 黄巾起义
- 五胡乱华
- 六镇之乱
- 隋末之乱
- 安史之乱
- 黄巢起义

中国历史上气候异常记录

朝代	帝王	序号	公元起迄
东汉	光武、明、章帝	东汉1	25—88
	和帝至质帝	东汉2	89—146
	桓、灵帝	东汉3	147—189
	献帝	东汉4	190—220
三国	魏、吴、蜀	三国	220—265
西晋	武帝	晋1	265—290
	惠、怀、愍帝	晋2	291—317
五胡十六国、东晋		五胡	318—423
北魏	太武帝至文成帝	北魏1	424—465
	献帝、孝文帝	北魏2	466—499
	宣武帝至孝武帝	北魏3	500—534
东/西魏、北齐、北周		北周	535—581
隋	文帝	隋1	581—604
	炀帝	隋2	605—618
唐	高祖至太宗	唐1	618—649
	高宗至武则天	唐2	650—705
	中宗至玄宗开元	唐3	705—741
	玄宗天宝至代宗	唐4	742—779
	德宗至武宗	唐5	780—846
	宣宗至哀帝	唐6	847—907

资料来源：《中国历史上气候之变迁》，刘昭民参考《古今图书集成·历象汇编·庶征典》历代记录，台湾商务印书馆，1990。吕正理整理、制表，并绘附图。

年数	气候异常记载次数			
	大旱		大寒（冬春雪寒＋夏霜夏雪）	
	次数	%	次数	%
64	19	30%	1	2%
57	32	56%	1	2%
43	7	16%	2	5%
31	3	10%	1	3%
46	7	15%	4	9%
26	15	58%	15	58%
27	5	19%	9	33%
106	45	42%	16	15%
42	3	7%	5	12%
34	14	41%	7	21%
35	12	34%	17	49%
47	22	47%	11	23%
24	6	25%	1	4%
14	3	21%	2	14%
32	14	44%	1	3%
56	24	43%	14	25%
37	16	43%	4	11%
41	11	27%	4	10%
67	36	54%	23	34%
61	17	28%	11	18%

其是和寒冷的气候相关，年平均气温只不过降低摄氏零点三度到零点五度，在十年到三十年后便会有大动乱发生。不过章典又小心地说，他并不是主张气候变迁是造成人类战争的根源，而是说长期的气候变迁趋势是战争循环背后的原因之一，但不能把战争的责任完全推给气候变迁。

台湾有一位刘昭民先生写成一本《中国历史上气候的变迁》，其中参考《古今图书集成·历象汇编·庶征典》编出各朝代旱灾、雨灾、冬春雪寒、夏霜夏雪等记录。为了便于说明，我根据这份记录制作了一张附表和一张图，用以解说从东汉到唐朝之间，华北气候变化与大动乱时间点之间的关系，请读者参考以上三页。

此一图表分析有一个特殊之处，那就是我把这段期间的历史依其脉动而分为三十至六十年不等的区段。例如唐朝分为六段，前三段（唐1至唐3）都是大唐盛世，唐4是唐朝走下坡而爆发安史之乱的一段，唐5是藩镇割据的时代，唐6是黄巢起义到唐朝灭亡。图中的两条曲线，分别代表大寒和大旱的气候异常现象在各区段里发生年数百分比（记录发生异常的年数／区段总年数）的变化情形。

从这张图，我们可以明显地看见章典所推论的战乱与寒冷气候之间的对应关系：从东汉到唐末的八百多年间，有五次发生大动乱之前，都曾经发生过寒冷高峰期，并且伴随着干旱，而寒冷看起来比干旱的影响还要大。这期间只有一次东汉末年的黄巾之乱似乎和寒冷没有关系。

章典的研究指出，气候变迁与动乱发生之间的时间差为十到三十年，但从我所绘的图表却看见时间差实际上长短不一。具体地说，北魏六镇之乱和隋末之乱几乎都是在天气干冷来到后就立即爆发了；五胡之乱和唐末黄巢起义是在气候干冷的高点之后约三十到五十年才爆发；至于安史之乱则是发生在气候干冷明显达到极高点之后约一百年才发生。

究竟是什么原因使得上述的时间差有如此大的差别呢？我认为，关键在于当时国家的根本体质和执政者的心态与施政。以下依动乱发生的时间顺序一一说明。

晋武帝时，气候干冷同时发生，可说是中国历史记载中最早并且最严重的一个时段。但晋朝却是一个强盛无比的帝国，不但有能力铁腕统治胡、汉各族，甚至可以派兵到辽东半岛，强力制止慕容鲜卑对扶余的灭族战争。因而，大动乱并没有在晋武帝统治时发生。然而，由于晋朝官员崇尚奢侈浮华的风气，又贪污腐化，社会各阶层产生不平，族群间相互仇恨很深，蠢蠢欲动。晋武帝死后，八王之乱又严重地削弱国力，因而有五胡之乱，距离晋武帝死后只有十四年。

北魏胡太后时，国家早已外强中干，社会上阶级矛盾严重，胡太后又放纵属下卖官鬻爵，贪赃枉法，国家有公权力而不能用，人民早已蓄积不满，也无视于国家公器。因而，气候一旦发生变迁，不需多久就发生暴乱。

隋炀帝的腐败和倒行逆施，此处不必再重复，隋朝崩溃与干冷气候几乎同步发生乃是必然的。

唐高宗和武则天时，不只是气候极端地干冷，又曾经有七年发生大饥荒和一年发生大瘟疫（《新唐书·五行志》记载）。在此之前的唐太宗贞观年间，气候干旱更是严重，并且有六年发生大瘟疫。然而，从唐太宗到武则天统治的八十几年间正是大唐帝国最繁荣昌盛的时候。唐玄宗统治的前三十几年称为"开元之治"，同样是繁荣昌盛。然而，唐玄宗在天宝年间却因淫逸享乐，放纵权臣乱政，蠹害国家，于是累积一百多年的所有问题一下子溃决，终至发生安史之乱。

安史之乱以后，唐朝成为藩镇割据的局面，又经过一百多年，到唐德宗时气候又开始严重干冷。这时实际上全国各地已经有零星的农民起义事件，但各藩镇都拥有强大武力，而镇压了所有的起义，因而并没有立刻发生大动乱。但光靠镇压并不能解决问题，只能延缓时间，因而在大约六十年后，动乱终于扩大，而爆发了黄巢起义。

综合前述，我的结论是，动乱的确是不能完全怪罪于气候变迁，因为究竟会不会发生动乱，何时会发生动乱，其实跟国家的治理是否上轨道也是息息相关。一个卓越的执政者纵使在天灾频仍时，也会知道要如何心怀悲悯，采取行动使得人民尽速脱离苦难，因而能避免或延缓动乱。反之，一个暴虐的政府，不必有气候异常也可能覆灭，东汉末年的黄巾之乱就是一个例子。

当气候发生重大变迁时，平时已经对暴政不满的老百姓生活更是陷入困境，更加要起来革命。气候变迁因而绝对是加速动乱的一个重要因素。

中国古代每当发生大水灾、旱灾、地震、瘟疫时，百官总是请皇帝斋戒沐浴，诚惶诚恐地设祭告天，并下诏求直谏，其实是有其道理。

日本、韩国的纬度与中国华北差不多，地理位置也相近，在历史上气候的变迁应该也十分类似。因而，读者只要稍微研究一下日、韩两国在九世纪末之后各朝代执政者的所作所为，对于三者之间历史脉动之所以如此相似，应该很容易得到答案。

气候变迁对人类未来的影响

是不是只有寒冷和干旱的气候才会造成大动乱呢？依我的看法，可能不是。中国历史上除了唐朝中叶约一百多年有暖冬的记载之外，很少有气候异常升高的情形，因而没有资料可以说明又干又热的气候将会造成什么问题。不过华北的年平均气温降低摄氏零点三到零点五度既然与上述的大动乱有关，可以想象地球的年平均气温如果急遽升高，对世界必然也会有严重的影响。事实上，这正是现今许多环境和气候学家所忧虑的地球暖化问题。

根据气候学者的统计，地球在1980年之前的四十年中气温变化不大，但之后年平均气温却不断地上升。全世界许多地区的气温之高都创下了当地的历史记录。虽然年平均气温升高不过是摄氏零点六到零点八度之间，但有许多专家学者却认为这已经是造成近年来世界各地越来越多、越来越严重的天灾的主因。这些天灾包括豪雨、洪水、干旱、热浪、超级飓风等，并造成重大的人命及经济损失。更可怕的是，天灾也引发了类似上述中国历史上的大动乱，其中最具有代表性的例子，发生在达尔富尔（Darfur）。

2003年，在达尔富尔地区的阿拉伯武装民兵以暴力驱逐当地的土著黑人，挑起战乱。大约有两百五十万名非洲黑人被迫逃离家园，三十几万人惨遭屠杀。民兵强暴妇女，焚烧屋舍，使整个达尔富尔地区成为人间地狱。在此之前，以农为业的黑人和以游牧为生的阿拉伯人已经和平相处不知几个世纪，为什么会突然发生这样的惨事呢？

气象学家的研究指出，地球暖化使得全球的总雨量增加了大约百分之二十，但各地降雨量增减并不均衡，有些地方增加，有些却减少。达尔富尔位于非洲撒哈拉大沙漠东南端，降雨量原本已经很低，又减少到只剩下原有的一半，正是受影响最严重的地区之一。

英国有一位专门研究非洲问题的学者，名叫狄瓦尔（Alex de Waal），曾经在1985年访问达尔富尔地区的一位阿拉伯伊斯兰教长老。这位又老、又病、又几近全盲的游牧部族长老告诉他这地区发生了他一辈子从未看见过的干旱，肥沃的土壤渐渐被沙砾覆盖而成为沙漠，大地再也无法同时养活农人与牧人。原先上天订下规矩，要农人与牧人各守家园，互不侵犯，如今这规矩恐怕已经遭到破坏，使得他恐惧万分。总之，这老游牧人认为世界末日就要来临了。

二十年后，达尔富尔战火爆发。狄瓦尔赫然发现，领导阿拉伯武装民兵进行大屠杀而被西方国家列为头号战犯的，正是当年那位伊斯兰教长老的儿子。上一代的恐惧，已经化为下一代的疯狂行动。

更恐怖的是，在此之前十年（1994年），非洲的卢旺达（Rwanda）也曾经发生过一次种族大屠杀事件，超过一百万人惨遭杀害。卢旺达的气候和环境跟达尔富尔一样，早已极端恶化而使得许多穷人吃不饱，无法过日子。卢旺达的野心政客于是煽动其中人口占多数的胡图族人屠杀少数弱势的图西族人，甚至有部分富有的胡图族人（大部分是大农场的主人）也遭到屠杀，图谋十分明显。

苏丹达尔富尔和卢旺达的种族大屠杀事件是两面鲜明的镜子，和上述中国历史上的大动乱一样，值得今日地球上的所有人深深警惕。地球暖化如果继续恶化，那么在世界上有部分地区恐怕也会渐渐无法住人，甚至发生类似在非洲的大动乱。因而，地球暖化的问题已经是迫在眉睫，是全世界所有的国家和人民必须共同面对、解决的危机。人类如果希望文明得以在地球上永续发展，就不能不严肃对待此一问题。

第 33 章

国家为什么会灭亡？

凡人都有生有死，国家也一样。古今中外，有无数的国家兴起，也有无数的国家灭亡。究竟是什么原因造成这些国家灭亡呢？如果一个一个分析，相信读者们必定可以找出千百种不同的原因；但归纳起来，我认为最根本的原因只有四个。第一，政治腐败；第二，内部分裂；第三，继承人问题；最后一个是外患。国家灭亡的原因可能不只是上述根本原因中的一个，而是其中两个，甚至三个、四个的联结。这些根本原因中，又有部分是主要原因，部分是次要的原因。

国家灭亡的原因和国家的大小、强弱之间有相当的关系，因而大国、强国与小国、弱国必须分开讨论。

政治腐败是大国灭亡的主因

读者如果研究了上一章所叙述的中国历史上十四次大动乱，必定会发现都和政治腐败有关，无一例外。其中只有三件与外患有关。但读者如果更深一层地追究这三件外患，也必定会同意辽国及北宋若不是那样的腐败，不可能会被小小的女真人灭掉；金国及南宋若不是那样的腐败，也不可能被蒙古人灭掉；明朝如果不是那样的腐败，清兵也不可能入关。因而，我的结论是政治腐败才是这些国家灭亡的主要原因，外患不过是次要原因。

本书所称的"政治腐败"，定义很广，包括统治者的种种暴虐行为，以及政府的无秩序状态。统治者穷兵黩武，劳役人民，使得许多百姓在无谓的战争中死去，又征税无度，是其中之最。

但我要请读者注意，十四次大动乱的主角都是中国历史上所谓的"正统朝代"，在全盛时都是当时的超级强权。因而，我们只能说政治腐败是所有大国灭亡的主因。对于小国、弱国，这样的说法并不一定适用。

内部分裂加速大国灭亡

大国在政治腐败之外，往往发生内部分裂，使得国家加速灭亡，在历史上不胜枚举。

五胡之乱就是一个明显的例子。西晋朝多年奢侈腐化的结果，是京城里的官员竞相炫耀财富，引以为荣，地方官员则忙于压榨百姓，巧取豪夺，使得胡人无不痛恨切齿。偏偏这时又发生了八王之乱，十四年中皇室兄弟之间轮流阴谋政变，举兵相向，血流成河，弄得国家奄奄一息，胡人趁机起来反叛。如果没有八王之乱，五个胡人部族很难那样快就推翻晋朝。

再举一个例。辽国在十世纪到十二世纪是一个雄踞于亚洲北部的超级大国，人口虽然不能与北宋相比，土地却有北宋的两倍大。辽道宗（1055—1100年在位）在位时，不幸因为皇帝位的继承问题而发生皇族严重分裂（详见第十三章），无法弥平，从此国力转衰。女真人初起，称兵叛乱，辽道宗派出四十万大军，预备一举剿灭女真人。刚一出兵，不料后方就发生兵变，女真人因而以仅仅一万人大败辽军，从此不复可制，甚至吸收辽国叛军，如滚雪球般壮大起来。辽国若是没有内部分裂，女真人应该是没有机会灭掉辽国。

在中国所有"正统朝代"的灭亡过程中，估计大约有三分之一是伴随着内部分裂。内部分裂往往使得一个原本已经政治腐败但还不至于灭亡的国家，确定了灭亡的命运，或是使得将要灭亡的国家加速灭亡。

在少数的情况下，即使国家没有政治腐败的问题，内部分裂仍然可能直接导致国家灭亡。举一个例。五胡十六国的霸主前秦王苻坚时，政治不算腐败，但所有被苻坚征服的各个胡人势力都是表面臣服，实际上在暗中各自打算。苻坚率领这样一群人组成的大军去打一场不必要的仗，一旦战败，自然四分五裂，山头再起，以至灭亡。

继承人问题

在专制时代，统治者的位置一般都是传给儿子，或是兄弟。继承人的选择、教育及接班过程，是数千年来所有国家无不面临的大问题。历史上一些震古烁今的皇帝，如唐太宗、成吉思汗及康熙皇帝，全都为此头痛，幸而他们的国家并没有因此而灭亡。然而，因为继承人问题处理不当而亡国的事件，历史上却比比皆是。

秦始皇没有早日确立储君，以至于当他死在巡游的半路上时，赵高与李斯有机会阴谋矫诏，命令太子扶苏自杀，扶胡亥为二世皇帝。若非如此，而是由仁厚的扶苏继位，秦朝未必会这样快就崩溃。晋武帝司马炎明知自己的儿子愚蠢，却仍然让他继位，国家怎能不乱？八王之乱怎会不发生？北周武帝若不是儿子叛逆残暴，隋文帝杨坚也不会那么快就篡了位。后周世宗柴荣英武过人，不幸骤死，只留下孤儿寡妇，才给了宋太祖赵匡胤机会"陈桥兵变，黄袍加身"。

最荒唐的是明神宗，竟然不让自己的儿子、孙子读书就学。中国历史上的皇帝莫不是怕继承人的学问、道德不够，所以聘请硕学鸿儒为太傅，以教导太子；只有明神宗不希望儿、孙有什么学识。明朝有这样的皇帝，不灭亡才是奇怪。

日本也有许多继承人问题的例子。丰臣秀吉死后，由于继承人年幼，野心勃勃的德川家康遂有机可乘。这个例子再一次印证了中国历史的经验：战乱的时代也是篡位频繁的时代。一个领导者无论建立怎样的丰功伟业，留下的继承人若是缺乏领导能力，在瞬息万变的混乱时代中仍然无法凝聚人心，注定要遭到淘汰。

选立继承人如果没有一套明确的制度，往往是国家内部分裂的开始。日本南北朝六十年的动乱，主要的原因正是天皇的继承问题发生两统的争议。韩国在新罗下代时，圣骨系统势力强大，却是复杂而分歧，没有人能全面掌控，因而王权并不安稳，发生六次政变夺权，是一种恶性循环，一直到国家灭亡都无法超脱。

小国亡于分裂

那么小国、弱国灭亡的原因与大国有什么不同呢？

小国、弱国最大的忧虑当然是野心勃勃的邻近强国。小国为了要避免被并吞，国防和外交都必须注重。邻国如果太强又太近，小国只能小心伺候。如果是在两个以上的强国中间，那么就要考虑两面外交政策，在夹缝中求生存。但弱国面对强国，最可怕的是发生内部分裂。这一点是如此重要，本章在此要用更多例子来加以说明。

汉朝、唐朝及清朝，是中国在历史上国力最强盛的三个朝代。当时有许多游牧部族，或是独立的小国家都在中国的威胁之下。这些国家其实有些也不算太小，在部分的时间里甚至曾经对上述的朝代分别造成巨大的威胁，但是后来却渐渐衰落了。以下为读者分析其衰落或亡国的原因。

匈奴是西汉最大的敌人。汉武帝穷一生之力，耗尽国家所有的资源，想要征服匈奴，却无法如愿。匈奴后来之所以灭亡，是因为在公元前85年，狐姑鹿单于死，发生严重的继承问题，一派拥立单于的幼儿，另一派声称狐姑鹿原本遗命是要传给弟弟的，以至于匈奴一分为二，国家逐渐衰弱。公元前58年，匈奴又一次更大的分裂，五单于并立，国中大乱，最后又分为南匈奴与北匈奴。南匈奴竟出兵协助汉朝将北匈奴完全逐出塞外，自己向汉朝投降，成为附庸国。

唐朝时有三个外患：突厥、回纥及吐蕃。反过来说，这三个国家最大的敌人是唐朝。突厥在北方突然崛起，隋文帝无法取胜而倍感威胁，于是采用长孙晟的离间策略以分裂突厥。唐太宗是长孙晟的女婿，有样学样，又继续离间政策。突厥人中计，遂分裂为东、西突厥，因而逐渐衰弱。东突厥又被离间而分裂，以至灭亡。西突厥则是自己发生内乱，国家衰弱，也被唐朝灭掉。隋、唐两朝对突厥不断地使出同样的离间手法，不只十次，而突厥人竟一直到灭亡了还不能醒悟，说来可悲。

回纥及吐蕃在唐朝中叶时都曾经几乎和唐朝一样强大。武则天因为打不过吐蕃，只好离间吐蕃王与论钦陵国师，使得吐蕃王杀掉论钦陵全家。吐蕃后来与回纥之间战争不断，以至于两边都国贫民困。此后，回纥内部发生严重分裂。政争失败的一方从外面招引不同的敌人入侵，经过黠戛斯、沙陀部及唐朝大军三次分别受邀前往进行大屠杀，回纥于是灭亡。吐蕃内部的贵族也因为宗教信仰及利益之争而严重分裂，发生政变，墀祖德赞及朗达玛两位赞普先后被杀，爆发内战。平民及奴隶趁机革命，国家因而陷入数百年的黑暗时期。

清朝曾经有四个大敌：北元鞑靼、台湾郑氏王朝、准噶尔蒙古及太平天国。北元鞑靼最后一任林丹汗以高压手段控制蒙古各部族，又发生信奉黄教与红教的分歧，内部产生裂痕。努尔哈赤与皇太极因而有机会以分化的手段降服蒙古。台湾郑氏王朝的郑成功忌刻好杀，许多部将叛逃；后代又两次发生继承问题，引致流血斗争及分裂。郑成功的部将施琅投降清朝，最终为康熙皇帝带兵征服了台湾。准噶尔蒙古的格尔丹与策旺叔侄不和，策旺不但扯噶尔丹后腿，又坐视噶尔丹与康熙皇帝决战而败亡。乾隆朝时，阿睦尔撒纳为了谋求个人利益而引清兵入侵自己的部族，最后准噶尔因而被灭种，是历史上最惨的一幕。太平天国初起时，气势如虹，却因为自家人自行分裂，自相砍杀，被曾国藩带领湘军、淮军分别灭掉。

总之，弱国面临强国时，内部分裂是自行灭亡的快捷方式，比政治腐败还要可怕。以上举了八个例子，无一例外。不但在中国如此，在日本及韩国的历史上也是一样。

日本最有名的例子，莫过于源义经的故事（详第十六章）。源义经被兄长源赖朝迫害，无处可去，只得投奔到陆奥。陆奥国守藤原秀衡不顾源赖朝的威胁，收留了源义经。秀衡死后，继承的儿子泰衡却因为源义经威名太盛而产生疑忌，又慑于源赖朝的威胁而逼死源义经。泰衡不明白源义经是国之干城，一旦死去，源赖朝遂无所顾忌，派大军长驱直入，灭了陆奥。

七世纪中，高句丽泉盖苏文残暴，弑杀国王。唐太宗御驾亲征都无法征服高句丽（详第十一章）。到后来泉盖苏文死，兄弟及儿子们都陷入争夺权力的旋涡中，以至于泉盖苏文的一个儿子投奔唐朝，一个弟弟投奔世敌新罗国，而都自愿做敌军的向导。唐朝武则天与新罗武烈大王金春秋因而共同出兵，如摧枯拉朽一般迅速地灭掉高句丽。

民主政治的未来

从二十世纪起，世界上君主国家已经不多了，而民主国家越来越普遍。历史学家威尔·杜兰（Will Durant）曾经说："如果我们以历史上的盛行与否及维持久暂来断定政治体制的优劣，则必须首推君主专政；相对地，民主政治只不过是几段插曲。"现代的民主政治风潮是会垂之永久，还是终究只是另一段插曲？没有人说得准。

虽然我们不确定世界将来要如何变化，却可以断言一件事，那就是一个国家兴亡的根本原因，并不会因为它是什么样的政治制度而有不同。

现代的政治学者都说，民主政治并不完美，但是比起所有其他政治制度来说，缺点较少，而优点较多。民主政治有什么缺点呢？最大的问题是，"选贤与能"只是一种理想，而无法彻底实现。古希腊时代曾经短暂实施过所谓的民主政治，比较穷的公民竟可以控制议会，以投票为手段直接没收富人的财产，或是采用更暴力的方法；富人则被迫结盟以对抗暴民。苏格拉底及柏拉图都毫无隐藏地对民主政治表示厌恶。

在现代的民主社会中，有投票权的全体国民是国家的主人翁，决定选出什么人来担任总统、国会议员或地方首长，决定国家的法律及政策。但是在很多国家里，选民却没有足够的民主素养，没有足够的教育程度，不能明辨是非，不能把国家社会的利益摆在自己的私人利益之前，因而结果是相当令人失望的。

在今日许多相对落后的民主国家中，买票的行为仍然普遍存在。这是最赤裸裸的一种利益价值观，认为即使是蝇头小利也比选出贤能的公仆还重要。某些国家里的被选举人虽然不是明目张胆地用钞票来买票，却是用期约好处来引诱选民，如承诺在当选后要如何如何在某个地方大事建设，或对某个弱势团体提出津贴、年金补助；到了选后又不得不兑现竞选支票，慷国家之慨。许多选民关心的不是被选举人的本质，而是这人当选后是否会接受自己的请托，放下身段为自己提供服务，或是为其所属的利益团体代言，而不顾自己的请托是否非法。这些当然也是变相的利益价值观，而一样地露骨。可以想见，其结果是国家只有朝政治腐败的道路前进。本书前面已经指出，这正是国家灭亡的根本原因的第一项。孟子说："上下交征利，而国危矣。"到今天仍然有其时代的意义。

民主政治就是"政党政治"，标榜的是由秉持不同理念的人们组成不同的政党，而进行良性竞争。但说穿了，许多国家的政党成员主要还是因为共同的利益而结合在一起，国家的整体利益往往被摆到一边。在部分的国家里，政党与族群意识又有极大的关联。狭义的族群意识，可以解释为只认同自己的亲戚、朋友、邻居、同学、同乡等；广义的族群意识，则包括了种族、省籍、出身、宗教信仰或其他的意识形态等。坦白地说，人毕竟是有感情的，很难让选民完全不顾私人关系及渊源，而只以候选人的操守、形象、能力，以及所提出来的政见而来做投票的主要考虑。但问题在于选民如果族群意识太过倾斜，"只问立场，不问是非"，那么民主政治只是多数族群的选举暴力展现而已，究竟有什么意义呢？

如果政党之争是恶性的，那么在选举之后，极有可能是赢者全拿，输者全失。赢得选举的政党将前朝的政策完全废弃，而不论是否为良法；将前朝官员也全部赶下台来，而不论是否清廉能干。输掉选举的政党则无所不用其极地要抵制执政党，全面封杀破坏，使其寸步难行，目的只是为了要在下一轮选举拿回政权。这样的结果，国家只有朝内部分裂的道路前进。本书前面已经指出，这正是国家灭亡的根本原因的第二项。

如果政党之争是如上述这般恶性，那么对民主政治还有另一层伤害。真正有贤又有能的人，很少会愿意在这种情形下跳出来为公众服务；反之，有野心的政客反而能够公然以分沾利益为诱饵，不择手段地煽惑无知的选民，盗窃国家权力。今日世界上许多民主国家政治舞台上的角色往往都是二流、三流的人物，原因正是在此。

一个民主国家的人民所选出来国家的领导人、国会议员及地方首长、议员等,广义地说,就是国家的"继承人"。因而,当政坛上没有一流的人才愿意出来为民服务,正是显示国家出现了严重的继承人问题。本书前面已经指出,这是国家灭亡的根本原因的第三项。

总之,现代民主国家的每一个国民都有责任教育自己,进而影响周边的人,使得"选贤与能"的理想能够尽量实现,否则国家必然无法免于政治腐败、内部分裂,也找不到一流的公仆,因而衰乱,甚至灭亡。

如果有越来越多的人像苏格拉底及柏拉图一样地厌恶民主政治,那么民主政治很可能还是人类历史中的一段插曲而已。

第 34 章

从王安石变法的失败中借镜

公元1067年，北宋第六任皇帝宋神宗赵顼即位，只有十九岁，年轻而有抱负。第二年，宋神宗破格起用一名四十七岁的中级官员王安石，决心变法图强。自此以后，政坛上掀起了剧烈的波涛，延续达四十年之久。

中外的历史学家都说，宋朝是中国继唐朝盛世之后的另一个黄金时代。北宋尤其是经济繁荣，文化发达，文学、艺术、建筑都达到历史的高峰。

既是如此，那么宋神宗究竟有什么不满，而必须要大肆改革呢？

北宋国家积弱的原因

宋神宗的心理状态，和比他早一千两百年的汉武帝是一样的。在汉武帝即位之前，汉朝对北方的大敌匈奴的国家政策是"和亲"。年轻的汉武帝认为，一个泱泱大国竟必须把公主嫁给匈奴，低姿态地求取和平，是一项奇耻大辱。在宋神宗之前，宋朝对北方两个强敌辽国及西夏的政策是"纳币、纳绢"。年轻的宋神宗也认为宋朝是中原大国，却要每年贡献大笔的丝、绢和银币给北方的野蛮国家，断断无法忍受，一定要讨回国家的尊严。

宋朝先前的历代皇帝为什么要对辽国和西夏这样忍气吞声？那是因为

宋朝对北方这两个国家屡次战争都大败亏输的结果。北宋第二任皇帝宋太宗曾经两次大举北伐辽国，都一败涂地，几乎被俘虏。第三任宋真宗只得与辽国在1004年（景德元年，辽圣宗统和二十二年）签订"澶渊之盟"，不但同意贡献丝、绢和银币，还同意燕云十六州属于辽国。宋仁宗时，宋朝又被西北崛起的西夏打得大败，被迫于1044年（庆历四年，西夏天授礼法延祚七年）签订和约。

宋神宗时，北宋的人口大约有七千万人。辽国即使在最强盛的时候，人口也不超过一千万人。至于西夏，估计人口只在三百五十万上下。宋朝的人口占如此的绝对优势，经济又蓬勃发展，怎么会打不赢辽国和西夏呢？最主要的原因，是宋太祖赵匡胤订下来的"祖制"所造成。

从907年唐朝灭亡之后，历经五代后梁、后唐、后晋、后汉、后周等五个朝代，在大约五十年内发生五次篡位。赵匡胤陈桥兵变，夺得了后周的江山，算是第六次篡位。这时他最怕的还不是北方的强敌契丹，而是怕手下的武将们将来又有人有样学样，也篡夺大宋的江山，于是请心腹的大臣赵普来问要如何才能得到长治久安。赵普回答说，五代之所以这样政权变更频繁，无非是藩镇太强，不受中央政府节制所致。要解决也不难，只要"稍夺其权，制其钱谷，收其精兵"就可以了。用白话说，就是把藩镇原有的行政、财政及军事权力全部收归中央。

宋太祖深以为然，不久就演出一出"杯酒释兵权"的戏码，以高官厚禄酬庸，让所有的高级将领辞职而安享天年。从此以后，宋朝仍然是十分提防武将，而把军政和军令系统彻底分离。宋朝军队的主力是禁军，采取的是三头马车制度，由三个不同的指挥使分别统领。三个指挥使也没有发兵的权力，而是由中央政府所设立的枢密院负责。宋朝又每隔几年就让高级将领轮调一次，以防有野心的人把持军队。统兵的将领在层层限制之下，平常也无法照自己的想法训练军队；对手下的军官和士兵的情况更无法确实掌握。北宋又沿袭唐朝和五代的旧习，每次出兵，大多派宦官随行，一面监视带兵官，一面向皇帝打小报告。带兵官因而无法建立威权，自然无法有效地指挥军队。其结果，是北宋在一百多年中没有出过几个名将。

宋太祖时，军队人数不过是三十七万人，经过七八十年，到宋仁宗时竟增加了三倍多，达到一百二十五万人。为什么增加那么多呢？其中一个主要的原因是从宋太宗起，农民起义不断。北宋在历次镇压农民的过程中，渐渐把吸收农民到军队里当作国家政策。然而，这样的做法产生了三个后遗症。第一，人民大量弃农从军，使得良田荒废，粮食供应减少；第二，国家因而税收减少；第三，北宋维持军队的费用负担一年比一年沉重。但这样的士兵在心态上只是来享福的，所以平日游手好闲，养尊处优，到了战场上，却大多贪生怕死。

北宋的军事制度既然无法造就杰出的将领，又有这样多而无用的兵，对辽国、西夏打仗当然是一胜难求。

北宋的"三冗"问题

北宋不只是笼络造反的农民，对于皇室贵族、外戚、勋旧及知识分子，也是极力笼络，尽量安插。北宋的行政系统里组织重叠、冗员充斥的情况，因而也是中国所有朝代之最。有许多人名义上是在三省、六部、九寺、五监等机关里任官，实际上却完全没有职权。又有许多归类为"差遣"的职位，名称看起来不起眼，却是真正有决定权的人。朝廷里又设立昭文馆、史馆、集贤院等，大量选拔文学之士进入，称之为学士或大学士，在国家有大事时参加讨论，或是从事讲学、著述。馆阁也是人才的培育机关。宋朝的官吏数量因而十分庞大，并且在中后期直线上升。原本开国时政府的官员人数不过是数百人，宋仁宗时已经达到两万四千人。北宋官员的薪资之多又是中国历代皇朝之中最优厚的；据考证，比后来的清朝起码高一倍。因而，行政费用渐渐也成为天文数字，是国家另一项极大的负担。

照理说，北宋的人口这么多，经济又发达，应当是税收越来越丰厚，但事实上刚好相反。北宋的国家财政主要的收入是按田亩征收赋税。政府派人直接到地方去督导收税，而大部分上供给朝廷，留给地方州县不过是十之一二。然而，北宋开国以后，豪族渐渐兼并土地，到了中后期，越来越严重。大地主又刻意隐瞒土地，千方百计逃税。宋朝的前几任皇帝标榜的是不扰民，所以睁一只眼，闭一只眼。南宋时有一位历史学者马端临在他的名著《文献通考》里指出，北宋中后期时国家竟有十之七八的土地收不到税。地方州县不敢举发豪族，对中小农户却是予取予求，巧立名目，以增加收入。如此一来，那些原本已经无法逃税的农民就只有再被一层又一层剥削了。

总之，由于有冗兵、冗官、冗费等"三冗"问题，北宋的国家财政负担越来越沉重，而收入却越来越少，到第三代宋真宗时已经捉襟见肘，到第四代宋仁宗时赤字就严重起来了。宋神宗如果想要转变对辽国及西夏的策略，必须要先解决国家迫在眉睫的困境，因而只有变法一途。汉武帝当年用桑弘羊，实施均输、平准之法，宋神宗也必须找到一个人来帮他增加税收，裁汰冗员，强化国防。以上就是王安石变法的时代背景。

王安石变法

事实上，宋仁宗在庆历年间对西夏之战惨败之后，深受刺激，也曾经接受大臣范仲淹的建议，试行新政。范仲淹整顿吏治，裁汰冗员，停止官僚子弟凭借"恩荫"而任官的传统做法，又责令地方严查逃漏税。新政实施半年之后，引来排山倒海的反弹。宋仁宗的改革决心不够，新法实施不久便无疾而终，范仲淹被迫引退。宋神宗即位后，大部分的老臣都劝他不要为了对辽国、西夏用兵而进行变革，而只有一个王安石还继续提出改革的主张，锲而不舍。宋神宗召见王安石，深谈之后，决定变法。

王安石上任以后，第一件事就是在原来负责财政事务的三司之上设立一个太上机关，称为"三司条例司"，借此修订财政相关法令，又架空三司。王安石所提出的改革方案，包括许多层面。在财经方面，有均输法及市易法等；在农业方面，有青苗法、方田均税法及农田水利法等；在国防方面，有保马法、保甲法、募役法及将兵法等。

均输法就是由国家设立专门机构，负责将上供朝廷的谷物及其他的物资由产地直接运送到京城，免去中间剥削。市易法就是由国家设立"市易司"，在平时物价低贱时予以收购，物价上涨时释出来，以平抑波动。

青苗法、方田均税法、农田水利法分别规定农民如何向政府贷款，如何在秋收后连本带利还款；如何丈量土地、按土地肥沃贫瘠的程度分级缴税；如何分担部分农田水利建设费用。

保马法规定人民如何接受政府补贴，帮政府养马。保甲法规定乡民每五家为一保，五保为一大保，十大保为一都保。设保长、大保长、都保长，负有监督报告及完税的责任。募役法（或称免役法）主要是废除原来人民轮流充当州县差役的办法，改由官府出钱雇人；其所需经费，由百姓按户分摊。原来不用负担差役的贵族、寺庙，也要分摊缴纳役钱。将兵法主要的做法是精简军队，裁汰年纪超过五十岁，或是健康不良的老弱残兵。又废除更戍法，让带兵官平时能直接负责训练部队，以达到"兵知其将，将知其兵"的目的。

以二十世纪的眼光来看，王安石的改革实在算不上什么。然而，从汉武帝到宋神宗，经过了一千两百年，中国的传统保守派人士的观念仍然没有改变，总是认为政府多一事不如少一事，更不应该与民争利。汉武帝死后，霍光执政，举行"盐铁论"大辩论，借此整肃桑弘羊，废弃均输及平准法。王安石的均输法及市易法实质上和桑弘羊所实施的没有什么不同，一旦提出，也被认定是像洪水猛兽一般。

当时出头反对新法的人并不是贵族、地主及商人等既得利益者，而是一些素负清望的政治人物；其中有德高望重的政坛元老，如欧阳修、范纯仁及富弼等；也有年轻而观念比较新的俊彦学者，如程颢、程颐及苏轼等，而领头的翰林学士司马光更是名闻天下。

在变法初期，司马光曾经与王安石激烈争辩，还写了三封长信给王安石，认为他是完全变更祖宗旧法，又在原有的组织之上设立新的黑机关；专讲财利之事而与民争利，让商贾无法过日子；又散青苗钱于天下而强迫农民借高利贷，使人兄弟妻子离散。王安石却是一个十分倔强的人，外号"拗相公"，坚持己见而不听劝谏，回信说假使认为今天什么事都不用做，只要守住祖宗的规矩就好了，那么他无法认同。双方于是没有交集。

变法失败

王安石变法的立意虽然良善，但理想与实际总是有落差。新法实施之后，许多弊端逐渐显现。例如，青苗法规定农民自行决定是不是要贷款，部分地方官却不管农民愿不愿意，强迫贷款，接受年息百分之二十的高利贷，又强迫人民互相作保。到了还息还款的时候，农民缴不出钱来，只能坐困愁城，甚至被迫卖儿卖女以偿债。司马光的批评因而并不是没有事实根据。

又如，在保马法之下，人民被半强迫地接受政府委托养马。但养马是专门的学问，不久马儿纷纷死去，人民还要负担巨额的赔偿费，弄得倾家荡产。中国产马之地原本大多是在山西、河北，偏偏都是属于燕云十六州，由辽国占据。宋朝失去产马之地，推行保马法又不行，因而军队的机动性是一项永远的致命伤。

其实在反对派中，并不是每一个人都像司马光一样激烈，而是出于善意的。例如范纯仁认为国家积弊已久，改革是大事，不应该想要很快就一次全部解决，而是要看情况缓慢渐进。延揽人才更是大事，太急于求成必然只会被小人所趁。

当时大部分反对派的共同意见，是王安石一方面节流做得不够，三冗问题无法有效解决；另一方面却过分注重开源，而大部分的开源措施又迹近敛财。王安石并没有耐性听这些人说话，而是认为他们缺乏改革的勇气，因循苟且，请宋神宗一一罢除他们的职务，而提拔了一些新进官员，如吕惠卿等。不幸这些新官中有些人的名声和操守不是很好，又结党营私。范纯仁所说的情况正好不幸言中。被罢除的清流于是形成一个"旧党"，而与"新党"划清界限，进而攻击新党、新政。思想比较开放的精英，如程颢、程颐，原先也是赞成新法，主张借此彻底改革国家长久以来的弊病，但后来也加入反对派。

宋神宗的母亲高太后也是不赞成推行新法，给了宋神宗很大的压力。宋神宗每日看到旧党批评新政的奏章，变法的决心渐渐动摇。变法五年后，发生大旱灾，有一位名叫郑侠的人画了一幅《流民图》，呈献给宋神宗。图中流民颠沛流离的惨况使得宋神宗大为震惊，于是罢去王安石宰相的职位，以杜天下悠悠之口；不过仍然让吕惠卿等人继续推动新政。吕惠卿引用的人更加不堪，使得朝中大臣更加愤怒不满，双方鸿沟更深。宋神宗不得不又起用王安石。然而，王安石因为新法遭到重重抵制，焦虑辛劳成疾，一个极有才情而在身边帮助他推行新政的儿子又不幸病死，使得他万念俱灰，决心求退隐居，不问世事。新政又由吕惠卿等人负责，两党的对立更加严重。

1082年（元丰五年），宋神宗撕毁与西夏的和约，派兵大举征伐西夏。宋朝两次大败，总共死了五十几万人。这一场大战等于是新政实施十几年后的绩效总检讨，而事实证明完全无效。宋神宗痛哭流涕，大受刺激，从此郁郁不乐，三年后就死了，享年只有三十八岁。

北宋党争的恶性循环

宋神宗的儿子宋哲宗赵煦（1085—1100年在位）继位，只有十岁，而由高太皇太后临朝摄政。高太皇太后失去爱子，痛恨新法到了极点，便任命司马光为宰相。旧党的中坚分子苏轼、范纯仁等人在神宗的时代都被贬官到偏僻之地，吃尽苦头。这时他们回到朝廷，建议司马光将人与政分开；也就是罢斥新党的小人，但是新法之中如有可用之处，不妨保留。可是守旧派的司马光的外号是"司马牛"，比变法派的"拗相公"更加顽固，不只罢黜所有的新党党人，又坚持将所有的新法全部废除，不分好坏，一切回复旧观。苏轼等人大失所望，却无可奈何。

过了八年，太皇太后驾崩，宋哲宗开始亲政。他的想法和他的父亲完全一样，于是又恢复新法，重用新党，将旧党党人全部贬官，放逐到更荒僻的地方。例如，苏轼竟被贬官到儋州，就是现今的海南岛。至今海南岛还流传许多苏轼留下来的故事及古迹。

宋哲宗不幸在亲政七年后又死了，享年只有二十五岁，由弟弟宋徽宗赵佶（1100—1115年在位）继立。向太皇太后临朝，又罢新党。太皇太后因病还政，徽宗再引进新政，又把旧党全部赶出去。北宋便是在新法和旧法之间摇摆不定，新党和旧党之间恶斗不断的情形下，一步一步走向灭亡的道路。

王安石变法失败的借镜

历史学家对王安石有两种极端的看法。明、清两朝的历史学家大多对王安石都没有很好的评价,最严厉的指责他是"古今第一小人",必须为北宋的灭亡负责。到了近代却有很多人为王安石翻案,最不恰当的称赞他是"三代以下的完人",有超乎时代的眼光,从事了一场必须进行的社会改革。我们可以确切地说,王安石的人格及操守,即使是当时在思想及做法上反对他的政敌们,也大多十分推崇,不曾有任何怀疑。王安石担任宰相时,曾经引用一位唐朝末年的禅宗大师雪峰的一句话:"这老子尝为众生做什么?"以此来自我期许。这句话也明白地显示出,他是真心地想为国家人民做事。

至于反对王安石的一群守旧派分子在历史上就更加赫赫有名了。司马光是中国非常重要的一位历史学家。他花了十九年编成《资治通鉴》,上起战国,下至五代,前后一千三百六十年。《资治通鉴》无疑是《史记》以外中国最重要的一部史书,其中记载了千百个历史教训可以供后代借镜,是宋朝以后所有帝王与政治人物都必定要读的经典名著。即使到了现代,也仍然有许多人在下工夫研究这部书,包括中国在"文化大革命"时期被软禁的邓小平。苏轼,又称为苏东坡,是宋朝时最著名的大文豪,才华横溢,所写的文章及诗词大多流传到今日。程颢、程颐兄弟,并称"二程",是朱熹之前的宋朝理学先驱。其他如韩琦、文彦博、范纯仁等也都是具有高风亮节的名臣、谦谦君子。

那么,这么多旷世人才集合在同一个朝代,并且都有心要报效国家,皇帝也一心一意要奋发图强,为什么会弄得局面如此难堪呢?原因当然复杂,但我认为最主要的还是在于王安石及司马光的态度。

王安石既然要推动一项大改革,而深信其目的有利于国家,那么第一要务就是要竭尽一切办法,让改革能够成功。"庆历改革"失败的教训不远,不到三十年,是王安石亲眼所见,却不能使王安石明白他所从事的改革必将一样遭逢巨大的阻力,而如果这些阻力无法化解,改革必然一样会失败。因而,王安石唯一能成功的道路,是尽量地放低姿态去减轻阻力,如果能够争取将阻力化为助力,那么成功机会就大了。

司马光三次写信给王安石,其实已经给了王安石机会。可惜王安石没有足够的耐心去争取司马光的支持,反而是抵制司马光,不让他继续在朝为官。司马光只得自行请求下放到洛阳去,专心撰写《资治通鉴》。王安石对其他的重臣元老也是一样地缺乏耐心，甚至是缺乏应有的尊敬。举一个例子。王安石之所以能够仕途顺利，其间曾经受到欧阳修的提拔。然而，当欧阳修乞求告老还乡而有人劝王安石挽留他时，王安石竟说留他有害无益，留着做什么？王安石又大言炎炎，说："天变不足畏，祖宗不足法，人言不足恤。"在当时的保守社会中，真正是惊世骇俗，而毫无益处。与其说王安石是被清流排斥，不如说他是自己先选择孤立。

近代的历史学家钱穆说："王安石的最大弊病，还在仅看重死的法制，而忽视了活的人事。"王安石改革尚未开始，失去人和，已经失败百分之九十。以后所谓引进小人、下药不对症、执行偏差等，都已经是必然的结果了。再好的法令及规定，如果没有好的人才去负责执行，也是枉然。

司马光在《资治通鉴》里条举了千百个历史上教训，却不能明白自己也有褊狭固执的缺点，不能就事论事。司马光掌政以后，将所有的新党党人一律视为奸恶，新政一律视为暴政，全部罢除；使得同样是旧党人士，如苏轼等人也摇头叹息。这说明一件事，一个人无论学问多么广博，无论历史研究得多么深入，若是不能照见自己，终归是没有什么益处。自省的功夫因而实在是比博学多闻重要多了。

对于新政和旧法何者才是正确，何者才是最适当的做法，今天再如何争辩，恐怕也不会有答案，也不是重点。真正的问题是从宋神宗、宋哲宗，到宋徽宗，不过是四十年，而宋朝竟有六次在旧法、新法之间摆来摆去，平均不到七年就是一次急转弯。新党及旧党党人不是跟着全上，就是全下。宋朝的政府和人民哪里经得起这样频繁而巨大的全面变革？国家在这一段时间所受到的严重伤害，实在不知道要如何估计。恶质的连环党争不但使得北宋一百多年来的沉疴无法解决，反而更加奄奄一息。当小小的女真人从北方兴起，北宋竟毫无招架之力，以至亡国。

党争背后的思想歧异

儒家的思想中，有所谓的"内圣外王"，意思是儒者在内心要具备古代圣人一样的思想和道德修养，而一旦有机会出仕，要能施行王道。这四个字最先是由庄子提出来的,出现在《庄子·天下篇》里,但实际上却是从孔子、孟子以降所有儒家学者的最高理想。王安石变法之所以失败,后代的学者专家争论的主题大多是新法的当与不当,也就是"外王"的部分,但比较少有人对于"内圣"方面提出分析及看法。本书在第二十二章引述一部分余英时先生的著作《朱熹的历史世界》里的精辟见解,分析了从唐朝的韩愈起,经过北宋王安石时代,一直到南宋朱熹时代的一连串演变,这里不再重复。

但本章要特别指出,自古以来有很多文人学者似乎特别强调思想纯粹与否,或坚持门户之见,而容不下不同角度的看法,动辄以"异端"、"邪说"、"坏人心术"将对方贴上标签,却无法就事论事,也说不出为什么对方是异端邪说。日本江户时代的大儒荻生徂徕曾经说:"以明善恶而将先王的领域缩小,以争论正邪来把孔子的教导范围缩小,此皆是儒者之罪。"这样的批评应当也适用于若干宋、明的理学家。

南宋时理学门派纷争扰攘,既从佛、道之中吸取养分,却又反过来攻击佛、道,宋孝宗为了调和三教,曾经折中下了一个结论,说:"以佛修心,以道养生,以儒治世。"在八百多年前,一个多元的价值观还不像现代社会这样普遍的世界里,宋孝宗这句话可说是十分有见地,但对当时及后世似乎并没有发生多大的影响。

党争并不是中国才有。王安石变法之后三百多年,朝鲜儒家在排佛之后,却因对理学有不同的见解而产生"理"、"气"之争,渐渐对立而发展成士祸及党争,使得国家积弱数百年。从某个角度看,朝鲜党争可说是北宋、南宋党争的延续。

北宋党争及朝鲜党争的过程及结果是两面明镜,值得生在民主社会的现代人警惕。

第 35 章

从成吉思汗的成功之道论组织及变革

在亚洲及世界的历史中，成吉思汗铁木真是一个震古烁今的人物。虽然他的祖父和父亲都是蒙古的贵族，但他在幼年时早已失去余荫，在后来完全是靠自己的才能与努力，建立了一个横跨欧亚的前所未有的大帝国。成吉思汗的成就，值得大书特书，而他的成功之道，值得我们仔细研究。

成吉思汗的功与过

成吉思汗（1162—1227 年）是生在腐败的金朝控制之下的蒙古草原。蒙古各部族之间因为受到金朝挑拨，互相仇视，互相侵伐。铁木真的童年是刻骨铭心的一连串苦难：父亲被杀；母亲、兄弟和妹妹们被族人恶意遗弃，过着非人的生活；曾经被俘虏多年，戴着枷锁做奴工；妻子被抢走。铁木真便是在这重重的苦难中锻炼出钢铁般的意志，非常的忍耐功夫，看透人心的本领，以及接受恶劣环境考验的本能。铁木真投靠王罕，到了三十岁左右才成为自己部族的领袖，而到四十五岁时便统一了蒙古草原，被推举为"成吉思汗"，接着又发动西征，建立庞大的蒙古帝国。

对于成吉思汗的功与过，数百年来众说纷纭，而分为两极。饱受摧残的西方世界大多抱持负面的观点，认为成吉思汗是"上帝的鞭笞"、"来自地狱的魔鬼"。西方学者估计，蒙古人在中亚及欧洲屠城无数，至少有一千五百万人惨遭杀害。成吉思汗将数十座伊斯兰教城池夷为平地，如同在纸张上抹去字迹一般。大屠杀发生时，往往惨绝人寰，男女老幼、猫狗鸡牛全部罹难，无一幸存。

赞扬成吉思汗的人则说他缔造了一个前所未有的大帝国，彻底改变了整个世界。也有人说，蒙古人将中国先进的印刷术、火药、指南针、鼓风炉等带到欧洲去，欧洲人受益匪浅。成吉思汗坚持维护自由贸易，打通东西的交通、设立驿站，使得东西方的贸易与文化交流得以迅速发展。

一个人的功过从来都很难论断，盖棺未必会有定论。功与过也要看是从什么样的立场出发。本书对此不予置评，而是要问另外一个问题：蒙古人不过是室韦人的一个小部族，人口不多，并且文化低落。成吉思汗甚至是这样一个草原部落的小弃儿，却能创造出前所未有的大帝国。他到底是如何办到的？又有什么超越常人的地方呢？以下我尝试为读者们分析说明。

成吉思汗心胸广大

成吉思汗第一个超乎常人的长处，是心胸广大，能够广用四方人才。李斯写给秦始皇的《谏逐客书》中所说的："泰山不让土壤，故能成其大；河海不择细流，故能就其深；王者不却众庶，故能明其德。"正是这种恢弘心胸的写照。

成吉思汗虽然出身贵族，但九岁以后全家就被自己的部族遗弃，接着亡命天涯。悲惨的童年际遇使得他早已厌弃草原上的封建阶级思想，也不认为同一部族的族人一定比外人更加可靠，更不在意部属原先的出身高低。在大漠草原之上，这是极具革命性的思想及观念，给成吉思汗带来许多敌人，同时也带来更多志同道合的伙伴。

成吉思汗对所有的种族一视同仁。当初在班朱尼湖危难之中，参加盟誓的十九个同伴里面，只有成吉思汗和他的弟弟合撒儿是乞颜部蒙古族人，其他人来自各个不同部落，有契丹人、克烈部人、蔑儿乞人、泰亦赤兀惕人等。

成吉思汗的汗国越来越大，他的军官和士兵来源也越来越多，又包括乃蛮人、畏兀儿人、中亚人、女真人等。成吉思汗照样都整编进来，只把对手中有钱有势又不肯服从的贵族铲除掉。成吉思汗又极为重视有专门技术的人，包括铁匠、木匠、裁缝、医生、商人、工程师、文书员等等。成吉思汗任命各种族出身的官员，其中有一位契丹的贵族耶律楚材，后来对蒙古帝国做出惊人的贡献，超乎成吉思汗自己的想象。

成吉思汗对宗教也主张平等。他自己和族人都信仰萨满教，但是准许所有的人自由信仰宗教。部属中有基督徒、穆斯林，也有佛教徒。成吉思汗后来还和中国道教的全真派领袖丘处机书信往来，并请他来当面求教，封他为"神仙大宗师"。

以现代企业经营的观念来说，成吉思汗的自由开放态度，为他自己带来了丰沛无比的人力资源。

心胸广大是所有成大业的开国君主都必须具备的条件。一手创造大唐盛世的唐太宗之所以能够成功，最主要的原因也是由于他的心胸之广大是常人所无法企及的，既能吸收原先敌方的大将秦叔宝、尉迟恭、李勣等为己所用，也能长期忍受魏征的谏争。

卓越的组织能力

成吉思汗的第二个长处，是卓越的组织能力。

他的军队组织严密无比，基本上是采取十进制。十人为十户，一起生活，一起打仗，如兄弟一般相互照顾。十个十户为百户，十个百户为千户，十个千户为万户。成吉思汗自己有一个万人禁卫军，成员大多是万户长、千户长的儿子。入选禁卫军是一种荣耀，也是快速升迁之路。

组织清楚而严密带来另一项好处，就是责任明确。成吉思汗每次发动战争时，每一个部队，每一个指挥官的任务都一一交代清楚。因而蒙古兵打仗如同大脑指挥手腕、手腕指挥手指一般，十分容易而有效率。

除了负责打仗的军队之外，又有庞大的后勤组织及工兵部队，平时负责置办武器、粮食、马匹，在战争之前负责铺路、搭桥，制作攻城器具等。

在军事组织以外，耶律楚材也为成吉思汗建立了重要的幕僚体系，以及很好的行政系统、税制等。

清朝的开国之祖努尔哈赤以十三副遗甲起兵，发誓要报父祖之仇，开始创建八旗兵。八旗制度基本上也是仿效成吉思汗的军事组织。汉人范文程从努尔哈赤、皇太极到多尔衮时一直是文臣之首，为清朝建立文官制度，重要性不亚于成吉思汗及窝阔台时代的耶律楚材。

灵活的情报及决策系统

成吉思汗的第三个长处，是极为灵活的情报系统及迅速的决策过程。

在打仗之前，成吉思汗必定先派出大批的间谍、斥候，前往搜集各种军情，包括山川地理、天候状况、敌军布置、敌国内部政治局势、邻国关系等等。

成吉思汗又建立了快马驿传的制度，能够很快地得到报告。即时而正确的情报使得成吉思汗能够完全掌握大环境，谋定而后动，决定攻守及包围的策略和时机。他能够善用地理资源，就地取材；利用敌人内部的矛盾，削弱其力量；适当地结盟，以孤立敌人；也能够避开不必要的风险。迅速的情报系统，使得成吉思汗能够适时地掌握变化，及时修正错误，改变战略，对前方快速更新命令。奉派到前方的使者，据说常常受命把成吉思汗的命令编成歌曲，一再练习之后才出发，而只唱给接受命令的对象，如此可以减少口说的错误。

赏罚分明而即时

成吉思汗的第四个长处，是赏罚分明而即时。

对蒙古军队来说，大部分战争的目的是劫掠。蒙古战士都没有薪饷，因而在战胜后，战利品的分享便是头等大事。成吉思汗严禁部下攻破城池之后将抢来财物据为己有，而是将所有战利品全部集中，包括财物、牲畜、女人、小孩等，然后论功行赏。通常成吉思汗自己只取十分之一，其余全部分配给所有的人，或慎重选定一个公正的官员代为分配。

成吉思汗又有一条特别规定：凡是战死者，其寡妇孤儿也照样能分到战利品。这是成吉思汗幼年在父亲不幸遇害后，一家子过着非人的悲惨生活，因而领悟到的教训。蒙古战士都知道战胜之后必定发财，又知道即使战死大汗也会照顾他的后代，因此人人奋不顾身，争先恐后。

赏罚不明而失去领导地位的例子不胜枚举。日本在平安时代末期武人逐渐兴起，源氏一族突然跃升，原因正是有关赏罚问题。源义家带兵前往陆奥，平定暴乱，回到京城。天皇正在培植自己的武士，对源义家深怀敌意；藤原摄关家也怕源义家势力太大，要压抑他。源义家因而得不到天皇及藤原摄关家的任何赏赐，连跟着他的部属也一样没有任何奖赏。源义家便慨然拿出祖孙三代以来积存的家产，散发给有功的将士。武士们深受感动，称誉源义家是天下第一的武士。原本在日本社会上武士是没有地位的。这时天皇和摄关家都赏罚不明，反而是武士源义家有道有义。武士的时代因而正式来临。

忠诚、服从的组织文化

成吉思汗的第五个长处，是部下对他都绝对地忠诚。

成吉思汗本人勇敢善战，身先士卒，不怒而威，具有强烈的个人领导特质，使得部属无不敬畏。成吉思汗的包容力量，赏罚分明及严密的军事组织也使得军队上下一条心。成吉思汗的部下也都明白一件事：成吉思汗极端地痛恨不忠的人。

成吉思汗的"安答"札木合，从小与他结拜成异性兄弟。但是两人因为不同的际遇而有不同的思想及价值观，札木合代表的是蒙古草原中传统的贵族阶级思想，与成吉思汗格格不入，最后兄弟成为仇敌。成吉思汗击败王罕之后，札木合逃亡而被部下捆绑，送给成吉思汗。但是成吉思汗最最痛恨的就是卖主求荣的人，下令立即将出卖札木合的部属全部处决。在成吉思汗南征北讨的过程中，凡是卖主求荣而来投靠的人，无一不是同样的下场。成吉思汗以鲜明的例子来教育部属，"忠诚"两个字绝对不能有任何折扣，是不能犯的天条。在班朱尼湖之盟以后，终成吉思汗一生，从来没有一个部下背叛过他。

跟随忠诚而来的是服从。成吉思汗的军队纪律如山,不只是他的部属对他完全服从,蒙古战士对长官也是绝对地服从,再危险的任务也没有人退缩。

以现代的名词来形容,"忠诚"、"服从"已经是成吉思汗所创造出来的鲜明组织文化了。

劫难造英雄

俗语说:"英雄造时势,时势造英雄。"所谓的时势,其实只是一个供英雄表演的舞台。英雄在还没有登上舞台以前,所受到的千锤百炼,才是造就英雄的根本。成吉思汗如果不是在幼年时遭受到巨大的打击,并且在劫难之中坚强地站起来,没有可能成就他后来的事业。古今中外的历史中,同样的例子也是多得不得了。

中国北魏的开国之主,道武帝拓跋珪出身贵族,但在襁褓之中就已经成为孤儿,祖父又被弑逆而遇害,部族离散,成长的过程几乎是和成吉思汗一模一样。拓跋珪所建立的国家,在中国的历史上独树一帜,不但国力强盛,疆域广大,并且有无比的活力及丰富的文化,是一个非常了不起的大帝国。

日本的德川家康原名松平竹千代,是三河国守护松平广忠之子,六岁时就被父亲送到骏河国的今川家当人质,中途却被敌人织田家劫去,差一点被斩首,而成为阶下囚。两年后,松平广忠死,三河被今川家接收。松平竹千代丧父、亡国、母亲改嫁、家人离散,被迫转到今川家,寄人篱下,看人脸色。竹千代长大之后,却创立了江户幕府,延续将近三百年。

不幸遭遇到重重劫难的人,最健康的心理状态,应当是把这些当作是未来成功前的磨炼吧。

从现代企业组织理论看成吉思汗

第二次世界大战结束以后,企业管理的理论渐渐成为一门显学。在企业管理的范畴中，组织是一个研究的重点。所有的企业无不追求绩效，而绩效就是组织运作有效与否的结果。假如将国家也当作是一个大企业，那么成吉思汗所建立的蒙古帝国无疑是自古以来最大的企业，而成吉思汗是最有绩效的企业主。成吉思汗的成功之道与现代的组织理论是不是有契合之处呢？本书以下试图为读者简单分析。

一般的企业理论认为，一个组织是否能够有效运作，要看其中几个关键要素是否齐备。这些关键要素分别是：

- 清楚地界定组织的目的（Purpose）、目标（Goal）或任务（Mission）
- 人力资源（Human Resource）的质与量是否能支持组织发展，是否适才适任
- 组织结构（Organizational Structure）是否严谨，责任区分是否明确
- 报酬制度（Reward System）是否公平、公正，又能激发人员士气
- 信息及决策流程（Information & Decision Process）是否正确、迅速
- 鲜明的组织文化（Organizational Culture）

读者如果把这些关键要素与上面所述成吉思汗的各种长处相比对，必然会同意，成吉思汗可以说是完全具备了，没有在哪一个环节出现缺失。从现代企业的组织理论来看，成吉思汗之所以能成就大业，并不是一个奇迹，而是理所当然。

组织成功的关键因素纵然齐备，也还有互相之间能不能够配合（Fit）的问题。组织的目的、目标、任务尤其是关键中的关键，因为其他的关键因素都是根据这个因素而设计，围绕在这个因素左右而运作的。但组织的目的并非一成不变，而必须随着时间和外部形势而改变。

成吉思汗在他早期的创业过程中，目的无非是扩张领土、增加财富。打仗的目标就是劫掠。成吉思汗没有发薪饷给军队，战士全靠劫掠之后分配所得。这是一种非常有效的报酬方式，可以激发军队最大的能量。不过这样做有一个严重的后遗症，将会激发出人性中最恶的一面，以至于所过屠城，地方残破，用最残忍的方法以获取最大的利益。因而，蒙古帝国的组织文化里，除了忠诚与服从之外，无疑还有"残忍"两个字。

耶律楚材在成吉思汗面前建立自己的地位以后，常常劝成吉思汗以苍

生为念，放下屠刀，又数度请求成吉思汗及窝阔台下令禁止屠城。这样的请求实际上与蒙古军队的组织文化格格不入，严重地干涉了蒙古军队的报酬制度。直接地说，就是挡人财路。然而，这样一种无本生意的报酬制度既是成吉思汗一手制定的，他如何能够轻易地说改就改？因而，耶律楚材只能在少数的情况下使得成吉思汗及窝阔台勉强下令缩小屠杀的范围；在大部分的状况下，甚至连成吉思汗也无法阻止部队进行大屠杀。

组织的变革

本书在第三十二章中所讨论到的中国十四次大动乱，大部分是属于农民革命，而领导者在初起时的做法也和成吉思汗没有两样，让跟随者能够从攻城略地之中获取个人最大的利益。我个人认为，这正是历史上每次大动乱都造成那样令人难以相信的大浩劫的一个重要原因。

虽然如此，能真正成为帝王的人，在后来都必须改变做法，尤其是要从组织的最终目的着眼，从根本思考变革之必要，否则无法成就大业。

秦朝末年楚汉相争，刘邦听从张良的建议，善待投降的敌人，又与关中百姓约法三章。反之，项羽已经是诸侯的霸主，却仍旧一味地放纵属下烧杀掳掠。楚汉争霸的决胜之处，因而只有一部分是在战场上，而大部分在于领导者是否能审度情势，改变组织的目的及相关的决策。

再举一个例。明朝末年，农民军领袖李自成进入北京之后，仍然不脱土匪行径。反之，多尔衮进入北京，立刻下令"官仍其职、民复其业"。这鲜明的对比，说明了为什么汉人李自成领导农民革命而无法成功；多尔衮是所谓的蛮夷之人，却能开创清朝两百六十八年统治的基业。

在成吉思汗之前约两百年，契丹崛起于中国东北部，其过程与成吉思汗大同小异，组织的结构也是相似。军队也同样没有薪饷，靠打仗劫掠为生。946年，契丹第二任皇帝耶律德光击灭后晋，入主中原，进驻开封府，而仍然是任由军队"打草谷"，四处劫掠。当时中原人都认为契丹人残忍好杀，这当然是上述强盗分赃式的报酬制度所致。不到一年，人民纷纷起来抗暴。契丹那一套办法既然在中原行不通，耶律德光不得不仓皇北退。

耶律德光能不能改变制度,而不退出中原?当然可以。在484年,北魏文明太后已经做了一次示范。文明太后摄政临朝,毅然决定变法,第一件事就是打破北魏开国以来九十几年的成例,开始发给所有百官薪俸。文明太后为什么要做这样的改变呢?最主要的是,她已经决定要改变国家的方向,把重点从"武功",转到"文治";把对外穷兵黩武,改变成维持和平共存。在这个国家根本政策大转弯之下,如果官员没有办法发战争财,又没有薪给,只有朝加速贪赃枉法的道路上走去。如此一来,国家危矣。文明太后推动均田制,正是要一方面让人民有生计,另一方面增辟政府税收来源,以养活官员和军队。

总之,一个组织经过创业的阶段以后,其原始目的或目标可能不再适用,而必须改变,并推出相应的变革措施。唐太宗曾说:"创业维艰,守成不易。"正是这个意思。

阻止组织变革的"祖制"

有变革就有阻力。阻力不只是从大环境来,从既得利益阶级来,也从历史来。中国历史上有两个朝代,文化及经济发展都是十分灿烂辉煌,但同时在政治上又是十分灰暗。宋朝是历史上国力最弱的一个皇朝,完全无法抵御外患。明朝是中国历史上政治最黑暗腐败的一个皇朝。为什么会有这样的现象呢?归根结底,是由于"祖制"两个字。

宋太祖有鉴于唐朝及五代时藩镇跋扈之害而定下祖制,把国家的税收及控制军队的权力几乎完全收归中央,而又没有一套有效率的管理办法。经过一百年,国家遂越来越穷,也越来越弱,但没有一个皇帝胆敢改变祖制,也没有大臣敢随便说话。宋神宗时,王安石变法,提出的口号之一是"祖宗不足法",而招来所有的旧臣反对,太后深恶痛绝。变法最终还是失败,而国家到最后也灭亡了。

明太祖的思想极端威权而保守,也立下一些祖制;其中包括不准设立宰相、片板不得入海、将贸易当作对付外国的武器,又示范随意杖杀大臣等恶习。其结果是什么呢?后代的皇帝没有名正言顺的宰相辅佐,因而常常身心俱疲而仍然无法治理好国家，也有皇帝干脆不理国事，交给宦官代管。片板不许入海引发对日贸易问题，又演变成为倭寇，是明朝的心腹大患。明朝的大臣因谏争而死的人数，死状之惨，都是中国各朝代之最。

任何一个组织的创建者，不管是多么英明睿智，也不可能完全预见未来的变化。不合理的祖制越多，意味后代的领导者的选择性越小，越没有弹性。当面对变化难测的环境与现实，除非是勇于改变，否则失败的可能性也就越大。但开国之祖的形象往往十分巨大，不止在生前有绝对的主控权，在身后也还是笼罩着整个组织。后继者如果想要推翻祖制，第一个要想到的就是这样会不会对自己的领导地位造成威胁。当有这样的顾虑时，祖制就成为必要变革的绝对绊脚石了。

当组织的创建者想要建立祖制时，还是要请三思，多留给后代一些空间吧。

第七卷

历史的借镜——论人物、思想及价值观

第 36 章

从历史记载及小说论曹操、关羽及诸葛亮

一般说来,很少有历史学者以历史小说为研究的领域。小说是想象的世界,由作者随意发挥,不一定完全根据史实,可信度当然很低。研究历史的人所要探讨的必定是越接近史实越好。本书所有的篇章也都是希望采取严谨的态度,从还原史实出发。

但本章是一个例外。本章要参考的,除了历史记载之外,还有一本特别的历史小说;如此双管齐下,来研究其中的几个主人翁。为什么呢?其实,本书在一开始撰写时,便已经设定一个重要的方向,要探讨历史上思想及价值观的来源及演变。如果从这个角度出发,那么不管是正史,还是神话,还是历史小说,只要是对思想及价值观有重大影响的事物,就不应该漏掉。在中国古代,正好有一部《三国演义》,就是这样一部重要的历史小说。

《三国演义》的惊人成就

小说《三国演义》和正史《三国志》一样,都是讲述中国历史上三国时代的人物与故事。时间大致从东汉末年开始,到三国被西晋统一,总共大约只有六十年;若是加上前面的酝酿时期,也不超过一百年(184—280 年)。

三国时代有一个非常特别的地方,那就是有许多在这一段时间出现的人物,例如,魏国的曹操、司马懿,吴国的孙权、周瑜、鲁肃,蜀汉的刘备、诸葛亮、关羽、张飞、赵子龙等,在中国的民间社会里都可以说是名声响亮,无人不知,无人不晓。即使到了二十一世纪,中国几乎所有的人,包括七八十岁的老先生、老太太,或是刚上学的稚龄儿童,也全都知道这些历史人物。不仅如此,大多数的日本人和韩国人也对这些人物耳熟能详。

在台湾,几乎没有一个乡镇没有供奉关羽的庙,称为"关公庙",或是"关圣帝庙",或是"恩主公庙"等。在"文化大革命"之前,关公庙在中国大陆也同样遍地都是。在香港及东南亚的华人社会里,许多商家都供奉关公的神位,称之为"武财神",定时焚香膜拜。甚至地下社会的黑道兄弟们也都崇奉关公,在关公神位之前结拜为兄弟,或计议大事。

为什么会有这样的现象呢?追根究底,正是由于《三国演义》这部历史小说空前地成功所致。如果说《三国演义》是中国从古至今最畅销的小说,应该是当之无愧。相对之下,除了历史学家以外,并没有多少人去翻阅《三国志》。

在华人社会里,对关公的信仰几乎等于是一种宗教。关公地位之崇高及普遍性,只有中国沿海地区和台湾全岛各地无不供奉的海神"妈祖"能够与之相比拟。如果更仔细地分析,人们膜拜妈祖其实只是一种对神祇的信仰,祈求保佑平安,与思想及价值观并没有很大的关联。反之,人们崇奉关公并不只是祈求保佑而已,更是表示对关公的人格及价值观的强烈认同。

关公所代表的是什么?正是中国传统里"忠"与"义"两个重要的价值观。《三国演义》不只重新塑造了关公这样的人物,也重新塑造了其他几个极为鲜明的人物,例如曹操和诸葛亮。曹操是"奸"的代表,诸葛亮是"智"的代表。《三国演义》对中国民间百姓和知识分子的思想及价值观所造成的冲击,因而没有任何一本书可以迄及。认真地说,一个外国人如果想要深切了解中国传统的价值观,而却不知道《三国演义》里面的人物及事迹,不免仍然是一个门外汉。这也正是笔者要撰写本章的原因。

《三国演义》的来历

一般认为《三国演义》的作者是罗贯中。他生在元末明初时,距离三国时代已经有一千多年。罗贯中的籍贯、生卒年代和一生事迹,至今都已经无法追溯。那么《三国演义》是如何产生?又为什么如此风行呢?

从唐朝起,中国就已经有一个"说书人"的行业,到宋代时更加流行。民间说书人在都市的酒楼、茶馆和乡间的市集以白话口语对群聚的百姓说故事,然后向听众收取小钱以糊口。说书的内容大多取材于历史故事,而各有各的话本。到了元朝时,出现了许多比较完整的话本,《全相平话三国志》就是其中的一本。同时,也有文人开始将这些话本搜集整理,写成章回小说。《三国演义》就是这样产生的。中国另外有《水浒传》及《西游记》两本著名的章回小说,也都是这样产生的。

在中国古代,由于帝王提倡儒家思想的影响,人民一向也重视伦理关系,"忠孝节义"是大部分人根深蒂固的道德观念。三国时代发生许多感人的历史故事和事迹,不但符合"忠孝节义"的标准,又迂回曲折,而极具戏剧性。在说书人的时代,三国故事已经得到许多民间老百姓的共鸣,大受欢迎。罗贯中写《三国演义》,其中情节的安排,气氛的渲染,背景的刻画,动作语言的夸大,文字的活泼,都是第一流的;所以书一写成,民间就争相传抄。《三国演义》因此又进一步对后世发生极大的社会教育力量,影响之深远,无与伦比。

明朝以后,中国流行戏曲,《三国演义》的许多情节又被引用为戏曲的素材。清朝初年,京戏及地方戏也有许多剧本是取材自三国故事。有人统计,说在京戏的戏码中,取自三国故事的就有一百四十八出。进入二十世纪现代社会,华人世界的漫画、电影、卡通及电视剧也还是常常从《三国演义》吸取养分。到了网络时代,电子游戏和在线游戏盛行,《三国演义》的故事也是最常被拿来用的主题。《三国演义》的影响因而是历久弥新,从来不曾消退过。

《三国演义》不只影响中国大陆、台湾和华人社会,也影响到日本和韩国。日本战国时代及江户时代早期的武士们,无一不崇敬并且在刻意模仿三国故事里面的人物。在韩国的高丽及朝鲜时代,关圣庙也是到处都是。《三国演义》无疑也塑造了日本及韩国古代社会的价值观。

说到《三国演义》的内容,无疑大部分出自《三国志》。

《三国志》是由一位曾经在三国时代任职于蜀国的陈寿(233—297年)在西晋时代写成的。由于几乎是同时代,陈寿的态度又十分严谨,历来的史家都公认这部书是二十五史中极为杰出的一部正史。不过也有人批评这部书写得太过简要。南北朝刘宋时期,也就是三国时代结束后约一百五十年,有一位名叫裴松之的历史学者奉命为《三国志》作注释。裴松之博采群书,所列的参考史料达到二百四十几种,其中有正史、杂史、传记、笔记、家谱、文集等,十分多样而丰富。裴松之最后完成的注释文字竟然比本文多出三倍。然而,也正是因为裴松之的注释如此地面貌丰富,使得罗贯中能够从中取材,而让《三国演义》的内容更加吸引大众。

不过罗贯中笔下的三国人物已经和陈寿笔下的人物有很大的差距了。本章选择其中的三个主要人物来比较说明,以下先从曹操说起。

历史记载及小说描绘下的曹操

根据《三国志》,曹操是沛国谯县人(今安徽省亳州市)。他的父亲曹嵩是东汉末年时一个声势显赫的太监头子的养子,出身有些来历不明。曹操少年时,机警而善于权术,放荡不羁,是一个游手好闲的典型纨绔子弟。当时有一个名叫许劭的人,善于鉴赏品评人物。曹操前往问询,许劭心中鄙薄曹操,拒绝回答。曹操拔出刀子来,许劭只好说:"你是治世的能臣,乱世的奸雄。"曹操大喜而去。许劭简单的两句话,实际上已经预言了曹操的一生。

不久,黄巾起义爆发,在各路官兵投入镇压农民起义之中,逐渐形成军阀割据的局面,其中以董卓最强大,最残暴,并且擅自废立皇帝。曹操虽然只是一个中级军官,却十分有胆识,起而参加反抗董卓的阵营,因而被悬赏追捕。曹操仓皇从首都洛阳逃回故乡。

在《三国志注》里,裴松之引述一些杂记,说曹操在逃回故乡的路途中，曾经拜访一个老朋友吕伯奢。朋友虽不在家，曹操仍然受到热诚地款待。到了半夜，曹操听到厨房传来嘈杂的声音，疑心是吕伯奢的儿子知道自己被悬赏通缉，图谋杀害自己去领赏，便一口气杀了朋友的一家八口。曹操后来发现是误会，杀错人了，并不后悔，还说："宁可我负人，勿使人负我！"曹操是不是杀错人，说过这样的话，其实十分可疑；不过后来《三国演义》也将这一段写进去，并加油添醋。从此曹操遂被贴上"猜疑狠毒"的标签，再也洗刷不掉。

曹操的小名叫"阿瞒"，其实是因为父母迷信，以为取这样的名字，小孩比较容易存活。不过"瞒"这个字无非是瞒骗、欺上瞒下的意思，有些文人便以此为题材，大做文章。南北朝之前就已经有一本小书《曹阿瞒传》流传，其中编撰了许多有关曹操的负面故事。裴松之作《三国志注》时，《曹阿瞒传》也是重要参考资料。曹操的负面形象因而在很早就已经建立了。

曹操回到家乡，变卖家产，招兵买马，起而讨伐董卓，在兵荒马乱之中逐渐兼并各路官军与黄巾军的人，迅速壮大起来。曹操最后拥兵数十万，文臣、武将齐备，"青州兵"天下闻名。曹操的父亲曹嵩聚敛了许多财富，在山东琅琊退隐，却遭到地方官兵抢劫而全家遇害。曹操立即率领大军前往，誓言复仇，一路上不论官兵或百姓，见人即杀。数十万男女老幼的尸体塞满泗水（淮河的主要支流），竟使得河水无法流动。曹操意犹未尽，又攻破三座城，然后屠城，鸡犬不留。证诸各种史料，此一大屠杀事件千真万确。曹操无比心狠手辣的性格，这时已经充分显现出来。

建安元年（196年），曹操做了一个重要的决定，率兵到残破的首都洛阳，迎回汉献帝，也就是东汉最后的一个皇帝。汉献帝原本在洛阳是吃不饱，穿不暖，也没有人要理会；曹操却认为十分有利用价值，用来当作傀儡，从此"挟天子以令诸侯"，无往不利。自从孔子著作《春秋》以后，儒家的"正统"观念一直是中国的主流政治思想；即使是在战乱中，也不例外。许多英雄豪杰为此而投入曹操的阵营，听从曹操的命令。曹操占有这样的优势，经过十几年，终于击败群雄，统一了华北。

不过汉献帝毕竟只是一个傀儡，每天要看曹操的脸色，日子并不好过。曹操跋扈不臣，虽无皇帝之名，而有皇帝之实，对汉献帝张牙舞爪，颐指气使。

许多人看见了，心中愤怒，却无可奈何。刘备便是为此而脱离曹操，纵然势力单薄，也要拼死"兴复汉室"，强调自己才是正统，因而得到许多人的同情与支持。

建安十三年（208年），曹操在赤壁之战惨败，魏、蜀、吴三国鼎立的局势于是确立。曹操统一天下的野心虽然无法实现，但是如果说到安定百姓，结束纷乱的局面，曹操实在是功不可没。曹操并且是当时唯一有能力将匈奴、鲜卑及乌桓等游牧部族挡在长城外的人。曹操因而自认是成大功、立大业，顾盼自雄。《三国志》的作者陈寿也称赞曹操是"非常之人，超世之杰"。

然而，民间的老百姓并不这样看。特别是元、明、清时期的知识分子及老百姓都抱持很简单的价值观，不外以"忠孝节义"来检验历史人物。曹操欺压到天子，当然是不忠；作为一个臣子，而有篡位的野心，当然是不臣；至于残杀无辜百姓，又因为疑心病而乱杀朋友家属，当然是不义。所以曹操只有一个"孝"字不是很清楚，其他都不及格，纵然是有大功于天下，仍是得不到肯定。

北宋时的大文豪苏东坡留下一本笔记《东坡志林》，上面说他的邻居小儿们凑钱去听说书讲故事，听到刘备战败，无不皱着眉头，甚至哭了起来；听到曹操战败，便眉开眼笑，畅快极了。因而，《三国演义》把曹操描绘成大大的奸臣，并不是新创，而是顺应潮流。清朝以后的评剧及其他地方戏曲里，曹操总是粉白脸的扮相，眼睛与眉毛都往上吊，十足的奸险模样。年深日久，曹操遂成为中国人心目中大奸臣的代表。

曹操的现代评价

曹操到后来明显地预备让儿子曹丕篡位，这是曹操遭到千古骂名的最大原因之一。曹操能不能不这样做呢？曹操自己的答案是没有办法，已经骑虎难下了。

建安十五年（210年），曹操自己写了一篇短文《自明本志令》，用以说明他的处境。文章说道："……或者有人见到我强盛，便在私下批评我有不逊之志，妄自忖度。每念及此，使我耿耿于怀……然而，即使是我想要放弃权柄，还给国家，也已经是不可能了。为什么呢？我一旦无法掌控武力，不止是我自己将立刻遭难，连子孙安危都成为问题，国家也将又再一次倾覆。因此，我无法为了虚名而置身于现实的祸害之中……"

曹操清楚地知道正统观念是思想的主流，却明白地说他认为个人、家族，以及国家人民的利益，远远高于顺从儒家思想所标榜的价值观。自古以来，从来没有一个实质的帝王会把自己的立场说得如此坦白，也算是光明磊落。

到了二十世纪，毛泽东并不十分看得起秦始皇、汉武帝、唐太宗，甚至成吉思汗，却极力称赞曹操。他说："曹操是了不起的政治家、军事家，也是个了不起的诗人……曹操统一中国北方，改革了东汉的许多恶政，抑制豪强，发展生产，实行屯田制，还督促开荒，推行法治，提倡节俭，使遭受大破坏的社会开始稳定、恢复、发展。"毛泽东明显地自认是英雄惜英雄，要为曹操翻案。

是非功过从来就不很容易断定，不过有些历史家常常用功与过来相比，常说"功不抵过"，或是"功大于过"来总结历史人物，其实没有什么意义。曹操是一个生长在非常时代的非常之人，对国家社会当然是有很大的功绩。然而，曹操在泗水大屠杀，在以后战争中又屡次坑杀降卒，每次以数万计，其实并没有必要如此。孟子说："杀一无辜而得天下，不为也。"老子说："夫乐杀人者，则不可得志于天下矣。"不论是以古代或现代的眼光来看，这些都是曹操的罪孽。功就是功，过就是过，功与过只能分别去评断，怎能相抵？

历史记载及小说描绘下的关羽

根据《三国志》，关羽是河东解县人（今山西运城市），因为犯罪而逃亡到涿郡（今河北涿州市），后来和张飞一起追随刘备。两人和刘备吃饭在同一张桌子上，睡觉在同一张床上，像兄弟一样地亲密；在大庭广众之中，整天侍立于刘备身旁而不歇息。《三国志》及其他中国较早的历史记载都不曾提到三个人结拜为兄弟的事，不过《三国演义》开头第一回便记述刘备、关羽和张飞三人"桃园三结义"。因而，"桃园三结义"可能是一件杜撰的故事，在说书人时代就已经被认定是事实。但几百年来这却是中国黑、白两道所有的人结拜为兄弟的典范；影响之大，不可言喻。

在魏、吴、蜀三国之中，刘备从来就是实力最差，运气最背，发迹也最晚。曹操却始终认为刘备是当世的英雄，将他列为最可怕的假想敌，要置之于死地。关羽跟随这样的主君，其艰难危险并不是三言两语可以说清楚的，却是甘之若饴。

建安五年，刘备被曹操的大军击破，孤身逃走，投奔曹操的大敌袁绍。曹操俘虏了刘备的妻妾及儿子，也俘虏了关羽。曹操知道关羽武艺超群，为人又讲义气，极为倾慕，以汉献帝的名义拜他为将军，赏赐优厚，一心要收为己用。但曹操暗中观察，认为关羽并无久留之心，派人直接问关羽。关羽叹气说："我知道曹公待我恩厚，但是我受到刘备恩义，发誓同生共死，不能背弃他。我最终还是不会留在曹营，不过要先报答曹公的厚意以后才会离去。"曹操的左右群臣都劝他杀掉关羽，以免后患，曹操却更加敬重关羽。

后来袁绍派遣名将颜良攻曹操，关羽单刀匹马，于万军之中斩杀颜良。袁绍诸将无人能抵挡，战栗恐惧。袁绍大怒，要砍刘备的头。刘备赶忙写一封信，秘密送给关羽。关羽自认杀了颜良之后，已经还了人情，于是将所有曹操赐给的印玺和金银珠宝全部封存，留信告别曹操，带着刘备的妻小，一路前往投奔刘备。曹操左右有人要前去追杀关羽，曹操毕竟是非常人，反而说："人各为其主，不用再追。"

这一段历史已经够感动人了，《三国演义》又添加材料，说关羽当初被曹操擒获时，坚持"降汉不降曹"，也就是不投降曹操，只投降于汉献帝，只接受汉献帝给的将军头衔，否则宁愿就死。关羽坚持"正统"观念的形象，于是深入人心。《三国演义》又描写关羽骑着赤兔马，手提青龙偃月刀，通过种种拦截，过五关，斩六将，才终于回到刘备身边。经过这一番渲染，关羽的忠义、武勇，以及不贪图荣华富贵的形象，在所有百姓的心目中，遂高大到了无以复加。

曹操在赤壁之战中大败，八十万大军死伤过半。《三国演义》又一次借题发挥，写出一段精彩的故事。第五十回里说到诸葛亮智计卓绝，算定了曹操败走的路线，派赵子龙、张飞、关羽等人分三路截击，关羽在最后。曹操经过几道拦截，逃到华容道（在今湖北监利县），身边只剩下三百人，个个衣甲不全，饥馁不堪。关羽按诸葛亮的指示，果然堵住去路。曹操已经无力自保，只得策马向前，哀声求饶。当年曹操宽宏大量，关羽深感恩义，引为知己，没齿难忘，这时虽然明知如果放过曹操必将被军法从事，却仍是心中不忍，竟放过曹操逃生。

这一段"关云长义释曹操"的故事，引起后代无数的争论。中国的知识分子有不少人认为关羽放走曹操是大错特错，把私人感情置于国家利益之前。但惊人的是，绝大多数的老百姓却都认同关羽。《三国演义》写到此处，用半首诗来评论，说关羽是："拼将一死酬知己，致令千秋仰义名。"就是最好的诠释。实际上，在《三国演义》成书以前，这一段故事早已透过说书人的嘴巴哄传市井。老百姓听了以后，无不对关羽敬仰如神，经过几百年，崇敬日深。

蜀汉和孙吴在赤壁之战后为了荆州归属问题而交恶，在本书第三章已经叙述，此处不再重复。由于刘备与诸葛亮长年都在成都，关羽被委派坐镇荆州。然而，关羽性情高傲而鲁莽，傲气凌人，又不了解诸葛亮所制订的"东联孙吴,北抗曹操"大战略，对盟友强硬对待。孙权有一次向关羽求亲，要娶关羽的女儿为媳妇。关羽竟当面拒绝，又辱骂孙权的使者。孙权大怒，双方关系更加恶劣。后来关羽出兵与曹操敌对，孙权派大将吕蒙从背后袭击，关羽于是兵败身死。

关羽死后，刘备一心要报仇，不顾诸葛亮劝阻，又出兵攻打吴国，结果遭到大败，愤恨而死于白帝城，死前托孤给诸葛亮。

关公民间信仰之形成

历来有很多史家批评关羽事实上是一个失败的英雄，由于他的鲁莽，不但自己身遭横死，并使得蜀汉遭到重创，而与盟国渐行渐远，埋下数十年后灭亡的远因。然而中国的老百姓偏偏不是以成败论英雄，甚至可以说是倾向于同情失败的英雄。老百姓对关羽的检验标准，仍然是"忠孝节义"四个字。关羽被曹操擒获，坚持"降汉不降曹"，是坚守"春秋大义"。关羽不受荣华富贵的引诱，毅然决然地辞别曹操，投奔前途未卜的故主刘备，是"克守臣节",是"大忠大义"。关羽"义释"曹操,是对敌人也讲义气。总之,关羽是绝对的"忠义"的化身。

中国很早就有供奉关羽的庙,现存规模最大,也可能是最古老的一座,位于山西运城市,也就是关羽的故乡。这是在隋朝开皇九年(589年),由隋文帝下令建成的。唐朝时,将关羽配飨武庙。宋徽宗时,下诏封关羽为"忠惠公",没几年又改称为"武安王"。在宋朝时,已经到处都有"关圣庙"。蒙古人统治中国时,也封关羽为王。明神宗时,封关羽为"协天大帝",后来又称为"三界伏魔大帝神威远震天尊关圣帝君"。关羽的名号因而由生前的"汉寿亭侯"在死后一路高升为公、王、帝、圣帝。

清朝多尔衮辅佐顺治皇帝临中国以后,为了收买人心,也封关羽为"忠义神武关圣大帝",通令全国各地都要普建关圣庙,并按时祭祀。武圣关公庙数量之多,于是远远超过任何供奉其他神祇的庙宇,包括文圣孔庙和妈祖庙。光是在北京,就有超过一百座关帝庙。以后的清朝皇帝,也都继续加封关羽头衔。崇拜关公因而形成一种信仰,也是一种文化。

各朝代的帝王为什么要这样提倡崇拜关羽呢?简单地说,其中的正统观念及"忠义"价值观,正是官方所极力想要提倡的。老百姓从孩提时代就沉浸在一片崇拜关公的环境中,或者会因而效法关羽,一心一意效忠于皇帝,遵守三纲五常,不会有离经叛道的想法。

诸葛亮鞠躬尽瘁

中国老百姓对诸葛亮的第一印象,是在刘备三顾茅庐之后,提出《隆中对》分析天下大势,并预言未来的发展。这是史实。

中国老百姓对诸葛亮的第二印象,是他在随同刘备一起逃避曹操大军追击当中,奇计百出,使得曹操防不胜防。在赤壁之战前,诸葛亮到东吴去,舌战群儒,刺激孙权和周瑜决心抵抗曹操。在赤壁之战中,又有草船借箭、借东风、三气周瑜等精彩的故事。这些就有很多是《三国演义》里编撰的小说情节了。然而,在老百姓心目中,诸葛亮智计卓绝的形象却因而建立了。

刘备死后,诸葛亮第一件事就是派遣使节到东吴去进行和解,恢复"联吴制魏"的一贯策略；第二件事是南征群蛮。

当时在巴蜀南方有四个郡反叛，由深获汉、蛮两族人信服的大豪孟获领导起兵。诸葛亮在盛夏时候，亲自带兵，冒着瘴疠、疾病的危险，深入蛮荒的贵州、云南。诸葛亮知道南方之地与巴蜀距离遥远，如不能使其心服，今日将之打败，明日又叛乱，无法停止，因此下令军中不准杀害孟获，必须生擒。第一次抓到孟获后，他亲自带孟获巡视全营，又放孟获回去再战。孟获看过诸葛亮的军营，知道兵少，以为容易对付，不料又被诸葛亮擒获，又被放回去。诸葛亮用兵如神，如此七次俘虏孟获，七次放孟获回去。到了第七次，还要放孟获回去再战。孟获流泪说："七擒七纵，是自古未曾发生的事，我难道是不知羞耻的人吗？南方的人从此不会再反叛了。"诸葛亮于是从滇池（今云南昆明）撤军而不留任何人马，让南方自治。

诸葛亮回到成都，又整治军旅，北征曹魏；八年之中，六次出兵祁山。蜀军每次先跋涉千里，到达汉中（今陕西汉中市），再越过秦岭，抵达渭水南岸。魏国负责守备的司马懿吃了几次败仗，知道诸葛亮的才能远胜于自己，但也知道诸葛亮远道而来，粮秣不足，不能持久，所以就定下绝不冒险和打拖延战两项战略。两人在五丈原（陕西郿县）相持不下。诸葛亮派使者送女人穿的衣服给司马懿，百般激司马懿出战；然而司马懿若无其事地收下来，仍然不上当。

司马懿问诸葛亮的使者有关他平日的生活起居。使者说他工作繁忙，并且亲力亲为，士卒受刑罚超过二十棍以上者一定要亲自审问；但是吃饭不多，每餐不过一碗。司马懿因而断定诸葛亮"食少事繁"，活不长了。诸葛亮果然积劳成疾，不久病发，不治而死。

诸葛亮的价值观

诸葛亮为什么如此地奋不顾身，要一再地南征北伐，以至于劳累而死呢？这从两篇文章可以看得很清楚，一篇是《前出师表》，另一篇是《后出师表》。这两篇分别是诸葛亮在北伐当中两次写给蜀汉后主刘禅（小名阿斗）的奏章。以下分别节录、翻译这两篇文章的片段：

……臣本来是一个布衣百姓，在南阳自行耕种过日子，在乱世当中只求保住性命，不求在世上有什么名声。先帝不因为臣的地位卑下，屈尊降贵地三次亲自来到臣的茅庐中，垂问臣天下大事。臣由此感激知遇之恩，心中答应要做牛做马，供先帝驱使。(《前出师表》)

先帝认为汉、贼不两立，不可能只是偏处一地称王，所以把讨贼的责任托付给臣。以先帝的明智，当然知道敌寇强大而臣的才能有限，未必能完成讨贼的责任。但如果不讨伐贼寇，王业最后仍是会灭亡，与其坐着等待灭亡，不如起兵讨伐贼寇……臣只是鞠躬尽瘁，死而后已，至于是会成功还是失败，不是臣所能预料的。(《后出师表》)

诸葛亮生前可以说是穷兵黩武，并对人民征收重税，以支持军事行动。但是巴蜀百姓闻知诸葛亮的死讯，却无不流泪叹息，在道路及田埂上按季节祭祀。后来渐渐有许多庙宇供奉诸葛亮，其中最著名的在成都，称作"武侯祠"，已经有千年以上历史了。诸葛亮所坚持的价值观，如"汉贼不两立"、"士为知己而死"、"鞠躬尽瘁，死而后已"、"知其不可为而为之"等，获得后世许多知识分子及百姓的景仰和认同，对后代的中国社会也产生极大的影响。唐朝时的大诗人杜甫曾经写过很多首诗来纪念诸葛亮，其中有两句"出师未捷身先死，长使英雄泪满襟"，至今仍是千古名句。

刘备的儿子阿斗其实是一个资质平庸，又贪图享乐的国君。刘备也有自知之明，因而在白帝城托孤时，明白地对诸葛亮说，如果能够辅佐阿斗，那就辅佐；如果阿斗实在不成材，也可取而代之。自古以来，从来也没有一个国君说过这样坦白的话。后世有许多史家为诸葛亮叫屈，说以他的聪明才智，却不幸碰到扶不起的阿斗。也有人问，为什么诸葛亮不干脆照刘备的遗言，取而代之？这样的问题，关键在于仍是不明白诸葛亮所抱持的价值观。

以诸葛亮的才能，如果要飞黄腾达，首选当然是年轻时就去投奔曹操。诸葛亮为什么不去，而在隆中隐居到二十七岁才情愿跟随像丧家之犬一样的刘备？根本的原因，是他看不起曹操。曹操杀人如麻，早已恶名远播。曹操拿汉献帝当傀儡，而实质篡位，在诸葛亮的眼里，是一个贼。诸葛亮既然坚持汉贼不两立，如果废掉阿斗而自己做皇帝，岂不是也变成一个贼，比曹操还不如吗？

诸葛亮自己说情愿做牛做马，原因就在于有一个清楚的价值观和使命感，在背后驱策他。这样一个不计较个人利害，甚至不顾生死，而坚持其价值观，勇往直前的人，无怪乎一千八百年来的历史学家，很少有人对诸葛亮提出负面的评价。

台湾近代的著名哲学家殷海光曾经说过一句话："头脑要复杂，心志要单纯。"对于诸葛亮这一位全中国公认是自古以来最有智慧的历史人物，相信是一个十分恰当的脚注。

第 37 章

清谈、玄学及竹林七贤

汉武帝时,"罢黜百家,独尊儒术"。到东汉末年,太学生达到三万人,"清议"遂形成一股舆论的力量,而与宦官集团对抗。然而书生们既无权,又无兵,不是宦官集团的对手。党锢之祸以后,知识分子从此报国无门,"清议"只能转为"清谈"。

汉朝虽然以儒术为尊,而老庄思想在民间仍然流传。黄巾之乱后,老庄思想在乱世中更加抬头,遂渐渐成为清谈的主题之一。因而,清谈及玄学是起源于东汉末,而流行于魏晋。

清谈及玄学的背景

清谈是一种谈论方式,玄学是谈论的主要内容,两者是二而一。

曹魏时,朝野名士将《周易》、《老子》、《庄子》三书并列,称为"三玄",日夜清谈,论辩有无、本末等形而上的理论。其中有一位何晏写成一本《论语集解》,以老庄的思想来解释儒家经典,主张儒家和道家的道理是相通的。何晏说:"有之所以为有,是因为无才产生;事之所以为事,是因为无才能成就。"因此,"无"是他对于"道"的理解。

当时还有一位不到二十岁的年轻学者，名叫王弼，写成一本《老子注》。王弼的文字优美而简洁，能精确地掌握老子所说"自然"、"无为"的主旨。对于老子所说"道"的有、无，王弼的解释是因为人们看不见道的形状，所以说是"无"，但天地万物又是由此而来，因而也说是"有"。从古至今有很多人批评老子说"常使民无知无欲"、"非以明民，将以愚之"是主张愚民政策，但王弼用"真"、"朴"来诠释老子所说的"无知"和"愚"的含意，已经简单明白地化解了这种误会。从秦、汉朝起，中国几乎每一个朝代都有学者写书注解《老子》，已经超过了一千本，但至今王弼的《老子注》仍是被引用最多的一本。据说何晏原本也在写《老子》的注解，但是在看到王弼《老子注》的文稿后，自认不如，就不再写了。

何晏和王弼活动的年代主要是在曹魏正始年间（240—249年）。这是中国历史上在政治和思想的发展上都非常关键的十年。正始年号尚未开始的前一年，魏明帝曹叡躺在病床上奄奄一息，司马懿和曹爽一同跪在地上，痛哭流涕地接受托孤，答应要辅佐八岁的小皇帝曹芳，一直到长大成人。经过十年，司马懿却发动政变，除掉曹爽。从此曹芳成为傀儡皇帝，每天要看司马懿的脸色过日子。又经过十六年，司马懿的孙子司马炎干脆篡位，建立晋朝。

事实上曹魏政权也是篡位而得来的。然而，在许多曹魏大臣和百姓的心目中，曹操在东汉末年只手力挽狂澜，使四分五裂的国家归于太平，是顶天立地的大英雄。曹操的儿子曹丕篡位并不可耻，因为东汉实际上老早已经灭亡了。反之，司马懿虽然有大功，和曹操完全不能相提并论。总之，司马家族背弃对魏明帝的承诺而篡位，不够光明磊落，等于是小偷的行径，十分可耻。

何晏官拜吏部尚书，与曹爽有深交，在正始十年随曹爽一同被处死，抄家灭族。王弼也在同一年病死，年纪只有二十四岁。他们两人的清谈之友全都是文人名士，有部分也在朝为官，但是没有一个是武将。这些人都知道司马家篡位是迟早的事，心中愤怒，但是都面临一个同样的困境：想要造反，没有能力；想要辞官，司马家不准；想要逃亡，无处可去；不得已留下来与司马家同流合污，却心中有愧。

在这样一种人人备受挫折、压抑，心灰意懒的大环境下，清谈和玄学自然更加成为文人名士的精神寄托。只是清谈已转变到比较消极，甚至愤世嫉俗的方向，而玄学转变到更加虚无空幻的境界。严格的礼教渐渐被认为是虚伪的，人人追求自我，崇尚自然和虚无。

在何晏的时代，上层社会已经开始流行服食一种称为"寒食散"的药物。寒食散又称"五石散"，药性燥热酷烈，服后使人体力增强，精神高爽，皮肤变白，有美容的效果，也有春药的作用。不过寒食散却是一种慢性毒药，服食久了会让人性情改变，烦躁易怒，脸色渐渐转为惨白，甚至魂不守舍。何晏可能是早期服食寒食散的名士之一，但由于他的名望极高，当时的文人名士纷纷仿效，服食寒食散遂渐渐形成一种社会风气，到南北朝时期仍是同时在南、北方流行。

何晏死后，有一群人故意狂歌纵酒，放浪形体，行为惊世骇俗，借此和当权者保持距离。他们又常常聚集在竹林之下，因而被称为"竹林七贤"，分别是阮籍、嵇康、山涛、阮咸、刘伶、向秀及王戎。

竹林七贤

阮籍出身门第世家，原本有极大的志向与抱负，但在司马家夺权之后，深以拜官封侯为耻，却又被迫在朝为官，因而心中不乐。他十分排斥礼法，行为放诞，而常常酒醉。他又时常独自一人漫无目标地驾着马车，一路上不停喝酒；有时一、两天，有时十天、半月，到无路可行时，弃车登山，欣赏美景，或是纵声长啸，或是放声痛哭。常人以为阮籍是疯子，而实际上是心中有无比的痛。阮籍的女儿才貌双全，司马昭想让儿子司马炎娶来做王妃。阮籍不愿意结这门亲事，故意大醉六十天，司马昭只得知难而退。

阮籍的文学修养极高，所做的五言诗当世有名，并且流传后世。他所写下的八十二首《咏怀诗》，不但充分表达了他的内心伤郁，更影响到东晋以及部分隋、唐诗的风格。以下录的就是其中的一首代表作：

夜中不能寐，起坐弹鸣琴。
薄帷鉴明月，清风吹我襟。
孤鸿号外野，朔鸟鸣北林。
徘徊将何见，忧思独伤心。

嵇康出身贫穷而勤学有成，后来娶了曹操的孙女，成为皇亲国戚。他本来是当时有名的美男子，在二十七岁时目睹好友何晏全家被诛灭，从此不再注意修饰，经常十天，甚至一整个月不洗沐，身上长满了虱子。他时常在家门口的树下打铁，强迫自己用劳动来忘记心中的郁闷和伤痛，并明白表示藐视功名。同为竹林七贤的山涛后来改变心意，与司马氏合作，并推荐他做官，嵇康写了一封《与山巨源绝交书》回应，更加明白表态，而传诵一时。信中说，他对商汤、周公、孔子等古代圣贤也没有什么敬意，是世间礼教所不容的人，但是志气所向，没有法子改变。

嵇康精于弹奏古琴，当世有名。后来他因为性格刚强，得罪当权派，终于被赐死，太学生三千人联名请求司马昭赦免而无效。嵇康临刑前，泰然自若地取出一张琴，对着围观的太学生和民众，弹了一曲"广陵散"。曲终之后叹息说："过去袁孝尼曾经多次要向我学这首曲，都被我拒绝。'广陵散'恐怕今后成为绝响！"

阮咸是阮籍的侄儿，爱喝酒，也是个出类拔萃的音乐家，善弹琵琶。

刘伶是竹林七贤中最爱饮酒的一位，自称："天生刘伶，以酒为名。"他常常乘坐鹿车，带几壶酒，又请人拿着铲子跟在后头，说："我如果死了，就随地把我埋掉。"刘伶自然也是极端藐视礼教，甚至在家中不穿衣服，赤身露体。朋友到家中来，引以为怪，刘伶反而说天地就是他的屋宇，家就是他的裤子，怪朋友为什么跑到他的裤裆里来。

向秀原先也是淡薄功名，但是在后来却决定出仕，不过不确定他是自愿的，或是被迫的。向秀到了洛阳，司马昭接见他，问道："我听说先生志在山林，隐居不出，为何到此？"向秀回答："我以为古代的隐士巢父和许由两人性情狷介，却不明白尧帝的心，所以并不值得倾慕。"这一番对答一时传为美谈。向秀喜欢谈老庄之学，而将自己的见解写成一本《解义》，但是剩下几篇没有写完就死了。后来有一位名叫郭象的人，将这几篇补足，又在书中加入自己的见解，而单独用自己的名字发表。郭象的《庄子注》因而夹杂了两人的见解，分不清哪一部分是谁的注解，因而在后来通称为"向郭本"《庄子注》。这是一本至今仍然流传、影响极大的《庄子》注解。

名教的危机

西晋篡夺曹魏（265 年）之后约二十五年，发生八王之乱；再过十五年，爆发五胡乱华而快速灭亡。一场空前的大动乱于焉展开。

西晋灭亡的原因很多，在第八章已经叙述过。不过这里必须再加上一条，那就是许多高级知识分子对于朝廷冷漠疏离，甚至拒绝国家认同，拒绝为国家出半点力气。竹林七贤的行径就是其中的代表。庄子说："窃钩者诛，窃国者侯。"包括竹林七贤在内的许多知识分子正是看不起这样一个偷窃而来的朝廷，能够不出仕就不出仕，纵然是身处朝堂之上，也有许多人是心灰意懒。

事有凑巧，西晋武帝太康二年（281 年），发生一件大事。在河南汲郡有一个名叫不准的盗墓者挖到战国时代魏襄王的墓，发现大批的竹简，其中有一部分是传说的夏朝到魏襄王之间的历史记载。竹简的内容经过披露以后，对当时的知识分子又造成一个巨大的震撼，因为它所记载的内容与《史记》所记载的历史，竟然差异极大。整体而说，这一部分竹简所记载的历史（后来称为《竹书纪年》）充满了冲突和血腥；比较起来，《史记》的叙述只能说是"温良恭俭让"了。

举一个例。《史记》上记载，商朝的贤相伊尹放逐太甲，三年后太甲改过自新，伊尹又还政给太甲。对于这件一向传为美谈的历史，《竹书纪年》里却有完全不同的记载，而明白地说伊尹放逐太甲后，篡位为王；太甲后来杀掉伊尹而复国。

有很多当时的知识分子原本就看不起礼教，在他们看来，《竹书纪年》更证明了历史记载同样是虚伪造假，因而对现实的世界更加厌恶，更要远远地离开名教，而以清谈、玄学来逃避。

然而，这些知识分子绝对没有料想到，现实不但无法躲避，并且还快速地恶化，使得每一个人都笼罩在厄运之中。一个强大的帝国竟然迅速分崩离析，五胡乱华带来前所未有的大浩劫和游牧民族的统治，比起原先他们所拒斥的还要恶劣千百倍，比《竹书纪年》所记载的任何事件都更加恐怖血腥。部分的知识分子逃过这场劫难，中宵梦醒，不免悔不当初。

向郭本《庄子注》的思想

司马昭掌权之后，清谈、玄学的方向实际上已经开始发生了变化。有一部分的知识分子看见司马家的皇权既是牢固而无法改变的事实，虽然仍是加入清谈，探究玄学，在表面上附会风雅，而内心里却是十分渴望有机会攀附既得势力。前述向秀与司马昭的对答代表了这样的转变，后来的郭象转变得更是明显。郭象早年闲居在家，读书写文章自娱，拒绝州郡的征辟，但在八王之乱时却参加了东海王司马越的阵营，位居要津并且权倾朝野。因而，郭象发表《庄子注》可说是在为他自己的行为辩护，也多少有一些为既得势力宣传的味道。

向郭本《庄子注》里的注解不但有部分和何晏、王弼的"贵无"观念冲突，在许多后代的学者看来，甚至曲解了庄子的本意。

举一个例。《庄子·逍遥游》里提到有一种大鹏鸟借着海风大起时，展开翅膀"抟扶摇而上九万里"，无拘无束地往南飞。蝉和小鸠鸟却笑大鹏鸟何必飞那么远，因为他们能飞到小树的枝头就已经很满足了；就算飞不上去，掉下来到地上也无所谓。大部分学者认为这个寓言主要是说浅薄无知之辈无法和格局远大而超拔的人比拟。但在向郭本《庄子注》里的解释，却是说大小虽然有差别，只要各自的天性得到满足，两者同样都是逍遥。"适性逍遥"引申的意思是人要各安其分，安于现实。

再举一例。《庄子·秋水》里说："牛和马都有四条腿，这是自然的；若是把缰辔套在马的头上，或是用绳子穿络牛的鼻孔，那就是人为。"庄子的意思是反对用人为的方法来违反自然；但郭象的注解却说牛、马既然被人驯服，那么加上缰辔、绳络就是"天命"，是没有办法的事。

阮籍、刘伶等人最痛恨的莫过于名教，但依郭象的解释，名教和自然却是不冲突的，一个人可以在庙堂之上为官，而仍然保持内心自然，和身处于山林之中一样。经过这样的解释，既好虚名又想做官的行为于是得到合理的解释，虚无思想带来的名教危机也得到舒缓。

支道林

晋室南迁以后，公卿士族清谈之风依旧。这些人先后以宰相王导、司马昱和谢安等人为清谈领袖，拿着麈尾，坐而论道，有时甚至谈到三更半夜。司马昱属于皇族，后来还成为皇帝，称为简文帝。清谈最流行的议题就是《庄子》里面的篇章。向郭本《庄子注》既是为公卿士族的利益辩护，当然是最常被引用的说法。不过除了公卿士族之外，也渐渐有僧侣加入清谈。僧侣中有一位名叫支道林，面貌丑陋，却谈吐惊人。

支道林对于当时一般解释"适性即是逍遥"不以为然，说："古代的暴君夏桀和著名大盗盗跖都以残害为性，假如适性就是逍遥，那么他们也太过逍遥了。"于是写了一篇《逍遥义》，提出自己的见解。支道林认为，逍遥并不只是得到单一欲望的满足，像大鹏的心是不足于外，而蝉鸠的心是不足于内，纵然一时满足，也还是有其他的欲望，而可能永远不满足。因此，人必须具有一种"至人之心"，能超越内外之不足，也就是不受内在欲望及外在任何物质、任何条件的影响，才有可能达到真正自由无碍的逍遥境界。支道林其实是以内含佛家的般若理论来解释庄子的思想，当时的群儒旧学闻所未闻，齐声赞叹，认为支道林的见解超越了向、郭的说法。

支道林非常积极地参加玄谈辩论或主持讲经，善于提出自己的创见以解释奥妙的玄理，有时却记不住经书原文的词句，因而受到一些古板学者批评。东晋后来的宰相谢安听说这件事时十分年轻，只有十九岁，却大为赞赏，认为支道林就像古代善于相马的九方皋一样，并不注意马到底是黑色或黄色，却对马儿是不是符合骏逸的条件十分清楚。

东晋有名的书法家，被后世尊称为"书圣"的王羲之也听到许多人称誉支道林，但私下认为可能是虚有其名。不过王羲之在与支道林见面之后，听他讲逍遥义，如花开烂漫一般，竟万分倾倒，从此与支道林结为好友。永和九年（353年），王羲之邀集名士在会稽山阴（今浙江绍兴）的兰亭集会。王羲之为此一雅集而写的《兰亭序》被公认是中国古往今来书法成就最高的作品。读者如果仔细吟味以下《兰亭序》中的文字："夫人之相与，俯仰一世，或取诸怀抱，晤言一室之内；或因寄所托，放浪形骸之外。虽取舍万殊，静躁不同，当其欣于所遇，暂得于己，快然自足，不知老之将至。"或许会同意其中也蕴含了逍遥义的思想。

支道林曾经邀请一位名士许询一起讲《维摩经》，采用一问一答的方式逐渐深入阐释经义。每当支道林讲完一段，许询就提出了一些问题。支道林随即从容不迫地解答了。众人都觉得满意，猜想许询不会再有问题了，但出乎意外地许询又提出一些更刁钻的问题，而支道林的回答仍是像山泉涌出一样，源源不绝。如此一来一往，高潮迭起。讲完经后，听众无不手舞足蹈。

清谈、玄学的转向

支道林在江南居住了三十几年，遍交公卿名士，而于太和元年（366年）圆寂。由于他的影响，佛教思想给玄学带来了新方向，是清谈的新主题。在他死了十三年后，佛教的大师释慧远也来到江南，驻锡于庐山东林寺，其学问、谈吐及修养是当代的翘楚，又吸引了无数的公卿名士相与往还问答，如众鸟归巢一般。东晋上流社会的思想从玄学转向佛教越来越明显。

又过了四年（孝武帝太元八年，383年），东晋在淝水之战大败前秦军。北方门第士族在江南久住，逐渐乐不思蜀，断却了匡复北方的企图；但北方的军事力量向来都是远远强于南方，威胁极大，使得东晋朝廷上下兢兢业业，不敢懈怠。前秦溃败后，北方又陷于四分五裂，南方的公卿士族从此松了一口气。这些人在贵族世袭制度的保障之下，原本已经无所事事也能衣食无虞，这时更加成为有钱有闲的阶级。清谈的方向于是又渐渐转到无病呻吟，或是故作风流、虚矫的姿态，或是徒然以论辩之法炫耀于人，而不是追求义理之所在。当时已有不少人诟病这些玄虚空无的理论，认为是无益之谈。

420年（东晋恭帝元熙二年），刘裕篡晋。刘裕是一个出身行伍的武人，不喜清谈，原本已经渐渐褪色的清谈风气遂逐渐画下休止符。

第 38 章

从岳飞及袁崇焕的两出悲剧借镜

在中国的历史上，曾经发生过无数次的大冤案。原本是一个国家民族的英雄，是朝廷及百姓希望所系的中流砥柱，却突然被指为奸臣、谋反的罪人，蒙上不白之冤，甚至被皇帝本人在明里、暗里害死，经过很久才得以洗刷，获得平反。宋朝的岳飞及明朝的于谦、袁崇焕都是这一类的悲剧英雄。

从古至今有很多史家研究、讨论岳飞及袁崇焕。这两个案子发生的背后因素牵涉极广，不光是忠奸及是非的问题，也牵涉到了帝王的利益，个人的性格，以及当代的思想潮流及价值观。总之，这两个案子对于现代人是两面重要的历史明镜，有必要把它擦得干净雪亮，再来仔细照看。

岳飞的时代背景

北宋末年，女真人突然兴起，灭掉辽国，又攻陷汴京，俘虏宋徽宗和宋钦宗北去（靖康二年，1127 年）。宋高宗在临安（今杭州）建立了南宋，是北宋的延续。金朝又在北方扶植一位原来的北宋大臣刘豫，成立了一个傀儡政府，国号"齐"，称为"刘齐"，对南宋是一大威胁。

不久，有一位名叫秦桧的大臣也从北方逃到南方，受到宋高宗重用。

南宋的大臣分为主战与主和两派。秦桧是旗帜鲜明的主和派，主张"南归南，北归北"。建议将来自北方的人民送回北方。宋高宗大怒，说："南人归南，北人归北，那么我这个北人要到哪里去？"坚决支持主战派，下令免掉秦桧的职务，永不录用。在当时，秦桧已经被很多人认为是北方金朝的代言人，也有人直指他是金朝的奸细。

岳飞（1103—1142年）生于现今的河南安阳市汤阴县，少年时开始学习骑射及兵法，文武双全。岳飞的家乡沦陷于金朝的铁蹄之下，母亲鼓励他从军，又在他的背上刺了"精忠报国"四个大字，提醒他不忘国仇家恨。岳飞屡战屡胜，逐渐崭露头角。金兵统帅完颜宗弼（民间称为四太子金兀术，是金太祖完颜阿骨打的第四子）又率兵渡过长江，一直打到临安；却因为过于深入而遭到南宋各路正规军及义军围攻，不得不撤军北返。当时二十七岁的岳飞在南京附近的牛头山截击金兵，大败金兀术，名声大噪，成为南宋最年轻而重要的军事将领。宋朝大将张浚、韩世忠、吴玠、岳飞等追金兀术至华北，与刘齐军、金兵大战，局势渐渐对金国不利。

高宗绍兴五年（金天会十二年，1134年）金太宗完颜吴乞买驾崩，由侄儿金熙宗完颜亶继位（1135—1149年在位）。金朝也有主战派及主和派；由于战局逆转，金朝的主和派渐渐掌握朝政，决定与宋朝谈和。宋高宗又起用秦桧，参加与金国的谈判。金朝透过秦桧威胁宋高宗，说如果和谈不成，将在华北册立他的哥哥宋钦宗为皇帝。宋高宗大惊，知道哥哥如果回来，自己的皇帝位恐怕坐不住，于是政策大转弯，同意签订和约。秦桧从此不但成为南宋的宰相，更是宋高宗的心腹，掌握大权，主导对金朝的政策。

依双方的和约，金朝必须归还部分华北土地给宋朝。不料金朝以金兀术为首的主战派却不满和谈的结果，悍然发动政变，杀光所有主和派大臣，再度派兵南下。

岳飞的命运

金兀术回到战场后，并不能转变局势，连番被南宋大将刘锜所率的八字军及岳飞的岳家军所击败。岳飞的军队军纪严明，号令如山，出兵以来战无不胜，尤其是绝不扰民，深得人民爱戴。金兵营中传言："撼山易，撼岳家军难。"岳家军在郾城（今河南郾城县）以长镰刀大破金兵的连环拐子马，是历史上著名的战役。华北人民纷纷起而响应。金兀术又在朱仙镇被岳飞杀得大败，陷于四面楚歌。岳飞正想挥兵北上，直指金朝首都黄龙府，不料宋高宗却突然连下十二道金牌，命令岳飞退兵。宋高宗又同时解除了韩世忠、刘锜等大将的兵权，而径自与金朝议和。岳飞愤慨流泪，说："十年之功，毁于一旦。"部下有人建议干脆造反，但岳飞拒绝了，遵旨退兵。一年后（宋绍兴十一年，1141年），岳飞与儿子岳云、大将张宪一同被处死。岳飞死后两个月，宋、金正式签订和约，南宋向金国称臣，每年贡献银两、绢帛。双方约定东以淮河，西以大散关（今陕西宝鸡南方）为国界。

宋高宗为什么在战局有利的情况下要退兵，杀大将岳飞，又急急与金朝谈和？宋高宗自己的说法，是他的母亲被掳去北方许多年，使他日夜思念；金朝同意如果和议谈成就送他的母亲回来。但是一般认为这纯粹是胡说八道。《宋史》明白记载，金兀术在政变之后，屡战屡败，地位越来越危险，对岳飞又怕又恨，于是写信给秦桧，毫不避讳地说："你们南宋朝天天说要谈和，而岳飞总是图谋要恢复黄河以北的土地。如果不杀岳飞，就不用谈和。"他又透过秦桧继续威胁宋高宗，说随时可能立他的哥哥宋钦宗为帝。

宋高宗当初登基时其实并不顺遂，一度被跋扈的地方势力逼迫下台，让位给三岁的儿子当傀儡皇帝；幸而得到韩世忠等将领勤王，才又坐回龙椅。但宋高宗余悸犹存，怕又被赶下台，因而很容易成为金兀术及秦桧共同敲诈勒索的对象。岳飞精忠报国，却不幸成为政治妥协下的牺牲品。

和约签订后六个月，金朝把宋高宗的生母送到南方，也把他的父亲宋徽宗的灵柩送还。然而，高宗的哥哥宋钦宗却仍然被拘留在北方，又经过二十年才死去。宋高宗一面说是思念母亲，又讨回父亲的骨灰，一面却将前任的皇帝，也就是自己的亲哥哥拒于国门之外，继续留在敌营中受苦受难。他内心里真正在想的是什么？相信读者不难自己判断。

岳飞死前，大将韩世忠力图营救，质问岳飞犯了什么罪。秦桧答说是"莫须有"，意思是不需要有理由，因为皇帝已经决定要杀他了。从此"莫须有"在中国就成为一种不需理由就可以加害的罪名。

过了二十年，金朝的海陵王完颜亮（1149—1161年在位）弑杀金熙宗，自称皇帝，然后撕毁和约，挥兵南下。宋高宗十分懦弱，和他的父亲宋徽宗一样，没有勇气面对敌人，把帝位传给养子宋孝宗赵昚（1163—1189年在位），自称太上皇，而置身事外。宋孝宗完全不给太上皇面子，立刻给岳飞平反，洗刷冤案，并隆重地将岳飞改葬。

岳飞之死的意义

岳飞的墓从这时起一直到现在，八百多年来都在杭州西湖边，俗称"岳王庙"。不知从何时起，有人用铁铸造了四个人像放置在庙内，分别是秦桧和他的妻子王氏，以及其他两个陷害岳飞父子的奸臣，都低头跪在岳飞的墓前。庙内的门上有一对非常贴切的对联，上书："青山有幸埋忠骨，碧铁无辜铸佞臣。"岳飞对于中国人忠君爱国观念的影响是鲜明而永久的。笔者有幸也曾到过西湖边岳王庙瞻仰，想起这段历史，也不禁鼻头酸涩。

岳飞有没有想过皇帝是不是等于国家？答案无从知晓。这个大问题在思想百花齐放的战国时代时有人曾经提过。儒家的亚圣孟子说："民为贵，社稷次之，君为轻。"明白地表示人民及国家远远比国君重要。孟子甚至说："君之视臣如手足，则臣视君如腹心；君之视臣如犬马，则臣视君如国人；君之视臣如土芥，则臣视君如寇雠。"但孟子所说的这几段话，在后代"天尊地卑"的新儒学中却逐渐被淡忘了。一直到十九世纪末开始，中国与西方接触频繁后，才渐渐又有人在认真思考皇帝是不是等于国家。

然而，今日的历史学家若是以此来批评岳飞，恐怕是十分肤浅。要知道，岳飞所处的时代，无条件地忠君爱国乃是社会上几乎所有的人都接受的价值观。岳飞背上"精忠报国"四个大字，不只是母亲的期望，也是一种根深蒂固的当代思想。岳飞在如此的家庭及社会教育之下，不论当时是否有能力，也绝对不可能称兵造反。今天我们看历史，只能把人与价值观切开来，分别看待。一方面，我们必须佩服岳飞忠于他所信仰的思想及价值观，而无视于个人的生死荣辱；另一方面，如果旧时的价值观是不合理的，那么我们就应该更加讨论清楚，以期得到更正确的、更合时宜的价值观。

南宋与金朝的和、战循环

南宋与金朝之间的和与战,实际上在岳飞死后,又经过几个循环。宋孝宗迫不及待地为岳飞平反,誓言要北伐,但是准备工作没有做好。大将张浚奉命率领十几万大军匆匆北上,不料被金兵击溃。宋孝宗无可奈何,只得下诏罪己,与金朝又签订了一份和约,并且割地赔款,从此到死都闷闷不乐。第三任皇帝宋光宗支持主和派,将主战派的文臣武将,都免了官,其中包括陆游、辛弃疾等。大臣韩侂胄等主战,又发动政变,扶立第四代宋宁宗,逼宋光宗退位。

宋宁宗又抬出岳飞来,追封为鄂王,废掉秦桧的官爵。但宋宁宗又犯了同样的错误,准备不够就发动攻击。开禧二年(金章宗泰和六年,1206年),也就是蒙古成吉思汗被推为大汗这一年,南宋大军北上,被金兵杀得片甲不留。金兵反攻,兵临城下,南宋又再一次被迫签订更屈辱的和约,送更多钱给金朝。金章宗要求将韩侂胄的头砍下,送到燕京,否则不愿签订新和约。韩侂胄又成为和战之间的牺牲品。主和派的史弥远从此掌握朝政。新皇帝宋理宗由史弥远拥立,完全听史弥远的安排,一如当初宋高宗倚赖秦桧。史弥远又贬抑岳飞,恢复秦桧的名誉。

总之,岳飞和秦桧的是非功过,在南宋朝一百多年间来来回回,仍然无法盖棺论定,完全看主政的人究竟是主和或是主战而决定。

南宋灭亡后,岳飞与秦桧的忠奸问题渐渐有了结论。元顺帝时,丞相脱脱奉命编写《宋史》。其中为岳飞洗刷冤屈,而把秦桧列在《奸臣传》里。《宋史》的观点,是从蒙古统治阶级所标榜的朱子儒学思想出发。明朝是推翻蒙元统治而建立的皇朝,对岳飞与秦桧的忠奸,答案不问可知。

岳飞与秦桧的忠奸虽然有了定论,但持平地说,并不意味主战就是对,就是爱国;主和就是错,就是卖国。战与和不能只站在民族意识的单一角度看,至少必须客观地评估敌我形势及战争对百姓造成的可能灾难,才能做出正确的选择。宋孝宗及宋宁宗在国力不足的情况下仓促发动战争,以至大败,其实十分不智,错误恐怕更加严重。但不知如何,明朝以后,在庙堂之上和市井之中的议论,对蛮夷主战几乎与爱国划上等号,而主和就差不多等于是卖国了。这样的单方面逻辑，很不幸地，正是在岳飞死后三百九十年，另一件袁崇焕惨案的根本原因之一。

袁崇焕的出身及时代背景

袁崇焕是广东东莞人，生于明神宗万历十二年（1584年）。他辛辛苦苦读书，参加科举考试，到三十六岁时才考中了进士。这一年（万历四十七年，1619年），明朝大军初次与女真人对阵，十万人在萨尔浒被努尔哈赤击溃，死四万人。第二年，袁崇焕奉派到福建去做县令。

明熹宗天启二年（1622年），袁崇焕县官任期已满，到北京报到，听候重新调派。在这一年年初，努尔哈赤又在广宁打了一次大胜仗。明军十五万人死的死，逃的逃，其余全部投降，全军覆没。明朝下令将带兵官王化贞及熊廷弼都斩首示众，朝中及关外气氛都很低落。袁崇焕关心国事，独自到山海关外去观察形势，回来之后却独持异议，认为关外天险重重，只要在战略要点上布置重兵，加强防备工事，要将后金兵挡住并不困难。

袁崇焕获得不次拔擢，被调往辽东，参加军务。兵部尚书兼新任辽东经略孙承宗采纳他的意见，命令他将山海关外的战略要点宁远城加强、加厚、加高。孙承宗又给袁崇焕十一门葡萄牙人所造的红夷大炮，置于城墙之上。袁崇焕又强力整肃军队风纪，训练士兵战技及战法，积极备战。

孙承宗是当时国家的柱石，为朝廷提拔、培养出很多人才，又实实在在地加强了辽东的防务。不但如此，孙承宗还兼任大学士，并且在天启皇帝登基后，为皇帝授课读书，因而备受天启皇帝的倚重，地位尊崇。虽然如此，孙承宗却在天启五年（1625年）被迫去职，交出兵权。

明末党争

孙承宗为什么去职呢？有什么人的影响力比他大呢？这就不能不提到明末的党争。中国现代的史学家阎崇年在他的著作《明亡清兴六十年》中有一句一针见血的话："不了解明末党争，就不了解辽东的人事关系。"

明朝宦官专权，为祸之烈不下于汉、唐两朝。万历皇帝是历史上最怠惰、贪婪而不负责任的皇帝，二十几年拒绝接见群臣，所有的命令都透过宦官宣达。在万历的手上，国家已经千疮百孔，病入膏肓。一群忧国忧民的知识分子痛心疾首，集结在一起，大声疾呼，决心要匡正时弊。其中主持东林书院（在江苏无锡）的顾宪成是领袖，因而外界称这些人为东林党。东林书院有一副楹联，上书："风声雨声读书声，声声入耳；家事国事天下事，事事关心。"充分表达了东林党的主张及志向。然而政府中的其他官员对东林党戒心十足，也纷纷成立党派，如浙党、齐党、楚党等，都是同乡的关系，不像东林党是标榜志行与抱负。

天启皇帝的父亲明光宗（泰昌帝）是万历皇帝的儿子，登基（1621年）只有十天就因病吃了太医所进的"红丸"而一命呜呼。"红丸案"使得只有十五岁的天启匆匆继任为皇帝，但不幸他却几乎是一个文盲，因为他的祖父万历皇帝莫名其妙，不让这个长孙念书。天启皇帝既然在登基之前不曾好好念过一天书，当然不可能有治理国家的才能，也没有兴趣。偏偏他又是一个天生的木匠，手艺非常高明，因此每天最快乐的事，莫过于拿起刀斧、锯子，做起木工。宦官头子魏忠贤于是趁机揽权。天启皇帝只要能够在他做木工时不被打扰，其他的事都委任魏忠贤全权办理。魏忠贤又故意安排声色犬马给天启皇帝游乐，天启皇帝立刻又沉迷于其中，不再过问政事。魏忠贤从此胆大妄为，权势比以前明朝任何宦官头子都大。前述同乡性质的党派看见魏忠贤权大势大，于是都集结在魏忠贤之下，形成一个"阉党"。

大致来说，阉党小人居多，大多是无能谄媚之辈，以营求私利为目标；东林党关心国家，有气节骨气，多半无权无势，而视阉党为国家蠹贼，毫不妥协。魏忠贤的党羽作威作福，倒行逆施，东林党人看不下去，决定不计生死，正面对抗阉党。天启四年（1624年），七十几名朝臣由两名御史杨涟及左光斗领衔，纷纷上奏章弹劾魏忠贤。然而，东林党无异是以卵击石，结果反而引来阉党灭绝性的报复。不到两年，杨涟及左光斗等七名东林党领导人纷纷惨遭酷刑而死，其他三百名东林党人全部被免官或下狱。孙承宗也被迫辞去兵部尚书之职，由属于阉党的高第接任。

宁远大捷

天启六年（1626年），正当东林党被赶尽杀绝时，努尔哈赤率领八旗大军，号称二十万人，渡过辽河，直扑宁远。宁远城的守将正是袁崇焕，而手下只有一万人捍卫孤城，与后金兵军力悬殊。新任兵部尚书高第既不知道要如何打仗，又胆小无能，于是下令撤守先前孙承宗所布置的防线，要把战线撤退到山海关。袁崇焕是一个热血澎湃的爱国者，又是十分倔强的人，当初费尽心力筑城、置炮、练兵，主要就是为了要守住宁远城这个战略要点，如何肯撤守呢？纵然背后的靠山孙承宗已经倒了，袁崇焕还是激励城中将士，决心死守，而不理高第的指示。

努尔哈赤的军队排山倒海而来，没有料到宁远城墙上的红夷大炮如此厉害。八旗兵被轰击，死伤惨重；勉强越过炮击，到达城下，薄刃攻城，又遭到无比顽强的抵抗。经过三天血战，八旗兵尸积如山，连努尔哈赤都身受重伤，只得狼狈地败退。努尔哈赤从二十五岁起兵，至此四十四年，从未一败，却在宁远城一役败给了默默无名的袁崇焕。更难堪的是，袁崇焕在此之前从来不曾打过仗。努尔哈赤因而引为奇耻大辱，夜晚辗转无法入眠，又伤势发作，不久后竟含恨以终。

袁崇焕与皇太极之间的和与战

袁崇焕得到努尔哈赤的死讯之后，请得朝廷的许可，派出使节到后金去吊祭，借机探其虚实。继努尔哈赤而为后金大汗的皇太极也竭诚款待明朝使节。皇太极与袁崇焕之间于是互相书信往来，竟开始议和。袁崇焕也将来往书信呈送给朝廷。双方议和是否为真心，从历史资料看无法确定；不过可以断定的是，在议和的表面之下，双方其实都各有图谋。皇太极已经决定要出兵高丽，而以议和为烟幕掩盖；袁崇焕是要借议和抢时间，修葺损坏的关外几座城堡，加强防御工事，预备抵挡后金兵下一轮的进犯。

然而，议和这件事却不幸留下一个严重的后遗症。明朝的皇帝与官员都有天朝的心态，认为和蛮夷议和是一项耻辱，反应激烈。前面提到，明朝时许多士大夫与民间老百姓的脑子里,"议和"与"通敌卖国"几乎是同义字。袁崇焕甘冒天下之大不韪而与皇太极议和,不管出发点是否正确,已经被贴上标签,最终成为自己遭到杀身之祸的根本原因之一。

天启七年(后金天聪元年,1627年),八旗兵突然渡过鸭绿江,击溃朝鲜兵,迅雷不及掩耳地占据了朝鲜国都平壤。朝鲜向宗主国明朝求援,袁崇焕受命出兵援助,却已经来不及了。朝鲜第十六代国王仁祖李倧急忙向后金求和,同意结为"兄弟之邦"。皇太极一举解决了后方的顾虑,又得到朝鲜同意供应粮食、武器及其他资源。明朝失去朝鲜这个附庸国,许多朝廷官员又把责任归因为袁崇焕议和受骗所致。

皇太极收服了高丽之后不久,立刻出兵六万人,围困明朝在山海关外的重镇锦州,又在宁远与明军激战。袁崇焕再一次以红夷大炮与坚强的防守击败八旗兵,杀得皇太极不得不黯然撤退。当初袁崇焕以议和换取时间修筑防御工事的用心,无疑也是达到了目的。

沉浮之间

袁崇焕对后金兵两战都大胜,却毫无欣喜之色。东林党这时已完全覆没,阉党猖狂到了极点。有识之士都认为国事已不可为了。袁崇焕也被归为东林党,迟早也会被迫下台,弄不好还会性命不保。当时有一些善于谄媚的地方官开始为魏忠贤建造生祠,于是四方仿效,生祠遍天下。袁崇焕被迫也为魏忠贤建造生祠,自己都觉得十分可耻,却仍然被认为是非我族类。宁锦大捷之后,袁崇焕和他的部属得到的封赏都十分有限,魏忠贤等宦官及朝臣数百人却都加官晋爵。魏忠贤甚至还指使阉党奏报朝廷,批评袁崇焕"暮气"。假如袁崇焕是暮气,当时实在不知道有什么人才有朝气了。袁崇焕愤然上书辞职,离开了辽东。

正在此时,天启皇帝忽然驾崩,弟弟朱由检继位(1628—1644年在位),年号"崇祯"。崇祯皇帝登基时只有十八岁,在此之前过的是担惊受怕的日子,因为不知道魏忠贤什么时候要陷害他。他对魏忠贤之毒害心中了然,因而登基后立刻铲除魏忠贤,撤换阉党分子。他目睹兄长宠信魏忠贤,以至朝政败坏，因而兢兢业业地治理国事。事无大小都亲力亲为，不假他人；每天约见群臣，亲批奏折，批到三更半夜。一时之间，似乎有中兴的迹象。

崇祯皇帝亲自召见袁崇焕，慰勉有加，发布为兵部尚书兼蓟辽督师，又发给尚方宝剑。袁崇焕原已心灰意冷，以为国家完了，哪知不到几个月又再次受命踏入辽东，欣喜之余，对崇祯皇帝说五年就能底定辽东。

毛文龙事件

袁崇焕性情刚介，又疾恶如仇，上任后更是雷厉风行地整肃军纪，惩治骄兵悍将。当时有一个皮岛总兵，名叫毛文龙，拥兵数万人，而拒绝听从袁崇焕的命令。皮岛（朝鲜称为椴岛）在鸭绿江口，地理位置正在后金的左后方，是一个牵制后金的战略要地。毛文龙不断地向朝廷要粮要饷，而大部分饱入私囊，平日广招商贩，与朝鲜、后金从事人参、马匹、布匹等贸易以图利。毛文龙又杀难民冒功领赏，甚至纵容部属剽掠商船，强抢民间女子，军纪极差。毛文龙属于阉党，曾经拜魏忠贤为义父，因而胆敢胡作非为，而在魏忠贤死后依然是猖狂跋扈。

袁崇焕费尽唇舌仍然无法使毛文龙俯首听令，大怒，请出尚方宝剑，将毛文龙就地处死。袁崇焕给毛文龙定的罪名有十二条，如拥兵自重，不听号令；扣克饷银，草菅人命；私通外夷等。不幸后来崇祯皇帝杀袁崇焕，给他定的很多条罪名也是类似。

北京城下

皇太极与袁崇焕再次对垒，经过一年多，完全讨不到便宜。正当他不知如何是好时，有汉人献计，说在山海关西边远处，长城上有一个设防较弱的龙井关（在遵化东北）。皇太极便带领十几万人，绕过山海关，从蒙古南下突破龙井关，长趋直往北京城。袁崇焕得到报告，连忙率领不到一万人星夜奔驰，总算比皇太极早一步抵达北京城下。

双方于是在北京城外展开殊死战。袁崇焕又打了两个胜仗，但是因为兵力不如皇太极，不敢乘胜追击。崇祯皇帝与朝中大臣却一再催促袁崇焕出兵。袁崇焕的战略计划其实是拖住后金兵，等待援军到达，再行决战，或许可以一举歼敌。崇祯皇帝见到袁崇焕不听命令，大怒之余，更怀疑袁崇焕不忠，而阉党趁机落井下石。皇太极在北京城外四处劫掠，北京有部分市民也迁怒袁崇焕。阉党又趁机煽火。

这时皇太极又得到汉人献策，使出反间计。皇太极故意让两个俘虏来的明朝太监听到事先编撰的机密谈话，误以为袁崇焕与皇太极密谋谈和而反叛明朝，然后又故意让他们脱逃。两个太监回到北京城内立刻向崇祯皇帝密报。同时在北京城内又因间谍散布而谣言四起，说袁崇焕通敌叛国。崇祯皇帝又惊又怒，宣召袁崇焕进城，立刻逮捕。袁崇焕的部将祖大寿在一旁目睹经过，吓得发抖，回营后便带着兵马离开北京城，投山海关而去。北京城岌岌可危。袁崇焕在狱中仍是接受崇祯皇帝的命令而修书给祖大寿，请他不要担心自己的生死安危，要以国家为重，带兵回防北京城。祖大寿及将士接信后尽皆痛哭流涕，几经天人交战，决定回师与孙承宗共同作战，终于将皇太极赶回辽东。然而，袁崇焕仍是身陷大狱。崇祯皇帝早已决心要杀他。

六个月后，崇祯皇帝下令将袁崇焕绑到北京西市，处以寸磔。这是一种极为残忍的刑罚，就是将人身上的肉一块一块割下来，至死为止。当时有部分私人的笔记记载，许多围在四周观看的北京民众听信谣言，认为袁崇焕是汉奸，争着生吞袁崇焕身上割下的肉，顷刻而尽。

无论是什么时代，很不幸地总是有许多人民是盲目的，容易受到有心人煽动或操纵。人数越多，越是盲从。

袁崇焕的死因及借镜

袁崇焕为什么会被处死？近代以来，研究袁崇焕的史家很多，综合各家的论点，袁崇焕的死因极为复杂，并不是单纯地是因为死于谣言及太监的小报告，以下请为读者一一说明。

袁崇焕操守廉洁，刚正不阿；然而，行之太过就是不近人情，到处树敌。袁崇焕虽然得到部属的崇敬爱戴，但是与许多同僚之间关系并不和谐。有一位能征善战的蒙古族大将满桂甚至向崇祯皇帝告状。袁崇焕的历任上司也大多无法接受他常常越级报告。

袁崇焕勇于负责，又敢作敢当。然而这个优点发挥得太过，就是行事过于操切，而不顾后果。袁崇焕在杀毛文龙之前，事实上早已有过同样擅杀部属的记录，并被孙承宗申斥，但是并没有记取教训。袁崇焕完全不照会朝廷又擅杀大臣，使得崇祯皇帝从此认定袁崇焕跋扈不臣，只不过事情既已发生，暂时隐忍，但可能已经动了杀机。再者，毛文龙虽然贪腐跋扈，手底下却有数万人，一旦被杀，部将孔有德、尚可喜等心中不服，袁崇焕也没有办法收为己用，以至于后来都带兵投奔皇太极。这是第一次有大规模的汉人将领及军队自动投靠后金，后遗症十分严重。因而，袁崇焕杀毛文龙的原因不论如何正当，以结果论，是一件很大的错误。

袁崇焕慷慨豪放，个性鲜明，为了部下，敢于冒犯上司，甚至敢得罪皇帝。他一直想要解决一个大问题，就是偿付官兵的欠饷。明朝官兵欠饷是一个普遍的情况，辽东官兵欠饷尤其严重。袁崇焕向崇祯皇帝直接要饷银，建议拨出部分内帑的银两来支付。自从明神宗派太监在全国监督收税之后，百姓赤贫，国家财政捉襟见肘，而独独皇家私人府库充实，银钱满溢。崇祯皇帝与明神宗一样，认为内帑是自己的，而不是国家的。袁崇焕的建议真正是触到崇祯皇帝的忌讳，使他心中怒不可遏，心中又动了第二个杀机。

袁崇焕能力超强，却常常把话说得太满。古人说言多必失，正是袁崇焕的问题所在。袁崇焕初次出关考察后，回来说守住关外非常容易，已经引起非议。在崇祯即位后召见时，袁崇焕又口出狂言，说是要在五年内底定辽东；结果在一年多后皇太极就率领十几万大军兵临北京城。崇祯皇帝是一个只有十九岁的没有任何经验的年轻皇帝，如何能够接受这样的事？

袁崇焕又是实事求是，直话直说的个性，不避忌讳而与皇太极议和，前面已经说过。奇怪的是袁崇焕打胜仗而要议和，当时一些不会打仗、贪生怕死的朝臣怕被认为是秦桧，反而摆出高姿态，坚决主战。正因为袁崇焕曾经主张议和，崇祯皇帝早已怀疑他的忠诚，皇太极的反间计才能奏效。

袁崇焕正气凛然的人格，以天下为己任的抱负，以及不计生死的超人勇气，在中国历史上是一把明亮的火炬，令人无限景仰。袁崇焕如果是跟从一个英明而能决断是非的皇帝，应该是有机会照他的理想，完成丰功伟业。然而，不幸当时崇祯皇帝的缺点却是多到数不清，袁崇焕因此不但壮志未酬，反而死无葬身之地。

在现代的世界里，像袁崇焕这样有理想抱负，又有能力的人，不在少数。然而，越是聪明能干的人，越是多多少少类似袁崇焕，不知道自己的性格缺点。当然，现在是民主时代，所有的人无论碰到怎样的老板也不再会遭到像袁崇焕一样悲惨的结果，顶多是被撤职。话说回来，老子说："坚强者死之徒，柔弱者生之徒。"其中实在有些真理。聪明能干的人如果能把袁崇焕当成一面镜子，在不牺牲大原则的前提之下，以稍微柔软的身段，委婉一点的做法，或许更能达到目的，实现其理想，而不是使得亲者痛，仇者快。

崇祯皇帝的问题

平心而论，崇祯是一个十分认真努力的皇帝。然而，要做好皇帝必须具备一些比认真努力还重要的要素，不幸崇祯大部分都不具备。

崇祯虽然比哥哥多读了很多书，基本上知识水平仍然很低。

崇祯虽然杀了魏忠贤，仍然不明白宦官之害不在几个特定个人，而在整个制度。魏忠贤死后没有多久，又有宦官跟在他身边，受到重用。东林党回到朝廷没多久，又被阉党渐渐取代。崇祯宁愿听信宦官的小报告，不相信自己任命的大臣。阉党观察到袁崇焕与皇帝之间的明显矛盾，自然是推波助澜，甚至无中生有，极力要陷害袁崇焕。

最严重的是崇祯多疑，分不清好人与坏人，也没有足够的耐心及包容心。据统计，崇祯在位十七年间一共换掉五十个大学士，十七个兵部尚书，其中超过一半不是自杀就是被处死，或是入狱。由此可知，在崇祯皇帝的眼中，杀几个大臣原是不当一回事。

崇祯皇帝为什么会如此残忍？有一部分原因是明朝从明太祖、明成祖，一直到他的祖父万历皇帝和哥哥天启皇帝都是这样以惨无人道的手段对待大臣的。远的不说，天启皇帝放任宦官残杀杨涟、左光斗等人，就是明白的例子。总之，崇祯皇帝只不过是有样学样罢了，谈不上残忍或是不残忍。袁崇焕的悲惨命运早已无可避免，皇太极的反间计只不过是给崇祯皇帝一个方便的借口。

袁崇焕和崇祯皇帝两个人有好的开始，却不得善终。一个惨死，一个亡国。史家都认为袁崇焕死后，明朝已经逃不掉亡国的命运，甚至连当时旁观的朝鲜君臣也做出同样的结论。

崇祯十七年（顺治元年，1644年），农民军领袖李自成攻陷北京，崇祯皇帝披头散发地在煤山上吊而死，脚上只有一只鞋子。他自己在所穿的衣服上，留下这样的字句："朕自登基以来，上邀天罪，至虏（指女真人）陷地三次，逆贼（指义军）直逼京师，皆诸臣误朕也。朕死无颜见先帝，将发覆面，任贼分裂朕尸，可将文官尽皆杀死，勿坏陵寝，勿伤我百姓一人。"

这一段话，显示了一个可悲的事实：崇祯一直到死前，仍然不明白这个国家其实是毁在他自己的手中，而却把责任归在所有的大臣身上。崇祯并不是要推卸自己的责任，而是真正的无知。

崇祯皇帝的无知从另一件事可以看得更加清楚。他在拒绝袁崇焕动用内帑以发还官兵欠饷的要求之后，仍然派出宦官继续四处搜刮额外税收。同时他却又哭穷，自己率先节衣缩食，又要求所有官员都跟着俭省。前线官兵因而数年无饷，衣服破烂。但李自成攻破北京城后，却发现内帑里仍然有大量的库存银两。崇祯皇帝学他的祖父万历皇帝如此聚敛，竟不知为的是什么？

明朝在万历之后，固然已经病入膏肓，但也不是完全没有救，不过在崇祯这样的皇帝手中，实实在在是没有一丝希望了。

第 39 章

谈武士道

任何人想要了解日本，必定要知道武士道究竟是什么。

近代日本介绍武士道的书很多，最有名的一本是新渡户稻造所写的《武士道》。新渡户稻造出生于日本的高级武士家庭，幼年时正是明治维新如火如荼展开的新时代。新渡户成年以后到美国留学，回国后成为教育家及政治家。他写《武士道》的目的，是为了要让西方人多了解日本，所以是用英文写的；英文书名是 *Bushido : The Soul of Japan*。新渡户无疑认为武士道就是日本的精神，日本的灵魂。

《武士道》和《菊与刀》

新渡户稻造对武士道是怎样解释呢？他说："武士道是一套道德规范，是所有武士都必须要遵守、或是一定要明白的法则。它并不是明文的规定，而只是一些口耳相传，或某几个历史上著名的武士及学者传下来的格言。"虽说不是明文规定，新渡户却在他的书中用八章篇幅，具体地分别提出了正义、勇气、仁爱、礼节、诚实、注重名誉、忠诚、克制自己等八项。

新渡户又另辟一个专章，用来说明日本武士切腹自杀及复仇（日本称之为仇讨或讨敌)。几百年来，日本人对这两件事已经习以为常；但对于外国人来说，不论是亲眼目睹，或是听说，都觉得十分不可思议。依新渡户的解释，日本武士切腹是用来"赎罪、谢过、避免受到侮辱、回报友谊，或是证明诚信"。切腹者必须要具备沉着与勇气，是最神圣的一种死法，既非不理性，也不残忍。至于复仇，是对亲人或主君忠诚的具体表现，正义的具体实践。

新渡户认为，武士道的道德规范，是源自佛教、神道教及儒家思想。参透佛教，特别是其中的禅宗思想的人自然会是沉着而无惧于死亡。神道教教导人们要崇敬大自然，敬拜祖先，并且对父母要尽孝；引申而言，就是要爱国，忠于天皇。中国儒家的创始者孔子提出五伦，也就是"君臣有义，父子有亲，夫妇有别，长幼有序，朋友有信"。

新渡户又特别提出孟子及王阳明，认为这两个古代的中国思想家对日本武士有巨大的影响。孟子及王阳明都讲心性之学。孟子对于"义"特别注重，强调人必须有"羞耻之心"，所作所为必须要无愧于心。王阳明提倡"致良知"及"知行合一"，要求人们从良知出发，自我反省，明白善恶；不应该说的是一套，做的又是另外一套。

《武士道》初次发表的时间是1899年，当时中日甲午战争刚结束四年，而日本正如旭日东升一般，跃入国际舞台。新渡户后来又再改写这本书，而于1905年重新推出。这一年，日本在日俄战争大胜，正式跃为世界强国之一。因而，新渡户稻造是怀抱着意气风发的心情在写这本书，而不免有些向欧美列强自我吹嘘、美化的味道。依他的说法，武士道充分展现了"力与美"。

1946年，美国出版了一本书，书名《菊与刀——日本的民族文化模式》(*The Chrysanthemum and The Sword : Patterns of Japanese Culture*)。这本书的作者鲁思·本尼迪克特(Ruth Benedict)是一位极负盛名的人类学家，是研究民族文化模式的顶尖学者。在第二次世界大战中，美国越来越发现对主要的敌人日本无法了解。日本军人视死如归，虽然在太平洋诸岛战役中节节败退，却是战到最后一兵一卒也不投降，尤其吓坏了美国人。美国军方的情报单位于是聘请本尼迪克特夫人研究日本人的思想、文化及社会，描绘日本民族的图像，结果就写成了这本书。

本尼迪克特夫人在进行研究时，太平洋战争仍然在继续着，因而无法前往日本亲自观察日本的家庭生活情形及社会现象，而只能参考书籍和文献资料，访问在美国的日本人，观看日本人过去所拍的电影，等等。她自己也承认，缺少了必要的"田野调查"，是这本书的一项极大的缺憾。奇怪的是，这本书在美国没有什么人看，却在日本一纸风行，不断地再版，至今已经销售超过五百万册，历久而不衰。日本人对于美国人怎样看日本，显然是十分在意。

本尼迪克特夫人认为，菊花与刀都是构成日本民族性的一部分。菊花象征美感，刀象征力量。因而，《菊与刀》这本书名的意思是日本人同时崇尚"力与美"，与新渡户稻造在《武士道》中所主张的一样。不过本尼迪克特夫人却又明白地指出，日本人具有互相矛盾的双重性格："好战而祥和、黩武而好美、傲慢而尚礼、呆板而善变、驯服而倔强、忠贞而叛逆、勇敢而懦弱、保守而清新。"两人的说法有明显的差别。《武士道》只提出日本民族的美德，不提任何缺点；《菊与刀》却说日本人有光明面，也有黑暗面。

武士道的起源

对于日本的武士道究竟是如何发展出来，新渡户稻造并没有什么具体的交代。本尼迪克特夫人既是不曾踏入日本土地，对日本的历史也缺乏认知，当然无从说明她的观察为何与新渡户稻造有这样大的差距。人们若要弄清楚"武士道"的意义，最好是从追寻其起源的过程着手。

日本武士阶级之所以兴起，如本书第十六章叙述，是由于在平安时代末期（十一世纪），天皇与藤原摄关家争夺权力所致。后三年之役时（1083—1085年），源义家奉命率兵平定东北的陆奥，胜利凯旋，却得不到天皇与藤原摄关的任何封赏。源义家只得自行散尽家财，犒赏有功将士，因而得到"天下第一武士"的美名。武士从此成为一个人人向往的行业。

然而，从平安时代一直到南北朝时代，日本实际上是一个处于野蛮而没有伦理的世界。后白河天皇时发生保元之乱（1156年），天皇、藤原、平氏、源氏四个家族全部投入一场大内战,而各家族成员之间都是为利益而骨肉相残,亲情沦丧。源赖朝结束了源平争战,创立镰仓幕府之后,竟对自己的两个兄弟源义经、源范赖赶尽杀绝。足利尊氏推翻北条氏执权政权,建立室町幕府以后,更是进入一个"君不君、臣不臣、父不父、子不子"的南北朝大黑暗时代(1336—1392年)。父子兄弟之间成为不共戴天的仇敌,不知凡几。上焉者既是如此赤裸裸地争权夺利,无所不用其极,武士们对于主君的忠诚就不用提了。因而,社会价值观混乱到了极点。当时虽然有像楠木正成这样无怨无悔、愿意为天皇牺牲的人,只不过是少数的特例。

战国时代初起,南北朝时代的混乱价值观仍然普遍存在。当时各国领主、大名相互攻伐,积极招兵买马。武士是职业军人,大部分仍以私利为出发点。如果主君是个昏君,或是脸色不善,或是赏罚不公,作为臣子的武士掉头就走,另投他处;因而背叛是家常便饭。

不过这种背主求荣的情况,到战国时代后期越来越少。主要的原因,是各国大名经过竞争淘汰,大部分留存下来的都已经稳固,并且传了很多代,主仆的关系越来越密切。从日本全境来看,有实力争夺天下的人越来越少,多数的大名只是在当配角,选边站台。大名手下的武士已经没有什么机会离开主君去投奔他人,只能随主君的荣辱而升降,渐渐形成命运共同体了。1615年(庆长二十年),大阪夏之阵战役,丰臣秀赖所召集的浪人集团被德川家康的大军击溃,非死即逃。在此后的江户幕府时代里,真正的无主武士已经不多了。

德川家康统一天下之后,深怕武士们又起来造反,因而利用藤原惺窝和林罗山来提倡朱子儒学,以灌输武士们上尊下卑、忠君爱国的思想。当时在民间也有人提倡王阳明学说,或是回归孔、孟的原始儒家思想。江户时代初期,日本出现了几部有关武士道的重要著作,无疑指引了众多武士们的思想与行为。以下是这些书的作者及书名,而依成书的时间排序。

- 柳生宗矩于宽永九年(1632年)写成《兵法家传书》。
- 宫本武藏于正保二年(1643年)写成《五轮书》。
- 山鹿素行于贞享二年(1685年)死后,门徒编撰完成《山鹿语类》。
- 山本常朝口述,田代阵基笔录,于享保元年(1716年)完成《叶隐闻书》。

- 大道寺友山在享保年间（在 1730 之前）编撰完成《武道初心集》。

以下分别简单讨论这些著作。

柳生宗矩和宫本武藏

柳生宗矩的父亲柳生宗严是日本"剑圣"上泉伊势守信纲的嫡传弟子，获得传授新阴流兵法。柳生宗严曾担任过德川家康的兵法师傅；柳生宗矩也担任过德川秀忠及德川家光两代将军的兵法师傅。柳生新阴流因而是江户时代所有武士向往的兵法门派。

宫本武藏是出身于美作国（今冈山县，也有说他是播磨国人，在现今兵库县）乡下地方的浪人，终生研究剑术、兵法，曾经击败过六十几个当世的剑术名家，从未一败，在日本更是家喻户晓的人物，也同样被称为"剑圣"。宫本武藏与佐佐木小次郎在岩流岛的世纪决斗，至今三百多年，仍是所有日本人津津乐道的故事。但这也是宫本武藏最后一次的决斗，从此潜心于内心修养，领悟兵法之道。

一般的日本武士都以为，所谓的"兵法"只是研究个人决斗的刀法、剑术，如何克敌制胜；不过柳生宗矩及宫本武藏两位剑术名家却都指出，兵法也包括了行军打仗的合战理论。宫本武藏说，如果一个人精通了剑法的奥义，那么就会明白战胜一个敌人和战胜成千上万个敌人，并没有什么不同的道理。宫本武藏甚至说自己从兵法之道所揣摩出来的心得，运用到各种才艺的学习上，都可以无师自通。柳生宗矩也说他的兵法原则，适用于所有的人文、艺术及生活过程中的事事物物。

宫本武藏认为，学习兵法不能有邪恶的心思，必须勤修苦练，去除造成修炼的障碍；要能够以小见大，洞悉肉眼所看不见的事，又能从广阔的视野去认识事物，辨别得失；不做没有意义和没有效果的事。一个人必须秉持平常心，使自己的心像水一样的灵活，而没有窒碍。最后，要能体会"空"的意义，悟道又不拘泥于道。

柳生宗矩引用朱子所提倡"格物致知"的道理。他解释说，武士勤修苦练，学习各种剑法、剑招、架势，无非是"格物"；修炼渐渐有成，就要能把所学融会贯通，然后忘掉所学，不受束缚，而达到心中无物，这就是"知至"的境界。因而，平常心就是道，手中有刀而心中无刀。柳生宗矩说朱子所强调的"敬"，只是一种训练，最后还是要能达到佛学里面"空"的境界。

柳生宗矩及宫本武藏两位兵法名家在生时受到日本所有的武士们崇敬。两人一个在朝，另一个在野，不曾见过面，而对于兵法的心得却是大同小异。不过这里要特别指出的是，两人只是阐述兵法的修炼、原则及心法，并没有大力主张武士必须要有什么样忠孝节义的思想或价值观。他们也不曾对"死"和"复仇"提出任何主张。

《山鹿语类》、《叶隐闻书》及《武道初心集》

山鹿素行是一个著名"古学派"的学者。他在九岁时就入林罗山门下学习朱子儒学，后来在研读儒家原始的经典《论语》、《孟子》之后，却开始批判朱熹学说，认为已经违背孔孟的初衷。山鹿素行因而遭到幕府判决流放。虽然如此，朱子哲学里的伦理观念对他却仍然有不可磨灭的影响。

在山鹿素行成年以后，日本已经有数十年没有战争了。武士既不用打仗，也不用种田，更不能经商，那么武士究竟要做什么呢？山鹿素行主张，武士的职责就是要"寻找值得侍奉的主君，善尽忠义；交友要重诚信；谨言慎行，贯彻仁义"。武士除了要学习弓马、剑术，提高自己的品格、知识之外，还要以匡正社会上的人伦道德为己任。江户时代的士、农、工、商四个行业中，武士早已高高在上，而山鹿素行认为武士还要对其他阶级的百姓提出指导，纠正其不当的行为。他又认为，君臣上下有别是天地间自然的法则，武士应该把生命交给主君，而置生死于度外，无论如何都不可懦弱胆怯，如此才能善尽职责。

在山鹿素行之后，日本提倡有关为主君效忠和勇于赴死的书越来越多，其中以山本常朝的《叶隐闻书》最有名，也最偏执。山本常朝从年幼时起就是在佐贺藩主身边的侍童，到四十几岁藩主去世后，便落发出家。所谓的"叶隐"，是说武士要像花儿一样，隐于叶下，直到欣然花落，隐含"在众人看不见处为主君舍身奉公"的意思。《叶隐闻书》采用语录体记载山本常朝的言论,及其他人的言行,是一本内容充实而深具古典美的武士修养书。然而其中所提出来的有关死、报仇与效忠主君的观念,以现代人看来,既激烈,又疯狂。以下选录其中部分段落:

> 所谓武士道,就是看透死亡。于生死两难之际,要当机立断,首先选择死……以目标来考虑生死,就会以死了不值来解脱自己,从此变得怕死……死就是目的,这才是武士道中最重要的。

> 主从契约是一种结合到底的宿缘,不仅家臣深深享有当家所给予的生之乐趣,就连町人百姓也都代代深受此恩。细想一下,就会心怀感恩,无论如何都要为报恩而为主君做些事情。

> 有幸能在主君近侧当一名仆役,就要尽心奉公。纵使被降为浪人或蒙赐切腹,也只考虑一个奉公。无论如何都不改变忠于主君的心志,这才是武士的觉悟法门,应该入骨而化为骨髓。

> 身为武士,除了想主君所想的以外,其他一概不知。

> 决心杀人的时候,千万不要想:"直接杀人或许会失败,迂回可能更好。"稍有犹豫,时机就会溜走,心思也会松懈。武士道主张轻率、盲目,突进的气魄是很重要的。

"叶隐"两个字从此和"武士"渐渐成为同义字。稍晚出书的《武道初心集》也是一样强调武士随时要有"死亡的觉悟",并体认"主公恩惠之深",必须尽忠守义,以求报效。

读者很清楚地可以看见,从南北朝到江户时代,武士的思想及价值观经历了三次巨大的变化。武士从原来的粗鲁无文,无视于伦理,到柳生宗矩、宫本武藏两个兵法大宗师强调武士必须修炼心性,是一个变化。山鹿素行提倡武士要效忠主君,讲求信义及伦理,无惧生死的思想,又是一个变化。

到了山本常朝、大道寺友山主张武士道等同于看透死亡，疯狂求死，而只知效忠主君，不问其他，又是一个更大的变化。

对于近代的外国人来说，武士道恐怕比较接近山鹿素行与山本常朝的描述，而不是新渡户稻造的书中所试图要描绘的图像。更直接地说，在许多外国人的认知里，武士道几乎就是等于武士自杀及复仇两件事了。欧美强权强行打开日本的门户，在明治维新时期亲眼目睹层出不穷、血淋淋的切腹自杀事件，尤其使得外国人得到深刻的印象，难以忘怀。

日本武士自杀及复仇与中国历史的关联

日本武士自杀及复仇的风气与中国的历史可能有一些关系。

自古以来，日本几乎没有保留地吸收中国的文化，不只是佛教及儒家思想，也包括了文学、历史、技艺及社会风俗习尚。说到历史，大家都知道中国的历史经典著作之中，最有名的莫过于司马迁所写的《史记》；因而，这部书不可能不影响日本。

《史记》里面有一篇《刺客列传》，在中国过去两千多年里的士大夫及民间百姓的心目中占据了一个十分独特的地位，对古代的日本也必然有一定的影响。《刺客列传》主要是记载了中国春秋、战国时代五个刺客的故事，其内容都是极为曲折离奇而壮烈感人。五个刺客中，有四个身上都有一个明显的共同点，那就是武艺高强，义气深重，而备受某一个国家的国王或贵族特别礼遇，得到无比的荣耀与尊严，因此决心报答对方，纵使牺牲生命也在所不惜。

公元前515年，也就是春秋时代晚期，吴国发生一件大事。有一位名叫专诸的刺客受到吴国贵族公子光及谋臣伍子胥的无上礼遇，决心报答。专诸于是假装是厨子，在煮好的鱼中藏了一把"鱼肠剑"，然后通过层层安全检查，端着鱼出来到厅堂上，出其不意地从鱼肚中抽出剑来，刺杀了吴王僚。公子光因而继任为王，称为吴王夫差，开启后来吴越争霸的一段动人历史。

过了大约七十年，在赵国发生一个豫让事件。春秋时代末期时，晋国王室已经衰弱，而被六个家族分别盘踞，称为"六卿"。豫让曾经做过其中最强的范氏和中行氏的家臣。后来六卿中的智氏和韩、赵、魏三家联合，灭了范氏和中行氏。豫让转而服事智氏的领袖智伯。韩、赵、魏三家接着又联合而灭掉智氏，瓜分晋国，启动了战国时代。这时豫让却逃走，并矢志要为智伯报仇。豫让尤其痛恨赵国的赵襄子，因为赵襄子把智伯的头砍下来当作酒器。

豫让潜入赵国的宫殿里埋伏，意图伺机刺杀赵襄子，不料身形败露而被捕。赵襄子问他为什么要行刺，豫让直接说是要为智伯报仇。赵襄子心生怜悯，将他放走。

豫让仍然不死心，不久又埋伏在一个桥下，要等赵襄子经过时出来行刺，不料又被捕。赵襄子问豫让，为什么在范氏和中行氏被害后不替他们报仇，而在智伯死后却一意地要为智伯报仇？豫让回答："当初范氏和中行氏只不过是把我当作一般人看待，所以我也是像一般人一样地回报他。至于智伯，乃是以国士待我，因而我以国士回报他。"赵襄子叹息不已，但是说不能再饶他第二次。豫让也不求饶，只是要求赵襄子脱下外衣，让他在外衣上刺几剑，以象征报答智伯，完成心愿。赵襄子更加敬佩，答应了他的请求。豫让于是奋力跃起，在赵襄子脱下的外衣上刺了三剑，然后回剑自杀而死。当时所有的人听到这事件，没有不流泪的。

又经过四十几年，在韩国发生一件轰动一时的大案。有一个无名刺客突然闯进韩国宰相的府第，登堂入室，在重重警卫之下一刀刺死宰相侠累，又杀死数十名卫士，然后自毁五官，又自行开肠破肚而死。由于这名刺客已经面目全非，没有人知道他是谁，韩国便将他暴尸在街上，并且张贴告示，重赏能够出面认尸的人。过了很久，都没有人前来。最后，在远方的齐国有一个名叫聂荣的女子听到了这件事，认为可能是他的弟弟聂政，赶来一看，果然不错，抱尸痛哭。

聂荣说，韩国宰相侠累先前曾经排挤一个名叫严仲子的政敌。严仲子怕被害，逃到齐国，结交奇人异士，尤其刻意笼络聂政。聂政只不过是一名屠夫，地位低下，与母亲及姐姐相依为命，突然受到外国来的王孙贵族厚待，在古代封建阶级意识浓厚的社会中，真正是受宠若惊，而无以为报。

然而，聂政事母至孝，老母在堂时不敢远离。等到母亲死后，聂政便孤身一人到韩国去，为严仲子除去仇敌。依聂荣的说法，聂政纯粹是"士为知己者死"。聂荣又说，她之所以要出面认尸，并不是要贪图赏金，而是怕弟弟做下这一番轰轰烈烈的大事，而竟然默默无闻。聂荣一直陪伴在弟弟的尸身旁，最后竟悲伤而死。

《刺客列传》里面最为有名的，莫过于"荆轲刺秦王"的故事。荆轲生长在战国时代末期，为人深沉，善于击剑。燕国的隐士田光知道荆轲不是寻常的人，对他十分敬重。当时，秦国并吞六国已经是不可避免了，燕国的太子丹日夜忧惧，向田光求教。田光向太子丹推荐荆轲，荆轲却不愿意。田光为了报答太子丹，竟自刎而死，逼使荆轲无法不答应。太子丹于是敬荆轲为上宾，每日造访，招待无微不至。

公元前227年，荆轲动身前往秦国刺杀秦王政，太子丹在易水送别；器乐家高渐离击筑而歌，众人唱："风萧萧兮易水寒，壮士一去兮不复返。"荆轲到了秦国宫廷，假装是要代表燕国献图割地，见到秦王政，趁机拔出匕首，却因为秦王警觉而失手，被卫士们上前围攻而死。

经过司马迁雄健的笔下描绘，刺客们的事迹动人至极，到今天仍然为许多中国人津津乐道。这些故事感人之处，并不在于主人翁武艺如何高强，或是故事如何曲折，而在于"士为知己者死"，以及"人以国士待我，我以国士报之"这样鲜明的价值观。这个价值观对于后世的中国知识分子及武将的影响力，大到无法估计。当日本武士阶级于平安末期兴起以后，《刺客列传》里的人物及故事自然可能也成为武士们景仰、模仿的对象。

《史记》里面其他的篇章中还有无数复仇或自杀的故事，其中有两件也十分震撼。秦朝末年，群雄逐鹿天下，项羽败于刘邦手下，在垓下突破千万重的围困，到了乌江边，却自认无颜见江东父老，横刀自刎。刘邦建立汉朝之后，请已经表示要顺从的齐国反抗军领袖田横来见。田横听说刘邦自大而傲慢，不愿受辱，在半路上自杀。两个随从奉令将他的头颅送到刘邦面前之后，也当场自杀。田横有五百个部属在山东等候，听到消息，也全部自杀，无一偷生。当时无论是不是齐国人，听见此事没有不流泪的。

日本武士自杀及切腹

日本什么时候开始有武士自杀？恐怕是很早、很早，无从考证。中国在古时候什么年代开始有人自杀，也必定是远远早于《刺客列传》的记载，而无从追溯。

至于切腹自杀，据说最早的故事出现于平安时代。当时在赫赫有名的藤原家中出现一个名叫藤原保辅的人物，武略超群，却是亦官亦盗。藤原保辅横行一时，最后在永延二年（988年）被悬赏追捕，而在遭到逮捕时意图自杀，拔刀从自己的腹部刺下，以致于肠子都流出来了。不过藤原保辅没有当场毙命，而是第二天才在狱中因为伤重而死。在藤原保辅之后，又出现另一个大盗袴垂保辅的故事，内容类似，据说是把一个传说中的大盗袴垂与藤原保辅混而为一而产生的故事。

许多日本学者认为上面的故事不足采信，而说在高仓天皇嘉应二年（1170年），有一位名叫源为朝的武士才是日本切腹自杀的第一人。源为朝鼎鼎大名，是创立镰仓幕府的源赖朝的叔父，人称"镇西八郎"，而不幸在源平争战中落败，被追到伊豆大岛，于重围之中切腹自杀。

源为朝是不是真的第一个切腹自杀的日本武士？可能也不是。因为在他之前，有记载说源氏一族有其他的下级武士因为主君死了而切腹殉死。这足以说明，切腹自杀在此之前早已出现，只是因为之前的人名气都不如源为朝，所以名不见经传。

正确的说法，源为朝应该是第一个切腹自杀而名气响亮的高级武士。然而，切腹自杀的行为在镰仓、室町及南北朝时代也不是很普遍。举两个有名的历史人物为例。源为朝的侄儿源义经于1189年在陆奥被藤原泰衡派兵围困，自杀而死，不过并没有切腹。1336年，楠木正成在凑川之战失败，与弟弟相向而坐，以利刃对刺而死，也没有切腹。

切腹自杀的风气真正形成，是在战国时代。旷世英雄织田信长完成了统一日本的大业，不料在京都本能寺被叛将明治光秀的大军包围，而于一片熊熊火海之中切腹自杀。他的儿子织田信忠死守二条城，见大势已去，也切腹自杀。这一年是天正十年（1582年）。日本武士从此纷纷以织田信长父子为榜样，选择在必要时果断而不留恋地死，毫不犹豫地切腹。

为什么要切腹呢？一般认为，武士不论是战败，或被主君赐死，或是任何其他原因而自认为不得不死，切腹是一种最光荣的死法。切腹比自刎更加严重，表示出更大的勇气，更多负责任的意味，或心中有更多的遗憾与不平。对于将名誉比生死看得更重要的武士而言，意义重大。

中国虽然有《刺客列传》里所记载的侠客聂政自毁五官，并切腹自杀，但从此以后史书上并没有其他切腹的例子。切腹因而是日本武士特有的文化。

日本武士集体自杀

日本源平争战多年，在平清盛死后逐渐逆转，以源赖朝为首的反叛军节节得胜，一路追杀平清盛所留下来的平氏一族。安德天皇寿永四年（1185年），平家将在坛之浦（现今山口县下关市）最后一战失败。平清盛的夫人背着八岁的外孙安德天皇蹈海而死。平家将见到大势已去，也纷纷自杀，或投海而死。这是日本历史上一件极为值得注意的大规模集体自杀事件。不过，当时也有部分人选择逃生而去，或是投降。

又经过约一百五十年（后醍醐天皇元弘三年，1333年），镰仓幕府被足利尊氏及新田义贞所领导的叛军推翻，执政的北条氏奋战失败，一家人及武士共八百七十人在东胜寺集体自杀，无一苟且偷生。这是又一次大规模的集体自杀，但是和前述平家覆灭时的情况决然不同，而完全是一千五百年前在中国所发生的齐国五百人全部自杀以殉田横的翻版。

当初齐国这五百人是不是都出于自愿而自杀？这段历史已经无从追溯。北条氏八百七十人是不是全部都心甘情愿地自杀，还是有部分人不愿意而被强迫？事实也是无从知晓。今日世界上标榜的人道主义，在古代中国及日本的武士的价值观里，恐怕是十分淡薄。日本武士在后来数百年中，越来越认为战败而被敌人俘虏是一项无法接受的耻辱，不但自杀，也不许别人投降，一定要强迫所有人自杀，而对不愿自杀的人断然予以处决。即使进入二十世纪，这样的观念也不曾消失，甚至是变本加厉。

1939年，日本关东军在外蒙古的诺门罕草原与苏联、外蒙联军大战，几个月后，欧洲大战爆发。斯大林认为欧洲局势更为紧要，急忙与日本议和，签署停战协议。双方撤军，并遣返战俘。不料被遣返的日本军官和士兵竟有大批自杀，部分拒绝自杀的人也惨遭杀害。

第二次大战后半期，美军与日本皇军在太平洋诸岛展开争夺战，日本军队的武器装备远远不及美军，因而遭受到毁灭性的惨败。然而，日本陆军大臣东条英机对皇军的训示是人人都要"生不受俘虏之辱"，部队的长官也时时训示部下"面临被俘虏之际，必须自我了结"。因而，美军在太平洋诸岛虽然连战皆捷，却看见日本军队宁愿战死、饿死、自杀，也绝不投降。不但如此，连非战斗的人员，也是视死如归。美国《时代》杂志在前线报导，塞班岛（Saipan）有一位父亲拉开手榴弹保险栓，将自己和妻子及儿女一齐炸死。又有一名女子在岩石上梳完头后，静静地沉入海中；甚至连孕妇及幼儿也都投海而死。美国人既是震惊，又大惑不解。鲁思·本尼迪克特夫人正是在这时候受美军的委托，开始研究日本的民族与文化。

这些战火下的平民可以不自行了断吗？或许没有什么机会。塞班岛的美军亲眼目睹日本士兵持枪射击不愿投海自尽的一家人；结果父亲毙命，母亲身受重伤，仍然带着两个小孩，奋力逃命。在战争结束后，有不计其数的日本人写下回忆的文章，说日本军队如何在太平洋诸岛战争进行中，杀害同胞的老幼妇孺，只为了节省粮食，或减轻负担，或怕幼儿的哭声让美军听见。在战败后先逼迫平民自杀，然后自杀，更是千篇一律而令人发指的行为，几乎没有一个岛不是如此。

战争诚然会使得人性泯灭，但日本皇军如果不是被灌输了极端扭曲的武士道思想，或许不会发展到这样惨无人道的地步。

日本武士的复仇

日本武士的复仇有三种：为自己复仇，为家族报仇，以及为主君报仇。

凡人因为利益受到侵害而要复仇，是常有的事。不过对于武士来说，比财富和性命更重要的，莫过于尊严。因而，武士最不能忍受的，是感觉受到轻视，或受到侮辱。明智光秀之所以背叛织田信长，发动本能寺之变，正是因为长期受到公然侮辱，终于忍无可忍。

即使到了二十一世纪，日本大多数人仍然认同这样的价值观。2006年，日本拍了一部电影《武士的一分》，内容是一个武士眼睛瞎了，却因为知道妻子被别的武士欺骗，趁机占了便宜，而决心要讨回尊严，向对方下战书，提出决斗的要求。这部电影创下了日本少有的卖座记录。

日本武士为家族复仇的故事，以"曾我兄弟复仇事件"最具代表性。安元二年（1176年），在伊豆有一个豪族的家族内为了争土地而发生纠纷。工藤佑经打伤了叔父伊东佑亲，又趁佑亲的儿子河津佑泰出狩时派刺客将他刺死。佑泰的妻子带着两个儿子改嫁曾我太郎，两兄弟因此改姓曾我，长大成人后称为曾我十郎及曾我五郎，而日日夜夜不忘要报父仇。工藤佑经后来成为源赖朝的御家人，是朝廷重臣。建久四年（1193年），源赖朝在富士野出狩，盛况空前，曾我兄弟混入其中，刺杀了工藤佑经。哥哥十郎在当天也被杀，弟弟五郎被捕。第二天，弟弟五郎在源赖朝面前详细述说家族的仇恨由来及复仇的经过，但仍然被下令斩首，而从容就死。"曾我兄弟复仇事件"在江户时代被编成能剧、净琉璃、歌舞伎，并且是浮世绘取材的题目之一，深得百姓喜爱。

日本武士为主君复仇的故事，最著名的是"赤穗城四十七武士复仇"事件。

元禄十四年（1701年），第一百一十三代东山天皇派两位大臣到江户向幕府将军贺年。幕府命令播磨藩赤穗城（在今兵库县赤穗市）的城主浅野长矩负责接待事宜。由于浅野长矩没有经验，幕府又请一个官员吉良上野介指导他。吉良上野介存心看笑话，故意不把接待的礼仪说清楚。果然浅野长矩怪状百出，丢尽洋相。吉良上野介趁机取笑。浅野长矩一时盛怒，不顾天皇使臣在场，拔刀刺伤吉良。五代将军德川纲吉大怒，命令浅野长矩切腹自杀，又没收赤穗城。吉良上野介却获判无罪。赤穗城所有的武士一夕间都成为浪人，无处可去。浅野的家臣之首大石良雄认为将军判决不公，决定为主人讨回公道，经过一年的筹划，率领四十六名武士刺杀吉良上野介，将他的头颅献上浅野长矩的墓前。四十七个武士们一齐向幕府自首，又全部甘心切腹自尽。

这个事件震惊全日本，到了后来也被编为各种戏剧，剧名"忠臣藏"。每次表演，观众看得津津有味，百看不厌，台上和台下一起流眼泪。此后，类似"忠臣藏"的故事在真实的世界里又不断地上演。在许多真实故事及无数次的戏剧表演交错影响之下，武士道与仇讨等同的观念遂牢不可拔。

近代日本的武士道

明治维新尚未开始，武士们已经渐渐把效忠的对象从藩主及幕府将军转移到天皇。政府里的官员和军队里的军官，大部分是旧日的武士。明治九年（1876年），日本颁布"废刀令"，后来又宣布"四民平等"，使得武士阶级的优越性消失。虽然如此，被极端扭曲的武士道思想并没有随之消失，反而随着日本对外侵略而日益高涨，而在昭和时代达到最高峰。

《叶隐闻书》原本并没有在大众中广泛流通。其中关于"疯狂死亡"的偏执言论，据说有部分时期还被江户幕府查禁。然而，在昭和时代《叶隐闻书》却被宣传说是日本的"武士道第一书"，用来教育军人。

《叶隐闻书》之偏执，从山本朝常对于"曾我兄弟复仇事件"及"赤穗城武士复仇事件"的评论，可以看得更清楚。如上所述，这两个事件所蕴含的忠义思想得到众多日本百姓的共鸣，但在山本朝常看来，却是不能接受。山本主张："报仇很简单，就是以迅雷不及掩耳之势冲上前搏杀对方，一雪耻辱。若担心复仇时不能战胜对方，此念一出，就以对方人多为自己辩解，徒然拖延时间。真正的复仇，即是对手上千，只要有见一个杀一个的决心，报仇之念亦能实现。"因而，他认为赤穗武士犯了"令人遗憾的错误"，在主君死后已久才展开报仇行动。万一在这期间仇家死了，要如何报仇？曾我兄弟的报仇，同样拖延太久。总之，无论如何都要不假思索，立即报仇。"刚强的武士，既不需要智慧，也不需要功业；既不考虑胜败，也不在意形式，只有一味狂死，自置死地，方为活路。"

这样不用思考的无条件效忠主君和疯狂求死的说法，与山鹿素行所主张的已经不同，更不用说与柳生宗矩及宫本武藏的武士道相去有多远。新渡户稻造在《武士道》里提出武士应具备的美德，恐怕也是一件都谈不上。

但是这样的思想，却正好被法西斯主义的军部所利用。1930年代，日本国内少壮军人三番五次发动事变，杀害首相及其他政府官员，不能不说与这样疯狂而愚昧的思想有关。皇军在战争中对中国军队及平民，甚至对自己同胞所做出的惨无人道的行为，也不能不说大部分肇因于此。

太平洋战争结束后，新一代的日本武士们，也就是许多大大小小公司的职员，无不发挥武士道精神，为公司死力卖命，忠心不二。在有利的大环境下，日本经济遂奇迹般迅速复苏。在逐渐恢复为世界大国的过程中，有许多日本人很认真地在反思过去的错误行为，提出自我批评。然而，大部分的自我批判，都只在于日本不应发动对外的侵略行为，而很少人去检讨根本的思想及价值观，更没有人对于被扭曲的武士道如何造成严重的后果提出任何反思。

我个人对于武士道的源流与发展的见解已如前述。相信日本新一代的知识分子也有人会继续提出对于武士道的新见解、新诠释。无论如何，希望这些都是具有建设性的，多少能够参照柳生宗矩及宫本武藏两位武士大宗师对武士道的看法。假如在今日还有人声称《叶隐闻书》是武士道第一书，而没有人提出异议，那就实在令人失望了。

第 40 章

论战争及侵略思想

从有人类开始，就有战争。人类在尚未发展出文明以前的数百万年中，为了求生存而互相竞争、杀戮，根本上与野兽没有什么差别。欧洲的尼安德特人在四万年前开始被克罗马侬人逐渐取代，不能排除是在漫长而残酷的侵略战争之下被灭种。在黄河流域，六千多年前曾经发生华夏族和东夷族联合击溃苗蛮族，并一路赶尽杀绝。自从人类开始有文字之后，几千年来，大部分的记载也都是有关于战争的历史。

历史学家威尔·杜兰特（Will Durant，1885—1981）曾经说："战争是历史的常态，即使在文明或民主政治社会也无法消除。"战争真是必要之恶而无法避免吗？我个人是无法同意的，并希望能在本章里与读者一起回顾中国及日本的历史，以说明我的看法。

汉文帝和汉武帝的对比

早期人类之所以会有战争，可说大部分是单纯地为了生存，为了抢夺或保护人民、土地、粮食、水等资源。但到了后来，有越来越多的战争却是由于人类虚荣及贪婪的心，无法抵挡物质、名声以及权力欲的诱惑而导致的。人类的文明发达以后，好利、好名、多欲之心越来越严重，战争也越多。以下先用中国在西汉时的历史说明。

自古以来，中国北方的游牧部族便一再地南下，抢掠居住在黄河流域的农耕部族。尤其是秋、冬以后，天气严寒，北方大草原上的水草已经干枯，牛、马没有水草可吃，游牧部族如果不抢夺有半年积蓄的农人，就只有挨饿受冻了。战国时代燕、赵、秦等国家纷纷修筑长城，便是为了这个缘故。到了秦始皇统一天下，又把所有的长城连成一体。

近代的历史学家提出一个"十五英寸等雨线"的概念，说如果把长城联线起来，往西南及东北延伸，在这一条线西北方的地区，平均每年的降雨量低于十五英寸，因而不适合于耕种，只能维持游牧的生活形式。这一条"十五英寸等雨线"因而决定了中国历史上以南、北互相敌对为主轴的发展趋势，历经两千多年。这种南、北之间的敌对及战争是不是没有办法避免？当然不是。我们只要比较汉文帝和他的孙子汉武帝两人的所作所为，便可以明显地看见。

公元前200年，汉高祖刘邦在平城被匈奴冒顿单于率四十万骑兵围困，脱险之后，不愿与匈奴对抗，决定和亲。从此和亲一直被汉朝视为国家的基本政策，历经将近七十年。其间虽然不免发生几次区域性的冲突，而双方却都能自制，不使零星的战火扩大。汉文帝为了维持和平，尤其是不遗余力。他一方面维持强大的军力，以产生遏阻的力量，另一方面又透过赠与和在边关开放互市贸易，使得匈奴人不用劫掠的方式便能取得生活所需。汉文帝更与匈奴单于之间书信来往，以修补冲突所造成的裂痕，降低紧张情势。

汉朝经过四代皇帝的努力成果，却在年轻而野心勃勃的汉武帝登基以后完全破灭。公元前133年，汉武帝派三十万大军埋伏在马邑，意图一举消灭匈奴十万人。汉武帝的图谋不但没有成功，反而挑起汉朝与匈奴之间的全面战争，历经将近一百年才落幕。

汉武帝不只和匈奴打仗，几乎四面八方都在进行战争。他在位的五十几年中，先后灭掉南越国（今广东、广西、海南岛和越南）、西南夷（今贵州、四川）、卫氏朝鲜（今辽宁及朝鲜），又出兵西域。这些战争大部分都是不折不扣的侵略战争，只是为了个人的野心及虚荣而发动。

汉文帝采用黄老思想，无为而治。有人献千里马，汉文帝说千里马对他没有用，将千里马送还，又下令禁止四方的人贡献任何奇珍宝物。到了汉武帝，却因为大宛拒绝贡献日行千里的汗血马，而派出十几万大军去抢夺，战争持续三年之久，天下骚然。汉武帝的"有为"，与汉文帝的"无为而治"，是强烈的对比。实际上"无为"并不是什么事都不做，是"无为而无不为"。

汉文帝和汉武帝之间的差异，从和南越国的关系可以看得更清楚。汉文帝即位之前，南越王赵佗因为受到汉朝压迫而叛变，自称皇帝。汉文帝接掌国家以后，知道赵佗的祖先坟墓在河北真定，于是先派人去修缮赵佗的祖坟，又召见赵佗家乡的同宗族人，予以厚赐；然后写一封信派使者带去给赵佗。信上有以下的字句：

> 如果一定要打仗，使得许多兵士死亡，将军受伤，又使得许多妇人守寡，小孩成为孤儿，年老的人失去爱子，而得不偿失，我实在是不忍心……就算汉朝得到南越国的地，也没有增加多少；得到南越国的财货，也不算是更富有。五岭以南的土地，就由你自己去治理吧。

赵佗看完信，立刻取消帝号，对汉朝称臣。然而到了汉武帝时，却从无理地干涉南越国的内政开始，逼得南越国又反叛。汉武帝最终派出十几万大军，灭掉南越，将之纳入版图。

汉武帝穷兵黩武，耗尽国家财力、人力、物力，而所得甚少。被征服的国家又时常起来叛乱，使得战争不断地延续，最后导致国家财政破败。汉武帝进入晚年时，回想数十年来征伐四方，虽然建立了辉煌功业，但是帝国外强中干，人民生活困苦，终于觉悟而后悔，而下了一道《轮台罪己诏》，诏书上说：

> 朕自即位以来，所为狂悖，使天下愁苦，不可追悔。自今以后，事有伤害百姓、靡费天下者，一概停止。

汉武帝对后代的影响

虽然汉武帝自称后悔莫及,但是他在中国历史上却已经树立了一个高大的形象。从此,在后代的中国统治阶层、士大夫及一般人民心目中,"重振大汉天威"成为一项神圣的使命。远的不说,汉武帝死后不过十五年,他的曾孙汉宣帝就下诏,称赞汉武帝功德茂盛,请大臣们隆重制礼作乐以纪念他。当时有一位儒学大宗师夏侯胜只因为说一句汉武帝虚耗天下,不值得效法,便被汉宣帝下到牢里;若不是两年后长安发生大地震,汉宣帝心中有些害怕,夏侯胜也不知什么时候才会被放出来。

道家的"无为而治"思想只有在汉朝的前几位皇帝时是中国政治理念的指导原则,但在此后的两千多年就不再被奉为圭臬了。

唐朝是中国另一个对外极度扩张的时代。从唐太宗到武则天,中国的领土向西拓展到现今中亚的咸海,向北推到贝加尔湖,东边囊括了现今的朝鲜半岛全部,南边占有部分的越南及缅甸。武则天之后,"恢复汉唐盛世"又成为后世中国各朝代政府及人民的一项神圣历史任务,据以冠冕堂皇地对外侵略。被侵略国家的人民因而遭到什么样的悲惨命运,中国的官方历史却很少提到。

在汉武帝之后,中国至少有三位皇帝和他同样当得起"穷兵黩武"四个字而无愧。所谓"穷兵黩武"的意思,是一个国家并没有必要打那么多仗,而统治者却为了自己的权力欲、虚荣及贪婪,不断地对外侵略,从即位到驾崩,没有一天不在打仗。这三位皇帝分别是元世祖忽必烈、明成祖朱棣,以及清朝乾隆皇帝。

穷兵黩武的元世祖及明成祖

蒙古第四任大汗蒙哥死后,元世祖忽必烈为了与弟弟阿里不哥争做大汗,打了四年大内战,最后得胜,却没有得到任何其他黄金家族成员的承认。之后,忽必烈又与堂兄弟所建立的察合台王国及窝阔台王国战争二十九年,没完没了。忽必烈征服高丽,置为附庸国,又出兵南下,灭掉南宋朝,但仍然不满足，两次派舰队远征日本，却因两次的飓风而遭到严重挫败。不过忽必烈并没有因而停止远征的野心，又派大军到安南、缅甸，甚至派船到苏门答腊；但劳师动众，仍是无功而返。部分国家，例如安南，只是在名义上称臣纳贡，实质上还是半独立的国家。

明成祖六次派郑和下西洋，而炫耀的成分远大于实质所得。他贪婪而不知足，实行的边疆政策充满了错误，选任的边远地方官员大多不良，边远地区因而战争不断。以下举其中最大的安南事件经过为例。

明朝建立以后，安南也称臣入贡。明成祖时，安南大臣胡一元发动政变，杀尽国王陈日焜全家。新政权派使者到北京，骗称陈氏宗族已灭绝，另有胡汉苍是陈氏的异性亲族，暂时代理，请求明朝册封胡汉苍为安南国王。胡汉苍就是胡一元的儿子。明成祖派使臣前往安南查证，结果被收买，回复无误，明成祖因而册封了胡汉苍。不料有一个人在第二年到达北京，自称是前安南国王的孙子陈天平，向明成祖哭诉遭到灭族，请求明朝出兵，兴灭继绝。

明成祖大吃一惊，但是半信半疑，暂时不采取行动。等到安南派使者来朝贺，明成祖特别安排陈天平与会。安南使臣见到陈天平后，都错愕万分，有部分人立刻跪倒在地。明成祖于是知道陈天平确实是安南陈氏王族后人。明成祖派人前往安南，直接向胡汉苍问罪，胡汉苍也直接承认犯下罪行，又同意将王位让给陈天平，恢复陈氏王朝。明成祖派五千人护送陈天平回国，不料一行人进入安南国境就被数万安南兵围困，眼睁睁看着陈天平被抢走，当场被杀害。明成祖大怒，派大将张辅统帅八十万大军，于永乐四年大举远征。张辅带兵跨过富良江（今越南北部红河），命令制作许多木牌，上面刻有胡一元父子的二十条罪状，丢到江里，顺流而下。安南军队见到木牌后，军心涣散。张辅不到一年就击溃安南军，生擒胡一元父子。

明成祖这时做了一个决定，不再寻找安南旧王室陈氏子孙继任国王，而是诏告天下，改安南为交趾布政使司，将安南划为明朝的领土，并且派汉人担任地方官。安南人民原本都认为明朝军队是王者之师，来安南主持正义，但是明成祖的一念之差却使得正义之举变成强盗行为。

安南立刻叛乱四起，又有一个陈氏后人被拥立为国王。张辅再次率大军出征，这次花了六年才终于又平定叛乱。然而，叛乱的根本原因只要仍然存在，必定继续发生。四年后，第三波叛乱开始，安南籍的地方官黎利起兵，战争历经十年而无法善了。这时已经是明宣宗朱瞻基在位，他听从大臣的意见，认为交趾地方荒远，难以管辖，不如罢兵息争，于是下令撤除交趾布政使司。黎利自称安南国王，但是也不愿与明朝为敌，称臣入贡，仍旧是半独立。双方都有下台阶，从此和睦相处两百多年，到明朝灭亡之前都不曾再兵戎相见。

安南事件只不过是明成祖统治时期发生许多边疆事件的一个案例。在其他偏远地区，云南、广西、甘肃、四川等地，类似的事件也是层出不穷。明成祖对北方的局势尤其在意。当时鞑靼人与瓦剌人在蒙古草原上争霸，明成祖决定利用情势插手其中，六次派兵出长城外，其中有五次御驾亲征，耗尽国力而无功，自己在最后一次出征时死在半路上。然而，瓦剌人因为明成祖的帮助而坐大，却成为明朝中期的国家大患。

"十全老人"乾隆皇帝

清朝的乾隆皇帝无疑是集"穷兵黩武"之大成。乾隆自称是"十全老人"，完成了对蒙古、新疆、西藏、台湾、缅甸、安南及大、小金川等，一共十件伟大的军事成就。然而，读者如果详细阅读本书第十五章的叙述，必定会同意其中大部分的军事行动不是没有太大的意义，就是以强欺弱，而不问是非。

大、小金川事件是由于边疆"改土归流"政策及实施的错误所引致，只不过为了三万户人家，却花费了清朝将近两年的税入来打仗。大小金川事件之发生，与明成祖时的安南事件极为类似。至于缅甸事件，则是由于云南地方官觊觎缅甸开设银厂的华人豪富的财产，蓄意谋财害命所致。最不可思议的是，当新疆的准噶尔蒙古人已经被征服而投降了，乾隆竟命令兆惠驻军于伊犁，在四年内搜刮新疆全境，务必将所有的准噶尔人杀得干干净净。准噶尔人因而灭种。

清朝的衰颓，在乾隆的后半期就已经明显易见了。国家毫无节制地对外扩张，耗费巨额军费，浪费民脂民膏；全国官吏又在皇帝引导之下，崇尚奢靡浮华，而无不贪婪腐败，引发更多民变。乾隆之后，清朝再也没有力量对外扩张。反而是小小的日本国在十九世纪末期崛起，成为东亚地区的新侵略者。

早期来自中国及日本对韩国的威胁

中国在历代对外侵略的过程中，对邻近的韩国及日本不但造成威胁，也成为其模仿的对象。

在历史上，韩国由于身处强大的中国近旁，并没有什么机会对外扩张。在汉武帝及唐朝武则天时，朝鲜半岛甚至被强行置入版图之内，而竭尽全力要摆脱中国的束缚。在其他的时间里，中国大部分是扮演韩国的宗主国，而韩国也对中国称臣入贡，如此双方相安无事。

实际上，韩国在历史上不只是受到中国威胁，也常常在日本的威胁之下。公元前一百多年，在朝鲜半岛南端是马韩、辰韩、弁辰鼎立的三韩时代。从第四章的叙述，读者可以知道辰韩人部分是中国秦朝时逃难而来的移民（所以又称为秦韩），而弁辰人无论男女都有文身，很可能是倭人的移民。相对地，马韩是土生土长的当地人。后来在朝鲜半岛发展出来的三国之中，新罗原是辰韩的一个部族，百济原是马韩的一个部族。

在这些部族国家初时起，倭人便不断地渡海来到朝鲜半岛南端。可以想象，当时的倭人无非是要以弁辰为基地，来大力开发这一片"新大陆"，不过在新罗及百济看来，就是严重的威胁了。百济在后来大部分的时间里选择与倭人合作，新罗则视倭人为侵略者，因而战争便不断地发生。

《日本书纪》里面记载了公元200年时日本神功皇后怀着大肚子而跨海征服三韩的事迹。然而，本书在第十六章已经说明，大部分的日本学者都怀疑历史上从来没有神功皇后这个人物，她的事迹也都是虚构的，倭国从来也没有征服过新罗，而是持续战争不断。如此长期对峙胶着的局面延续了约七百年，一直到663年，中国唐朝的武则天出手干涉，联合新罗在白村江一战击溃日本及百济的联军，日本的势力才被赶出朝鲜半岛。

神功皇后的事迹虽然是虚构的，对后代日本人的侵略思想却产生了无比的影响力。十六世纪末，丰臣秀吉两次挥兵到朝鲜，与明朝大军在陆上及海上大战。丰臣秀吉之所以要侵略朝鲜，一方面是因为知道明朝万历政府极为腐败，朝鲜宣祖也十分昏庸；另一方面也是受到神功皇后故事的感染，因而要再一次进军朝鲜，并与中国一决高下。

日本明治时代侵略思想的形成

日本人对于古书上记载神功皇后跨海征韩，以及丰臣秀吉挥军朝鲜的历史，总是难以忘怀。许多日本人认为，如果丰臣秀吉没有突然病死，当时朝鲜战局的结果恐怕会完全不同。

明治维新的精神领袖吉田松阴也明显地受到上述历史的影响，而主张强烈的扩张主义。他在安政大狱不幸被斩首前，曾经在他的著作及书信中明白地写道："若要国家强盛，不应只是满足于不失去已有的，而要进一步获取目前还未到手的。"又说："为今之计，若能牵制美、俄两国，同时，趁机开拓虾夷，收复琉球，夺取朝鲜，占领满洲，压制中国，君临印度，以这种扩张进取之势，打下坚实的基础。这样就可以实现神功皇后没有实现的愿望，完成丰臣秀吉没能完成的任务。"

吉田松阴死前只是一个书生，无权无势。这样的言论提出来，并没有什么作用。然而吉田在松下村塾教书时，与所有弟子同桌吃饭，同在榻榻米上睡觉，并且一同出游，因而他的一言一行无不被所有学生奉为圭臬。当他的学生如木户孝允、伊藤博文和山县有朋等人一一成为明治维新的领袖时，他的主张所产生的影响力就大得无法想象了。

日本在明治维新开始不久，西乡隆盛等人提出了"征韩论"。之所以提出"征韩论"，主要是为了要解决国内大批的士族在改革后无法安插的问题；不过在思想上，吉田松阴的主张无疑是明确的指引。虽然"征韩论"后来遭到搁置，西乡隆盛也因为西南事变失败而切腹自杀，日本全国的人民并没有因此而认为他是叛国，反而对他极度地同情与崇敬，人人为他垂泪。明治天皇也是痛心疾首，于明治二十二年（1889年）下令撤除他的反叛罪名，甚至于明治三十二年下令在东京上野公园竖立起一座西乡隆盛的铜像。然而，日本自天皇以下对西乡隆盛的尊崇，也暗示了对扩张主义的认同，因而扩张的思想又化为一波一波对外的实际侵略行动。

脱亚论

1885年3月，日本明治维新启蒙大师福泽谕吉在自己创办的《时事新报》发表了一篇短文《脱亚论》。这篇文章对此后五十年的日本与中、韩两国关系产生了巨大的冲击。福泽谕吉年轻时饱读中国儒家经典，在自传里他自己说光是《左传》就念了十一遍。然而，自从接触到兰学，又到美国访问以后，福泽谕吉完全改变，转而致力于弘扬西方文明，介绍西方的思想、制度及价值观。当时他的一言一行在日本的影响力，很少有人可以相比。《脱亚论》的内容节录如下：

> ……文明就像麻疹的流行一样。想要防御它的话，有可行的手段吗？我确信没有。纯粹有害的流行病，其势力的激烈程度尚且如此，更不要说利害相伴或利益往往更多的文明了。当前不但不应阻止文明，反而应尽力帮助文明的蔓延，让国民尽快沐浴文明的风气，这才是智者之所为……如果试图阻止文明的入侵，日本国的独立也不能保证，因为世界文明的喧闹，不允许一个东洋孤岛在此独睡……国内无论朝野，一切都采用西洋近代文明，不仅要脱去日本的陈规旧习，而且还要在整个亚细亚洲中开创出一个新的格局。其关键所在，唯有"脱亚"二字。
>
> 虽然日本位于亚细亚东部，但国民的精神已经开始脱离亚细亚的顽固守旧，向西洋文明转移。然而不幸的是在近邻有两个国家，一个叫支那，一个叫朝鲜……与日本相比，支国与韩国的相似之处更为接近。这两个国家一样，不管是个人还是国家，都不思改进之道……以我来看，这两个国家在今日文明东渐的风潮之际，连他们自己的独立都维持不了。除非这两个国家出现有识志士，带头推进进步，就像我

国的维新一样,对其政府实行重大改革,筹划大计,率先进行政治变革,同时使人心焕然一新。如果不是这样的情况,那么毫无疑问,从现在开始不出数年他们将会亡国,其国土将被世界文明诸国所分割。

在遭遇如同麻疹那样流行的文明开化时,支、韩两国违背传染的天然规律,为了躲避传染,硬是把自己关闭在一个房间里,闭塞空气的流通。以西洋文明人的眼光来看,由于三国地理相接,常常把这三国同样看待。因此对支、韩的批评,也就等于对日本的批评……既然如此,当今之策,我国不应犹豫,与其坐等邻国的开明,共同振兴亚洲,不如脱离其行列,而与西洋文明国共进退。对待支那、朝鲜的方法,也不必因其为邻国而特别予以同情,只要模仿西洋人对他们的态度方式对付即可。与坏朋友亲近的人也难免近墨者黑,我们要从内心谢绝亚细亚东方的坏朋友。

"脱亚论"与"征韩论"的结论是一样的。福泽谕吉的《脱亚论》说得冠冕堂皇,其实骨子里是将侵略思想美化。福泽谕吉自诩"文明",实际上对这两个字完全误解,反而将日本指向野蛮的道路。1887年,日本参谋本部在山县有朋主导之下,制订一份《征讨清国策》。1890年,山县有朋对国会演说,指出朝鲜、中国东北、台湾都在日本的"保护利益线"之内。日本已经准备好要"模仿西洋人对待他们的方式"来对待中国及朝鲜。

必须指出,吉田松阴对日本的影响力在此时达到顶点。1894年甲午战争时,日本的首相伊藤博文及负责规划战争的指挥官山县有朋正是吉田松阴当时仅存的两个弟子。伊藤博文历任四次日本首相,而山县有朋被称为是日本"军阀之祖"。长州藩系第二代的政客与军人中,很少不被灌输吉田松阴的扩张侵略思想,然后又一代传一代。

日本人都尊崇吉田松阴和福泽谕吉,认为是促成明治维新辉煌成就的两位大功臣。福泽谕吉的肖像还被印在现代的日本钞票上面。从日本人的角度看,自然是无可厚非,但若是从中国及朝鲜的角度来看,恐怕是要把日本军国主义之所以勃兴,进而以邻为壑,归罪于这两位大贤了。

日本国家神道的影响

日本所发展出来的独特的神道教,对军国主义也产生相当大的影响。

本书第二十四章说到江户幕府的新儒学开端以后,佛教逐渐被排斥,日本的思想潮流于是从儒、佛、神一致转为神、儒一致。儒学宗师几乎都是兼摄神、儒两个领域,并支持神、儒一致的说法。例如,熊泽蕃山说:"道,就是天地的神道,中夏圣人之道和日本神人之道,都是天地的神道。"

但在江户幕府中期开始,日本却渐渐浮现出以日本为主体的优越思想。与熊泽蕃山同时代的山鹿素行也曾经说:"地有东西之祖,世有前后之差,而中华之神圣与外国之圣人,其揆一者……"这句话看起来和熊泽蕃山的意思是一样的,不过要请读者们注意的是,山鹿素行所说的"中华",其实是指日本;而"外国"是指日本以外的国家,包括中国在内。山鹿素行把中国汉人向来注重的"严夷夏之分"观念移植过来,有了排外的思想。

到了十八世纪末,又有一些人提出质疑,认为儒家思想实际上也不是出自本土,而是外来的,因而倡导日本必须复古,致力于追寻古代尚未受到外来思想文化影响的神道思想。追求"纯粹的神道"于是成为思想的一个新方向。本居宣长(1730—1801年)是这一派"复古神道"的代表人物。本居宣长提倡"国学",也就是日本古代自有的文化典籍,所以日本人应该要读的书不是《论语》,而是要研读《古事记》这一类的书,以求得原本的神道之心。也有人认为,日本既然是神国,当然应该以祭神为先,其次才是孔子,不能本末倒置。

江户幕府末期,吉田松阴对神、儒、佛三者也严加区分。他说:"儒、佛正是用以辅助神道的。神道哪里是儒、佛可以相比的呢?神道是君,儒、佛是将、相。将、相怎么可能和君鼎立?如果有俗儒妄想以夷变夏,或是妖僧奉佛而忘掉了君,都是神道的仇人。"

明治元年(1868年),日本新政府在推动维新伊始就颁布了一个"神佛分离令",禁止日本过去许多神社和寺院不分的习惯,划清神道和佛教之间的界线。但是在推动期间却引发了"废佛毁释"运动,日本各地成千上万的寺院及佛像遭到民众破坏,部分僧侣被迫害而不得不还俗;佛教徒被逼而强力反抗，引发重大的冲突。日本政府不得已，在四年后废除神祇省，改设教部省。

然而，在此一过程中，日本的神道已经国教化，天皇的地位高到无以复加，等于是一尊活着的神。日本所有的人民都被教导要无条件遵从天皇的指示，并以此为无上的荣耀。此后，天皇的威望遂被部分的野心家所利用，以驱使全国百姓朝向侵略之路前进。昭和二十年（1945年），麦克阿瑟将军坐镇GHQ，发出"神道指令"，废止国家神道，规定政教分离，从此日本宗教信仰的自由才真正地确立。

日本对中国的侵略

日本在甲午战争及日俄战争获胜，占据了韩国及中国东北、台湾，但仍然不满足，侵略的野心越来越大，又对中国的北洋政府施压，干涉中国的内部革命，要进一步蚕食中国。1917年10月，列宁革命成功，日本也派出大军干涉，要与协约国共同将新生的苏维埃赤色政权"扼杀在摇篮中"，是出兵最多的国家。红军经过四年血战，才终于保住革命的成果。

1924年，美国国会制订《排日移民法》，造成日本舆论沸腾，严重冲击日本的亲美派。日本人原以为自己早已不再是亚洲人了，没想到经过数十年的努力及争取，仍是无法消除白种人的歧视。美、日因而关系恶化。十几年后，日本偷袭珍珠港，挑起太平洋战争，与此不无关系。

同一年，孙中山与苏联同意"国共合作"，日本大为紧张。1926年6月，蒋介石率领国民革命军，开始北伐，日本更是紧张。日本长州藩系的大将田中义一于1927年担任首相，据说向天皇奏呈《田中奏折》，其中说："欲征服中国，必先征服满蒙；欲征服世界，必先征服中国。"这正是当年吉田松阴所提出的扩张思想主张。田中决定出兵山东，以"保护侨民及投资"。1928年，日本军队与中国的国民革命军在山东济南正面冲突，而发生"五三惨案"，掀起中国全面的反日情绪。

当时日本的法西斯主义虽然已经飙起，但国内仍然有人公然反对，批评政府。反对的声音，以著名的记者清泽洌在《中央公论》上发表的文章最为掷地有声。清泽洌向来主张与英、美合作，反对日本对外侵略，甚至主张让韩国人自治，归还满洲权益给中国，以改善关系。他认为若不如此，日本将失去中国的市场，实为愚不可及。

在一篇题目为《爱国心的悲剧》的文章中，清泽洌以计算日本的收支来比较得失。他说："日本在山东的侨民约有两千人，总投资额约五十七万日元。包括在山东铁路的债权，日本的权益不超过三百五十万日元。但田中内阁为了保护上述权益而出兵，光是陆军就支出超过三千七百四十万日元，海军费用还没有计算在内。此外，日本因出兵而失去很多人命。中国为抗议日本出兵而发动抵制日货，因而日本对中国输出减少了二亿日元。"

对于满洲，清泽洌的算法也一样。他说日本在满洲的权益主要是南满铁路，而每年收益不过是五千万日元。为了保护这个利益，日本调动关东军来长期驻守，费用惊人，但每年总额达到十亿日元的日、中贸易却遭到损害。清泽洌的结论是："把爱国心，拨算盘上的珠子算一算吧。这才是解决中国问题、朝鲜问题、台湾问题的唯一方法，也是打开不景气的唯一方案。"

然而，清泽洌和其他人反对战争的言论并没有得到日本政府和军部的理睬。法西斯主义已经席卷日本，于是有少壮派军官抗议军缩条约而自杀，有枪杀首相及政府要员，有关闭国会、报馆。日本已经决定要并吞中国，因而引发柳条湖事件、七七事变、上海事变，一步一步走向战争的不归路。几年后，日本又向美国、英国宣战，终至战败。

日本为侵略战争所付出的代价

日本发动长期的侵略战争，造成中国军队及人民死伤达两千万人以上，日本自己的军队与人民死伤也有两百多万。美军在长崎和广岛投下原子弹所造成的浩劫，更是恐怕在经过几个世代还无法平复。往事已矣，不过本书在这里还要问一个问题："那些日本在对外侵略所建立的殖民地上的日本人民，后来命运究竟如何呢？"

在台湾的日本人，应该算是最幸运的了。据估计，在日本战败后，台湾约有二十八万日本侨民，加上十七万军队，分批搭乘美国的军舰离开台湾，回到日本。这些人能够毫发无损，已经是万幸。比较不幸的是在韩国及满洲殖民地的日本移民。在多年来日本政府高压统治之下，韩国及满洲人人无不憎恨日本人，战后便包围日本侨民报仇。

日本政府从占领中国东北开始，便大力鼓励日本人移民。许多人民也都兴高采烈地前往，以为是到了"新大陆"，并享有特权。到战争结束前，估计约有一百五十万日本人在中国东北居住。1945年8月9日，苏联宣布参战，挥军进入中国东北。过了五天，日本天皇宣布无条件投降。关东军奉命放下武器，等待苏联接收。这一天，就是这一百五十万伪满洲国日本军民惊惶恐惧日子的开始。

失去关东军保护的日本人，纷纷结队逃亡，但是在逃亡过程中，年老和年幼体弱的人因为饥饿、疲劳、染病而倒下，或是死于枪尖、子弹。妇女被强奸之后杀死，或是自杀，或怀孕而不知如何是好。许多母亲欲哭无泪，先杀死自己的小孩，然后自杀。只有一部分的小孩被友善的中国人收养。苏联将在满洲及朝鲜所俘虏的数十万日本军人送到西伯利亚做奴工。

吉田松阴和福泽谕吉当年意气风发地鼓吹扩张的思想，必定不会想到有一天，他们的言论所产生的后果，不只祸及邻国，也导致日本几乎亡国，并且有几百万日本子民因而付出沉重的代价。

战争能避免吗？

回顾上述的历史，读者或许会同意以下的结论："战争不应该是历史的常态，大部分的战争是不必要的。一个国家对外侵略而引发战争，不只对被侵略的国家造成伤害，最后也将会使得自己的国家和人民蒙受其害。"

但究竟要怎样才能真正地避免战争呢？

在此我要重复地说，今日文明的世界里，有越来越多的战争是由于人类越来越贪婪，野心越来越大，越来越耽于享受及虚荣而引起的。在古代，这些贪婪、野心、虚荣、享受只是反映帝王及其周边少数人的欲望；在今日，这些却是在各个国家里由越来越多的人民的欲望所累积的。因而，如何能够降低人类无止境的欲望，实际上是减少战争最简单快捷的一条道路。

老子曾经说:"五色令人目盲,五音令人耳聋,五味令人口爽;驰骋田猎,令人心发狂;难得之货,令人行妨(行为不轨的意思)。"主张人应该只求安饱,不求纵情于声色之娱。然而,坦白地说,今天要指望人们不追求满足视觉、听觉、口腹、娱乐的欲望,已经没有可能。

人类有一个特点,那就是"由俭入奢易,由奢入俭难"。已经享受过的东西,像吃鸦片一样,再也戒不掉了。从前没有汽车,现在汽车已经是必要的代步工具;从前没有冷气,现在没有冷气的工作场所已经很少有人愿意去上班。如今要人们回到没有汽车、冷气的时代,已经不可能,纵使有少数人自愿回到素朴的生活,实际上也无助于逆转大趋势。

人类必须明白一件事:科技虽然可能带给我们福祉,也可能带来隐藏的祸害,因而在接受更多更好的福祉之前,我们恐怕必须考虑清楚,因为一旦接受,已经无法回头。有人以"失控的进步"来形容一些他们认为是不必要的进步发展。但其中牵涉实在太广、太复杂,我自认无法在其中完全辨明是非对错。

一个人要想拒绝先进的科技并没有什么困难,不过到了国家的层面问题就大了。现在世界上国家与国家之间的竞争越来越激烈,如果有什么国家自愿单独选择不再进步,就如同中、日、韩三国在过去几个世纪中选择固步自封一样,必将面对不可知的命运,或者将任人宰割。但如果大家都选择停止进步,那么对整个世界的经济、政治、社会又将造成立即的巨大冲击,因而必须小心谨慎,否则引发混乱,反而加速战争来到。

总之,这其间有太多太多的问题和矛盾,而大部分是由于人类发展太快累积所致,因而很难找到速效解决的办法;但人类若不去面对而任其发展,问题只会越来越多,越来越严重,终至无法解决,那么最后战争恐怕是无法避免。

将近一百年前(1912年),"泰坦尼克号"(Titanic)在大西洋上全速前进,等到发现前面有冰山已经来不及,结果撞上去而沉没。对于仍在不断地加速追求发展的人类,这是否也是一面镜子呢?

[附录]

东亚及世界大事年表

公元	中国大事记	日本大事记	韩国大事记	中国台湾大事记	世界大事记
前2032	大禹建立夏朝。（传说）				
前1600	商汤灭夏桀。（年代有争议）				
前1300	盘庚迁都于殷。（年代有争议）				
前1046	周武王灭商纣。（年代有争议）		箕子建国。（年代有争议）		
前771	犬戎攻破镐京，周平王东迁。				
前685	齐桓公立，管仲为相。				
前660		神武天皇元年。（推定）			
前636	晋文公结束十九年流亡，归国。				
前581		阙史八代开始，至前91年。			印度释迦牟尼生。
前473	吴越之战，越王勾践杀吴王夫差。				
前453	韩赵魏分晋，战国时代开始。				
前359	秦孝公用商鞅变法。				
前341	马陵之战，孙膑杀庞涓。				
前333	苏秦合纵，挂六国相印。				
前300		弥生时代开始。			

前260	长平之战，白起坑赵四十万人。		
前221	秦灭六国，统一天下。		
前210	秦始皇死，二世皇帝立。	传说徐福出海到日本。	
前202	项羽自刎，刘邦建汉朝。		
前195	燕王卢绾逃入匈奴。	卢绾部将卫满奔朝鲜。	
前194		卫满建卫氏朝鲜。	
前180	吕后专政。陈平、周勃铲除诸吕，立汉文帝。		
前154	汉景帝七国之乱。		
前135	太皇太后窦氏薨，汉武帝独尊儒术。		
前133	马邑之变，汉与匈奴决裂。		
前108	汉灭西域车师、楼兰。	汉灭卫氏朝鲜，设四郡。	
前87	汉武帝崩，昭帝立，霍光辅政。		
前74	霍光立昌邑王，又废，立宣帝。		
前57	匈奴分裂为五单于。	传说朴赫居世建徐伐罗。	
前37		传说朱蒙建立高句丽。	
前36	北匈奴郅支单于死，残部逃中亚。		
前18		传说温祚建百济王国。	
9	王莽篡西汉，建新朝。		
12	王莽令严尤杀高句丽侯驺。	高句丽、扶余沙落叛王莽。	

年代	事件	相关事件
25	东汉光武帝刘秀建国。	
57	倭国王遣使者至洛阳，汉光武帝赐倭国金印。	
107		倭王帅升遣使朝见汉安帝。
184	黄巾起义爆发。	
196	曹操迎汉献帝，挟天子以令诸侯。	
200	官渡之战，曹操胜袁绍。	传说神功皇后跨海征朝鲜。
208	赤壁之战，蜀、吴、魏破曹魏。	
220	曹丕篡汉。	
234	诸葛亮六出祁山，病死五丈原。	
238	司马懿灭公孙渊，取辽东。	高句丽东川王助司马懿。
239	魏明帝崩，托孤司马懿、曹爽。	卑弥呼受封亲魏倭王。
246	毌丘俭征高句丽，剿石丸都城。	东川王兵败大梁河，逃亡。
247	刘茂、弓遵征马韩、辰韩。	目支失势，百济新罗崛起。
249	高平陵之变，司马懿政变夺权。	
265	司马炎篡魏。	
291	八王之乱起。	
299	江统上《徙戎论》。	大和时代开始。
304	匈奴刘渊称帝，五胡十六国开始，吐谷浑建国。	仁德天皇即位，称圣帝。
313	祖逖击楫渡长江。	高句丽美川王灭乐浪、带方。

316	刘曜陷长安，西晋亡。	
342	前燕慕容皝陷高句丽丸都。	高句丽对慕容皝称臣。
370	前秦苻坚灭前燕。	
371	高句丽小兽林王对前秦称臣。	百济攻杀高句丽故国原王。
383	淝水之战。前秦苻坚大败。	
395	参合陂之战。北魏破后燕，始强。	
399	东晋孙恩之乱起。	百济与倭国联盟，高句丽与新罗联盟，分两阵营对抗。
420	刘裕篡东晋，建刘宋。	
427		高句丽长寿王迁都平壤。
439	北魏太武帝统一中国北方。	高句丽杀北燕王冯弘。
475		高句丽征百济，杀盖卤王。
477	北魏文明太后变法。	
494	北魏孝文帝迁都洛阳，推行汉化。	
523	北魏六镇之乱。	
551		新罗真兴王攻杀百济圣王。
562		新罗灭任那。
577	北周武帝灭北齐，统一北方。	
581	杨坚篡北周，建隋朝。	
587		苏我家族灭物部家族。

589	隋灭陈。南北朝终结，中国统一。			
592		推古天皇立。飞鸟时代始。		
598	隋文帝命攻高句丽，败还。			
608		遣隋使小野妹子至中国。		
612	隋炀帝亲征高句丽，败还。		高句丽败隋军于萨水。	
319	李渊即位，建唐朝。			西突厥统叶护可汗即位。
630	李靖灭东突厥。	日本首次派遣唐使。		
641	唐文成公主嫁吐蕃王松赞干布。			
642		中大兄皇子灭苏我家族。	泉盖苏文杀高句丽王。	玄奘于曲女城讲经大会。
645	玄奘由天竺返国，开始翻译佛经。	大化革新。	唐太宗征高句丽，阻安市。	
660	苏定方率唐兵渡海灭百济。		唐、新罗共灭百济。	
663	吐蕃禄东赞灭吐谷浑。	唐、日本在朝鲜白村江之战。	日本大败。	
668	唐与新罗共灭高句丽。		唐朝在朝鲜设安东都护府。	
670	吐蕃论钦陵败唐薛仁贵于青海。			
672		壬申之乱。天武天皇立。		
677			新罗统一朝鲜。	
699	吐蕃王杀论钦陵，国衰。		大祚荣建渤海国。	

710	韦后杀唐中宗，李隆基平乱。	迁都平城京，奈良时代始。	
750	黑衣大食败唐军于中亚怛罗斯。		白衣大食亡。
755	安史之乱起。		
768			新罗九十六角干之乱。
794	南诏，唐朝大败吐蕃于神川。	迁都平安京，平安时代始。	
804	日本最澄、空海渡海至唐留学。	坂上田村麻吕征服虾夷。	
838	吐蕃朗达玛毁佛，国乱。		张保皋平乱，扶立文圣王。
866		藤原良房开始摄政。	
875	黄巢起义爆发，历十年。		
887		天皇命藤原基经为关白。	
892			甄萱建后百济。
901			弓裔建后高句丽。
907	后梁朱温篡唐，五代起。		
916	契丹耶律阿保机建国。		
918			王建取代弓裔，建高丽国。
937	辽灭后唐，后晋石敬瑭称儿皇帝。		
945			高丽定宗立，王规之乱。
949			高丽光宗实施奴婢按检法。
954	高平之战，后周灭后汉。		

960	赵匡胤陈桥兵变,建北宋。		
993	契丹侵高丽,通订和约。		获契丹送江东六州。
1004	宋、辽订澶渊之盟。		
1044	北宋、西夏签订和约。		
1051		前九年之役。	
1069	宋神宗用王安石变法。		
1083	哲宗立。太后,司马光废新政。	后三年之役。	
1115	女真阿骨打称帝,建后金。		
1125	金灭辽。耶律大石建西辽国		
1126	金灭北宋,掳徽、钦二帝。		高丽降金国。李资谦之乱。
1127			
1135			妙清之乱,历经两年。
1140	岳飞接十二道金牌,次年被杀。	保元之乱,四家骨肉相争。	
1156	宋钦宗,辽天祚帝秦马球惨剧。	平治之乱,平清盛灭源氏。	
1159		源氏灭平氏。镰仓时代始	
1185		源义经自杀,源赖朝灭陆奥。	
1189			崔忠献掌权,都房政权始。
1196	南宋宁宗下令攻金,大败,乞和。		
1206			铁木真受推为成吉思汗。

1211	成吉思汗破金兵四十万于野狐岭。		
1218	成吉思汗灭西辽国。	承久之乱。北条击败天皇。	蒙古第一次西征，凡六年。
1221			
1227	西夏亡。		成吉思汗崩。
1231	蒙古大将撒里台破朝鲜。	与蒙古议和，迁都江华岛。	
1234	蒙古、南宋联合灭金。		
1235			蒙古第二次西征，凡六年。
1252			蒙古第三次西征，凡七年。
1258	海都建窝阔台汗国于新疆。	都房政权结束。	旭烈兀灭阿拔斯王朝。
1259	蒙古三路发兵攻宋。		
1274	蒙哥崩。忽必烈与阿里不哥争位。		
1281	忽必烈命蒙古、汉人、高丽联军从高丽渡海征日本，遇台风，全军覆没。		
1333	忽必烈再派蒙古、汉人、高丽及南人分两路渡海再征日本，又遇台风，再败。		
1336	讨幕运动。北条执权灭亡。		
1361	凑川之战。南北朝开始。	郑世云、李成桂逐红巾军。	
1368	足利义满继任将军。		
	朱元璋称帝，建明朝。		北元被逐出长城之外。

附录 东亚及世界大事年表 707

1388	蓝玉击鞑靼于捕鱼儿海,大胜。		鞑靼崩溃,瓦剌部兴起。
1392	朱棣篡建文帝,为明成祖。	李成桂政变,逐恭王。	
1402	朱棣篡建文帝,为明成祖。	李成桂篡位,建李氏朝鲜。	
1405	郑和第一次下西洋。		
1419		己亥东征(应永外寇),朝鲜灭对马岛倭寇。	
1449	土木堡之变。英宗被俘。		
1467		应仁之乱。战国时代开始。	
1480			满都海彻斯立达延汗。
1498		戊午士祸。士祸开始。	
1506		中宗反正,燕山君被废。	
1523	日本贡船商人在宁波争贡起争端。明朝废市舶司。		
1560		桶狭间之战,织田信长起。	
1567	明穆宗立,用张居正。废海禁。		朝鲜党争开始
1574	张居正殁。		
1582		本能寺之变。织田信长死。	
1583	古勒寨事件。努尔哈赤叛明。		
1585		丰臣秀吉就任关白。	

708　东亚大历史

1590	宁夏孛拜之乱起。李如松援朝鲜。	丰臣秀吉统一日本。		
1592		丰臣秀吉挥军渡海攻朝鲜。李舜臣大破日本水师。		
1597	日军再出兵朝鲜。明军破日本水师。李舜臣再破日本水师。杨镐率明军进围日军于蔚山，败逃。			
1598	丰臣秀吉病殁，遗命召回侵韩军队，朝鲜之战终结。			
1600		关原之战，德川统一日本。		英国设东印度公司。
1603		德川家康开创江户幕府。		
1604	蒙古林丹汗即位。		荷兰兵第一次到澎湖。	
1615		大阪之战。丰臣秀赖自杀。		
1616	后金太祖努尔哈赤建国。	限外国船停靠长崎、平户。		
1619	萨尔浒之战，努尔哈赤大败明军。		朝鲜与后金议和。	荷兰建巴达维亚殖民地。
1621	明熹宗继位，魏忠贤专政。		颜思齐郑芝龙登陆北港。	
1624	固始汗灭藏巴政权，扶西藏黄教。	禁西班牙船至日本。	荷兰人登陆安平。	
1626	宁远大捷，袁崇焕大败努尔哈赤。		西班牙人占台湾北部。	
1627	袁崇焕宁锦大捷。崇祯皇帝即位。		朝鲜为皇太极所败，求和。	
1628	陕西饥荒，农民军起。		郑芝龙建海上商业王国。	

1630	袁崇焕被刑而死。	德川幕府禁基督教。		
1635	皇太极改攻蒙古，林丹汗败死。	颁锁国令。		
1637		岛原之乱。	朝鲜降清。	
1643	皇太极死。福临立，多尔衮摄政。			
1644	李自成破北京，明亡。清兵入关。			
1645	清兵陷扬州，屠城。下剃发令。	剑道家宫本武藏逝世。		郑芝龙降清，郑成功起兵反清。
1661	康熙即位，鳌拜专权，下迁界令。			郑成功登陆台南鹿耳门，收复台湾。
1662	郑芝龙被斩。吴三桂杀明永历帝。			郑成功死，郑经继位。	西班牙人屠杀吕宋华侨。
1673	三藩之乱起，八年而平。				
1683				施琅平台湾灭郑王朝。	
1721	康熙下令禁基督教传教。			禁携眷渡台。朱一贵乱。	
1783		天明大饥馑起，凡五年。			彼得加冕为俄罗斯皇帝。

年份	中国	日本	朝鲜	世界
1786			林爽文之乱。	阮光平受封为安南国王。
1789	福康安进军西藏，遍降廓尔喀。	松平定信宽政改革开始。		
1791			辛亥教狱，殉教事件。	
1801	达赖八世圆寂。		辛酉邪狱。	拿破仑称帝。
1804		俄使雷萨诺夫至长崎。	安东勃氏势道政治开始。	
1811	下令查禁鸦片。		洪景来之乱。	
1815				拿破仑兵败滑铁卢。
1820	新疆张格尔叛乱，历时七年。	调所广乡主导萨摩藩改革。		
1827				英女皇维多利即位。
1837		大盐平八郎之乱。		
1838	林则徐受命赴广东禁鸦片。	绪方洪庵创"适塾"。		
1840	鸦片战争开始，清朝战败求和。	水野忠邦天保改革，失败。		
1841	清朝毁约，中英鸦片战争再起。	调所广乡自杀。		
1849			哲宗继位。安东金氏掌政。	
1850	洪秀全起，太平天国运动凡十四年。	黑船事件。美舰入浦贺港。		华人赴美淘金热始。
1853	太平天国陷南京，定都。	日美通商条约。安政大狱。		
1858	英、法联军至天津。			英国派总督统治印度。

1860	英法联军攻北京,订《北京条约》。	咸临丸赴美。樱田门之变。	崔济愚创立东学。	开淡水及安平港通商。	美国南北战争起。
1861	慈禧、慈安垂帘听政。				
1864	太平天国亡。新疆回民叛乱始。	四国舰队炮击下关长州藩。	大院君废除书院,锁国。		
1866	左宗棠受任征剿新疆回民叛乱。	萨长同盟。	法舰队入侵。丙寅邪狱。		
1868	西捻灭。	明治维新开始。戊辰战争。			
1871	俄国占伊犁。	岩仓具视率团赴欧美考察。	美国舰队入侵。	牡丹社事件。	巴黎公社反抗国民议会。
1873		岩仓团返国,搁置"征韩论"。	大院君下台,闵妃势力起。		
1874		佐贺之乱。		日军攻台,陷牡丹社。	法与越南订《西贡条约》。
1875	光绪登基。英国人建松沪铁路。	日本占领琉球。	云扬号事件。朝鲜开国。	取消渡台耕垦禁令。	
1877		西南战争。西乡隆盛自杀。	儒者反西化,大院君复起。		爱迪生发明留声机。
1882		日本银行创立。	壬午事变。清兵捕大院君。		美国通过《排华法案》。
1884	中法战争起。	秩父事件。自由民权运动始	甲申事变。		
1885	李鸿章签《中法和约》。	福泽谕吉撰《脱亚论》。	与日本缔《汉城条约》。	台湾省建,巡抚刘铭传。	中国弃越南宗主权。

1894	中日甲午战争，清廷战败。孙文开始革命。日本在朝鲜进行甲午改革。			
1895	公交车上书，达赖十三世亲政。	中日签《马关条约》。	日本谋杀闵妃。	清廷割台湾给日本。	美国延长《排华法案》十年。
1897	德国占领胶州湾。		大韩帝国成立。		
1898	英国强租威海卫、俄国强租旅顺、大连。百日维新失败。	板垣退助与大隈重信组阁宪政党内阁。	独立协会被迫解散。	儿玉任台湾总督，命后藤新平主政。	
1900	义和团起。八国联军陷北京。			南北电话通线。	
1904	英军入西藏。	日俄战争。	日本迫韩国聘日本顾问。		美国无限期延长排华案。
1908	光绪、慈禧死。溥仪继位。			纵贯铁路全线通车。	莱特发明飞机。
1910	达赖十三世逃亡印度。	日本并吞韩国，设总督府。			
1911	武昌起义，清室退位，民国成立。	日本弃兵警察统治朝鲜，开始土地调查事业。			外蒙古独立。
1912	孙中山、袁世凯先后任临时总统。	明治天皇崩，大正继位。			俄、蒙密约。
1914	袁世凯解散国会。	日本对德宣战，登陆山东。			欧战爆发。
1916	袁世凯自任皇帝。《新青年》创刊	日本对华提出二十一条要求。		西来庵事件。	

年	中国	日本	朝鲜	台湾	世界
1917	孙中山成立军政府，南北对立。				俄国二月及十月革命。
1918	《每周评论》创刊，评论时事。			明石元二郎任总督到任。	白军、苏俄红军内战。
1919	五四运动。		三一运动。	建乌山头水库及电厂。	巴黎和会。
1921	中国共产党成立。	第一次世界大战后萧条。			希特勒任工人党魁。
1923	曹锟贿选，当选北方政府总统。	关东大地震，死十余万人。		台湾文化协会成立。	
1924	国民党联俄容共，东征。			治警事件。	斯大林，托洛茨基争权。
1925	孙中山病逝，国民党左右派分裂。		朝鲜共产党成立。		英国发明电视。
1926	中山舰事件，革命军北伐。	大正崩，裕仁即位。			
1928	济南事件。	张作霖暴杀事件。	六·一〇万岁运动。	台北帝国大学成立。	
1929	裁军会议失败。	田中义一首相下台。			世界经济大恐慌。
1930	中原大战，李立三路线失败。	军缩会议，滨口首相被刺。	光州学生独立运动。	雾社事件。	
1931	中共国际派当权，蒋介石剿共。	柳条湖（九·一八）事件。	金成柱入中国共产党。		
1932	一·二八事变，溥仪建伪满洲国。	首相犬养毅遇刺。	韩国志士执行恐怖运动。		
1933	红军开始长征，盛世才控制新疆。	日本退出国联。			德国希特勒掌权。

1935	遵义会议。红军抵达陕北。		首次地方选举	
1936	西安事变。	二二六事件。	祖国事件。	
1937	卢沟桥事变。南京大屠杀。	军部解散国会。		
1938	徐州、武汉会战。国府迁重庆。	张鼓峰事件。	推动朝鲜志愿兵制度。	中国获美桐油贷款
1939	长沙大捷。	日、苏诺门罕事件。		欧战爆发。
1941	新四军事件。苏联停止援华。	珍珠港事件。	皇民化运动。	美国租借法案。德攻苏。
1942	中国远征军入缅甸。	美国飞机开始轰炸东京。	原住民组高砂义勇军。	
1943	美、英废止对华不平等条约。		开罗宣言支持朝鲜独立。	开罗会议。德黑兰会议。
1945	苏对日宣战，出兵东三省。	美国投原子弹。日本投降。	殖民结束。美苏分占南北。	雅尔塔密约。欧战结束。
1947	国共内战加剧。共产党转守为攻。		李承晚、金日成分治南、北朝鲜。	殖民结束，回归中国。二二八事件。
1948	辽沈、淮海、平津战役。			国民党政权迁台。
1950	美国发表对华白皮书。	日本经济开始复苏。	朝鲜战争爆发。	
1953			朝鲜战争结束，签板门店协议。	

主要参考书目

A．有关中国历史部分

1 古籍类

1.1 《尚书今注今译》，屈万里注译，北京：新世界出版社，2011年。

1.2 《诗经新注全译》，袁愈荌译诗，唐莫尧注释，成都：巴蜀书社，2004年。

1.3 《山海经校注》，袁珂著，成都：巴蜀书社，1993年。

1.4 《史记》，（西汉）司马迁著，北京：中华书局，1959年。

1.5 《汉书》，（东汉）班固著，北京：中华书局，1962年。

1.6 《后汉书》，（南朝宋）范晔著，北京：中华书局，1965年。

1.7 《三国志》，（晋）陈寿著，北京：中华书局，1959年。

1.8 《资治通鉴》，（北宋）司马光等著，北京：中华书局，1956年。

1.9 《大唐西域记校注》，（唐）玄奘原著，季羡林等校注，北京：中华书局，2000年。

1.10 《宋史》，（元）脱脱等著，北京：中华书局，1977年。

1.11 《辽史》，（元）脱脱等著，北京：中华书局，1974年。

1.12 《金史》，（元）脱脱等著，北京：中华书局，1975年。

1.13 《元史》，（明）宋濂等著，北京：中华书局，1976年。

1.14 《明史》，（清）张廷玉等著，北京：中华书局，1974年。

2 近、现代著作

2.1 《国史大纲》，钱穆著，北京：商务印书馆，1996年。

2.2 《万古江河》，许倬云著，上海文艺出版社，2006年。

2.3 《西周史》，许倬云著，北京：生活·读书·新知三联书店，2001年。

2.4 《周代城邦》，杜正胜著，台北：联经出版事业公司，2008年。

2.5 《中国青铜时代》，张光直著，北京：生活·读书·新知三联书店，1999年。

2.6 《中国青铜时代》第二集，张光直著，台北：联经出版事业公司，2005年。

2.7 《青铜器与古代史》，李学勤著，台北：联经出版事业公司，2005年。

2.8 《楚文化研究》，文崇一著，台北：东大图书公司，1990年。

2.9 《先秦史》，剪伯赞著，北京大学出版社，1999年。

2.10 《考古中国》，岳南著，三亚：海南出版社，2007年。

2.11 《兴盛与危机》，金观涛、刘青峰著，北京：法律出版社，2011年。

2.12 《中国历史年表》，柏杨著，北京：海南出版社，2006年。

2.13 《中国历史地图集》，谭其骧主编，中国地图出版社，1989年。

2.14 《中国人口史》，王育民著，江苏人民出版社，1995年。

2.15 《明初以降人口及其相关问题》，何炳棣著，葛剑雄译，北京：生活·读书·新知三联书店，2000年。

2.16 《中国历史上气候的变迁》，刘昭民著，台北：商务印书馆，1994年。

2.17 《中国史学名著》，钱穆著，北京：生活·读书·新知三联书店，2005年。

2.18 《经典常谈》，朱自清著，上海古籍出版社，1999年。

2.19 《盐铁论——汉代财经大辩论》，(西汉)桓宽著，詹宏志编撰，台北：时报出版，1995年。

2.20 费正清（John King Fairbank）《费正清论中国》（China–A New History），薛绚译，台北：正中书局，1994年。

2.21 《国史十六讲》，樊树志著，北京：中华书局，2006年。

2.22 《唐史十二讲》，黄永年著，北京：中华书局，2007年。

2.23 《宋史》，方豪著，台北：中国文化大学出版部，1988年。

2.24 《游牧者的抉择》，王明珂著，桂林：广西师范大学出版社，2008年。

2.25 《羌在汉藏之间》，王明珂著，北京：中华书局，2008年。

2.26 《华夏边缘》，王明珂著，北京：社会科学文献出版社，2006年。

2.27 《从拓拔到北魏》，张继昊著，台北：稻乡出版社，2003年。

2.28 《拓拔氏的汉化及其他》，孙同勋著，台北：稻乡出版社，2005年。

2.29 《突厥研究》，林恩显著，台北：商务印书馆，1992年。

2.30 《敕勒人史迹源流考》，常华安著，台北：文史哲出版社，2009年。

2.31 《回纥史》，杨圣敏著，桂林：广西师范大学出版社，2008年。

2.32 《吐谷浑史》，周伟洲著，桂林：中国广西师大出版社，2006年。

2.33 《吐蕃赞普墀松德赞研究》，林冠群著，台北：商务印书馆，1989年。

2.34 《女真史论》，陶晋生著，台北：联经出版事业公司，2009年。

2.35 《蒙古秘史新译并注释》，札奇斯钦译注，台北：联经出版，2006年。

2.36 《成吉思汗与今日世界之形成》(Genghis Khan and the Making of Modern World)，杰克·威泽弗德（Jack Weatherford）著，温海清译，重庆：重庆出版社，2006年。

2.37 《细说元朝》，黎东方著，上海人民出版社，2007年。

2.38 《细说明朝》，黎东方著，上海人民出版社，2007年。

2.39 《细说清朝》，黎东方著，上海人民出版社，2007年。

2.40 《明亡清兴六十年》，阎崇年著，北京：中华书局，2008年。

2.41 《明清史》，陈捷先著，台北：三民书局，2005年。

2.42 《万历十五年》，黄仁宇著，北京：生活·读书·新知三联书店，1997年。

2.43 《清代通史》，萧一山著，上海：华东师范大学出版社，2006年。

2.44 《太平天国》(God's Chinese Son: The Taiping Heavenly Kingdom of Hong Xiuquan)，史景迁（Jonathan Spencer）著，朱庆葆等译，桂林：广西师范大学出版社，2011年。

2.45 《晚清七十年》（五册），唐德刚著，台北：远流出版事业公司，1998年。

2.46 《近代中国史纲》，郭廷以著，香港中文大学出版社，1980年。

2.47 《大清留美幼童记》，钱钢、胡劲草著，北京：当代中国出版社，2010年。

2.48 《戊戌政变记》，梁启超著，桂林：广西师范大学出版社，2010年。

2.49 《庚子西狩丛谈》，吴永口述，刘治襄记述，北京：中华书局，2009年。

2.50 《孙中山与国民革命》，蒋永敬著，台北："国史馆"，2000年。

2.51 《第三国际史》，郑学稼著，台北：商务印书馆，1977年。

2.52 《苏俄在中国：中国与俄共三十年经历纪要》，蒋中正撰，台北：中央文物供应社，1957年。

2.53 *Red Star Over China*, Edgar Snow, Penguin Books, 1978.

3 传记、回忆录、选集类

3.1 《王荆公》，梁启超著，台北：中华书局，1978年。

3.2 《耶律楚材》，陈舜臣著，许锡庆译，台北：远流出版事业公司，1994年。

3.3 《郑和下西洋考》，伯希和著，冯承钧译，北京：中华书局，2003年。

3.4 《康熙写真》，陈捷先著，北京：商务印书馆，2011年。

3.5 《雍正写真》，陈捷先著，北京：商务印书馆，2011年。

3.6 《乾隆写真》,陈捷先著,北京:商务印书馆,2011年。

3.7 《毛泽东自传》,毛泽东自述,斯诺笔录,汪衡译,台北:书房出版,2002年。

3.8 《在历史巨人身边——师哲回忆录》(修订本),师哲著,北京:中共中央党校出版社,1998年。

3.9 《毛泽东选集》(一至四卷),毛泽东著,北京:人民出版社,1991年。

3.10 《李宗仁回忆录》,李宗仁口述,唐德刚撰写,香港南粤出版社,1986年。

3.11 《张学良口述历史》,张学良口述,唐德刚撰写,台北:远流出版事业公司,2009年。

3.12 《彭德怀自述》,彭德怀著,北京:人民出版社,1981年。

B. 有关韩国历史部分

1 古籍类

1.1 《三国史记》,(高丽朝)金富轼著。

1.2 《高丽史》,郑麟趾、金宗瑞等著,朝鲜李氏王朝。

1.3 《朝鲜实录》,朝鲜李氏王朝历代史官纪录。

1.4 《山海经校注》,袁珂著,成都:巴蜀书社,1993年。

1.5 《汉书·西南夷两粤朝鲜传》,(东汉)班固著,北京:中华书局,1962年。

1.6 《后汉书·东夷列传》,(南朝宋)范晔著,北京:中华书局,1965年。

1.7 《三国志·乌丸鲜卑东夷传》,(晋)陈寿著,北京:中华书局,1959年。

1.8 《宋书》列传第57《夷蛮传》,(南朝梁)沈约著,北京:中华书局,1974年。

1.9 《魏书》列传第88《高句丽、百济》,(北齐)魏收著,北京:中华书局,1974年。

1.10 《隋书》列传第46《东夷传》,(唐)魏征等著,北京:中华书局,1973年。

1.11 《旧唐书》列传第149《东夷传》"高丽百济新罗"条,(后晋)刘昫著,北京:中华书局,1975年。

1.12 《元史》列传第95《外夷传·高丽眈罗日本》,(明)宋濂等著,北京:中华书局,1976年。

1.13 《明史》列传第208《外国传·朝鲜》,(清)张廷玉等著,北京:中华书局,1974年。

2 近、现代著作

2.1 《韩国史新论》,(韩)李基白著,厉凡译,厉以平校,北京:国际文化出版公司,1994年。

2.2 《韩国史》,朱立熙著,台北:三民书局,2006年。

2.3 《韩国历史与现代韩国》,简江作著,台北:商务印书馆,2005年。

2.4 《高句丽史研究》，(韩)卢泰敦著，张成哲译，台北：学生书局，2007年。

2.5 《壬辰倭亂と秀吉·島津·李舜臣》，北島万次著，日本東京校倉書房，2002年。

2.6 《朝鲜「壬辰倭寇」研究》，李光涛著，台北：中研院史语所，1972年。

2.7 《高丽与宋金外交经贸关系史论》，(韩)姜吉仲著，台北：文津出版，2004年。

2.8 《日本統治下の朝鮮》，山邊健太郎著，岩波書局，1971年。

C．有关日本历史部分

1 古籍类

1.1 《日本书纪》，(飞鸟／奈良时代)舍人亲王等编著。

1.2 《古事记》，(奈良时代)太安万侣著。

1.3 《三国志·乌丸鲜卑东夷传》"倭人"条，(晋)陈寿著。

1.4 《宋书》列传第57《夷蛮》，(南朝梁)沈约著。

1.5 《隋书》列传第46《东夷》，(唐)魏征等著。

1.6 《旧唐书》列传第149《东夷》"高丽百济新罗"条，(后晋)刘昫著。

1.7 《新唐书》列传第145《东夷》"高丽百济新罗"条，(北宋)欧阳修、宋祈著。

1.8 《元史》列传第95《外夷》"高丽眈罗日本"，(明)宋濂等著。

1.9 《明史》列传第210《外国传·日本》，(清)张廷玉等著。

1.10 《日本外史》，(江户时代)赖山阳著。

1.11 《大日本史》，(江户时代)德川光圀等著。

1.12 《枕草子》，(江户时代)清少纳言著，周作人译、台北：木马文化，2003年。

1.13 《高丽史日本传》，武田幸男编译，日本岩波书局，2005年。

2 近、现代著作

2.1 《日本史》(5册)，郑学稼著，台北：黎明文化出版社，1977年。

2.2 《日本史》，李永炽著，台北：水牛出版社，2007年。

2.3 《日本史》，武光诚著，陈念雍译，台北：易博士文化出版，2007年。

2.4 《日本史图解》，河合敦著，刘锦秀译，台北：商周出版，2006年。

2.5 《新详日本史——地图、资料、年表》，(日本)浜岛书店，2005年。

2.6 《日本文明开化史略》，陈水逢编著，台北：商务印书馆，2000年。

2.7 《日本史话》(4册)，汪公纪著，台北：联经出版事业公司，1990年。

2.8 《中日今古史话》，李嘉著，台北：故乡出版公司，1990年。

2.9 《遣唐使眼中的中国》，古濑奈津子著，郑威译，武汉大学出版社，2007年。

2.10 《万历二十三年封日本国王丰臣秀吉考》，李光涛著，台北：中研院史语所，1967年。

2.11 《日本论》，戴季陶著，台北：故乡出版公司，1989年。

2.12 《幕府时代的中日关系》，林景渊著，台北：南天书局，2007年。

2.13 《日本历代天皇略传》，笠原英彦著，陈鹏仁译，台北：商务印书馆，2004年。

2.14 《评价日本历代首相》，福田和也著，林思敏译，台北：商务印书馆，2005年。

2.15 《福泽谕吉〈文明论之概略〉精读》，子安宣邦著，岩波书局，2005年。

2.16 《决定日本的一百年》，吉田茂著，陈鹏仁译，致良出版社，2006年。

2.17 《太平洋战争》，家永三郎著，何欣泰译，台北：商务印书馆，2006年。

2.18 《战争责任》，家永三郎著，何思慎译，台北：商务印书馆，2006年。

3　传记、回忆录、选集类

3.1 《德川家康全传》，山冈庄八著，何黎莉、丁小艾译，台北：远流出版，1988年。

3.2 《吉田松阴书简集》，广濑丰编，岩波书局，1937年。

3.3 《福泽谕吉》，小泉信三著，岩波书局，1966年。

3.4 《福翁自传》，福泽谕吉著，杨永良译《福泽谕吉自传》，台北：麦田出版，2006年。

3.5 《后藤新平传》，北冈申一著，魏建雄译，台北：商务印书馆，2005年。

3.6 《清泽洌传——外交评论之命运》，北冈申一著，刘崇棱译，台北：商务印书馆，2005年。

3.7 《吉田茂传——尊皇的政治家》，原彬久著，高詹灿译，台北：商务印书馆，2007年。

3.8 《家永三郎自传》，家永三郎著，石晓军、刘燕、田原译，北京：新星出版社，2005年。

D. 有关台湾历史部分

1　古籍类

1.1 《靖海志》，彭孙贻著，台湾省文献委员会，1995年。

1.2 （Philippus D. Meij van Meijensteen）《梅氏日记——荷兰土地测量师看郑成功》（*Daghregister van Philip Meij [1661-1662]*），江树生译注，台北：汉声杂志，2003年。

1.3 《台湾通史》，连雅堂著，台北：黎明文化，2001年。

2　近、现代著作

2.1 《台湾史事概说》，郭廷以著，台北：正中书局，1975年。

2.2 《台湾人四百年史》，史明著，台北：草根文化出版社，1998年。

2.3 《台湾历史图说》，周婉窈著，台北：中研院台湾史研究所，1998年。

2.4 《荷据时代台湾史记》，郭弘斌著，台北：台原出版社，2001年。

2.5 《发现台湾》，殷允芃等编，天下杂志，1992年。

2.6 爱德华·豪士（Edward House）中译《征台纪事——牡丹社事件始末》(*The Japanese Expedition to Formosa*)，陈政三译，台北：台湾书房，2008年。

2.7 《日本帝国主义下之台湾》，矢内原忠雄著，林明德译，吴三连台湾史料基金会，2004年。

2.8 《日本统治下的台湾》，许世楷著，台北：玉山社，2007年。

3 传记、回忆录、选集类

3.1 《赐姓始末》/《郑成功传》，黄宗羲著，台北：省文献委员会，1995年。

3.2 马偕（George L. Mackay）《福尔摩沙纪事——马偕台湾回忆录》(*From Far Formosa-The Island, It's People and Missions*)，林晚生译，台北：前卫出版，2007年。

3.3 《后藤新平传》，北冈申一著，魏建雄译，台北：商务印书馆，2005年。

3.4 《林献堂传》，黄富三著，台湾文献馆，2004年。

3.5 《蒋渭水传》，黄煌雄著，台北：时报出版，2006年。

E. 有关思想及宗教史部分

1 儒家思想

1.1 《四书集注》，朱熹集注，台北：世界书局，2007年。

1.2 《郑玄之谶纬学》，吕凯著，台北：商务印书馆，1982年。

1.3 《朱熹》，陈荣捷著，台北：东大图书公司，2003年。

1.4 《朱子学提纲》，钱穆著，台北：东大图书公司，2001年。

1.5 《朱熹的历史世界：宋代士大夫政治文化的研究》，余英时著，台北：允辰文化，2007年。

1.6 《传习录》，阳明门人徐爱、钱德洪等编记，台北：商务印书馆，1987年。

1.7 《朱子学之东传日本及其发展》，郑梁生著，台北：文史哲出版社，1999年。

1.8 《日本儒学史概论》，阿部吉雄、相良亨等著，许政雄译注，台北：文津出版，1993年。

1.9 《日本儒学思想史》，三宅正彦著，陈化北译，济南：山东大学出版社，1997年。

1.10 《明末朱舜水先生之瑜年谱》，梁启超著，台北：商务印书馆，1981年。

1.11 《阳明学对韩国的影响》，（韩国）郑德熙著，台北：文史哲出版社，1986年。

1.12 《韩国儒学史》，（韩国）柳承国著，傅济功译，台北：商务印书馆，1989年。

2　佛教

2.1　《释迦牟尼新传》，钮先铭著，台北：商务印书，1995年。

2.2　《印度佛教史》，圣严法师著，台北：法鼓文化，2006年。

2.3　《西藏佛教史》，圣严法师著，台北：法鼓文化，1997年。

2.4　《达赖喇嘛传》，牙含章编著，中国人民出版社，1991年。

2.5　《汉魏两晋南北朝佛教史》（上、下册），汤用彤著，台北：商务印书馆，1998年。

2.6　《高僧传合集》，（南朝梁）释慧皎、（唐）道宣等著，上海古籍出版社，2011年。

2.7　《禅学的黄金时代》，吴经熊著，吴怡译，台北：商务印书馆，1995年。

2.8　《日本佛教史》，末木文美士著，涂玉盏译，台北：商周出版，2002年。

2.9　《癫狂与纯真 - 日本高僧传奇》，李永炽著，台北：法鼓文化，2007年。

2.10　《日韩佛教史略》，圣严法师著，台北：法鼓文化，1997年。

2.11　《韩国佛教史》，何劲松著，北京：宗教文化出版社，1999年。

3　老、庄及其他思想、宗教

3.1　《老子今注今译》，陈鼓应注译，北京：商务印书馆，2003年。

3.2　《庄子今注今译》，陈鼓应注译，北京：商务印书馆，2007年。

3.3　《庄子》，向秀、郭象原注，林聪舜导读，台北：金枫出版社，1996年。

3.4　《十一家注孙子校理》，孙子，曹操等注，杨丙安校理，北京：中华书局，1999年。

3.5　《有关"孙子"、"老子"的三篇考证》，何炳棣著，台北：中研院史语所，2002年。

3.6　《圣经》（和合本），台北：圣经资源中心。

3.7　《中国回教史》，傅统先著，台北：商务印书馆，1996年。

3.8　《中国历史上的白莲教》，于凌波著，台北：慈济文化志业中心，1989年。

3.9　《共产党宣言》，马克思、恩格斯著，中共中央编译局译，北京：人民出版社，1992年。

3.10　《马克思主义概论》，叶敦平主编，北京：高等教育出版社，1993年。

3.11　《列宁评传》，郑学稼撰，台北：黎明文化出版，1978年。

4　神道及武士道

4.1　《日本神道文化图解》，武光诚著，张维君译，台北：商周出版，2008年。

4.2　《日本神道研究》，王金林著，上海辞书出版社，2008年。

4.3　《武士的精神——五轮书与兵法家传书》，宫本武藏、柳生宗矩分著，何峻译，台北：远流出版事业公司，2004年。

4.4　《山鹿素行》，田园嗣郎编集，中央公论社，1998年。

4.5　《叶隐闻书》，山本朝常口述，田代阵基笔录，李冬君译，桂林：广西师范大学出版社，2007年。

4.6 《武士道》，新渡户稻造著，张俊彦译，北京：商务印书馆，1993 年。

4.7 鲁思·本尼迪克特（Ruth Benedicts）《菊与刀》（*The Chrysanthemum and The Sword*），吕万和等译，北京：商务印书馆，1990 年。

F. 其他

1. 韦尔斯（H.G. Wells）《世界史纲》（*The Outline of History*），吴文藻、谢冰心、费孝通等译，北京：人民出版社，1982 年。
2. 达尔文（Charles Darwin）《物种起源》（*The Origin of Species*），周建人、叶笃庄、方宗熙译，北京：商务印书馆，1995 年。
3. 斯宾塞·韦尔斯（Spenser Wells）《人类前史》（*The Journey of Man-A Genetic Odyssey*），杜红译，北京：东方出版社，2006 年。
4. 贾雷德·戴蒙德（Jared Diamond）《枪炮、病菌与钢铁》（*Guns, Germs, and Steel*），谢延光译，上海译文出版社，2006 年。
5. 贾雷德·戴蒙德《第三种猩猩》（*The Third Chimpanzee–The Evolution and Future of the Human Animal*），王道还译，海口：海南出版社，2004 年。
6. 贾雷德·戴蒙德《崩溃》（*Collapse–How Society Choose to Fall or Succeed*），叶臻、江滢译，上海译文出版社，2011 年。
7. 大卫·蓝迪斯（David S. Landes）《新国富论》（*The Wealth and Poverty of Nations*），汪仲译，台北：时报文化，1999 年。
8. "Wikisource-the free library" 维基文库
9. "Wikipedia-the free encyclopedia" 维基百科